普通高等教育"十一五"国家级规划教材

7th edition

新编税收学：
税法实务

主　编　蒋大鸣　薛建兰
副主编　冯　杰　孔翠英　闫兰香
参　编　（以姓氏笔画为序）
　　　　王　娟　师湘瑜　张巧珍
　　　　单云慧　赵　亮　赵　勐
　　　　贾一丹　康　钊　韩　菲

南京大学出版社

前言

《新编税收学——税法实务》作为普通高等教育"十一五"国家级规划教材,不断得到修改、补充和完善,是一部对我国现行税法进行全面阐述的最新教材。2006年3月初版以来,得到社会广泛认可,并多次修订改版加印,有的高校还将本教材作为报考财政税务会计专业硕士研究生考试的主要参考教材。对于对本教材予以首肯的高校,我们在此特表达由衷的谢意!作为本教材的主编,我们有诚惶诚恐之感,不敢怠慢广大的教材使用者,所以我们一直紧紧跟踪我国税制改革步伐和税收政策的调整,根据我国税制改革最新进展情况,不断修订完善本教材,以保持本教材的前瞻性、实效性和权威性,力求与时俱进,适应各方面的需求。

近年来,随着我国加快落实税收法定原则步伐,多数税种法治化条件已经成熟,陆续开展或完成了税收条例上升为税法的进程,环境保护税法、烟叶税法、船舶吨税法、车船税法、车辆购置税法、耕地占用税法、资源税法、城市维护建设税法、契税法、印花税法等多部税法相继获得通过并实施。与此同时,个人所得税法进行了整体大修。当前税改涉及面广,涉及调整的税种多,特别是涉及的征管问题变动大,第六版原有税制和税收政策内容已远远不能适应新的税改要求,我们特根据当下新一轮重大税制改革内容,对本教材进行了全面修订编著。

《新编税收学:税法实务(第七版)》按税法构成要素详细分析、阐述了增值税、消费税、关税、企业所得税、个人所得税、城市维护建设税、资源税、土地增值税、城镇土地使用税、房产税、车船税、印花税、契税、车辆购置税等税种的相关知识、相关理论和相关运用,尤其对修改后的税收法律和制度做了详细阐述,以便满足广大读者的需求,希望对广大读者学习、了解和掌握最新税制和税收政策有所帮助。与正文内容修订相对应,我们对课后习题及其答案也做了全面更新与完善。相较于前六版,教材第七版与CPA等"税法"科目内容与要求的衔接也更为紧密,使学习者既能按照学科规定系统地学习专业知识,也使其通过必要的学习与训练,为理解和把握相关应试教材的内容做好准备。

"教材是体现国家意志和国家价值、传播社会主义核心价值观、传承中华优秀传统文化的重要载体,具有鲜明的政治导向和意识形态属性。"[①]在《新编税收学:税法实务(第七版)》的修订编写过程中,我们积极推进习近平新时代中国特色社会主义思想和党的"二十大"精神进教材,将高等教育立德树人、铸魂育人、"课程思政"真正落到税收理论与税法知识体系组织的实处。比如,开宗明义地阐述马克思、恩格斯关于赋税的基本观念与立场;凸显党中央对税收法定原则的高度重视;强调税收对促进社会公平正义的作用,国家不断加大对经济发展薄弱地区和弱势企业等税收优惠力度;介绍我国在"一带一路"中引导的国际税收合作的成果与进展等。

《新编税收学:税法实务(第七版)》是全体编写成员精诚合作的成果,是大家繁重的智力投入的产出。参与编著的人员有蒋大鸣(负责第1、2、3章)、冯杰(负责第4、5章)、孔翠英(负责第6章、22章)、张巧珍(负责第7章)、闫兰香(负责第8、9章)、单云慧(负责第10、11章)、贾一丹(负责第12章)、赵亮(负责第13、14章)、王娟(负责第15、16章)、康钊(负责第17章)、师湘渝(负责第18章)、韩菲(负责第19、20章)、赵勐(负责第21章)。《新编税收学:税法实务(第七版)》由山西财经大学薛建兰教授负责全书的通稿。

除了主编团队在知识更新、内容设计以及习题选编上与时俱进、精益求精、严把思政关,在教材第七版的组织呈现上,南京大学出版社与本书责任编辑也积极构思,试探创新。"非至乐无以成学",耶鲁大学情商中心创始人 Marc Brackett 及其团队研究表明:情绪状态决定了人的学习能力,包括注意力、记忆力和吸收能力。我们首次站在教材使用者的角度,引入当代大学生与青年群体普遍感兴趣的解谜书与剧本杀等游戏思路,通过跳跃穿梭于全书的角色塑造、剧情发展、游戏关卡等,将读者代入"萌探008"破解税法之谜的玩乐场景来学习税法知识。为保持高校教材的严肃性,角色与剧情点到为止,使之成为教材编写形式传承创新的点睛神来之笔。希望学生在学习知识、完成人格的同时,还能情不自禁哈哈一笑,收获一份轻松与愉悦。

本书的修订编著借鉴参考了有关专家学者的著作,在此表示衷心的感谢!不足之处,请各位同仁批评指正。

薛建兰
2023年10月

[①] 谭方正.加快建设中国特色高质量教材体系的根本遵循、核心向度与实践理路.中国编辑,2023(6).

> 非至乐无以成学

税法谜案 100% 探案攻略......

萌探,代号008,职业私家侦探;
居住在"脉冲星",向往地球;
偶像爱伦坡,福尔摩斯,007邦德;
朋友圈柯南,小羊肖恩,黑猫警长…
天赋使命——Uncover税法之谜案!

导读

☞ 税收基础知识:第1章,第2章,第3章
探案攻略:任务分解——疑难重点——谜案线索——谜案详解(正文)——解谜(谜面)——飞鹰勋章(解谜彩蛋)
(玩家可以按顺序一一攻破;也可以倒过来,从寻找飞鹰勋章(解谜彩蛋)开始,找到谜底答案,一一对应谜面练习题,对要解决的疑难重点胸有成竹后,再进行谜案详解;也可以打破常规选择自己感兴趣的任何顺序)

☞ 税法实务:第4—22章
探案攻略:任务分解——疑难重点——探案道具箱——谜案线索——谜案详解(正文)——解谜(谜面)——飞鹰勋章(解谜彩蛋)

(谜案进展到税法实务部分,萌探008多了一位得力探案助手——大力箱(探案道具箱),玩家可以从中获得追案魔法帽、奇思妙响NICE指、注册AI蛙神镜等道具的辅助,完成解谜任务)

目录

第1章 税收概论 ... 1
- 第一节 税收的起源与发展 ... 3
- 第二节 税收的特征与职能 ... 8
- 第三节 税收的分类及税制构成要素 ... 11

第2章 税收原则 ... 24
- 第一节 西方税收原则理论 ... 26
- 第二节 我国的税收原则 ... 30

第3章 税收负担 ... 33
- 第一节 税收负担的概念及衡量税负的指标体系 ... 35
- 第二节 影响税收负担的因素 ... 38
- 第三节 税负的转嫁与归宿 ... 43

第4章 增值税 ... 48
- 第一节 增值税概述 ... 50
- 第二节 纳税人与扣缴义务人 ... 53
- 第三节 征税范围 ... 55
- 第四节 税率与征收率 ... 61
- 第五节 应纳税额的计算 ... 63
- 第六节 出口和跨境业务退(免)税 ... 80

第七节　税收优惠 ………………………………………………………………… 86
　　第八节　特定企业(交易行为)的增值税政策 ………………………………… 93
　　第九节　征收管理 ………………………………………………………………… 97

第 5 章　消费税　　　　　　　　　　　　　　　　　　　　　　　　　　105
　　第一节　消费税概述 …………………………………………………………… 107
　　第二节　纳税人与代收代缴义务人 …………………………………………… 109
　　第三节　征税范围与税率 ……………………………………………………… 109
　　第四节　计税依据 ……………………………………………………………… 113
　　第五节　应纳税额的计算 ……………………………………………………… 117
　　第六节　出口业务退(免)税的计算 …………………………………………… 125
　　第七节　税收优惠 ……………………………………………………………… 127
　　第八节　征收管理 ……………………………………………………………… 128

第 6 章　关　税　　　　　　　　　　　　　　　　　　　　　　　　　　　134
　　第一节　关税概述 ……………………………………………………………… 136
　　第二节　纳税人与征税对象 …………………………………………………… 139
　　第三节　关税税率 ……………………………………………………………… 139
　　第四节　完税价格 ……………………………………………………………… 141
　　第五节　应纳税额的计算 ……………………………………………………… 146
　　第六节　关税减免 ……………………………………………………………… 147
　　第七节　征收管理 ……………………………………………………………… 149

第 7 章　企业所得税　　　　　　　　　　　　　　　　　　　　　　　　　154
　　第一节　企业所得税概述 ……………………………………………………… 156
　　第二节　纳税人、征税对象与税率 …………………………………………… 157
　　第三节　应纳税所得额的确定 ………………………………………………… 159
　　第四节　应纳税额的计算 ……………………………………………………… 169

第五节　资产的税务处理 …………………………………………………… 173
　　第六节　税收优惠 ………………………………………………………… 178
　　第七节　特别纳税调整 …………………………………………………… 181
　　第八节　征收管理 ………………………………………………………… 184

第 8 章　个人所得税　192
　　第一节　个人所得税及其纳税人 ………………………………………… 194
　　第二节　征税对象与税率 ………………………………………………… 196
　　第三节　应纳税所得额的计算 …………………………………………… 200
　　第四节　应纳税额的计算 ………………………………………………… 210
　　第五节　税收优惠 ………………………………………………………… 215
　　第六节　征收管理 ………………………………………………………… 218

第 9 章　资源税　226
　　第一节　资源税及其纳税人、税目与税率 ……………………………… 228
　　第二节　计税依据与应纳税额的计算 …………………………………… 232
　　第三节　税收优惠 ………………………………………………………… 234
　　第四节　征收管理 ………………………………………………………… 236

第 10 章　土地增值税　240
　　第一节　土地增值税概述 ………………………………………………… 242
　　第二节　纳税义务人、征税范围与税率 ………………………………… 243
　　第三节　计税依据 ………………………………………………………… 244
　　第四节　应纳税额的计算 ………………………………………………… 246
　　第五节　税收优惠 ………………………………………………………… 248
　　第六节　征收管理 ………………………………………………………… 250

第 11 章　城镇土地使用税　256
　　第一节　城镇土地使用税及其纳税人、征税范围与税率 ……………… 258

第二节　应纳税额的计算 …………………………………………… 260
第三节　税收优惠 …………………………………………………… 261
第四节　征收管理 …………………………………………………… 262

第 12 章　耕地占用税 … 267
第一节　耕地占用税及其纳税人与征税对象 …………………… 269
第二节　应纳税额的计算 …………………………………………… 270
第三节　税收优惠 …………………………………………………… 272
第四节　征收管理 …………………………………………………… 273

第 13 章　房产税 … 279
第一节　房产税及其纳税人与征税范围 ………………………… 281
第二节　应纳税额的计算 …………………………………………… 283
第三节　税收优惠 …………………………………………………… 285
第四节　征收管理 …………………………………………………… 287

第 14 章　车船税 … 290
第一节　车船税及其纳税人与征税范围 ………………………… 292
第二节　应纳税额的计算 …………………………………………… 292
第三节　税收优惠 …………………………………………………… 295
第四节　征收管理 …………………………………………………… 296

第 15 章　契　税 … 300
第一节　契税概述 …………………………………………………… 302
第二节　纳税人、征税范围与税率 ………………………………… 303
第三节　应纳税额的计算 …………………………………………… 305
第四节　税收优惠 …………………………………………………… 307
第五节　征收管理 …………………………………………………… 309

第 16 章　城市维护建设税 …… 317

第一节　城市维护建设税概述 …… 319

第二节　纳税人、征税范围与税率 …… 320

第三节　应纳税额的计算 …… 321

第四节　税收优惠 …… 323

第五节　征收管理 …… 323

第 17 章　车辆购置税 …… 330

第一节　车辆购置税概述 …… 332

第二节　纳税人、征税范围、税率和计税依据 …… 333

第三节　应纳税额的计算 …… 334

第四节　税收优惠 …… 336

第五节　征收管理 …… 337

第 18 章　印花税 …… 345

第一节　印花税及其纳税人、扣缴义务人与征收范围 …… 347

第二节　应纳税额的计算 …… 351

第三节　税收优惠 …… 354

第四节　征收管理 …… 356

第 19 章　环境保护税 …… 361

第一节　环境保护税概述 …… 363

第二节　纳税人、征税范围和税率 …… 364

第三节　应纳税额的计算 …… 366

第四节　税收优惠 …… 368

第五节　征收管理 …… 369

第 20 章　税收征收管理 …… 375

第一节　税收征收管理概述 …… 377

第二节　税务管理 ·· 379

第三节　税款征收 ·· 388

第四节　税务检查 ·· 396

第五节　税务代理 ·· 399

第六节　违反税收征收管理法的法律责任 ·· 403

第 21 章　税务行政法制　414

第一节　税务行政处罚 ·· 416

第二节　税务行政复议 ·· 424

第三节　税务行政诉讼 ·· 432

第四节　税务行政赔偿 ·· 436

第 22 章　国际税收　444

第一节　国际税收概述 ·· 446

第二节　国际重复征税的产生与消除 ·· 451

第三节　国际避税与反避税 ··· 457

第四节　国际税收协定与国际税收合作的新发展 ··· 463

第1章 税收概论

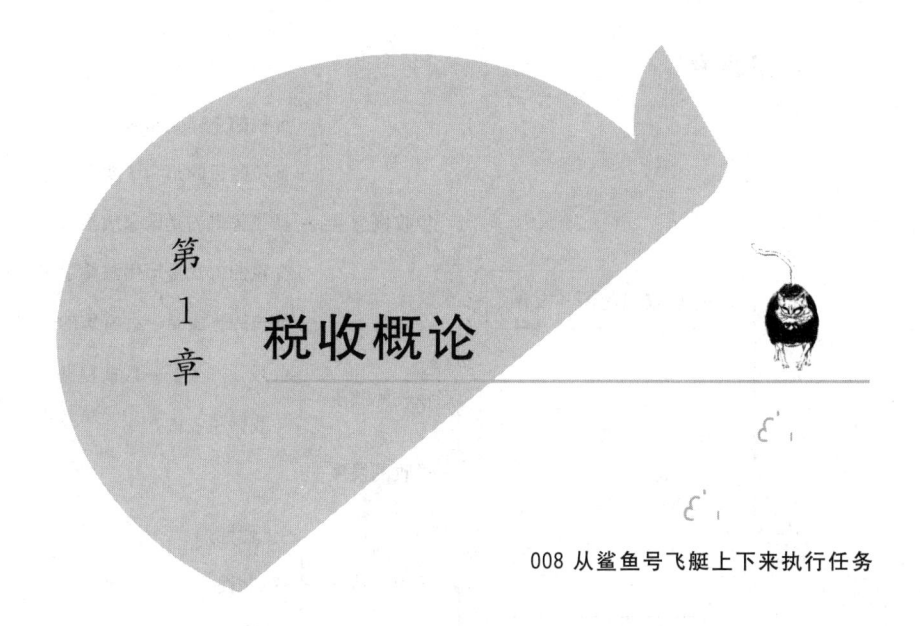

✓ 任务分解

- 了解税收的起源与发展
- 熟悉税收的概念、税收的特征和税收的职能（明确税收的职责与功能）
- 掌握税收的各种分类以及税制构成要素
- 掌握税收强制性、固定性和无偿性的含义

✓ 疑难重点

- 重点：税收的特征和税制的构成要素
- 难点：税率的应用

谜案线索

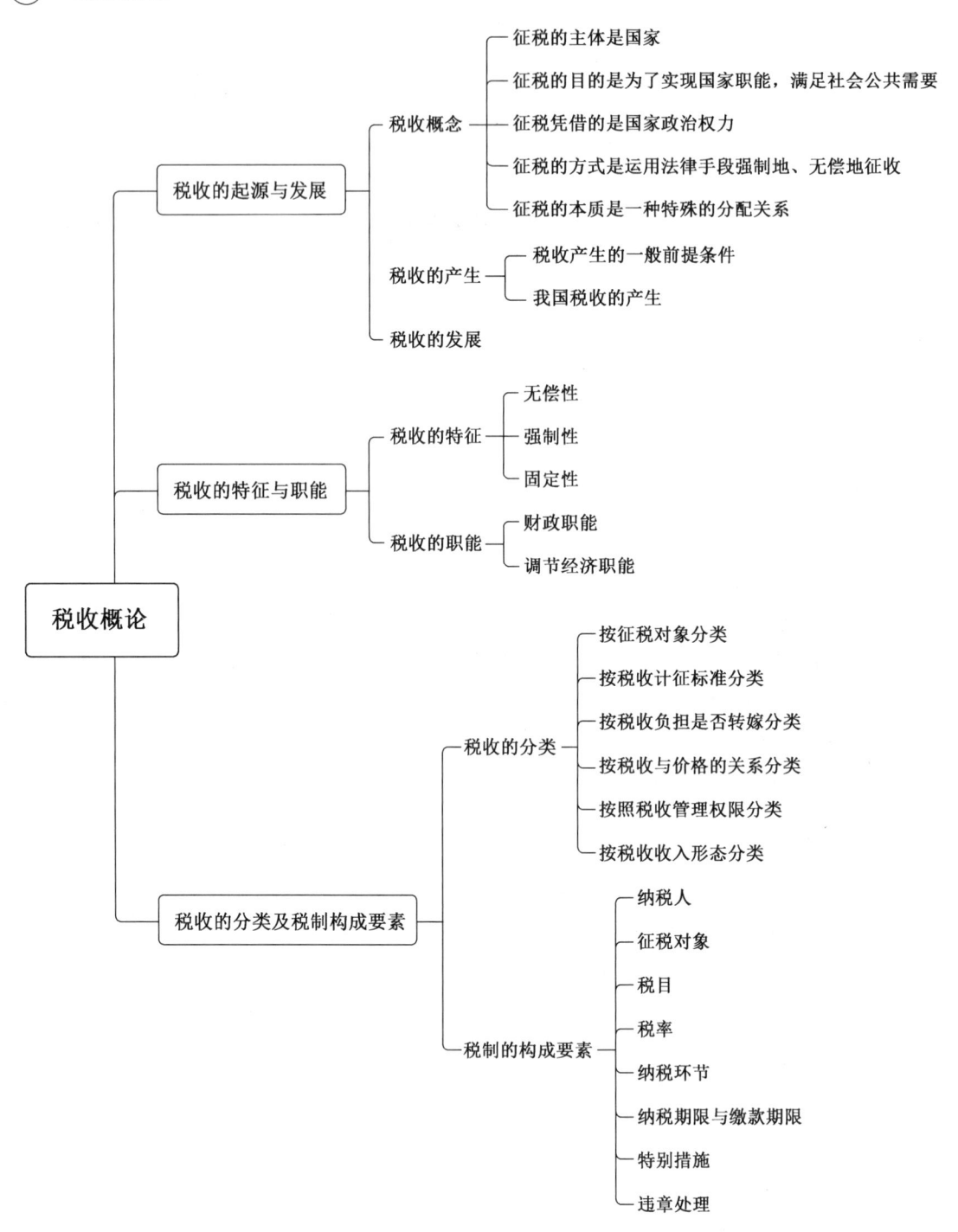

- 税收概论
  - 税收的起源与发展
    - 税收概念
      - 征税的主体是国家
      - 征税的目的是为了实现国家职能，满足社会公共需要
      - 征税凭借的是国家政治权力
      - 征税的方式是运用法律手段强制地、无偿地征收
      - 征税的本质是一种特殊的分配关系
    - 税收的产生
      - 税收产生的一般前提条件
      - 我国税收的产生
    - 税收的发展
  - 税收的特征与职能
    - 税收的特征
      - 无偿性
      - 强制性
      - 固定性
    - 税收的职能
      - 财政职能
      - 调节经济职能
  - 税收的分类及税制构成要素
    - 税收的分类
      - 按征税对象分类
      - 按税收计征标准分类
      - 按税收负担是否转嫁分类
      - 按税收与价格的关系分类
      - 按照税收管理权限分类
      - 按税收收入形态分类
    - 税制的构成要素
      - 纳税人
      - 征税对象
      - 税目
      - 税率
      - 纳税环节
      - 纳税期限与缴款期限
      - 特别措施
      - 违章处理

第一节　税收的起源与发展

一、税收概念

税收是国家治理的基础和重要支柱,是国家治理体系的重要组成部分。马克思指出:"赋税是政府机关的经济基础,而不是其他任何东西","国家存在的经济体现就是捐税"。恩格斯指出:"为了维持这种公共权力,就需要公民缴纳费用——捐税。"党的十九届四中全会强调,健全以税收、社会保障、转移支付等为主要手段的再分配调节机制,强化税收调节,这为更好发挥税收在国家治理中的基础性、支柱性、保障性作用指明了方向,也为新时代提升税收治理能力、全面推进税收治理现代化提出了新的更高要求。

所谓税收是国家为实现其职能,满足社会公共需要,凭借国家政治权力,运用法律手段,按照固定标准,以价值形式强制地、无偿地集中部分社会产品所形成的特定的分配关系。

对税收这一概念应从以下几个方面加以分析和理解。

(一) 征税的主体是国家

税收是由政府所属的税务机关负责征收的,而税收的征收办法是由国家立法机关或国家行政机关(政府)制定的。征税活动由政府所属的税务机关具体组织进行,取得的税收收入形成政府的财政预算收入,然后再通过政府财政预算安排预算支出,以实现国家职能,满足社会公共需要。所以说征税的主体是国家。

(二) 征税的目的是为了实现国家职能,满足社会公共需要

公共需要或公共物品与劳务,不能由市场机制形成与提供,必须由政府提供。政府提供公共物品与劳务要花费人力、物力、财力等,而政府本身不从事生产,不创造财富,所以它必须以某种形式取得一定的收入,这样就产生了税收。可以说,国家征税是为了实现国家职能,向社会提供公共物品与劳务,满足社会公共需要。

(三) 征税凭借的是国家政治权力

国家参与社会产品的分配,一般依据两种权力:一是国有资产的财产所有权,二是国家的政治权力。国家拥有国有资产的财产所有权,因此可以直接参与生产经营成果的分配。但国家拥有的国有资产价值量毕竟是有限的,并且国家拥有或占有国有资产,以此参与市场竞争,不是市场经济制度条件下社会资源优化配置的主要方式。市场才是市场经济制度条件下社会资源优化配置的主要方式。国家以国有资产所有者身份参与社会产品分配取得的收入是有限的,无法达到实现国家职能,满足社会公共需要的目的。所以,国家必须凭借国家政治权力,运用法律手段,以价值形式强制地、无偿地集中部分社会产品,形成政府的财政收入,以保证国家实现其职能,满足社会公共需要。

(四) 征税的方式是运用法律手段强制地、无偿地征收

政府为了向社会提供公共物品与劳务,必须取得公共物品与劳务的价值补偿。然而由于公共物品与劳务的利益外在性,它无法通过市场以价格的形式得到补偿,所以必须通过政府无偿取得的税收收入来补偿。税收是无偿取得的,因此必须强制征收,并且要预先规定一个标准,以税法的形式规定征纳双方的权利和义务。概括起来说,就是税收具有强制性、无偿性和固定性三个基本特征。

(五) 征税的本质是一种特殊的分配关系

"分配"在经济学中是指确定社会产品归谁占有和占有多少。如在社会产品的初次分配中,根据财产所有权和劳动力所有权,将 W 分为 C、V、M 三部分,国家再将原来属于个人和企业所有的新创造的价值分割一块出来归国家占有,这样取得的收入就是税收。显然国家取得税收收入的过程,也是国家参与社会财富二次分配的过程,说明税收的本质其实与财政一样,也是一种分配关系。由于 C 部分是对物质消耗的补偿,是维持简单再生产需要的,国家不能直接参与它的分配,主要对 V 和 M 部分进行分配。而在 V 和 M 中,主要是对 M 的分配。至于国家在分配中占有多大份额,则涉及税收的宏观税率问题,也就是整个社会的税收负担问题。

二、税收的产生

税收既是一个经济范畴,也是一个历史范畴,它是人类社会发展到一定时期,即原始社会末期出现私有制以后,随着国家的产生而产生的。当然,这个产生过程是极其漫长的。其产生过程可大致描述如下:

原始社会 → 剩余产品出现 → 私有制产生 → 经常化的公共需要 → 国家 ↔ 税收
　　　　　　　↓　　　　　　　↓　　　　　　　↓　　　　　　　↓
　　　　　　物质条件　　　　经济条件　　　　社会条件　　　　政治条件

(一) 税收产生的一般前提条件

1. 物质条件——广泛的剩余产品的出现

从上面叙述中我们可以看出,剩余产品的出现是税收产生的一个基本条件,如果没有出现剩余产品,就不会有后面一系列历史范畴的出现,也就不会出现税收。税收分配的物质来源只能是剩余产品,因为社会产品必须首先满足维持简单再生产和人们生存的需要。当然,税收并不是在剩余产品一出现的时候就产生的,其间经历了一个漫长的历史过程。也就是说,剩余产品只是税收产生的必备条件之一。

2. 经济条件——独立的经济利益主体(财产私有化)

人类社会发展到原始社会中期以后,发生了二次社会大分工,出现了以个体家庭为单位的个体生产,而分工和交换的发展,又加速了财产的私有化,即经济利益主体独立化,同时产生了各经济组织和社会成员共同享用的公共设施和公共服务(如祭祀、战争)。这种共同享用的部分,一开始是以"贡"的形式出现,当它凭借强制性的公共权力并按事先规定的标准来征收时,就成了税收。因此,经济利益主体的独立化,也是税收产生和存在的条件之一。

3. 社会条件——经常化的公共需要(阶级对抗)

税收本质是为了满足公共需要的,如果没有公共需要,也就没有必要存在税收。在人类社会早期，随着氏族组织的发展和剩余产品的出现，逐渐出现了生产活动以外的共同利益和公共事务，如祭祀、对外宣战、媾和等，这些事务有的必须从劳动成果中分出一部分来专门满足其需要。当这种需要逐渐经常化以后，它就要求其分配从满足生产和生活的分配中独立出来，成为一种固定的分配，这就为税收的产生准备了社会条件。同样，这也只是税收产生的条件之一，因为满足社会公共需要的方式不只是税收一种。

4. 政治条件——强制性的公共权力（国家政权）

由于税收是社会产品占有权和支配权的单方面转移，所以必须有一种超越财产所有权和劳动力所有权的力量介入，这就是政权。在对历史发展规律的研究中，我们已经知道国家是阶级矛盾不可调和的产物，是统治者镇压被统治者的工具。国家机器的运转需要大量的人力、物力和财力，也派生出庞大的"公共需要"，这样税收才应运而生。所以说，国家强制性的公共权力是税收产生的决定性条件。

税收产生的这四个条件中，剩余产品的出现和国家的产生是两个基本条件。在这里要注意的是，国家与税收的关系并不是因果关系，而是互为前提，相互依存的。如果没有国家，税收的征收就失去了强有力的后盾，税收就无法正常收纳；而如果没有税收，国家机器就无法正常运转。所以两者是互相依存的关系，是社会经济发展的两种必需结果。

（二）我国税收的产生

1. 税收雏形的出现——"贡"、"助"、"彻"

据史籍记载，夏朝是中国古代最早出现的国家。当时夏朝实行井田制，土地是国有的（"溥天之下，莫非王土，率土之滨，莫非王臣"），诸侯大臣不拥有土地所有权，不能自由买卖土地，但却拥有土地使用权和土地上产物的所有权，所以这种公田上收获的粮食要以税收的形式上缴一部分给国王作为财政收入。夏朝的贡赋包括两个方面内容：(1)与耕种土地相联系的贡，主要是对农产品的征收，即自由民耕种土地向国王的贡纳。(2)与主从关系相联系的贡，主要是由各地方藩属向中央贡献的土特产品，称之为"土贡"，如兖州的漆丝，青州的贡盐、海物等。土贡没有固定性，土特产品多时多贡，少时少贡，遇到天灾人祸，也有不贡的情况，因而收入很不稳定。土贡到了商朝和周朝时，有了很大的发展，分为九类，称作"九贡"，贡品包括牲畜、丝织品、用器用具、服饰、珠宝、珍品等。

到了商朝，贡演变为助法，是以助耕形式纳税。当时实行井田制，将土地分为公田和私田，平民无偿地耕种公田，公田的收获全部归王室所有。周朝时，助法又演变为彻法，即每户平民耕种土地，要以一定的产量交纳给王室。"民耕百亩者，彻取十亩以为赋"。彻法按土地数量进行征纳，比贡法和助法有了很大进步。

由于在奴隶社会，国王既是最大的奴隶主，又是最高的统治者，所以国王对土地经营者成果的征收既有地租的特征，也有税的特征，是租税不分的。正因为如此，所以我们说，贡、助、彻只是最早税收的雏形。

2. 最早的农业赋税制度——"案田而税"和"初税亩"

春秋以前，我国实行井田制，土地归王室所有，到春秋时期，由于生产力的发展，特别是铁制农具的广泛使用，在井田之外开垦的私田越来越多，私田上的收获全部归私田所有者。私田的不断扩大，已经冲击到奴隶制经济的基础。当时的齐国在齐桓公十九年（公元前 667 年）实行"案田而税"（按田亩征税）。这是史籍上最早关于对田亩征税的记载。在齐国实行"案田而税"73 年后，另一个主要诸侯国鲁国，为了增加财政收入，抑制私田开垦，在鲁宣公十五年（公

5

元前594年)也开始对私田征税。宣布无论公田私田,一律按亩征税,史籍称之为"初税亩"。齐国的"案田而税"和鲁国的"初税亩",在我国历史上被看作是从奴隶社会进入封建社会的标志,同时也是我国农业赋税由雏形阶段进入成熟阶段的标志。

3. 我国最早的工商税收——关市之赋、山泽之赋

我国对商业、手工业活动征税起始于周朝。周以前已经有了商业、手工业活动。特别是商朝,商业经营已经有了较大发展,但当时多为官家经营,没有征税。到了周朝,商业、手工业活动有了更大发展,周开始对经过关卡或上市交易的物品征收"关市之赋",对伐木、采矿、狩猎、捕鱼、煮盐等征收"山泽之赋",这就是我国最早的工商税收。

三、税收的发展

税收产生以后,先后经历了奴隶社会、封建社会、资本主义社会,社会主义社会等发展阶段。税收随着社会形态的演变,一步步从简单到复杂,从初级到高级发展起来。

整个发展过程可从以下几个不同的方面来说明。

1. 从税收法制建设程度的差别看

税收是国家凭借政治权力并依法强制征收的,但不同社会不同发展时期,国家的法制建设程度不同,国家行使政治权力的情况不同,因而行使课税权的程序也必然存在差别。

在奴隶社会,税收虽初步形成独立的分配形式,但很不完善。国家行使征税权,是与纳贡者自由贡献相结合的。封建社会建立了中央集权,一方面,军事、政治开支和王室费用不断增加,另一方面,君主权力日益扩大,形成王权至高无上的封建专制制度。在这种政权制度下,国家为了增加财政收入,一方面实行专制课税,另一方面给统治阶级以减免税特权,以维护其统治利益,减少征税阻力。在奴隶社会和封建社会,征税与否是由君王决定的,根本谈不上税收的法制建设。

资本主义制度确立后,废除了封建专制制度、等级制度和都会的神权统治,实行了资产阶级的民主制,国家征收任何税收,都必须经过立法程序,完成立法手续,各项税法只能由议会制定,君主和国家元首不能擅自决定征税。这与封建专制征税相比,是一个巨大进步。

2. 从税收制度结构变化看

税收产生以来,随着经济发展和统治阶级的政策需要,税收制度结构也是多种多样的,一般可分为三种类型。

(1) 以古老的直接税为主的税制结构。

奴隶社会和封建社会,商品经济不够发达,统治者只能以直接对土地和人丁课征的直接税为主要税种。在我国,税收主要是对耕地征收土地税——田赋,对人丁征收人头税——算赋、更赋、口赋等。当时虽然也对城市商业、手工业和进出口贸易征税,但税额很小,在税收总额中不占主要地位。

(2) 以间接税为主的税制结构。

资本主义社会,由于商品经济的迅速发展,古老的直接税逐渐被取消或降到次要地位,而对商品课征的间接税,即工商税,则逐渐上升到主要地位,形成了以间接税为主的税制结构。

间接税是对商品的课征,税款包含在商品价格中,因而税收的最终负担者是消费者,而不是资本家,所以在资本主义社会出现了大量的间接税,如消费税、销售税、营业税、关税、盐税等。

（3）以现代直接税——所得税为主的税制结构。

资产阶级国家长期、广泛实行间接税制度，给资本主义经济的发展和资产阶级的经济利益带来了一些不利的影响，主要有以下几个方面：

第一，间接税是对商品的流转额课征的。商品在进行消费前，要经过多次流转，每次流转都要征税，流转次数越多，所征税额越多，商品价格越高。而价格高则需求量会下降，不利于商品参与市场竞争，也不利于扩大生产。

第二，对消费品课征间接税，相应提高了消费品价格，这就迫使资本家必须提高工人的名义工资，以维护工人的生活水平。而提高工资就会提高资本家的生产成本，从而影响资产阶级的经济利益收入。资本主义国家为了维护本阶级的利益，增加财政收入，曾陆续进行了一些改革税制的措施，如提高土地税、地租税的税率，开征土地增值税等等。

所得税只是一种临时税，遇到财政困难时才征收。经过几十年的时征时停，所得税才成为永久性税收。目前资本主义国家的所得税种类繁多，主要有：对个人的各项所得课征的个人所得税；对公司、企业利润课征的公司（法人）所得税等。采用所得税为主的国家，一般都辅之以消费税、销售税、营业税、财产税、遗产税、赠与税等税收。

3. 从国家课税权范围发展看

国家课税权是国家政治权力的重要表现，它一般在国家政治权力所涉及的范围内使用。

在封建社会、奴隶社会和资本主义社会前期，国际经济往来不够发达，国家行使课税权只限于对本国商品的流转、所得或财产课税。关税出现后，也只对本国进出口商征税。

进入资本主义后期——垄断阶段以后，国际经济联系不仅限于商品贸易，而且出现了资本输出，进而出现了生产领域的跨国经营。这样，国家的课税权就超越了本国领土的范围，从而出现了国际的税务关系问题，即国际税收问题。

4. 从税收征收形式的演变看

随着社会经济的发展，税收的征收形式也有一个发展演变过程。从历史上看，税收的基本形式有三种：实物形式、力役形式和货币形式。

奴隶社会和封建社会初期，自然经济占主导地位，商品经济不发达，税收征收形式以实物和力役为主，即所谓"粟米之征"、"布缕之征"、"力役之征"。货币征收形式，仅限于对商业、手工业征收的商税、物产税等方面，但当时并不占主要地位。

到封建社会后期，进入明清时代，商品经济日益发达，逐渐占统治地位，税收征收形式也逐步过渡到以货币形式为主。

5. 从税收名称的演变看

历史上税收先后有过许多名称，如贡、助、彻、税、赋、租、捐、课、调、银、钱等，其中广泛使用的主要为贡、税、赋、租、课、捐几种。这些名称反映了不同历史时期税收的经济内容和特征，也从一个侧面反映了税收的发展历史。

第二节 税收的特征与职能

一、税收的特征

税收的形式特征通常概括为"三性",即税收作为一种分配形式,同其他财政收入形式相比,具有强制性、无偿性和固定性。

(一) 无偿性

税收的无偿性,是指国家征税不向纳税人支付任何报酬和代价,征税后税款即为国家所有,不再直接归还给纳税人。列宁曾说:"所谓赋税,就是国家不付任何报酬,而向居民取得东西。"

具体来说,这一概念包含了两层含义:

1. 税收对某一具体纳税人而言是无偿的。即政府与具体纳税人之间的权利和义务关系是不对等的,政府向纳税人征税不是以具体提供公共物品为依据,而纳税人向政府纳税也不是以具体分享多少公共物品为前提的。这是税收最本质的特征,也是税收"三性"的核心。

2. 税收对全体纳税人而言又是有偿的。因为国家提供的公共物品与劳务是由全体社会成员享受的,按"谁受益谁负担"的原则,国家在提供这些公共物品与劳务时所付出的成本,当然也应由全体社会成员来补偿,而能使全体社会成员都参与补偿的形式就是税收。

税收的无偿性是由税收收入作为国家预算的主要收入,再通过国家预算安排支出使用的无偿性决定的。国家财政支出大多采取无偿的方式,如对行政机构、司法机构、军队、国防、公安、警察等的经费拨款,一般是纯消费性的,是一种价值的单方面转移。而这些机构是国家职能的具体执行机构,是代表国家向全体社会成员提供公共物品与劳务的。某一具体纳税人在享受国家提供的公共物品与劳务时是无偿的,而国家本身不创造财富,为了保持财政收支平衡,只能采取无偿的方式取得收入,在所有收入方式中覆盖面最广的就是税收。所以说,税收的无偿性是由财政支出的无偿性决定的。

(二) 强制性

税收的强制性,是指国家征税是凭借国家政治权力,通过颁布法律、法规的形式进行的。税收的法律、法规是国家法律的重要组成部分,任何单位和个人都必须遵守,都必须依法纳税,否则就要受到法律的制裁。税收的这一特征应该包括三层含义:

1. 以法律的形式规范了征纳双方权利和义务的对等关系。政府作为征税人,具有向全体社会成员征税的权利,同时承担向全体社会成员提供公共物品与劳务的义务;而全体社会成员作为纳税人,具有分享政府提供的公共物品与劳务的利益的权利,同时有义务补偿政府为提供公共物品与劳务所付出的成本,其补偿的方式就是向国家纳税。

这种权利和义务关系是对等的,没有哪一方可以只享受权利而不履行义务。近年来,我国扎实有序地推进税收立法,依法治税取得了明显成效。税收在国家治理中的作用日益凸显。

2. 政府征税是凭借国家政治权力强制执行的,而不是凭借财产权或某种协议。而这种强制是以国家、政府做后盾,它的强制力要高于任何规范。如合同也有强制性,但合同的强制力要比国家征税差多了。

3. 征纳双方的关系是以法律形式确定的,这种法律规范对双方当事人都具有法律上的约束力,任何一方违反税法都要受到法律的制裁。

税收的强制性是由其无偿性决定的。由于国家是无偿征税,如果没有强制力作保证,税款将很难征收上来,从而会影响财政收入的可靠和稳定取得。所以我国《宪法》第五十六条也明确规定:"中华人民共和国公民有依照法律纳税的义务"。

(三) 固定性

税收的固定性,是指在征税前政府就以税法的形式,预先规定了征税的标准,并按此标准征收。它也包含三层含义:

1. 以税法的形式明确了纳税人、征税对象、应征数额等内容。这些内容既然是以税法的形式加以规定的,一般来说是不能随意变更的。

2. 税收的征收标准在一定范围(一个国家或地区)内是统一的。从我国目前来看,这个范围是指大陆地区,不包括港澳台地区。

3. 征纳双方的税收法律关系,在一定时期内是相对稳定的,但不是一成不变的。在税法延续期间,其内容大体不变,以便征纳双方共同遵守。但这并不是说税法是一成不变的,因为任何一项法律都有一个从不完善到完善的过程,这个过程就是税法不断修改的过程,但修改是为了使税法更完善,而不是从根本上改变税法。

税收的固定性是由其无偿性和强制性共同决定的。税收是强制、无偿地征收,而且依据的是国家政治权力,所以如果没有一个事先确定的标准,则很可能造成税收的滥征、随意加征,就会加重纳税人的负担,甚至激起人民的不满和反抗,导致社会动荡不安。所以,为了避免这种情况的发生,必须事先确定一个标准,让征纳双方共同维护,以保持社会稳定。

这三个特征是税收的基本特征,缺一不可,也是税收与其他财政收入相区别的主要内容。它们之间的关系是无偿性决定强制性,无偿性和强制性共同决定了固定性。在这三个特征中,无偿性是核心。

二、税收的职能

税收职能一般指税收这种分配关系本身,在一定社会制度下所固有的职责与功能,是事物的一种长期固定属性。职责指税收在社会再生产中所承担的根本任务,表明税收应该做什么;功能指税收完成任务的能力,表明税收能够做什么。一般说税收有两大职能:财政职能、调节经济职能。

(一) 财政职能

税收的财政职能,是指税收具有组织财政收入的功能,即税收作为参与社会产品分配的手段,能将一部分社会产品由社会成员手中转移到国家手中,形成国家财政收入的能力。

税收之所以具有财政职能,是因为税收是一种国家凭借其政治权力进行的一种强制、无偿的分配形式,可以将一部分社会产品以价值形式由分散的社会成员手中转移到国家手中,形成可供国家支配的财政收入,以保证国家行使其职能和满足社会公共需要。

税收的财政职能具有以下特点:

1. 适用范围的广泛性

由于税收是国家凭借政治权力向纳税人进行的强制征收,因此,从纳税人看,包括国家主权管辖范围内的一切企事业单位、经济组织和个人,没有所有制、行业、地区、部门的区别和限制。从征税对象看,征税范围十分广泛,既包括流转额、财产额,还包括针对某些特定行为和特定目的征税。

2. 取得财政收入的及时性

由于税法中明确规定了纳税义务成立的时间和纳税期限,保证了税收收入及时、均衡入库。如流转税以纳税人实现销售收入为纳税义务成立的时间,纳税人只要实现销售收入,不论盈亏与否都要依法纳税,又如纳税结算期和缴款期的规定,对纳税人缴纳税款的时间给予了严格的限制,有利于国家及时取得财政收入,以保证财政支出的需要。

3. 征收数额上的稳定性

由于税法明确规定了各税种的纳税人、征税对象和税率,因而确定了各税种在国民收入分配中的相对比例。并且由于税收具有固定性特征,使税收在征收时间上具有连续性,保证了国家财政收入的稳定性。

(二) 调节经济职能

税收的调节经济职能是指税收在组织财政收入的过程中,改变国民收入原有的分配格局,从而对经济产生影响的能力。这种影响是客观存在的,是税收反作用于经济,因而其影响可能是积极的,也有可能是消极的;可能促进经济发展,也可能破坏经济发展;经济的调节可能是有意识的,也有可能是无意识的。所以国家必须认识税收调节经济的职能,自觉地运用税收这个经济杠杆调节经济。中华人民共和国成立以来,党中央国务院根据形势任务的发展,审时度势提出了一系列税收政策、措施和主张,对促进政治、经济、社会发展产生了重大影响,发挥了重要作用。党的二十大报告提出,要加大税收、社会保障、转移支付等的调节力度,为完善现代税收制度、促进建立现代财税体制指明了方向。税收调节经济的职能主要表现在以下几个方面:

1. 税收对总需求与总供给平衡的调节

实现总需求与总供给的平衡,对于经济的稳定发展,保证充分就业和物价稳定,意义十分重大。如果总需求与总供给失衡,就会严重破坏经济的正常运行。

国家可以运用税收和财政支出手段,直接调节社会消费总量和投资总量,使总需求和总供给达到均衡。大体上有两种情况:① 当社会总需求大于总供给,出现总需求膨胀时,国家可以采取紧缩性财政政策,通过增加税收,减少企业和个人手中的可支配收入,使消费需求和投资需求下降,从而降低社会总需求,抑制通货膨胀。② 当社会总需求严重低于总供给,出现总供给过剩时,国家可采取扩张性财政政策,通过减税(包括免税、退税),增加企业和消费者手中的可支配收入,使消费需求和投资需求上升,以助于克服经济衰退。当然,这只是从理论上来讲的。在实践中,当社会总需求和总供给失衡时,不一定非要机械地采取与上述相吻合的措施,而要根据具体情况采取不同的方法。如1999年我国恢复对存款利息所得征税,应该属于增加税收,但当时实施的却是扩张性财政政策,因为政府希望将居民手中的储蓄转化为需求。

2. 税收对资源配置的调节

税收对资源配置的调节,是通过对投资产生影响而实现的:

(1) 对投资收入进行不同的处理。任何投资者的投资目的,都是要取得收益。根据收益取得的保险程度不同,可将投资分为安全性投资和风险性投资。一般而言,资本总是向那些风险小、收益高的地方流动。如果税收对这些投资收入的处理方式不同,就会引起资本向不同方向流动。例如,国家对所有的投资收益征税,但是在计算投资应税收入时,针对不同的投资者或不同的投资方向,对投资者发生的投资损失给予不同的处理方式,即是否允许投资者将投资损失从投资收益中扣除,这样会直接影响投资者的预期投资收益,也就必然影响投资者的投资方向。

（2）对不同的部门和地区实行不同的税收优惠措施。投资者是以追求最大利润为唯一标准的,这种受利益驱动而引起的资源流动,有时对国家或对整个社会来说不一定有利,也不一定会使社会资源得到有效配置。这时,就需要国家介入调节,在国家的各种调节措施中,税收是一个很重要的经济杠杆。税收对部门或地区之间的资源流动的影响,主要在于使部门或地区之间的税负不同,从而引导投资者资本的投入或退出。通过财政税收手段,是可以使不发达地区变成发达地区的。改革开放以来,我国经济的快速发展,使得税收调节经济的职能作用日益加强。同时,经济发展推动税制改革和调整不断深化和细化。在支持西部大开发、振兴东北老工业基地、支持就业和再就业等宏观经济发展目标的导向下,提高个体税收起征点、鼓励实体经济发展、支持小微企业发展等税收优惠政策相继实施,推动了区域经济的均衡发展,体现了对弱势群体的扶持,税收负担正在法制化的轨道上向公平目标稳序迈进。

（3）不同税种对资本投资的影响是有所不同的。例如直接税,主要是各种所得税,直接影响投资报酬率,由于投资报酬率的不同而使资本流动,影响投资倾向。再如间接税,直接影响的是消费水平,通过消费水平的变化来影响投资规模的变化,从而达到影响投资倾向。因此,政府应该充分运用税收手段,制定合理的税收政策,以维持投资水平的合理性和资源配置的有效性。

3. 税收对社会财富分配的调节

在市场经济条件下,收入的初次分配主要取决于两个因素:① 所拥有的经济资源的多少,这里的经济资源包括财产、劳动能力、受教育程度等等;② 上述资源在市场上的价格。而人们所拥有的经济资源的多少,并不完全取决于人们自己的主观努力,如劳动能力,年幼的孩子和年老的老人基本没有劳动能力,但这与他们本身的主观努力无关,而是一种自然规律。这种由于人们对经济资源的占有不同,而造成的社会财富的分配悬殊,显然是不公平的,是一个严重的社会问题,国家有必要介入调整,使社会财富的分配趋于公平。但国家调节社会财富分配不公,不能采取强制行政剥夺的办法,因为私人的合法财产是不可侵犯的,因而只能采取经济手段,主要是税收手段来影响分配。

第三节　税收的分类及税制构成要素

一、税收的分类

税收分类是指按照一定的标准,将具有相近或相似特点的税种归并成若干类别。通过分类,可以从不同角度对各个税种进行对比研究,分析税收的发展演变过程,研究税源的分布和税收负担;通过分类对比不同国家或同一国家不同时期的税收制度,以及各种税收在税制结构中的功能作用及其对社会经济运行的影响程度,从而为完善税收制度提供依据。

税收分类的标准可分以下几种:

(一) 按征税对象分类

按征税对象性质分类,可将税收分为流转税、所得税、资源税、财产税、行为税。这是我国常用的一种分类方法。

1. 流转税

流转税又称为商品及劳务课税,是以商品流转额(销售额)和非商品流转额(营业额)作为征税对象征收的税。这类税收的经济前提是商品经济,只有在商品经济条件下,才能有商品和非商品流转额。这类税收的税额一般构成商品价格的组成部分,不受商品成本、费用高低的影响,能够及时、稳定地保证财政收入。主要税种有增值税、消费税、营业税、关税。

流转税的特点是:

(1) 以商品交换为前提,与商品生产和流通有密切关系。

(2) 税额与价格密切相关,因此在税率既定的条件下,流转税额的大小直接依赖于商品劳务的价格高低和流转环节的多少,而与成本、费用水平无关。这对保证财政收入的稳定、及时取得,促进企业改善经营管理,加强经济核算及配合价格调节生产与消费等方面有重要作用。

(3) 税负可以通过价格转嫁,属于间接税。

2. 所得税

所得税又称收益税,是指以纳税人的所得额或收益额为征税对象征收的税。收益额是指纳税人在一定时期内从国民收入总额中,通过各种方式分配到的那部分份额。有总收益和纯收益之分,纯收益即为所得额。主要税种有企业所得税、外商投资企业和外国企业所得税、个人所得税和农业税。

这类税收体现了有所得者征,无所得者不征;所得多者多征,所得少者少征;量能负担和公平税负的特点。但这类税收由于受到企业成本和费用高低的影响,所以企业效益的高低及会计标准水平,会直接影响到税收收入的稳定性。

所得税的特点是:

(1) 税额的多少直接取决于有无收益和收益多少,而不决定于商品或劳务的流转额,即与收入、成本和费用均有关。

(2) 税负不能转嫁。由于收益税的征税对象是纳税人的真实收入,不易进行转嫁,因而便于贯彻"区别对待、合理负担"的税收原则。收益税在调节纳税人收入方面具有特殊作用,在实行累进税率的情况下尤为如此。

3. 资源税

资源税是指以开发和利用自然资源为征税对象征收的税。自然资源是自然界赐予人类的宝贵财富,为人类的生存和发展提供极为重要的生产和生活资料。因此,开征资源税,不仅可以为国家增加财政收入,而且有利于调节级差收入,促进资源的合理开采和利用,鼓励企业开展公平竞争。主要税种有资源税、城镇土地使用税、耕地占用税和土地增值税。

资源税的特点有:

(1) 调节纳税人因利用资源的外部条件不同而形成的级差收入,有利于保证公平竞争。

(2) 一般实行从量定额征收。

4. 财产税

财产税是指以纳税人拥有或支配的各种财产为征税对象征收的税。

财产税是一个古老的税种,我国古代就有这种征税形式。财产可分为动产和不动产、有形财产和无形财产等。因此,若要对所有的财产征税是比较困难的,所以财产税一般以土地、房屋、遗产为征税对象。开征财产税,可以增加财政收入,是财政收入的补充来源;能调节财产所有者的收入,缩小贫富差距,促进收入公平分配;有利于促进对房屋、土地的合理使用。主要税种有房产税、契税、遗产与赠与税、车船使用税。

5. 行为税

行为税是指以纳税人的某种特定行为作为征税对象征收的税。这也是目前世界各国普遍开征的一类税。开征行为税,除为国家取得一定财政收入外,更主要的目的是为了通过征税,规范或引导纳税人的某些行为,贯彻国家在一定时期所采取的某些政策。主要税种有印花税、城市维护建设税、证券交易税、屠宰税、筵席税。

财产、行为课税的特点有:

(1) 有明显的政策目的性。国家对财产、行为课税,不仅是为了开辟财源,而且主要是配合贯彻一定的社会经济政策。

(2) 有因时制宜特点。即这些税种的设置和废止,往往时间性很强。

(3) 有因地制宜特点。即税源不广、范围有限,不具备作为主体税种的条件,只能作为辅助性税种。

(二) 按税收计征标准分类

按税收计征标准分类,可将税收分为从价税和从量税。

1. 从价税

以征税对象价格或金额为标准计征的税。我国目前大部分税种均为从价税。

2. 从量税

以征税对象体积、面积、容积、数量、重量等实物量为标准计征的税。如资源税、车船使用税、屠宰税等。

从价税的税收额大小与价格有直接联系,即商品或劳务价格的变动,直接影响税收额的变动。从量税的税收与价格没有直接联系,即商品或劳务价格的变动不会影响税收的变动。目前,我国税种大部分为从价税,只有少部分为从量税,如土地使用税、车船使用税、资源税等。

从价税是商品经济高度发展的产物,普遍征收从价税有利于促进商品经济的发展。征收机关面对千百万个不同类型的征税对象,利用价格统一衡量其价值量,既可方便征管工作,同时也有利于税款的同标准计算。当然价格有时也并不能准确反映计征对象的价值水平,如果出现通货膨胀,即使在税率不变前提下,税负也会随征税对象价格的上升而加重,显然对纳税人来说是不公平的。

(三) 按税收负担是否转嫁分类

按税收负担是否转嫁分类,可将税收分为直接税和间接税。这是西方税收学对税收的一种惯用分类方法。

1. 直接税

直接税是指税款由纳税人缴纳,也由纳税人负担,不能转嫁给他人承担的一类税,如所得税。

2. 间接税

间接税是指税款由纳税人缴纳，但可以通过各种方式将税负转嫁给他人承担的一类税，如流转税。

由于直接税具有非转嫁性，因而较易掌握税收负担的规模与方向，便于政府了解税源和税收政策的执行情况，及时调整税负。直接税和税负直接挂钩，所有纳税人承担的税负直观、明晰。因此，可较准确地计算纳税人的平均税率，这对制定合理的税收制度至关重要。根据此特性，资本主义国家一直以直接税为主，一方面，可体现平等化和合理化；另一方面，可为资产阶级利益服务，造就一个资产者阶层，产生出所得份额大而交纳大部分所得税的假象。

其实，直接税并非绝对不可以转嫁，可通过压低工人工资和原材料价格，加强劳动强度等方法，保持其既得利润。直接税的最终负担者是创造财富的劳动者。而间接税也并非完全可以转嫁。

(四) 按税收与价格的关系分类

按税收与价格的关系分类，可将税收分为价内税和价外税。

1. 价内税

价内税是指税金构成商品价格因素的税种，如消费税、营业税。

2. 价外税

价外税是指税金作为商品价格附加部分的税种，如增值税。

价内税由于税金包含在商品价格之内，容易为人们所接受，税金随商品价格的实现而实现，有利于及时组织财政收入，计税简便，征收费用低，但这类税收会因税收的变动而影响商品价格和企业利润，容易发生商品价格与价值背离的情况。价外税，税收的变动不直接影响商品的价格和企业利润，税负透明度高，税收负担转嫁明显。

(五) 按照税收管理权限分类

按照税收管理权限分类，可将税收分为中央税、地方税、中央地方共享税三类。1994年我国开始实行分税制，具体划分如下。

1. 中央税

由中央政府征收管理，收入归中央政府支配的税种。包括关税，海关代征的消费税和增值税，消费税，中央企业所得税，非银行金融企业所得税，铁道、各银行总行、保险总公司等部门集中缴纳的收入（包括营业税、所得税、利润和城市维护建设税）。

2. 地方税

由地方政府征收管理，其收入归地方政府支配的税种。包括营业税（不含上述铁道部门、各银行总行、各保险总公司集中缴纳的营业税），地方企业所得税（不含上述地方银行、外资银行和非银行金融企业所得税），个人所得税，城镇土地使用税，固定资产投资方向调节税（后已停征），城市维护建设税（不含铁道部门、各银行总行、各保险总公司集中缴纳中央财政的部分），房产税，车船使用税，印花税，屠宰税（后已停征），农牧业税，农业特产税（后各地陆续停征），耕地占用税，土地增值税，契税。

3. 共享税

由中央统一立法，收入由中央与地方按照一定的比例共享支配的税种。包括增值税（中央分享75%,地方分享25%),证券交易印花税(中央与地方各分享50%),资源税(海洋石油资源税作为中央收入,其他资源税作为地方收入)。

这种按税种划分中央与地方财政收入的范围,有利于规范中央与地方之间的财政关系。但我国实行的这种分税制还是不彻底的分税制。随着财政经济形势和分配格局的变化,需要不断调整分税内容。自1994年实行分税制后,已经过几次调整。如从1997年1月1日起对证券交易印花税分享比例连续进行调整,最后调整为中央分享97%,地方分享3%。再如2002年1月1日起实施所得税分享改革,将原来按企业隶属关系划分中央和地方所得税收入的办法改为中央和地方按统一比例分享。

(六) 按税收收入形态分类

1. 力役税

纳税人以提供劳动力(劳务)充当税款缴纳的税,它是在早期社会经济发展水平低下时期所采用的税收征收形式。如商代的"助"和后世的"力役之征",唐代的"庸"和"调"等。

2. 实物税

纳税人以各种实物充当税款缴纳的税,它是在商品货币经济不发达的时代,主要是封建社会国家普遍采用的税收征收形式。如我国古代的"粟米之征"和"布缕之征"。

3. 货币税

纳税人以货币形式缴纳的税,它是商品经济发展的必然产物,是目前世界各国税收的主要征收形式。

力役税、实物税适应于自然经济条件,有利于国家控制和掌握一定数量的特定实物;货币税适用于商品经济条件,既有利于纳税人缴税,也有利于国家财政收支管理。所以,现在几乎所有国家的税收均为货币形式。

二、税制的构成要素

税收制度就是通常讲的税法,是国家各种税收法令、法规和征收办法的总称。是国家向纳税的单位和个人征的法律依据和工作规程。税收制度有广义和狭义的区别。

广义的税收制度指国家设置的所有税种组成的税收体系及各项征收管理制度,包括:税收基本法、税收实体法(各税种税法、条例及税收优惠和减免税法规)、税收补充法(各税种实施细则、具体征收办法和规定)、税收行政法(税收管理体制、税收征收管理法规、违章处罚法、税务监察法、税务机关和税务人员组织法)、税务诉讼法(税务行政复议、税务行政诉讼)。

狭义的税收制度指国家设置某一具体税种的征收制度,在我国目前主要是指税收实体法和税收补充法组成的税收制度。

税法由税制的基本要素构成。所谓税制构成要素,是指各个税种在立法时必须载明的、不可缺少的内容,一般包括纳税人、征税对象、税目、税率、纳税环节、纳税期限、减税免税、违章处理等要素。国家要设置税种征税,必须对这些要素以法律或制度的形式做出明确规定。这些要素构成税法的基本条款。

(一) 纳税人

纳税人即纳税义务人,又称课税主体,是税法规定的直接负有纳税义务的单位和个人。它是税收制度构成的最基本的要素之一。

各种税都确定有各自的纳税义务人,税种不同,纳税人也不同。如增值税的纳税人是在我国境内销售货物或提供加工、修理修配劳务的单位和个人;而农业税的纳税人则是在我国境内从事农业生产、有农业收入的单位和个人。

1. 法人与自然人

从法律角度划分,纳税人包括法人和自然人两种。法人是指按照法律程序设立,具备必要的生产经营条件,实行独立经济核算并能独立承担经济责任和行使经济权利的单位。在我国包括国有企业、集体企业、私营企业、中外合资经营企业和外资企业等。自然人是指在法律上可以独立地享受民事权利并承担民事义务的公民个人,如从事工商营利事业的个人以及有应税收入和应税财产的个人。

2. 纳税人与负税人

纳税人是直接与税务机关打交道的单位和个人,即税款由纳税人直接向税务机关交纳,税务机关直接向纳税人征收税款。但纳税人并不一定就是负税人。

负税人一般是指税收的实际负担者(最终承担税款的单位和个人)。在实际生活中,有的税收由纳税人自己负担,纳税人本身就是负税人,如所得税;有的税收虽然由纳税人交纳,但实际却是由别人负担,纳税人并不是负税人,这就是通常所说的税负转嫁,如关税、消费税、营业税等。

3. 扣缴义务人

各项税收,一般是由纳税人直接申报缴纳或由税务机关直接征收。但为了简化纳税手续,有效地控制税源,方便纳税人,税法还规定了代收(扣)代缴义务人、税务代理人、委托代征人。

扣缴义务人是指税法规定的,在向纳税人支付或收取款项时,依法履行代收(扣)代缴应纳税款的单位或个人。扣缴人必须履行扣缴义务,否则也应负法律责任。

4. 税务代理人

税务代理人是指经政府有关部门批准,依照税法规定,在一定的代理权限内,以纳税人、扣缴义务人自己的名义,代为办理各项税务事宜的单位或个人。税务代理是一种民事代理行为,理应享受我国民法通则所规定的关于代理人的各项权利,履行一定的义务,承担一定的法律责任。

5. 委托代征人

委托代征人是指按照税法规定,由税务机关指派、委托,代税务机关收缴税款的单位和个人。代征人一般要由税务机关发给代征税款委托证书。

(二) 征税对象

征税对象,又称课税客体、课税对象,是指对什么征税,是税法规定的征税的目的物,是确定是否征税的分水岭。

1. 征税对象与税源

税源是指税收的经济来源。税源大小决定着纳税人的负担能力,它是在国民经济的初次分配中形成的各种收入,如工资、奖金、利润、利息等。各种税因征税对象的不同,有不同的经济来源。有的税种征税对象与税源是相同的,如所得税,其征税对象和税源都是纳税人的所得。有的税种则不同,如财产税,征税对象是应税财产,而税源则是财产的收益或财产所有人的收入。

2. 征税对象与计税依据

计税依据又称税基,是指税法中规定的据以计算各种税应纳税额的依据或标准,是征税对象量的表现。

计税依据与征税对象的关系:征税对象是征税的目的物,而计税依据则是在目的物已经确定的情况下,对目的物据以计算税款的依据或标准。有些税种的征税对象与计税依据是一致的,如消费税、营业税;有些税种却不一致,如所得税,征税对象是全部所得额,而计税依据是应纳税所得额。

(三) 税目

税目是征税对象的具体项目,它具体地规定一个税种的征税范围,体现了征税的广度。有些税种征税对象简单、明确,没有必要再另行规定税目。有些税种征税对象复杂,需要规定税目,如消费税以消费品为征税对象,但对哪些消费品征税,需要通过税目来规定。我国税法规定只对 11 种消费品征收消费税。随着经济形势和经济政策的变化,国家会根据需要对有些税种的税目进行适当调整。

(四) 税率

税率是应纳税额与征税对象(计税依据)之间的比例,是应纳税额计算的尺度。税率的高低直接关系到国家的财政收入和纳税人的税收负担,是税收制度的中心环节,也是设计税制的主要议题。为了分析的需要,税率还可分为名义税率与实际税率、边际税率与平均税率等。

税率有名义税率和实际税率之分:名义税率是指税法规定的税率;实际税率是实际税收负担率,是指因计税标准、减免税等,最终形成的实纳税额与实际收入之间的比例。一般情况下,名义税率要高于实际税率。

边际税率是指最后一个计税依据所适用的税率,而平均税率是全部应纳税额与收入之间的比率。边际税率与平均税率之间存在紧密的联系。在累进税制情况下,平均税率随边际税率的提高而提高,但平均税率低于边际税率;在比例税制情况下,边际税率就是平均税率。

我国现行税率大致可分为三种:比例税率、定额税率、累进税率。

1. 比例税率

即对同一征税对象,不论其数额大小,只按同一比例征税。

采用这种税率,税额随着征税对象的量等比例增加,在一般情况下,其名义税率等于实际税率。比例税率在具体运用上可分为以下几种:

(1) 单一比例税率。即一种税只采用一种税率,如企业所得税。

(2) 差别比例税率。即通过税目将征税对象分类,不同征税对象适用不同的税率。差别比例税率包括以下几种:

① 行业差别比例税率。即按行业的不同规定不同的税率,同一行业采用同一税率,如营业税。

② 产品差别比例税率。即对不同产品规定不同税率,同一产品采用同一税率,如消费税,目的是为了适应不同产品的积累水平。

③ 地区差别比例税率。即对不同地区实行不同税率,同一地区采用同一税率,如农业税,这是为了照顾不同地区的生产水平和收益分配。

(3) 幅度比例税率。即税法中规定一个幅度税率,各地可以根据本地区实际情况,在税法规定的幅度内确定一个比例税率。

（4）有起征点或免征额的比例税率。即对同一征税对象规定达到起征点后按全额征税，或扣除免征额后，按同一比例税率征税。

（5）分类分级比例税率。即对同一征税对象分为几个类别或等级，每一类别或等级分别规定不同的比例税率，如消费税中对烟和酒的征税。

比例税率的优点：一是同一征税对象的不同纳税人税收负担相同，具有鼓励先进，鞭策后进的作用，有利于在同等条件下开展竞争；二是计算简便，有利于税收的征收管理。其缺点是：比例税率的税收负担与负担能力不相适应，不能体现负担能力大者多征，负担能力小者少征的原则，税收负担程度不尽合理，调节收入有局限性。

2. 定额税率

亦称固定税额，是税率的一种特殊形式。它按征税对象的一定计量单位（重量、数量、面积、体积、容积等）规定固定税额，而不是规定征收比例。定额税率适用于从量计征的某些税种，一般对那些价格稳定、质量和规格标准统一的商品课征，如资源税。在具体运用上又可分为以下几种：

（1）地区差别税额。即为了照顾不同地区的自然资源、生产水平和盈利水平的差别，根据各地区经济发展的不同情况对各地区分别规定不同的税额。

（2）幅度税额。即税法只规定一个税额幅度，由各地根据本地区实际情况，在税法规定的幅度内，确定一个执行税额。

（3）分类分级税额。把征税对象划分为若干个类别和等级，对各类各级由低到高规定相应的税额，等级高的税额高，等级低的税额低，具有累进税的性质。

定额税率的优点：一是它从量计征，而不是从价计征，有利于鼓励企业提高产品质量和改进包装装潢；二是计算简便；三是税额不受征税对象价格变化的影响，负担相对稳定。

缺点：一是收入弹性较差，由于税额一般不随征税对象价值的增长而增长，不能使国家财政收入随国民收入的增长而同步增长，在调节收入和适用范围上有局限性。二是税负不合理，由于税额不随着征税对象价值的增加而增加，所以导致收入越高，税收负担越低，具有累退的特征。

3. 累进税率

即按征税对象数额的大小，划分若干等级，每个等级由低到高规定相应的税率，征税对象数额越大税率越高。

累进税率因计算方法和依据的不同，又可分为以下几种：

（1）全额累进税率。即对征税对象的全额按照与之相应等级的税率计算税额。在征税对象数额提高一个级距时，对征税对象全额都按提高一级的税率征税。举例如表1-1。

表1-1　月应税收入全额累进税率表

月应税收入（元）	税　　率
小于等于500元	5%
501～2 000	10%
2 001～5 000	15%
5 001～20 000	20%

优点:计算简便。

缺点:税负不合理。在级距的临界点附近,税负呈跳跃式上升,纳税人往往收入增加不多,但税负却成倍增加,会造成纳税人税收负担畸重畸轻,不能体现税收公平原则。所以在现实生活中,几乎没有国家采用全额累进税率。具体可通过表1-2举例说明。

表1-2 月应税收入全额累进税率与超额累进税率对比表

纳税人	月应税收入(元)	全额累进 税率	全额累进 税额(元)	超额累进 税率	超额累进 税额(元)	
甲	600	10%	600×10%=60	10%	500×5%+100×10%=35	
乙	3 000	15%	3 000×15%=450	15%	500×5%+1 500×10%+1 000×15%=325	
丙	499	5%	499×5%=24.95	5%	499×5%=24.95	丁比丙多缴纳 0.15元税款
丁	501	10%	501×10%=50.1	10%	500×5%+1×10%=25.1	

表1-2中,在全额累进税率条件下,丁纳税人月应税收入比丙纳税人月应税收入仅多2元(501-499),却比丙纳税人要多缴纳25.15(50.1-24.95)元税款。这显然是不合理的。而在超额累进税率条件下,丁纳税人比丙纳税人仅多缴纳0.15元(25.1-24.95)税款。这显然是合理的。

(2)超额累进税率。即把征税对象按数额大小划分为若干等级,每个等级由低到高规定相应的税率,在征税对象数额提高一个级距时,只对超过部分按照提高一级的税率征税,每个等级分别按该等级的税率计税,各等级税额之和就是纳税人应纳税额。

优点:税收负担合理,弥补了全额累进税率的不足。所以目前实行累进税率的国家基本上都是采用超额累进税率。

缺点:计算比较复杂。所以在实际运用中多采用速算扣除数法。

速算扣除数计算公式如下:

本级速算扣除数=上一级级距的上限×(本级税率-上一级税率)+上一级速算扣除数

应纳税额=全额累进方法计算的税额-相应等级的速算扣除数

表1-3 月应税收入超额累进税率速算扣除数表

月应税收入(元)	税率	速算扣除数	前例(表1-2)税额(元)
小于等于500元	5%	0	甲:60-25=35
月应税收入(元)	税率	速算扣除数	前例(表1-2)税额(元)
500~2 000	10%	500×(10%-5%)+0=25	乙:450-125=325
2 000~5 000	15%	2 000×(15%-10%)+25=125	丙:24.95
5 000~20 000	20%	5 000×(20%-15%)+125=375	丁:50.1-25=25.1

(3)全率累进税率。它与全额累进税率的原理相同,只是税率累进的依据不同,全率累进税率的对象是某种比率,如销售利润率、资金利润率等。

(4)超率累进税率。它与超额累进税率的原理相同,只是税率累进的依据不是征税对象的数额,而是征税对象的某种比率。目前土地增值税采用四级超率累进计算方法。

全率累进税率和超率累进税率的优缺点与全额累进税率和超额累进税率优缺点基本相同,只是计算过程更复杂一些。

表 1-4 销售利润率(p)累进税率表

级 距	税 率	速算扣除率
$p \leq 5\%$	0	0
$5\% \leq p \leq 10\%$	20%	1%
$10\% \leq p \leq 15\%$	40%	3%
$15\% \leq p \leq 20\%$	60%	6%
$20\% \leq p \leq 30\%$	70%	7%
$p \geq 30\%$	80%	10%

本级速算扣除率＝上一级级距的上限×(本级税率－上一级税率)＋上一级速算扣除率

【例 1-1】 某纳税人的利润额为 16 000 元,销售收入为 100 000 元。分别用全率累进、超率累进、速算法计算应纳税额。

解 销售利润率＝16 000÷100 000＝16%,则对应税率为 60%。

全率累进计算应纳税额＝16 000×60%＝9 600(元)

超率累进计算应纳税额＝100 000×5%×0＋100 000×(10%－5%)×20%＋100 000×(15%－10%)×40%＋100 000×(16%－15%)×60%
＝3 600(元)

速算法＝利润额×相应税率－销售额×相应速算扣除率
＝16 000×60%－100 000×6%＝3 600(元)

(五) 纳税环节

纳税环节是征税对象在运动过程中缴纳税款的环节。任何一种税都要确定纳税环节,有的税种纳税环节比较明确、固定,有的税种则需要在许多流转环节中选择和确定适当的纳税环节。如对一种商品,在生产、批发、零售环节中,可以选择只在生产环节征税,称为"一次课征制",如消费税;也可以选择在两个环节征税,称为"两次课征制";还可以实行在所有流转环节都征税,称为"多次课征制",如增值税。

确定纳税环节,是课税制度的一个重要问题。它关系到税制结构和税种的布局,关系到税款能否及时、足额入库,关系到地区间税收收入的分配,同时也关系到企业的经济核算和是否便利纳税人缴纳税款等问题。所以,选择确定纳税环节的原则是:(1) 有利于及时稳妥地集中税款;(2) 符合纳税人纳税规律,便于征纳;(3) 有利于经济发展和控制税源。

(六) 纳税期限与缴款期限

1. 纳税期限是税法规定的纳税人向国家缴纳税款的期限。它是税收的固定性、强制性在时间上的体现。从原则上讲,纳税人在取得应税收入或发生纳税义务后,应当立即向国家缴纳税款。但是由于纳税人取得应税收入或发生纳税义务有其阶段性,不可能每取得一次应税收入或发生一次纳税义务就立即缴纳一次税。为了简化纳税手续,便于纳税人经营管理,同时有利于税款及时缴入国库,有必要根据各种税的不同特点以及纳税人的具体情况分别规定不同的纳税期限。

2. 缴款期限。由于纳税人对纳税期限内取得的应税收入和应纳税款需要一定时间进行结算并办理纳税手续,因此,还必须规定一个报缴税款的期限,例如限定在纳税期满后的什么时间内将税款缴入国库,到期未缴就要作为违章处理。

(七) 特别措施

1. 减税、免税

减税、免税是税收制度中对某些纳税人和征税对象给予鼓励和照顾的一种规定。

减税是对应纳税额少征收一部分,免税是对应纳税额全部免征。

减税、免税规定是对特定的纳税人和特定的课税对象所做的某种程度的减征税款或全部免征税款的规定。在具体运用上,减税、免税规定一般可分为两种类型:一种是根据国家的政策需要所做的统一的减免税规定,这类减免,税法上有明确的范围和期限,通常是列举项目,统一实行;另一种是根据某些纳税人的情况作临时性或个别性的减税免税规定,这类减税、免税多属于统一减税、免税规定所不能解决的特殊问题,不宜在税法中做出具体规定或统一规定,而且随着客观情况的发展变化,需要及时做出调整和补充,以保证减税、免税的机动性和灵活性。

退税减税降费是助企纾困最公平、最直接、最有效的举措。党的十八大以来,党中央、国务院审时度势、科学决策,出台一系列退税减税降费政策,为减轻市场主体负担、应对经济下行压力提供了有力支持。实施退税减税降费是践行以人民为中心发展思想的生动实践。从 2012 年"结构性减税"到 2013 年"结合税制改革完善结构性减税政策",从 2015 年"定向减税和普遍性降费"到 2019 年"普惠性减税与结构性减税并举",再到 2022 年"坚持阶段性措施和制度性安排相结合,减税与退税并举",我国退税减税降费政策年年加力、步步扩围、层层递进,并结合税制改革不断形成制度性安排,充分彰显了党中央、国务院非凡的政治魄力和强烈的责任担当,集中展现了保持宏观调控连续性、稳定性、可持续性的政策定力,为助力经济社会高质量发展注入了动力,护航中国经济行稳致远。

2. 起征点与免征额

起征点是课税达到征税数额开始征税的界限。课税对象的数额未达到起征点的不征税,达到或超过起征点的,就课税对象的全部数额征税。起征点的高低,关系到征税面的扩大或缩小。

免征额是在课税对象总额中免予征税的数额。它是按照一定标准从全部课税对象总额中预先减除的部分。免征额部分不征税,只就超过免征额的部分征税。免征额的高低也体现着征税面和税收负担量的变化。

起征点与免征额的区别在于:起征点只照顾到一部分低收入者,将低收入者排除在征税范围以外,实行合理负担的税收政策。而免征额可以照顾到所有纳税人,不同收入的纳税人都可以享受一定数量的免税待遇,有利于降低税收负担。

3. 附加与加成

附加,是地方附加的简称,是地方政府在正税之外,额外征收的一部分款项。正税是我们通常所说的国家税法规定的各种税,而把正税以外征收的附加称为副税。附加的比例有两种形式:

(1) 按征税对象数额征收一定比例的附加,如渔业税附加,就是以渔业收入的1‰征收的。

(2) 按正税税额征收一定比例的附加,如教育附加,是按照实际缴纳的增值税、消费税、营业税税额的3%征收的。

显然后一种负担要轻于前一种。附加收入一般作为地方机动财力使用,并且是专款专用。

加成是加成征收的简称,是根据纳税人正税应纳税额再加征一定成数税额。这是国家为了实现某种限制政策或调节措施,对特定纳税人实行的。一般来说,加征一成,就是加征10%,加征两成就是加征20%,依此类推。目前我国税制中个人所得税中对劳务报酬采用加成征收,规定一次性应税劳务收入超过20 000~50 000的部分加征五成,超过50 000的部分加征十成。

【例1-2】 某人一次性劳务收入为70 000元,计算其应纳个人所得税。

解 应税所得=70 000×(1-20%)=56 000(元)

应纳税额=20 000×20%+(50 000-20 000)×20%×(1+50%)+(56 000-50 000)×20%×(1+100%)
=4 000+9 000+2 400=15 400(元)

附加与加成的区别在于:加成只对特定纳税人征收,附加则是对所有纳税人征收;加成一般只在收益课税中采用,以调节某些纳税人的收入;附加则不受此限制。

(八) 违章处理

违章处理是对纳税人违反税法行为所采取的教育处罚措施。它体现了税收的强制性,是保证税法正确贯彻执行、严肃纳税纪律的重要手段。通过违章处理,可以增强纳税人的法制观念,提高依法纳税的自觉性,从而有利于确保国家财政收入并充分发挥税收的职能作用。

1. 违章行为

(1) 违反税收管理程序的行为。纳税人不按规定办理税务登记;不按规定设置、保管账簿或者记账凭证和有关资料;不按规定将财务、会计制度或财务、会计处理办法报送税务机关备查;不按规定申报纳税等。

(2) 妨害税款征收的行为。

① 欠税。是指纳税人超过征税机关核定的纳税期限,未按时交纳而造成拖欠税款的行为。

② 偷税。是指纳税人采取伪造、变造、隐匿、擅自销毁账簿、记账凭证,在账簿上多列支出或者不列、少列收入,或者进行虚假的纳税申报的手段,不缴或者少缴应纳税款的行为。情节严重的构成偷税罪的,按刑事处罚。

③ 抗税。是指纳税人以暴力、威胁手段抗拒履行纳税义务的违法行为。如拒不办理纳税申报手续和提供纳税资料;拒不接受税务机关依法进行的税务检查;聚众闹事、围攻税务机关和殴打税务人员等。情节严重的构成抗税罪和牵连犯罪。

④ 逃税。即逃避追缴欠税,是指纳税人欠缴应纳税款,采取转移或者隐匿财产的手段,致使税务机关无法追缴欠缴的税款行为。

⑤ 骗税。是指企业、事业单位或个人采取对所生产或者经营的商品假报出口等欺骗手段,骗取国家出口退税的行为。有出口经营权的纳税人是骗取出口退税,没有出口经营权的纳税人则是诈骗出口退税。

(3) 妨害发票管理的行为。

① 代开发票,是纳税人在与他人没有业务往来的情况下,代他人开具增值税专用发票或普通发票,或让他人代自己开具增值税专用发票或普通发票的行为。一般来说,这种情况下有

经济行为发生,只是这种行为不是发生在纳税人与开具或收取发票的人之间。

② 虚开发票,是纳税人在与他人没有业务往来的情况下,为他人开具增值税专用发票或普通发票,或让他人为自己开具增值税专用发票或普通发票的行为。一般来说,这种情况下没有任何经济行为发生。

(4) 其他违法行为。

2. 违章处罚

这是国家对上述行为,视情节轻重、态度好坏,分别给予批评教育、经济和法律处罚。

(1) 经济处罚。

① 加收滞纳金。纳税人未按规定纳税的,除限期补缴税款外,还应按规定从滞纳之日起,按少交税款的数额,按日加收万分之五的滞纳金。

② 罚款。纳税人和扣缴义务人,未按规定办理纳税申报、纳税登记、提供有关资料,少交税款的,都可以处 0.5 倍以上 5 倍以下的罚款。

(2) 刑事处罚。

对违章行为情节严重构成犯罪的,除上述处罚外,对直接责任人还要移交司法机关追究刑事责任,可以判处有期徒刑或拘役等,最高可以判处死刑。

第 2 章 税收原则

008 从鲨鱼号飞艇上下来执行任务

✓ 任务分解

☞ 了解西方税收原则,包括古代税收原则和近代税收原则
☞ 掌握我国的税收原则,特别是我国现阶段的税收原则
  (熟悉税收所涉四大原则,从效率和公平角度理解现阶段税收原则,明确税收原则在实际应用中相辅相成,缺一不可)

✓ 疑难重点

☞ 重点:我国现阶段的税收原则
☞ 难点:如何将我国现阶段的税收原则和现行实际相结合

✓ 谜案线索

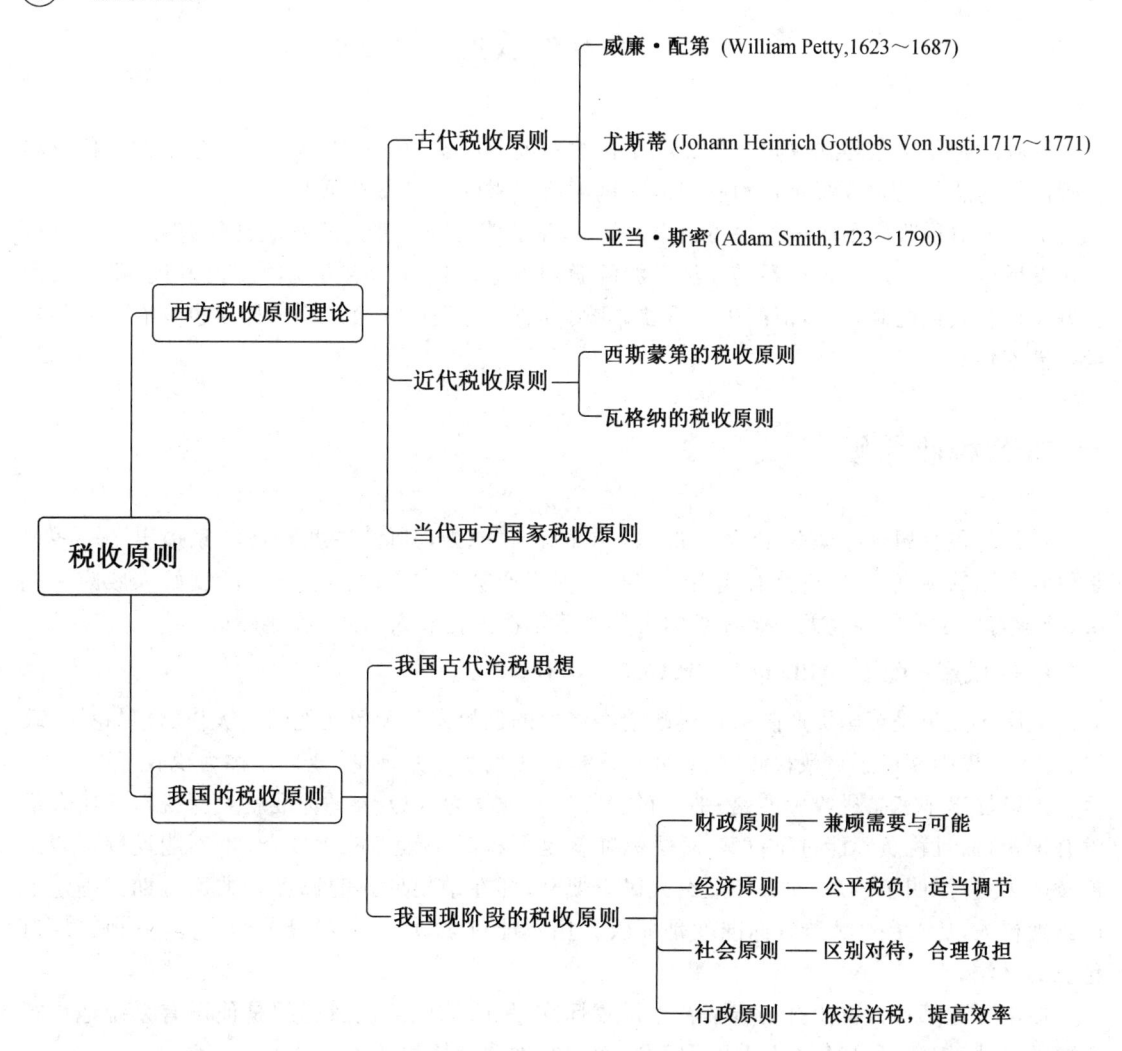

- 税收原则
  - 西方税收原则理论
    - 古代税收原则
      - 威廉·配第（William Petty,1623～1687）
      - 尤斯蒂（Johann Heinrich Gottlobs Von Justi,1717～1771）
      - 亚当·斯密（Adam Smith,1723～1790）
    - 近代税收原则
      - 西斯蒙第的税收原则
      - 瓦格纳的税收原则
    - 当代西方国家税收原则
  - 我国的税收原则
    - 我国古代治税思想
    - 我国现阶段的税收原则
      - 财政原则 —— 兼顾需要与可能
      - 经济原则 —— 公平税负，适当调节
      - 社会原则 —— 区别对待，合理负担
      - 行政原则 —— 依法治税，提高效率

第一节　西方税收原则理论

税收原则是国家建立税收制度和改革税收制度所应遵循的基本原则。它包括制定税收制度所依据的总的税收政策原则和制定税收制度所必需的一些技术原则。

历史上对税收原则的理论探讨由来已久。西方税收原则理论的发展已经有几百年历史，其在发展过程中经历了各种不同经济学派的激烈争论。这对于西方税收理论发展、税收制度发展及税收政策的制定等，都产生了重要影响。同时，对我国税收理论的探讨也具有重要的参考和借鉴意义。

一、古代税收原则

古代的税收原则亦即存在于19世纪以前的税收原则，其间，一些经济学家提出了一些关于税收原则的观点，其中最具有代表性的有英国资产阶级古典政治经济学的创始人威廉·配第、德国官房学派的代表尤斯蒂和英国古典经济学派的代表人物亚当·斯密。

（一）威廉·配第（William Petty,1623～1687）

威廉·配第是英国资产阶级古典政治经济学的创始人。配第在他的代表作《赋税论》、《政治算术》中集中探讨了财政税收问题，并首次提出了税收原则理论（他自己称为税收标准）。

配第提出了三条税收标准：公平、简便、节约。他认为：(1) 公平标准就是课税对任何人都没有偏袒，而且税负不能过重；(2) 简便标准就是征税时手续不能太复杂，也不能模糊不清或模棱两可，应当明了清楚，而且还应给人民以便利，即在纳税形式的选择和纳税日期的确定上应给纳税人以方便；(3) 节省标准就是征收费用不能过多，应注意尽量节约。另外，他还反对包税的做法。

威廉·配第虽然提出并初步解释了税收标准（税收原则），但遗憾的是他没有系统地进行必要的论述，因而可以说他只提出了问题，而把归纳和阐述的任务留给了后人。

（二）尤斯蒂（Johann Heinrich Gottlobs Von Justi,1717～1771）

尤斯蒂，德国重商主义经济学家，是德国官房学派的著名代表人物，主张税收不得干扰纳税人的经济活动，这是他的主要贡献。尤斯蒂在1766年出版的《财政学体系》这部著作中系统阐述了德国政府的财政问题。他在这本书中首次提出了税收的六条原则：

1. 适度。指征税要适度，不得影响纳税人对必需品的享用，不得损及纳税人资本。如果超过这个限度，就是对人民财产的掠夺。

2. 公平。即按公平合理的比例征税。由于纳税人享受的福利（国家保护）有多有少，个人财富不均，因此，公平合理其实是指每个人应该按其所拥有的财产的比例负担国家支出。

3. 福利。即在征税方法上，不得损及国家和人民的福利，不得损及公民自由权。

4. 适应。指应按照国家的性质和政府的体制来制定税收制度。对国家的性质、形势、生产力、生活水平等，以及对人民的才能、情操、爱好等等，应给予适当关心。

5. 确实。是指征税数额必须确切规定，使征纳双方都清楚了解。

6. 简便省费。是指应采用最简便的方式征税,对政府和人民双方来说,所涉及的费用应减至最低。

尤斯蒂的税收原则与威廉·配第相比,有了较大进步,但在论述上还不够明确。

(三) 亚当·斯密(Adam Smith,1723~1790)

亚当·斯密是英国古典政治经济学的主要代表人物,其代表作为《国民财富的性质和原因的研究》(简称《国富论》),是一本划时代的著作。在这部著作里,他不仅系统论述了政治经济学和经济政策理论,而且还专篇论述了财政税收问题,财政学从此成为一门独立的经济学科,这是对财政学研究的巨大贡献。也正是在这本著作里,斯密提出了著名的税收四原则,即平等原则、确实原则、便利原则、节约原则。

1. 平等原则。即个人为了支持政府,应该按照各自的能力,也就是以个人在国家保护之下所获得的收益为比例缴纳税收。

2. 确实原则。即个人应该缴纳的税收,必须明确规定,不可含混不清,征税者不可肆意征收。换句话说,凡是关于纳税的时间、地点、手续和税款等,都要事先规定明确,不能随意变更,使纳税人有章可循,也避免税务人员上下联手,致使纳税义务人蒙受额外的损失。亚当·斯密认为不确实的税收的危害程度,较不公平的税收还严重。可见,亚当·斯密对这一原则是深为重视的。

3. 便利原则。即税收的课征,应站在纳税人的立场上考虑其适当的缴纳时间、地点以及简便的缴纳方法。换句话说,就是一切均以便利纳税人为原则。

4. 节约原则。又称经济原则,是指向国民征税要适量,不能超过一定的量度。如果向国民所征收的税过多,反而不利于国家财政。

亚当·斯密的税收原则理论对于资产阶级税收原则理论的发展,起着承前启后的桥梁作用,他首先继承了前人所提出的税收标准或税收原则,并将它们系统化、具体化、明确化,从而发展了税收原则理论;同时,斯密税收原则理论又为今后资产阶级税收原则理论的发展奠定了基础,后人在论述税收原则时,基本上是围绕斯密的四原则进行补充和发展的。

二、近代税收原则

近代税收原则亦即存在于19世纪的税收原则,它既发展了古代的税收原则,又孕育出现代的税收原则,其中,最具有代表性的是瑞士经济学家西斯蒙第的税收原则和德国新历史学派的代表瓦格纳的税收原则。

(一) 西斯蒙第的税收原则

让·沙尔·列奥纳尔·西蒙·德·西斯蒙第(J. C. L. Srmonde de Sismondr,1773~1842),瑞士经济学家。他在其代表作《政治经济学新原理》一书中,专篇论述了税收问题,他从经济发展的观点出发,在亚当·斯密的四原则之外,又补充了四原则,形成了自己的税收原则理论。

1. 税收不可侵及资本。"一切赋税必须以收入而不是以资本为对象,对前者征税,国家只是取走了个人所应支出的东西;对后者征税,就是毁灭了应该用于维持个人和国家生存的财富。"

2. 不可以总产品为课税依据。"制定赋税标准时,不应该对每年的总产品和收入混淆不清。因为每年的总产品除了年收入外还包括全部流动资本,必须保留这部分产品,以维持或增加各种固定资本、一切积累起来的产品,保证或提高所有生产工人的生活。"即税收应以纯收入为征税对象,以维持或增加各种固定资本。

3. 税收不可侵及纳税人的最低生活费用。"赋税是公民换得享受的代价,所以不应该向得不到任何享受的人征税;就是说,永远不能对纳税人维持生活所必需的那部分收入征税。"即征税也要保证纳税人维持生活所必需的收入。

4. 税收不可驱使财富流向国外。"决不应该因征税而使应纳税的财富逃出国外,因此,规定赋税时对于最容易逃税的财富应该特别缜密考虑(因为税负高,纳税人可能会将资本投到低税负国家,以获得高收益),赋税决不应该触及保持这项财富所必需的那部分收入。"

从西斯蒙第补充的这四个原则来看,几乎都围绕着一个中心,即"收入"展开论述的,这是与他的税收理论的根本出发点分不开的。他认为,税收的课征对象只能是每年增加的国民财富,对它征税不会减少财富,如果对资本课税,原有的财富就会减少,国家就会很快地陷于贫困、破产甚至灭亡,所以他提出了第一个原则。他接着指出,不能以年产品为征税依据,因为年产品中包括了用于保持土地肥力的部分、固定资本部分和流动资本部分,其中流动资本是劳动者用于维持生活的必要收入,对这些征税必然触及资本,而且如果对人民的必要生活部分也征税,是社会组织对人的掠夺和压迫,由此他提出了第二条和第三条原则。第四条原则主要是指税负不能太重,税负过重会使纳税人争相逃税,并携财富到国外,从而导致本国总收入减少。最后西斯蒙第认为,他提出的这几条原则应该同斯密的四原则综合运用。

(二) 瓦格纳的税收原则

瓦格纳(Adolf Waggner,1835~1917),德国新历史学派的人物。19世纪下半叶,资本主义开始进入垄断时期,社会财富分配严重不公,阶级矛盾日益尖锐。在这种社会背景下,一部分资产阶级学者从社会改良角度出发,主张运用政府权力解决社会问题,这就是社会政策学派,其代表人物是德国柏林大学教授瓦格纳。瓦格纳把税收分为纯财政意义和社会政策意义两方面,并提出了税收的四项九原则。

1. 财政政策原则

财政政策原则,也称为财政收入原则。瓦格纳认为,税收的主要目的是为国家及其他公共团体筹集所需要的经费。因此,必须有充分的收入来源作为保证。同时,如果政府的需要增加或政府除税收以外的收入减少时,税收能够依据法律增税或自然增加,以适应这种收支的变化,因此,他又具体提出了充分和弹性两条具体原则。

(1) 充分原则,即税收收入必须能充分满足财政的需要。

(2) 弹性原则,即税收收入必须能充分适应财政收支的变化,能随着国家财政收支的增加,而实现自然或法定增收。

2. 国民经济原则

国民经济原则是指税收如何保证国民经济正常发展的原则,他认为税收不可危及税源,在可能的范围内,应尽量促进资本的形成,促进国民经济的发展,因此,他又具体提出了税源选择原则和税种选择原则。

(1) 税源选择原则,即税源选择必须适当,不能伤害资本。

(2) 税种选择原则,即税种的选择必须考虑税负转嫁问题。

3. 社会公平原则

社会公平原则,或称社会正义原则,它具体分为普遍原则和平等原则:

(1) 普遍原则,即对一切有收入的国民,都要普遍征税,不能因身份或社会地位特殊而例外,要做到不偏不倚。

(2) 平等原则,即不承认收入和财富的自然分配状态是合理的,应根据纳税能力的大小课税。为了适应各种不同的负担能力而平等课税,应采取累进税率,收入多的多纳税,收入少的少纳税,没有收入的免税

4. 税务行政原则

税务行政原则,又称课征技术原则,包括以下三原则:

(1) 确实原则。即税收法令必须简明确实;纳税时间、地点及方式都应明确告知纳税人等,使纳税人有所遵循。

(2) 便利原则。即政府征税应为纳税人的方便考虑,纳税的时间、地点和缴纳方式等都尽量给纳税人以方便。

(3) 节约原则。即征收管理所开支的费用,应力求省,以增加国库的实际收入,同时,征管费用不单纯指征税的费用,纳税人因交税而直接负担或间接负担的费用也包括在内。

可见,垄断时期的税收原则已不同于自由资本主义时期的税收原则。由于国家不仅是"守夜者",而且要执行社会政策,所以从财政上保证国家的需要是重要的。与此相应,就是强调收入要充分,税收要有弹性,随着国家财政的需要而伸缩。但税收也不能没有限度,征税的结果又要不妨碍经济,所以相应地就要提出保护资本等国民经济方面的原则。

三、当代西方国家税收原则

自20世纪30年代以来,资本主义国家的财政理论和财政政策普遍受到凯恩斯主义和福利经济学派的影响,因而在现代资产阶级财政学著作中,或者以财政的资源配置、收入分配和稳定经济职能作为财政收支的指导原则,或者以公平和效率两项社会福利准则作为评价财政收支的标准。当前,在美国的一些财政学著作中,大多是采用后者。其代表人物是美国当代著名的财政学家马斯格勒夫(Richard A Margrave,1910～1989)。

马斯格勒夫在其代表作《财政理论与实践》中提出他的税收原则,主要包括以下内容。

1. 效率原则。"应当对税收办法进行选择,以便尽量不影响有效市场上的经济决策,税收的额外负担应该减少到最低限度。"即要求:

(1) 节约。是指税收的管理和执行费用要最少。

(2) 保持中性。即在完全竞争的市场机制下,税收应尽可能是中性的,对私人经济尽量不发生干扰作用。

2. 公平原则。"税收负担的分配应当公平,应使每个人支付他合理的份额。"包括:

(1) 横向公平。凡是有相同纳税能力的人,就应该负担相同数量的税,不管收入的来源和性质如何,也不考虑个人支出和家庭负担因素。

(2) 纵向公平。凡是有不同收入能力的人,就应该负担不同数量的税。

3. 稳定原则。是指运用税收经济杠杆,引导经济趋于稳定的原则。

"税收结构应当有利于财政政策的运用,以便达到稳定与增长的目标。"这主要通过两方面达到:

（1）内在稳定器。它是指税收制度本身所具有的内在稳定机制。它不需要政府随时做出判断和采取措施，就能收到自行稳定经济的效果。主要是指税收随经济的增长、衰退而自动增减，从而减轻经济周期的波动。即在经济的繁荣时期，税款收入因税基（所得额与销售额）的增长而上升，但税收的自动增长又使经济扩张趋于缓慢；在经济萧条时期，税款收入因所得与销售的减少而自动下降，但税收的自动减少又使经济活动的收缩趋于缓慢。所以，即使经济上涨或低落，税率保持不变，税款收入也自动增减，在某种程度上使经济自动趋于稳定。

（2）相机抉择。又称"人为稳定器"作用，是指政府根据经济运行的不同状况，相应采取灵活多变的税收措施，以消除经济波动，求得既无失业又无通货膨胀的稳定增长。总的来看，当经济不景气时，应实行减税政策，以鼓励投资，稳定就业水平；当经济过热时，则应提高税率，防止私人过度投资，爆发危机。

4. 政策原则。指税收政策用于刺激投资等其他目标时，必须尽量不干扰税收的公平。

5. 明确原则。税收制度应当有有效的而不是专断的管理，使税收制度为纳税人所理解。

6. 省费原则。即和其他目标相适应，管理及征纳费用应尽可能节省。

第二节　我国的税收原则

一、我国古代治税思想

在中国漫长的经济发展和税收实践中，一些思想家也曾总结概括出了丰富的治税思想，大体上可以归纳为以下几点。

1. 轻税富民。在中国历史上，很多思想家，特别是儒家和墨家都一贯主张轻徭薄赋、舒养民力、发展经济、扩大财源，反对巧取豪夺、竭泽而渔。战国时期思想家管仲认为："凡治国之道，必先富民，民富则易治也，民穷则难治也。"明代思想家丘浚曾提出"理财之道，以生财之道为本"，主张通过发展生产来增加财政收入。

2. 适度征收。明代思想家丘浚指出，税收"不能不取之于民，也不可过度取之于民，不取于民，则难乎其为国，过取于民，则难乎其为民"，"上取于下，固不可太多，亦不可不及"。管仲也指出："取之民有度，用之有止，国虽小必安；取之民无度，用之不止，国虽大必危。"这些主张都说明税收要兼顾国家和人民利益，适度征收，既要考虑国家需要，也要考虑人民负担能力。

3. 公平税负。夏禹时代就提出"任土作贡"，管仲也提出"相地而衰征"，都是讲要按土地等级或地理条件的不同，区别征税，量能负担，反映了中国早期的公平税负的治税思想。

4. 以法治税。宋代思想家王安石曾提出"聚财在人，理财在法，守法在吏"的主张，说明税收的立法、执法和管理三者关系。

5. 重税思想。如先秦法家韩非所提出的"欲利尔身，先利尔君；欲富尔家，先富尔国"的利君富国思想，就是一种主张重税的思想。

6. 区别对待。战国时期商鞅所提出的"不农之征必多，市利之租必重"的主张，则反映了一种以税收限制商业、鼓励农业的区别对待思想。

二、我国现阶段的税收原则

进入社会主义市场经济时期,总结了社会主义实践中行之有效的税收原则理论,吸收市场经济国家比较成熟的税收原则理论,结合我国实际,形成了新时期的税收原则,可以归纳为财政、经济、社会、行政四大原则,并赋予其新的内涵。

(一)法律原则——税收法定原则

税收法定原则又称作税收法律主义,是当今各国通行的税法基本原则。党的十八届三中全会审议通过的《中共中央关于全面深化改革若干重大问题的决定》,明确提出"落实税收法定原则"。"税收法定原则"第一次被写入党的重要纲领性文件中,充分展现了党中央对税收法定原则的高度重视,凸显未来我国加强税收立法的"顶层设计"。税收法定原则指导税收立法、执法和司法,对规范政府征税权、保障纳税人权利至为关键,堪称税法领域的"帝王原则"。

税收法定原则涵义包括三个方面:

1. 课税要件法定,即纳税人、征税对象、计税依据、税率、税收优惠、缴纳程序等基本税收要素应当由法律规定。

2. 课税要素明确,即上述基本税收要素在法律中的规定应尽可能是明确、详细的,避免出现漏洞和歧义。

3. 征税合法,即税务机关必须严格按照法律规定的课税要件和征纳程序来征收税款,不允许随意加征、减征、停征或免征。

概括起来,前两点主要是对税收立法的要求,最后一点则是对税收执法的要求。

"落实税收法定原则"是党的十八届三中全会决定提出的一项重要改革任务。根据党的十八大和十八届三中、四中全会精神,为全面落实依法治国基本方略,加快建设社会主义法治国家,按照中央全面深化改革领导小组的统一部署,全国人大常委会法工委牵头起草了《贯彻落实税收法定原则的实施意见》。实施意见明确:开征新税的,应当通过全国人大及其常委会制定相应的税收法律,同时对现行 15 个税收条例修改上升为法律或者废止的时间做出了安排。此后,我国加快落实税收法定原则步伐,将现行由行政法规规范的税种上升为由法律规范,同时废止有关税收条例。环境保护税法、烟叶税法、船舶吨税法、车船税法、车辆购置税法、耕地占用税法、资源税法、城市维护建设税法、契税法、印花税法等多部税法相继获得通过并实施。

(二)经济原则——公平税负,适当调节

一方面,经济是财政的基础,税收是财政的来源,离开了经济发展,税收就成了无源之水,无本之木。因此,发展经济就成为税收的一项重要原则。发展经济原则从另一方面来看,就是要充分发挥税收对经济的调节作用。我国税收具有调节经济的作用,只有这些作用通过税收制度充分发挥出来,我国经济才能得到更快的发展。

1. 公平税负

这是社会主义市场经济运行的必要条件,其目的是为了促使不同的企业在平等税负的条件下展开市场竞争。公平正义是社会和谐的基础和前提。公平税负,有效调节在初次分配中形成的收入差距,有利于提高税收效率,保障财政收入;有利于保障公平竞争,促进经济发展;有利于缩小贫富差距,促进社会公正。因此,"公平"包含了两层含义:

（1）税负公平。即体现量能负税观念，纳税人承揽的税负要与其负税能力相一致。具有相同负税能力的人要纳相同数量的税，具有不同负税能力的人则纳不同数量的税。

（2）机会公平。即运用税收机制为纳税人创造机会平等的竞争环境。

2. 适当调节

适当调节，就是遵循价值规律的要求，适应供求关系的变化，运用税收这种特殊的再分配手段，对市场经济产生影响，从而实现国家经济政策，引导市场健康发展。

（三）社会原则——区别对待，合理负担

区别对待，合理负担，是处理税收总额在不同纳税人之间的分配关系的原则，是税收政策的具体体现。

1. 区别对待

区别对待，就是承认纳税人客观存在的各种差别，规定不同的税负水平。在税收负担、税率高低、减免优惠等方面要有所区别。

2. 合理负担

合理负担就是按照能力的大小来确定税收负担水平，能力大的多纳，能力小的少纳，无纳税能力的不纳。

（四）行政原则——依法治税，提高效率

行政原则，是指在税收行政管理中所必须遵循的原则，即提高税收管理效益的原则，它具体包括：确实、便利、简化、节省等原则。

1. 确实。是指一切与征税有关的纳税人、征税对象、税率及纳税日期、地点、方法等事项，在税法上都应明确规定，由征纳双方共同遵守执行，双方都无权任意改变或变更税法的规定。

2. 便利。是指税制的制定要有利于征收管理，在保证税收收入和发挥税收作用的前提下，尽量做到使用现代化管理手段，简化税收手续，缩短办税时间，为纳税人提供方便。

3. 简化。是指简化税制和纳税程序。在确保税收职能得以充分实现的前提下，尽可能减少税种，简便计算，简便纳税手续，达到简化税制的目标。

4. 节省。是指在征纳过程中节约征纳双方支付的税收费用，包括征收费用和纳税执行费用。征收费用是指税务机关征税入库所支出的人员经费、办公费、税收诉讼费、宣传费、辅导讲习费、技术装备费等各项费用。

上述四原则的关系：财政原则是基础，因为税收的基本职能就是为国家筹集财政资金；经济原则和社会原则是以财政原则为基础的，因为税收的经济和社会职能是以财政目标的实现来体现的；行政原则属于技术性原则，是以前三个原则为前提，同时也是实现前三个原则的保证。

因此，税收的四大原则在实际运用中是相辅相成、缺一不可的。在设计税收制度的过程中，要同时对它们加以考虑，才能逐步建立起一套适合我国国情的科学、合理的税收制度。

第 3 章 税收负担

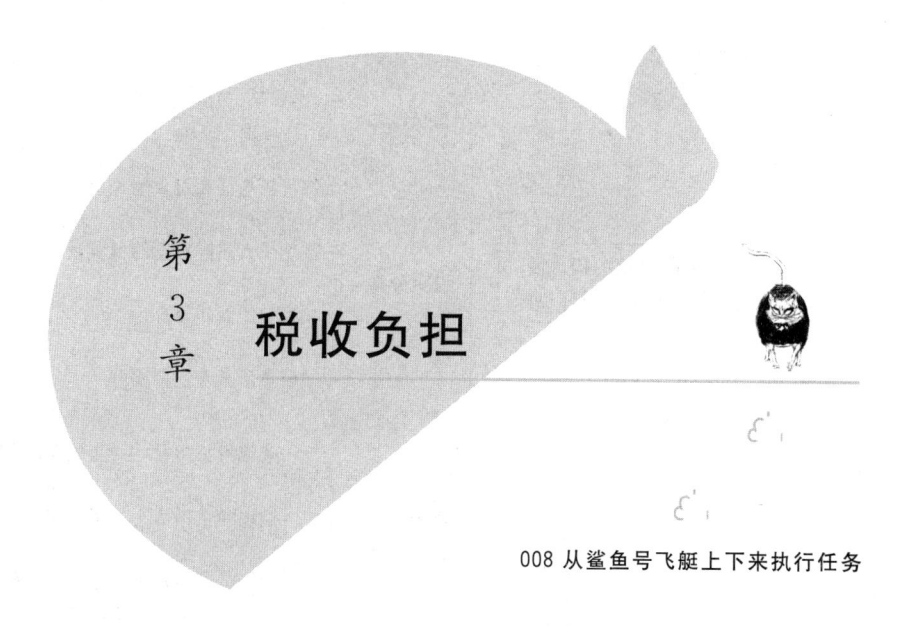

> 任务分解

- 了解什么是税负,税负的分类
- 明确研究税负的意义
- 熟悉衡量税收负担的指标体系
- 掌握影响宏观税收负担与微观税收负担的因素
- 理解税负的转嫁与归宿的概念、形式及一般规律

> 疑难重点

- 重点:影响税收负担的因素
- 难点:税负的转嫁的一般规律

◇ 谜案线索

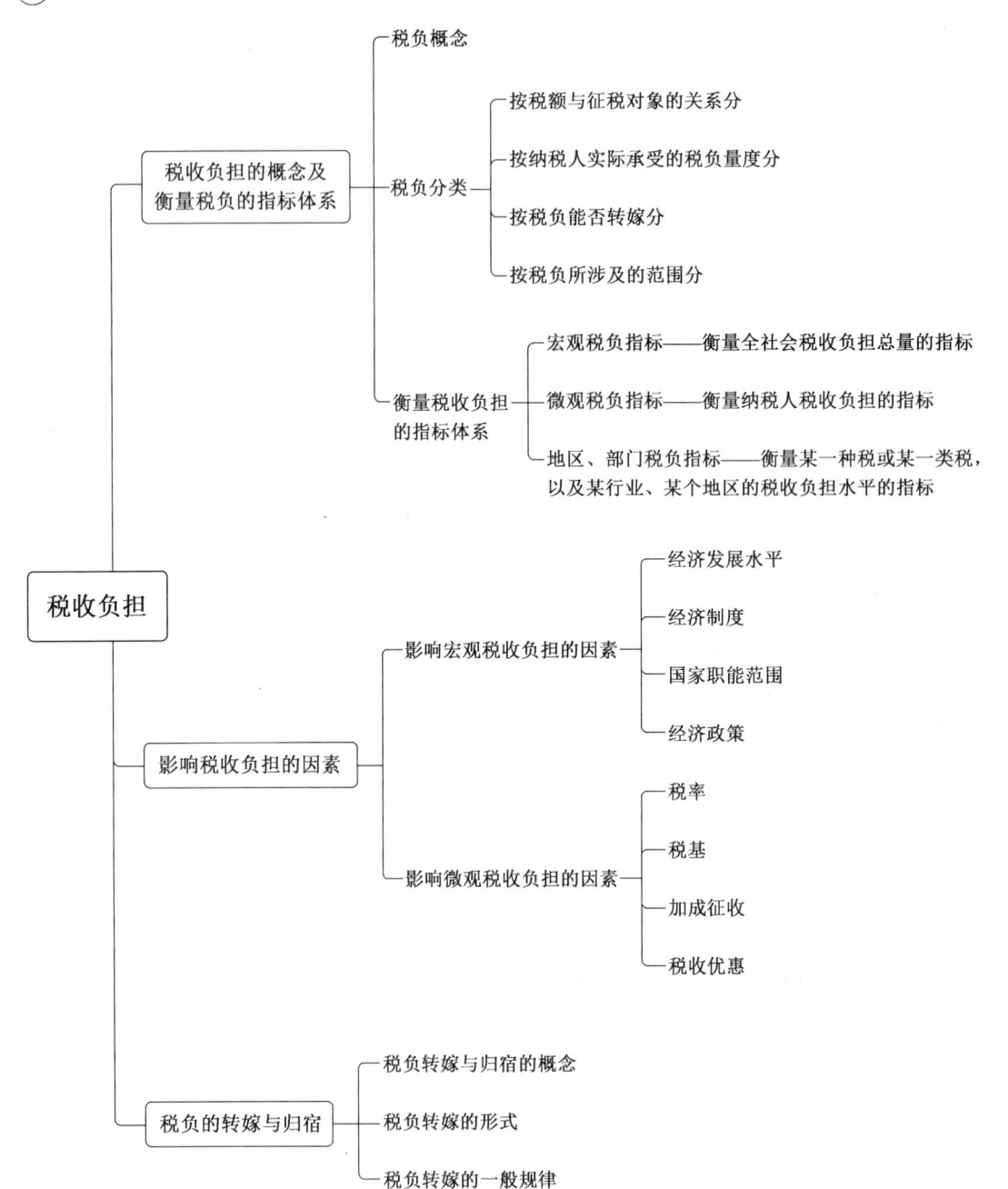

- 税收负担
  - 税收负担的概念及衡量税负的指标体系
    - 税负概念
    - 税负分类
      - 按税额与征税对象的关系分
      - 按纳税人实际承受的税负量度分
      - 按税负能否转嫁分
      - 按税负所涉及的范围分
    - 衡量税收负担的指标体系
      - 宏观税负指标——衡量全社会税收负担总量的指标
      - 微观税负指标——衡量纳税人税收负担的指标
      - 地区、部门税负指标——衡量某一种税或某一类税，以及某行业、某个地区的税收负担水平的指标
  - 影响税收负担的因素
    - 影响宏观税收负担的因素
      - 经济发展水平
      - 经济制度
      - 国家职能范围
      - 经济政策
    - 影响微观税收负担的因素
      - 税率
      - 税基
      - 加成征收
      - 税收优惠
  - 税负的转嫁与归宿
    - 税负转嫁与归宿的概念
    - 税负转嫁的形式
    - 税负转嫁的一般规律

第一节　税收负担的概念及衡量税负的指标体系

一、税负概念

税收负担,简称"税负",是指一定时期内纳税人因向国家纳税而承受的收入损失和经济利益的牺牲。从广义来讲,它是指社会上各阶级、各阶层和各部门对于国家课税的负担;从狭义来讲,它是指纳税人依法向国家缴纳的各种税收的总额。

税收负担问题,既涉及国家集中财力的多少,又涉及纳税人承受能力的大小,直接关系到国家、集体、个人之间,以及地区间、部门间、行业间、各种经济成分之间、各类纳税人之间的利益分配关系,体现了国家在一定时期的分配政策,是制定税收政策的核心,也是确定税收制度法规的重要依据,更是充分发挥税收应有作用的着力点。

二、税负分类

(一) 按税额与征税对象的关系分

1. 等量负担

等量负担是指纳税人或同一征税对象缴纳数量相同的税款,即税收负担的绝对量是相等的,如采用定额税率。税额与纳税人的收入多少没有关系,两者呈现出等量不等比的关系。纳税人收入越高,税收负担率越低,具有税负累退的性质。

2. 等比负担

等比负担是指不同收入的纳税人或不等数量的征税对象,按征税依据的同一比例缴纳税款,如采用比例税率。税额与纳税人的收入同步变化,两者呈现出等比不等量的关系。

3. 累进负担

累进负担是指根据纳税人的不同负担能力征收税款,收入多的多负担,收入少的少负担,没有负担能力的不负担,如采用累进税率。税额与纳税人收入的关系既不等量也不等比,而是随着纳税人收入的增加而递增,具有逐级逐段累进的性质。

(二) 按纳税人实际承受的税负量度分

1. 名义负担

名义负担是指纳税人按税法规定的税率及相应条款纳税所形成的税收负担,表现为法律规定纳税人应承担税款的量度。

2. 实际负担

实际负担是指纳税人或征税对象承受的税收负担,表现为纳税人最终负担的国家税收的量度。

实际负担与名义负担可能一致,也可能不一致。在不一致的情况下,实际负担通常要小于名义负担。

(三) 按税负能否转嫁分

1. 直接负担

直接负担是指纳税人所纳税款直接由自己负担。纳税人既是税款的缴纳者,也是税款的最终承受者。纳税义务人和负税人是同一的,税收负担没有发生转移。

2. 间接负担

间接负担是指纳税人缴纳税款后,通过各种方式或途径,最终将税款的一部分或全部转由他人承担。纳税人与负税人不一致,负税人成为间接负担者,税收负担发生了转移。

(四) 按税负所涉及的范围分

1. 宏观税负

宏观税负是指一国全体纳税人所缴纳的全部税款,及其占同期经济产出的比例。

2. 微观税负

微观税负是指某一纳税人在一定时期或某一经济活动中所缴纳的全部税款,及其占同期或该活动的经济收入的比例。

3. 地区、部门税负

地区、部门税负是指一定地域或国民经济某一部门的全体纳税人所缴纳的全部税款,及其占同期该地域或部门经济产出的比例。地区、部门税负其实是介于宏观税负与微观税负之间的一个指标,反映一个地区、一个部门的税负。

三、衡量税收负担的指标体系

税负的轻重一般用相对数,即税收负担率的大小来表示,即纳税人实际缴纳的税款占其课税依据的比例。

税收负担率与税率是两个既相联系又相区别的概念。虽然在一般情况下,税率高低直接决定了税负的轻重,然而两者往往并不相等。税收负担的含义要比税率广泛得多,它突出体现税收分配的多层次、多方面的特点。既有宏观经济的总体负担,又有微观经济的个体负担;既有某一种税的单项负担,又有多种税的综合负担,等等。因此,对不同层次、不同方面的税收负担进行分析比较,是无法用简单的税率所能代替得了的,需要用不同的指标来反映。

衡量税收负担的指标体系主要包括以下几类。

(一) 宏观税负指标——衡量全社会税收负担总量的指标

宏观税负指标从全社会的角度考核税收负担,可以综合反映出一个国家或地区税收负担的总体情况,又称宏观税率。主要有国民生产总值负担率、国内生产总值负担率和国民收入负担率三个指标。

1. 国民生产总值负担率 (T/GNP)

指一定时期内(通常为1年,下同),国家税收收入总额占同期国民生产总值的比重。它反映一国在一定时期内所有部门提供的全部产品和服务所承受的税负状况。其公式为:

$$国民生产总值负担率 = \frac{税收收入总额(T)}{国民生产总值(GNP)} \times 100\%$$

2. 国内生产总值负担率（T/GDP）

指一定时期内，一国税收收入总额占同期国内生产总值的比重。它反映一国在一定时期内所有部门提供的全部产品和服务价值，加上国内常住居民在国外的资本或服务收入（行使居民管辖权），减去外国投资在本国的资本或服务收入（行使地域管辖权），所承受的税负情况。其公式为：

$$国内生产总值负担率 = \frac{税收收入总额(T)}{国内生产总值(GDP)} \times 100\%$$

3. 国民收入负担率（T/NI）

指一定时期内，国家税收收入总额占同期国民收入的比重，它反映一国在一定时期内所有部门新创造的或最终进入消费的产品或服务（不包括中间产品的价值）的税负情况。其公式为：

$$国民收入负担率 = \frac{税收收入总额(T)}{国民收入总额(NI)} \times 100\%$$

目前国际上较为通用的指标是国民生产总值负担率和国内生产总值负担率（最为常用），因为大多数国家均同时行使居民管辖权和地域管辖权。而我国过去常用的指标是国民收入负担率。

宏观税收负担率反映了国家对社会产品或收入的总体集中占有水平，它不仅是对国家总体税负进行动态比较的重要指标，也是国家与国家之间进行总体税负比较的重要参考指标。但是，在不同的经济核算制度下，宏观经济指标的内容是不尽相同的，因此，各相应税收负担率也表现出不同的负担关系，在做比较时应予适当调整。

（二）微观税负指标——衡量纳税人税收负担的指标

微观税负指标从纳税人的角度考核税收负担，分别就不同的税款缴纳者来衡量税收负担水平。它可以具体反映出各类纳税人的税负状况，是国家制定税收政策和税收制度的重要依据。衡量纳税人税负的指标主要有企业综合负担率、企业收益负担率、个人收益负担率和农业户税收负担率等。

1. 企业综合税收负担率

指一定时期内企业所纳各种税款的总额占同期企业各项收入总额的比率。其公式为：

$$企业综合税收负担率 = \frac{企业实缴各种税额}{企业盈利或各项收入总额} \times 100\%$$

这项指标主要反映国家参与企业各项收入分配的总规模，它是反映企业税收负担的综合性指标。其中，"实缴各种税额"包括企业所缴纳的流转税、收益税、财产税、行为税等等。为便于分析企业纯收入和总收入的各自负担水平，分母项可分别采用盈利总额和收入总额两个数据。

2. 企业收益税收负担率

指一定时期内企业所纳各种收益税款的总额占同期企业收益总额的比率，其公式为：

$$企业收益税收负担率 = \frac{企业实缴各种收益税额}{企业收益总额} \times 100\%$$

这个指标反映一定时期内企业收益负担国家税收的状况，是衡量企业税负水平最直接、最常用的指标，也是正确处理国家与企业分配关系最重要的依据，体现国家一定时期的基本分配政策。

3. 个人收益税收负担率

指一定时期内个人收益税款的总额占同期个人收益总额的比率,其公式为:

$$个人收益税收负担率 = \frac{个人实缴收益税额}{个人收益总额} \times 100\%$$

这个指标反映一定时期内个人收益负担国家税收的状况,体现国家运用税收手段参与个人收益分配的程度。

4. 农业户税收负担率

指一定时期内一个农业户实际缴纳税收总额占同期收益总额的比率,其公式为:

$$农业户税收负担率 = \frac{每户实际缴纳税收总额}{每户收入(收益)总额} \times 100\%$$

这个指标在我国农村未实行"费改税"前,用来反映一个农业户实际缴纳的农业税、农业特产税和其他税收的总额占同期收益总额的比率。实行"费改税"后,特别是取消农业特产税,并在今后逐步取消农业税后,这个指标会逐渐降低。

(三) 地区、部门税负指标——衡量某一种税或某一类税,以及某行业、某个地区的税收负担水平的指标

从税种或税类的角度分析比较税收负担,是在个量上衡量税负水平,以便分析具体税种或某类税收相对于其调节对象的调节程度。它既可以反映国家税收在具体税种或税类方面的调节水平和征收水平,又可以反映税法的名义税率和实际税率的差异情况。

按税种或税类计算的税收负担率,是指一定时期内国家实际征收入库的某种或某类税收收入占该税种征税对象数额的比率,其公式为:

$$某税种或税类负担率 = \frac{该税种或税类实际征收总额}{该税种或税类征收对象数额} \times 100\%$$

第二节 影响税收负担的因素

一、影响宏观税收负担的因素

从宏观角度分析,影响税负的因素主要有以下几个方面。

(一) 经济发展水平

税收是对国民收入的再分配,一定时期内税收根本的规模和增长速度首先取决于社会经济发展的水平和速度。

1. 税源丰富程度与税负

税收分配的对象是社会剩余产品,生产不断增长,税收才会源远流长。经济发展水平高的国家,创造的社会财富比较多,税源丰富,这是提高税负水平的物质基础。反之,经济发展水平低的国家,税源基础薄弱,税负水平难以提高。

2. 税收负担能力与税负

经济发展水平越高,人均国民收入越多,则纳税人的税收负担能力越强,税负水平越高。反之,经济发展水平低,人均国民收入少,纳税人的税收负担能力弱,税负水平也低。因此,发展中国家在经济发展过程中,随着人均收入水平的提高,其纳税能力增强,税收负担水平也表现为逐步上升趋势。实践也证明,人均收入高的国家,其税负水平高于人均收入低的国家。

(1) 不同国家横向比较。

表 3-1 宏观税负比较表(一)

国　家	人均 GNP(美元)	国民生产总值负担率(%)
低收入国家	580 以下	14.46
中下等收入国家	581~2 450	17.89
中上等收入国家	2 451~5 999	24.45
经济发达国家	6 000 以上	36.78

表 3-2 宏观税负比较表(二)

国　家	人均 GNP(美元)	国民生产总值负担率(%)
低收入国家	260	13.2
中下等收入国家	750	19.8
中上等收入国家	2 000	23.3
经济发达国家	10 000	28.1

据世界银行统计,1975 年到 1985 年,工业国家国民生产总值负担率由 27% 上升到 31%,中等收入国家国民生产总值负担率由 17% 上升到 20%,低收入国家国民生产总值负担率徘徊在 15% 左右。一般来说,随着一国经济实力的增强,宏观税负水平也在逐渐提高。

(2) 同一国家纵向比较。就某一个国家而言,情况也是如此。

表 3-3 美国、日本宏观税负表

国　家	年　份	人均国民收入(美元)	国民收入负担率
美　国	1913	232.46	6.6%
	1950	1 598.60	21.2%
	1970	3 874.88	29.1%
日　本	1960	458	22.3%
	1970	1 961	24.3%
	1982	7 677	33.4%

以上表 3-1、表 3-2、表 3-3 均参见世界银行 1983 年统计资料。

表 3-4 中国宏观税负表

年 份	税额 T(亿元)	国内生产总值 GDP(亿元)	T/GDP(%)	国民总收入 GNP(亿元)	T/GNP(%)
1978	790.21	3 588.1	21.7	3 624.1	21.8
1980	871.04	4 470.0	19.5	4 517.8	19.3
1985	2 031.99	8 557.6	23.7	8 989.1	22.6
1986	2 095.06	9 696.3	21.6	10 201.4	20.5
1990	3 030.07	17 695.3	17.1	18 598.4	16.3
1991	3 237.51	20 236.3	16.0	21 662.5	14.9
1992	3 412.92	24 378.9	14.0	26 651.9	12.8
1993	4 701.99	31 342.3	15.0	34 560.5	13.6
1999	9 687.87	86 067	12.3	80 579.4	12.0
2000	11 855.78	89 442	13.3	88 254	13.4
2001	15 165.47	95 933	15.8	95 727.9	15.8
2002	17 003.58	102 398	16.6	103 553.6	16.4
2003	20 461.56	116 694	17.5		

原国民生产总值在1980年以后改称为国民总收入。以上数据资料参见2003年《中国统计年鉴》。

从以上表中可以看出宏观税负变化情况：

(1)宏观税负呈下降趋势；(2)税收增长速度低于国民经济增长速度,与我国经济发展水平不相适应。

经济发展水平决定着税负水平。但是在某些情况下,有些经济发展水平不相上下的国家,税负水平却有很大差异,甚至有些经济发展程度较高的国家,其税负水平反而低于经济发展程度较低的国家。这说明,经济发展水平并不是制约税收负担的唯一因素。

(二)经济制度

不同的经济制度对税收负担也会产生重要影响。

1. 财产制度与税负

财产制度包括对财产的占有、使用、转让和继承等几个方面。在公有制国家中,如果财产制度不赋予国有企业生产资料的占有权,不存在土地使用权,也不承认私有财产的继承权,那么国家只能对基于上述财产的使用而取得的收入课税,而不能像私有制国家那样,对因占有、转让和继承的财产价值或转让所得课税,也应没有继承税(不承认私有财产继承权,就不能对继承的财产课税)、遗产税(对无偿转让的财产课税)等。但是,随着财产制度的变化,税收负担也发生了变化。即使在公有制国家,如果原有的国有企业建立了独立的法人财产权(计划经济时期国有企业以上缴利润为主,税负轻),则对这种企业的税收处理随之变化,从而影响税负水平。

2. 企业分配制度与税负

企业所得税是国家财政收入的重要组成部分。企业分配制度的不同会直接影响到企业收益的负担水平。在我国,一般来说,企业分配制度影响税负的因素主要有以下四个方面。

（1）不同的财政管理体制，即企业的利润分配是采取税利分流形式，还是采用税收或利润上缴"两者必居其一"的单一分配形式。若单纯采用利润上缴形式，显然税负轻，但企业负担不一定轻。

（2）企业财务是否受到国家财政的直接监督或管理，也会影响税负。一般说来，企业财务如果独立于国家财政体系之外，国家财政不能对其行使有效的监督权，则有可能企业税负轻，因为国家不能随意地增加企业的税收负担，也不能完全杜绝企业的税务违法行为。

（3）企业是否成为独立的投资主体，能独立地进行投资决策，关系到企业的扩大再生产是由企业自行解决还是由国家解决的问题。如果由企业自行解决，则企业必须增加税后收益，从而需降低税负；若由国家解决，国家就可以根据收入需要调节企业生产，即使企业失去了生产经营的自主权，也可能使企业的税负增加。

（4）企业财务会计制度中有关成本、费用的列支范围和标准，是高度统一，还是在一定原则前提下允许有较大的灵活性，直接关系到企业收益计算的准确性，从而会影响税负。如企业可能存在人为调节利润的现象。

所有这些企业分配制度方面的问题，不仅和税负之间存在直接联系，而且更为重要的是关系到分配对生产的反作用，不同的企业分配制度通过对社会经济的影响而间接影响宏观税负。

3. 个人收入分配制度与税负

个人收入分配制度在不同国家、不同企业之间往往存在着差异，而不同的收入分配制度对税负有不同的影响。具体表现在以下两个方面：

（1）收入分配制度的不同会直接影响个人收入水平，从而直接影响个人收益负担。如我国长期以来采取低工资政策，个人收入较低，收入差异也不大，绝大部分人都不纳税，因而形成个人收入不用纳税的观念。改革开放以后，一部分人收入明显增加，已经达到纳税标准，但由于缺乏纳税意识，所以在相当长的一段时期内，我国的个人所得税收入很少。近些年来，在国家加强了对个人所得税的征收管理工作以后，个人所得税收入增加很快。而西方国家由于个人收入水平较高，因而个人的税负水平也较高。显然，仅从个人收益负担率看，西方国家要高于我国。

（2）不同的收入分配制度在相对合理性方面的差异，会产生不同的劳动激励效应，从而作用于整个社会经济的发展水平，进而间接影响宏观税负。如采取平均分配政策，多劳不多得，则会产生消极怠工，当然会影响到经济发展。经济发展水平低，则税负水平也低。

（三）国家职能范围

国家职能范围是指政府事权范围及其规模，这是影响税负水平的又一因素。税收是国家实现其职能的物质保证。国家职能范围不同，对税收的需要量也不同。国家职能范围广，则对税收的需要量大，税收负担较高。反之，国家职能范围窄，需要的税收量小，税收负担相应较低。一般来说，影响国家职能范围大小的因素有以下几个方面：

1. 经济制度因素

在以生产资料公有制为基础的国家，其国家职能一般包括政治、经济、社会职能三类。在行使这些职能过程中，国家需要投入大量的财力、物力、人力。因此，政府对税收的需求量较大，从而导致税负水平较高。而在以私有制为主的国家，一般来说政府对经济的干预较少，国家在这方面的投入相对少，税负水平就会降低。

2. 社会历史因素

世界上一些经济发展水平差别不大的国家，如日本和瑞典，税负水平明显不同，主要是因为瑞典属于典型的"高福利国家"，实行一系列社会福利制度，对财力的要求较大，税负水平相应较高。

3. 经济发展水平

随着经济的发展,国家职能在内涵上不断丰富,在外延上不断拓宽,因而税负较高。如在自由竞争资本主义时期,由于提倡政府不干预经济,国家是经济的"守夜人",因此,那时的国家职能主要表现为政治职能和少量的社会职能,税负较轻。进入垄断阶段后,国家开始干预经济,国家职能范围扩大到经济、社会领域,税负较高。

(四) 经济政策

一个国家的经济政策,对经济的稳定发展至关重要,对税负水平也会产生不可忽视的影响。从对经济发展速度的影响来看,经济政策可分为紧缩性政策和扩张性政策。

1. 紧缩性政策

通常在经济发展速度过快,引起通货膨胀时采用,目的是降低总需求,抑制通货膨胀。紧缩性政策主要包括减少财政支出、增加税收、收紧银根等措施。

2. 扩张性政策

主要包括增加财政支出、减少税收、放松银根等措施,目的是刺激总需求,加速经济发展。

(五) 财政收入结构

税收是国家取得财政收入的一种手段,除了税收外,国家还有其他收入形式,如规费收入、国有资产收益、国债收入。在多种收入形式并存的情况下,国家对其他收入形式的依赖程度,直接影响税收收入规模,进而影响宏观税负水平。如果其他收入形式取得的财政收入较多,则宏观税负水平相对较低。

二、影响微观税收负担的因素

上述宏观因素主要影响的是宏观税负,这些因素对微观税负也会产生直接或间接的影响。但对微观税负产生最直接影响的是税率和税基。

(一) 税率

在税基等因素不变的情况下,税率与税负之间呈正比,税率越高税负越重,税率越低税负越轻。但是不同形式的税率对税负影响的结果不尽相同。

(二) 税基

在税率一定时,税基的宽窄直接决定税负的轻重,税基宽税负重,税基窄税负轻。

(三) 加成征收

加成征收是对税率的延伸,属于加重税收负担的措施。符合加成征收条件的纳税人,必须在按照规定税率计算的应纳税额基础上,额外多缴纳一部分税款。

(四) 税收优惠

税收优惠是减轻纳税人税收负担的措施,具体包括:减免税、起征点、免征额、税额扣除、出口退税等。享受税收优惠的纳税人,在一定期限内,可以少交或退还一部分税款。

第三节　税负的转嫁与归宿

一、税负转嫁与归宿的概念

税负转嫁,是指纳税人通过各种途径,将其所缴纳的税款全部或部分转移给他人负担的过程。也就是说,缴纳税款的法定纳税人,不一定是该项税收的最终负担者。他可以把所纳税款全部或部分转移给他人。只要某种税收的纳税人和负税人不一致,便发生税收转嫁。

税负归宿,是指税收负担的最终归着点,或税收负担转嫁的最后结果。税收经过转嫁,总要把负担落在负税人身上。只要税收的转嫁过程结束,税收负担归着于最后的负担者,便找到了税收归宿。税负归宿有法定归宿和经济归宿之分。法定归宿是税法上规定的应纳税款的承担者。经济归宿是指税负的最终承受者。税负从法定归宿到经济归宿,可能不需要转嫁,即法定归宿就是经济归宿;也可能要经过一次或多次转嫁后才能完成。税负的法定归宿只有一个,而经济归宿却可能不止一个。

二、税负转嫁的形式

税负转嫁一般有前转、后转、混转、散转和税收资本化五种形式。

(一) 前转

是指商品生产者和销售者,在进行经济交易时,将其所缴纳的税款,通过提高商品与劳务的价格的方法,向前转移给商品和劳务的购买者或消费者负担的一种形式。由于前转是税收由卖方向买方转移,与商品和劳务的流转方向一致,因此又称为"顺转"。

一般认为,前转是税负转嫁的最典型和最普遍的形式,多发生在商品和劳务课税上。前转如果需要两次以上才能完成的,称辗转前转。

前转一般发生于商品供小于求或供求基本平衡的状态下,即供给小于或等于需求时,税款才能通过提高价格的方式向前转移给购买方或消费者,若供给大于需求,则前转很难实现。

(二) 后转

是指纳税人将其所纳税款,通过压低商品或劳务价格的方式,向后转移给商品或劳务的提供者负担的一种方式。税收后转是将税收由买方向卖方转移,其转移的方向与商品和劳务的流转方向相反,因而又称为"逆转"。税收的转嫁表现为后转,一般是发生在供给大于需求时。由于商品供给大于需求,销售者所纳税款无法通过提高价格的方式转嫁给消费者,便转而要求生产者降低价格,将税负向后转嫁给生产者。与前转一样,后转两次以上的,称为辗转后转。纳税人一般在前转受阻时,都会考虑后转。

(三) 混转

是指纳税人将其所纳税款,一部分向前转移给买方,一部分向后转移给卖方,分散给许多人负担的一种方式,又称散转。

当销售方无法通过提高价格的方式将其所纳税款全部前转时,会要求商品的提供方降低价格,向后转移一部分税款,从而使其所纳税款分散给消费者和生产者负担。

(四) 消转

是指纳税人将其所纳税款,既不向前转移,也不向后转移,而是通过改善经营管理、改进生产技术、提高劳动生产率、扩大生产规模等方法,补偿其纳税损失,使税收负担在生产发展和收入增长中自行消失的一种形式。纳税人的利润没有因为纳税而减少。

消转不同于前几种转嫁方式,实质上,在这种方式中,税收既未前转,也未后转,结果是一种直接的税收归宿,所以又称税收转化,是税负转嫁的特殊形式。

(五) 税收资本化

又称资本还原或税收偿本。是指纳税人将所购资本品可预计的未来应纳税款,通过从购入价格中预先扣除的方法,转移给资本品的出售者的一种方式。

税收资本化主要发生在某些资本品(如土地、有价证券等)的交易中。买方将购入资本品在以后年度必须支付的税款,在购入时就考虑到在购入价格中一次性扣除,从而降低资本品的成交价格,使税收转化为资本商品的价值或价格(以未来应交的税款代替一部分价值或价格)。

(六) 税收资本化与后转

从形式上看,税收资本化是税负后转的一种特殊方式,其共同之处是均为买方通过压低购进价格的方式将其所纳税款转移给卖方承担。它们的不同之处有两点:

1. 转嫁的对象不同。税负后转的对象是一般消费品,而税收资本化的对象是耐用资本品,主要包括土地、有价证券等。

2. 转嫁方式不同。税负后转是对商品交易时发生的一次性税款的一次性转嫁;税收资本化是对商品交易后发生的预期历次累计税款的一次性转嫁。

例如,一张股票,面值为 100 元,每年股息 I 为 10 元,银行利率 r 为 5%,则征税前股票价格为 $P=I/r=10/5\%=200$ 元。若对股息年征税率为 30%,则年征税额 t 为 3 元,征税后价格为 $P'=(I-t)/r=7/5\%=140$ 元。即买方支付 140 元就可获得价值 200 元的股票,税款 60(3÷5%)元已经从价格中扣除,且扣除的税款就是买方压低价格少付的数额,亦即价值 200 元的股票中有 60 元属于买方以压低价格的方式转嫁过来的税收,这样税收就成了股票价值的一部分。

三、税负转嫁的一般规律

商品的税收负担能否转嫁,从表面上看,其关键在于商品价格的变化。但在自由竞争的市场上,商品的价格很大程度上受商品供求关系的影响。因此,税负能否转嫁实际上取决于商品的供给与需求弹性。一般说来,对商品课征的税收往往向弹性小的方向转嫁。

需求曲线 D 为减函数,需求弹性系数一般为负值,当 $|Ed|>1$ 时,被认为需求有弹性;当 $|Ed|<1$ 时,被认为需求缺乏弹性。

供给曲线 S 为增函数,供给弹性系数一般为正值,当 $Es>1$ 时,被认为供给有弹性;当 $Es<1$ 时,被认为缺乏供给弹性。

供求弹性和税负归宿间有四种极端的情况,见图 3-1。

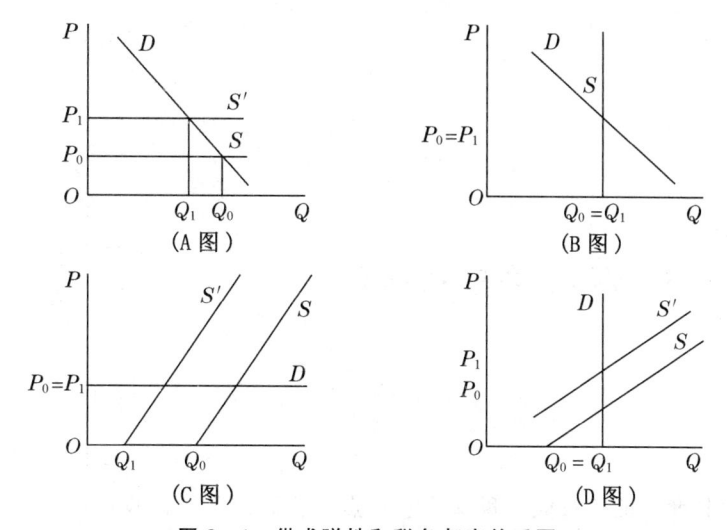

图 3-1 供求弹性和税负归宿关系图

A 图：P_0、Q_0 分别为税前均衡价格和均衡数量，供给曲线 S 具有完全弹性（$Es>1$），征税后，S 上升至 S'，使商品价格由 P_0 上升至 P_1，需求数量由 Q_0 降为 Q_1，税负通过提高商品价格完全转嫁给消费者。

B 图：供给曲线 S 完全无弹性，征税不影响商品价格，而只会减少生产者收入，减少企业利润，税收完全由生产者负担。

C 图：需求曲线 D 完全具有弹性，征税后，不影响商品价格，即使企业能调整产出，也无法通过提高售价将税负转嫁，而只能减少生产者收入，使供给数量由 Q_0 降至 Q_1，税收完全由生产者负担。

D 图：需求曲线完全无弹性，征税使价格上升，税负通过提高商品价格完全转嫁给消费者。

因此，结论如下：

需求弹性越大，税负越趋向由生产者负担；

需求弹性越小，税负越趋向由消费者负担；

供给弹性越大，税负越趋向由消费者负担；

供给弹性越小，税负越趋向由生产者负担；

在需求弹性大于供给弹性时，税负更多趋向由生产者负担；

在需求弹性小于供给弹性时，税负更多趋向由消费者负担。

谜案 1、2、3 税收学基础知识

术语解释

税收　税收制度　征税对象　税率　起征点　税制体系　税收负担　税收转嫁

填空题

1. 以征税对象划分税水分为_____、所得税、_____、财产税和行为税等五大类。
2. 税率的三种主要形式包括_____、累进税率和_____。
3. 按照税收能否转嫁，税收可分为_____和_____。
4. 扣缴义务人是指税法规定的，在经营活动中负有_____并向国库_____义务的单位和个人。
5. 税收法律关系的保护方法主要包括行政手段和_____。
6. 减免税规定是对特定的_____和特定的_____所作的某种程序的减征税款或免征税款的规定。
7. 累进税率是随征税对象数额增大而_____的税率。
8. 纳税人是指税法规定的直接负有纳税义务的_____和_____。
9. 比例税率在具体运用上又分为_____、差别比例税率、_____和有起征点或免征额的比例税率、_____。

判断题（判断对错，并将错误的改正过来）

1. 违章处理是对纳税人违反税法行为所采取的行政处罚措施。　　　　　（　　）
2. 税法关系主体之间权利与义务是对等的。　　　　　　　　　　　　　（　　）
3. 纳税人就是负税人，即最终负担国家征收税款的单位和个人。　　　　（　　）
4. 我国现行流转税包括增值税．关税．车船使用税．营业税和消费税。　（　　）
5. 我国的税收诉讼法规仅在《税收征管法》中做了具体规定。　　　　　（　　）
6. 课税对象是税收制度的基本要素之一，是税区别费的主要标志。　　　（　　）
7. 在处理国际税收协定与国内税法不一致的问题时，国内税法应处于优先地位，以不违反国内税法为准。　　　　　　　　　　　　　　　　　　　　　　　　　（　　）
8. 我国现行税制是以流转税、所得税为主体，其他税与之相互配合的复合式税制体系。
　　　　　　　　　　　　　　　　　　　　　　　　　　　　　　　　（　　）

9. 税收法律关系主体指的是税收法律关系主体双方的权利和义务所指向的对象。( )
10. 计税依据是税目的计量单位和征收标准。( )

选择题

1. 税收的产生条件有( )。
   A. 广泛剩余产品的出现 B. 财产私有化
   C. 阶级对抗 D. 国家政权
2. 累进税率又可分为以下几种形式( )。
   A. 全额累进税率 B. 比例税率 C. 超率累进税率 D. 定额税率
3. 纳税期限是税收的( )在时间上的体现。
   A. 固定性 B. 强制性 C. 返还性 D. 无偿性
4. 税目设计方法有( )。
   A. 从价法 B. 从量法 C. 概括法 D. 列举法
5. 下列税种中以资源为课税对象的是( )。
   A. 资源税 B. 土地增值税税 C. 营业税 D. 土地使用税
6. 影响税制设计的主要因素是( )。
   A. 社会经济发展水平 B. 税收管理水平
   C. 国家政策取向 D. 纳税人的要求
7. 所得税制的特点是( )。
   A. 税负不易转嫁 B. 税负具有弹性
   C. 征收及时便利 D. 税源分散
8. 税收按管理和受益权限划分为( )。
   A. 直接税 B. 中央税
   C. 中央.地方共享税 D. 地方税
9. 我国现行的税收实体法包括( )税种。
   A. 印花税 B. 税收征管法 C. 关税 D. 个人所得税

论述题

1. 为什么说征税的本质是一种特殊的分配关系？
2. 试通过供求弹性和税负关系曲线图解释税负转嫁的一般规律。

谜底(请找彩蛋)

第 4 章 增值税

008 从鲨鱼号飞艇上下来执行任务

◇ 任务分解

☞ 掌握一般纳税人和小规模纳税人的标准
☞ 能够判断哪些业务应当征收增值税,能够准确适用税率
☞ 熟悉增值税税收优惠,增值税专用发票的使用与管理
☞ 掌握应纳增值税税额的计算
　　(掌握一般计税方法下销项税额、进项税额、进项税转出额和应纳增值税税额的计算;简易计税方法下应纳增值税税额;进口货物应纳增值税税额的计算)
☞ 熟悉增值税出口货物或者劳务退(免)税政策、出口服务或者无形资产退(免)税政策
☞ 熟悉增值税的纳税义务发生时间、纳税期限和纳税地点

◇ 疑难重点

☞ 重点:增值税的征税范围、纳税义务人及登记管理、税率与征收率、增值税的税收优惠、增值税的征收管理、增值税发票的使用及管理
☞ 难点:一般计税方法下增值税的计算、简易计税方法下增值税的计算、进口环节增值税的征收、出口和跨境业务增值税的退(免)税和征税、特定应税行为的增值税计征方法

◇ 探案道具箱

大力箱,
萌探008探案助手,兼案卷记录员,
AI族,全知全能……

第 4 章　增值税

⊘ 谜案线索

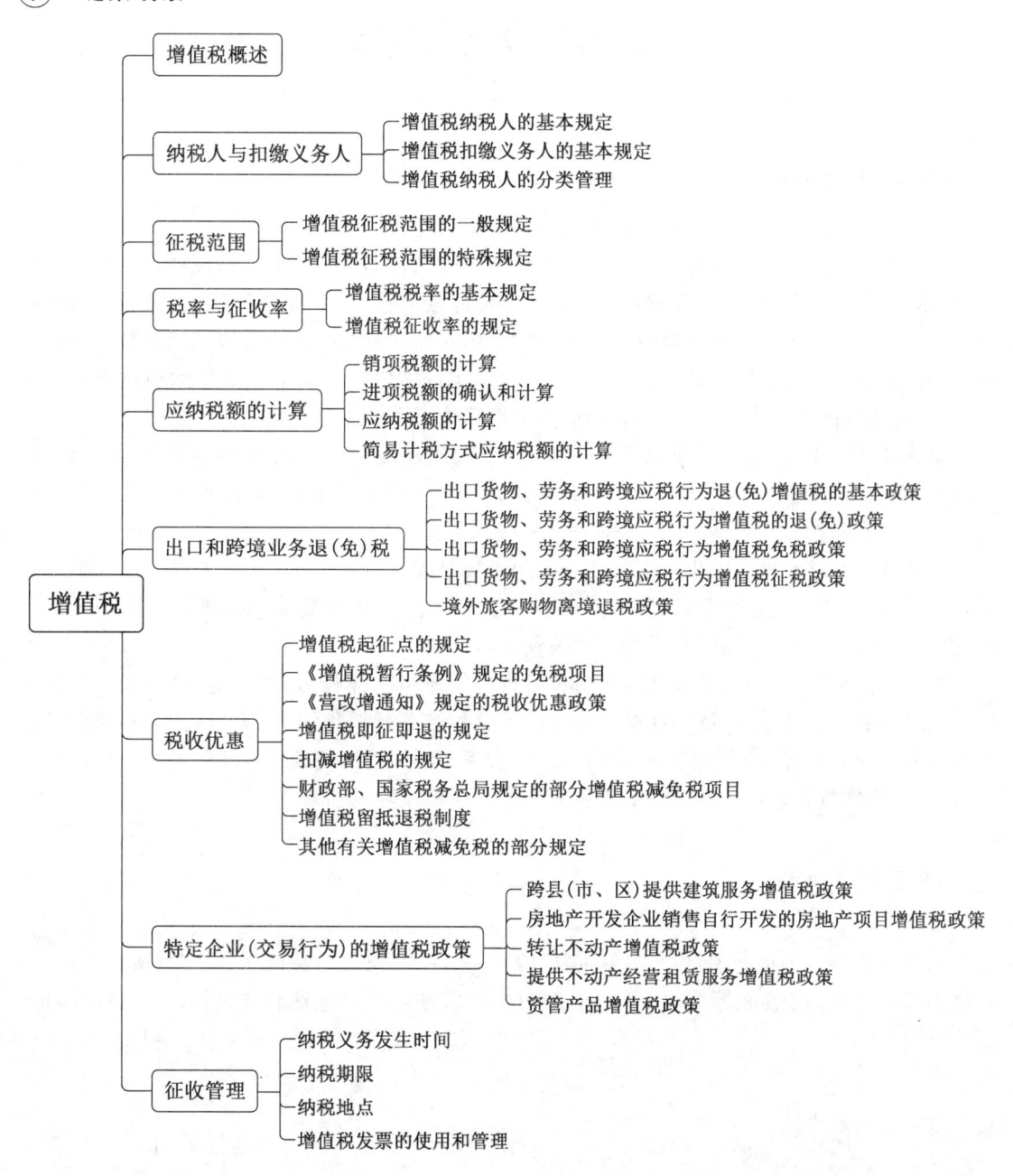

- 增值税
  - 增值税概述
  - 纳税人与扣缴义务人
    - 增值税纳税人的基本规定
    - 增值税扣缴义务人的基本规定
    - 增值税纳税人的分类管理
  - 征税范围
    - 增值税征税范围的一般规定
    - 增值税征税范围的特殊规定
  - 税率与征收率
    - 增值税税率的基本规定
    - 增值税征收率的规定
  - 应纳税额的计算
    - 销项税额的计算
    - 进项税额的确认和计算
    - 应纳税额的计算
    - 简易计税方式应纳税额的计算
  - 出口和跨境业务退(免)税
    - 出口货物、劳务和跨境应税行为退(免)增值税的基本政策
    - 出口货物、劳务和跨境应税行为增值税的退(免)政策
    - 出口货物、劳务和跨境应税行为增值税免税政策
    - 出口货物、劳务和跨境应税行为增值税征税政策
    - 境外旅客购物离境退税政策
  - 税收优惠
    - 增值税起征点的规定
    - 《增值税暂行条例》规定的免税项目
    - 《营改增通知》规定的税收优惠政策
    - 增值税即征即退的规定
    - 扣减增值税的规定
    - 财政部、国家税务总局规定的部分增值税减免税项目
    - 增值税留抵退税制度
    - 其他有关增值税减免税的部分规定
  - 特定企业(交易行为)的增值税政策
    - 跨县(市、区)提供建筑服务增值税政策
    - 房地产开发企业销售自行开发的房地产项目增值税政策
    - 转让不动产增值税政策
    - 提供不动产经营租赁服务增值税政策
    - 资管产品增值税政策
  - 征收管理
    - 纳税义务发生时间
    - 纳税期限
    - 纳税地点
    - 增值税发票的使用和管理

第一节　增值税概述

一、增值税的概念

　　增值税是以商品在流转过程中产生的增值额为计税依据而征收的一种流转税。所谓增值额,是指企业和个人在生产经营过程中新创造的那部分价值,即商品生产和流通中各环节的新增价值或商品附加值。由于新增价值或商品附加值在商品流通过程中难以准确计算,因此,对增值额的确认往往采用间接计算的办法。国际上,实行增值税的国家由于扣除项目规定的范围不同,增值额的实际内容也会有所区别,并据此形成了不同类型的增值税。

　　早在1917年,美国学者亚当斯(T. Adams)就已经提出具有现代增值税雏形的概念。1921年,德国学者西蒙士(C. F. V. Siemens)正式提出增值税的名称,但使增值税最终得以确立并征收的国家是法国。1954年,法国在生产领域对原来按营业额全额课税改为按全额课税后允许扣除购进项目已经在上一环节缴纳的税款,即按增值额征税,开创了增值税实施之先河。此后,增值税逐渐在现在欧盟各成员国中实行,不久又扩展到欧洲以外的许多国家。目前,世界上大多数国家和地区都开征了增值税。

　　按照我国现行《中华人民共和国增值税暂行条例》(2017年修订)的规定,增值税是对在我国境内销售货物或者加工、修理修配劳务(以下简称劳务),销售服务、无形资产、不动产以及进口货物的单位和个人,就其销售货物、劳务、服务、无形资产、不动产(以下统称应税销售行为)的增值额和货物进口金额为计税依据而课征的一种流转税。

二、增值税的特点

　　增值税的特点概括如下:(1)避免重复征税,具有中性税收的特征;(2)实行多环节征收,最终消费者是全部税款的承担者;(3)税基广阔,具有征收的普遍性和连续性;(4)是间接税,是价外税。

案情追踪道具——追案魔法帽4-1:
　　　　增值税的特点

三、增值税的类型

　　世界各国实行的增值税,都是根据税款抵扣原理,结合本国经济发展的具体情况加以制定的,因此存在较大差异。从不同角度进行比较,增值税可以分为以下不同类型。

(一) 按课税范围大小分

1. 小范围的增值税

小范围的增值税,仅限于工业生产领域使用。如塞内加尔、阿尔及利亚、巴西、菲律宾、摩洛哥、突尼斯等国。我国在1994年以前实行的增值税也是属于这一种。这种类型的增值税,使工业生产领域的重复征税问题得以解决,但其他领域的重复征税问题仍然存在。

2. 中范围的增值税

中范围的增值税又分为不同类型:

(1) 在工业生产领域、商业批发领域实行。如马达加斯加。

(2) 在工业生产领域、商业批发、零售领域实行。如韩国、巴拉圭。

(3) 在工业生产领域、商业批发、零售领域和劳务领域实行。如秘鲁、智利、墨西哥,2009年以前我国也属于这一种,但对劳务采取列举法明确其征税范围。

3. 大范围的增值税

大范围的增值税,在所有领域实行。如欧盟各国,不仅在工业生产领域、商业批发、零售领域和劳务领域实行增值税,而且向后延伸到农业领域。这些国家农业生产的商品化、社会化程度高,资本的有机构成也高,使得农产品价格中的物化劳动转移的价值比例较大,如果仍实行传统的流转税,势必使农业生产环节的重复征税问题非常突出。

(二) 按课税基础不同分

课税基础不同即对购进固定资产已纳税金的处理方式不同。

1. 消费型增值税

消费型增值税是指计算增值税时,允许将购入固定资产的已纳税金在当期一次性全部扣除,作为课税基数的法定增值额相当于纳税人当期的全部销售额扣除外购的全部生产资料价款后的余额。从整个国民经济来看,这一课税基数仅限于消费资料价值的部分,因而称为消费型增值税。这种方法对所有外购项目价值都实行彻底的抵扣,是最典型的增值税。其税基较窄,具有抑制消费、刺激投资、促进资本形成和经济增长的作用。目前主要是欧盟各国及中国使用。

2. 生产型增值税

生产型增值税是指计算增值税时,不允许将购入固定资产的已纳税金在购入当期扣除,作为课税基数的法定增值额除包括纳税人新创造价值外,还包括当期计入成本的外购固定资产价款部分,即法定增值额相当于当期工资、利息、租金、利润等理论增值额和折旧额之和。从整个国民经济来看,这一课税基数大体相当于国民生产总值的统计口径,故称为生产型增值税。由于这种类型的增值税扣除范围不包括固定资产,因此,在一定程度上仍带有重复征税的问题(对外购固定资产而言),不利于投资较大的生产企业的专业化分工与协作,但对资本有机构成较低的行业企业和劳动密集型生产是有利的。目前实行的国家主要有玻利维亚、巴西等少数发展中国家。

3. 收入型增值税

收入型增值税是指计算增值税时,允许将购入固定资产的已纳税金在购入当期按折旧比例和使用年限分期扣除,作为课税基数的法定增值额相当于当期工资、利息、租金和利润等各增值项目之和。从整个国民经济来看,这一课税基数相当于国民收入部分,故称为收入型增值税。这种类型的增值税对经济的影响,介于消费型和生产型增值税之间,基本呈中性。但由于外购固定资产价款是以计提折旧的方式分期转入产品价值的,且转入部分没有逐笔对应的外购凭证,故给凭发票扣税的计算方法带来困难,从而影响了这种方法的广泛采用。目前主要是一些拉美国家实行。

(三) 按规定税率的多少分

1. 单一税率增值税

对所有商品和劳务,在所有环节都采用同一个税率。如丹麦、英国,只有一个比例税率。

2. 多个税率增值税

对不同商品和劳务,或在不同的课税环节实行不同的税率,一般的法定税率在5个以上。如1994年以前我国的增值税。

3. 一个基本税率和几个辅助税率增值税

对大多数商品和劳务规定一个统一税率作为基本税率,对少数商品和劳务规定高(低)于基本税率的税率,作为辅助税率。辅助税率数目一般为1~4个,如法国、比利时、意大利和中国。

(四) 按计算方法分

1. 直接计算法

先计算增值额,再计算增值税的方法。根据计算增值额的方法不同,又分为加法和减法。

(1) 加法:将纳税人在纳税期内的各个增值项目相加,计算出增值额,再据以计算增值税。其中:

增值额＝工资＋利润＋利息＋租金＋其他增值项目金额

(2) 减法:将纳税人在纳税期内的商品与劳务的销售额减去法定扣除的非增值项目(如外购原材料、燃料、零配件、动力等金额)后的余额作为增值额。即:

增值额＝销售收入额－法定非增值项目金额

2. 间接计算法

即税款抵扣法,先用销售额乘以税率计算出销项税额,然后减去进项税额。即:

应纳增值税额＝销售收入×适用税率－购进商品已纳税金

这种方法简便易行、计算准确,是实行增值税国家普遍采用的计算方法。

案情追踪道具——追案魔法帽4-2:
我国增值税制溯源及演进

四、增值税的积极效应

增值税的效应概括如下:(1) 有利于鼓励投资,促进产业结构调整;(2) 适应了市场经济的发展,能起到公平税负、鼓励竞争的作用;(3) 有利于促进对外贸易的发展;(4) 有利于降低征管成本,提高征管率;(5) 有利于促进企业生产经营结构的合理化。

案情追踪道具——追案魔法帽4-3：
增值税的积极效应

第二节　纳税人与扣缴义务人

一、增值税纳税人的基本规定

在中华人民共和国境内销售货物或者加工、修理修配劳务（以下简称劳务），销售服务、无形资产、不动产以及进口货物的单位和个人，为增值税的纳税人。其中，"单位"是指各种所有制类型的企业，以及行政事业单位、军事单位、社会团体和其他单位；"个人"包括个体工商户和其他个人，可以是中国公民，也可以是外国公民。

所谓在"境内"，是指销售货物的起运地或所在地在中国境内；销售的劳务、服务（租赁不动产除外）或者无形资产（自然资源使用权除外）的销售方或者购买方在境内；所销售或者租赁的不动产在境内；所销售自然资源使用权的自然资源在境内。

单位以承包、承租、挂靠方式经营的，承包人、承租人、挂靠人（以下统称承包人）以发包人、出租人、被挂靠人（以下统称发包人）名义对外经营，并由发包人承担相关法律责任的，以发包人为纳税人；否则，以承包人为纳税人。

资管产品运营过程中发生的增值税应税行为，以资管产品管理人为增值税纳税人。

建筑企业与发包方签订建筑合同后，以内部授权或者三方协议等方式，授权集团内其他纳税人（以下称第三方）为发包方提供建筑服务，并由第三方直接与发包方结算工程款的，由第三方缴纳增值税，与发包方签订建筑合同的建筑企业不缴纳增值税。

对报关进口的货物，以进口货物的收货人或办理报关手续的单位和个人为进口货物的纳税人。对代理进口货物，以海关开具的完税凭证上的纳税人为增值税纳税人。即对报关进口货物，凡是海关的完税凭证开具给委托方的，对代理方不征增值税；凡是海关的完税凭证开具给代理方的，对代理方应按规定征收增值税。

两个或者两个以上的纳税人，经财政部和国家税务总局批准可以视为一个纳税人合并纳税。具体办法由财政部和国家税务总局另行制定。

二、增值税扣缴义务人的基本规定

中华人民共和国境外（以下简称境外）的单位或者个人在境内提供应税劳务，在境内未设有经营机构的，以其境内代理人为扣缴义务人；在境内没有代理人的，以购买方为扣缴义务人。

中华人民共和国境外单位或者个人在境内发生营改增应税行为（销售服务、无形资产或不动产），在境内未设有经营机构的，以购买方为增值税扣缴义务人。财政部和国家税务总局另有规定的除外。

在中华人民共和国境内（以下简称境内）销售货物或提供加工、修理修配劳务是指销售货物的起运地或所在地在境内，提供的应税劳务发生地在境内。

在境内销售服务、无形资产或者不动产，是指：(1) 服务（租赁不动产除外）或者无形资产（自然资源使用权除外）的销售方或者购买方在境内；(2) 所销售或者租赁的不动产在境内；(3) 所销售自然资源使用权的自然资源在境内；(4) 财政部和国家税务总局规定的其他情形。

三、增值税纳税人的分类管理

根据《增值税暂行条例》及其实施细则的规定，增值税纳税人分为一般纳税人和小规模纳税人。其划分依据是纳税人的会计核算是否健全，以及企业规模的大小。会计核算健全是指能够按照国家统一的会计制度规定设置账簿，根据合法、有效凭证核算。现行增值税制度是以纳税人年应税销售额的大小来衡量企业规模的大小。

（一）一般纳税人

1. 一般纳税人的认定

年应税销售额超过财政部和国家税务总局规定标准（年应税销售额500万元）的纳税人为一般纳税人。

年应税销售额是指纳税人在连续不超过12个月或4个季度的经营期内累计应征增值税销售额，包括纳税申报销售额、稽查查补销售额、纳税评估调整销售额。其中，"经营期"是指在纳税人存续期内的连续经营期间，含未取得销售收入的月份或季度。"纳税申报销售额"是指纳税人自行申报的全部应征增值税销售额，包括免税销售额和税务机关代开发票销售额。"稽查查补销售额"和"纳税评估调整销售额"计入查补税款申报当月（当季）的销售额，不计入税款所属期销售额。

销售服务、无形资产或者不动产有扣除项目的纳税人，其年应税销售额按未扣除之前的销售额计算。纳税人偶然发生的销售无形资产、转让不动产的销售额，不计入年应税销售额。

纳税人兼有销售货物、提供加工修理修配劳务（以下称应税货物及劳务）和销售服务、无形资产、不动产（以下称应税行为）的，应税货物及劳务销售额与应税行为销售额分别计算，分别适用增值税一般纳税人登记标准，其中有一项销售额超过规定标准，就应当按照规定办理增值税一般纳税人登记相关手续。

2. 一般纳税人登记管理

为深入贯彻落实国务院"放管服"改革有关要求，进一步优化纳税服务，规范增值税一般纳税人管理，国家税务总局制定公布《增值税一般纳税人登记管理办法》（以下简称《办法》），并于2018年2月1日开始执行。

（1）应当办理一般纳税人登记的情况

增值税纳税人年应税销售额超过财政部、国家税务总局规定的小规模纳税人标准（年应税销售额500万元）的，除"不需要办理一般纳税人登记的情况"外，应当向主管税务机关办理一般纳税人登记。具体登记办法由国家税务总局制定。

除国家税务总局另有规定外,一经登记为一般纳税人后,不得转为小规模纳税人。

(2) 可以办理一般纳税人登记的情况

年应税销售额未超过规定标准的纳税人,会计核算健全,能够提供准确税务资料的,可以向主管税务机关办理一般纳税人资格登记,成为一般纳税人。

(3) 不得办理一般纳税人登记的情况

具体包括两类:第一类是按照政策规定,选择按照小规模纳税人纳税的(应当向主管税务机关提交书面说明);第二类是年应税销售额超过规定标准的其他个人[①]。

(二) 小规模纳税人

1. 小规模纳税人的认定

小规模纳税人是指年销售额在规定标准以下,并且会计核算不健全,不能按规定报送有关税务资料的增值税纳税人。在我国,小规模纳税人的具体认定标准为年应征增值税销售额500万元及以下。会计核算不健全是指不能正确核算增值税的销项税额、进项税额和应纳税额。

2. 特殊规定

年应税销售额超过小规模纳税人标准的其他个人按小规模纳税人纳税;年应税销售额超过规定标准但不经常发生应税行为的单位和个体工商户,以及非企业性单位、不经常发生应税行为的企业,可选择按照小规模纳税人纳税。

兼有销售货物、提供加工修理修配劳务以及应税服务,且不经常发生应税行为的单位和个体工商户可选择按小规模纳税人纳税。

已登记为增值税一般纳税人的单位和个人,转登记日前连续12个月(以1个月为1个纳税期)或者连续4个季度(以1个季度为1个纳税期)累计销售额未超过500万元的一般纳税人,在2020年12月31日前,可选择转登记为小规模纳税人。

转登记纳税人按规定再次登记为一般纳税人后,不得再转登记为小规模纳税人。

3. 小规模纳税人的管理

小规模纳税人实行简易办法征收增值税,一般不得使用增值税专用发票。

第三节 征税范围

增值税的征税范围包括在境内发生应税销售行为以及进口货物等。根据《增值税暂行条例》《增值税暂行条例实施细则》《营改增通知》等规定,我们将增值税的征税范围分为一般规定和特殊规定。

一、增值税征税范围的一般规定

现行增值税征税范围的一般规定包括货物的生产、批发、零售和进口四个环节,提供加工、修理修配劳务,销售服务、无形资产或者不动产。具体规定如下:

---

① "其他个人"是指自然人。

（一）销售或者进口货物

销售货物是指有偿转让货物的所有权。有偿，是指从购买方取得货币、货物或者其他经济利益。货物，是指有形动产，包括电力、热力、气体在内。"有偿"不仅指从购买方取得货币，还包括取得货物或其他经济利益。现行会计制度规定，销售商品时只有同时符合以下条件，才能确认为收入：企业已将商品所有权上的主要风险和报酬转移给购货方；企业既没有保留通常与所有权相联系的继续管理权，也没有对已售出的商品实施控制；与交易相关的经济利益能够流入企业；相关的收入和成本能够可靠地计量。

进口货物是指申报进入我国海关境内的货物。确定一项货物是否属于进口货物，必须看其是否办理了报关进口手续。通常，境外产品要输入境内[①]，必须向我国海关申报进口，并办理有关报关手续。只要是报关进口的应税货物，均属于增值税征税范围，在进口环节缴纳增值税（享受免税政策的货物除外）。

（二）销售劳务

劳务是指纳税人提供的加工、修理修配劳务。加工是指受托加工货物，即委托方提供原料及主要材料，受托方按照委托方的要求制造货物并收取加工费的业务。此处的委托加工业务不包括以下三种情况：① 受托方以委托方名义购进原材料和主要材料，并按委托方要求制造货物收取加工费和材料费的业务。② 受托方将原材料卖给委托方，然后再接受其委托，按委托方要求制造货物并收取加工费的业务。③ 受托方用自己的材料，按委托方要求制造货物并收取加工费和材料费的业务，即通常所说的订制。

修理修配是指受托对损伤和丧失功能的货物进行修复，使其恢复原状和功能的业务。

销售劳务也称为提供劳务，是指有偿提供加工和修理修配劳务。单位或者个体工商户聘用的员工为本单位或者雇主提供劳务不包括在内。

（三）销售服务

销售服务是指提供交通运输服务、邮政服务、电信服务、建筑服务、金融服务、现代服务、生活服务。具体征税范围如下。

1. 交通运输服务

交通运输服务，是指利用运输工具将货物或者旅客送达目的地，使其空间位置得到转移的业务活动。包括陆路运输服务、水路运输服务、航空运输服务和管道运输服务。

2. 邮政服务

邮政服务是指中国邮政集团公司及其所属邮政企业提供邮件寄递、邮政汇兑和机要通信等邮政基本服务的业务活动。包括邮政普遍服务、邮政特殊服务和其他邮政服务。

3. 电信服务

电信服务，是指利用有线、无线的电磁系统或者光电系统等各种通信网络资源，提供语音通话服务，传送、发射、接收或者应用图像、短信等电子数据和信息的业务活动。包括基础电信服务和增值电信服务。

卫星电视信号落地转接服务，按照"增值电信服务"缴纳增值税。

---

① 国境与关境是两个不同的概念。国境可以大于关境，也可以小于关境。国境是指一国的政权管辖范围，一般包括领土、领海、领空，关境是指一个国家行使关税管辖权的范围。

4. 建筑服务

建筑服务,是指各类建筑物、构筑物及其附属设施的建造、修缮、装饰,线路、管道、设备、设施等的安装以及其他工程作业的业务活动。包括工程服务、安装服务、修缮服务、装饰服务和其他建筑服务。

物业服务企业为业主提供的装修服务,按照"建筑服务"缴纳增值税。

纳税人将建筑施工设备出租给他人使用并配备操作人员的,按照"建筑服务"缴纳增值税。

5. 金融服务

金融服务,是指经营金融保险的业务活动。包括贷款服务、直接收费金融服务、保险服务和金融商品转让。

6. 现代服务

现代服务,是指围绕制造业、文化产业、现代物流产业等提供技术性、知识性服务的业务活动。包括研发和技术服务、信息技术服务、文化创意服务、物流辅助服务、租赁服务、鉴证咨询服务、广播影视服务、商务辅助服务和其他现代服务。

7. 生活服务

生活服务,是指为满足城乡居民日常生活需求提供的各类服务活动。包括文化体育服务、教育医疗服务、旅游娱乐服务、餐饮住宿服务、居民日常服务和其他生活服务。

案情追踪道具——追案魔法帽4-4:
销售服务增值税征税范围规定

(四)销售无形资产

销售无形资产,是指转让无形资产所有权或者使用权的业务活动。

无形资产是指不具实物形态,但能带来经济利益的资产。包括技术、商标、著作权、商誉、自然资源使用权和其他权益性无形资产。

技术,包括专利技术和非专利技术。自然资源使用权包括土地使用权、海域使用权、探矿权、采矿权、取水权和其他自然资源使用权。其他权益性无形资产包括基础设施资产经营权、公共事业特许权、配额、经营权(包括特许经营权、连锁经营权、其他经营权)、经销权、分销权、代理权、会员权、席位权、网络游戏虚拟道具、域名、名称权、肖像权、冠名权、转会费等。

(五)销售不动产

销售不动产是指转让不动产所有权的业务活动。不动产,是指不能移动或者移动后会引起性质、形状改变的财产,包括建筑物、构筑物等。建筑物,包括住宅、商业营业用房、办公楼等可供居住、工作或者进行其他活动的建造物。构筑物,包括道路、桥梁、隧道、水坝等建造物。

转让建筑物有限产权或者永久使用权的,转让在建的建筑物或者构筑物所有权的,以及在转让建筑物或者构筑物时一并转让其所占土地的使用权的,按照"销售不动产"缴纳增值税。

(六)其他相关规定

1. 缴纳增值税的经济行为需具备的条件

根据《营改增通知》,除另有规定外,一般应同时具备四个条件:(1)应税行为发生在中华人民共和国境内;(2)应税行为是属于《销售服务、无形资产、不动产注释》范围内的业务活动;(3)应税服务是为他人提供的;(4)应税行为是有偿的。

2. 非经营活动的确认

销售服务、无形资产或者不动产,是指有偿提供服务、有偿转让无形资产或者不动产,但属于下列非经营活动情形的除外。

(1) 行政单位收取的同时满足以下条件的政府性基金或者行政事业性收费:① 由国务院或者财政部批准设立的政府性基金,由国务院或者省级人民政府及其财政、价格主管部门批准设立的行政事业性收费。② 收取时开具省级以上(含省级)财政部门监(印)制的财政票据。③ 所收款项全额上缴财政。

(2) 单位或者个体工商户聘用的员工为本单位或者雇主提供取得工资的服务。

(3) 单位或者个体工商户为聘用的员工提供服务。

(4) 财政部和国家税务总局规定的其他情形。

3. 关于境内销售服务、无形资产或者不动产的界定

在境内销售服务、无形资产或者不动产,是指:(1)服务(租赁不动产除外)或者无形资产(自然资源使用权除外)的销售方或者购买方在境内。(2)所销售或者租赁的不动产在境内。(3)所销售自然资源使用权的自然资源在境内。(4)财政部和国家税务总局规定的其他情形。

下列情形不属于在境内销售服务或者无形资产:

(1) 境外单位或者个人向境内单位或者个人销售完全在境外发生的服务。

(2) 境外单位或者个人向境内单位或者个人销售完全在境外使用的无形资产。

(3) 境外单位或者个人向境内单位或者个人出租完全在境外使用的有形动产。

(4) 财政部和国家税务总局规定的其他情形。

二、增值税征税范围的特殊规定

增值税的征税范围除了上述的一般规定以外,还对经济实务中某些特殊项目或行为是否属于增值税的征税范围,做出了具体界定。

(一) 不征收增值税的特殊项目

1. 执罚部门和单位查处的属于一般商业部门经营的商品,具备拍卖条件的,由执罚部门或单位商同级财政部门同意后,公开拍卖。其拍卖收入作为罚没收入由执罚部门和单位如数上缴财政,不予征收增值税。

案情追踪道具——追案魔法帽4-5:
查处的商品等不征增值税的具体规定

2. 纳税人取得的财政补贴收入,与其销售货物、劳务、服务、无形资产、不动产的收入或者数量直接挂钩的,应按规定计算缴纳增值税。纳税人取得的其他情形的财政补贴收入,不属于增值税应税收入,不征收增值税。

3. 融资性售后回租业务中,承租方出售资产的行为不属于增值税的征税范围,不征收增值税。

4. 药品生产企业销售自产创新药的销售额,为向购买方收取的全部价款和价外费用,其提供给患者后续免费使用的相同创新药,不属于增值税视同销售范围。创新药是指经国家食品药品监督管理部门批准注册、获批前未曾在中国境内外上市销售,通过合成或者半合成方法制得的原料药及其制剂。

5. 根据国家指令无偿提供的铁路运输服务、航空运输服务,属于用于公益事业的服务,不征收增值税。

6. 存款利息不征收增值税。

7. 被保险人获得的保险赔付不征收增值税。

8. 房地产主管部门或者其指定机构、公积金管理中心、开发企业以及物业管理单位代收的住宅专项维修资金,不征收增值税。

9. 纳税人在资产重组过程中,通过合并、分立、出售、置换等方式,将全部或者部分实物资产以及与其相关联的债权、负债和劳动力一并转让给其他单位和个人,不属于增值税的征税范围。

10. 供应或开采未经加工的天然水(如水库供应农业灌溉用水,工厂自采地下水用于生产),不征收增值税。

11. 对国家管理部门行使其管理职能,发放的执照、牌照和有关证书等取得的工本费收入,不征收增值税。

(二) 增值税征税范围的特殊行为

1. 视同发生应税销售行为

单位或者个体工商户的下列行为,视同发生应税销售行为:

(1) 将货物交付其他单位或者个人代销。

(2) 销售代销货物。

(3) 设有两个以上机构并实行统一核算的纳税人,将货物从一个机构移送至其他机构用于销售,但相关机构设在同一县(市)的除外。"用于销售"是指受货机构发生两项情形之一的经营行为:一是向购货方开具发票;二是向购货方收取货款。受货机构的货物移送行为有上述两项情形之一的,应当向所在地税务机关缴纳增值税;未发生上述两项情形的,则应由总机构统一缴纳增值税。如果受货机构只就部分货物向购买方开具发票或收取货款,则应当区分不同情况计算并分别向总机构所在地或分支机构所在地缴纳款。

(4) 将自产或者委托加工的货物用于非应税项目。

(5) 将自产、委托加工的货物用于集体福利或者个人消费。

(6) 将自产、委托加工或者购进的货物作为投资,提供给其他单位或者个体工商户。

(7) 将自产、委托加工或者购进的货物分配给股东或者投资者。

(8) 将自产、委托加工或者购进的货物无偿赠送给其他单位或者个人。

(9) 单位或者个体工商户向其他单位或者个人无偿销售应税服务、无偿转让无形资产或者不动产,但用于公益事业或者以社会公众为对象的除外。

(10) 财政部和国家税务总局规定的其他情形。

上述10种情况应该确定为视同发生应税销售行为,均要征收增值税。其确定的目的主要有三个:一是保证增值税税款抵扣制度的实施,不致因发生上述行为而造成各相关环节税款抵扣链条的中断。二是避免因发生上述行为而造成应税销售行为之间税收负担不平衡的矛盾,防止以上述行为逃避纳税的现象。三是体现增值税计算的配比原则。

2. 混合销售行为

一项销售行为如果既涉及货物又涉及服务,称为混合销售。从事货物的生产、批发或者零售的单位和个体工商户的混合销售,按照销售货物缴纳增值税;其他单位和个体工商户的混合销售,按照销售服务缴纳增值税。

上述从事货物的生产、批发或者零售的单位和个体工商户,包括以从事货物的生产、批发或者零售为主(超过50%),并兼营销售服务的单位和个体工商户在内。

混合销售行为成立的行为标准有两点:一是其销售行为必须是一项;二是该项行为必须既涉及货物销售又涉及应税行为。

在确定混合销售行为是否成立时,其行为标准中的上述两点必须是同时存在的,如果一项销售行为只涉及销售服务,不涉及货物,这种行为就不是混合销售行为;或者,涉及销售服务和涉及货物的行为不是存在于一项销售行为之中,这种行为也不是混合销售行为。

3. 兼营行为

兼营行为,是指纳税人的经营范围既包括销售货物和加工修理修配劳务,又包括销售服务、无形资产或者不动产。但是,销售货物、加工修理修配劳务、服务、无形资产或者不动产不同时发生在同一项销售行为中。

根据《增值税暂行条例实施细则》和《营业税改征增值税试点有关事项的规定》(财税[2016]36号),纳税人销售货物、加工修理修配劳务、服务、无形资产或者不动产适用不同税率或者征收率的,应当分别核算适用不同税率或者征收率的销售额,未分别核算销售额的,按照以下方法适用税率或者征收率:

(1)兼有不同税率的销售货物、加工修理修配劳务、服务、无形资产或者不动产,从高适用税率。

(2)兼有不同征收率的销售货物、加工修理修配劳务、服务、无形资产或者不动产,从高适用征收率。

(3)兼有不同税率和征收率的销售货物、加工修理修配劳务、服务、无形资产或者不动产,从高适用税率。

4. 混合销售行为与兼营行为的异同点及其税务处理

混合销售行为与兼营行为,两者既有相同点,又有明显的区别:二者的相同点在于两种行为的经营范围都有销售货物和提供劳务这两类经营项目;二者的区别主要是混合销售行为强调的是在同一项销售行为中存在着两类经营项目的混合,销售货款及劳务价款是同时从一个购买方取得的;兼营行为强调的是在同一纳税人的经营活动中存在着两类经营项目,但这两类经营项目不在同一项销售行为中发生。

混合销售行为与兼营行为是两个不同的税收概念,因此,在税务处理上的规定也不同。混合销售行为的纳税原则是按"经营主业"划分,分别按照"销售货物"或"销售服务"征收增值税。兼营行为的纳税原则是分别核算、分别按照适用税率征收增值税;对兼营行为不分别核算的,从高适用税率征收增值税。

【例 4-1】 某装饰材料销售公司，5 月 3 日向某客户销售了价值 8 000 元的复合地板，由该公司自己的装修队负责安装，收取安装费 600 元。由该公司统一向客户开具金额为 8 600 元的发票。

该公司应按 8 600 元缴纳增值税，因为该公司是从事货物的批发零售的企业，而 600 元安装费与销售地板具有从属关系，属于混合销售行为，按照"销售货物"征收增值税。

【例 4-2】 某装潢公司，5 月 18 日承揽了一项装潢业务，装潢费预算为 53 000 元，实行包工包料，其中材料费为 40 000 元。由于该公司有一个下属商店销售装潢材料，所以 40 000 元材料从下属商店提取。6 月 20 日，装修完毕，客户付清 53 000 元，装潢公司向其开具了一张 53 000 的普通发票。

该公司应按 53 000 元缴纳增值税，因为该公司不是从事货物的生产、批发或零售的企业或企业性单位，而 40 000 元材料费与装修业务具有从属关系，属于混合销售行为，按照"销售服务"征收增值税。

【例 4-3】 某建筑材料销售公司，主营批发、零售装饰材料，另下设一装潢队。该装潢队不仅为该公司销售材料提供装饰装潢劳务，还对外单独承揽装饰装潢业务。6 月份，该装潢队共取得装潢收入 60 000 元，其中 20 000 元是与销售装饰材料一起发生的，并由公司统一开具发票，另 40 000 元则是由装潢队单独承揽的业务收入，由装潢队开具发票。

20 000 元应按照"销售货物"缴纳增值税，40 000 元的发生与材料销售没有从属关系（一般来说单独开具发票就是可以单独核算的），是兼营行为，应按照"销售服务"征收增值税。

第四节 税率与征收率

一、增值税税率的基本规定

（一）基本税率

增值税的基本税率为 13%，适用于纳税人销售或者进口货物（适用 9% 的低税率的除外），提供加工、修理修配劳务，提供有形动产租赁服务。

（二）低税率

增值税的低税率分为两档：

1. 低税率 9%

（1）一般纳税人销售或者进口下列货物，税率为 9%：

① 粮食等农产品（包括挂面、干姜、姜黄、玉米胚芽、动物骨粒等，不包括淀粉、麦芽、复合胶、人发制品）、食用植物油（不包括环氧大豆油、氢化植物油、肉桂油、桉油、香茅油）、食用盐。

② 自来水、暖气、冷气、熟水、煤气、石油液化气、天然气、二甲醚、沼气、居民用煤炭制品。

③ 图书、报纸、杂志、音像制品、电子出版物。

④ 饲料、化肥、农药、农机、农膜。

⑤ 国务院规定的其他货物。

(2) 纳税人销售交通运输、邮政、基础电信、建筑、不动产租赁服务,销售不动产,转让土地使用权,税率为9%。

2. 低税率6%

纳税人销售增值电信服务、金融服务、现代服务(不动产租赁除外)、生活服务以及销售无形资产(转让土地使用权除外),税率为6%。

(三) 零税率

纳税人出口货物、劳务(国务院另有规定的除外),境内单位和个人发生的跨境应税行为适用零税率。

纳税人出口货物,税率为零,国务院另有规定的除外。

境内单位和个人跨境销售国务院规定范围内的服务、无形资产,税率为零。

根据《营改增通知》的相关规定,销售服务、无形资产适用的零税率政策如下:

1. 中华人民共和国境内(以下简称境内)的单位和个人销售的下列服务和无形资产,适用增值税零税率。

(1) 国际运输服务。国际运输服务是指:① 在境内载运旅客或者货物出境。② 在境外载运旅客或者货物入境。③ 在境外载运旅客或者货物。

案情追踪道具——追案魔法帽4-6:
国际运输服务适用零税率政策

(2) 航天运输服务。

(3) 向境外单位提供的完全在境外消费的下列服务:① 研发服务。② 合同能源管理服务。③ 设计服务。④ 广播影视节目(作品)的制作和发行服务。⑤ 软件服务。⑥ 电路设计及测试服务。⑦ 信息系统服务。⑧ 业务流程管理服务。⑨ 离岸服务外包业务。离岸服务外包业务包括信息技术外包服务(ITO)、技术性业务流程外包服务(BPO)、技术性知识流程外包服务(KPO),其所涉及的具体业务活动,按照《销售服务、无形资产、不动产注释》相对应的业务活动执行。⑩ 转让技术。

(4) 财政部和国家税务总局规定的其他服务。

2. 境内单位和个人发生的与中国香港、中国澳门、中国台湾有关的应税行为,除另有规定外,参照上述规定执行。

二、增值税征收率的规定

增值税征收率是指对特定的货物或特定的纳税人发生应税销售行为在某一生产流通环节应纳税额与销售额的比率。增值税征收率适用于两种情况:一是小规模纳税人;二是一般纳税人发生应税销售行为按规定可以选择简易方法计税的。

(一) 3%的征收率

1. 小规模纳税人销售货物、服务,提供劳务等,增值税征收率为3%。

2. 一般纳税人销售自产的部分货物,可选择按照简易办法依照3%征收率计算缴纳增值税。

3. 一般纳税人销售货物属于下列情形之一的,暂按简易办法依照3%征收率计算缴纳增值税:(1) 寄售商店代销寄售物品(包括居民个人寄售的物品在内)。(2) 典当业销售死当物品。(3) 经国务院或国务院授权机关批准的免税商店零售的免税品。

4. 其他情形。

案情追踪道具——追案魔法帽4-7:
适用3%增值税征收率的具体规定

(二) 5%的征收率

1. 小规模纳税人销售或出租不动产,按照5%的征收率计算缴纳增值税。

2. 小规模纳税人提供劳务派遣服务,可以选择差额征收,按照5%的征收率计算缴纳增值税。

3. 房地产开发企业中的小规模纳税人,销售自行开发的房地产项目,按照5%的征收率计算缴纳增值税。

4. 一般纳税人提供人力资源外包服务,可以选择适用简易计税方法,按照5%的征收率计算缴纳增值税。

5. 其他情形。

案情追踪道具——追案魔法帽4-8:
适用5%增值税征收率的具体规定

(三) 征收率的特殊规定

1. 小规模纳税人(除其他个人外)销售自己使用过的固定资产,减按2%的征收率征收增值税,并且只能开具普通发票,不得由税务机关代开增值税专用发票[①]。

2. 纳税人销售旧货,按照简易办法依照3%征收率减按2%征收增值税。

3. 个人出租住房,按照5%的征收率减按1.5%征收增值税。

第五节 应纳税额的计算

我国对增值税应纳税额的计算采用的一般计税方法是间接计算法,即先按当期销售额和

[①] 小规模纳税人销售自己使用过的除固定资产以外的物品,应按3%的征收率征收增值税。

适用税率计算出销项税额,然后将当期准予抵扣的进项税额进行抵扣,从而间接计算出当期增值额部分的应纳税额。

增值税一般纳税人发生应税销售行为的应纳税额,除适用简易计税方法外的,均应该等于当期销项税额抵扣当期进项税额后的余额。其计算公式为:

当期应纳税额＝当期销项税额－当期进项税额

由此可见,增值税一般纳税人当期应纳税额的多少,取决于当期销项税额和当期进项税额这两个因素。

一、销项税额的计算

销项税额是指纳税人发生应税销售行为时,按照销售额与规定税率计算并向购买方收取的增值税税额。销项税额的计算公式为:

销项税额＝销售额×适用税率

从销项税额的定义和公式中我们可以知道,它是由购买方在购买货物、劳务、服务、无形资产、不动产时,一并向销售方支付的税额。销项税额的计算取决于销售额和适用税率两个因素。在适用税率既定的前提下,销项税额的大小主要取决于销售额的大小。

(一) 一般销售方式下销售额的确认

销售额为纳税人销售货物、提供应税劳务、销售应税服务向购买方收取的全部价款和价外费用,但是不包括收取的销项税额。需要强调的是,尽管销项税额也是销售方向购买方收取的,但是由于增值税采用价外计税方式,用不含增值税(以下简称不含税)价格作为计税依据,因而销售额中不包括向购买方收取的销项税额。

价外费用是指价外收取的各种性质的收费,包括价外向购买方收取的手续费、补贴、基金、集资费、返还利润、奖励费、违约金、滞纳金、延期付款利息、赔偿金、代收款项、代垫款项、包装费、包装物租金、储备费、优质费、运输装卸费以及其他各种性质的价外收费。但下列项目不包括在内:

1. 受托加工应征消费税的消费品所代收代缴的消费税。

2. 同时符合以下条件的代垫运输费用:

(1) 承运部门的运输费用发票开具给购买方的;

(2) 纳税人将该项发票转交给购买方的。

3. 同时符合以下条件代为收取的政府性基金或者行政事业性收费:

(1) 由国务院或者财政部批准设立的政府性基金,由国务院或者省级人民政府及其财政、价格主管部门批准设立的行政事业性收费。

(2) 收取时开具省级以上财政部门印制的财政票据。

(3) 所收款项全额上缴财政。

4. 以委托方名义开具发票代委托方收取的款项。

5. 销售货物的同时代办保险等而向购买方收取的保险费,以及向购买方收取的代购买方缴纳的车辆购置税、车辆牌照费。

凡随同应税销售行为向购买方收取的价外费用,无论其会计制度如何核算,均应并入销售额计算应纳税额。需要注意的是,根据国家税务总局的规定:对增值税一般纳税人(包括纳税人自己或代其他部门)向购买方收取的价外费用和逾期包装物押金,应视为含增值税(以下简称含税)收入,在征税时应换算成不含税收入再并入销售额。

对于一般纳税人发生的应税销售行为,采用销售额和销项税额合并定价(含增值税价格)方法的,按下列公式计算销售额:

不含税的销售额＝含税销售额÷(1＋税率)

公式中的税率为发生应税销售行为时按增值税法律法规规定应当适用的增值税税率。销售额应以人民币计算。纳税人以人民币以外的货币结算销售额的,应当折合成人民币计算。折合率可以选择销售额发生的当天或者当月1日的人民币汇率中间价。纳税人应当事先确定采用何种折合率,确定后1年内不得变更。

(二) 特殊销售方式下销售额的确认

在销售活动中,为了达到促销目的,纳税人有多种销售方式选择。不同销售方式下,销售方取得的销售额会有所不同。现行法律对以下几种销售方式下销售额的确定分别做出了规定。

1. 折扣销售

折扣销售是指销货方在发生应税销售行为时,因购货方购货数量较大等原因而给予购货方的价格优惠,属于商业折扣。例如,购买100件商品,销售价格折扣10%;购买200件商品,折扣20%等。按照现行税法规定,纳税人发生折扣销售行为,如将价款和折扣额在同一张发票上的"金额"栏分别注明的,可按折扣后的销售额征收增值税。未在同一张发票"金额"栏注明折扣额,而仅在发票的"备注"栏注明折扣额的,折扣额不得从销售额中减除;未在同一张发票上分别注明的,以价款为销售额,不得扣减折扣额。需要注意的是:

(1) 折扣销售不同于销售折扣与销售折让。

疑点爆破道具——奇思妙响指NICE 4-9:
销售折扣与销售折让

---

(2) 折扣销售仅限于应税销售行为价格的折扣,如果销货者将自产、委托加工和购买的应税销售行为用于实物折扣的,则该实物款额不能从应税销售行为的销售额中减除,且该实物应按《增值税暂行条例实施细则》和《营改增通知》"视同销售货物"中的"赠送他人"计算征收增值税。

纳税人发生应税销售行为因销售折让、中止或者退回的,应扣减当期的销项税额(一般计税方法)或销售额(简易计税方法)。

纳税人发生应税销售行为并向购买方开具增值税专用发票后,由于购货方在一定时期内累计购买货物、劳务、服务、无形资产、不动产达到一定数量,或者由于市场价格下降等原因,销货方给予购货方相应的价格优惠或补偿等折扣、折让行为,销货方可按现行《增值税专用发票使用规定》的有关规定开具红字增值税专用发票。

2. 以旧换新销售

以旧换新是指纳税人在销售自己的货物时,有偿收回旧货物的行为。采取以旧换新方式销售货物的,应按新货物的同期销售价格确定销售额,不得扣减旧货物的收购价格。之所以这样规定,既是因为销售货物与收购货物是两个不同的业务活动,销售额与收购额不能相互抵减,也是为了严格增值税的计算征收制度,防止出现销售额不实、减少纳税的现象。

但是,考虑到金银首饰以旧换新业务的特殊情况,对金银首饰以旧换新业务,可以按销售方实际收取的不含增值税的全部价款征收增值税。

3. 还本销售

还本销售是指纳税人在销售货物后,到一定期限由销售方一次或分次退还给购货方全部或部分价款。这种方式实际上是一种筹资行为,是以货物换取资金的使用价值,到期还本不付息的方法。采取还本销售方式销售货物,其销售额就是货物的销售价格,不得从销售额中减除还本支出。

4. 以物易物销售

以物易物是一种较为特殊的购销活动,是指购销双方不是以货币结算,而是以同等价款的应税销售行为相互结算,实现应税销售行为购销的一种方式。

疑点爆破道具——奇思妙响指 NICE 4-10:
以物易物假象

采取以物易物销售货物,以物易物双方都应作购销处理,以各自发出的应税销售行为核算销售额并计算销项税额;以各自收到的货物、劳务、服务、无形资产、不动产按规定核算购进金额并计算进项税额。应注意,在以物易物活动中,应分别开具合法的票据,如收到的货物、劳务、服务、无形资产、不动产不能取得相应的增值税专用发票或其他合法票据的,则不能抵扣进项税额。

5. 包装物押金的税务处理

包装物是指纳税人包装本单位货物的各种物品。纳税人销售货物时另收取包装物押金,目的是促使购货方及早退回包装物以便周转使用。

纳税人为销售货物而出租出借包装物收取的押金,单独记账核算的,时间在 1 年以内,又未过期的,不并入销售额征税,但对因逾期未收回包装物不再退还的押金,应按所包装货物的适用税率计算销项税额。"逾期"是指按合同约定实际日期或以 1 年为期限,对收取 1 年以上的押金,无论是否退还均并入销售额征税。

难点爆破道具——奇思妙响指 NICE 4-11:
包装物押金并入销售额的处理规定

6. 直销企业的税务处理

直销企业先将货物销售给直销员,直销员再将货物销售给消费者的,直销企业的销售额为其向直销员收取的全部价款和价外费用。直销员将货物销售给消费者时,应按照现行规定缴纳增值税。

直销企业通过直销员向消费者销售货物,直接向消费者收取货款,直销企业的销售额为其向消费者收取的全部价款和价外费用。

7. 贷款服务的销售额

贷款服务,以提供贷款服务取得的全部利息及利息性质的收入为销售额。银行提供贷款服务按期计收利息的,结息日当日计收的全部利息收入,均应计入结息日所属期的销售额,按照现行规定计算缴纳增值税。

案情追踪道具——追案魔法帽 4-12:
贷款服务销售额的增值税税务处理

8. 直接收费金融服务的销售额

直接收费金融服务以提供直接收费金融服务收取的手续费、佣金、酬金、管理费、服务费、经手费、开户费、过户费、结算费、转托管费等各类费用为销售额。

9. 发卡机构、清算机构和收单机构提供银行卡跨机构资金清算服务

疑点爆破道具——奇思妙响指 NICE 4-13:
银行卡跨机构资金清算服务销售额规定

10. 拍卖行受托拍卖文物艺术品

委托方按规定享受免征增值税政策的,拍卖行可以自己名义就代为收取的货物价款向购买方开具增值税普通发票,对应的货物价款不计入拍卖行的增值税应税收入。

(三) 差额征税项目销售额的确定

虽然原营业税的征税范围全行业均纳入了增值税的征收范围,但是目前仍然有无法通过抵扣机制避免重复征税的情况存在,因此引入了差额征税的办法。以下项目属于按差额确定销售额。

1. 金融商品转让的销售额

金融商品转让,按照卖出价扣除买入价后的余额为销售额。转让金融商品出现的正负差,按盈亏相抵后的余额为销售额。若相抵后出现负差,可结转下一纳税期与下期转让金融商品销售额相抵,但年末时仍出现负差的,不得转入下一个会计年度。

金融商品的买入价,可以选择按照加权平均法或者移动加权平均法进行核算,选择后36个月内不得变更。

金融商品转让不得开具增值税专用发票。

> 疑点爆破道具——奇思妙响指 NICE 4-14：
> 限售股解禁流通增值税买入价的处理

> 疑点爆破道具——奇思妙响指 NICE 4-15：
> 转让资管金融商品增值税买入价的处理

2. 经纪代理服务的销售额

经纪代理服务以取得的全部价款和价外费用，扣除向委托方收取并代为支付的政府性基金或者行政事业性收费后的余额为销售额。向委托方收取的政府性基金或者行政事业性收费，不得开具增值税专用发票。

3. 融资租赁和融资性售后回租业务的销售额

（1）经人民银行、银监会（现国家金融监督管理总局，下同）或者商务部批准从事融资租赁业务的试点纳税人（包括经上述部门备案从事融资租赁业务的试点纳税人），提供融资租赁服务，以取得的全部价款和价外费用，扣除支付的借款利息（包括外汇借款和人民币借款利息）、发行债券利息和车辆购置税后的余额为销售额。

（2）经人民银行、银监会或者商务部批准从事融资租赁业务的试点纳税人，提供融资性售后回租服务，以取得的全部价款和价外费用（不含本金），扣除对外支付的借款利息（包括外汇借款和人民币借款利息）、发行债券利息后的余额作为销售额。

（3）经人民银行、银监会或者商务部批准从事融资租赁业务的，纳税人根据2016年4月30日前签订的有形动产融资性售后回租合同，在合同到期前提供的有形动产融资性售后回租服务，可继续按照有形动产融资租赁服务计算销售额，缴纳增值税。

> 难点爆破道具——奇思妙响指 NICE 4-16：
> 融资性售后回租增值税的销售额的计算

4. 航空运输企业的销售额

不包括代收的机场建设费和代售其他航空运输企业客票而代收转付的价款。

航空运输销售代理企业提供境外航段机票代理服务，以取得的全部价款和价外费用，扣除向客户收取并支付给其他单位或者个人的境外航段机票结算款和相关费用后的余额为销售额。

航空运输销售代理企业提供境内机票代理服务,以取得的全部价款和价外费用,扣除向客户收取并支付给航空运输企业或其他航空运输销售代理企业的境内机票净结算款和相关费用后的余额为销售额。

航空运输销售代理企业就取得的全部价款和价外费用,向购买方开具行程单,或开具增值税普通发票。

5. 一般纳税人提供客运场站服务

以其取得的全部价款和价外费用,扣除支付给承运方运费后的余额为销售额。

6. 纳税人提供旅游服务

可以选择以取得的全部价款和价外费用,扣除向旅游服务购买方收取并支付给其他单位或者个人的住宿费、餐饮费、交通费、签证费、门票费和支付给其他接团旅游企业的旅游费用后的余额为销售额。

选择上述办法计算销售额的纳税人,向旅游服务购买方收取并支付的上述费用,不得开具增值税专用发票,可以开具普通发票。

7. 纳税人提供建筑服务适用简易计税方法的

以取得的全部价款和价外费用扣除支付给分包款后的余额为销售额。分包款是指支付给分包方的全部价款和价外费用。

8. 房地产开发企业中的一般纳税人销售其开发的房地产项目(选择简易计税方法的房地产老项目除外)

以取得的全部价款和价外费用,扣除受让土地时向政府部门支付的土地价款后的余额为销售额。"向政府部门支付的土地价款"包括土地受让人向政府部门支付的征地和拆迁补偿费用、土地前期开发费用和土地出让收益等。

案情追踪道具——追案魔法帽4-17:
房地产项目公司土地价款的增植税处理

房地产开发企业中的一般纳税人销售其开发的房地产项目(选择简易计税方法的房地产老项目除外),在取得土地时向其他单位或个人支付的拆迁补偿费用也允许在计算销售额时扣除。纳税人按上述规定扣除拆迁补偿费用时,应提供拆迁协议、拆迁双方支付和取得拆迁补偿费用凭证等能够证明拆迁补偿费用真实性的材料。

9. 纳税人转让不动产差额扣除的有关规定

(1) 纳税人转让不动产,按照有关规定以差额作为销售额缴纳增值税的,如因丢失等原因无法提供取得不动产时的发票,可向税务机关提供其他能证明契税计税金额的完税凭证等资料,进行差额扣除。

(2) 纳税人以契税计税金额进行差额扣除的,按照规定计算增值税应纳税额。

> 难点爆破道具——奇思妙响指 NICE 4-18：
> 以契税计税金额进行差额扣除的增值税应纳税额计算

(3) 纳税人同时保留取得不动产时的发票和其他能证明契税计税金额的完税凭证等资料的，应当凭发票进行差额扣除。

10. 纳税人按照上述第 2～9 项的规定从全部价款和价外费用中扣除的价款的规定

应当取得符合法律、行政法规和国家税务总局规定的有效凭证。否则，不得扣除。

上述"有效凭证"是指：

(1) 支付给境内单位或者个人的款项，以发票为合法有效凭证。

(2) 支付给境外单位或者个人的款项，以该单位或者个人的签收单据为合法有效凭证，税务机关对签收单据有疑义的，可以要求其提供境外公证机构的确认证明。

(3) 缴纳的税款，以完税凭证为合法有效凭证。

(4) 扣除的政府性基金、行政事业性收费或者向政府支付的土地价款，以省级以上（含省级）财政部门监（印）制的财政票据为合法有效凭证。

(5) 国家税务总局规定的其他凭证。

纳税人取得的上述凭证属于增值税扣税凭证的，其进项税额不得从销项税额中抵扣。

（四）发生视同应税销售行为销售额的确定

纳税人发生应税销售行为，价格明显偏低并无正当理由的，或者视同发生应税销售行为而无销售额的，由主管税务机关按照下列顺序核定销售额：

1. 按照纳税人最近时期发生同类应税销售行为的平均价格确定；
2. 按照其他纳税人最近时期发生同类应税销售行为的平均价格确定；
3. 按照组成计税价格确定。组成计税价格的公式为：

组成计税价格＝成本×(1＋成本利润率)

其中，成本利润率由国家税务总局确定。

属于应征消费税的货物，其组成计税价格应加计消费税税额。计算公式为：

$$\text{组成计税价格} = \text{成本} + \text{利润} + \text{消费税} = \frac{\text{成本} \times (1 + \text{成本利润率}) + \text{定额消费税}}{1 - \text{消费税税率}}$$

> 疑点爆破道具——奇思妙响指 NICE 4-19：
> 组成计税价格各部分解读

纳税人发生《增值税暂行条例实施细则》第四条规定的固定资产视同销售行为，对已使用过的固定资产无法确定销售额的，以固定资产净值为销售额。固定资产净值是指纳税人按照财务会计制度计提折旧后计算的固定资产净值。

二、进项税额的确认和计算

进项税额是指纳税人购进货物、劳务、服务、无形资产、不动产所支付或者负担的增值税税额。进项税额与销项税额是相互对应的两个概念,在购销业务中,对于销货方而言,在收回货款的同时,收回销项税额;对于购货方而言,在支付货款的同时,支付进项税额。也就是说,销货方收取的销项税额就是购货方支付的进项税额。

一般而言,准予抵扣的进项税额可以根据以下两种方法来确定:一是进项税额体现支付或者负担的增值税额,为直接在销货方开具的增值税专用发票和海关完税凭证上注明的税额,不需要计算;二是购进某些货物或者接受应税劳务时,其进项税额是根据支付金额和法定的扣除率计算出来的。

(一) 准予从销项税额中抵扣的进项税额

根据《增值税暂行条例》和《营改增通知》,准予从销项税额中抵扣的进项税额,限于下列增值税扣税凭证上注明的增值税税额和按规定的扣除率计算的进项税额:

1. 从销售方取得的增值税专用发票(含《机动车销售统一发票》,下同)上注明的增值税税额。
2. 从海关取得的海关进口增值税专用缴款书上注明的增值税税额。
3. 自境外单位或者个人购进劳务、服务、无形资产或者境内的不动产,从税务机关或者扣缴义务人处取得的代扣代缴税款的完税凭证上注明的增值税税额。
4. 纳税人购进农产品,按规定抵扣进项税额。

案情追踪道具——追案魔法帽 4-20:
纳税人购进农产品进项税额抵扣规定

5. 根据《农产品增值税进项税额核定扣除试点实施办法》的规定,对试点纳税人购进农产品增值税进项税额,实施核定扣除办法。

案情追踪道具——追案魔法帽 4-21:
试点纳税人购进农产品进项税额核定扣除办法

6. 增值税一般纳税人在资产重组过程中,将全部资产、负债和劳动力一并转让给其他增值税一般纳税人,并按程序办理注销税务登记的,其在办理注销登记前尚未抵扣的进项税额可结转至新纳税人处继续抵扣。
7. 收费公路通行费增值税抵扣规定。

纳税人支付的道路、桥、闸通行费,按照规定抵扣进项税额。

案情追踪道具——追案魔法帽4-22:
收费公路通行费进项税额抵扣规定

8. 按照规定不得抵扣且未抵扣进项税额的固定资产、无形资产、不动产,发生用途改变,用于允许抵扣进项税额的应税项目,可在用途改变的次月按照规定计算可以抵扣的进项税额。

案情追踪道具——追案魔法帽4-23:
用途发生改变后进项税额抵扣规定

上述可以抵扣的进项税额应取得合法有效的增值税扣税凭证。

9. 纳税人租入固定资产、不动产,既用于一般计税方法计税项目,又用于简易计税方法计税项目、免征增值税项目、集体福利或者个人消费的,其进项税额准予从销项税额中全额抵扣。

10. 提供保险服务的纳税人以实物赔付方式承担机动车辆保险责任的,自行向车辆修理劳务提供方购进的车辆修理劳务,其进项税额可以按规定从保险公司销项税额中抵扣。

纳税人提供的其他财产保险服务,比照上述规定执行。

11. 国内旅客运输服务进项税额的抵扣规定。

案情追踪道具——追案魔法帽4-24:
国内旅客运输服务进项税额抵扣规定

(二) 不得从销项税额中抵扣的进项税额

纳税人购进货物、劳务、服务、无形资产、不动产,取得的增值税扣税凭证不符合法律、行政法规或者国务院税务主管部门有关规定的,其进项税额不得从销项税额中抵扣。增值税扣税凭证是指增值税专用发票、海关进口增值税专用缴款书、农产品收购发票和农产品销售发票、从税务机关或者境内代理人取得的解缴税款的税收缴款凭证及增值税法律法规允许抵扣的其他扣税凭证。

按照增值税法律法规的规定,下列项目的进项税额不得从销项税额中抵扣:

1. 用于简易计税方法计税项目、免征增值税项目、集体福利或者个人消费的购进货物、劳务、服务、无形资产和不动产。

疑点爆破道具——奇思妙响指 NICE 4-25：
不得抵扣进项税额的简易计税项目等具体规定

2. 非正常损失的购进货物，以及相关劳务和交通运输服务。

3. 非正常损失的在产品、产成品所耗用的购进货物（不包括固定资产）、劳务和交通运输服务。

4. 非正常损失的不动产，以及该不动产所耗用的购进货物、设计服务和建筑服务。

5. 非正常损失的不动产在建工程所耗用的购进货物、设计服务和建筑服务。纳税人新建、改建、扩建、修缮、装饰不动产，均属于不动产在建工程。

上述第 2、3、4、5 项所说的非正常损失，是指因管理不善造成货物被盗、丢失、霉烂变质，以及因违反法律法规造成货物或者不动产被依法没收、销毁、拆除的情形。这些非正常损失是由纳税人自身原因造成征税对象实体的灭失，为保证税负公平，其损失不应由国家承担，因而纳税人无权要求抵扣进项税额。

上述第 4、5 项所称货物，是指构成不动产实体的材料和设备，包括建筑装饰材料和给排水、采暖、卫生、通风、照明、通信、煤气、消防、中央空调、电梯、电气、智能化楼宇设备及配套设施。

6. 购进的贷款服务、餐饮服务、居民日常服务和娱乐服务。

7. 纳税人接受贷款服务向贷款方支付的与该笔贷款直接相关的投融资顾问费、手续费、咨询费等费用，其进项税额不得从销项税额中抵扣。

8. 提供保险服务的纳税人以现金赔付方式承担机动车辆保险责任的，将应付给被保险人的赔偿金直接支付给车辆修理劳务提供方，不属于保险公司购进车辆修理劳务，其进项税额不得从保险公司销项税额中抵扣。

纳税人提供的其他财产保险服务，比照上述规定执行。

9. 适用一般计税方法的纳税人，兼营简易计税方法计税项目、免征增值税项目而无法划分不得抵扣的进项税额，按照下列公式计算不得抵扣的进项税额：

$$\text{不得抵扣的进项税额} = \text{当期无法划分的全部进项税额} \times (\text{当期简易计税方法计税项目销售额} + \text{免征增值税项目销售额}) \div \text{当期全部销售额}$$

主管税务机关可以按照上述公式依据年度数据对不得抵扣的进项税额进行清算。这是因为对于纳税人而言，进项税额转出是按月进行的，但由于年度内取得进项税额的不均衡性，有可能会造成按月计算的进项税转出与按年度计算的进项税转出产生差异，主管税务机关可在年度终了时对纳税人进项税转出计算公式进行清算，可对相关差异进行调整。

10. 一般纳税人已抵扣进项税额的不动产，发生非正常损失，或者改变用途，专用于简易计税方法、免征增值税项目、集体福利或者个人消费的，按照下列公式计算不得抵扣的进项税额：

不得抵扣的进项税额＝已抵扣的进项税额×不动产净值率

不动产净值率＝(不动产净值÷不动产原值)×100％

11. 有下列情形之一的,应当按照销售额和增值税税率计算应纳税额,不得抵扣进项税额,也不得使用增值税专用发票:

(1) 一般纳税人会计核算不健全,或者不能够提供准确税务资料的。

(2) 应当办理一般纳税人资格登记而未办理的。

12. 财政部和国家税务总局规定的其他情形。

三、应纳税额的计算

一般纳税人在计算出销项税额和进项税额后就可以得出实际应纳税额。为了正确计算增值税的应纳税额,在实际操作中还需要掌握以下几个重要规定。

(一)计算应纳税额的时间限定

纳税人必须严格把握当期进项税额从当期销项税额中抵扣这个要点。"当期"是指税务机关依照税法规定对纳税人确定的纳税期限。只有在纳税期限内实际发生的销项税额、进项税额,才是法定的当期销项税额或当期进项税额。

1. 计算销项税额的时间限定

《增值税暂行条例》《增值税暂行条例实施细则》《营改增通知》都对纳税人计算销项税额的时间做出了严格的规定。例如,采取直接收款方式销售货物,不论货物是否发出,均为收到销售款或者取得索取销售款凭据的当天,采取托收承付和委托银行收款方式销售货物,为发出货物并办妥托收手续的当天,以保证准时、准确记录和核算当期销项税额。

2. 增值税专用发票进项税额的抵扣限定

增值税一般纳税人取得 2017 年 1 月 1 日及以后开具的增值税专用发票、海关进口增值税专用缴款书、机动车销售统一发票、收费公路通行费增值税电子普通发票,取消认证确认、稽核比对、申报抵扣的期限。纳税人在进行增值税纳税申报时,应当通过本省(自治区、直辖市和计划单列市)增值税发票综合服务平台对上述扣税凭证信息进行用途确认。

增值税一般纳税人取得 2016 年 12 月 31 日及以前开具的增值税专用发票、海关进口增值税专用缴款书、机动车销售统一发票,超过认证确认、稽核比对、申报抵扣期限,但符合规定条件的,仍可按照规定,继续抵扣进项税额。

3. 海关进口增值税专用缴款书进项税额申报抵扣和出口退税的限定

增值税一般纳税人取得海关进口增值税专用缴款书(以下简称海关缴款书)后如需申报抵扣或出口退税,按以下方式处理:

(1) 增值税一般纳税人取得仅注明一个缴款单位信息的海关缴款书,应当登录本省(区、市)增值税发票选择确认平台(以下简称选择确认平台)查询、选择用于申报抵扣或出口退税的海关缴款书信息。通过选择确认平台查询到的海关缴款书信息与实际情况不一致或未查询到对应信息的,应当上传海关缴款书信息,经系统稽核比对相符后,纳税人登录选择确认平台查询、选择用于申报抵扣或出口退税的海关缴款书信息。

(2) 增值税一般纳税人取得注明两个缴款单位信息的海关缴款书,应当上传海关缴款书信息,经系统稽核比对相符后,纳税人登录选择确认平台查询、选择用于申报抵扣或出口退税的海关缴款书信息。

（3）海关缴款书稽核比对异常的处理。稽核比对结果为不符、缺联、重号、滞留的异常海关缴款书按以下方式处理：

① 对于稽核比对结果为不符、缺联的海关缴款书，纳税人应当持海关缴款书原件向主管税务机关申请数据修改或核对。属于纳税人数据采集错误的，数据修改后再次进行稽核比对；不属于数据采集错误的，纳税人可向主管税务机关申请数据核对，主管税务机关会同海关进行核查。经核查，海关缴款书票面信息与纳税人实际进口货物业务一致的，纳税人登录选择确认平台查询、选择用于申报抵扣或出口退税的海关缴款书信息。

② 对于稽核比对结果为重号的海关缴款书，纳税人可向主管税务机关申请核查。经核查，海关缴款书票面信息与纳税人实际进口货物业务一致的，纳税人登录选择确认平台查询、选择用于申报抵扣或出口退税的海关缴款书信息。

③ 对于稽核比对结果为滞留的海关缴款书，可继续参与稽核比对，纳税人不需申请数据核对。

（二）扣减发生期进项税额的规定

当期购进的货物、劳务、服务、无形资产、不动产，如果事先并未确定将用于不得抵扣进项税额项目，其进项税额会在当期销项税额中予以抵扣。但已抵扣进项税额的购进货物、劳务、服务、无形资产、不动产如果事后改变用途，用于不得抵扣进项税额项目，根据《增值税暂行条例》《增值税暂行条例实施细则》《营改增通知》的规定，应当将该项购进货物、劳务、服务、无形资产、不动产的进项税额从当期的进项税额中扣减；无法确定该项进项税额的，按当期实际成本计算应扣减的进项税额。

实际成本＝进价＋运费＋保险费＋其他有关费用

上述实际成本的计算公式，如果属于进口货物是完全适用的；如果是国内购进的货物、劳务、服务、无形资产、不动产，主要包括进价和运费两大部分。

（三）计算应纳税额时销项税额不足抵扣进项税额的处理

1. 结转抵扣

由于增值税实行购进扣税法，有时企业当期购进的货物、劳务、服务、无形资产、不动产很多，在计算应纳税额时会出现当期销项税额小于当期进项税额而不足抵扣的情况。根据税法规定，当期销项税额不足抵扣进项税额的部分可以结转下期继续抵扣。

2. 退还增量留抵税额

增量留抵税额是指与2019年3月31日相比新增加的期末留抵税额（关于留抵退税制度的相关内容详见本章第七节）。

（四）销售折让、中止或者退回涉及销项税额和进项税额的税务处理

纳税人适用一般计税方法计税的，因销售折让、中止或者退回而退还给购买方的增值税额，应当从当期的销项税额中扣减；因销售折让、中止或者退回而收回的增值税额，应当从当期的进项税额中扣减。

一般纳税人发生应税销售行为，开具增值税专用发票后，应税销售行为发生退回或者折让、开票有误等情形，应按国家税务总局的规定开具红字增值税专用发票。未按规定开具红字增值税专用发票的不得扣减销项税额或者销售额。

增值税一般纳税人因发生应税销售行为退回或者折让而退还给购买方的增值税税额,应从发生应税销售行为中退回或者折让当期的销项税额中扣减;因购进货物、劳务、服务、无形资产、不动产退回或者折让而收回的增值税额,应从发生应税销售行为退回或者折让当期的进项税额中扣减。

纳税人在发生购进货物、劳务、服务、无形资产、不动产退回或折让并收回价款和增值税额时,没有相应减少当期进项税额,造成进项税额虚增、减少纳税的现象,将会被认定为是逃避缴纳税款行为,并按逃避缴纳税款予以处罚。

(五) 向供货方取得返还收入的增值税处理

对商业企业向供货方收取的与商品销售量、销售额挂钩(如以一定比例、金额、数量计算)的各种返还收入,均应按照平销返利行为的有关规定冲减当期增值税进项税金。

应冲减进项税金的计算公式调整为:

$$\text{当期应冲减进项税额} = \frac{\text{当期取得的返还资金}}{1+\text{所购货物适用增值税税率}} \times \text{所购货物适用增值税税率}$$

商业企业向供货方收取的各种返还收入,一律不得开具增值税专用发票。

(六) 一般纳税人注销时进项税额的处理

一般纳税人注销或被取消辅导期一般纳税人资格,转为小规模纳税人时,其存货不做进项税额转出处理,其留抵税额也不予以退税。

【例 4-4】 永乐百货商场为增值税一般纳税人,适用增值税税率13%,2022年1月份其有关生产经营业务如下:

(1) 实现商品销售额为 900 000 元,其中有 600 000 元为零售业务收入(开普通发票)。
(2) 取得修理、修配业务收入 10 000 元(不含税)。
(3) 当月购进商品价款为 500 000 元,取得的增值税专用发票上注明的增值税额为 65 000元;同时,该商场当月将购进商品 20 000 元用于职工福利。
(4) 购进低值易耗品价值 50 000 元,取得增值税专用发票注明的增值税额为 6 500 元;
(5) 支付自来水公司水费 10 000 元,取得增值税专用发票注明的增值税额为 600 元;
(6) 支付供电部门电费 40 000 元,取得增值税专用发票注明的增值税额为 5 200 元;
(7) 购进汽车 1 辆,价值 8 万元,取得增值税专用发票注明的增值税额为 10 400 元。

请计算 1 月份该商场应纳增值税额。

解 (1) 当月销售商品的销项税额 $= (900\,000 - 600\,000) \times 13\% + \frac{600\,000}{1+13\%} \times 13\% = 108\,026.66(元)$

(2) 当月修理、修配业务的销项税额 $= 10\,000 \times 13\% = 1\,300(元)$
(3) 当月购进商品的进项税额 $= 65\,000 - 20\,000 \times 13\% = 62\,400(元)$
(4) 当月其他购进业务合计进项税额 $= 6\,500 + 600 + 5\,200 + 10\,400 = 22\,700(元)$
当月销项税额 $= 108\,026.55 + 1\,300 = 109\,326.55(元)$
当月进项税额 $= 62\,400 + 22\,700 = 85\,100(元)$
应纳税额 $= 109\,326.55 - 85\,100 = 24\,226.55(元)$

【例4-5】 某生产企业为增值税一般纳税人,适用增值税税率13%,2022年4月份其有关生产经营业务如下:

(1) 销售甲产品给永乐商场,开具增值税专用发票,取得不含税销售额800 000元;另外,开具普通发票,取得销售甲产品的送货运输费收入58 500元。

(2) 销售乙产品,开具普通发票,取得含税销售额292 500元。

(3) 将试制的一批应税新产品用于本企业厂房基建工程,成本价为200 000元,成本利润率为10%,该产品无同类产品市场销售价格。

(4) 销售2022年1月份购进作为固定资产使用过的进口摩托车5辆,开具普通发票,每辆取得含税销售额11 300元。该摩托车原价每辆10 000元。

(5) 购进A材料一批,取得增值税专用发票注明的价款600 000元,进项税额78 000元;另外,支付购进材料的运输费用60 000元,取得运输公司开具的普通发票。

(6) 向农业生产者购进免税农产品一批,支付收购价300 000元,支付运输公司运输费用50 000元,取得相关合法票据。本月下旬,将购进的农产品的20%作为福利发放给本企业职工。

以上相关票据均符合税法规定。请计算该企业4月份应纳增值税额。

解 (1) 销售甲产品的销项税额 $= \left(800\ 000 + \dfrac{58\ 500}{1+13\%}\right) \times 13\% = 110\ 730.09(元)$

(2) 销售乙产品的销项税额 $= \dfrac{292\ 500}{1+13\%} \times 13\% = 33\ 650.44(元)$

(3) 用于本企业厂房基建工程的新产品的销项税额 $= 200\ 000 \times (1+10\%) \times 13\% = 28\ 600(元)$

(4) 销售摩托车的销项税额 $= \dfrac{11\ 300 \times 5}{1+13\%} \times 13\% = 6\ 500(元)$

(5) 购进A材料的进项税额 $= 78\ 000 + \dfrac{60\ 000}{1+9\%} \times 9\% = 82\ 954.13(元)$

(6) 购进免税农产品的进项税额 $= \left(300\ 000 \times 9\% + \dfrac{50\ 000}{1+9\%} \times 9\%\right) \times (1-20\%) = 24\ 902.75(元)$

当月销项税额合计 $= 110\ 730.09 + 33\ 650.44 + 28\ 600 + 6\ 500 = 179\ 480.53(元)$

当月进项税额合计 $= 82\ 954.13 + 24\ 902.75 = 107\ 856.88(元)$

应纳税额 $= 179\ 480.53 - 107\ 856.88 = 71\ 623.65(元)$

四、简易计税方式应纳税额的计算

(一) 小规模纳税人应纳税额的计算

小规模纳税人销售货物、劳务、服务、无形资产、不动产,按简易计税方法计算,即按销售额和规定征收率计算应纳税额,不得抵扣进项税额。小规模纳税人一律采用简易计税方法计税,一般纳税人发生应税销售行为可以选择适用简易计税方法。

纳税人发生应税销售行为适用简易计税方法的,应该按照销售额和征收率计算应纳增值

税税额,并且不得抵扣进项税额。其应纳税额的计算公式为:

应纳税额=销售额(不含增值税)×征收率

其中,销售额与增值税一般纳税人计算应纳增值税的销售额规定内容一致,即应税销售行为中向购买方收取的全部价款和价外费用。

按简易计税方法计算的销售额不包括其应纳的增值税税额,由于小规模纳税人在销售货物或提供应税劳务、服务时,一般只能开具普通发票,其取得的销售额一般为含税销售额,在计算应纳税额时,应按下列公式换算为不含税销售额:

销售额=含税销售额÷(1+征收率)

小规模纳税人提供的适用简易计税方法计税的应税服务,因服务中止或者折让而退还给接受方的销售额,应当从当期销售额中扣减。扣减当期销售额后仍有余额造成多缴的税款,可以从以后的应纳税额中扣减。

【例 4-6】 某小型企业为小规模纳税人,2022年4月份实现产品销售额10 300元(价税合一),当月购进原材料价值5 000元,取得增值税专用发票注明的增值税额为850元,请计算4月份该企业应纳增值税额。

解 应纳税额 $=\dfrac{10\ 300}{1+3\%}\times 3\%=300(元)$

【例 4-7】 某商场为小规模纳税人,2022年2月份取得销售收入82 400元,开具普通发票;当月购进一批货物,取得发票注明的价款40 000元,进项税额6 800元。请计算该商场2月份应纳增值税额。

解 应纳税额 $=\dfrac{82\ 400}{1+3\%}\times 3\%=2\ 400(元)$

(二)一般纳税人可以选择适用简易计税方法的情形

一般纳税人发生财政部和国家税务总局规定的特定应税销售行为,也可以选择适用简易计税方法计税,但是不得抵扣进项税额。主要包括以下情况:

1. 县级及县级以下小型水力发电单位生产的自产电力。小型水力发电单位,是指各类投资主体建设的装机容量为5万千瓦以下(含5万千瓦)的小型水力发电单位。
2. 自产建筑用和生产建筑材料所用的砂、土、石料。
3. 以自己采掘的砂、土、石料或其他矿物连续生产的砖、瓦、石灰(不含黏土实心瓦)。
4. 自己用微生物、微生物代谢产物、动物毒素、人或动物的血液或组织制成的生物制品。
5. 自产的自来水。
6. 自来水公司销售自来水。
7. 自产的商品混凝土(仅限于以水泥为原料生产的水泥混凝土)。
8. 单采血浆站销售非临床用人体血液。
9. 寄售商店代销寄售物品(包括居民个人寄售的物品在内)。
10. 典当业销售死当物品。
11. 药品经营企业销售生物制品。
12. 公共交通运输服务,包括轮客渡、公交客运、地铁、城市轻轨、出租车、长途客运、班车。班车是指按固定路线、固定时间运营并在固定站点停靠的运送旅客的陆路运输服务。

13. 经认定的动漫企业为开发动漫产品提供的动漫脚本编撰、形象设计、背景设计、动画设计、分镜、动画制作、摄制、描线、上色、画面合成、配音、配乐、音效合成、剪辑、字幕制作、压缩转码(面向网络动漫、手机动漫格式适配)服务,以及在境内转让动漫版权(包括动漫品牌、形象或者内容的授权及再授权)。

14. 电影放映服务、仓储服务、装卸搬运服务、收派服务和文化体育服务。

15. 以纳入"营改增"试点之日前取得的有形动产为标的物提供的经营租赁服务。

16. 在纳入"营改增"试点之日前签订的尚未执行完毕的有形动产租赁合同。

17. 以清包工方式提供的建筑服务。以清包工方式提供建筑服务,是指施工方不采购建筑工程所需的材料或只采购辅助材料,并收取人工费、管理费或者其他费用的建筑服务。

18. 为甲供工程提供的建筑服务。甲供工程是指全部或部分设备、材料、动力由工程发包方自行采购的建筑工程。

19. 销售2016年4月30日前取得的不动产。

20. 房地产开发企业销售自行开发的房地产老项目。

疑点爆破道具——奇思妙响指 NICE 4-26:
什么是房地产老项目?

21. 出租2016年4月30日前取得的不动产。

22. 提供非学历教育服务。

23. 一般纳税人收取试点前开工的一级公路、二级公路、桥、闸通行费。

24. 一般纳税人提供人力资源外包服务。

25. 一般纳税人2016年4月30日前签订的不动产融资租赁合同,或以2016年4月30日前取得的不动产提供的融资租赁服务。

26. 纳税人转让2016年4月30日前取得的土地使用权。

27. 一般纳税人销售自产机器设备的同时提供安装服务,应分别核算机器设备和安装服务的销售额,安装服务可以按照甲供工程选择适用简易计税方法计税。

一般纳税人销售外购机器设备的同时提供安装服务,如果已经按照兼营的有关规定,分别核算机器设备和安装服务的销售额,安装服务可以按照甲供工程选择适用简易计税方法计税。

28. 房地产开发企业中的一般纳税人以围填海方式取得土地并开发的房地产项目,围填海工程《建筑工程施工许可证》或建筑工程承包合同注明的围填海开工日期在2016年4月30日前的,属于房地产老项目,可以选择适用简易计税方法按照5%的征收率计算缴纳增值税。

29. 非企业性单位中的一般纳税人提供的研发和技术服务、信息技术服务、鉴证咨询服务,以及销售技术、著作权等无形资产,可以选择适用简易计税方法按照3%的征收率计算缴纳增值税。

非企业性单位中的一般纳税人提供"技术转让、技术开发和与之相关的技术咨询、技术服务",可以参照上述规定,选择简易计税方法按照3%的征收率计算缴纳增值税。

30. 一般纳税人提供教育辅助服务,可以选择简易计税方法按照3%的征收率计算缴纳增值税。

31. 一般纳税人生产销售和批发、零售抗癌药品,可选择按照简易办法依照3%的征收率计算缴纳增值税。抗癌药品是指经国家药品监督管理部门批准注册的抗癌制剂及原料药。抗癌药品范围实行动态调整。

32. 一般纳税人生产销售和批发、零售罕见病药品,可选择按照简易办法依照3%的征收率计算缴纳增值税。纳税人应单独核算罕见病药品的销售额。未单独核算的,不得适用上述规定的简易征收政策。

罕见病药品是指经国家药品监督管理部门批准注册的罕见病药品制剂及原料药。罕见病药品范围实行动态调整。

33. 从事再生资源回收的一般纳税人销售其收购的再生资源,可以选择适用简易计税方法依照3%征收率计算缴纳增值税。

案情追踪道具——追案魔法帽4-27:
销售收购的再生资源选择适用简易计税的具体规定

(三)简易计税方式中可按销售差额计税的情形

1. 物业管理服务的纳税人,向服务接受方收取的自来水水费,以扣除其对外支付的自来水水费后的余额为销售额,按照简易计税方法依照3%的征收率计算缴纳增值税。

2. 小规模纳税人提供劳务派遣服务,可以以取得的全部价款和价外费用为销售额,按照简易计税方法依照3%的征收率计算缴纳增值税;也可以选择差额纳税,以取得的全部价款和价外费用,扣除代用工单位支付给劳务派遣员工的工资、福利和为其办理社会保险及住房公积金后的余额为销售额,按照简易计税方法依照5%的征收率计算缴纳增值税。

选择差额纳税的纳税人,向用工单位收取用于支付给劳务派遣员工工资、福利和为其办理社会保险及住房公积金的费用,不得开具增值税专用发票,可以开具普通发票。

3. 一般纳税人提供劳务派遣服务,可以选择差额纳税,以取得的全部价款和价外费用,扣除代用工单位支付劳务派遣员工的工资、福利和为其办理社会保险及住房公积金后的余额为销售额,按照简易计税方法依照5%的征收率计算缴纳增值税。

第六节 出口和跨境业务退(免)税

一国对出口货物、劳务和跨境应税行为实行退(免)税是国际贸易中通常采用并为世界各国普遍接受的政策,目的在于鼓励各国出口货物公平竞争。所谓出口退免税,即对出口货物、劳务和跨境应税行为已承担或应承担的增值税和消费税等间接税实行退还或者免征。我国对出口货物、劳务和跨境应税行为实行退(免)增值税是指在国际贸易业务中,对我国报关出口的货物、劳务和跨境应税行为退还或免征其在国内各生产和流转环节按税法规定缴纳的增值税,即对应征收增值税的出口货物、劳务和跨境应税行为实行零税率(国务院另有规定除外)。

一、出口货物、劳务和跨境应税行为退(免)增值税的基本政策

目前,我国的出口货物、劳务和跨境应税行为的增值税税收政策分为以下三种形式。

(一) 出口免税并退税

出口免税是指对货物、劳务和跨境应税行为在出口销售环节免征增值税,这是把货物、劳务和跨境应税行为出口环节与出口前的销售环节都同样视为一个征税环节;出口退税是指对货物、劳务和跨境应税行为在出口前实际承担的税收负担,按规定的退税率计算后予以退还。此政策适用的范围即《关于出口货物劳务增值税和消费税政策的通知》(财税[2012]39号,以下简称《通知》)中所说的"适用增值税退(免)税政策的范围"。

(二) 出口免税不退税

出口免税与上述第(一)项含义相同。出口不退税是指适用这个政策的出口货物、劳务和跨境应税行为因在前一道生产、销售环节或进口环节是免税的,因此,出口时该货物、劳务和跨境应税行为的价格中本身就不含税,也无须退税。此政策适用的范围即《通知》中所说的"适用增值税免税政策的范围"。

(三) 出口不免税也不退税

出口不免税是指对国家限制或禁止出口的某些货物、劳务和跨境应税行为的出口环节视同内销环节,照常征税;出口不退税是指对这些货物、劳务和跨境应税行为出口不退还出口前其所负担的税款。此政策适用范围即《通知》中所说的"适用增值税征税政策的范围"。

二、出口货物、劳务和跨境应税行为增值税的退(免)税政策

(一) 适用增值税退(免)税政策的范围

对下列出口货物、劳务和跨境应税行为,除适用《通知》第六条"适用增值税免税政策的出口货物和劳务"和第七条"适用增值税征税政策的出口货物和劳务"规定的外,实行免征和退还增值税(以下称增值税退(免)税)政策:

1. 出口企业出口货物;
2. 出口企业或其他单位视同出口的货物;
3. 生产企业出口视同自产货物;
4. 出口企业对外提供加工修理修配劳务;
5. 融资租赁货物出口退税。

疑点爆破道具——奇思妙响指 NICE 4-28:
适用增值税退(免)税政策具体规定

(二) 增值税退(免)税的基本方法

对符合条件适用增值税退(免)税政策的出口货物、劳务和应税行为,按照下列规定实行增值税"免、抵、退"税或"免、退"税办法。

1. "免、抵、退"税办法

适用增值税一般计税方法的生产企业出口自产货物与视同自产货物、对外提供加工修理修配劳务,以及列名的74家生产企业出口非自产货物,免征增值税,相应的进项税额抵减应纳增值税税额(不包括适用增值税即征即退、先征后退政策的应纳增值税税额),未抵减完的部分予以退还。

境内的单位和个人提供适用增值税零税率的服务或者无形资产,如果属于适用增值税一般计税方法的,生产企业实行"免、抵、退"税办法,外贸企业直接将服务或自行研发的无形资产出口,视同生产企业连同其出口货物统一实行"免、抵、退"税办法。

实行退(免)税办法的研发服务和设计服务,如果主管税务机关认定出口价格偏高的,有权按照核定的出口价格计算退(免)税,核定的出口价格低于外贸企业购进价格的,低于部分对应的进项税额不予退税,转入成本。

境内的单位和个人提供适用增值税零税率应税服务的,可以放弃适用增值税零税率,选择免税或按规定缴纳增值税。放弃适用增值税零税率后,36个月内不得再申请适用增值税零税率。①

2. "免、退"税办法

不具有生产能力的出口企业(以下称外贸企业)或其他单位出口货物、劳务,免征增值税,相应的进项税额予以退还。

适用增值税一般计税方法的外贸企业外购服务或者无形资产出口实行"免、退"税办法。

外贸企业外购研发服务和设计服务免征增值税,其对应的外购应税服务的进项税额予以退还。

(三) 增值税出口退税率

1. 退税率的一般规定

除财政部和国家税务总局根据国务院决定而明确的增值税出口退税率(以下称退税率)外,出口货物、服务和无形资产的退税率为其适用税率。目前我国增值税出口退税率分为五档,即13%、10%、9%、6%和零税率。

适用不同退税率的货物、劳务及跨境应税行为,应分开报关、核算并申报退(免)税,未分开报关、核算或划分不清的,从低适用退税率。

2. 退税率的特殊规定

(1) 外贸企业购进按简易办法征税的出口货物、从小规模纳税人购进的出口货物,其退税率分别为简易办法实际执行的征收率、小规模纳税人征收率。上述出口货物取得增值税专用发票的,退税率按照增值税专用发票上的税率和出口货物退税率孰低的原则确定。

(2) 出口企业委托加工修理修配货物,其加工修理修配费用的退税率,为出口货物的退税率。

(3) 中标机电产品、出口企业向海关报关进入特殊区域销售给特殊区域内生产企业生产耗用的列名原材料、输入特殊区域的水电气,其退税率为适用税率。如果国家调整列名原材料的退税率,列名原材料应当自调整之日起按调整后的退税率执行。

---

① 零税率是增值税税率的一种,只要符合税法规定,就可以适用增值税零税率,并按月向主管退税的税务机关申报办理增值税退(免)税手续。增值税免税是一项税收优惠政策,一般需报税务机关备案。

(四) 增值税退(免)税的计税依据

出口货物、劳务的增值税退(免)税的计税依据,按出口货物、劳务的出口发票(外销发票)、其他普通发票,或购进出口货物、劳务的增值税专用发票、海关进口增值税专用缴款书确定。

跨境应税行为的计税依据按照《适用增值税零税率应税服务退(免)税管理办法》(国家税务总局公告2014年第11号)执行。

难点爆破道具——奇思妙响指 NICE 4-29:
增值税"免、抵、退"税和"免、退"税的计算

三、出口货物、劳务和跨境应税行为增值税免税政策

对符合下列条件的出口货物、劳务和跨境应税行为,除适用《通知》第七条(适用增值税征税政策的出口货物和劳务)规定外,按下列规定实行免征增值税(以下称增值税免税)政策。

适用增值税免税政策的出口货物、劳务和跨境应税行为是指以下情形:

1. 出口企业或其他单位出口规定的货物。

案情追踪道具——追案魔法帽 4-30:
出口企业或其他单位出口规定货物增值税免税的情形

2. 出口企业或其他单位视同出口的货物和劳务。

案情追踪道具——追案魔法帽 4-31:
出口企业或其他单位视同出口货物和劳务增值税免税情形

3. 出口企业或其他单位未按规定申报或未补齐增值税退(免)税凭证的出口货物和劳务。

案情追踪道具——追案魔法帽 4-32:
出口企业或其他单位未按规定申报或未补齐增值税退(免)税凭证的出口货物和劳务增值税免税规定

对于适用增值税免税政策的出口货物和劳务,出口企业或其他单位可以依照现行增值税有关规定放弃免税,并依照《通知》第七条(适用增值税征税政策的出口货物和劳务)的规定缴纳增值税。

4. 境内的单位和个人销售的跨境应税行为免征增值税,但财政部和国家税务总局规定适用增值税零税率的除外。

案情追踪道具——追案魔法帽 4-33:
境内单位和个人跨境应税行为免征增值税情形

5. 对跨境电子商务综合试验区(以下简称综试区)电子商务出口企业出口未取得有效进货凭证的货物,同时符合下列条件的,试行增值税、消费税免税政策:
(1) 电子商务出口企业在综试区注册,并在注册地跨境电子商务线上综合服务平台登记出口日期、货物名称、计量单位、数量、单价、金额。
(2) 出口货物通过综试区所在地海关办理电子商务出口申报手续。
(3) 出口货物不属于财政部和国家税务总局根据国务院决定明确取消出口退(免)税的货物。
6. 市场经营户自营或委托市场采购贸易经营者以市场采购贸易方式出口的货物免征增值税。

难点爆破道具——奇思妙响指 NICE 4-34:
出口货物、劳务和跨境应税行为适用
增值税免税政策,其进项税额的处理

四、出口货物、劳务和跨境应税行为增值税征税政策

下列出口货物和劳务,不适用增值税退(免)税和免税政策,按下列规定及视同内销货物征税的其他规定征收增值税(以下称增值税征税)。

(一) 适用增值税征税政策的范围

适用增值税征税政策的出口货物、劳务和跨境应税行为范围如下。
1. 出口企业出口或视同出口财政部和国家税务总局根据国务院决定明确取消出口退(免)税的货物(不包括来料加工复出口货物、中标机电产品、列名原材料、输入特殊区域的水电气、海洋工程结构物)。
2. 出口企业或其他单位销售给特殊区域内的生活消费用品和交通运输工具。
3. 出口企业或其他单位因骗取出口退税被税务机关停止办理增值税退(免)税期间出口的货物。
4. 出口企业或其他单位提供虚假备案单证的货物。
5. 出口企业或其他单位增值税退(免)税凭证有伪造或内容不实的货物。

6. 出口企业或其他单位未在国家税务总局规定期限内申报免税核销以及经主管税务机关审核不予免税核销的出口卷烟。

7. 出口企业或其他单位具有规定情形之一的出口货物和劳务。

> 案情追踪道具——追案魔法帽4-35：
> 出口企业或其他单位出口规定货物和劳务
> 适用增值税征收政策的情形

8. 不适应跨境应税行为适用增值税零税率和免税政策规定的出口服务和无形资产。

（二）应纳增值税的计算

适用增值税征税政策的出口货物、劳务和跨境应税行为，其应纳增值税按下列办法计算：

1. 一般纳税人出口货物、劳务和跨境应税行为

$$销项税额 = \left(出口货物、劳务和跨境应税行为离岸价 - 出口货物耗用的进料加工保税进口料件金额\right) \div (1 + 适用税率) \times 适用税率$$

> 难点爆破道具——奇思妙响指NICE 4-36：
> 出口企业进项税额转回规定，以及未分别核算内销与
> 出口增值税税额处理规定

2. 小规模纳税人出口货物、劳务和跨境应税行为

$$应纳税额 = 出口货物、劳务和跨境应税行为离岸价 \div (1 + 征收率) \times 征收率$$

五、境外旅客购物离境退税政策

离境退税政策是指境外旅客在离境口岸离境时，对其在退税商店购买的退税物品退还增值税的政策。境外旅客是指在我国境内连续居住不超过183天的外国人和港澳台同胞。离境口岸是指实施离境退税政策的地区正式对外开放并设有退税代理机构的口岸，包括航空口岸、水运口岸和陆地口岸。该政策的主要内容如下。

（一）退税物品

退税物品是指由境外旅客本人在退税商店购买且符合退税条件的个人物品，但不包括下列物品：

1.《中华人民共和国禁止、限制进出境物品表》所列的禁止、限制出境物品。

2. 退税商店销售的适用增值税免税政策的物品。

3. 财政部、海关总署、国家税务总局规定的其他物品。

（二）境外旅客申请退税应当同时符合的条件

1. 同一境外旅客同一日在同一退税商店购买的退税物品金额达到500元人民币

2. 退税物品尚未启用或消费。
3. 离境日距退税物品购买日不超过 90 天。
4. 所购退税物品由境外旅客本人随身携带或随行托运出境。

(三) 退税物品的退税率

适用 13% 税率的境外旅客购物离境退税物品，退税率为 11%；适用 9% 税率的境外旅客购物离境退税物品，退税率为 8%。退税率的执行时间以退税物品增值税普通发票的开具日期为准。

(四) 应退增值税额的计算公式

应退增值税额＝退税物品销售发票金额（含增值税）×退税率

(五) 退税币种和方式

退税币种为人民币。退税方式包括现金退税和银行转账退税两种方式。

退税额未超过 10 000 元的，可自行选择退税方式。退税额超过 10 000 元的，以银行转账方式退税。

第七节　税收优惠

一、增值税起征点的规定

个人（个体工商户和其他个人）发生应税销售行为的销售额未达到国务院财政、税务主管部门规定的增值税起征点的，免征增值税；达到或超过起征点的，就其全额计算缴纳增值税。增值税起征点的适用范围限于按照小规模纳税人纳税的个体工商户和其他个人，不包括认定为一般纳税人的个体工商户。增值税起征点幅度如下：

1. 按期纳税的，为月销售额 5 000～20 000 元（含本数）。
2. 按次纳税的，为每次（日）销售额 300～500 元（含本数）。

起征点的调整由财政部和国家税务总局规定。省、自治区、直辖市财政厅（局）和税务局应当在规定的幅度内，根据实际情况确定本地区适用的起征点，并报财政部和国家税务总局备案。

二、《增值税暂行条例》规定的免税项目

1. 农业生产者销售的自产农产品。

案情追踪道具——追案魔法帽 4-37：
农业生产者销售自产农产品免征增值税项目规定

2. 避孕药品和用具。

3. 古旧图书,是指向社会收购的古书和旧书。

4. 直接用于科学研究、科学试验和教学的进口仪器、设备。

5. 外国政府、国际组织无偿援助的进口物资和设备。

6. 由残疾人组织直接进口供残疾人专用的物品。

7. 销售的自己使用过的物品。自己使用过的物品,是指其他个人自己使用过的物品。

三、《营改增通知》规定的税收优惠政策

下列项目免征增值税:

1. 托儿所、幼儿园提供的保育和教育服务。
2. 养老机构提供的养老服务。
3. 残疾人福利机构提供的育养服务。
4. 婚姻介绍服务。
5. 殡葬服务。
6. 残疾人员本人为社会提供的服务。
7. 医疗机构提供的医疗服务。
8. 从事学历教育的学校提供的教育服务
9. 学生勤工俭学提供的服务。
10. 农业机耕、排灌、病虫害防治、植物保护、农牧保险以及相关技术培训业务,家禽、牲畜、水生动物的配种和疾病防治。
11. 纪念馆、博物馆、文化馆、文物保护单位管理机构、美术馆、展览馆、书画院、图书馆在自己的场所提供文化体育服务取得的第一道门票收入。
12. 寺院、宫观、清真寺和教堂举办的文化、宗教活动的门票收入。
13. 行政单位之外的其他单位收取的符合规定条件的政府性基金和行政事业性收费。
14. 个人转让著作权。
15. 个人销售自建自用住房。
16. 台湾航运公司、航空公司从事海峡两岸海上直航、空中直航业务在大陆取得的运输收入。
17. 纳税人提供的直接或者间接国际货物运输的代理服务。
18. 下列利息收入免征增值税:

(1) 国家助学贷款。

(2) 国债、地方政府债。

(3) 人民银行对金融机构的贷款。

(4) 住房公积金管理中心用住房公积金在指定的委托银行发放的个人住房贷款。

(5) 外汇管理部门在从事国家外汇储备经营过程中,委托金融机构发放的外汇贷款。

(6) 统借统还业务中,企业集团或企业集团中的核心企业以及集团所属财务公司按不高于支付给金融机构的借款利率水平或者支付的债券票面利率水平,向企业集团或者集团内下属单位收取的利息。

统借方向资金使用单位收取的利息,高于支付给金融机构借款利率水平或者支付的债券

票面利率水平的,应全额缴纳增值税。

19. 被撤销金融机构以货物、不动产、无形资产、有价证券、票据等财产清偿债务,除另有规定外,被撤销金融机构所属、附属企业,不享受被撤销金融机构增值税免税政策。

20. 保险公司开办的一年期以上人身保险产品取得的保费收入。

21. 再保险服务。

22. 符合规定的金融商品转让收入。

23. 金融同业往来利息收入。

24. 同时符合规定条件的担保机构从事中小企业信用担保或者再担保业务取得的收入(不含信用评级、咨询、培训等收入)3年内免征增值税。

25. 国家商品储备管理单位及其直属企业承担商品储备任务,从中央或者地方财政取得的利息补贴收入和价差补贴收入。

26. 纳税人提供技术转让、技术开发,以及与之相关的技术咨询、技术服务。

27. 同时符合规定条件的合同能源管理服务。

28. 政府举办的从事学历教育的高等、中等和初等学校(不含下属单位),举办进修班、培训班取得的全部归该学校所有的收入。

29. 政府举办的职业学校设立的主要为在校学生提供实习场所,并由学校出资自办、由学校负责经营管理、经营收入归学校所有的企业,从事"现代服务"(不含融资租赁服务、广告服务和其他现代服务)、"生活服务"(不含文化体育服务、其他生活服务和桑拿、氧吧)业务活动取得的收入。

30. 家政服务企业由员工制家政服务员提供家政服务取得的收入。

31. 福利彩票、体育彩票的发行收入。

32. 军队空余房产租赁收入。

33. 企业、行政事业单位按房改成本价、标准价出售住房取得的收入。

34. 将土地使用权转让给农业生产者用于农业生产。

35. 涉及家庭财产分割的个人无偿转让不动产、土地使用权。

36. 土地所有者出让土地使用权和土地使用者将土地使用权归还给土地所有者。

37. 县级以上地方人民政府或自然资源行政主管部门出让、转让或收回自然资源使用权(不含土地使用权)。

38. 随军家属就业。

39. 军队转业干部就业。

40. 各党派、共青团、工会、妇联、中科协、青联、台联、侨联收取党费、团费、会费,以及政府间国际组织收取会费,属于非经营活动,不征收增值税。

41. 青藏铁路公司提供的铁路运输服务免征增值税。

42. 中国邮政集团公司及其所属邮政企业提供的邮政普遍服务和邮政特殊服务,免征增值税。

43. 中国邮政集团公司及其所属邮政企业为金融机构代办金融保险业务取得的代理收入免征增值税。

44. 全国社会保障基金理事会、全国社会保障基金投资管理人运用全国社会保障基金买卖证券投资基金、股票、债券取得的金融商品转让收入,免征增值税。

45. 对符合规定的国际航运保险业务免征增值税。

46. 对社保基金会、社保基金投资管理人在运用社保基金投资过程中,提供贷款服务取得的全部利息及利息性质的收入和金融商品转让收入,免征增值税。

47. 境外教育机构与境内从事学历教育的学校开展中外合作办学,提供学历教育服务取得的收入免征增值税。

48. 纳税人取得的财政补贴收入,与其销售货物、劳务、服务、无形资产、不动产的收入或者数量直接挂钩的,应按规定计算缴纳增值税。纳税人取得的其他情形的财政补贴收入,不属于增值税应税收入,不征收增值税。

案情追踪道具——追案魔法帽 4-38:
《营改增通知》免征增值税项目规定

四、增值税即征即退的规定

纳税人享受增值税即征即退政策的主要规定如下:

1. 增值税一般纳税人销售其自行开发生产的软件产品,按 13% 税率征收增值税后,对其增值税实际税负[①]超过 3% 的部分实行即征即退政策。

增值税一般纳税人将进口软件产品进行本地化改造后对外销售,其销售的软件产品可享受上款规定的增值税即征即退政策。

2. 一般纳税人提供管道运输服务,对其增值税实际税负超过 3% 的部分实行增值税即征即退政策。

3. 经人民银行、银监会(现为中国银行保险监督管理委员会)或者商务部批准从事融资租赁业务的纳税人中的一般纳税人,提供有形动产融资租赁服务和有形动产融资性售后回租服务,对其增值税实际税负超过 3% 的部分实行增值税即征即退政策。

4. 纳税人安置残疾人应享受增值税即征即退优惠政策。

疑点爆破道具——奇思妙响指 NICE 4-39:
纳税人安置残疾人增值税即征即退规定

5. 增值税的退还。

纳税人本期已缴增值税额小于本期应退税额不足退还的,可在本年度内以前纳税期已缴增值税额扣除已退增值税额的余额中退还,仍不足退还的可结转本年度内以后纳税期退还。

年度已缴增值税额小于或等于年度应退税额的,退税额为年度已缴增值税额;年度已缴增

[①] "增值税实际税负"是指纳税人当期实际缴纳的增值税税额占纳税人当期提供应税服务取得的全部价款和价外费用的比例。

值税额大于年度应退税额的,退税额为年度应退税额;年度已缴增值税额不足退还的,不得结转以后年度退还。

6. 纳税人享受增值税即征即退政策,有纳税信用级别条件要求的,以纳税人申请退税税款所属期的纳税信用级别确定。申请退税税款所属期内纳税信用级别发生变化的,以变化后的纳税信用级别确定。

五、扣减增值税的规定

纳税人享受扣减增值税的主要包括如下两种情形:
1. 退役士兵创业就业。
2. 重点群体创业就业。

案情追踪道具——追案魔法帽4-40:
纳税人扣减增值税规定

六、财政部、国家税务总局规定的部分增值税减免税项目

1. 资源综合利用产品和劳务增值税即征即退优惠政策。
2. 免征蔬菜流通环节增值税。
3. 有机肥产品免征增值税。
4. 小规模纳税人的免征增值税处理。
5. 符合条件的扶贫捐赠免征增值税处理。
6. 社区养老托育家政服务收入免征增值税。
7. 纳税人将国有农用地出租给农业生产者用于农业生产,免征增值税。
8. 海南离岛免税店销售离岛免税商品免征增值税和消费税的处理。

案情追踪道具——追案魔法帽4-41:
财政部、国家税务总局对部分增值税减免税项目规定

七、增值税留抵退税制度

自2019年以来,我国逐步建立了增值税期末留抵税额退税制度,并对该项制度进行持续

完善和优化。所谓留抵退税,就是把增值税期末未抵扣完的税额退还给纳税人。增值税实行链条抵扣机制,以纳税人当期销项税额抵扣进项税额后的余额为应纳税额。当进项税额大于销项税额时,未抵扣完的进项税额会形成留抵税额。留抵税额主要是纳税人进项税额和销项税额在时间上不一致造成的,如集中采购原材料和存货,尚未全部实现销售;投资期间没有收入等。此外,在多档税率并存的情况下,销售适用税率低于进项适用税率,也会形成留抵税额。

根据《财政部 税务总局关于进一步加大增值税期末留抵退税政策实施力度的公告》(财政部、税务总局公告2022年第14号)、《国家税务总局关于进一步加大增值税期末留抵退税政策实施力度有关征管事项的公告》(国家税务总局公告2022年第4号)规定,从2022年4月1日起,进一步加大留抵退税实施力度,将先进制造业按月全额退还增值税增量留抵税额政策范围扩大至符合条件的小微企业、制造业等行业企业(含个体工商户,下同),并一次性退还上述企业存量留抵税额。

(一) 适用主体及条件

1. 适用主体

符合条件的小微企业、制造业等行业企业可以适用新出台的留抵退税政策。

(1) 小微企业是指小型企业、微型企业。

(2) 制造业等行业企业是指"制造业"、"科学研究和技术服务业"、"电力、热力、燃气及水生产和供应业"、"软件和信息技术服务业"、"生态保护和环境治理业"、"交通运输、仓储和邮政业"六个行业企业。

难点爆破道具——奇思妙响指 NICE 4-42:
适用新出台的留抵退税政策的小微企业、
制造业等行业企业的主体规定

---

2. 适用条件

下列条件需同时满足:

(1) 纳税信用等级为 A 级或 B 级;

(2) 申请退税前36个月未发生骗取留抵退税、骗取出口退税或虚开增值税专用发票情形;

(3) 申请退税前36个月未因偷税被税务机关处罚两次及以上;

(4) 2019年4月1日起未享受即征即退、先征后返(退)政策。

(二) 留抵退税额的计算

允许退还的增量留抵税额=增量留抵税额×进项构成比例×100%

允许退还的存量留抵税额=存量留抵税额×进项构成比例×100%

上述进项构成比例,为2019年4月至申请退税前一税款所属期已抵扣的增值税专用发票(含带有"增值税专用发票"字样全面数字化的电子发票、税控机动车销售统一发票)、收费公路通行费增值税电子普通发票、海关进口增值税专用缴款书、解缴税款完税凭证注明的增值税额占同期全部已抵扣进项税额的比重。

疑点爆破道具——奇思妙响指 NICE 4-43：
增量留抵税额和存量留抵税额的规定

（三）留抵退税的办理

纳税人申请留抵退税，应在规定的留抵退税申请期间，完成当期增值税纳税申报后，通过电子税务局或办税服务厅提交《退（抵）税申请表》。

纳税人应在纳税申报期内，完成当期增值税纳税申报后申请留抵退税。纳税人可以在规定期限内同时申请增量留抵退税和存量留抵退税。

纳税人出口货物劳务、发生跨境应税行为，适用免抵退税办法的，应先办理免抵退税。免抵退税办理完毕后，仍符合规定条件的，可以申请退还留抵税额；适用免退税办法的，相关进项税额不得用于退还留抵税额。

纳税人自 2019 年 4 月 1 日起已取得留抵退税款的，不得再申请享受增值税即征即退、先征后返（退）政策。纳税人可以在 2022 年 10 月 31 日前一次性将已取得的留抵退税款全部缴回后，按规定申请享受增值税即征即退、先征后返（退）政策。纳税人自 2019 年 4 月 1 日起已享受增值税即征即退、先征后返（退）政策的，可以在 2022 年 10 月 31 日前一次性将已退还的增值税即征即退、先征后返（退）税款全部缴回后，按规定申请退还留抵税额。纳税人按照上述规定，需要申请缴回已退还的全部留抵退税款的，可通过电子税务局或办税服务厅提交《缴回留抵退税申请表》。税务机关应自受理之日起 5 个工作日内，依申请向纳税人出具留抵退税款缴回的《税务事项通知书》。纳税人在缴回已退还的全部留抵退税款后，办理增值税纳税申报时，将缴回的全部退税款在《增值税及附加税费申报表附列资料（二）》（本期进项税额明细）第 22 栏"上期留抵税额退税"填写负数，并可继续按规定抵扣进项税额。

纳税人取得退还的留抵税额后，应相应调减当期留抵税额。如果发现纳税人存在留抵退税政策适用有误的情形，纳税人应在下个纳税申报期结束前缴回相关留抵退税款。以虚增进项、虚假申报或其他欺骗手段，骗取留抵退税款的，由税务机关追缴其骗取的退税款，并按照《中华人民共和国税收征收管理法》等有关规定处理。

八、其他有关增值税减免税的部分规定

1. 金融企业发放贷款后应收未收利息的增值税处理

金融企业发放贷款后，自结息日起 90 天内发生的应收未收利息按现行规定缴纳增值税，自结息日起 90 天后发生的应收未收利息暂不缴纳增值税，待实际收到利息时按规定缴纳增值税。

2. 个人销售自购住房的征免增值税处理

个人将购买不足 2 年的住房对外销售的，按照 5% 的征收率全额缴纳增值税；个人将购买 2 年以上（含 2 年）的住房对外销售的，免征增值税。上述政策适用于北京市、上海市、广州市

和深圳市之外的地区。

个人将购买2年以上(含2年)的非普通住房对外销售的,以销售收入减去购买住房价款后的差额按照5%的征收率缴纳增值税;个人将购买2年以上(含2年)的普通住房对外销售的,免征增值税。上述政策仅适用于北京市、上海市、广州市和深圳市。

3. 纳税人兼营免税、减税项目的,应当分别核算免税、减税项目的销售额;未分别核算销售额的,不得免税、减税。

4. 纳税人发生应税销售行为适用免税规定的,可以放弃免税,依照《增值税暂行条例》的规定缴纳增值税。放弃免税后,36个月内不得再申请免税。

纳税人发生应税销售行为同时适用免税和零税率规定的,纳税人可以选择适用免税或者零税率。

难点爆破道具——奇思妙响指 NICE 4-44:
纳税人选择适用免税或零税率的规定

5. 安置残疾人单位既符合促进残疾人就业增值税优惠政策条件,又符合其他增值税优惠政策条件的,可同时享受多项增值税优惠政策,但年度申请退还增值税总额不得超过本年度内应纳增值税总额。

第八节 特定企业(交易行为)的增值税政策

一、跨县(市、区)提供建筑服务增值税政策

(一) 适用范围

跨县(市、区)提供建筑服务,是指单位和个体工商户(以下简称纳税人)在其机构所在地以外的县(市、区)提供建筑服务。其他个人跨县(市、区)提供建筑服务,不适用以下规定。

纳税人跨县(市、区)提供建筑服务,应按照规定的纳税义务发生时间和计税方法,向建筑服务发生地主管税务机关预缴税款,向机构所在地主管税务机关申报纳税。

纳税人在同一地级行政区范围内跨县(市、区)提供建筑服务,以及其他个人跨县(市、区)提供建筑服务,不按照上述方法管理。

(二) 预缴税款

纳税人提供建筑服务取得预收款,应在收到预收款时,以取得的预收款扣除支付的分包款后的余额,按照适用预征率预缴增值税。

按照现行规定应在建筑服务发生地预缴增值税的项目,纳税人收到预收款时在建筑服务发生地预缴增值税;无须在建筑服务发生地预缴增值税的项目,纳税人收到预收款时在机构所

在地预缴增值税。应预缴税款的计算方法如下:

1. 一般纳税人跨县(市、区)提供建筑服务,适用一般计税方法计税的,以取得的全部价款和价外费用扣除支付的分包款后的余额,按照2%的预征率计算应预缴税款。

应预缴税款=(全部价款和价外费用－支付的分包款)÷(1＋适用税率)×2%

2. 一般纳税人跨县(市、区)提供建筑服务,选择适用简易计税方法计税的,以及小规模纳税人跨县(市、区)提供建筑服务,以取得的全部价款和价外费用扣除支付的分包款后的余额,按照3%的征收率计算应预缴税款。

应预缴税款=(全部价款和价外费用－支付的分包款)÷(1＋3%)×3%

纳税人取得的全部价款和价外费用扣除支付的分包款后的余额为负数的,可结转下次预缴税款时继续扣除。

纳税人应按照工程项目分别计算应预缴税款,分别预缴。

纳税人跨县(市、区)提供建筑服务,向建筑服务发生地主管税务机关预缴的增值税税款,可以在当期增值税应纳税额中抵减,抵减不完的,结转下期继续抵减。

二、房地产开发企业销售自行开发的房地产项目增值税政策

(一) 适用范围

1. 房地产开发企业销售自行开发的房地产项目

自行开发,是指在依法取得土地使用权的土地上进行基础设施和房屋建设。

2. 房地产开发企业以接盘等形式购入未完工的房地产项目继续开发后,以自己的名义立项销售的,属于自行开发的房地产项目。

(二) 差额征税

房地产开发企业中的一般纳税人销售自行开发的房地产项目,适用一般计税方法计税,按照取得的全部价款和价外费用,扣除当期销售房地产项目对应的土地价款后的余额计算销售额。销售额的计算公式如下:

销售额=(全部价款和价外费用－当期允许扣除的土地价款)÷(1＋适用税率)

$$\text{当期允许扣除的土地价款} = \left(\frac{\text{当期销售房地产项目建筑面积}}{\text{房地产项目可供销售建筑面积}} \right) \times \text{支付的土地价款}$$

(三) 选择适用简易计税

一般纳税人销售自行开发的房地产老项目,可以选择适用简易计税方法按照5%的征收率计税。一经选择简易计税方法计税的,36个月内不得变更为一般计税方法计税。房地产老项目,是指《建筑工程施工许可证》注明的合同开工日期在2016年4月30日前的房地产项目;《建筑工程施工许可证》未注明合同开工日期或者未取得《建筑工程施工许可证》但建筑工程承包合同注明的开工日期在2016年4月30日前的建筑工程项目。

一般纳税人销售自行开发的房地产老项目适用简易计税方法计税的,以取得的全部价款和价外费用为销售额,不得扣除对应的土地价款。

(四) 预缴税款

纳税人采取预收款方式销售自行开发的房地产项目,应在收到预收款时按照3%的预征率预缴增值税。应预缴税款按照以下公式计算:

$$应预缴税款 = 预收款 \div (1 + 适用税率或征收率) \times 3\%$$

一般纳税人适用一般计税方法计税的,按照9%的适用税率计算;小规模纳税人以及一般纳税人选择适用简易计税方法计税的,按照5%的征收率计算。

一般纳税人应在取得预收款的次月纳税申报期向主管国税机关预缴税款。

小规模纳税人应在取得预收款的次月纳税申报期或主管税务机关核定的纳税期限向主管税务机关预缴税款。

三、转让不动产增值税政策

(一) 适用范围

根据《纳税人转让不动产增值税征收管理暂行办法》(国家税务总局公告2016年第14号)等文件的规定,纳税人转让其取得的不动产的税收征管按以下规定执行。

取得的不动产,包括以直接购买、接受捐赠、接受投资入股、自建以及抵债等各种形式取得的不动产。房地产开发企业销售自行开发的房地产项目不适用以下规定。

(二) 计税方法

1. 增值税一般纳税人、除其他个人之外的小规模纳税人销售取得的不动产,向不动产所在地的主管税务机关预缴税款,向机构所在地的主管税务机关申报纳税。其他个人向住房所在地主管税务机关申报纳税。

2. 一般纳税人转让其取得(不含自建)的不动产,选择适用简易计税方法计税的,以及小规模纳税人转让其取得(不含自建)的不动产的,以取得的全部价款和价外费用扣除不动产购置原价或者取得不动产时的作价后的余额为销售额,按照5%的征收率计算应纳税额。纳税人应按照该计税方法向不动产所在地主管税务机关预缴税款,向机构所在地主管税务机关申报纳税。

3. 一般纳税人转让其自建的不动产,选择适用简易计税方法计税的,以及小规模纳税人转让其自建的不动产的,以取得的全部价款和价外费用为销售额,按照5%的征收率计算应纳税额。纳税人应按照该计税方法向不动产所在地主管税务机关预缴税款,向机构所在地主管税务机关申报纳税。

4. 一般纳税人转让其取得(不含自建)的不动产,适用一般计税方法计税的,以取得的全部价款和价外费用为销售额计算应纳税额。纳税人应以取得的全部价款和价外费用扣除不动产购置原价或者取得不动产时的作价后的余额,按照5%的预征率向不动产所在地主管税务机关预缴税款,向机构所在地主管税务机关申报纳税。

5. 一般纳税人转让其自建的不动产,选择适用一般计税方法计税的,以取得的全部价款和价外费用为销售额计算应纳税额。纳税人应以取得的全部价款和价外费用,按照5%的预征率向不动产所在地主管税务机关预缴税款,向机构所在地主管税务机关申报纳税。

6. 个人转让其购买的住房,按照以下规定缴纳增值税:

(1) 个人转让其购买的住房,按照有关规定全额缴纳增值税的,以取得的全部价款和价外费用为销售额,按照5%的征收率计算应纳税额。

(2) 个人转让其购买的住房,按照有关规定差额缴纳增值税的,以取得的全部价款和价外费用扣除购买住房价款后的余额为销售额,按照5%的征收率计算应纳税额。

个体工商户应按照规定的计税方法向住房所在地主管税务机关预缴税款,向机构所在地主管税务机关申报纳税;其他个人应按照规定的计税方法向住房所在地主管税务机关申报纳税。

四、提供不动产经营租赁服务增值税政策

(一) 适用范围

适用于纳税人以经营租赁方式出租其取得的不动产(以下简称出租不动产)。

取得的不动产,包括以直接购买、接受捐赠、接受投资入股、自建以及抵债等各种形式取得的不动产。纳税人提供的道路通行服务不在适用范围内。

(二) 简易计税

一般纳税人出租其2016年4月30日前取得的不动产,可以选择适用简易计税方法,按照5%的征收率计算应纳税额。

(三) 预缴税款

小规模纳税人出租不动产(不含个体工商户、其他个人出租住房),以及一般纳税人出租不动产选择适用简易计税方法的,应预缴税款的计算公式为:

应预缴税款＝含税销售额÷(1+5%)×5%

一般纳税人出租不动产,适用一般计税方法计税的,应预缴税款的计算公式为:

应预缴税款＝含税销售额÷(1+适用税率)×3%

个体工商户出租住房,按照5%的征收率减按1.5%计算应纳税额:

应预缴税款＝含税销售额÷(1+5%)×1.5%

其他个人出租不动产,不预缴税款,向不动产所在地主管税务机关申报纳税。应纳税款的计算公式为:

出租住房应纳税款＝含税销售额÷(1+5%)×1.5%

出租非住房应纳税款＝含税销售额÷(1+5%)×5%

(四) 管理方法

1. 纳税人(其他个人除外)提供的与机构所在地不在同一县(市、区)的不动产经营租赁服务,在不动产所在地主管税务机关预缴税款,向机构所在地主管税务机关申报纳税。其他个人提供的不动产经营租赁服务,委托不动产所在地的税务机关代为征收,在不动产所在地主管税务机关申报缴纳税款。

纳税人出租的不动产所在地与其机构所在地在同一直辖市或计划单列市但不在同一县(市、区)的,由直辖市或计划单列市主管税务机关决定是否在不动产所在地预缴税款。

2. 不动产所在地与机构所在地在同一县(市、区)的,纳税人向机构所在地主管税务机关申报纳税。

五、资管产品增值税政策

资管产品包括银行理财产品、资金信托(包括集合资金信托、单一资金信托)、财产权信托、公开募集证券投资基金、特定客户资产管理计划、集合资产管理计划、定向资产管理计划、私募投资基金、债权投资计划、股权投资计划、股债结合型投资计划、资产支持计划、组合类保险资产管理产品、养老保障管理产品。财政部和税务总局规定的其他资管产品管理人及资管产品。

自2018年1月1日起,资管产品增值税按照以下规定计算缴纳增值税。

(一)计税方法的选择

1. 简易计税

资管产品管理人(以下称管理人)运营资管产品过程中发生的增值税应税行为(以下称资管产品运营业务),暂适用简易计税方法,按照3%的征收率缴纳增值税。

2. 一般计税

管理人接受投资者委托或信托对受托资产提供的管理服务以及管理人发生的除上述按照简易计税业务的其他增值税应税行为(以下称其他业务),按照现行规定缴纳增值税。

管理人应分别核算资管产品运营业务和其他业务的销售额和增值税应纳税额。未分别核算的,资管产品运营业务不得适用简易方法计税。

管理人可选择分别或汇总核算资管产品运营业务销售额和增值税应纳税额。

管理人应按照规定的纳税期限,汇总申报缴纳资管产品运营业务和其他业务增值税。

(二)销售额的确定

自2018年1月1日起,资管产品管理人运营资管产品提供的贷款服务、发生的部分金融商品转让业务,按照以下规定确定销售额:

(1)提供贷款服务,以2018年1月1日起产生的利息及利息性质的收入为销售额。

(2)转让2017年12月31日前取得的股票(不包括限售股)、债券、基金、非货物期货,可以选择按照实际买入价计算销售额,或者以2017年最后一个交易日的股票收盘价(2017年最后一个交易日处于停牌期间的股票,为停牌前最后一个交易日收盘价)、债券估值(中债金融估值中心有限公司或中证指数有限公司提供的债券估值)、基金份额净值、非货物期货结算价格作为买入价计算销售额。

第九节 征收管理

一、纳税义务发生时间

纳税义务发生时间,是纳税人发生应税销售行为应当承担纳税义务的起始时间。

(一) 纳税义务发生时间的一般规定

1. 纳税人发生应税销售行为,其纳税义务发生时间为收讫销售款项或者取得索取销售款项凭据的当天;先开具发票的,为开具发票的当天。

收讫销售款项,是指纳税人发生应税销售行为过程中或者完成后收到的款项。

取得索取销售款项凭据的当天,是指书面合同确定的付款日期;未签订书面合同或者书面合同未确定付款日期的,为应税销售行为完成的当天或者不动产权属变更的当天。

2. 进口货物,为报关进口的当天。

3. 扣缴义务发生时间为纳税人增值税纳税义务发生的当天。

(二) 纳税义务发生时间的具体规定

由于纳税人销售结算方式的不同,《增值税暂行条例实施细则》和《营改增通知》规定了具体的纳税义务发生时间:

1. 采取直接收款方式销售货物,不论货物是否发出,均为收到销售款或者取得索取销售款凭据的当天。

纳税人生产经营活动中采取直接收款方式销售货物,已将货物移送对方并暂估销售收入入账,但既未取得销售款或取得索取销售款凭据,也未开具销售发票的,其增值税纳税义务发生时间为取得销售款或取得索取销售款凭据的当天;先开具发票的,为开具发票的当天。

2. 采取托收承付和委托银行收款方式销售货物,为发出货物并办妥托收手续的当天。

3. 采取赊销和分期收款方式销售货物,为书面合同约定的收款日期的当天,无书面合同的或者书面合同没有约定收款日期的,为货物发出的当天。

4. 采取预收货款方式销售货物,为货物发出的当天,但生产销售生产工期超过12个月的大型机械设备、船舶、飞机等货物,为收到预收款或者书面合同约定的收款日期的当天。

5. 委托其他纳税人代销货物,为收到代销单位的代销清单或者收到全部或者部分货款的当天。未收到代销清单及货款的,为发出代销货物满180天的当天。

6. 销售劳务,为提供劳务同时收讫销售款或者取得索取销售款凭据的当天。

7. 纳税人发生除将货物交付其他单位或者个人代销和销售代销货物以外的视同销售货物行为,为货物移送的当天。

8. 纳税人提供租赁服务采取预收款方式的,其纳税义务发生时间为收到预收款的当天。

9. 纳税人从事金融商品转让的,为金融商品所有权转移的当天。

10. 纳税人发生视同销售服务、无形资产或者不动产情形的,其纳税义务发生时间为服务、无形资产转让完成的当天或者不动产权属变更的当天。

纳税义务发生时间的确定,明确了企业在计算应纳税额时对"当期销项税额"时间的限定,是增值税计税和征收管理中重要的规定。纳税人如果没有按照上述规定的纳税义务发生时间将实现的应税销售收入及时入账并计算纳税,而是采取延迟入账或不计销售收入等手段,以拖延纳税或逃避纳税的做法都是错误的,将会承担相应的法律责任。

二、纳税期限

增值税的纳税期限分别为1日、3日、5日、10日、15日、1个月或者1个季度。纳税人的具体纳税期限,由主管税务机关根据纳税人应纳税额的大小分别核定。不能按照固定期限纳税的,可以按次纳税。

以1个季度为纳税期限的规定适用于小规模纳税人、银行、财务公司、信托投资公司、信用社,以及财政部和国家税务总局规定的其他纳税人。

纳税人以1个月或者1个季度为1个纳税期的,自期满之日起15日内申报纳税;以1日、3日、5日、10日或者15日为1个纳税期的,自期满之日起5日内预缴税款,于次月1日起15日内申报纳税并结清上个月应纳税款。

扣缴义务人解缴税款的期限,依照前两项规定执行。

纳税人进口货物,应当自海关填发进口增值税专用缴款书之日起15日内缴纳税款。

按固定期限纳税的小规模纳税人可以选择以1个月或1个季度为纳税期限,一经选择,1个会计年度内不得变更。

三、纳税地点

固定业户应当向其机构所在地主管税务机关申报纳税。机构所在地是指纳税人的注册登记地。总机构和分支机构不在同一县(市)的,应当分别向各自所在地的主管税务机关申报纳税;经财政部和国家税务总局或者其授权的财政和税务机关批准,可以由总机构汇总向总机构所在地的主管税务机关申报纳税。具体审批权限如下:

1. 总机构和分支机构不在同一省、自治区、直辖市的,经财政部和国家税务总局批准,可以由总机构汇总向总机构所在地的主管税务机关申报纳税。

2. 总机构和分支机构不在同一县(市),但在同一省、自治区、直辖市范围内的,经省、自治区、直辖市财政厅(局)、国家税务局审批同意,可以由总机构汇总向总机构所在地的主管税务机关申报纳税。

3. 固定业户到外县(市)销售货物或者劳务,应当向其机构所在地的主管税务机关报告外出经营事项,并向其机构所在地的主管税务机关申报纳税;未报告的,应当向销售地或者劳务发生地的主管税务机关申报纳税,未向销售地或者劳务发生地的主管税务机关申报纳税的,由其机构所在地的主管税务机关补征税款。

4. 非固定业户销售货物或者劳务应当向销售地或者劳务发生地主管税务机关申报纳税;未向销售地或者劳务发生地的主管税务机关申报纳税的,由其机构所在地或者居住地主管税务机关补征税款。

5. 进口货物,应当向报关地海关申报纳税。

6. 扣缴义务人应当向其机构所在地或者居住地主管税务机关申报缴纳扣缴的税款。

案情追踪道具——追案魔法帽4-45:
　　增值税发票的使用和管理

谜案 4　增值税

填空题

1. 增值税的一般征税范围中的货物是指_____，包括_____。
2. 小规模纳税人销售自己使用过的固定资产，适用简易办法依照3%征收率减按2%征收增值税政策的，_____减税。
3. 应当分别核算适用不同税率或者征收率的销售额，未分别核算的，兼有不同税率的应税销售行为，_____适用税率。
4. 销售额包括向购买方收取的_____和_____。
5. 属于应征收消费税的货物，在确认其组成计税价格时，应包括_____税额。

单选题

1. 下列应税服务中，应按照"租赁服务"计征增值税的是（　　）。
   A. 飞机干租　　　　　　　　　B. 融资性售后回租
   C. 船舶期租　　　　　　　　　D. 宾馆的住宿服务
2. 下列承包经营的情形中，应以发包人为增值税纳税人的是（　　）。
   A. 以承包人名义对外经营，由承包人承担法律责任的
   B. 以发包人名义对外经营，由发包人承担法律责任的
   C. 以发包人名义对外经营，由承包人承担法律责任的
   D. 以承包人名义对外经营，由发包人承担法律责任的
3. 增值税一般纳税人发生的下列应税行为中，适用6%税率计征增值税的是（　　）。
   A. 提供建筑施工服务
   B. 通过省级土地行政主管部门设立的交易平台转让补充耕地指标
   C. 出租2020年新购入的房产
   D. 销售非现场制作食品
4. 增值税一般纳税人发生的下列行为中，可以采用简易计税方法计征增值税的是（　　）。
   A. 销售矿泉水
   B. 销售沥青混凝土
   C. 以清包工方式提供建筑服务
   D. 出租2016年5月1日后取得的房产

5. 下列各项中,属于增值税混合销售行为的是(　　)。
   A. 某建材商店在销售建材的同时,为其他客户提供装潢服务
   B. 某汽车制造公司为某客户同时提供销售服务和修理服务
   C. 房地产公司在销售商品房的同时,赠送客户家用电器
   D. 空调零售商店在销售空调的同时,又为该客户提供安装服务

6. 下列各项中,按照商务辅助服务缴纳增值税的是(　　)。
   A. 港口码头服务　B. 打捞救助服务　C. 仓储服务　D. 经纪代理服务

7. 下列各项中,应视同销售货物、服务或无形资产,征收增值税的是(　　)。
   A. 甲无偿向其他单位转让无形资产(用于非公益事业)
   B. 乙公司将外购食品用于职工福利
   C. 丙建筑公司外购水泥发生非正常损失
   D. 丁作为个人股东无偿借款给单位

8. 下列各项关于年应税销售额的表述中,正确的是(　　)。
   A. 年应税销售额不包括免税销售额
   B. 年应税销售额包括纳税申报销售额、稽查查补销售额、纳税评估调整销售额
   C. 经营期是指1月1日至12月31日
   D. 年应税销售额是指含增值税的销售额

9. 纳税人自一般纳税人生效之日起,按照一般计税方法计算缴纳增值税。该生效之日是(　　)。
   A. 税务机关批准的当月1日
   B. 税务机关通知办理登记的次月1日
   C. 纳税人办理登记的当月1日或者次月1日
   D. 纳税人销售额达到标准的当月1日

10. 下列各项不属于增值税特点的是(　　)。
    A. 保持税收中性　　　　　　　　B. 普遍征收
    C. 实行价内税制度　　　　　　　D. 实行税款抵扣制度

多选题

1. 金融企业提供的金融服务取得的下列收入中,按"贷款服务"缴纳增值税的有(　　)。
   A. 以货币资金投资收取的保底利润
   B. 融资性售后回租业务取得的利息收入
   C. 买入返售金融商品利息收入
   D. 金融商品持有期间取得的非保本收益

2. 下列属于增值税征税范围的有(　　)。
   A. 单位聘用的员工为本单位提供的取得工资的运输服务
   B. 德国某公司转让专利权供我国A公司在德国和我国使用
   C. 巴黎某酒店向来自我国境内的科研团队提供住宿服务
   D. 出租车公司向使用本公司自有出租车的出租车司机收入的管理费用

3. 下列情形中的增值税专用发票,应列入异常凭证范围的有(　　)。

A. 纳税人被盗的税控设备中未开具的增值税专用发票

B. 非正常户纳税人未向税务机关申报缴纳税款的增值税专用发票

C. 自取得发票之日起 90 日内尚未申报抵扣的增值税专用发票

D. 经省税务局大数据分析发现纳税人未按规定缴纳消费税的增值税专用发票

4. 境内单位提供的下列跨境应税业务中,免征增值税的有(　　)。

A. 监理公司为境外工程项目提供的监理服务

B. 制造企业向境外单位转让在境内销售货物的经销权

C. 航海企业向境外单位提供的外派海员服务

D. 保险公司为出口货物提供的保险服务

5. 下列货物的出口,享受免税不退税政策的有(　　)。

A. 非出口企业委托出口的货物

B. 来料加工复出口的货物

C. 属于小规模纳税人的生产企业的资产货物

D. 外贸企业出口避孕药品

判断题

1. 纳税人提供植物养护服务,按照"生活服务"缴纳增值税。（　　）
2. 增值税纳税人一经登记成为一般纳税人后,不能再转为小规模纳税人。（　　）
3. 增值税的征收率仅适用于增值税小规模纳税人。（　　）
4. 境外旅客购物离境时,退税额为 12 000 元,退税方式可以选择现金退税。（　　）
5. 纳税人转让其取得的不动产,包括以直接购买、接受捐赠、接受投资入股、自建以及抵债等各种形式取得的不动产。（　　）
6. 根据有关规定,采取预收货款方式销售货物的,增值税纳税义务发生时间一般是购买方收到货物的当天。（　　）
7. A 公司未在商场购物,让商场开具增值税专用发票,不属于虚开增值税专用发票。（　　）
8. 纳税人以 1 日、3 日、5 日、10 日、15 日为 1 个纳税期的,自期满之日起 7 日内预缴税款,于次月 1 日起 15 日内申报纳税并结清上月应纳税款。（　　）
9. 商业企业一般纳税人零售烟酒,可以开具增值税专用发票。（　　）
10. 扣缴义务人应当向销售地或者劳务发生地的主管税务机关申报纳税。（　　）

名词解释题

增值税　　间接计算法　　混合销售行为　　兼营行为

简答题

1. 简述折扣销售与销售折扣的区别。
2. 在计算用于集体福利的购进货物的增值税时,如何确认进项税额?
3. 小规模纳税人销售其取得的不动产,是否可以自行开具增值税专用发票?
4. 简述增值税专用发票不得抵扣进项税额的规定。

论述题

试述增值税的积极效应。

计算题

1. 位于市区的某商贸企业为增值税一般纳税人。2022年4月经营业务如下：

(1) 采用分期收款方式销售家居用品一批，价税合计3 390万元，按照合同约定4月份内收款80%，截止到4月30日未收到约定款项。

(2) 转让位于本市区自建商铺一栋，取得含税销售额2 289万元。该商铺建于2015年。企业选择简易计税方法计征增值税。

(3) 获得国债利息收入50万元。

(4) 购买办公用品一批，取得增值税普通发票注明金额6万元、税额0.78万元。

(5) 购买燃油载货汽车1辆自用，取得机动车销售统一发票，支付含税款项33.9万元。

(6) 员工因公境内出差，取得注明旅客身份信息的铁路车票，票面金额合计2.18万元。

(7) 上月购进的一批化妆品因管理不善毁损，该批化妆品的进项税额2.08万元已在上期申报抵扣。

(其他相关资料：员工与企业签订了劳动合同，期初留抵额为0)

要求：根据上述资料，按照顺序计算回答问题，如有计算需计算出合计数。

(1) 计算业务(1)的销项税额。

(2) 计算业务(2)应缴纳的增值税。

(3) 判断业务(3)是否需要缴纳增值税，并说明理由。

(4) 判断业务(4)的进项税额能否抵扣，并说明理由。

(5) 判断业务(6)能否抵扣进项税额，并说明理由。

(6) 计算4月可抵扣的进项税额。

(7) 计算4月应向主管税务机关缴纳的增值税。

2. 位于A县城的某文化创意企业为增值税一般纳税人，2022年6月经营业务如下：

(1) 向境内客户提供广告服务，不含增值税总价款为100万元，采取分期收款结算方式，按照书面合同约定，当月客户应支付60%的价款，款项未收到，未开具发票。

(2) 为境内客户提供创意策划服务，采取直接收款结算方式，开具的增值税专用发票上注明价款为5 000万元，由于对方资金紧张，当月收到价款的50%。

(3) 购买办公楼一栋，订立的产权转移书据所载金额1 000万元，取得增值税专用发票注明金额1 000万元，税额90万元，该办公楼的1/4用于集体福利，其余为企业管理部门使用。购买计算机一批，取得增值税专用发票注明金额100万元，税额13万元，其中的20%奖励给员工，剩余的用于企业经营使用。

(4) 为客户支付境内机票款，取得注明旅客身份信息的航空电子客票行程单，票价2万元、燃油附加费0.18万元、机场建设费0.03万元。

(5) 员工境内出差，取得注明旅客身份信息的铁路车票，票面金额4.36万元，另取得未注明旅客身份信息的出租车客票2万元。

(6) 取得银行贷款200万元，支付与该笔贷款直接相关的手续费2万元；支付与贷款业务无关的银行咨询费5.3万元(含增值税),并取得增值税专用发票;支付实际应酬费6万元和餐饮费3万元。

(其他相关资料:上述业务所涉及符合规定的进项税相关票据均已申报抵扣,不考虑加计抵减因素)

要求:根据上述资料,按下列顺序计算回答问题,如有计算需计算出合计数。

(1) 计算业务(1)的销项税额。

(2) 计算业务(2)的销项税额。

(3) 计算业务(3)当期允许抵扣的进项税额。

(4) 判断业务(4)该企业为客户支付境内机票款是否属于"国内旅客运输服务"允许抵扣进项税额的范围,并说明理由。

(5) 计算业务(5)该企业当期允许抵扣的进项税额。

(6) 计算业务(6)该企业当期允许抵扣的进项税额。

(7) 计算该企业当期应向主管税务机关缴纳的增值税。

谜底(请找彩蛋)

第 5 章 消费税

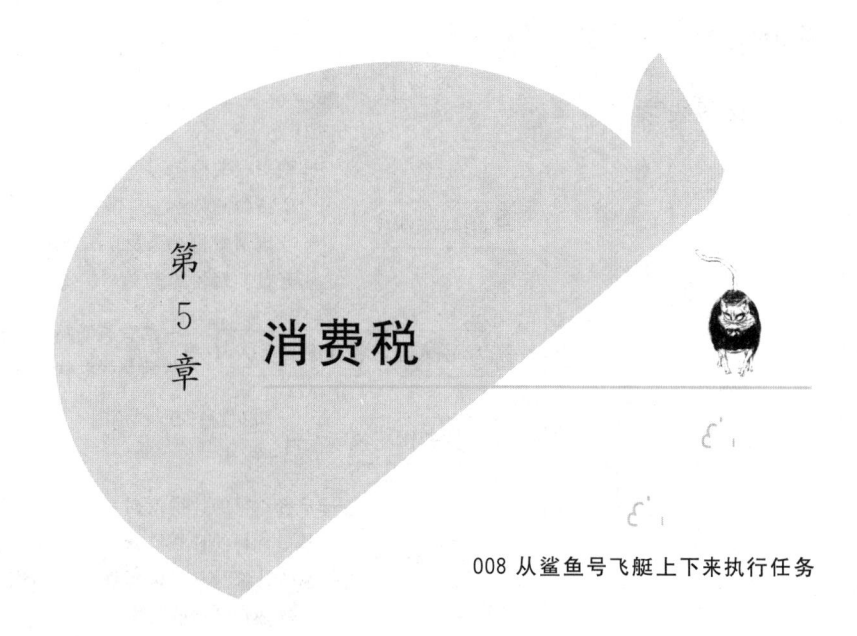

008 从鲨鱼号飞艇上下来执行任务

◇ 任务分解

☞ 准确界定消费税纳税人,判断哪些产品应当缴纳消费税并准确适用税率,掌握不同类别的应税消费品的消费税纳税环节

☞ 掌握应税消费品的应纳税额的计算

（掌握直接对外销售应税消费品、自产自用应税消费品、委托加工应税消费品、进口应税消费品的应纳税额的计算）

☞ 熟悉应税消费品出口业务免税,熟悉出口业务退税并能计算退税额

☞ 熟悉消费税的纳税义务发生时间、纳税期限和纳税地点

◇ 疑难重点

☞ 重点:消费税的纳税义务人、税目与税率、计税依据

☞ 难点:消费税应纳税额的计算、消费税的征收管理

◇ 探案道具箱

密码

大力箱,
萌探008探案助手,兼案卷记录员,
AI族,全知全能⋯

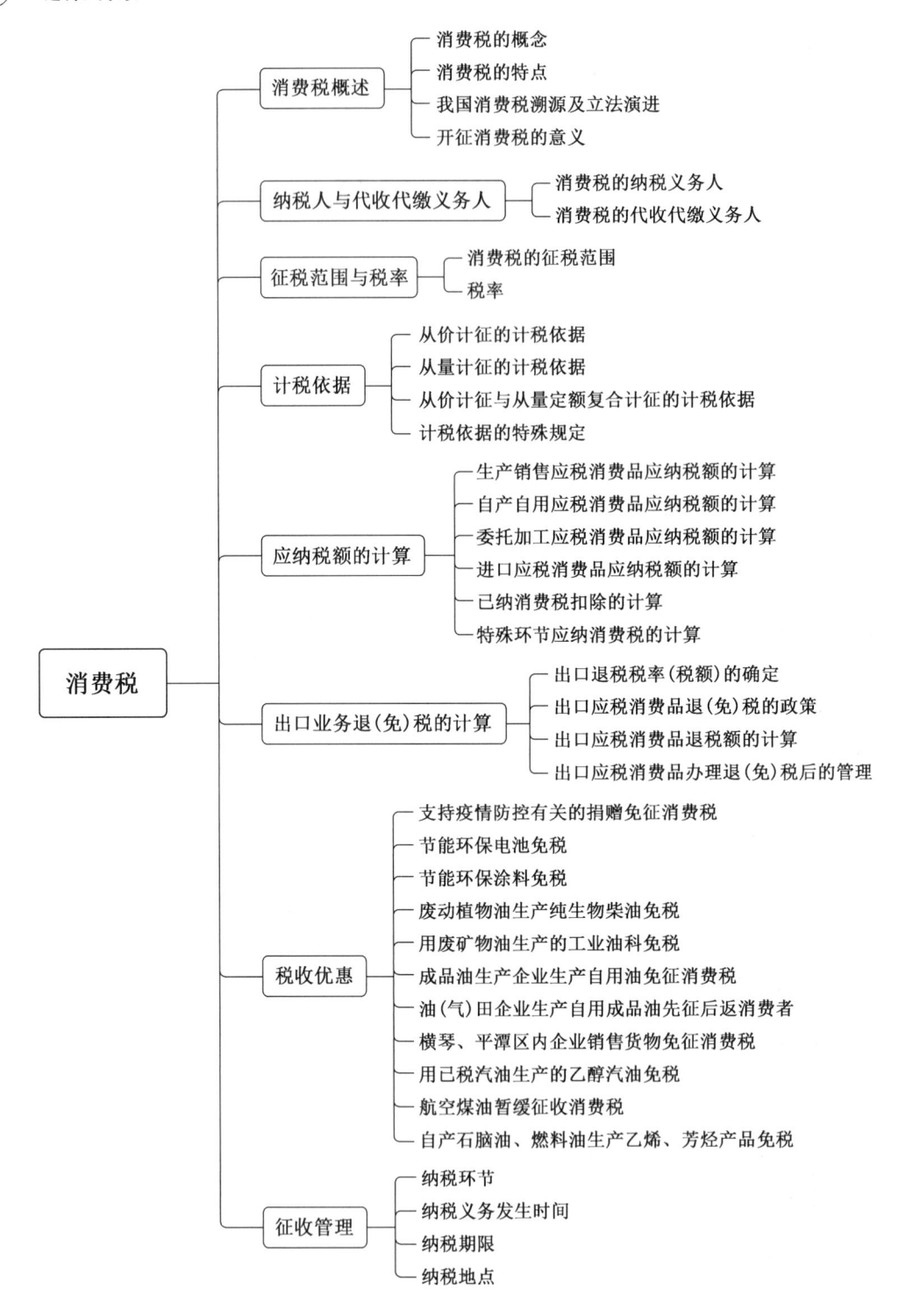

✅ 谜案线索

```
                                    ┌─ 消费税的概念
                   ┌─ 消费税概述 ────┼─ 消费税的特点
                   │                 ├─ 我国消费税溯源及立法演进
                   │                 └─ 开征消费税的意义
                   │
                   │                              ┌─ 消费税的纳税义务人
                   ├─ 纳税人与代收代缴义务人 ────┤
                   │                              └─ 消费税的代收代缴义务人
                   │
                   ├─ 征税范围与税率 ──┬─ 消费税的征税范围
                   │                    └─ 税率
                   │
                   │              ┌─ 从价计征的计税依据
                   ├─ 计税依据 ──┼─ 从量计征的计税依据
                   │              ├─ 从价计征与从量定额复合计征的计税依据
                   │              └─ 计税依据的特殊规定
                   │
                   │                     ┌─ 生产销售应税消费品应纳税额的计算
                   │                     ├─ 自产自用应税消费品应纳税额的计算
                   ├─ 应纳税额的计算 ──┼─ 委托加工应税消费品应纳税额的计算
                   │                     ├─ 进口应税消费品应纳税额的计算
                   │                     ├─ 已纳消费税扣除的计算
                   │                     └─ 特殊环节应纳消费税的计算
 消费税 ──────────┤
                   │                            ┌─ 出口退税税率(税额)的确定
                   ├─ 出口业务退(免)税的计算 ──┼─ 出口应税消费品退(免)税的政策
                   │                            ├─ 出口应税消费品退税额的计算
                   │                            └─ 出口应税消费品办理退(免)税后的管理
                   │
                   │              ┌─ 支持疫情防控有关的捐赠免征消费税
                   │              ├─ 节能环保电池免税
                   │              ├─ 节能环保涂料免税
                   │              ├─ 废动植物油生产纯生物柴油免税
                   │              ├─ 用废矿物油生产的工业油料免税
                   ├─ 税收优惠 ──┼─ 成品油生产企业生产自用油免征消费税
                   │              ├─ 油(气)田企业生产自用成品油先征后返消费者
                   │              ├─ 横琴、平潭区内企业销售货物免征消费税
                   │              ├─ 用已税汽油生产的乙醇汽油免税
                   │              ├─ 航空煤油暂缓征收消费税
                   │              └─ 自产石脑油、燃料油生产乙烯、芳烃产品免税
                   │
                   │              ┌─ 纳税环节
                   │              ├─ 纳税义务发生时间
                   └─ 征收管理 ──┼─ 纳税期限
                                  └─ 纳税地点
```

第一节　消费税概述

一、消费税的概念

消费税,是指对消费品和特定的消费行为按流转额征收的一种商品税。就征收范围而言,消费税有广义和狭义之分。广义上的消费税是以所有消费品或消费行为作为课税对象的各种税收的总称。从征收实践上看,消费税主要指对特定消费品或特定消费行为等课税,即狭义上的消费税。目前,世界上已有一百多个国家开征了这一税种或类似税种。

我国消费税,是指对在中华人民共和国境内从事生产、委托加工和进口应税消费品的单位和个人,就其消费品的销售额或销售数量征收的一种税,属于狭义上的消费税。

疑点爆破道具——奇思妙响指 NICE 5-1：
消费税类型

二、消费税的特点

消费税是流转税的一种,它除了具有流转税的共性特征外,与其他税种相比较,消费税具有以下几个特点。

第一,征税范围具有选择性。消费税的征税项目由税法明确列举,除税法明确列举的商品外,其他商品不征收消费税。

第二,征税环节具有单一性。消费税一般是在应税消费品生产、销售过程中的某个环节进行一次性集中征收,属于间接消费税。

第三,计税方法具有灵活性。为了适应不同应税消费品的情况,消费税在征收方法上具有多样性。

第四,税收调节具有特殊性。消费税属于国家运用税收杠杆对某些消费品或消费行为进行特殊调节的税种。

案情追踪道具——追案魔法帽 5-2：
消费税特点

案情追踪道具——追案魔法帽5-3：
我国消费税溯源及立法演进

三、开征消费税的意义

消费税主要以消费品为课税对象，属于间接税，税收随价格转嫁给消费者负担，消费者是税款的实际负担者。消费税的征收具有较强的选择性，是国家贯彻消费政策、引导消费结构从而引导产业结构的重要手段，因而在保证国家财政收入、体现国家经济政策等方面具有十分重要的意义。现阶段，我国征收消费税的意义主要体现在以下四个方面。

第一，有利于优化税制结构，完善我国流转税体系。

1994年的税制改革使我国流转税制发生了结构性变化，即取消了产品税，增值税的征收范围扩大到商品的工业生产和商业批发、零售及进口环节，对不开征增值税的劳务和第三产业继续征收营业税；与此同时，对某些特定的产品开征消费税并与增值税交叉征收。这就形成了在普遍征收增值税的基础上，再选择某些特定的消费品征收一道消费税的格局，便于增值税、消费税、营业税在各自的领域发挥作用，从而建立了一个以增值税为主、消费税和营业税相互配合的、具有双重调节功能的流转税课征体系。2016年5月1日，我国在全国范围内全面推开"营改增"。现行的流转税课征体系以增值税为主，以消费税和关税为辅。

第二，有利于贯彻国家的产业政策与消费政策，对消费、生产发挥引导和调节作用。

为了保持社会再生产的顺利进行，我国政府根据本国国情和社会经济发展水平制定了相应的产业政策和消费政策。开征消费税，可以通过征税范围的选择、差别税率的制定，较为有力地配合这些经济政策的实施。

第三，有利于筹集财政资金，增加财政收入。

消费税筹集财政资金的作用与消费税的征税对象所具有的特点以及较高的税率水平密切相关。

第四，有利于缩小社会成员之间收入水平上的差距，缓解社会分配不公的矛盾。

个人之间的收入水平差距必然导致他们在消费水平、内容与结构上的差异。将一些奢侈品和高档消费品作为消费税的课征重点之一，在一定程度上起到了缓解贫富悬殊和社会分配不公的作用。

案情追踪道具——追案魔法帽5-4：
现阶段我国征收消费税的意义

第二节 纳税人与代收代缴义务人

一、消费税的纳税义务人

消费税的纳税义务人是指在中华人民共和国境内生产、委托加工和进口《消费税暂行条例》规定的消费品的单位和个人，以及国务院确定的销售《消费税暂行条例》规定的消费品的其他单位和个人。其中，单位是指企业、行政单位、事业单位、军事单位、社会团体及其他单位。个人，是指个体工商户及其他个人。"在境内"是指生产、委托加工和进口属于应当缴纳消费税的消费品的起运地或者所在地在境内。另外，进口货物的收货人或办理报关手续的单位和个人，为进口货物消费税的纳税义务人。

二、消费税的代收代缴义务人

为了加强对税收源泉的控制，简化税收征管程序，我国现行消费税法除了规定消费税的纳税义务人以外，还规定了代收代缴义务人。

所谓代收代缴义务人，是指税收法律、行政法规已经明确规定附有扣缴义务的单位和个人在收取款项时，代税务机关向负有纳税义务的单位和个人收取税款并向税务机关缴纳的行为。关于代收代缴义务人，是通过《中华人民共和国税收征收管理法》中关于"扣缴义务人"的规定明确下来的，即"法律、行政法规规定负有代扣代缴、代收代缴税款义务的单位和个人为扣缴义务人。纳税人、扣缴义务人必须依照法律、行政法规的规定缴纳税款，代扣代缴、代收代缴税款。"

1. 委托加工代收代缴义务人。

委托加工的应税消费品，除受托方为个人外，由受托方在向委托方交货时代收代缴税款。也就是说，以委托方为纳税人，以受托方为代收代缴义务人，但受托方为个体经营者的除外。

2. 跨境电子商务代收代缴义务人。

跨境电子商务零售进口商品按照货物征收进口环节消费税，购买跨境电子商务零售进口商品的个人作为纳税人，电子商务企业、电子商务交易平台企业或物流企业可作为代收代缴义务人。

第三节 征税范围与税率

一、消费税的征税范围

（一）征税范围的一般规定

消费税的征收范围主要是根据我国目前的经济发展状况和消费政策，群众的消费水平和消费结构,以及财政需要,并借鉴国外的成功经验和通行做法确定的。

凡在我国境内生产、委托加工、进口应税消费品并销售的行为,都要征收消费税。

疑点爆破道具——奇思妙响指 NICE 5-5:
"应税消费品"类型

(二) 征税范围的具体规定

依我国现行消费税法的相关规定,目前消费税的征税范围包括烟、酒、高档化妆品等 15 种税目,其中部分税目还进一步划分了若干子目。

1. 烟

凡是以烟叶为原料加工生产的产品,不论使用何种辅料,均属于本税目的征收范围。包括卷烟(进口卷烟、白包卷烟、手工卷烟和未经国务院批准纳入计划的企业及个人生产的卷烟)、雪茄烟和烟丝。

在"烟"这个税目下分"卷烟""雪茄烟""烟丝"等子目,"卷烟"又分"甲类卷烟"和"乙类卷烟"。

2. 酒

酒是酒精度在 1 度以上的各种酒类饮料,包括白酒、黄酒、啤酒和其他酒。

3. 高档化妆品

自 2016 年 10 月 1 日起,本税目调整为包括高档美容、修饰类化妆品、高档护肤类化妆品和成套化妆品。

4. 贵重首饰及珠宝玉石

贵重首饰及珠宝玉石包括以金、银、白金、宝石、珍珠、钻石、翡翠、珊瑚、玛瑙等高贵稀有物质以及其他金属、人造宝石等制作的各种纯金银首饰及镶嵌首饰和经采掘、打磨、加工的各种珠宝玉石。对出国人员免税商店销售的金银首饰征收消费税。

5. 鞭炮、焰火

鞭炮、焰火包括各种鞭炮、焰火。体育上用的发令纸、鞭炮药引线,不按本税目征收。

6. 成品油

成品油包括汽油、柴油、石脑油、溶剂油、航空煤油、润滑油、燃料油 7 个子目。航空煤油暂缓征收消费税。

7. 小汽车

小汽车是指由动力驱动,具有 4 个或 4 个以上车轮的非轨道承载的车辆。本税目征收范围包括:乘用车、中轻型商用客车、超豪华小汽车。

8. 摩托车

摩托车包括轻便摩托车和摩托车两种。气缸容量 250 毫升(不含)以下的小排量摩托车不征收消费税。

9. 高尔夫球及球具

高尔夫球及球具是指从事高尔夫球运动所需的各种专用装备,包括高尔夫球、高尔夫球杆及高尔夫球包(袋)等。

10. 高档手表

高档手表是指销售价格（不含增值税）每只在 10 000 元（含）以上的各类手表。

本税目征收范围包括符合以上标准的各类手表。

11. 游艇

本税目征收范围包括艇身长度大于 8 米（含）小于 90 米（含），内置发动机，可以在水上移动，一般为私人或团体购置，主要用于水上运动和休闲娱乐等非牟利活动的各类机动艇。

12. 木制一次性筷子

本税目征收范围包括各种规格的木制一次性筷子。未经打磨、倒角的木制一次性筷子属于本税目征税范围。

13. 实木地板

本税目征收范围包括各类规格的实木地板、实木指接地板、实木复合地板及用于装饰墙壁、天棚的侧端面为榫、槽的实木装饰板。未经涂饰的素板也属于本税目征税范围。

14. 电池

本税目征收范围包括原电池、蓄电池、燃料电池、太阳能电池和其他电池。

自 2015 年 2 月 1 日起对电池征收消费税；2015 年 12 月 31 日前对铅蓄电池缓征消费税，自 2016 年 1 月 1 日起，对铅蓄电池按 4% 的税率征收消费税。

15. 涂料

涂料是指涂于物体表面能形成具有保护、装饰或特殊性能的固态涂膜的一类液体或固体材料的总称。

案情追踪道具——追案魔法帽 5-6：
消费税征税范围规定

二、税率

消费税采用比例税率和定额税率两种形式，以适应不同应税消费品的实际情况。消费税根据不同的税目或子目确定相应的税率或单位税额。大部分应税消费品适用比例税率；黄酒、啤酒、成品油按单位重量或单位体积确定单位税额；卷烟、白酒采用比例税率和定额税率双重征收形式。现行消费税税目税率如表 5-1 所示。

表 5-1 消费税税目税率表

税目	税率
一、烟	
1. 卷烟	
（1）甲类卷烟	56% 加 0.003 元/支
（2）乙类卷烟	36% 加 0.003 元/支
商业批发	11% 加 0.005 元/支

(续表)

税目	税率
2. 雪茄烟	36%
3. 烟丝	30%
二、酒	
1. 白酒	20%加0.5元/500克(或500毫升)
2. 黄酒	240元/吨
3. 啤酒	
(1) 甲类啤酒	250元/吨
(2) 乙类啤酒	220元/吨
(3) 娱乐业、饮食业自制啤酒	250元/吨
4. 其他酒	10%
三、高档化妆品	15%
四、贵重首饰及珠宝玉石	
1. 金银首饰、铂金首饰和钻石及钻石饰品	5%(零售环节)
2. 其他贵重首饰及珠宝玉石	10%
五、鞭炮、焰火	15%
六、成品油	
1. 汽油	1.52元/升
2. 柴油	1.2元/升
3. 航空煤油	1.2元/升
4. 石脑油	1.52元/升
5. 溶剂油	1.52元/升
6. 润滑油	1.52元/升
7. 燃料油	1.2元/升
七、小汽车	
1. 乘用车	
(1) 气缸容量(排气量,下同)在1.0升以下的(含1.0升)	1%
(2) 气缸容量在1.0升以上至1.5升的(含1.5升)	3%
(3) 气缸容量在1.5升以上至2.0升的(含2.0升)	5%
(4) 气缸容量在2.0升以上至2.5升的(含2.5升)	9%
(5) 气缸容量在2.5升以上至3.0升的(含3.0升)	12%
(6) 气缸容量在3.0升以上至4.0升的(含4.0升)	25%
(7) 气缸容量在4.0升以上的	40%
2. 中轻型商用客车	5%
3. 超豪华小汽车(零售环节)	10%
八、摩托车	
1. 气缸容量为250毫升的	3%
2. 气缸容量为250毫升以上的	10%
九、高尔夫球及球具	10%
十、高档手表	20%

(续表)

税目	税率
十一、游艇	10%
十二、木制一次性筷子	5%
十三、实木地板	5%
十四、电池	4%
十五、涂料	4%

在运用消费税的税率时,需要注意以下情况:

1. 纳税人兼营不同税率的应税消费品,应当分别核算不同税率应税消费品的销售额、销售数量。未分别核算销售额、销售数量,或者将不同税率的应税消费品组成成套消费品销售的,从高适用税率。

案情追踪道具——追案魔法帽5-7:
对卷烟与啤酒消费税税目、税率的规定

2. 消费税税目、税率(税额)的调整由国务院确定,地方无权调整。

第四节　计税依据

根据《消费税暂行条例》的规定,消费税应纳税额的计算分为从价计征、从量计征和从价从量复合计征三种方法。

一、从价计征的计税依据

在从价定率计算方法下,应纳税额等于应税消费品的销售额乘以适用税率,应纳税额的多少取决于应税消费品的销售额和适用税率两个因素。

(一) 销售额的确定

销售额是指纳税人销售应税消费品向购买方收取的全部价款和价外费用。销售,是指有偿转让应税消费品的所有权;有偿,是指从购买方取得货币、货物或者其他经济利益;价外费用,是指价外向购买方收取的手续费、补贴、基金、集资费、返还利润、奖励费、违约金、滞纳金、延期付款利息、赔偿金、代收款项、代垫款项、包装费、包装物租金、储备费、优质费、运输装卸费以及其他各种性质的价外收费。但下列项目不包括在内。

1. 同时符合以下条件的代垫运输费用:
(1) 承运部门的运输费用发票开具给购买方的;

(2) 纳税人将该项发票转交给购买方的。

2. 同时符合以下条件代为收取的政府性基金或者行政事业性收费：

(1) 由国务院或者财政部批准设立的政府性基金，由国务院或者省级人民政府及其财政、价格主管部门批准设立的行政事业性收费；

(2) 收取时开具省级以上财政部门印制的财政票据；

(3) 所收款项全额上缴财政。

其他价外费用，无论是否属于纳税人的收入，均应并入销售额计算征税。

(二) 含增值税销售额的换算

应税消费品在缴纳消费税的同时，与一般货物一样，还应缴纳增值税。按照《消费税暂行条例实施细则》的规定，应税消费品的销售额，不包括应向购货方收取的增值税税款。如果纳税人应税消费品的销售额中未扣除增值税税款或者因不得开具增值税专用发票而发生价款和增值税税款合并收取的，在计算消费税时，应将含增值税的销售额换算为不含增值税税款的销售额。其换算公式为：

应税消费品的销售额＝含增值税的销售额÷(1＋增值税税率或征收率)

在使用换算公式时，应根据纳税人的具体情况分别适用增值税税率或征收率。如果消费税的纳税人同时又是增值税一般纳税人的，应适用13%的增值税税率；如果消费税的纳税人是增值税小规模纳税人的，应适用3%的征收率。

(三) 包装物销售收入及押金收入

实行从价定率办法计算应纳税额的应税消费品连同包装销售的，不论包装是否单独计价，也不论在会计上如何核算，均应并入应税消费品的销售额中征收消费税。如果包装物不作价随同产品销售，而是收取押金，此项押金则不应并入应税消费品的销售额中征收。但对因逾期未收回的包装物不再退还的或者已收取的时间超过12个月的押金，应并入应税消费品的销售额，按照应税消费品的适用税率缴纳消费税。

对既作价随同应税消费品销售，又另外收取押金的包装物押金，凡纳税人在规定的期限内没有退还的，均应并入应税消费品的销售额，按照应税消费品的适用税率缴纳消费税。

对销售啤酒、黄酒外的其他酒类产品而收取的包装物押金，无论是否返还以及会计上如何核算，均应并入当期销售额征税。

白酒生产企业向商业销售单位收取的"品牌使用费"是随着应税白酒的销售而向购货方收取的，属于应税白酒销售价款的组成部分，因此，不论企业采取何种方式或以何种名义收取价款，均应并入白酒的销售额中缴纳消费税。

纳税人销售的应税消费品，以外汇结算销售额的，其销售额的人民币折合率可以选择结算的当天或者当月1日的国家外汇牌价（原则上为中间价）。纳税人应在事先确定采取何种折合率，确定后1年内不得变更。

二、从量计征的计税依据

在从量定额计算方法下，消费税的应纳税额等于应税消费品的销售数量乘以单位税额，应纳税额的多少取决于应税消费品的销售数量和单位税额两个因素。

(一) 销售数量的确定

销售数量是指纳税人生产、加工和进口应税消费品的数量。具体规定为：

1. 销售应税消费品的，为应税消费品的销售数量；
2. 自产自用应税消费品的，为应税消费品的移送使用数量；
3. 委托加工应税消费品的，为纳税人收回的应税消费品数量；
4. 进口的应税消费品，为海关核定的应税消费品进口征税数量。

(二) 计量单位的换算标准

《消费税暂行条例》规定，黄酒、啤酒是以吨为税额单位；汽油、柴油是以升为税额单位。但是，考虑到在实际销售过程中，一些纳税人会把吨与升这两个计量单位混用，故规范了不同产品的计量单位，以准确计算应纳税额，吨与升两个计量单位的换算标准见表5-2。

表5-2 应税消费品计量单位换算表

序号	名称	计量单位的换算标准
1	黄酒	1吨＝962升
2	啤酒	1吨＝988升
3	汽油	1吨＝1 388升
4	柴油	1吨＝1 176升
5	航空煤油	1吨＝1 246升
6	石脑油	1吨＝1 385升
7	溶剂油	1吨＝1 282升
8	润滑油	1吨＝1 126升
8	燃料油	1吨＝1 015升

三、从价定率与从量定额复合计征的计税依据

现行消费税的征税范围中，只有卷烟、白酒采用复合计征方法。应纳税额等于应税销售数量乘以定额税率再加上应税销售额乘以比例税率。

生产销售卷烟、白酒，从量定额计税依据为实际销售数量。进口、委托加工、自产自用卷烟、白酒，从量定额计税依据分别为海关核定的进口征税数量、委托方收回数量、移送使用数量。

四、计税依据的特殊规定

(一) 自设非独立核算门市部销售应税消费品的计税规定

纳税人通过自设非独立核算门市部销售的自产应税消费品，应当按照门市部对外销售额

或者销售数量征收消费税。

(二) 应税消费品用于换取生产资料和消费资料、投资入股和抵偿债务的计税规定

纳税人用于换取生产资料和消费资料、投资入股和抵偿债务等方面的应税消费品,应当以纳税人同类应税消费品的最高销售价格作为计税依据计算消费税。

(三) 卷烟计税价格的核定

自 2012 年 1 月 1 日起,卷烟消费税最低计税价格(以下简称计税价格)核定范围为卷烟生产企业在生产环节销售的所有牌号、规格的卷烟。

计税价格由国家税务总局按照卷烟批发环节销售价格扣除卷烟批发环节批发毛利核定并发布。计税价格的核定公式为:

某牌号、规格卷烟计税价格＝批发环节销售价格×(1－适用批发毛利率)

卷烟批发环节销售价格,按照税务机关采集的所有卷烟批发企业在价格采集期内销售的该牌号、规格卷烟的数量、销售额进行加权平均计算。计算公式为:

$$批发环节销售价格 = \frac{\sum 该牌号、规格卷烟各采集点的销售额}{\sum 该牌号、规格卷烟各采集点的销售数量}$$

未经国家税务总局核定计税价格的新牌号、新规格卷烟,生产企业应按卷烟调拨价格申报纳税。已经国家税务总局核定计税价格的卷烟,生产企业实际销售价格高于计税价格的,按实际销售价格确定适用税率,计算应纳税款并申报纳税;实际销售价格低于计税价格的,按计税价格确定适用税率,计算应纳税款并申报纳税。

(四) 白酒最低计税价格的核定

1. 核定的范围

白酒生产企业销售给销售单位的白酒,生产企业消费税计税价格低于销售单位对外销售价格(不含增值税,下同)70%以下的,税务机关应核定消费税最低计税价格。自 2015 年 6 月 1 日起,纳税人将委托加工收回的白酒销售给销售单位,消费税计税价格低于销售单位对外销售价格(不含增值税)70%以下的,也应核定消费税最低计税价格。

疑点爆破道具——奇思妙响指 NICE 5-8：
白酒消费税最低计税价格的核定规定

除国家税务总局已核定消费税最低计税价格的白酒外,其他按规定需要核定消费税最低计税价格的白酒,消费税最低计税价格由各省、自治区、直辖市和计划单列市税务局核定。

2. 核定的标准

(1) 白酒生产企业销售给销售单位的白酒,生产企业消费税计税价格高于销售单位对外销售价格 70%(含 70%)以上的,税务机关暂不核定消费税最低计税价格。

(2) 白酒生产企业销售给销售单位的白酒,生产企业消费税计税价格低于销售单位对外销售价格 70%以下的,消费税最低计税价格由税务机关根据生产规模、白酒品牌、利润水平等情况在销售单位对外销售价格50%～70%范围内自行核定。其中生产规模较大、利润水平较高的企业生产的需要核定消费税最低计税价格的白酒,税务机关核价幅度原则上应选择在销售单位对外销售价格60%～70%范围内。

3. 重新核定

已核定最低计税价格的白酒,销售单位对外销售价格持续上涨或下降时间达到3个月以上、累计上涨或下降幅度在20%(含)以上的,税务机关重新核定最低计税价格。

4. 计税价格的适用

已核定最低计税价格的白酒,生产企业实际销售价格高于消费税最低计税价格的,按实际销售价格申报纳税;实际销售价格低于消费税最低计税价格的,按最低计税价格申报纳税。

(五) 金银首饰销售额的确定

对既销售金银首饰,又销售非金银首饰的生产、经营单位,应将两类商品划分清楚,分别核算销售额。凡划分不清楚或不能分别核算的,在生产环节销售的,一律从高适用税率征收消费税;在零售环节销售的,一律按金银首饰征收消费税。金银首饰与其他产品组成成套消费品销售的,应按销售额全额征收消费税。

金银首饰连同包装物销售的,无论包装物是否单独计价,也无论会计上如何核算,均应并入金银首饰的销售额,计征消费税。

带料加工的金银首饰,应按受托方销售同类金银首饰的销售价格确定计税依据征收消费税。没有同类金银首饰销售价格的,按照组成计税价格计算纳税。

纳税人采用以旧换新(含翻新改制)方式销售的金银首饰,应按实际收取的不含增值税的全部价款确定计税依据征收消费税。

第五节 应纳税额的计算

一、生产销售应税消费品应纳税额的计算

纳税人生产销售应税消费品,根据应税消费品适用的税率不同,应纳税额的计算方法也不同。纳税人销售的应税消费品,如因质量等原因由购买者退回时,经机构所在地或者居住地主管税务机关审核批准后,可退还已缴纳的消费税税款。

(一) 从价定率计算方法

实行比例税率的应税消费品,在从价定率计算方法下,应纳消费税额等于销售额乘以适用税率。基本计算公式为:

应纳税额=应税消费品的销售额×比例税率

其中,应税消费品的销售额为不含增值税的销售额。

【例5-1】 某日用化工厂为增值税一般纳税人,2月份生产、销售高档化妆品取得销售收入46 800元,销售工业用清洁剂160 000元,销售民用洗衣粉和洗涤灵120 000元(以上销售收

入均为含增值税的收入);1月份未抵扣完的进项税额8 000元,支付水电费用取得专用发票上注明的税金1 200元。根据以上资料计算该日化工厂2月份应缴纳的消费税额。

解 按现行消费税法规定,只有高档化妆品是应税消费品。

应纳消费税税额=46 800÷(1+13%)×15%=6 212.39(元)

(二) 从量定额计算方法

在从量定额计算方法下,应纳税额等于应税消费品的销售数量乘以单位税额。基本计算公式为:

应纳税额＝应税消费品的销售数量×定额税率

在采用从量定额方法计算应纳消费税税额时,要注意计量单位的换算。

【例5-2】 某啤酒厂4月份销售甲类啤酒800吨,每吨出厂价为3 200元;销售乙类啤酒400吨,每吨出厂价为2 800元。计算该厂4月份应纳消费税额。

解 甲类啤酒税率为250元/吨,乙类啤酒税率为220元/吨。

应纳税额=800×250+400×220=288 000(元)

【例5-3】 某炼油厂当月销售无铅汽油5 000吨,柴油3 000吨,提供本企业基建工程用车用无铅汽油2吨,基建设备用柴油3吨。试计算当月应纳消费税税额。

解 按照规定,汽油和柴油均是以升为单位的,其换算公式为:

汽油1吨=1 388升　柴油1吨=1 176升

汽油应纳消费税税额=(5 000+2)×1 388×1.52=10 553 019.52(元)

柴油应纳消费税税额=(3 000+3)×1 176×1.2=4 237 833.6(元)

合计应纳税额=10 553 019.52+4 237 833.6=14 790 853.12(元)

(三) 从价定率和从量定额复合计算方法

现行消费税的征税范围中,卷烟、白酒这两类消费品适用复合计算方法。基本计算公式为:

应纳税额＝应税消费品的销售数量×定额税率＋应税消费品的销售额×比例税率

【例5-4】 某酒厂5月份销售白酒一批,其中40吨开具专用发票,注明销售额为200 000元;14吨开具普通发票,销售额为81 900元,计算该厂5月应纳的消费税额。

解 白酒实行从量定额和从价定率相结合的方法计算消费税,比率税率为20%,定额税率为每500克0.5元。

应纳消费税税额=(40+14)×1 000×2×0.5+[200 000+81 900÷(1+13%)]×20%=54 000+54 495.58=108 495.58(元)

二、自产自用应税消费品应纳税额的计算

所谓自产自用,就是纳税人生产应税消费品后,不是用于直接对外销售,而是用于自己连续生产应税消费品或用于其他方面。

(一) 用于连续生产应税消费品

纳税人自产自用的应税消费品,用于连续生产应税消费品的,不纳税。所谓"纳税人自产

自用的应税消费品,用于连续生产应税消费品的",是指作为生产最终应税消费品的直接材料并构成最终产品实体的应税消费品。例如,卷烟厂生产出烟丝,再用生产出的烟丝连续生产卷烟,虽然烟丝是应税消费品,但用于连续生产卷烟的烟丝就不用缴纳消费税,只对生产销售的卷烟征收消费税。如果生产的烟丝直接用于销售,则烟丝需要缴纳消费税。税法规定对自产自用的应税消费品,用于连续生产应税消费品的不征税,体现了不重复课税的原则。

(二)用于其他方面的应税消费品

纳税人自产自用的应税消费品,除用于连续生产应税消费品外,凡用于其他方面的,于移送使用时纳税。用于其他方面是指纳税人用于生产非应税消费品、在建工程、管理部门、非生产机构、提供劳务,以及用于馈赠、赞助、集资、广告、样品、职工福利、奖励等方面。

疑点爆破道具——奇思妙响指 NICE 5-9:
用于其他方面的应税消费品的规定

1. 按照同类应税消费品销售价格计税

纳税人自产自用的应税消费品,凡用于其他方面,应当纳税的,按照纳税人生产的同类消费品的销售价格计算纳税。同类消费品的销售价格是指纳税人当月销售的同类消费品的销售价格,如果当月同类消费品各期销售价格高低不同,应按销售数量加权平均计算。但销售的应税消费品有下列情况之一的,不得列入加权平均计算:(1)销售价格明显偏低又无正当理由的;(2)无销售价格的。

如果当月无销售或者当月未完结,应按照同类消费品上月或者最近月份的销售价格计算纳税,计算公式为:

应纳税额=纳税人当月或最近月份生产的同类消费品的加权平均售价×消费税率

2. 按照组成计税价格计税

如果纳税人自产自用的应税消费品在计算征收消费税时,没有同类消费品销售价格,应按照组成计税价格计算纳税。

(1)从价定率计征方式应纳税额的计算

实行从价定率办法计算纳税的组成计税价格,其计算公式为:

$$组成计税价格 = 成本 + 利润 + 消费税$$
$$= (成本 + 利润) \div (1 - 消费税比例税率)$$
$$= \frac{成本 \times (1 + 成本利润率)}{1 - (消费税比例税率)}$$

应纳税额=组成计税价格×消费税比例税率

(2)从量定额计征方式应纳税额的计算

纳税人自产自用的应税消费品实行从量定额计算纳税的,其计税依据为自产自用数量,应纳税额计算公式为:

应纳税额＝自产自用数量×定额税率

（3）复合计征方式应纳税额的计算

实行复合计税办法计算纳税的组成计税价格，其计算公式为：

组成计税价格＝成本＋利润＋消费税

$$=\frac{成本\times(1+成本利润率)+自产自用数量\times定额税率}{1-消费税比例税率}$$

应纳税额＝组成计税价格×消费税比例税率＋自产自用数量×定额税率

上述公式中所说的"成本"，是指应税消费品的产品生产成本。

上述公式中所说的"利润"，是指根据应税消费品的全国平均成本利润率计算的利润。应税消费品全国平均成本利润率由国家税务总局确定（见表5-2）。

表5-2 平均成本利润率表　　　　　　　单位：％

消费品名称	利润率	消费品名称	利润率
1. 甲类卷烟	10	10. 贵重首饰及珠宝玉石	6
2. 乙类卷烟	5	11. 摩托车	6
3. 雪茄烟	5	12. 高尔夫球及球具	10
4. 烟丝	5	13. 高档手表	20
5. 粮食白酒	10	14. 游艇	10
6. 薯类白酒	5	15. 木制一次性筷子	5
7. 其他酒	5	16. 实木地板	5
8. 高档化妆品	5	17. 乘用车	8
9. 鞭炮、焰火	5	18. 中轻型商用客车	5

【例5-5】 某卷烟厂新研制出一种低焦油卷烟，提供10标准箱用于某博览会样品并分送参会者。由于其销售价格尚未确定，因此，按实际生产成本每标准箱（50 000支）1 000元的价格计算，已知其成本利润率为10％。计算10箱卷烟应纳消费税税额。

解 卷烟实行从量定额和从价定率相结合的方法计算消费税。定额税率为每支0.003元，比例税率为56％或36％。自产自用没有同牌号规格调拨价格的卷烟，按组成计税价格计税，适用税率为56％。

组成计税价格＝$\frac{1\,000\times10\times(1+10\%)+10\times50\,000\times0.003}{1-56\%}$＝28 409.09（元）

应纳消费税税额＝10×50 000×0.003＋28 409.09×56％＝17 409.09（元）

三、委托加工应税消费品应纳税额的计算

（一）委托加工应税消费品的确定

委托加工的应税消费品是指由委托方提供原料和主要材料，受托方只收取加工费和代垫

部分辅助材料加工的应税消费品。对于由受托方提供原材料生产的应税消费品,或者受托方先将原材料卖给委托方,然后再接受加工的应税消费品,以及由受托方以委托方名义购进原材料生产的应税消费品,不论纳税人在财务上是否作销售处理,都不得作为委托加工应税消费品,而应当按照销售自制应税消费品缴纳消费税。

(二) 代收代缴税款的规定

现行消费税法规定,对于确实属于委托方提供原料和主要材料,受托方只收取加工费和代垫部分辅助材料加工的应税消费品,由受托方在向委托方交货时代收代缴消费税。为了加强对受托方代收代缴税款的管理,委托个人(含个体工商户)加工的应税消费品,由委托方收回后缴纳消费税。

委托加工的应税消费品,受托方在交货时已代收代缴消费税,委托方将收回的应税消费品,以不高于受托方的计税价格出售的,为直接出售,不再缴纳消费税;委托方以高于受托方的计税价格出售的,不属于直接出售,需按照规定申报缴纳消费税,在计税时准予扣除受托方已代收代缴的消费税。

对于受托方没有按规定代收代缴税款的,委托方要补缴税款,其补缴税款的依据是:收回的应税消费品已经直接销售的,按销售额计税;收回的应税消费品尚未销售或不能直接销售的(如收回后用于连续生产等),按组成计税价格计税。

(三) 应纳税额的计算

1. 受托方有同类消费品销售价格的

委托加工的应税消费品,按照受托方的同类消费品的销售价格计算纳税,同类消费品的销售价格是指受托方(代收代缴义务人)当月销售的同类消费品的销售价格,如果当月同类消费品各期销售价格高低不同,应按销售数量加权平均计算。但销售的应税消费品有下列情况之一的,不得列入加权平均计算:(1) 销售价格明显偏低又无正当理由的;(2) 无销售价格的。

如果当月无销售或者当月未完结,应按照同类消费品上月或最近月份的销售价格计算纳税。

从价定率应纳税额的计算公式为:

应纳税额＝受托方同类商品的售价×消费税比例税率

复合计征应纳税额的计算公式为:

应纳税额＝受托方同类商品的售价×消费税比例税率＋委托加工的消费品数量×定额税率

2. 受托方没有同类消费品销售价格的

没有同类消费品销售价格的,按照组成计税价格计算纳税。

(1) 从价定率应纳税额的计算

实行从价定率办法计算纳税的组成计税价格,其计算公式为:

组成计税价格＝(材料成本＋加工费)÷(1－消费税比例税率)

应纳税额＝组成计税价格×消费税比例税率

(2) 复合计征应纳税额的计算

实行复合计税办法计算纳税的组成计税价格,其计算公式为:

$$组成计税价格=(材料成本+加工费+委托加工数量×定额税率)÷\left(1-\frac{消费税}{比例税率}\right)$$

应纳税额＝组成计税价格×消费税比例税率＋委托加工的消费品数量×定额税率

其中,所谓"材料成本",是指委托方所提供加工材料的实际成本。委托加工应税消费品的纳税人,必须在委托加工合同上如实注明(或以其他方式提供)材料成本,凡未提供材料成本的,受托方所在地主管税务机关有权核定其材料成本。所谓"加工费",是指受托方加工应税消费品向委托方所收取的全部费用(包括代垫辅助材料的实际成本,不包括增值税税金)。

【例 5-6】 甲公司(一般纳税人)委托乙公司(小规模纳税人)加工涂料,甲公司提供材料成本 50 000 元。乙公司收取加工费 22 500 元,代垫辅助材料实际成本 3 000 元(开具普通发票)。已知涂料消费税率 4%,增值税率 13%;乙公司增值税征收率 3%;甲公司收回货物后直接出口,其作价 110 000 元。计算乙公司代收代缴的消费税额。

解 组成计税价格＝[50 000＋(22 500＋3 000)÷(1＋3%)]÷(1－4%)＝77 872.16(元)
乙代收代缴消费税税额＝77 872.16×4%＝3 114.89(元)

四、进口应税消费品应纳消费税的计算

进口的应税消费品,于报关进口时缴纳消费税,由进口人或者其代理人向报关地海关申报纳税;纳税人进口应税消费品,应当自海关填发海关进口消费税专用缴款书之日起 15 日内缴纳税款。

纳税人进口应税消费品,按照组成计税价格和规定的税率计算应纳税额。计算方法如下。

(一) 从价定率计算

实行从价定率办法计算纳税的组成计税价格,其计算公式为:

组成计税价格＝关税完税价格＋关税＋消费税
＝(关税完税价格＋关税)÷(1－消费税比例税率)

应纳税额＝组成计税价格×消费税比例税率

公式中所称"关税完税价格",是指海关核定的关税计税价格。

(二) 从量定额计算

实行从量定额征税的进口应税消费品,按进口数量乘以消费税单位税额计算纳税,即:

应纳税额＝进口的应税消费品数量×消费税定额税率

(三) 从价定率和从量定额的复合计算

实行复合计税办法计算纳税的计算公式为:

$$组成计税价格=(关税完税价格+关税+进口数量×消费税定额税率)÷\left(1-\frac{消费税}{比例税率}\right)$$

应纳税额＝组成计税价格×消费税比例税率＋消费品的进口数量×定额税率

进口环节消费税除国务院另有规定的,一律不得给予减税、免税。

【例5-7】 某外贸进出口公司6月份从日本进口150辆小轿车,每辆车海关核定的关税完税价格为180 000元,已知小轿车关税税率为15%,消费税率为25%。请计算进口这批轿车应缴纳的消费税额。

解 应纳消费税税额=180 000×(1+15%)÷(1-25%)×150×25%=10 350 000(元)

五、已纳消费税扣除的计算

为了避免重复征税,现行消费税法规定,将外购应税消费品和委托加工收回的应税消费品继续生产应税消费品销售的,可以将外购应税消费品和委托加工收回应税消费品已缴纳的消费税给予扣除。

(一) 外购应税消费品已纳税额的扣除

1. 外购应税消费品连续生产应税消费品

(1) 允许扣除的范围

① 外购已税烟丝生产的卷烟;

② 外购已税高档化妆品为原料生产的高档化妆品;

③ 外购已税珠宝、玉石为原料生产的贵重首饰及珠宝、玉石;

④ 外购已税鞭炮、焰火为原料生产的鞭炮、焰火;

⑤ 外购已税杆头、杆身和握把为原料生产的高尔夫球杆;

⑥ 外购已税木制一次性筷子为原料生产的木制一次性筷子;

⑦ 外购已税实木地板为原料生产的实木地板;

⑧ 外购已税汽油、柴油、石脑油、燃料油、润滑油为原料连续生产的应税成品油。

(2) 准予扣除外购应税消费品已纳消费税款的计算

上述当期准予扣除外购应税消费品已纳消费税税款的计算公式为:

$$\text{当期准予扣除的外购应税消费品已纳税额} = \text{当期准予扣除的外购应税消费品(当期生产领用数量)买价} \times \text{外购应税消费品适用税率}$$

$$\text{当期准予扣除的外购应税消费品买价} = \text{期初库存的外购应税消费品买价} + \text{当期购进的应税消费品买价} - \text{期末库存的外购应税消费品买价}$$

外购已税消费品的买价是指购货发票上注明的销售额(不包括增值税税款)。

另外,根据《葡萄酒消费税管理办法(试行)》的规定,自2015年5月1日起,从葡萄酒生产企业购进、进口葡萄酒连续生产应税葡萄酒的,准予从葡萄酒消费税应纳税额中扣除所耗用应税葡萄酒已纳消费税税款。如本期消费税应纳税额不足抵扣的,余额留待下期抵扣。

需要说明的是,纳税人用外购的已税珠宝、玉石生产的改在零售环节征收消费税的金银首饰(镶嵌首饰),在计税时一律不得扣除外购珠宝、玉石的已纳税款。

2. 外购应税消费品后销售

对自己不生产应税消费品,而只是购进后再销售应税消费品的工业企业,其销售的高档化妆品,鞭炮、焰火和珠宝玉石,凡不能构成最终消费品直接进入消费品市场,而需进一步生产加工、包装、贴标的或者组合的珠宝玉石,化妆品,酒,鞭炮、焰火等,应当征收消费税,同时允许扣除上述外购应税消费品的已纳税款。

(二) 委托加工收回的应税消费品已纳税款的扣除

委托加工的应税消费品因为已由受托方代收代缴消费税,因此,委托方收回后用于连续生产应税消费品的,其已纳税款准予按照规定从连续生产的应税消费品应纳消费税税额中抵扣。

1. 允许扣除的范围

按照国家税务总局的规定,下列连续生产的应税消费品准予从应纳消费税税额中按当期生产领用数量计算扣除委托加工收回的应税消费品已纳消费税税款:

(1) 以委托加工收回的已税烟丝为原料生产的卷烟;
(2) 以委托加工收回的已税高档化妆品为原料生产的高档化妆品;
(3) 以委托加工收回的已税珠宝、玉石为原料生产的贵重首饰及珠宝玉石;
(4) 以委托加工收回的已税鞭炮、焰火为原料生产的鞭炮、焰火;
(5) 以委托加工收回的已税杆头、杆身和握把为原料生产的高尔夫球杆;
(6) 以委托加工收回的已税木制一次性筷子为原料生产的木制一次性筷子;
(7) 以委托加工收回的已税实木地板为原料生产的实木地板;
(8) 以委托加工收回的已税汽油、柴油、石脑油、燃料油、润滑油为原料用于连续生产的应税成品油。

2. 准予扣除委托加工收回的应税消费品已纳消费税税款的计算

$$\begin{matrix}\text{当期准予扣除的}\\ \text{委托加工应税消费品}\\ \text{已纳税额}\end{matrix} = \begin{matrix}\text{期初库存的}\\ \text{委托加工应税消费品}\\ \text{已纳税额}\end{matrix} + \begin{matrix}\text{当期收回的}\\ \text{委托加工应税消费品}\\ \text{已纳税额}\end{matrix} - \begin{matrix}\text{期末库存的}\\ \text{委托加工应税消费品已纳税额}\end{matrix}$$

纳税人以进口、委托加工收回应税油品连续生产应税成品油,分别依据《海关进口消费税专用缴款书》《税收缴款书(代扣代收专用)》,按照现行政策规定计算扣除应税油品已纳消费税税款。纳税人以外购、进口、委托加工收回的应税消费品(以下简称外购应税消费品)为原料连续生产应税消费品,准予按现行政策规定抵扣外购应税消费品已纳消费税税款。

经主管税务机关核实上述外购应税消费品未缴纳消费税的,纳税人应将已抵扣的消费税税款,从核实当月允许抵扣的消费税中冲减。

需要说明的是,纳税人用委托加工收回的已税珠宝、玉石生产的改在零售环节征收消费税的金银首饰,在计税时一律不得扣除委托加工收回的珠宝、玉石的已纳消费税税款。

六、特殊环节应纳消费税的计算

(一) 卷烟批发环节应纳消费税的计算

为了适当增加财政收入,完善烟产品消费税制度,自 2009 年 5 月 1 日起,在卷烟批发环节加征一道从价税。自 2015 年 5 月 10 日起,卷烟批发环节税率又有调整。

卷烟批发环节的纳税义务人为在中华人民共和国境内从事卷烟批发业务的单位和个人。纳税人销售给纳税人以外的单位和个人的卷烟于销售时纳税。纳税人之间销售的卷烟不缴纳消费税。

卷烟批发环节的征税范围是纳税人批发销售的所有牌号、规格的卷烟,所适用的消费税税率为从价税税率11％,从量税税率0.005元/支。计税依据为纳税人批发卷烟的销售额(不含增值税)、销售数量。纳税人应将卷烟销售额与其他商品销售额分开核算,未分开核算的,一并征收消费税。纳税人兼营卷烟批发和零售业务的,应当分别核算批发和零售环节的销售额、销售数量;未分别核算批发和零售环节销售额、销售数量的,按照全部销售额、销售数量计征批发环节消费税。

卷烟消费税在生产和批发两个环节征收后,批发企业在计算纳税时不得扣除已含的生产环节的消费税税款。

(二) 超豪华小汽车零售环节应纳消费税的计算

为了引导合理消费,促进节能减排,自2016年12月1日起,在生产(进口)环节按现行税率征收消费税的基础上,超豪华小汽车在零售环节加征一道消费税。将超豪华小汽车销售给消费者的单位和个人为超豪华小汽车零售环节纳税人。

超豪华小汽车零售环节应纳税额的计算公式为:

应纳税额＝零售环节销售额(不含增值税)×零售环节税率

国内汽车生产企业直接销售给消费者的超豪华小汽车,消费税税率按照生产环节税率和零售环节税率加总计算。其消费税应纳税额计算公式为:

应纳税额＝销售额(不含增值税)×(生产环节税率＋零售环节税率)

第六节　出口业务退(免)税的计算

纳税人出口应税消费品给予出口退(免)税优惠。

一、出口退税税率(税额)的确定

出口应税消费品应退消费税的税率或单位税额,依据《中华人民共和国消费税暂行条例》规定的税率或税额执行。这是退(免)消费税与退(免)增值税的一个重要区别。出口的货物是应税消费品时,其退还增值税要按规定的退税率来计算;退还的消费税则按应税消费品所适用税率计算。

企业应将不同消费税税率的出口应税消费品分开核算和申报,划分不清适用税率的,一律从低适用税率计算应退消费税税额。

二、出口应税消费品退(免)税的政策

(一) 出口免税并退税

有出口经营权的外贸企业购进应税消费品直接出口,以及外贸企业受其他外贸企业委托代理出口应税消费品,在出口环节免征消费税,并可退还生产环节的消费税。外贸企业只有受

其他外贸企业委托代理出口应税消费品才可办理退税,外贸企业受其他企业(主要是非生产性的商贸企业)委托代理出口应税消费品是不予退(免)税的。

出口货物的消费税应退税额的计税依据,按购进出口货物的消费税专用缴款书和海关进口消费税专用缴款书确定。属于从价定率计征消费税的,为已征且未在内销应税消费品应纳税额中抵扣的购进出口货物金额;属于从量定额计征消费税的,为已征且未在内销应税消费品应纳税额中抵扣的购进出口货物数量;属于复合计征消费税的,按从价定率和从量定额的计税依据分别确定。

(二) 出口免税但不退税

有出口经营权的生产性企业自营出口或生产企业委托外贸企业代理出口自产的应税消费品,依据其实际出口数量免征消费税,不予办理退还消费税。免征消费税是指对生产性企业按其实际出口数量免征生产环节的消费税。不予办理退还消费税,因已免征生产环节的消费税,该应税消费品出口时,已不含有消费税,所以无须再办理退还消费税。

(三) 出口不免税也不退税

除生产企业、外贸企业外的其他企业,具体是指一般商贸企业,这类企业委托外贸企业代理出口应税消费品一律不予退(免)税。

三、出口应税消费品退税额的计算

外贸企业从生产企业购进货物直接出口或受其他外贸企业委托代理出口应税消费品的应退消费税税额,分以下三种情况处理。

(一) 适用从价定率计征

属于从价定率计征消费税的应税消费品,应按照外贸企业从工厂购进货物时,征收消费税的价格计算,其公式为:

应退消费税款＝出口货物的工厂销售额×消费税税率

这里的"销售额"为不含增值税的销售额,若是含增值税的销售额要换算成不含增值税的销售额。

(二) 适用从量定额计征

属于从量定额计征消费税的应税消费品,应按货物购进和报送出口的数量计算,其公式为:

应退消费税款＝出口数量×单位税额

(三) 适用复合计征

属于复合计征消费税的,按从价定率和从量定额的依据分别确定。

四、出口应税消费品办理退(免)税后的管理

纳税人出口应税消费品办理退税后,发生退关或国外退货,复进口时予以免税的,报关出口者必须及时向其机构所在地或者居住地主管税务机关申报补缴已退的消费税税款。

纳税人直接出口的应税消费品办理免税后,发生退关或者国外退货,复进口时已予以免税的,经机构所在地或者居住地主管税务机关批准,可暂不办理补税,待其转为国内销售时,再申报补缴消费税。

第七节 税收优惠

征收消费税是以调节不合理消费、保证国家财政收入为主要目的,其征税对象一般为非生活必需品,根据消费者的负担能力确定税负,征税后一般不会影响人民的生活水平。因此,对消费税也就没有必要设置过多的减免优惠,消费税的法定减免的规定内容相对较少,现行优惠内容主要是基于一些特定的政策目标而设置。

1. 支持疫情防控有关的捐赠免征消费税。

为减小新冠疫情带来的影响,减轻纳税人的税负,财政部、国家税务总局从2020年起相继作出了一系列有关税收减免的规定。

2. 节能环保电池免税。

对无汞原电池、金属氢化物镍蓄电池(又称氢镍蓄电池或镍氢蓄电池)、锂原电池、锂离子蓄电池、太阳能电池、燃料电池、全钒液流电池免征消费税。

3. 节能环保涂料免税。

自2015年2月1日起对涂料征收消费税,施工状态下挥发性有机物(volatile organic compounds,VOC)含量低于420克/升(含)的涂料免征消费税。

4. 废动植物油生产纯生物柴油免税。

经国务院批准,从2009年1月1日起,对同时符合规定条件的纯生物柴油免征消费税。

5. 用废矿物油生产的工业油料免税。

为促进资源综合利用和环境保护,根据财税[2013]105号文的规定,纳税人利用废矿物油为原料生产的润滑油基础油、汽油、柴油等工业油料免征消费税。

6. 成品油生产企业生产自用油免征消费税。

经国务院批准,对成品油生产企业生产自用油免征消费税。

从2009年1月1日起,对成品油生产企业在生产成品油过程中,作为燃料、动力及原料消耗掉的自产成品油,免征消费税。对用于其他用途或直接对外销售的成品油照章征收消费税。

7. 油(气)田企业生产自用成品油先征后返消费税。

自2009年1月1日起,对油(气)田企业在开采原油过程中耗用的内购成品油,暂按实际缴纳成品油消费税的税额,全额返还所含消费税。

8. 横琴、平潭区内企业销售货物免征消费税。

横琴、平潭各自的区内企业之间销售其在本区内的货物,免征增值税和消费税。但上述企业之间销售的用于其本区内商业性房地产开发项目的货物,以及按规定被取消退税或免税资格的企业销售的货物,应按规定征收增值税和消费税。

9. 用已税汽油生产的乙醇汽油免税。

对用外购或委托加工收回的已税汽油生产的乙醇汽油免税。用自产汽油生产的乙醇汽油,按照生产乙醇汽油所耗用的汽油数量申报纳税。

10. 航空煤油暂缓征收消费税。

从 2006 年 4 月 1 日起,航空煤油暂缓征收消费税。

11. 自产石脑油、燃料油生产乙烯、芳烃产品免税。

为促进我国烯烃类化工行业的发展,对用于生产乙烯、芳烃类化工产品的石脑油、燃料油实行消费税退(免)税政策。

案情追踪道具——追案魔法帽 5-10:
消费税税收优惠规定

第八节 征收管理

一、纳税环节

消费税的纳税环节主要有生产环节、委托加工环节、进口环节、批发环节(仅适用于卷烟)、零售环节(仅适用于超豪华小汽车、金银首饰等)。

(一)消费税的基本纳税环节

1. 纳税人生产的应税消费品,于纳税人销售时纳税。

生产应税消费品销售是消费税征收的主要环节,消费税具有单一环节征税的特点,对于大多数消费税应税商品而言,在生产销售环节征税以后,流通环节不再缴纳消费税。

2. 纳税人自产自用的应税消费品,用于连续生产应税消费品的,不纳税;用于其他方面的,于移送使用时纳税。

3. 委托加工的应税消费品,除受托方为个人外,由受托方在向委托方交货时代收代缴税款。

4. 进口的应税消费品,于报关进口时纳税。

单位和个人进口属于消费税征税范围的货物,在进口环节要缴纳消费税。为了减少征税成本,进口环节缴纳的消费税由海关代征。

(二)金银首饰的纳税环节

自 1995 年 1 月 1 日起,金银首饰消费税由生产销售环节征收改为零售环节征收。改在零售环节征收消费税的金银首饰仅限于金基、银基合金首饰以及金、银和金基、银基合金的镶嵌首饰。自 2002 年 1 月 1 日起,钻石及钻石饰品消费税改为零售环节征收。自 2003 年 5 月 1 日起,铂金首饰消费税改为零售环节征收。

在零售环节征收消费税的金银首饰不包括镀金首饰和包金首饰。

对出国人员免税商店销售的金银首饰也征收消费税。

(三) 卷烟的纳税环节

卷烟消费税在生产和批发两个环节征收。自 2009 年 5 月 1 日起,在卷烟批发环节加征一道从价税,即在中华人民共和国境内从事卷烟批发业务的单位和个人,批发销售的所有牌号规格的卷烟,按其销售额(不含增值税)征收消费税。纳税人销售给纳税人以外的单位和个人的卷烟于销售时纳税。纳税人之间销售的卷烟不缴纳消费税。自 2015 年 5 月 10 日起,将卷烟批发环节从价税率提高至 11%,并按 0.005 元/支加征从量税。

(四) "小汽车"税目下"超豪华小汽车"子税目的纳税环节

自 2016 年 12 月 1 日起,"小汽车"税目下增设"超豪华小汽车"子税目。征收范围为每辆零售价格 130 万元(不含增值税)及以上的乘用车和中轻型商用客车。超豪华小汽车在生产(进口)环节按现行税率征收消费税的基础上,在零售环节加征消费税,税率为 10%。将超豪华小汽车销售给消费者的单位和个人为超豪华小汽车零售环节消费税纳税人。

对我国驻外使领馆工作人员、外国驻华机构及人员、非居民常住人员、政府间协议规定等应税(消费税)进口自用,且完税价格 130 万元及以上的超豪华小汽车消费税,按照生产(进口)环节税率和零售环节税率(10%)加总计算,由海关代征。

二、纳税义务发生时间

消费税纳税义务发生的时间,以货款结算方式或行为发生时间予以确定。

1. 纳税人销售的应税消费品,其纳税义务的发生时间为:

(1) 纳税人采取赊销和分期收款结算方式的,为书面合同约定的收款日期的当天,书面合同没有约定收款日期或者无书面合同的,为发出应税消费品的当天。

(2) 纳税人采取预收货款结算方式的,为发出应税消费品的当天。

(3) 纳税人采取托收承付和委托银行收款方式销售的应税消费品,为发出应税消费品并办妥托收手续的当天。

(4) 纳税人采取其他结算方式的,为收讫销售款或者取得索取销售款凭据的当天。

2. 纳税人自产自用的应税消费品,其纳税义务的发生时间,为移送使用的当天。

3. 纳税人委托加工的应税消费品,其纳税义务的发生时间,为纳税人提货的当天。

4. 纳税人进口的应税消费品,其纳税义务的发生时间,为报关进口的当天。

三、纳税期限

按照《消费税暂行条例》的规定,消费税的纳税期限分别为 1 日、3 日、5 日、10 日、15 日、1 个月或者 1 个季度。纳税人的具体纳税期限,由主管税务机关根据纳税人应纳税额的大小分别核定。不能按照固定期限纳税的,可以按次纳税。

纳税人以 1 个月或以 1 个季度为 1 个纳税期的,自期满之日起 15 日内申报纳税;以 1 日、3 日、5 日、10 日或者 15 日为 1 个纳税期的,自期满之日起 5 日内预缴税款,于次月 1 日起至 15 日内申报纳税并结清上月应纳税款。

纳税人进口应税消费品,应当自海关填发海关进口消费税专用缴款书之日起15日内缴纳税款。

四、纳税地点

(一) 销售或者自产自用应税消费品

纳税人销售的应税消费品,以及自产自用的应税消费品,除国务院财政、税务主管部门另有规定外,应当向纳税人机构所在地或者居住地的主管税务机关申报纳税。

纳税人到外县(市)销售或者委托外县(市)代销自产应税消费品的,于应税消费品销售后,向机构所在地或者居住地主管税务机关申报纳税。

纳税人的总机构与分支机构不在同一县(市),但在同一省(自治区、直辖市)范围内,经省(自治区、直辖市)财政厅(局)、税务局审批同意,可以由总机构汇总向总机构所在地的主管税务机关申报缴纳消费税。省(自治区、直辖市)财政厅(局)、税务局应将审批同意的结果,上报财政部、国家税务总局备案。

(二) 委托加工应税消费品

委托加工的应税消费品,除受托方为个人外,由受托方向机构所在地或者居住地的主管税务机关解缴消费税税款。

(三) 进口应税消费品

进口的应税消费品,由进口人或者其代理人向报关地海关申报纳税。

个人携带或邮寄进境的应税消费品,连同关税由海关一并计征。

谜案 5　消费税

填空题

1. 存在双环节课征消费税的消费品有_____和_____。
2. 从与价格的关系看,消费税属于_____税。
3. 从税收收入的归属上看,消费税属于_____税。
4. "在中华人民共和国境内"是指生产、委托加工和进口应税消费品的_____在境内。
5. 卷烟批发商之间销售的卷烟_____消费税。

单选题

1. 纳税人生产销售下列产品,应缴纳消费税的是(　　)。
   A. 船用重油　　B. 燃料电池　　C. 航空煤油　　D. 导热类油
2. 下列产品中,属于消费税征税范围的是(　　)。
   A. 卡丁车　　B. 电动汽车　　C. 医用酒精　　D. 铅蓄电池
3. 企业发生的下列经营行为中,应同时缴纳增值税和消费税的是(　　)。
   A. 食品加工厂将自产啤酒用于生产熟食制品
   B. 百货公司零售金基首饰
   C. 连锁超市零售卷烟
   D. 4S店销售大型商用客车
4. 某高尔夫球具生产企业发生的下列业务中,应缴纳消费税的是(　　)。
   A. 将自产高尔夫球杆赠送给客户用于市场推广
   B. 将外购高尔夫球包用于少年高尔夫球比赛奖励
   C. 将自产高尔夫球用于产品质量检测
   D. 将外购的高尔夫球杆握把用于生产高尔夫球杆
5. 下列产品中,在计算缴纳消费税时准予扣除外购应税消费品已纳消费税的是(　　)。
   A. 外购已税烟丝连续生产的卷烟
   B. 外购已税摩托车生产的应税摩托车
   C. 外购已税溶剂油生产的应税涂料
   D. 外购已税游艇生产的应税游艇

多选题

1. 消费税应税消费品生产企业收取的下列款项,应计入消费税计税依据的有( )。
   A. 白酒品牌使用费
   B. 购买方延期付款支付的利息
   C. 葡萄酒包装物押金
   D. 随同高档手表销售收取的包装盒费用

2. 消费税纳税人销售货物一并收取的下列款项中,应计入消费税计税依据的有( )。
   A. 增值税税款
   B. 运输发票开给购货方收回的代垫运费
   C. 销售白酒收取的包装物押金
   D. 价外收取的返还利润

3. 下列各项中关于从量计征消费税计税依据确定方法的表述,正确的有( )。
   A. 销售应税消费品的,为应税消费品的销售数量
   B. 进口应税消费品的,为海关核定的应税消费品进口征税数量
   C. 以应税消费品投资入股的,为应税消费品移送使用数量
   D. 委托加工应税消费品的,为加工完成的应税消费品数量

4. 下列关于卷烟批发环节消费税征收管理的表述中,正确的有( )。
   A. 适用从价计征和从量计征的复合计征方法
   B. 纳税人批发业务和零售义务未分开核算的,全部视同批发征收消费税
   C. 总分支机构不在同一地区的批发企业,由总分支机构分别申报消费税
   D. 批发企业在计算纳税时可扣除已纳的生产环节消费税税款

5. 某商场2022年5月零售的下列首饰中,应缴纳消费税的有( )。
   A. 钻石戒指   B. 金银镶嵌首饰   C. 金银首饰   D. 翡翠项链

判断题

1. 在实际业务中,有消费税一定有增值税。   ( )
2. 受托加工的应税消费品,总是由受托方在向委托方交货时代收代缴消费税。   ( )
3. 消费税的征税环节具有单一性的特征。   ( )
4. 酒精与果啤都不属于消费税的征税范围。   ( )
5. "不含税价格"是指既不含增值税的价格,也不含消费税的价格。   ( )

名词解释题

消费税   代收代缴义务人   自产自用   委托加工   销售额

简答题

1. 简述消费税的特点。
2. 简述开征消费税的意义。

论述题

我国是如何确定消费税的征税范围的？其征收目的是什么？

计算题

小汽车生产企业甲为增值税一般纳税人，2022年4月相关业务如下：

（1）销售100辆电动小汽车，不含税销售价格18万元/辆，款项已收讫。

（2）将80辆A型燃油小汽车以"以物易物"方式与物资公司乙换取生产资料，A型车曾以不含税销售价格25万元/辆、28万元/辆进行销售。

（3）上月以托收承付方式销售100辆B型燃油小汽车给贸易公司丙，不含税销售价格11万元/辆，本月发出100辆并办妥托收手续。

当月丙贸易公司将上述100辆小汽车全部出口，海关审定的离岸价格为14万元/辆。

（其他相关资料：A型燃油小汽车消费税税率5%，B型燃油小汽车消费税税率3%）

要求：根据上述资料，按照序号回答问题，如有计算需计算出合计数。

（1）说明业务（1）甲企业是否需要缴纳消费税及体现的税收政策导向。

（2）计算业务（2）甲企业应缴纳的消费税。

（3）说明业务（3）甲企业消费税的纳税义务发生时间所属月份，并计算应缴纳的消费税。

（4）判断丙贸易公司能否享受出口免税并退还消费税政策，如能享受该政策，请计算应退税额。

谜底（请找彩蛋）

第 6 章 关 税

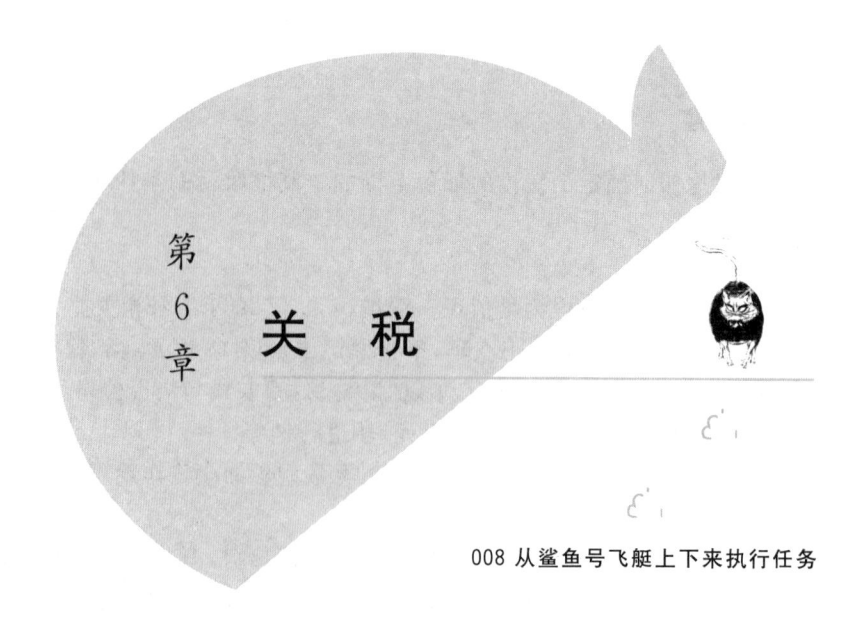

008 从鲨鱼号飞艇上下来执行任务

任务分解

- 通晓我国现行关税制度
- 融会贯通关税课征制度、关税税额计算和税款申报的税务实操
- 了解关税的意义,熟悉关税的概念、分类及征收管理

疑难重点

- 重点:关税的概念、特点及分类,关税的税收要素,完税价格的确定,应纳税额的计算,以及关税的征管
- 难点:关税完税价格的确定,关税应纳税额的计算

探案道具箱

密码

大力箱,
萌探008探案助手,兼案卷记录员,
AI族,全知全能……

第 6 章 关 税

❤ **谜案线索**

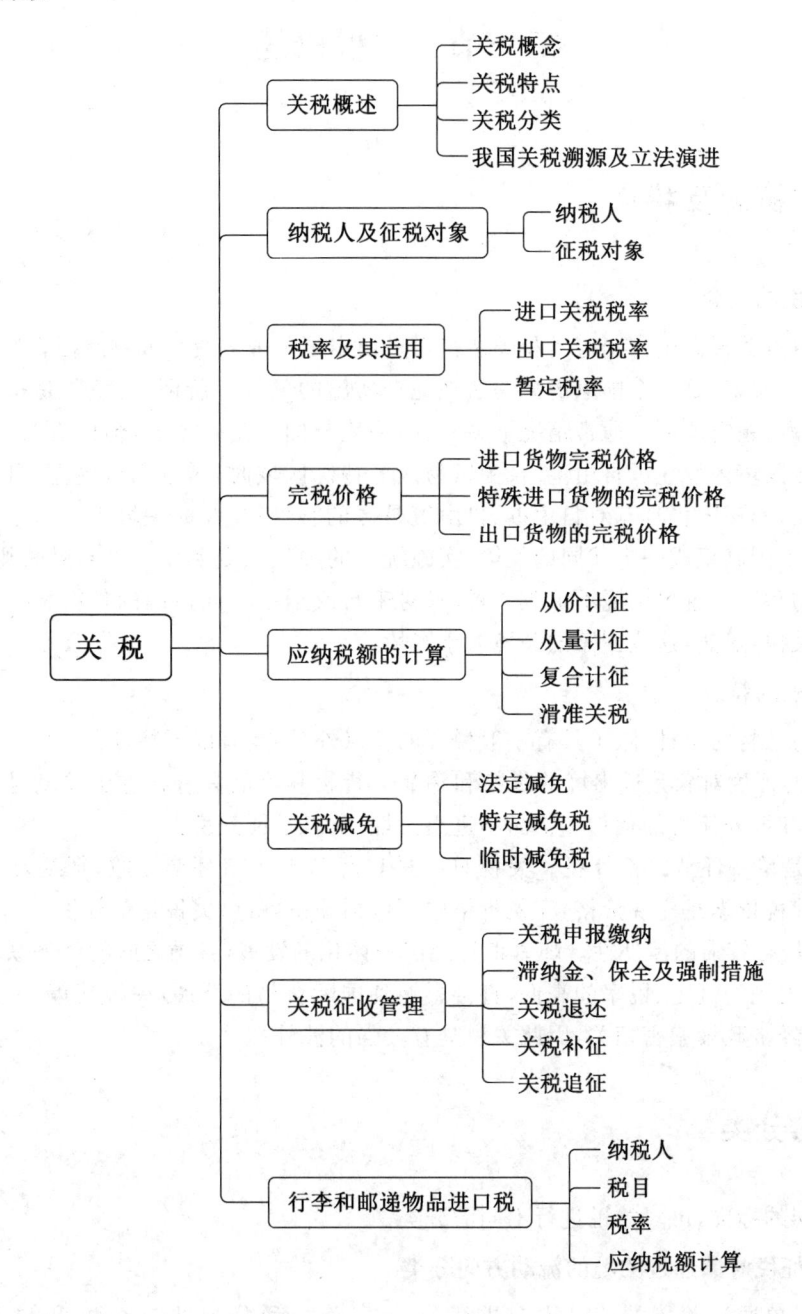

```
                    ┌── 关税概念
          ┌─ 关税概述 ─┼── 关税特点
          │          ├── 关税分类
          │          └── 我国关税溯源及立法演进
          │
          ├─ 纳税人及征税对象 ─┬── 纳税人
          │                  └── 征税对象
          │
          │          ┌── 进口关税税率
          ├─ 税率及其适用 ─┼── 出口关税税率
          │          └── 暂定税率
          │
          │          ┌── 进口货物完税价格
          ├─ 完税价格 ─┼── 特殊进口货物的完税价格
          │          └── 出口货物的完税价格
          │
          │              ┌── 从价计征
   关 税 ─┤              ├── 从量计征
          ├─ 应纳税额的计算 ─┼── 复合计征
          │              └── 滑准关税
          │
          │          ┌── 法定减免
          ├─ 关税减免 ─┼── 特定减免税
          │          └── 临时减免税
          │
          │              ┌── 关税申报缴纳
          │              ├── 滞纳金、保全及强制措施
          ├─ 关税征收管理 ─┼── 关税退还
          │              ├── 关税补征
          │              └── 关税追征
          │
          │                  ┌── 纳税人
          │                  ├── 税目
          └─ 行李和邮递物品进口税 ─┼── 税率
                              └── 应纳税额计算
```

135

第一节 关税概述

一、关税的概念及特点

(一) 关税的概念

关税是由海关根据国家制定的相关法律对进出本国关境的货物或物品征收的一种税。所谓"关境",又称税境,是一个国家的海关法规完全实施的领域。所谓"国境",是指一个主权国家的领土、领海、领空范围。通常情况下,一国的关境与国境是一致的,但两者又不完全相同。当某一国家在国境内设立了自由港、自由贸易区等特殊区域时,对进入自由港、自由贸易区的货物免征关税,但该国仍具有对自由港、自由贸易区的管理权,此时关境小于国境。当存在关税同盟时,几个国家组成一个共同的关境,实施统一的关税法令和统一的对外税则,关税同盟国之间的货物和物品进出国境不征收关税,只对来自或运往非同盟国的货物和物品进出共同关境时征收关税,显然,这些国家的关境大于国境。

(二) 关税的特点

关税作为独特的税种,除了具有一般税种的特点外,还具有以下特点:

1. 关税的征税对象是进出境的货物和物品。货物和物品只有在进出关境时才能被征收关税,在境内和境外流通的货物和物品不进出关境,所以不征关税。

2. 关税是单一环节的价外税。关税只在进口环节或出口环节征收,征税环节具有单一性。关税的计税依据是完税价格,完税价格中不包括关税,所以关税是价外税。

3. 关税具有较强的涉外性。随着世界经济一体化的发展,各国之间的经济联系越来越密切,一国关税税则的制定、税率的高低,直接影响到国际贸易的开展,关税政策、关税措施往往与外交政策、经济政策紧密相关,因此关税具有较强的涉外性。

二、关税的分类

按照不同的标准,可对关税进行不同的分类。

(一) 按征税对象通过关境的流动方向分类

按征税对象通过关境的流动方向进行分类,可将关税分为进口关税、出口关税和过境关税。

1. 进口关税

进口关税是指海关对进入本国关境的货物和物品征收的关税。进口关税是关税中最主要的形式,人们通常所说的关税一般就是指进口关税,在各国国际性贸易条约、协定中所说的关税也是指进口关税。进口关税是执行关税政策的主要手段,各国的关税税款主要来源于进口关税。

2. 出口关税

出口关税是指海关对输出本国关境的货物和物品征收的关税。各国基本都采取鼓励商品出口的政策,对出口一般商品不征税。但对于本国稀缺的资源品,或出于政治、经济或军事上的特殊需要,对某些产品限制出口,则会对这些资源型或限制出口的产品征收出口关税。

3. 过境关税

过境关税是指对外国运经本国关境到达另一国的产品征收的关税。因过境产品既不进入本国市场,也不影响本国的生产,因此目前绝大多数国家都不征收过境关税。

(二)按征税标准分类

按照征税标准分类,一般可将关税分为从价关税、从量关税、复合关税、选择性关税、滑准关税。

1. 从价关税

从价关税是以征税对象的价格作为计税标准,采用比例税率计算关税应纳税额。

2. 从量关税

从量关税是以征税对象的计量单位(重量、长度、体积、面积、容积、数量等)作为计税标准,采用单位定额税率计算关税应纳税额。

3. 复合关税

复合关税是对同一征税对象规定从价征收和从量征收两种税率,征税时既采用从价税率又采用从量税率,以两个税额之和作为该征税对象的应纳关税税额。理论上复合税能够使税负适度、公平、科学。当物价上涨时,复合税所征税额比单纯征收从量税多,而比单纯征收从价税少;当物价下跌时,复合税所征税额正好相反。因此,复合税具有较好的相互补偿作用,特别是在物价波动时可以减少对财政收入的影响。

4. 选择性关税

选择性关税是对同一征税对象在税则中规定了从价和从量两种税率,在征税时只选择其中一种税率来计算应纳税额。通常情况下海关会选择征收税额较多的税率形式,以避免因物价波动对财政收入的影响,同时还可以较好地发挥关税保护本国相关产业的作用。

5. 滑准关税

滑准关税又称滑动关税,是指在税则中预先按照某种产品的价格高低制定高低不同的几档税率,根据该产品价格的变动而适用不同税率的一种关税。价格高的该产品适用低税率,价格低的该产品适用高税率,其目的是使该产品在进入国内市场后价格保持稳定,减少国际市场价格波动对国内市场的冲击,保护国内相应产业的发展。

(三)按照关税的政策性质分类

按照关税体现的政策性质,可将关税划分为普通关税、优惠关税和歧视性关税。

1. 普通关税

普通关税又称一般关税,是对原产于与本国没有签署贸易或经济互惠等友好协定的国家的产品征收的一般性关税。

2. 优惠关税

优惠关税是指对原产于某些国家的进口产品使用比普通关税优惠的税率进行征收的关税,是对特定受惠国在税收上给予的优惠待遇。优惠关税一般是互惠的,即协议双方相互给予对方优惠关税待遇,但也有单方面的优惠关税,即给惠国单方面给予受惠国优惠关税。优惠关税一般又可分为互惠关税、特惠关税、最惠国待遇关税和普遍优惠关税。

(1) 互惠关税。互惠关税是指国与国之间协商签订贸易或税收协定,对进出本国的对方国家产品征收较低的关税甚至免税。互惠关税有利于发展两国之间良好的经贸关系,促进双方经济增长。

(2) 特惠关税。特惠关税是指某个国家对另外一个或多个国家的全部进口产品或部分进口产品单方面给予低关税或免税的特殊待遇,这种特殊待遇其他国家不得享受。

(3) 最惠国待遇关税。最惠国待遇是指缔约国一方承诺现在或将来给予任何第三方的一切优惠、特权或豁免等待遇,缔约国另一方都可以享受。最惠国待遇可分为有条件最惠国待遇和无条件最惠国待遇,有条件最惠国待遇是指如果缔约国一方给予第三方的优惠待遇是有条件的,那么缔约国另一方必须达到相同的条件才能享受这些优惠待遇;无条件最惠国待遇是指缔约国一方给予第三方的一切优惠待遇,无条件自动适用于缔约国另一方。最惠国待遇关税的税率并非最低税率,而仅体现这种关税优惠是非歧视的。

(4) 普遍优惠关税。普遍优惠关税是指发达国家单方面给予发展中国家的制成品或半制成品普遍优惠待遇的关税制度。普遍优惠制关税的特点是普遍性、非歧视性和非互惠性。普遍性是指所有实行普惠制的发达国家的普惠制方案应面向所有的发展中国家;非歧视性是指给予所有发展中国家同样的优惠待遇,不能有例外;非互惠性是指发达国家给予发展中国家的优惠待遇是单方面的,发展中国家无须给予发达国家同样的优惠待遇。

3. 歧视性关税

歧视性关税是对同一种进口产品,由于来源国或生产国不同,或者进口情况不同而适用不同税率征收的关税。歧视性关税通常的做法是提高关税税率,使外国出口商的关税负担加重,这样可以抵消外国产品低价进入本国市场给本国相应产品带来的冲击,起到保护本国厂商利益的作用,歧视性关税包括反倾销税、反补贴税、报复性关税。

(1) 反倾销税。根据《1994年关税与贸易总协定》第6条的规定,如果在正常的贸易过程中,一项产品从一国出口到另一国,该产品的出口价格低于其在本国相同产品的可比价格,即以低于正常价值进入另一国市场,则该产品被认为是倾销。反倾销税即是为了对付和抵制倾销产品而征收的一种附加关税。通常征收反倾销税的国家都制定有相关的反倾销法律和法规,反倾销税必须根据进口国有关反倾销法规,经国内外有关部门认定确属倾销行为,并对本国市场和生产构成危害,才可以对相关产品征收反倾销税。目前,反倾销税是国际上特别是发达国家最常使用的限制进口的手段。

(2) 反补贴税。反补贴税是指出口国政府直接或间接给予本国出口产品津贴或补贴,进口国在进口该产品时征收相当于津贴或补贴金额的附加关税,以抵消出口国政府对其出口产品的资助。征收反补贴税的目的是抵消该进口产品在出口国所享受的津贴或补贴的好处,增加进口产品的成本,进而削弱其在进口国市场的竞争力。只有经过国内外有关部门的认定,接受过补贴的出口产品确实对进口国国内市场和生产造成了重大损失或产生重大威胁时,进口国才可以征收反补贴税。

(3) 报复性关税。报复性关税是指他国政府以不公正、不平等、不友好的态度对待本国输出的产品时,为维护本国利益,本国对该国输入本国的产品加重征收关税,以报复该国对本国产品的歧视性税收待遇。报复性关税必须以国家的经济实力为后盾,经济弱小国家往往屈服于经济强国的压力,难以对强国实施关税报复,而经济实力相当国家之间的关税报复会造成两败俱伤。在国际多边贸易体制下,任何一国实施报复性关税都有可能给整个国际经济秩序带来混乱。所以,为了保证正常的国际贸易秩序的建立,一般情况下各国不轻易采取报复性关税措施。

案情追踪道具——追案魔法帽6-1:
我国关税制溯源及立法演进

第二节 纳税人与征税对象

一、纳税义务人

进口货物的收货人、出口货物的发货人、进出境物品的所有人,是关税的纳税义务人。进出口货物的收、发货人是依法取得对外贸易经营权,并进口或者出口货物的法人或者其他社会团体。进出境物品的所有人包括该物品的所有人和推定为所有人的人。一般情况下,对于携带进境的物品,推定其携带人为所有人;对分离运输的行李,推定相应的进出境旅客为所有人;对以邮递方式进境的物品,推定其收件人为所有人;以邮递或其他运输方式出境的物品,推定其寄件人或托运人为所有人。

二、征税对象

关税的征税对象是准许进出境的货物和物品。货物是指贸易性商品;物品指入境旅客随身携带的行李物品、个人邮递物品、各种运输工具上的服务人员携带进口的自用物品、馈赠物品以及其他方式进境的个人物品。

第三节 关税税率

一、进口关税税率

我国对进口货物设置有最惠国税率、协定税率、特惠税率、普通税率、关税配额税率等税率形式,对进口货物在一定期限内还可以实行暂定税率。适用最惠国税率、协定税率、特惠税率的国家或者地区名单,由国务院关税税则委员会决定。其中,普通税率最高;最惠国税率较普通税率低;协定税率较最惠国税率低;特惠税率相较协定税率低。适用最惠国、协定、特惠多重税率的,选择时基本原则是"从低计征",特殊情况除外;适用于普通税率的不适用其他优惠税率,经国务院关税税则委员会特别批准除外。

(一)最惠国税率

最惠国税率适用原产于与我国共同适用最惠国待遇条款的世界贸易组织(WTO)成员国或地区的进口货物,或原产于与我国签订有相互给予最惠国待遇条款的双边贸易协定的国家或地区的进口货物,以及原产于我国境内的进口货物。

(二)协定税率

协定税率适用原产于与我国签订含有关税优惠条款的区域性贸易协定的国家或地区的进口货物。

(三)特惠税率

特惠税率适用原产于与我国签订含有特殊关税优惠条款的贸易协定的国家或地区的进口货物。

(四)普通税率

普通税率适用于原产于特定国家或地区以外的其他国家或地区的进口货物,以及原产地不明的进口货物。按照普通税率征税的进口货物,经国务院关税税则委员会特别批准,可以适用最惠国税率。

(五)关税配额税率

按照国家规定实行关税配额管理的进口货物,关税配额内的,适用关税配额税率;关税配额以外的,根据不同情况分别适用最惠国税率、协定税率、特惠税率或普通税率。

二、出口关税税率

我国出口税则为一栏税率,即出口税率。国家仅对少数资源性产品及易于竞相杀价、盲目进口、需要规范出口秩序的半制成品征收出口关税。《国务院关税税则委员会关于 2022 年关税调整方案的通知》(税委会〔2021〕18 号)规定,自 2022 年 1 月 1 日起继续对铬铁等 106 项商品征收出口关税,适用出口税率或出口暂定税率,提高黄磷以外的其他磷和粗铜等 2 项商品的出口关税。

三、暂定税率

(一)进口货物暂定税率

适用最惠国税率的进口货物有暂定税率的,应当适用暂定税率;适用协定税率、特惠税率的进口货物有暂定税率的,应当从低适用税率;适用普通税率的进口货物,不适用暂定税率。

(二)出口货物暂定税率

适用出口税率的出口货物有暂定税率的,应当适用暂定税率。

难点爆破道具——奇思妙响指 NICE 6-2：
关税税率的适用

第四节　完税价格

我国关税以进出口货物的完税价格为计税依据来计算应纳税款。《中华人民共和国海关法》规定，进出口货物的完税价格由海关以该货物的成交价格为基础审查确定。成交价格不能确定时，完税价格由海关依法估定。

一、一般进口货物的完税价格

依据《进出口关税条例》，进口货物的完税价格由海关以符合相关规定所列条件的成交价格，以及该货物运抵中华人民共和国境内输入地点起卸前的运输及其相关费用、保险费为基础审查确定。

进口货物的成交价格，是指卖方向中华人民共和国境内销售该货物时，买方为进口该货物向卖方实付、应付的，并且按规定调整后的价款总额，包括直接支付的价款和间接支付的价款。

（一）成交价格应符合的条件

1. 卖方对买方处置或者使用进口货物不予限制，但是法律、行政法规规定实施的限制、对货物销售地域的限制和对货物价格无实质性影响的限制除外。

有下列情形之一的，应当视为对买方处置或者使用进口货物进行了限制：

（1）进口货物只能用于展示或者免费赠送的；

（2）进口货物只能销售给指定第三方的；

（3）进口货物加工为成品后只能销售给卖方或者指定第三方的；

（4）其他经海关审查，认定买方对进口货物的处置或者使用受到限制的。

2. 进口货物的价格不得受到使该货物成交价格无法确定的条件或者因素的影响。

有下列情形之一的，应当视为进口货物的价格受到了使该货物成交价格无法确定的条件或者因素的影响：

（1）进口货物的价格是以买方向卖方购买一定数量的其他货物为条件而确定的；

（2）进口货物的价格是以买方向卖方销售其他货物为条件而确定的；

（3）其他经海关审查，认定货物的价格受到使该货物成交价格无法确定的条件或者因素影响的。

3. 卖方不得直接或者间接获得因买方销售、处置或者使用进口货物而产生的任何收益，或者虽然有收益但是能够按照有关规定进行调整。

4. 买卖双方之间没有特殊关系,或者虽然有特殊关系但未对成交价格产生影响。

> 疑点爆破道具——奇思妙响指 NICE 6-3:
> 买卖双方存在特殊关系的情形

(二) 应计入完税价格的项目

以成交价格为基础审查确定进口货物的完税价格时,未包括在该货物实付、应付价格中的下列费用或者价值应当计入完税价格。

1. 由买方负担的下列费用:
(1) 除购货佣金以外的佣金和经纪费;
(2) 与该货物视为一体的容器费用;
(3) 包装材料费用和包装劳务费用。

其中,购货佣金是指买方为购买进口货物向自己的采购代理人支付的劳务费;经纪费是指买方为购买进口货物向代表买卖双方利益的经纪人支付的劳务费用。

2. 与进口货物的生产和向中华人民共和国境内销售有关的,由买方以免费或者以低于成本的方式提供,并且可以按适当比例分摊的下列货物或者服务的价值:
(1) 进口货物包含的材料、部件、零件和类似货物;
(2) 在生产进口货物过程中使用的工具、模具和类似货物;
(3) 在生产进口货物过程中消耗的材料;
(4) 在境外进行的为生产进口货物所需的工程设计、技术研发、工艺及制图等相关服务。

3. 作为该货物向中华人民共和国境内销售的条件,买方必须支付的、与该货物有关的特许权使用费,但是符合下列情形之一的除外:
(1) 特许权使用费与该货物无关;
(2) 特许权使用费的支付不构成该货物向中华人民共和国境内销售的条件。

> 难点爆破道具——奇思妙响指 NICE 6-4:
> 视为与进口货物有关的特许权使用费

4. 卖方直接或者间接从买方获得的该货物进口后转售、处置或者使用的收益。

【例 6-1】 某进出口公司从美国进口一批化工原料共 500 吨,货物以境外口岸离岸价格成交,单价折合人民币为 20 000 元,买方承担境外包装费每吨 500 元,另向卖方支付的佣金每吨 1 000 元人民币,另向自己的采购代理人支付佣金 5 000 元人民币,已知该货物运抵中国海关境内输入地起卸前的运输费、保险费为每吨 2 000 元人民币,进口后另发生运输和装卸费用 300 元人民币,计算该批化工原料的关税完税价格。

解 完税价格=(20 000+500+1 000+2 000)×500/10 000=1 175(万元)

解析 计入进口货物完税价格的,包括货价、支付的佣金(不包括买方向自己采购代理人支付的购货佣金)、买方负担的包装费和容器费、进口途中的运输费、保险费(不包括进口后发生的运输装卸费)。

(三) 不计入完税价格的项目

进口货物的价款中单独列明的下列税收、费用,不计入该货物的完税价格:

1. 厂房、机械或者设备等货物进口后发生的建设、安装、装配、维修或者技术援助费用,但是保修费用除外;
2. 进口货物运抵中华人民共和国境内输入地点起卸后发生的运输及其相关费用、保险费;
3. 进口关税、进口环节海关代征税收及其他国内税;
4. 为在境内复制进口货物而支付的费用;
5. 境内外技术培训及境外考察费用;
6. 同时符合下列条件的利息费用不计入完税价格:
(1) 利息费用是买方为购买进口货物而融资所产生的;
(2) 有书面的融资协议的;
(3) 利息费用单独列明的;
(4) 纳税义务人可以证明有关利率不高于在融资当时当地此类交易通常应当具有的利率水平,且没有融资安排的相同或者类似进口货物的价格与进口货物的实付、应付价格非常接近的。

(四) 进口货物完税价格中运输费及保险费的确定

1. 进口货物的运输费

进口货物的运输费及其相关费用,应当按照由买方实际支付或者应当支付的费用计算。如果进口货物的运输及其相关费用无法确定的,海关应当按照该货物进口同期的正常运输成本审查确定。

运输工具作为进口货物、利用自身动力进境的,海关在审查确定完税价格时不再另行计入运输及其相关费用。

2. 进口货物的保险费

进口货物的保险费应当按照实际支付的费用计算。如果进口货物的保险费无法确定或者未实际发生,海关应当按照"货价加运费"两者总额的3‰计算保险费,其计算公式如下:

$$保险费 = (货价 + 运费) \times 3‰$$

3. 邮运进口的货物,应当以邮费作为运输及其相关费用、保险费。

【例6-2】 某企业海运进口一批货物,海关审定货价折合人民币5 000万元,运费折合人民币20万元,保险费无法查明,该批货物进口关税税率为5%,则应纳关税多少?

解 完税价格=(5 000+20)×(1+3‰)=5 035.06(万元)
关税=5 035.06×5%=251.75(万元)

(五) 进口货物完税价格确定的其他方法

进口货物的成交价格不符合规定条件,或者成交价格不能确定的,海关经了解有关情况,并与纳税义务人进行价格磋商后,依次以下列价格估定该货物的完税价格。

1. 相同货物成交价格估价法

相同货物成交价格估价方法,是指海关以与进口货物同时或者大约同时向中华人民共和国境内销售的相同货物的成交价格为基础,审查确定进口货物的完税价格的估价方法。所谓相同货物,是指与进口货物在同一国家或者地区生产的,在物理性质、质量和信誉等所有方面都相同的货物,但是表面的微小差异允许存在。所谓大约同时,是指海关接受货物申报之日的大约同时,最长不应当超过前后45日。采用这种比照价格时,如果有多个相同或者类似货物的成交价格,应采用其中的最低成交价格。另外,对因商业水平、进口数量、运输距离和运输方式不同而在价格、成本和其他费用方面产生的差异应做出调整。

2. 类似货物成交价格估价法

类似货物成交价格估价方法,是指海关以与进口货物同时或者大约同时向中华人民共和国境内销售的类似货物的成交价格为基础,审查确定进口货物的完税价格的估价方法。所谓类似货物,是指与进口货物在同一国家或者地区生产的,虽然不是在所有方面都相同,但是却具有相似的特征、相似的组成材料、相同的功能,并且在商业中可以互换的货物。

3. 倒扣价格估价法

倒扣价格估价法,是指海关以进口货物、相同或者类似进口货物在境内的销售价格为基础,扣除境内发生的有关费用后,审查确定进口货物完税价格的估价方法。该销售价格应当同时符合下列条件:(1)是在该货物进口的同时或者大约同时,将该货物、相同或者类似进口货物在境内销售的价格;(2)是按照货物进口时的状态销售的价格;(3)是在境内第一销售环节销售的价格;(4)是向境内无特殊关系方销售的价格;(5)按照该价格销售的货物合计销售总量最大。

按照倒扣价格估价方法审查确定进口货物完税价格的,下列各项应当扣除:(1)同等级或者同种类货物在境内第一销售环节销售时,通常的利润和一般费用(包括直接费用和间接费用)以及通常支付的佣金;(2)货物运抵境内输入地点起卸后的运输及其相关费用、保险费;(3)进口关税、进口环节海关代征税及其他国内税。

4. 计算价格估价法

计算价格估价法,是指海关以下列各项的总和为基础,审查确定进口货物完税价格的估价方法:(1)生产该货物所使用的料件成本和加工费用;(2)向境内销售同等级或者同种类货物通常的利润和一般费用(包括直接费用和间接费用);(3)该货物运抵境内输入地点起卸前的运输及相关费用、保险费。确定有关价值或者费用时,应当使用与生产国或者地区公认的会计原则相一致的原则和方法。

按照前款的规定审查确定进口货物的完税价格时,海关在征得境外生产商同意并且提前通知有关国家或者地区政府后,可以在境外核实该企业提供的有关资料。

5. 其他合理方法

其他合理方法,是指当海关不能根据成交价格估价法、相同货物成交价格估价法、类似货物成交价格估价法、倒扣价格估价法和计算价格估价法确定完税价格时,海关根据客观、公平、统一的原则,以客观量化的数据资料为基础审查确定进口货物完税价格的估价方法。

海关在采用合理方法确定进口货物的完税价格时,不得使用以下价格:(1)境内生产的货物在境内的销售价格;(2)可供选择的价格中较高的价格;(3)货物在出口地市场的销售价格;(4)以计算价格估价方法规定之外的价值或者费用计算的相同或者类似货物的价格;

(5) 出口到第三国或者地区的货物的销售价格;(6) 最低限价或者武断、虚构的价格。

以上估价方法应顺次使用,即当完税价格按列在前面的估价法无法确定时,才能适用后一种估价法。但是应纳税义务人的要求,第 3 种和第 4 种方法的使用次序可以颠倒。

难点爆破道具——奇思妙响指 NICE 6－5:
特殊进口货物的完税价格

二、出口货物的完税价格

出口货物的完税价格由海关以该货物的成交价格为基础审查确定,并且应当包括货物运至中华人民共和国境内输出地点装载前的运输及其相关费用、保险费。

(一) 以成交价格为基础的完税价格

出口货物的成交价格,是指该货物出口销售时,卖方为出口该货物应当向买方直接收取和间接收取的价款总额。出口关税不计入完税价格,完税价格计算公式为:

完税价格＝离岸价格(FOB)＋ 运费 ＋ 保险费

在具体计算出口货物完税价格时,应按以下规定办理:

1. 出口货物的离岸价格应以该货物运离关境前的最后一个口岸的离岸价格为实际离岸价格。若该货物从内地起运,则从内地口岸①至最后出境口岸所支付的国内段运输费用应予以扣除。

2. 出口货物成交价格中含有的支付给国外的佣金,如与货物的离岸价格分列,应予以扣除;未单独列明的,不予扣除。

3. 若出口货物的成交价格为境外口岸的到岸价格或货价加运费价格,应扣除运费、保险费后,再按规定公式计算完税价格。

4. 在出口货物的离岸价格以外,买方另行支付的货物包装费,应计入完税价格。

(二) 出口货物海关估价法

出口货物的成交价格不能确定的,海关经了解有关情况,并且与纳税义务人进行价格磋商后,依次以下列价格审查确定该货物的完税价格:

1. 同时或者大约同时向同一国家或者地区出口的相同货物的成交价格;
2. 同时或者大约同时向同一国家或者地区出口的类似货物的成交价格;
3. 根据境内生产相同或者类似货物的成本、利润和一般费用(包括直接费用和间接费用)、境内发生的运输及其相关费用、保险费计算所得的价格;
4. 按照合理方法估定的价格。

---

① 内地口岸是相对于中国香港、中国澳门、中国台湾等地而言,是其民众进入内地的关口。

第五节 应纳税额的计算

一、从价计征方式应纳税额的计算

我国关税主要采用从价税的形式,以进出口货物的完税价格为计税依据,按照适用税率计算应纳税额。

关税税额＝应税进(出)口货物数量×单位完税价格×税率

进口货物的成交价格按照不同的成交条件而有不同的价格形式,常用的价格形式包括FOB、CFR 和 CIF 三种。

"FOB"是"船上交货"的价格术语的简称,是指卖方在合同规定的装运港把货物装到买方指定的船上,并负责货物装上船为止的一切费用和风险,又称"离岸价格"。

"CRF"是"成本加运费"的价格术语的简称,又称"成本加运费价格",是指卖方负责将合同规定的货物装到买方指定运往目的港的船上,负责货物装上船为止的一切费用和风险,并支付运费。

"CIF"是"成本加运费加保险费"的价格术语的简称,又称"到岸价格",是指卖方负责将合同规定的货物装到买方指定运往目的港的船上,办理保险手续,并负责支付运费和保险费。

1. 以 CIF 成交的进口货物,如果申报价格符合规定的"成交价格"条件,则可以直接计算税款。

【例 6-3】 明远公司从美国进口铁盘条 10 万吨,其成交价格为 CIF 上海新港 150 000 美元。铁盘条进口关税税率为 15%,海关开具税收缴款书当日的汇率为 1 美元＝6.709 元人民币。要求计算进口铁盘条的应纳关税税额。

解 关税完税价格＝150 000×6.709＝1 006 350(元人民币)

应纳关税税额＝1 006 350×15%＝150 952.5(元人民币)

2. 以 FOB 和 CFR 条件成交的进口货物,应先把进口货物的申报价格折算为 CIF 价格,再计算关税税额。

【例 6-4】 盛宏公司从英国进口 200 000 千克钢板,成交价格为 FOB 价伦敦 2.5 英镑/千克,已知单位运费为 0.5 英镑,保险费率为 0.25%,钢板关税税率为 10%,海关开具税收缴款书当日的汇率为 1 英镑＝8.791 元人民币。要求计算公司应纳的关税税额。

解 关税完税价格＝(FOB 价+运费)×(1+保险费率)
＝(2.5+0.5)×200 000×(1+0.25%)×8.791
＝5 287 786.5(元人民币)

应纳关税税额＝5 287 786.5×10%＝528 778.65(元人民币)

二、从量计征方式应纳税额的计算

从量计征方式是以进出口货物的数量为计税依据,按照符合规定的单位税额计算应纳关税税额。

$$关税税额 = 应税进(出)口货物数量 \times 单位货物税额$$

【例 6-5】 兴荣公司从美国进口啤酒 600 箱,每箱 24 瓶,每瓶容积 500 毫升,成交价格为 CIF 价共 60 000 美元。征税日汇率为 1 美元＝6.709 元人民币,啤酒适用优惠税率为 3 元人民币/升。要求计算进口啤酒应纳的关税税额。

解 应纳关税税额＝600×24×500÷1 000×3＝21 600(元人民币)

三、复合关税应纳税额的计算

复合关税同时采用进出口数量和完税价格作为计税依据,按照规定的单位税额和比例税率计算关税税额。

$$关税税额 = \frac{应税进(出)口}{货物数量} \times 单位税额 + \frac{应税进(出)口}{货物数量} \times 单位完税价格 \times 税率$$

【例 6-6】 明发公司从日本进口 3 台摄像机,成交价格为 CIF 价共 16 000 美元,征税日汇率为 1 美元＝6.709 元人民币,适用优惠税率为:每台完税价格超过 5 000 美元的,从量税为每台 13 280 元人民币,从价税率为 3%。请计算应纳的关税税额。

解 应纳的关税税额＝13 280×3＋16 000×6.709×3%＝39 840＋3 220.32＝43 060.32(元人民币)

四、滑准关税应纳税额的计算

滑准关税以进出口货物的完税价格作为计税依据,按照《进出口商品从量税、复合税、滑准税税目税率表》中注明的滑准税税率,计算确定应纳关税税额。

$$关税税额 = 应税进出口货物数量 \times 单位完税价格 \times 滑准税税率$$

第六节 关税减免

关税减免是对某些纳税人和征税对象给予鼓励和照顾的一种特殊调节手段。关税减免分为法定减免税、特定减免税和临时减免税。根据《海关法》规定,除法定减免税外的其他减免税均由国务院决定。

一、法定减免税

法定减免税是税法中明确列出的减税或免税。根据《海关法》和《进出口关税条例》等,符合税法规定可予减免税的进出口货物,纳税义务人无须提出申请,海关可按规定直接予以减免税。海关对法定减免税货物一般不进行后续管理。下列进出口货物予以减征或免征关税:

1. 关税税额在人民币 50 元以下的一票货物,可免征关税。
2. 无商业价值的广告品和货样,可免征关税。
3. 外国政府、国际组织无偿赠送的物资,可免征关税。
4. 进出境运输工具装载的途中必需的燃料、物料和饮食用品,可免征关税。
5. 经海关核准暂时进境或者暂时出境,并在 6 个月内复运出境或者复运进境的货样、展览品、施工机械、工程车辆、工程船舶、供安装设备时使用的仪器和工具、电视或者电影摄制器械、盛装货物的容器以及剧团服装道具,在货物收发货人向海关缴纳相当于税款的保证金或者提供担保后,可予暂时免税。
6. 为境外厂商加工、装配成品和为制造外销产品而进口的原材料、辅料、零件、部件、配套件和包装物料,海关按照实际加工出口的成品数量免征进口关税;或者对进口料、件先征进口关税,再按照实际加工出口的成品数量予以退税。
7. 因品质或规格原因,出口货物自出口之日起 1 年内原状复运进境的,不征收进口关税。因品质或者规格原因,进口货物自进口之日起 1 年内原状复运出境的,不征收出口关税。
8. 因残损、短少、品质不良或者规格不符原因,由进口货物的发货人、承运人或者保险公司免费补偿或者更换的相同货物,进出口时不征收关税。被免费更换的原进口货物不退运出境或者原出口货物不退运进境的,海关应当对原进出口货物重新按照规定征收关税。
9. 进口货物如有以下情形,经海关查明属实,可酌情减免进口关税:
(1) 在境外运输中或在起卸时,遭受损坏或者损失的;
(2) 起卸后海关放行前,因不可抗力遭受损坏或者损失的;
(3) 海关查验时已经破漏、损坏或者腐烂,经证明不是保管不慎造成的。
10. 我国缔结或者参加的国际条约规定减征、免征关税的货物、物品,按照规定予以减免关税。
11. 法律规定减征、免征的其他货物。

二、特定减免税

特定减免税也称政策性减免税。在法定减免税之外,国家按照国际通行规则和我国实际情况,对特定进出口货物减免关税的政策,成为特定或政策性减免税。特定减免税货物一般有地区、企业和用途的限制,海关需要进行后续管理,也需要进行减免税统计。

(一) 科教用品

为促进我国科研、教育事业发展,推动科教兴国战略的实施,对科学研究机构和学校在合理数量范围内进口国内不能生产或性能不能满足需要的科学研究和教学用品,免征进口关税和进口环节增值税、消费税。

依照规定免税进口的科学研究和教学用品,应当直接用于本单位的科学研究和教学,不得擅自转让、移作他用或者进行其他处置。

(二) 残疾人专用品

为支持残疾人的康复工作,对残疾人专用品、有关单位进口国内不能生产的特定残疾人专用品,免征进口关税和进口环节增值税、消费税。

(三) 慈善捐赠物资

为促进慈善事业的健康发展,支持慈善事业发挥扶贫济困积极作用,对我国关境外自然人、法人或者其他组织等境外捐赠人,无偿向经民政部或者省级民政部门登记注册且被评定为5A级的、以人道救助和发展慈善事业为宗旨的社会团体或基金会,中国红十字会总会等七家全国性慈善或福利组织,以及国务院有关部门和各省、自治区、直辖市人民政府捐赠的,直接用于慈善事业的物资,免征进口关税和进口环节增值税。

(四) 重大技术装备

为支持我国重大技术装备制造业发展,对符合规定条件的企业及核电项目业主为生产国家支持发展的重大技术装备或产品而确有必要进口的部分关键零部件及原材料,免征关税和进口环节增值税。

(五) 集成电路产业和软件产业

为支持集成电路产业和软件产业的发展,财政部、海关总署、税务总局联合发布《关于支持集成电路产业和软件产业发展进口税收政策的通知》(财关税〔2021〕4号),对规定情形免征进口关税。

疑点爆破道具——奇思妙响指 NICE 6-6:
集成电路产业和软件产业消费税免征情形

三、临时减免税

临时减免税是指以上法定和特定减免税以外的其他减免税,即由国务院根据《海关法》对某个单位、某类商品、某个项目或某批进出口货物的特殊情况,给予特别照顾,一案一批,专文下达的减免税。一般有单位、品种、期限、金额或数量等限制,不能比照执行。

第七节 征收管理

一、关税申报缴纳

进口货物自运输工具申报进境之日起14日内,出口货物在货物运抵海关监管区后装货的24小时以前,应由进出口货物的纳税义务人向货物进(出)境地海关申报,海关根据税则归类和完税价格计算应缴纳的关税和进口环节代征税,并填发税款缴款书。纳税义务人应当自海关填发税款缴款书之日起15日内,向指定银行缴纳税款。如关税缴纳期限的最后1日是周末或法定节假日,则关税缴纳期限顺延至周末或法定节假日过后的第1个工作日。为方便纳税义务人,经申请且海关同意,进(出)口货物的纳税义务人可以在设有海关的指运地(起运地)办理海关申报、纳税手续。

关税纳税义务人因不可抗力或国家税收政策调整情形,不能按期缴纳税款的,依法提供税款担保后,可以直接向海关办理延期缴纳税款手续。延期纳税最长不得超过 6 个月。

二、关税的滞纳金、保全及强制措施

(一)关税的滞纳金制度

进出口货物的纳税义务人,应当自海关填发税款缴款书之日起 15 日内缴纳税款;逾期缴纳的,由海关征收滞纳金。滞纳金的起征点为 50 元。

滞纳金自关税缴纳期限届满之次日起,至纳税义务人缴清关税之日止,按滞纳税款万分之五的比例按日征收,周末或法定节假日不予扣除。具体计算公式为:

关税滞纳金金额＝滞纳关税税额×滞纳金征收比率×滞纳天数

(二)保全措施

进出口货物的纳税义务人在规定的纳税期限内有明显的转移、藏匿其应税货物以及其他财产迹象的,海关可以责令纳税义务人在规定期限内提供担保;纳税义务人不能按照要求提供担保的,海关应当采取以下税收保全措施:

1. 书面通知纳税义务人开户银行或者其他金融机构暂停支付纳税义务人相当于应纳税款的存款;

2. 扣留纳税义务人价值相当于应纳税款的货物或者其他财产。

(三)强制措施

纳税义务人自缴纳税款期限届满之日起超过 3 个月仍未缴纳税款的,经海关关长批准,海关可以采取下列强制措施:

1. 书面通知其开户银行或者其他金融机构从其存款中直接扣缴税款;

2. 将应税货物依法变卖,以变卖所得抵缴税款;

3. 扣留并依法变卖其价值相当于应纳税款的货物或其他财产,以变卖所得抵缴税款。

海关采取强制措施时,对上述纳税义务人、担保人未缴纳的滞纳金同时强制执行。

三、关税退还

关税退还是关税纳税义务人按海关核定的税额缴纳关税后,因某种原因的出现,海关将实际征收多于应当征收的税额退还给原纳税义务人的一种行政行为。根据《海关法》规定,海关多征的税款,海关发现后应当立即退还。

(一)申请退还

有下列情形之一的,纳税义务人自缴纳税款之日起 1 年内,可以申请退还关税,并应当以书面形式向海关说明理由,提供原缴款凭证及相关资料:

1. 已征进口关税的货物,因品质或者规格原因,原状退货复运出境的;
2. 已征出口关税的货物,因品质或者规格原因,原状退货复运进境,并已重新缴纳因出口而退还的国内环节有关税收的;
3. 已征出口关税的货物,因故未装运出口,申报退关的。

海关应当自受理退税申请之日起 30 日内查实并通知纳税义务人办理退还手续。纳税义务人应当自收到通知之日起 3 个月内办理有关退税手续。

(二) 多征税款退还

纳税人缴纳关税后,海关发现实际征收税款多于应征税额,应当立即通知纳税义务人办理退还手续。有下列情形之一的,纳税义务人发现多缴税款的,自缴纳税款之日起 1 年内,可以以书面形式要求海关退还多缴的税款并加算银行同期活期存款利息。
1. 因海关误征,多纳税款的;
2. 海关核准免验进口的货物,在完税后,发现有短缺情况,经海关审查认可的。

海关应当自受理退税申请之日起 30 日内查实并通知纳税义务人办理退还手续。纳税义务人应当自收到通知之日起 3 个月内办理有关退税手续。

四、关税补征和追征

补征和追征是海关在关税纳税义务人按海关核定的税额缴纳关税后,发现实际征收税额少于应当征收的税额(称为短征关税)时,责令纳税义务人补缴所差税款的一种行政行为。《海关法》根据短征关税的原因,将海关征收原短征关税的行为分为补征和追征两种。由于纳税人违反海关规定造成短征关税的,称为追征;非因纳税人违反海关规定造成短征关税的,称为补征。区分关税追征和补征的目的是为了区别不同情况适用不同的征收时效,超过时效规定的期限,海关就丧失了追补关税的权力。

根据《海关法》和《进出口关税条例》规定,补征和追征期限分别为:
1. 进出口货物和物品放行后,海关发现少征或者漏征税款,应当自缴纳税款或者货物、物品放行之日起 1 年内,向纳税义务人补征;
2. 进出口货物或物品放行后,因纳税义务人违反规定而造成的少征或漏征税款的,海关可以自缴纳税款或者货物放行之日起 3 年内追征税款,并从缴纳税款或者货物放行之日起按日加收少征或者漏征税款万分之五的滞纳金;
3. 海关发现其监管货物因纳税义务人违反规定造成少征或漏征税款的,应当自纳税义务人应缴纳税款之日起 3 年内追征税款,并从应缴纳税款之日起按日加收少征或者漏征税款万分之五的滞纳金。

案情追踪道具——追案魔法帽 6-7:
行李和邮递物品进口税

谜案 6　关　税

填空题

1. 以征税对象的数量为计税依据,按每单位数量规定税额计征的关税,称为_____关税。
2. 进口货物的_____、出口货物的发货人和进境物品的_____,为关税的纳税人。
3. 关税的税率分为_____、出口税率和_____。
4. 《进出口关税条例》和《_____》是我国关税制度的两个最基本的法规。
5. 关税的征税对象是货物和_____。
6. 纳税人应当自海关填发税款缴款证之日起_____日内向指定银行缴纳税款。
7. 海关征收关税、滞纳金等,应当按_____(币种)计征。
8. _____是经海关批准,纳税人将其部分或全部应缴税款的缴纳期限延长的一种制度。
9. 凡符合退还关税条件的,纳税人自缴纳税款之日起_____内,可以申请退还关税。
10. 因纳税人违反规定造成少征或漏征税款的,海关在_____年内可以追征。

判断题(判断对错,并将错误的改正过来)

1. 接受纳税人的委托办理货物报关手续的代理,不能代办纳税手续。　　　(　)
2. 复合关税是指对一种进口货物同时使用从价、从量两种形式,分别计算出税额,以两个税额之和作为该货物应征税额的一种关税征收标准。　　　(　)
3. 货物是非贸易性商品,物品是贸易性商品。　　　(　)
4. 按照关税的政策性质分类,关税可分为歧视关税和从价关税。　　　(　)
5. 我国在20世纪60年代初才建立了完全独立自主的保护关税制度。　　　(　)
6. 从我国境外采购进口的原产于我国境内的物品,可不再缴纳进口关税。　　　(　)
7. 歧视关税是对不同进口货物,由于输出国或生产国不同,或输入情况不同而使用不同税率征收的关税。　　　(　)
8. 我国对一切出口货物都征出口关税。　　　(　)
9. 关境是一个国家海关法令自主实施的领域。　　　(　)
10. 关税滞纳金的比例是1%。　　　(　)

选择题

1. 进口货物的完税价格是以（　　）为基础确定的。
   A. 到岸价格 B. 成交价格
   C. 到岸价格加关税 D. 成交价格加进口增值税
2. 在下列费用中,（　　）应计入完税价格计征关税。
   A. 进口人为在境内使用该货物而向境外卖方支付的特许权使用费
   B. 进口前发生而由买方支付的包装费
   C. 进口关税
   D. 进口设备进口后发生的安装费
3. 出口货物的完税价格中不应包括（　　）。
   A. 出口关税 B. 增值税
   C. 消费税 D. 城市维护建设税
4. 关税的减免包括（　　）三种类型。
   A. 特定减免 B. 起征点 C. 临时减免 D. 法定减免
5. 进口货物的纳税人包括（　　）。
   A. 外贸进出口公司 B. 经批准经营进出口商品的企业
   C. 进口个人邮件的收件人 D. 入境旅客随身携带物品的持有人

名词解释

关税　　进口关税　　反倾销税　　反补贴税　　滑准关税

简答题

1. 简述关税分类的内容。
2. 简述关税税率的主要形式。
3. 简述关税的补征和追征。

计算题

1. 某进出口公司进口一批货物,以采购地离岸价格成交,成交总价为1 500万元人民币,运抵我国输入地点前的运费、保险费、手续费等共计80万元人民币,适用的关税税率为10%。经海关审定,其成交价格正常。要求:计算进口关税的完税价格和应纳税额。

2. 我国明远公司2022年3月从国内甲港口出口一批锌锭到国外,货物成交价格170万元(不含出口关税),其中包括货物运抵甲港口装载前的运输费10万元、单独列明支付给境外的佣金12万元。甲港口到国外目的地港口之间的运输保险费20万元。锌锭出口关税税率为20%。要求:计算该公司出口锌锭应缴纳的出口关税。

谜底（请找彩蛋）

第 7 章 企业所得税

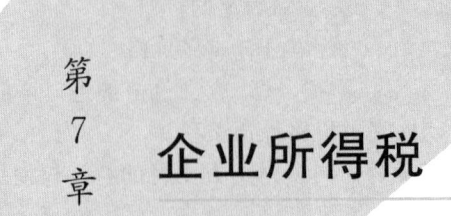

008 从鲨鱼号飞艇上下来执行任务

◇ 任务分解

- 了解我国企业所得税制度的沿革
- 熟悉企业所得税的概念和特点
- 融会贯通企业所得税课征制度、税额计算、纳税申报的税务实操
- 熟练掌握企业所得税各税收要素及相关规定,并能灵活应用

◇ 疑难重点

- 重点:企业所得税各税收要素,资产的税务处理,企业重组的税务处理,企业所得税税收优惠,征收管理规定
- 难点:企业所得税应纳税所得额的确定及应纳税额的计算,企业重组的税务处理

◇ 探案道具箱

密码

大力箱,
萌探 008 探案助手,兼案卷记录员,
AI 族,全知全能⋯

谜案线索

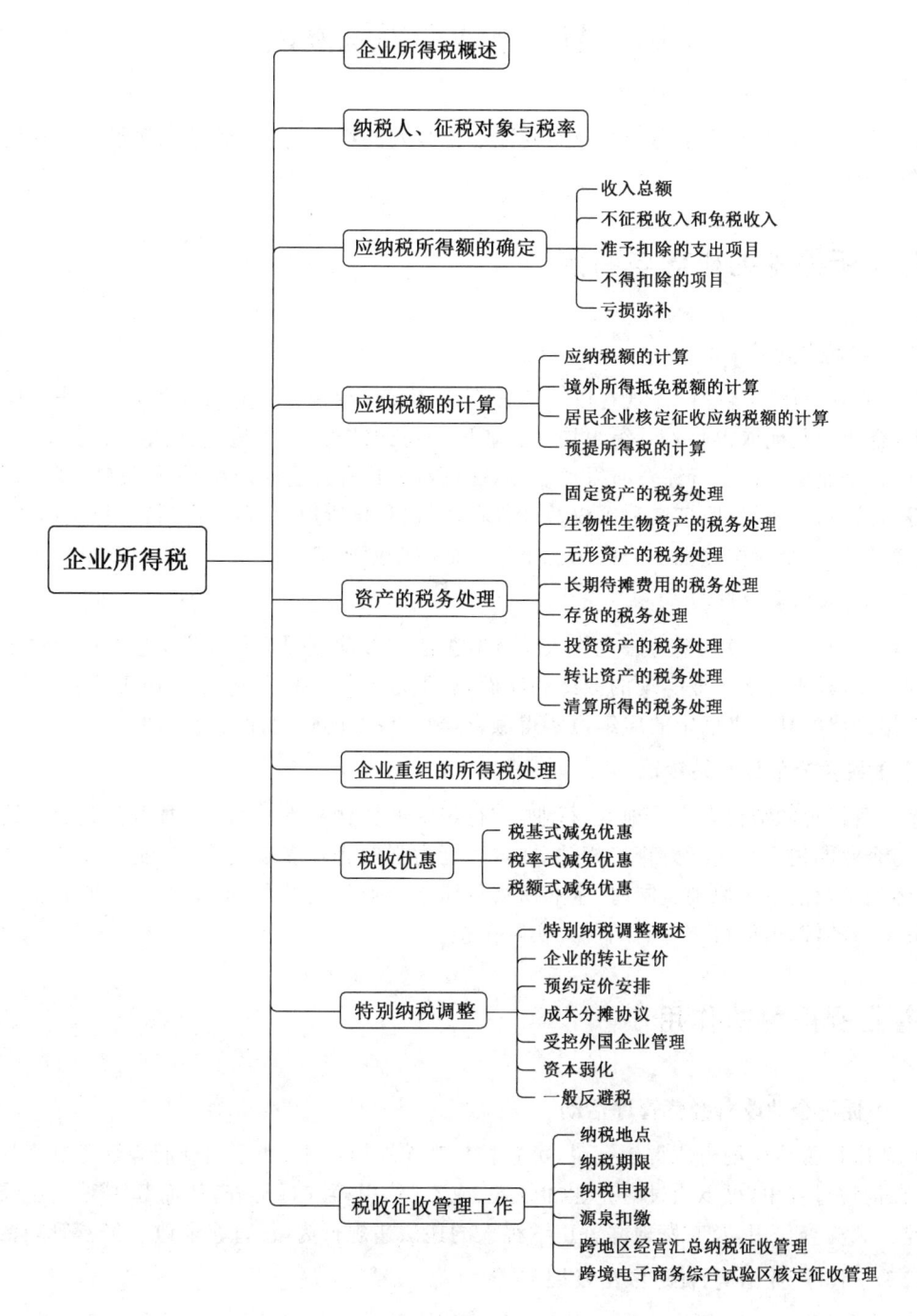

- 企业所得税
  - 企业所得税概述
  - 纳税人、征税对象与税率
  - 应纳税所得额的确定
    - 收入总额
    - 不征税收入和免税收入
    - 准予扣除的支出项目
    - 不得扣除的项目
    - 亏损弥补
  - 应纳税额的计算
    - 应纳税额的计算
    - 境外所得抵免税额的计算
    - 居民企业核定征收应纳税额的计算
    - 预提所得税的计算
  - 资产的税务处理
    - 固定资产的税务处理
    - 生物性生物资产的税务处理
    - 无形资产的税务处理
    - 长期待摊费用的税务处理
    - 存货的税务处理
    - 投资资产的税务处理
    - 转让资产的税务处理
    - 清算所得的税务处理
  - 企业重组的所得税处理
  - 税收优惠
    - 税基式减免优惠
    - 税率式减免优惠
    - 税额式减免优惠
  - 特别纳税调整
    - 特别纳税调整概述
    - 企业的转让定价
    - 预约定价安排
    - 成本分摊协议
    - 受控外国企业管理
    - 资本弱化
    - 一般反避税
  - 税收征收管理工作
    - 纳税地点
    - 纳税期限
    - 纳税申报
    - 源泉扣缴
    - 跨地区经营汇总纳税征收管理
    - 跨境电子商务综合试验区核定征收管理

第一节 企业所得税概述

企业所得税是对我国境内的企业和其他取得收入的组织,就其生产经营所得和其他所得征收的一种税。

一、企业所得税的概念与特点

(一) 征税范围广

企业所得税征收范围广体现在以下两方面:一方面,纳税人具有普遍性,在中华人民共和国境内,企业和其他取得收入的组织均为企业所得税的纳税人,均应当依法缴纳企业所得税。另一方面,企业所得税实行综合所得税制度,征税对象具有普遍性,对于销售货物所得、提供劳务所得、转让财产所得、股息红利等权益性投资所得、利息所得、租金所得、特许权使用费所得、接受捐赠所得等都应按照统一的比例税率计算征收企业所得税。

(二) 税基约束力强

企业所得税的计税依据为法定收入总额减去法定扣除项目后的金额,它相对独立于企业的会计核算,既不等于企业实现的会计利润额,也不是企业的增值额,更非销售额或者营业额,而是根据法律的规定来确定的应纳税所得额,体现了税法的强制性与统一性。

(三) 税负公平且不易转嫁

企业所得税的纳税人不分地区、行业,实行统一的比例税率,计税依据为企业的应纳税所得额,与企业的税负承受能力直接相关,即盈利能力强的企业多缴税,盈利能力较弱的企业少缴税,体现了量能负税原则。同时,企业所得税属于企业的终端税种,纳税人缴纳的企业所得税一般不易转嫁,由取得所得的纳税人实际负担。

二、企业所得税的作用

(一) 促进企业改善经营管理活动

企业所得税按应纳税所得额征税,可直接反映企业对成本、费用和利润等财务制度的执行情况,在征税过程中,可以通过对企业的收入、成本、费用等进行检查,从而起到对企业经济活动的监督和检查作用,及时发现并矫正纳税人的违法违规行为,促进企业改善经营管理活动。

(二) 调整产业结构、促进经济发展

企业所得税应纳税额与纳税人所得额的多寡有关,能够有效调节企业的利润水平。同时,可以通过降低税率、加计扣除、加速折旧、减计收入等税收优惠措施,发挥其对纳税人投资、产业结构调整等方面的调控作用,从而直接或间接调整国家产业布局,促进经济协调发展。

(三) 为国家建设筹集财政资金

企业所得税是我国的第二大主体税种,是我国财政收入的重要源泉。2021年,全国企业

所得税实现收入 42 041 亿元，占税收总收入的 24.3%。随着我国国民经济的快速发展和企业经济效益的不断提高，企业所得税在筹集财政资金方面起的作用愈发重要。

案情追踪道具——追案魔法帽 7-1：
我国企业所得税制溯源及立法演进

第二节　纳税人、征税对象与税率

一、纳税人

（一）概念

在中华人民共和国境内，企业和其他取得收入的组织（以下统称企业）为企业所得税的纳税人。

个人独资企业、合伙企业不属于企业所得税纳税人，个人独资企业与合伙企业所的所得由投资人或者合伙人缴纳个人所得税。

（二）分类

为了更好地保障我国企业所得税税收管辖权的有效行使，最大限度地维护我国税收利益，根据国际的通行做法，我国选择了地域管辖权与居民管辖权的双重管辖权标准，将企业所得税纳税人分为居民企业和非居民企业，分别承担不同的纳税义务。

1. 居民企业

居民企业，是指依法在中国境内成立，或者依照外国（地区）法律成立但实际管理机构在中国境内的企业。

在中国境内成立的企业，包括依照中国法律、行政法规在中国境内成立的企业、事业单位、社会团体以及其他取得收入的组织。

实际管理机构，是指对企业的生产经营、人员、账务、财产等实施实质性全面管理和控制的机构。

2. 非居民企业

非居民企业，是指依照外国（地区）法律成立且实际管理机构不在中国境内，但在中国境内设立机构、场所的，或者在中国境内未设立机构、场所，但有来源于中国境内所得的企业。

在中国境内从事生产经营活动的机构、场所，包括：管理机构、营业机构、办事机构；工厂、农场、开采自然资源的场所；提供劳务的场所；从事建筑、安装、装配、修理、勘探等工程作业的场所；其他从事生产经营活动的机构、场所。

非居民企业委托营业代理人在中国境内从事生产经营活动的，包括委托单位或者个人经常代其签订合同,或者储存、交付货物等,该营业代理人视为非居民企业在中国境内设立的机构、场所。

二、征税对象

企业所得税的征税对象,是指企业的所得,包括销售货物所得、提供劳务所得、转让财产所得、股息红利等权益性投资所得、利息所得、租金所得、特许权使用费所得、接受捐赠所得和其他所得。

(一)居民企业与非居民企业的征税对象

居民企业应当就其来源于中国境内、境外的所得缴纳企业所得税。

非居民企业在中国境内设立机构、场所的,应当就其所设机构、场所取得的来源于中国境内的所得,以及发生在中国境外但与其所设机构、场所有实际联系的所得,缴纳企业所得税;非居民企业在中国境内未设立机构、场所的,或者虽设立机构、场所但取得的所得与其所设机构、场所没有实际联系的,应当就其来源于中国境内的所得缴纳企业所得税。实际联系,是指非居民企业在中国境内设立的机构、场所拥有据以取得所得的股权、债权,以及拥有、管理、控制据以取得所得的财产等。

(二)所得来源的确定

来源于中国境内、境外的所得,按照以下原则确定:

1. 销售货物所得,按照交易活动发生地确定;
2. 提供劳务所得,按照劳务发生地确定;
3. 转让财产所得,不动产转让所得按照不动产所在地确定,动产转让所得按照转让动产的企业或者机构、场所所在地确定,权益性投资资产转让所得按照被投资企业所在地确定;
4. 股息、红利等权益性投资所得,按照分配所得的企业所在地确定;
5. 利息所得、租金所得、特许权使用费所得,按照负担、支付所得的企业或者机构、场所所在地确定,或者按照负担、支付所得的个人的住所地确定;
6. 其他所得,由国务院财政、税务主管部门确定。

三、税率

企业所得税实行比例税率,体现国家与企业的分配关系。

(一)基本税率25%

居民企业,在中国境内设立机构、场所且所得来源于中国境内的非居民企业,企业所得税的税率为25%。

(二)优惠税率

1. 预提所得税税率20%

在中国境内未设立机构、场所的或者虽设立机构、场所但取得的所得与其所设机构、场所没有实际联系的非居民企业,适用税率为20%,但实际征收时,根据税收优惠的相关规定,减按10%的税率征收(预提所得税)。

2. 小微企业税率20%

符合条件的小型微利企业,减按20%的税率征收企业所得税。

3. 高新技术企业税率15%

国家需要重点扶持的高新技术企业,减按15%的税率征收企业所得税。

第三节 应纳税所得额的确定

企业每一纳税年度的收入总额,减除不征税收入、免税收入、各项扣除以及允许弥补的以前年度亏损后的余额,为应纳税所得额。

应纳税所得额＝收入总额－不征税收入－免税收入－各项扣除－允许弥补的以前年度亏损

企业应纳税所得额的计算,以权责发生制为原则,属于当期的收入和费用,不论款项是否收付,均作为当期的收入和费用;不属于当期的收入和费用,即使款项已经在当期收付,均不作为当期的收入和费用。

一、收入总额

企业以货币形式和非货币形式从各种来源取得的收入,为收入总额。企业取得收入的货币形式,包括现金、存款、应收账款、应收票据、准备持有至到期的债券投资以及债务的豁免等;取得收入的非货币形式,包括固定资产、生物资产、无形资产、股权投资、存货、不准备持有至到期的债券投资、劳务以及有关权益等。以非货币形式取得的收入,应当按照公允价值确定收入额。公允价值是指按照市场价格确定的价值。

(一) 一般情形下的收入确认

1. 销售货物收入

销售货物收入,是指企业销售商品、产品、原材料、包装物、低值易耗品以及其他存货取得的收入。

难点爆破道具——奇思妙响指 NICE 7-2:
销售货物收入的确认规定

2. 提供劳务收入

提供劳务收入,是指企业从事建筑安装、修理修配、交通运输、仓储租赁、金融保险、邮电通信、咨询经纪、文化体育、科学研究、技术服务、教育培训、餐饮住宿、中介代理、卫生保健、社区服务、旅游、娱乐、加工以及其他劳务服务活动取得的收入。

难点爆破道具——奇思妙响指 NICE 7-3：
提供劳务收入的确认规定

3. 转让财产收入

转让财产收入，是指企业转让固定资产、生物资产、无形资产、股权、债权等财产取得的收入。

4. 股息、红利等权益性投资收益

股息、红利等权益性投资收益，是指企业因权益性投资从被投资方取得的收入。股息、红利等权益性投资收益，除国务院财政、税务主管部门另有规定外，按照被投资方作出利润分配决定的日期确认收入的实现。

5. 利息收入

利息收入，是指企业将资金提供他人使用但不构成权益性投资，或者因他人占用本企业资金取得的收入，包括存款利息、贷款利息、债券利息、欠款利息等收入。利息收入，按照合同约定的债务人应付利息的日期确认收入的实现。

6. 租金收入

租金收入，是指企业提供固定资产、包装物或者其他有形资产的使用权取得的收入。租金收入，按照合同约定的承租人应付租金的日期确认收入的实现。

7. 特许权使用费收入

特许权使用费收入，是指企业提供专利权、非专利技术、商标权、著作权以及其他特许权的使用权取得的收入。特许权使用费收入，按照合同约定的特许权使用人应付特许权使用费的日期确认收入的实现。

8. 接受捐赠

接受捐赠收入，是指企业接受的来自其他企业、组织或者个人无偿给予的货币性资产、非货币性资产。接受捐赠收入，按照实际收到捐赠资产的日期确认收入的实现。

9. 其他收入

其他收入，是指企业取得的除上述收入外的其他收入，包括企业资产溢余收入、逾期未退包装物押金收入、确实无法偿付的应付款项、已作坏账损失处理后又收回的应收款项、债务重组收入、补贴收入、违约金收入、汇兑收益等。

（二）特殊情形下的收入确认

1. 可以分期确认的生产经营业务收入

企业的下列生产经营业务可以分期确认收入的实现：以分期收款方式销售货物的，按照合同约定的收款日期确认收入的实现；企业受托加工制造大型机械设备、船舶、飞机，以及从事建筑、安装、装配工程业务或者提供其他劳务等，持续时间超过12个月的，按照纳税年度内完工进度或者完成的工作量确认收入的实现。

2. 产品分成方式取得的收入

采取产品分成方式取得收入的，按照企业分得产品的日期确认收入的实现，其收入额按照产品的公允价值确定。

3. 采用售后回购方式销售商品

采用售后回购方式销售商品的,销售的商品按售价确认收入,回购的商品作为购进商品处理。有证据表明不符合销售收入确认条件的,如以销售商品方式进行融资,收到的款项应确认为负债,回购价格大于原售价的,差额应在回购期间确认为利息费用。

4. 销售商品以旧换新

销售商品以旧换新的,销售商品应当按照销售商品收入确认条件确认收入,回收的商品作为购进商品处理。

5. 商业折扣方式销售

企业为促进商品销售而在商品价格上给予的价格扣除属于商业折扣,商品销售涉及商业折扣的,应当按照扣除商业折扣后的金额确定销售商品收入金额。

6. 现金折扣方式销售

债权人为鼓励债务人在规定的期限内付款而向债务人提供的债务扣除属于现金折扣,销售商品涉及现金折扣的,应当按扣除现金折扣前的金额确定销售商品收入金额,现金折扣在实际发生时作为财务费用扣除。

7. 销售折让方式销售

企业因售出商品的质量不合格等原因而在售价上给的减让属于销售折让;企业因售出商品质量、品种不符合要求等原因而发生的退货属于销售退回。企业已经确认销售收入的售出商品发生销售折让和销售退回,应当在发生当期冲减当期销售商品收入。

8. 买一赠一等方式组合销售

企业以买一赠一等方式组合销售本企业商品的,不属于捐赠,应将总的销售金额按各项商品的公允价值的比例来分摊确认各项的销售收入。

9. 企业处置资产的收入

(1) 不视同销售的情形

企业发生下列情形的处置资产,除将资产转移至境外以外,由于资产所有权属在形式和实质上均不发生改变,可作为内部处置资产,不视同销售确认收入,相关资产的计税基础延续计算:将资产用于生产、制造、加工另一产品;改变资产形状、结构或性能;改变资产用途(如自建商品房转为自用或经营);将资产在总机构及其分支机构之间转移;上述两种或两种以上情形的混合;其他不改变资产所有权属的用途。

(2) 视同销售的情形

企业发生非货币性资产交换,以及将货物、财产、劳务用于捐赠、偿债、赞助、集资、广告、样品、职工福利或者利润分配等用途的,应当视同销售货物、转让财产或者提供劳务,但国务院财政、税务主管部门另有规定的除外。

企业将资产移送他人的下列情形,因资产所有权属已发生改变而不属于内部处置资产,应按规定视同销售确定收入,并按照被移送资产的公允价值确定销售收入:用于市场推广或销售;用于交际应酬;用于职工奖励或福利;用于股息分配;用于对外捐赠;其他改变资产所有权属的用途。

10. 企业取得政府财政资金的收入

企业按照市场价格销售货物、提供劳务服务等,凡由政府财政部门根据企业销售货物、提供劳务服务的数量、金额的一定比例给予全部或部分资金支付的,应当按照权责发生制原则确认收入。除上述情形外,企业取得的各种政府财政支付,如财政补贴、补助、补偿、退税等,应当按照实际取得收入的时间确认收入。

11. 非居民企业应纳税所得额的确定

非居民企业在中国境内未设立机构、场所的,或者虽设立机构、场所但取得的所得与其所设机构、场所没有实际联系的,就其来源于中国境内的所得缴纳企业所得税,按照下列方法计算其应纳税所得额:股息、红利等权益性投资收益和利息、租金、特许权使用费所得,以收入全额为应纳税所得额;转让财产所得,以收入全额减除财产净值后的余额为应纳税所得额;其他所得,参照前两项规定的方法计算应纳税所得额。

二、不征税收入和免税收入

(一)不征税收入

收入总额中的下列收入为不征税收入:

1. 财政拨款

财政拨款指各级人民政府对纳入预算管理的事业单位、社会团体等组织拨付的财政资金,但国务院和国务院财政、税务主管部门另有规定的除外。

2. 依法收取并纳入财政管理的行政事业性收费、政府性基金

行政事业性收费指依照法律法规等有关规定,按照国务院规定程序批准,在实施社会公共管理,以及在向公民、法人或者其他组织提供特定公共服务过程中,向特定对象收取并纳入财政管理的费用。

政府性基金指企业依照法律、行政法规等有关规定,代政府收取的具有专项用途的财政资金。

3. 国务院规定的其他不征税收入

国务院规定的其他不征税收入是指企业取得的,由国务院财政、税务主管部门规定专项用途并经国务院批准的财政性资金。

案情追踪道具——追案魔法帽7-4:
专项用途财政性资金企业所得税处理的具体规定

(二)免税收入

企业的下列收入为免税收入:

1. 国债和地方政府债券利息收入。

指纳税人购买中央财政代表中央政府发行的国债而按期获得的利息收入,以及纳税人取得的2009年以后年度发行的地方政府债券利息收入。

2. 符合条件的居民企业之间的股息、红利等权益性投资收益。

指居民企业直接投资于其他居民企业取得的投资收益。股息、红利等权益性投资收益不包括连续持有居民企业公开发行并上市流通的股票不足 12 个月取得的投资收益。

3. 在中国境内设立机构、场所的非居民企业从居民企业取得与该机构、场所有实际联系的股息、红利等权益性投资收益。

股息、红利等权益性投资收益,不包括连续持有居民企业公开发行并上市流通的股票不足 12 个月取得的投资收益。

4. 符合条件的非营利组织的收入。

非营利组织企业所得税免税收入范围明确如下:接受其他单位或者个人捐赠的收入;除《中华人民共和国企业所得税法》第七条规定的财政拨款以外的其他政府补助收入,但不包括因政府购买服务取得的收入;按照省级以上民政、财政部门规定收取的会费;不征税收入和免税收入孳生的银行存款利息收入;财政部、国家税务总局规定的其他收入。

疑点爆破道具——奇思妙响指 NICE 7-5:
什么是符合条件的非营利组织?

三、准予扣除的支出项目

(一) 扣除范围

企业实际发生的与取得收入有关的、合理的支出,包括成本、费用、税金、损失和其他支出,准予在计算应纳税所得额时扣除。与取得收入有关是指与取得收入直接相关;合理支出是指符合生产经营活动常规,应当计入当期损益或者有关资产成本的必要和正常的支出。

1. 成本

成本是指企业在生产经营活动中发生的销售成本、销货成本、业务支出以及其他耗费。

2. 费用

费用是指企业在生产经营活动中发生的销售费用、管理费用和财务费用,已经计入成本的有关费用除外。

3. 税金

税金指企业发生的除企业所得税和允许抵扣的增值税以外的各项税金及其附加。

4. 损失

损失是指企业在生产经营活动中发生的固定资产和存货的盘亏、毁损、报废损失,转让财产损失,呆账损失,坏账损失,自然灾害等不可抗力因素造成的损失以及其他损失。企业发生的损失,减除责任人赔偿和保险赔款后的余额,依照国务院财政、税务主管部门的规定扣除。企业已经作为损失处理的资产,在以后纳税年度又全部收回或者部分收回时,应当计入当期收入。

5. 其他支出

其他支出是指除成本、费用、税金、损失外,企业在生产经营活动中发生的与生产经营活动有关的、合理的支出。

(二) 扣除原则

1. 相关性原则

相关性原则指企业实际发生的支出必须从根源和性质上与收入直接相关。

2. 合理性原则

合理性原则指企业实际发生的支出为符合生产经营活动常规,应当计入当期损益或者有关资产成本的必要的和正常的支出。

3. 配比原则

配比原则指企业发生的费用应当与收入配比扣除。除特殊规定外,企业发生的费用不得提前或滞后申报扣除。

4. 合法性原则

合法性原则强调非法支出不能扣除;商业贿赂等非法支出等不得扣除。

5. 确定性原则

确定性原则指可扣除的费用不论何时支付,其金额必须是确定的。

6. 区分收益性支出和资本性支出原则

收益性支出在发生当期直接扣除;资本性支出不得在发生当期直接扣除,应当分期扣除或计入有关资产成本,不得在发生当期直接扣除。

7. 不征税收入用于支出不扣除原则

不征税收入用于支出所形成的费用或者财产,不得扣除或者计算对应的折旧、摊销扣除。

8. 不重复扣除原则

除法律法规另有规定外,企业实际发生的成本、费用、税金、损失和其他支出,不得重复扣除。

(三) 具体扣除项目

1. 工资薪金

企业发生的合理的工资薪金支出,准予扣除。工资薪金,是指企业每一纳税年度支付给在本企业任职或者受雇的员工的所有现金形式或者非现金形式的劳动报酬,包括基本工资、奖金、津贴、补贴、年终加薪、加班工资,以及与员工任职或者受雇有关的其他支出。

疑点爆破道具——奇思妙响指 NICE 7-6:
什么是合理工资薪金?

2. 职工福利费、工会经费、职工教育经费

(1) 职工福利费支出

企业发生的职工福利费支出,不超过工资薪金总额14%的部分,准予扣除。

疑点爆破道具——奇思妙响指 NICE 7-7：
什么是企业职工福利费？

(2) 工会经费支出

企业拨缴的职工工会经费，不超过工资薪金总额2%的部分，凭工会组织开具的《工会经费收入专用收据》在企业所得税税前扣除。

(3) 职工教育经费支出

为鼓励企业加大职工教育经费投入，自2018年1月1日起，企业发生的职工教育经费支出，不超过工资薪金总额8%的部分，准予在计算应纳税所得额时扣除；超过部分，准予在以后纳税年度结转扣除。

"工资薪金总额"，是指企业按照上述第1条规定实际发放的工资薪金总和，不包括企业的职工福利费、职工教育经费、工会经费以及养老保险费、医疗保险费、失业保险费、工伤保险费、生育保险费等社会保险费和住房公积金。属于国有性质的企业，其工资薪金，不得超过政府有关部门给予的限定数额；超过部分，不得计入企业工资薪金总额，也不得在计算企业应纳税所得额时扣除。

3. 社会保险费与其他保险费

(1) 企业为员工购买的各类保险

企业依照国务院有关主管部门或者省级人民政府规定的范围和标准为职工缴纳的基本养老保险费、基本医疗保险费、失业保险费、工伤保险费、生育保险费等基本社会保险费和住房公积金，准予扣除。

企业为投资者或者职工支付的补充养老保险费、补充医疗保险费，在国务院财政、税务主管部门规定的范围和标准内，准予扣除。

除企业依照国家有关规定为特殊工种职工支付的人身安全保险费和国务院财政、税务主管部门规定可以扣除的其他商业保险费外，企业为投资者或者职工支付的商业保险费，不得扣除。国家税务总局规定可以扣除的商业保险有：企业职工因公出差乘坐交通工具发生的人身意外保险费支出，准予企业在计算应纳税所得额时扣除。

(2) 企业为自身购买的保险

企业参加财产保险，按照规定缴纳的保险费，准予扣除。

企业参加雇主责任险、公众责任险等责任保险，按照规定缴纳的保险费，准予在企业所得税税前扣除。

4. 借款费用

企业在生产经营活动中发生的合理的不需要资本化的借款费用，准予扣除。

企业为购置、建造固定资产、无形资产和经过12个月以上的建造才能达到预定可销售状态的存货发生借款的，在有关资产购置、建造期间发生的合理的借款费用，应当作为资本性支出计入有关资产的成本；有关资产交付使用后发生的借款费用可在发生当期扣除。

企业通过发行债券、取得贷款、吸收保户储金等方式融资而发生的合理的费用支出，符合资本化条件的,应计入相关资产成本;不符合资本化条件的,应作为财务费用,准予在企业所得税前据实扣除。

5. 利息费用

企业在生产经营活动中发生的下列利息支出,准予扣除:

(1) 非金融企业向金融企业借款的利息支出、金融企业的各项存款利息支出和同业拆借利息支出、企业经批准发行债券的利息支出;

(2) 非金融企业向非金融企业借款的利息支出,不超过按照金融企业同期同类贷款利率计算的数额的部分。

(3) 企业关联方利息支出税前扣除,应当符合《关于企业关联方利息支出税前扣除标准有关税收政策问题的通知》(财税〔2008〕121号)的规定条件。企业从其关联方接受的债权性投资与权益性投资的比例超过规定标准发生的利息支出,不得在计算应纳税所得额时扣除。

(4) 企业向没有关联关系的自然人借款的利息支出,其借款情况同时符合以下条件的,其利息支出在不超过按照金融企业同期同类贷款利率计算的数额的部分,准予扣除:第一,企业与个人之间的借贷是真实、合法、有效的,并且不具有非法集资目的或其他违反法律、法规的行为;第二,企业与个人之间签订了借款合同。

6. 汇兑损失

企业在货币交易中,以及纳税年度终了时将人民币以外的货币性资产、负债按照期末即期人民币汇率中间价折算为人民币时产生的汇兑损失,除已经计入有关资产成本以及与向所有者进行利润分配相关的部分外,准予扣除。

7. 业务招待费

企业发生的与生产经营活动有关的业务招待费支出,按照发生额的60%扣除,但最高不得超过当年销售(营业)收入的5‰。

案情追踪道具——追案魔法帽7-8:
对企业从事股权投资及企业筹建,其业务招待费
企业所得税税前扣除的规定

8. 广告费和业务宣传费

企业发生的符合条件的广告费和业务宣传费支出,除国务院财政、税务主管部门另有规定外,不超过当年销售(营业)收入15%的部分,准予扣除;超过部分,准予在以后纳税年度结转扣除。

自2021年1月1日起至2025年12月31日止执行的广告费和业务宣传费支出税前扣除规则如下:

第一,对化妆品制造或销售、医药制造和饮料制造(不含酒类制造)企业发生的广告费和业务宣传费支出,不超过当年销售(营业)收入30%的部分,准予扣除;超过部分,准予在以后纳税年度结转扣除。

第二,对签订广告费和业务宣传费分摊协议(以下简称分摊协议)的关联企业,其中一方发生的不超过当年销售(营业)收入税前扣除限额比例内的广告费和业务宣传费支出可以在本企业扣除,也可以将其中的部分或全部按照分摊协议归集至另一方扣除。另一方在计算本企业广告费和业务宣传费支出企业所得税税前扣除限额时,可将按照上述办法归集至本企业的广告费和业务宣传费不计算在内。

第三,烟草企业的烟草广告费和业务宣传费支出,一律不得在计算应纳税所得额时扣除。

9. 环境保护专项资金

企业依照法律、行政法规有关规定提取的用于环境保护、生态恢复等方面的专项资金,准予扣除。上述专项资金提取后改变用途的,不得扣除。

10. 资产租赁费

企业根据生产经营活动的需要租入固定资产支付的租赁费,按照以下方法扣除:(1) 以经营租赁方式租入固定资产发生的租赁费支出,按照租赁期限均匀扣除;(2) 以融资租赁方式租入固定资产发生的租赁费支出,按照规定构成融资租入固定资产价值的部分应当提取折旧费用,分期扣除。

11. 劳动保护费

企业发生的合理的劳动保护支出,准予扣除。

12. 非居民企业境外总机构分摊费用

非居民企业在中国境内设立的机构、场所,就其中国境外总机构发生的与该机构、场所生产经营有关的费用,能够提供总机构出具的费用汇集范围、定额、分配依据和方法等证明文件,并合理分摊的,准予扣除。

13. 公益性捐赠支出

企业发生的公益性捐赠支出,在年度利润总额12%以内的部分,准予在计算应纳税所得额时扣除;超过年度利润总额12%的部分,准予结转以后三年内在计算应纳税所得额时扣除。年度利润总额,是指企业依照国家统一会计制度的规定计算的年度会计利润。

疑点爆破道具——奇思妙响指 NICE 7-9:
什么是公益性捐赠、公益慈善事业、公益性社会组织?

案情追踪道具——追案魔法帽 7-10:
关于公益性捐赠企业所得税税前扣除的具体规定

14. 有关资产的费用

企业转让资产,该项资产的净值,准予在计算应纳税所得额时扣除;企业按照规定计算的固定资产折旧、无形资产摊销费用,准予扣除;企业使用或者销售存货,按照规定计算的存货成本,准予扣除。

15. 其他项目

依照有关法律、法规等规定,准予扣除的其他项目。

疑点爆破道具——奇思妙响指 NICE 7-11：
对企业所得税税前扣除其他项目的规定

（四）不得扣除的项目

在计算应纳税所得额时，下列支出不得扣除：

1. 向投资者支付的股息、红利等权益性投资收益款项；
2. 企业所得税税款；
3. 税收滞纳金；
4. 罚金、罚款和被没收财物的损失；
5. 超出规定标准的捐赠支出；
6. 赞助支出，即指企业发生的与生产经营活动无关的各种非广告性质支出；
7. 未经核定的准备金支出，即不符合国务院财政、税务主管部门规定的各项资产减值准备、风险准备等准备金支出；
8. 企业的不征税收入用于支出所形成的费用或者财产，不得扣除或者计算对应的折旧、摊销扣除；
9. 除企业依照国家有关规定为特殊工种职工支付的人身安全保险费和国务院财政、税务主管部门规定可以扣除的其他 商业保险费外，企业为投资者或者职工支付的商业保险费，不得扣除；
10. 企业依照法律、行政法规有关规定提取的用于环境保护、生态恢复等方面的专项资金提取后改变用途的，不得扣除；
11. 企业之间支付的管理费、企业内营业机构之间支付的租金和特许权使用费，以及非银行企业内营业机构之间支付的利息，不得扣除；
12. 企业对外投资期间，投资资产的成本在计算应纳税所得额时不得扣除；
13. 与取得收入无关的其他支出。

（五）亏损弥补

1. 基本规定

企业纳税年度发生的亏损，准予向以后年度结转，用以后年度的所得弥补，但结转年限最长不得超过5年。企业在汇总计算缴纳企业所得税时，其境外营业机构的亏损不得抵减境内营业机构的盈利。

2. 企业筹办期间不计算亏损年度

企业筹办期间不计算为亏损年度。企业自开始生产经营的年度，为开始计算企业损益的年度。企业从事生产经营之前进行筹办活动期间发生筹办费用支出，不得计算为当期的亏损。企业可以在开始经营之日的当年一次性扣除，也可以按照税法有关长期待摊费用的处理规定处理，但一经选定，不得改变。

3. 关于以前年度发生应扣未扣支出的税务处理

对企业发现以前年度实际发生的、按照税收规定应在企业所得税前扣除而未扣除或者少扣除的支出,企业做出专项申报及说明后,准予追补至该项目发生年度计算扣除,但追补确认期限不得超过5年。

企业由于上述原因多缴的企业所得税税款,可以在追补确认年度企业所得税应纳税款中抵扣,不足抵扣的,可以向以后年度递延抵扣或申请退税。

亏损企业追补确认以前年度未在企业所得税前扣除的支出,或盈利企业经过追补确认后出现亏损的,应首先调整该项支出所属年度的亏损额,然后再按照弥补亏损的原则计算以后年度多缴的企业所得税款。

4. 税务机关检查调增的企业应纳税所得额弥补以前年度亏损问题

税务机关对企业以前年度纳税情况进行检查时调增的应纳税所得额,凡企业以前年度发生亏损、且该亏损属于企业所得税法规定允许弥补的,应允许调增的应纳税所得额弥补该亏损。弥补该亏损后仍有余额的,按照企业所得税法规定计算缴纳企业所得税。对检查调增的应纳税所得额应根据其情节,依照《中华人民共和国税收征收管理法》有关规定进行处理或处罚。

5. 高新技术企业和科技型中小企业亏损结转

当年具备高新技术企业或科技型中小企业资格的企业,其具备资格年度之前5个年度发生的尚未弥补完的亏损,准予结转以后年度弥补,最长结转年限由5年延长至10年。

6. 受疫情影响较大的困难行业企业的亏损结转

受疫情影响较大的困难行业企业2020年度发生的亏损,最长结转年限由5年延长至8年。

困难行业企业,包括交通运输、餐饮、住宿、旅游(指旅行社及相关服务、游览景区管理两类)四大类,具体判断标准按照现行《国民经济行业分类》执行。困难行业企业2020年度主营业务收入须占收入总额(剔除不征税收入和投资收益)的50%以上。

第四节 应纳税额的计算

一、应纳税额的计算

企业的应纳税所得额乘以适用税率,减除依照本法关于税收优惠的规定减免和抵免的税额后的余额,为应纳税额。应纳税额的计算公式为:

应纳税额＝应纳税所得额×适用税率－减免税额－抵免税额

公式中的减免税额和抵免税额,是指依照企业所得税法和国务院的税收优惠规定减征、免征和抵免的应纳税额。

【例7-1】某工业企业2021年度相关生产经营业务如下:

(1) 当年销售产品不含税收入900万元,对外提供培训不含税收入150万元。国债利息收入270万元、取得对境内居民企业的投资收益300万元。

(2) 全年产品销售成本为600万元。

(3) 全年发生财务费用70万元,其中20万元为资本化的利息。

(4) 管理费用共计80万元,销售费用共计100万元,其中列支广告费、业务宣传费80万元。

(5) 营业外支出中通过政府部门向贫困地区捐款30万元,税收罚款10万元,滞纳金3.6万元,企业向银行支付的罚息5万元。

(6) 税金及附加20万元。

(7) 上年广告宣传费超支40万元。

根据上述资料,回答下列问题:

(1) 企业的收入总额为多少万元?

(2) 企业税前可扣除的财务费用和销售费用合计为多少万元?

(3) 企业税前可扣除的营业外支出为多少万元?

(4) 企业应缴纳的企业所得税为多少万元?

解 (1) 收入总额=900+150+270+300=1 600(万元)

(2) 资本化的利息,通过摊销方式扣除,不直接在财务费用中反映。因此,可扣除的财务费用=70-20=50(万元);营业收入=900+150=1 050(万元),广告宣传费扣除限额=1 050×15%=157.5(万元),实际列支80万,上年超支40万元,合计120万,未超过限额,可全额扣除;当年可扣除的销售费用=100(当期发生的)+40(上年超支广宣费)=140(万元);税前可扣除的财务费用和销售费用合计=50+140=190(万元)

(3) 利润总额=1 600(收入)-20(税金及附加)-600(成本)-(70-20)(财务费用)-80(管理费用)-100(销售费用)-(30+10+3.6+5)(营业外支出)=701.4(万元)

捐赠限额=701.4×12%=84.17(万元),实际捐赠为30万元,可据实扣除。

税收罚款和滞纳金不得扣除,企业向银行支付的罚息不属于行政罚款,可据实扣除,因此,可扣除的营业外支出=30+5=35(万元)。

(4) 应纳税所得额=1 600(收入总额)-(270+300)(免税收入)-20(税金及附加)-600(成本)-50(财务费用)-80(管理费用)-140(销售费用)-35(营业外支出)=105(万元)

企业2021年的应纳所得税额=105×25%=26.5(万元)

二、境外所得抵免税额的计算

(一) 抵免税额的范围

企业取得的下列所得已在境外缴纳的所得税税额,可以从其当期应纳税额中抵免,抵免限额为该项所得计算的应纳税额;超过抵免限额的部分,可以在以后5个年度内,用每年度抵免限额抵免当年应抵税额后的余额进行抵补:

第一,居民企业来源于中国境外的应税所得;

第二,非居民企业在中国境内设立机构、场所,取得发生在中国境外但与该机构、场所有实际联系的应税所得。

已在境外缴纳的所得税税额,是指企业来源于中国境外的所得依照中国境外税收法律以及相关规定应当缴纳并已经实际缴纳的企业所得税性质的税款。

5个年度,是指从企业取得的来源于中国境外的所得,已经在中国境外缴纳的企业所得税性质的税额超过抵免限额的当年的次年起连续5个纳税年度。

抵免企业所得税税额时,应当提供中国境外税务机关出具的税款所属年度的有关纳税凭证。

(二) 抵免限额的计算

抵免限额,是指企业来源于中国境外的所得,依照企业所得税法及其实施条例的规定计算的应纳税额。除国务院财政、税务主管部门另有规定外,该抵免限额应当分国(地区)不分项计算,计算公式如下:

$$抵免限额 = \frac{中国境内、境外所得依法计算的应纳税总额 \times 来源于某国(地区)的应纳税所得额}{中国境内、境外应纳税所得总额}$$

(三) 居民企业从其控制的外国企业分得的境外权益性投资收益

居民企业从其直接或者间接控制的外国企业分得的来源于中国境外的股息、红利等权益性投资收益,外国企业在境外实际缴纳的所得税税额中属于该项所得负担的部分,可以作为该居民企业的可抵免境外所得税税额,在抵免限额内抵免。

直接控制,是指居民企业直接持有外国企业20%以上股份。

间接控制,是指居民企业以间接持股方式持有外国企业20%以上股份,具体认定办法由国务院财政、税务主管部门另行制定。

【例7-2】 中国甲公司在B国设立乙分公司,在C国设立丙分公司。甲公司的应纳税所得为1 000万元,税率为25%;乙分公司所得200万元,B国所得税税率为20%;丙公司所得为100万元,C国所得税税率为35%。已在非居住国按照相应税率纳税,那么其应向居住国中国缴纳多少企业所得税?

解 B国抵免限额=(1 000+200+100)×25%×200/(1 000+200+100)=50(万元)

实际在B国纳税=200×20%=40万元,没有超过限额,40万元税额可以抵免。

C国抵免限额=(1 000+200+100)×25%×100/(1 000+200+100)=25(万元)

实际在C国纳税=100×35%=35万元,超过限额,只能按25万元抵免。

在中国纳税=(1 000+200+100)×25%-40-25=260(万元)

其来自C国的尚未抵免的税额35-25=10万元在以后的连续5年从该国不超过扣除额的余额中补扣。

三、居民企业核定征收应纳税额的计算

(一) 核定征收的情形

纳税人具有下列情形之一的,核定征收企业所得税:依照法律、行政法规的规定可以不设置账簿的;依照法律、行政法规的规定应当设置但未设置账簿的;擅自销毁账簿或者拒不提供纳税资料的;虽设置账簿,但账目混乱或者成本资料、收入凭证、费用凭证残缺不全,难以查账的;发生纳税义务,未按照规定的期限办理纳税申报,经税务机关责令限期申报,逾期仍不申报的;申报的计税依据明显偏低,又无正当理由的。

（二）核定方法

税务机关应根据纳税人具体情况，对核定征收企业所得税的纳税人，核定应税所得率或者核定应纳所得税额。

1. 核定其应税所得率

（1）具有下列情形之一的，核定其应税所得率：

能正确核算（查实）收入总额，但不能正确核算（查实）成本费用总额的；

能正确核算（查实）成本费用总额，但不能正确核算（查实）收入总额的；

通过合理方法，能计算和推定纳税人收入总额或成本费用总额的。

（2）采用应税所得率方式核定征收企业所得税的，应纳所得税额计算公式如下：

应纳企业所得税额＝应税所得额×适用税率

应税所得额＝应税收入额×应税所得率

或，应税所得额＝成本（费用）支出额/（1－应税所得率）×应税所得率

实行应税所得率方式核定征收企业所得税的纳税人，经营多业的，无论其经营项目是否单独核算，均由税务机关根据其主营项目确定适用的应税所得率。

2. 核定应纳所得税额

（1）纳税人不属于核定其应税所得率的，核定其应纳所得税额。

（2）税务机关采用下列方法核定征收企业所得税：① 参照当地同类行业或者类似行业中经营规模和收入水平相近的纳税人的税负水平核定；② 按照应税收入额或成本费用支出额定率核定；③ 按照耗用的原材料、燃料、动力等推算或测算核定；④ 按照其他合理方法核定。

采用上述所列一种方法不足以正确核定应纳税所得额或应纳税额的，可以同时采用两种以上的方法核定。采用两种以上方法测算的应纳税额不一致时，可按测算的应纳税额从高核定。

【例 7-3】 某饮食行业居民企业，因无法准确核算成本支出，被税务机关确定为核定征收企业所得税，企业 2021 年收入总额 530 万元，其中 9 月取得股票转让收入 30 万元，转让成本 20 万元。核定应税所得率 15%，该企业 2021 年应缴纳企业所得税多少万元？

解 （1）计算应税收入额：该企业采用应税所得率方式核定征收企业所得税，应税收入额应当为收入总额，不应扣除成本等费用。本题中应税收入额为收入总额 530 万元，且不需要扣除转让成本 20 万元；

（2）应税所得额＝应税收入额×应税所得率＝530×15%＝79.5 万元；

（3）应缴纳的企业所得税税额＝应税所得额×税率＝79.5×25%＝19.875 万元。

四、预提所得税的计算

预提所得税，简称预提税，是指预先扣除的所得税，是对源泉扣缴的所得税的习惯叫法。

非居民企业在中国境内未设立机构、场所的，或者虽设立机构、场所但取得的所得与其所设机构、场所没有实际联系的，应当就其来源于中国境内的所得缴纳企业所得税，按照下列方法计算其应纳税所得额：

1. 股息、红利等权益性投资收益和利息、租金、特许权使用费所得，以收入全额为应纳税

所得额;

2. 转让财产所得,以收入全额减除财产净值后的余额为应纳税所得额;

3. 其他所得,参照前两项规定的方法计算应纳税所得额。

上述应纳税所得额应当缴纳20%的企业所得税,减按10%的税率征收,且均应就其收入全额(除有关文件和税收协定另有规定外)征收预提所得税。

预提所得税由所得支付人(付款人)在向所得受益人(收款人)支付所得(款项)时为其代扣代缴税款。

我国境内预提所得税税率为10%,计提公式如下:

预提所得税额＝收入全额×税率

或,支付单位代扣代缴所得税额＝支付金额×税率

【例7-4】 境外某公司在中国设立机构、场所,2021年取得境内A公司支付的不动产转让收入500万元,该项不动产位于中国境内,净值为400万元;取得境内B公司支付的贷款利息40万元。2021年度该境外公司在我国应缴纳企业所得税多少万元?

解 在中国境内未设立机构、场所的非居民纳税人,取得境内的利息所得,以利息收入全额40万元为应纳税所得额;转让财产所得以收入全额减除财产净值后的余额为应纳税所得额,即500－400＝100万元。我国境内预提所得税税率为10%。

综上,预提所得税额＝应纳税所得额×税率＝[40＋(500－400)]×10%＝14(万元)

第五节 资产的税务处理

企业的各项资产,包括固定资产、生物资产、无形资产、长期待摊费用、投资资产、存货等,以历史成本为计税基础。历史成本,是指企业取得该项资产时实际发生的支出。

企业持有各项资产期间资产增值或者减值,除国务院财政、税务主管部门规定可以确认损益外,不得调整该资产的计税基础。

一、固定资产的税务处理

固定资产,是指企业为生产产品、提供劳务、出租或者经营管理而持有的、使用时间超过12个月的非货币性资产,包括房屋、建筑物、机器、机械、运输工具以及其他与生产经营活动有关的设备、器具、工具等。

(一) 固定资产的计税基础

固定资产按照以下方法确定计税基础:

1. 外购的固定资产,以购买价款和支付的相关税费以及直接归属于使该资产达到预定用途发生的其他支出为计税基础;

2. 自行建造的固定资产,以竣工结算前发生的支出为计税基础;

3. 融资租入的固定资产,以租赁合同约定的付款总额和承租人在签订租赁合同过程中发生的相关费用为计税基础,租赁合同未约定付款总额的,以该资产的公允价值和承租人在签订

租赁合同过程中发生的相关费用为计税基础；

4. 盘盈的固定资产，以同类固定资产的重置完全价值为计税基础；

5. 通过捐赠、投资、非货币性资产交换、债务重组等方式取得的固定资产，以该资产的公允价值和支付的相关税费为计税基础；

6. 改建的固定资产，除已足额提取折旧的固定资产的改建支出与租入固定资产的改建支出外，以改建过程中发生的改建支出增加计税基础。

(二) 固定资产折旧

计算应纳税所得额时，企业按照规定计算的固定资产折旧，准予扣除。

1. 固定资产折旧的范围

下列固定资产不得计算折旧扣除：房屋、建筑物以外未投入使用的固定资产；以经营租赁方式租入的固定资产；以融资租赁方式租出的固定资产；已足额提取折旧仍继续使用的固定资产；与经营活动无关的固定资产；单独估价作为固定资产入账的土地；其他不得计算折旧扣除的固定资产。

2. 固定资产折旧的计提方法

固定资产按照直线法计算的折旧，准予扣除。

$$年折旧率 = (1 - 预计净产值率) \div 预计使用年限 \times 100\%$$

企业应当自固定资产投入使用月份的次月起计算折旧；停止使用的固定资产，应当自停止使用月份的次月起停止计算折旧。

企业应当根据固定资产的性质和使用情况，合理确定固定资产的预计净残值。固定资产的预计净残值一经确定，不得变更。

3. 固定资产折旧的计提年限

除国务院财政、税务主管部门另有规定外，固定资产计算折旧的最低年限如下：房屋、建筑物，为20年；飞机、火车、轮船、机器、机械和其他生产设备，为10年；与生产经营活动有关的器具、工具、家具等，为5年；飞机、火车、轮船以外的运输工具，为4年；电子设备，为3年。

4. 特殊固定资产折旧处理

从事开采石油、天然气等矿产资源的企业，在开始商业性生产前发生的费用和有关固定资产的折耗、折旧方法，由国务院财政、税务主管部门另行规定。

二、生产性生物资产的税务处理

生产性生物资产，是指企业为生产农产品、提供劳务或者出租等而持有的生物资产，包括经济林、薪炭林、产畜和役畜等。

(一) 生产性生物资产的计税基础

生产性生物资产按照以下方法确定计税基础：

1. 外购的生产性生物资产，以购买价款和支付的相关税费为计税基础；

2. 通过捐赠、投资、非货币性资产交换、债务重组等方式取得的生产性生物资产，以该资产的公允价值和支付的相关税费为计税基础。

（二）生产性生物资产折旧

1. 生产性生物资产的折旧计提方法

生产性生物资产按照直线法计算的折旧,准予扣除。

企业应当自生产性生物资产投入使用月份的次月起计算折旧;停止使用的生产性生物资产,应当自停止使用月份的次月起停止计算折旧。

企业应当根据生产性生物资产的性质和使用情况,合理确定生产性生物资产的预计净残值。生产性生物资产的预计净残值一经确定,不得变更。

2. 生产性生物资产的折旧年限

生产性生物资产计算折旧的最低年限如下:林木类生产性生物资产,为 10 年;畜类生产性生物资产,为 3 年。

三、无形资产的税务处理

无形资产,是指企业为生产产品、提供劳务、出租或者经营管理而持有的、没有实物形态的非货币性长期资产,包括专利权、商标权、著作权、土地使用权、非专利技术、商誉等。

（一）无形资产的计税基础

无形资产按照以下方法确定计税基础:

1. 外购的无形资产,以购买价款和支付的相关税费以及直接归属于使该资产达到预定用途发生的其他支出为计税基础;

2. 自行开发的无形资产,以开发过程中该资产符合资本化条件后至达到预定用途前发生的支出为计税基础;

3. 通过捐赠、投资、非货币性资产交换、债务重组等方式取得的无形资产,以该资产的公允价值和支付的相关税费为计税基础。

（二）无形资产摊销费用

在计算应纳税所得额时,企业按照规定计算的无形资产摊销费用,准予扣除。

1. 无形资产摊销的范围

下列无形资产不得计算摊销费用扣除:自行开发的支出已在计算应纳税所得额时扣除的无形资产;自创商誉;与经营活动无关的无形资产;其他不得计算摊销费用扣除的无形资产。

2. 无形资产摊销方法

无形资产按照直线法计算的摊销费用,准予扣除。

无形资产的摊销年限不得低于 10 年。作为投资或者受让的无形资产,有关法律规定或者合同约定了使用年限的,可以按照规定或者约定的使用年限分期摊销。

外购商誉的支出,在企业整体转让或者清算时,准予扣除。

四、长期待摊费用的税务处理

长期待摊费用,是指企业发生的应在 1 个年度以上进行摊销的费用。

(一) 长期待摊费用的范围

在计算应纳税所得额时,企业发生的下列支出作为长期待摊费用,按照规定摊销的,准予扣除:

1. 已足额提取折旧的固定资产的改建支出;
2. 租入固定资产的改建支出;
3. 固定资产的大修理支出;
4. 其他应当作为长期待摊费用的支出。

固定资产的改建支出,是指改变房屋或者建筑物结构、延长使用年限等发生的支出。

固定资产的大修理支出,是指同时符合下列条件的支出:修理支出达到取得固定资产时的计税基础50%以上;修理后固定资产的使用年限延长2年以上。

(二) 长期待摊费用的摊销方式

1. 已足额提取折旧的固定资产的改建支出,按照固定资产预计尚可使用年限分期摊销。
2. 租入固定资产的改建支出,按照合同约定的剩余租赁期限分期摊销。

> 难点爆破道具——奇思妙响指 NICE 7-12:
> 对未足额提取折旧的固定资产改建支出的摊销规定

3. 固定资产的大修理支出,按照固定资产尚可使用年限分期摊销。
4. 其他应当作为长期待摊费用的支出,自支出发生月份的次月起,分期摊销,摊销年限不得低于3年。

五、存货的税务处理

存货,是指企业持有以备出售的产品或者商品、处在生产过程中的在产品、在生产或者提供劳务过程中耗用的材料和物料等。企业使用或者销售存货,按照规定计算的存货成本,准予在计算应纳税所得额时扣除。

(一) 存货的成本确定

存货按照以下方法确定成本:

1. 通过支付现金方式取得的存货,以购买价款和支付的相关税费为成本;
2. 通过支付现金以外的方式取得的存货,以该存货的公允价值和支付的相关税费为成本;
3. 生产性生物资产收获的农产品,以产出或者采收过程中发生的材料费、人工费和分摊的间接费用等必要支出为成本。

(二) 存货的成本计算

企业使用或者销售的存货的成本计算方法,可以在先进先出法、加权平均法、个别计价法中选用一种。计价方法一经选用,不得随意变更。

六、投资资产的税务处理

投资资产,是指企业对外进行权益性投资和债权性投资形成的资产。

(一) 投资资产的成本确定

投资资产按照以下方法确定成本:通过支付现金方式取得的投资资产,以购买价款为成本;通过支付现金以外的方式取得的投资资产,以该资产的公允价值和支付的相关税费为成本。

(二) 投资资产成本的扣除方法

企业在转让或者处置投资资产时,投资资产的成本,准予扣除;企业对外投资期间,投资资产的成本在计算应纳税所得额时不得扣除。

(三) 投资企业撤回或减少投资的税务处理

投资企业从被投资企业撤回或减少投资,其取得的资产中,相当于初始出资的部分,应确认为投资收回;相当于被投资企业累计未分配利润和累计盈余公积按减少实收资本比例计算的部分,应确认为股息所得,其余部分确认为投资资产转让所得。

被投资企业发生的经营亏损,由被投资企业按规定结转弥补;投资企业不得调整减低其投资成本,也不得将其确认为投资损失。

七、转让资产的税务处理

企业转让资产,该项资产的净值,准予在计算应纳税所得额时扣除。

资产的净值,是指有关资产、财产的计税基础减除已经按照规定扣除的折旧、折耗、摊销、准备金等后的余额。

除国务院财政、税务主管部门另有规定外,企业在重组过程中,应当在交易发生时确认有关资产的转让所得或者损失,相关资产应当按照交易价格重新确定计税基础。

八、清算所得的税务处理

清算所得,是指企业的全部资产可变现价值或者交易价格减除资产净值、清算费用以及相关税费等后的余额。

投资方企业从被清算企业分得的剩余资产,其中相当于从被清算企业累计未分配利润和累计盈余公积中应当分得的部分,应当确认为股息所得;剩余资产减除上述股息所得后的余额,超过或者低于投资成本的部分,应当确认为投资资产转让所得或者损失。

难点爆破道具——奇思妙响指 NICE 7-13:
企业重组的所得税处理

第六节 税收优惠

一、税基式减免优惠

(一) 免征与减征优惠

1. 从事农、林、牧、渔业项目的所得可以免征、减征企业所得税

企业从事下列项目的所得,免征企业所得税:蔬菜、谷物、薯类、油料、豆类、棉花、麻类、糖料、水果、坚果的种植;农作物新品种的选育;中药材的种植;林木的培育和种植;牲畜、家禽的饲养;林产品的采集;灌溉、农产品初加工、兽医、农技推广、农机作业和维修等农、林、牧、渔服务业项目;远洋捕捞。

企业从事下列项目的所得,减半征收企业所得税:花卉、茶以及其他饮料作物和香料作物的种植;海水养殖、内陆养殖。

企业从事国家限制和禁止发展的项目,不得享受上述企业所得税优惠。

2. 从事国家重点扶持的公共基础设施项目投资经营所得享受三免三减半优惠

国家重点扶持的公共基础设施项目,是指《公共基础设施项目企业所得税优惠目录》规定的港口码头、机场、铁路、公路、城市公共交通、电力、水利等项目。

企业从事规定的国家重点扶持的公共基础设施项目的投资经营所得,自项目取得第一笔生产经营收入所属纳税年度起,第一年至第三年免征企业所得税,第四年至第六年减半征收企业所得税。企业承包经营、承包建设和内部自建自用本条规定的项目,不得享受上述优惠。

在减免税期限内转让的,受让方自受让之日起,可以在剩余期限内享受规定的减免税优惠;减免税期限届满后转让的,受让方不得就该项目重复享受减免税优惠。

3. 从事符合条件的环境保护、节能节水项目的所得享受三免三减半优惠

环境保护、节能节水项目,包括公共污水处理、公共垃圾处理、沼气综合开发利用、节能减排技术改造、海水淡化等。项目的具体条件和范围由国务院财政、税务主管部门商国务院有关部门制订,报国务院批准后公布施行。

企业从事规定的符合条件的环境保护、节能节水项目的所得,自项目取得第一笔生产经营收入所属纳税年度起,第一年至第三年免征企业所得税,第四年至第六年减半征收企业所得税。

在减免税期限内转让的,受让方自受让之日起,可以在剩余期限内享受规定的减免税优惠;减免税期限届满后转让的,受让方不得就该项目重复享受减免税优惠。

4. 符合条件的技术转让所得可以免征、减征企业所得税

一个纳税年度内,居民企业技术转让所得不超过 500 万元的部分,免征企业所得税;超过 500 万元的部分,减半征收企业所得税。

5. 非居民企业部分所得免征企业所得税

非居民企业下列所得可以免征企业所得税:外国政府向中国政府提供贷款取得的利息所得;国际金融组织向中国政府和居民企业提供优惠贷款取得的利息所得;经国务院批准的其他所得。

（二）减计收入

企业综合利用资源,生产符合国家产业政策规定的产品所取得的收入,可以在计算应纳税所得额时减计收入。

减计收入,是指企业以《资源综合利用企业所得税优惠目录》规定的资源作为主要原材料,生产国家非限制和禁止并符合国家和行业相关标准的产品取得的收入,减按90%计入收入总额。

前款所称原材料占生产产品材料的比例不得低于《资源综合利用企业所得税优惠目录》规定的标准。

（三）加速折旧

企业的固定资产由于技术进步等原因,确需加速折旧的,可以缩短折旧年限或者采取加速折旧的方法。

可以采取缩短折旧年限或者采取加速折旧的方法的固定资产,包括:由于技术进步,产品更新换代较快的固定资产;常年处于强震动、高腐蚀状态的固定资产。

采取缩短折旧年限方法的,最低折旧年限不得低于法定折旧年限的60%;采取加速折旧方法的,可以采取双倍余额递减法或者年数总和法。

（四）加计扣除

企业的下列支出,可以在计算应纳税所得额时加计扣除:

1. 开发新技术、新产品、新工艺发生的研究开发费用

根据《企业所得税法实施条例》第九十五条规定,研究开发费用的加计扣除是指企业为开发新技术、新产品、新工艺发生的研究开发费用,未形成无形资产计入当期损益的,在按照规定据实扣除的基础上,按照研究开发费用的50%加计扣除;形成无形资产的,按照无形资产成本的150%摊销。

为进一步激励企业加大研发投入,支持科技创新,国家出台了一系列政策以完善研究开发费用税前扣除加计扣除政策的落实,并进一步提高企业研究开发费用的税前加计扣除比例,比如《财政部、国家税务总局、科技部关于完善研究开发费用税前加计扣除政策的通知》(财税〔2015〕119号)、《财政部、税务总局关于进一步完善研发费用税前加计扣除政策的公告》(财政部、税务总局公告2023年第7号)。根据上述相关政策规定,企业开展研发活动中实际发生的研发费用,未形成无形资产计入当期损益的,在按规定据实扣除的基础上,自2023年1月1日起,再按照实际发生额的100%在税前加计扣除;形成无形资产的,自2023年1月1日起,按照无形资产成本的200%在税前摊销。

2. 企业委托境外研究开发费用与税前加计扣除

按照《财政部、税务总局、科技部关于企业委托境外研究开发费用税前加计扣除有关政策问题的通知》(财税〔2018〕64号)文件的规定,企业委托境外的研究开发费用按照费用实际发生额的80%计入委托方的委托境外研究开发费用,不超过境内符合条件的研究开发费用2/3的部分,可以按规定在企业所得税税前加计扣除。

3. 安置残疾人员及国家鼓励安置的其他就业人员所支付的工资

企业安置残疾人员所支付的工资的加计扣除,是指企业安置残疾人员的,在按照支付给残疾职工工资据实扣除的基础上,按照支付给残疾职工工资的100%加计扣除。残疾人员的范围适用《中华人民共和国残疾人保障法》的有关规定。

企业安置国家鼓励安置的其他就业人员所支付的工资的加计扣除办法,由国务院另行规定。

(五) 创业投资扣除

创业投资企业从事国家需要重点扶持和鼓励的创业投资,可以按投资额的一定比例抵扣应纳税所得额。

抵扣应纳税所得额,是指创业投资企业采取股权投资方式投资于未上市的中小高新技术企业2年以上的,可以按照其投资额的70%在股权持有满2年的当年抵扣该创业投资企业的应纳税所得额;当年不足抵扣的,可以在以后纳税年度结转抵扣。

二、税率式减免优惠

(一) 符合条件的小型微利企业

符合条件的小型微利企业,减按20%的税率征收企业所得税。

疑点爆破道具——奇思妙响指 NICE 7-14:
什么是小型微利企业?

(二) 国家需要重点扶持的高新技术企业

国家需要重点扶持的高新技术企业,减按15%的税率征收企业所得税。

疑点爆破道具——奇思妙响指 NICE 7-15:
什么是国家需要重点扶持的高新技术企业?

(三) 非居民企业

非居民企业在中国境内未设立机构、场所的,或者虽设立机构、场所但取得的所得与其所设机构、场所没有实际联系的,应当就其来源于中国境内的所得减按10%的税率征收企业所得税。

三、税额式减免优惠

(一) 民族自治地方税额减免

民族自治地方的自治机关对本民族自治地方的企业应缴纳的企业所得税中属于地方分享的部分,可以决定减征或者免征。自治州、自治县决定减征或者免征的,须报省、自治区、直辖市人民政府批准。

(二) 环保专用设备的投资额实行税额抵免

企业购置用于环境保护、节能节水、安全生产等专用设备的投资额,可以按一定比例实行税额抵免。

税额抵免,是指企业购置并实际使用《环境保护专用设备企业所得税优惠目录》《节能节水专用设备企业所得税优惠目录》和《安全生产专用设备企业所得税优惠目录》规定的环境保护、节能节水、安全生产等专用设备的,该专用设备的投资额的10%可以从企业当年的应纳税额中抵免;当年不足抵免的,可以在以后5个纳税年度结转抵免。

享受前款规定的企业所得税优惠的企业,应当实际购置并自身实际投入使用前款规定的专用设备;企业购置上述专用设备在5年内转让、出租的,应当停止享受企业所得税优惠,并补缴已经抵免的企业所得税税款。

案情追踪道具——追案魔法帽7-16:
海南自由贸易港企业所得税优惠政策

第七节 特别纳税调整

企业与其关联方之间的业务往来,不符合独立交易原则而减少企业或者其关联方应纳税收入或者所得额的,税务机关有权按照合理方法调整。

独立交易原则,是指没有关联关系的交易各方,按照公平成交价格和营业常规进行业务往来遵循的原则。

关联方,是指与企业有下列关联关系之一的企业、其他组织或者个人:
1. 在资金、经营、购销等方面存在直接或者间接的控制关系;
2. 直接或者间接地同为第三者控制;
3. 在利益上具有相关联的其他关系。

特别纳税调整事项包括:企业的转让定价、预约定价安排、成本分摊协议、受控外国企业、资本弱化以及一般反避税等。

案情追踪道具——追案魔法帽7-17:
关联方企业所得税申报规定

一、企业的转让定价

转让定价方法包括可比非受控价格法、再销售价格法、成本加成法、交易净利润法、利润分割法及其他符合独立交易原则的方法,具体操作根据《特别纳税调查调整及相互协商程序管理办法》(国家税务总局公告 2017 年第 6 号)执行。

可比非受控价格法,是指按照没有关联关系的交易各方进行相同或者类似业务往来的价格进行定价的方法;

再销售价格法,是指按照从关联方购进商品再销售给没有关联关系的交易方的价格,减除相同或者类似业务的销售毛利进行定价的方法;

成本加成法,是指按照成本加合理的费用和利润进行定价的方法;

交易净利润法,是指按照没有关联关系的交易各方进行相同或者类似业务往来取得的净利润水平确定利润的方法;

利润分割法,是指将企业与其关联方的合并利润或者亏损在各方之间采用合理标准进行分配的方法;

其他符合独立交易原则的方法,包括成本法、市场法和收益法等资产评估方法,以及其他能够反映利润与经济活动发生地和价值创造地相匹配原则的方法。

二、预约定价安排

预约定价安排,是指企业就其未来年度关联交易的定价原则和计算方法,向税务机关提出申请,与税务机关按照独立交易原则协商、确认后达成的协议。

预约定价安排的谈签与执行经过预备会谈、谈签意向、分析评估、正式申请、协商签署和监控执行 6 个阶段。预约定价安排包括单边、双边和多边三种类型。

预约定价安排适用于主管税务机关向企业送达接收其谈签意向的《税务事项通知书》之日所属纳税年度起 3 至 5 个年度的关联交易以及主管税务机关向企业送达接收其谈签意向的《税务事项通知书》之日所属纳税年度前 3 个年度每年度发生的关联交易金额 4 000 万元人民币以上的企业。

企业以前年度的关联交易与预约定价安排适用年度相同或者类似的,经企业申请,税务机关可以将预约定价安排确定的定价原则和计算方法追溯适用于以前年度该关联交易的评估和调整。追溯期最长为 10 年。

预约定价安排的具体执行办法为《国家税务总局关于完善预约定价安排管理有关事项的公告》(国家税务总局公告 2016 年第 64 号)。

三、成本分摊协议

企业与其关联方共同开发、受让无形资产,或者共同提供、接受劳务发生的成本,在计算应纳税所得额时应当按照独立交易原则进行分摊。按照独立交易原则与其关联方分摊共同发生的成本,达成成本分摊协议。

企业与其关联方分摊成本时,应当按照成本与预期收益相配比的原则进行分摊,并在税务机关规定的期限内,按照税务机关的要求报送有关资料。

企业与其关联方分摊成本时违反相关规定的,其自行分摊的成本不得在计算应纳税所得额时扣除。

四、受控外国企业管理

由居民企业,或者由居民企业和中国居民控制的设立在实际税负明显低于企业所得税法第四条第一款规定税率水平的国家(地区)的企业,并非由于合理的经营需要而对利润不做分配或者减少分配的,上述利润中应归属于该居民企业的部分,应当计入该居民企业的当期收入。

中国居民,是指根据《中华人民共和国个人所得税法》的规定,就其从中国境内、境外取得的所得在中国缴纳个人所得税的个人。

控制包括:居民企业或者中国居民直接或者间接单一持有外国企业10%以上有表决权股份,且由其共同持有该外国企业50%以上股份;居民企业,以及居民企业和中国居民持股比例没有达到前述标准,但在股份、资金、经营、购销等方面对该外国企业构成实质控制。

企业所得税法第四十五条所称实际税负明显低于企业所得税法第四条第一款规定税率水平,是指低于企业所得税法第四条第一款规定税率的50%。

五、资本弱化

企业从其关联方接受的债权性投资与权益性投资的比例超过规定标准而发生的利息支出,不得在计算应纳税所得额时扣除。

债权性投资是指企业直接或者间接从关联方获得的,需要偿还本金和支付利息或者需要以其他具有支付利息性质的方式予以补偿的融资。

企业间接从关联方获得的债权性投资包括:关联方通过无关联第三方提供的债权性投资;无关联第三方提供的、由关联方担保且负有连带责任的债权性投资;其他间接从关联方获得的具有负债实质的债权性投资。

权益性投资是指企业接受的不需要偿还本金和支付利息,投资人对企业净资产拥有所有权的投资。

比例规定标准由国务院财政、税务主管部门规定。现行有效的比例规定标准由《国家税务总局关于印发〈特别纳税调整实施办法(试行)〉的通知》(国税发〔2009〕2号)确定。

六、一般反避税

企业实施其他不具有合理商业目的的安排而减少其应纳税收入或者所得额的,税务机关有权按照合理方法调整。

不具有合理商业目的是指以减少、免除或者推迟缴纳税款为主要目的。

税务机关依照本章规定做出纳税调整,需要补征税款的,应当补征税款,并按照国务院规定加收利息。利息计算期限为:自税款所属纳税年度的次年6月1日起至补缴税款之日止的期间,按日加收利息;利息计算标准为:按照税款所属纳税年度中国人民银行公布的与补税期间同期的人民币贷款基准利率加5个百分点计算;加收的利息不得在计算应纳税所得额时扣除。

第八节　征收管理

一、纳税地点

居民企业以企业登记注册地为纳税地点;但登记注册地在境外的,以实际管理机构所在地为纳税地点。居民企业在中国境内设立不具有法人资格的营业机构的,应当汇总计算并缴纳企业所得税。

非居民企业在中国境内设立机构、场所,就其所设机构、场所取得的来源于中国境内的所得,以及发生在中国境外但与其所设机构、场所有实际联系的所得,缴纳企业所得税时,以机构、场所所在地为纳税地点。非居民企业在中国境内设立两个或者两个以上机构、场所,符合国务院税务主管部门规定条件的,可以选择由其主要机构、场所汇总缴纳企业所得税。主要机构、场所应当同时符合下列条件:第一,对其他各机构、场所的生产经营活动负有监督管理责任;第二,设有完整的账簿、凭证,能够准确反映各机构、场所的收入、成本、费用和盈亏情况。

非居民企业在中国境内未设立机构、场所的,或者虽设立机构、场所但取得的所得与其所设机构、场所没有实际联系的,就其来源于中国境内的所得缴纳企业所得税时,以扣缴义务人所在地为纳税地点。

除国务院另有规定外,企业之间不得合并缴纳企业所得税。

二、纳税期限

企业所得税按年计征,分月或者分季度预缴,年终汇算清缴,多退少补。

(一) 按年计征

企业所得税按纳税年度计算。纳税年度自公历1月1日起至12月31日止。

企业在一个纳税年度中间开业,或者终止经营活动,使该纳税年度的实际经营期不足12个月的,应当以其实际经营期为一个纳税年度。

企业依法清算时,应当以清算期间作为一个纳税年度。

(二) 分月或者分季度预缴

企业所得税分月或者分季预缴。

企业应当自月份或者季度终了之日起15日内,向税务机关报送预缴企业所得税纳税申报表,预缴税款。

企业应当自年度终了之日起 5 个月内,向税务机关报送年度企业所得税纳税申报表,并汇算清缴,结清应缴应退税款。

(三) 汇算清缴

企业在年度中间终止经营活动的,应当自实际经营终止之日起 60 日内,向税务机关办理当期企业所得税汇算清缴。

三、纳税申报

企业在纳税年度内无论盈利或者亏损,都应当在规定预缴期限内,向税务机关报送预缴企业所得税纳税申报表、年度企业所得税纳税申报表、财务会计报告和税务机关规定应当报送的其他有关资料。

企业应当在办理注销登记前,就其清算所得向税务机关申报并依法缴纳企业所得税。

依照本法缴纳的企业所得税,以人民币计算。所得以人民币以外的货币计算的,应当折合成人民币计算并缴纳税款。

四、源泉扣缴

(一) 法定扣缴

非居民企业在中国境内未设立机构、场所的,或者虽设立机构、场所但取得的所得与其所设机构、场所没有实际联系的,就其来源于中国境内的所得缴纳企业所得税时,实行源泉扣缴,以支付人为扣缴义务人。税款由扣缴义务人在每次支付或者到期应支付时,从支付或者到期应支付的款项中扣缴,其中:

支付人,是指依照有关法律规定或者合同约定对非居民企业直接负有支付相关款项义务的单位或者个人。

支付,包括现金支付、汇拨支付、转账支付和权益兑价支付等货币支付和非货币支付。

到期应支付的款项,是指支付人按照权责发生制原则应当计入相关成本、费用的应付款项。

(二) 指定扣缴

对非居民企业在中国境内取得工程作业和劳务所得应缴纳的所得税,税务机关可以指定工程价款或者劳务费的支付人为扣缴义务人。

可以指定扣缴义务人的情形,包括:

1. 预计工程作业或者提供劳务期限不足一个纳税年度,且有证据表明不履行纳税义务的;
2. 没有办理税务登记或者临时税务登记,且未委托中国境内的代理人履行纳税义务的;
3. 未按照规定期限办理企业所得税纳税申报或者预缴申报的。

上述扣缴义务人,由县级以上税务机关指定,并同时告知扣缴义务人所扣税款的计算依据、计算方法、扣缴期限和扣缴方式。

(三) 特定扣缴

扣缴义务人未依法扣缴或者无法履行扣缴义务的,由纳税人在所得发生地缴纳。纳税人未依法缴纳的,税务机关可以从该纳税人在中国境内其他收入项目的支付人应付的款项中,追缴该纳税人的应纳税款。

在中国境内存在多处所得发生地的,由纳税人选择其中之一申报缴纳企业所得税。

税务机关在追缴该纳税人应纳税款时,应当将追缴理由、追缴数额、缴纳期限和缴纳方式等告知该纳税人。

五、跨地区经营汇总纳税征收管理

汇总纳税企业实行"统一计算、分级管理、就地预缴、汇总清算、财政调库"的企业所得税征收管理办法。

统一计算,是指总机构统一计算包括汇总纳税企业所属各个不具有法人资格分支机构在内的全部应纳税所得额、应纳税额。

分级管理,是指总机构、分支机构所在地的主管税务机关都有对当地机构进行企业所得税管理的责任,总机构和分支机构应分别接受机构所在地主管税务机关的管理。

就地预缴,是指总机构、分支机构应按本办法的规定,分月或分季分别向所在地主管税务机关申报预缴企业所得税。

汇总清算,是指在年度终了后,总机构统一计算汇总纳税企业的年度应纳税所得额、应纳所得税额,抵减总机构、分支机构当年已就地分期预缴的企业所得税款后,多退少补。

财政调库,是指财政部定期将缴入中央国库的汇总纳税企业所得税待分配收入,按照核定的系数调整至地方国库。

疑点爆破道具——奇思妙响指 NICE 7-18:
适用企业所得税汇总纳税企业范围

难点爆破道具——奇思妙响指 NICE 7-19:
企业所得税汇总纳税税款预缴规定

六、跨境电子商务综合试验区核定征收管理

经国务院批准的跨境电子商务综合试验区内(以下简称综试区)的跨境电商企业,同时符

合下列条件的,试行核定征收企业所得税办法:在综试区注册,并在注册地跨境电子商务线上综合服务平台登记出口货物日期、名称、计量单位、数量、单价、金额的;出口货物通过综试区所在地海关办理电子商务出口申报手续的;出口货物未取得有效进货凭证,其增值税、消费税享受免税政策的。

经国务院批准的跨境电子商务综合试验区内核定征收的跨境电商企业应准确核算收入总额,并采用应税所得率方式核定征收企业所得税。应税所得率统一按照4%确定。

经国务院批准的跨境电子商务综合试验区内实行核定征收的跨境电商企业符合小型微利企业优惠政策条件的,可享受小型微利企业所得税优惠政策;其取得的收入属于《中华人民共和国企业所得税法》第二十六条规定的免税收入的,可享受免税收入优惠政策。

上述跨境电商企业,是指自建跨境电子商务销售平台或利用第三方跨境电子商务平台开展电子商务出口的企业。

谜案 7　企业所得税

单选题

1. 下列选项中,不属于企业所得税税前扣除原则的是(　　)。
   A. 收付实现制　　B. 配比原则　　C. 权责发生制　　D. 合理性原则

2. 2021年度,甲企业实现不含税销售收入3 000万元,当年发生广告费400万元,上年度结转未扣除广告费60万元。已知广告费不超过当年销售收入15%的部分,准予扣除。甲企业在计算2021年度企业所得税应纳税所得额时,准予扣除的广告费金额为(　　)万元。
   A. 340　　B. 510　　C. 450　　D. 460

3. 下列各项支出中,可在企业所得税前扣除的是(　　)。
   A. 向投资者支付的股息、红利等权益性投资收益款项
   B. 企业之间支付的管理费
   C. 企业向银行支付的罚息
   D. 非银行企业内营业机构之间支付的利息

4. 根据企业所得税法的规定,下列不属于免税收入的是(　　)。
   A. 依法收取并纳入财政管理的行政事业性收费、政府性基金
   B. 居民企业直接投资于其他居民企业取得的投资收益
   C. 企业购买国债取得的利息收入
   D. 符合条件的非营利组织接受其他单位或个人捐赠的收入

5. 2021年某公司给自有员工实际发放合理工资总额1 000万元,公司生产部门接受外部劳务派遣员工6人,每人每月直接支付劳务费3 000元。假设公司当年发生的职工福利费为200万元,职工福利费应调增应纳税所得额(　　)万元。
   A. 54.96　　B. 55.97　　C. 56.98　　D. 60.00

6. 某企业2021年销售货物收入1 800万元,出租房屋收入500万元,转让房屋收入300万元,从其他单位分回投资收益200万元。当年实际发生业务招待费30万元,该企业当年可在企业所得税前扣除的业务招待费金额为(　　)万元。(以上收入均不含增值税)
   A. 10.2　　B. 11.5　　C. 15.3　　D. 20

7. 某工业企业2020年不含税销售收入为2 000万元,当年实际发生广告费支出360万元,2021年取得不含税销售收入1 900万元,出租房屋取得不含税收入200万元,转让商标所有权取得收入220万元;当年实际发生广告费支出200万元。则该企业在计算2021年企业所

得税应纳税所得额时准予扣除的广告费为( )万元。

A. 260　　　　B. 200　　　　C. 280　　　　D. 300

8. 2021年度,某企业财务资料显示,开具增值税专用发票取得收入2 000万元,另外从事运输服务,不含税收入220万元。收入对应的销售成本和运输成本合计为1 550万元,期间费用、税金及附加为200万元,营业外支出100万元(其中,90万元为公益性捐赠支出),上年度企业自行计算亏损50万元,经税务机关核定的亏损为30万元。企业在所得税前可以扣除的捐赠支出为( )万元

A. 90　　　　B. 40.8　　　　C. 44.4　　　　D. 23.4

9. 根据企业所得税法的规定,下列说法不正确的是( )。

A. 中药材的种植所得免征企业所得税

B. 符合条件的创投企业可以按照投资额的70%在股权持有满2年的当年抵扣该创业投资企业的应纳税所得额

C. 企业购置用于环境保护、节能节水、安全生产等专用设备,在5年内转让的,可以继续享受企业所得税优惠

D. 自2022年1月1日起至2024年12月31日止,对小型微利企业年应纳税所得额超过100万元但不超过300万元的部分,减按25%计入应纳税所得额,按20%的税率缴纳企业所得税

10. 企业合并适用一般性税务处理方法时,说法错误的是( )。

A. 被合并企业亏损不得在合并企业结转弥补

B. 合并企业合并前相关所得税事项由合并企业承继

C. 合并企业按公允价值确定接受被合并企业各项资产和负债的计税基础

D. 被合并企业及其股东都按清算进行所得税处理

多选题

1. 下列保险费不可以在企业所得税前扣除的有( )。

A. 企业缴纳的货物运输保险费

B. 企业为其职工支付的家庭财产保险费

C. 企业为其股东支付的分红性商业养老保险费

D. 企业职工因公出差乘坐交通工具发生的人身意外保险费

E. 企业按职工工资总额2%标准为其全体职工支付的补充养老保险费

2. 根据企业所得税法的规定,下列关于企业所得税收入确认的说法中正确的有( )。

A. 租金收入按合同约定的承租人应付租金的日期确认

B. 接受捐赠的收入按照合同约定应收的日期确认

C. 企业转让股权收入应于协议生效或者完成股权变更手续时确认收入

D. 采取预收款方式销售的在发出商品时确认收入

E. 采取托收承付方式销售的在办妥托收手续时

3. 下列关于加计扣除政策的表述中,不正确的有( )。

A. 烟草制造业适用加计扣除的政策

B. 房地产业不适用加计扣除的政策

C. 企业2021年委托境外进行研发活动所发生的费用,不可以加计扣除

D. 企业安置残疾人员所支付的工资可以加计扣除

E. 企业应对研发费用和生产经营费用分别核算,准确、合理归集各项费用支出,对划分不清的,不得实行加计扣除

4. 甲公司是境内一家上市公司,属于居民企业,乙公司是非居民企业,但在境内有机构场所,下列收入中不属于免税收入的有(　　)。

A. 甲公司取得的国债利息收入

B. 甲公司购买境内某上市公司股票,5个月后收到分配的股息所得

C. 乙公司购买甲公司股票,5个月后取得的股息所得

D. 甲公司收到投资时间长达4年的境外某公司分配的股息所得

E. 甲公司不征税收入孳生的银行存款利息收入

5. 下列关于生物资产和无形资产的税务处理,表述正确的有(　　)。

A. 外购的生产性生物资产,以购买价款为计税基础

B. 通过捐赠、投资、非货币性资产交换、债务重组等方式取得的生产性生物资产,以该资产的公允价值和支付的相关税费为计税基础

C. 企业应当自生产性生物资产投入使用月份的次月起计算折旧

D. 外购的无形资产,以购买价款和支付的相关税费以及直接归属于使该资产达到预定用途发生的其他支出为计税基础

E. 企事业单位购进软件,凡符合固定资产或无形资产确认条件的,可以按照固定资产或无形资产进行核算,其折旧或摊销年限可以适当缩短,最短可为3年

6. 下列项目,可享受企业所得税三免三减半优惠的有(　　)。

A. 节能节水项目所得

B. 国家重点扶持的公共基础设施项目所得

C. 资源综合利用项目所得

D. 符合条件的节能服务公司实施合同能源管理项目所得

E. 环境保护项目所得

7. 根据企业所得税法的规定,下列行为视同销售的有(　　)。

A. 将资产用于职工奖励　　　　　B. 将资产用于市场推广

C. 将资产用于交际应酬　　　　　D. 将资产用于生产另一产品

E. 将资产用于股息分配

8. 下列所得中,按照支付、负担所得的企业或机构、场所所在地确定所得来源地的有(　　)。

A. 销售货物所得　　　　　　　　B. 利息所得

C. 动产转让所得　　　　　　　　D. 特许权使用费所得

E. 租金所得

9. 根据企业所得税相关规定,企业下列支出超过税法规定扣除限额标准,准予向以后年度结转扣除的有(　　)。

A. 业务宣传费支出　　　　　　　B. 广告费支出

C. 职工福利费支出　　　　　　　D. 职工教育经费支出

E. 公益性捐赠支出

10. 下列有关企业所得税收入确认的表述,正确的有( )。
   A. 企业买一赠一等方式组合销售本企业商品的,不属于捐赠,应将总的销售金额按各项商品的公允价值的比例来分摊确认各项的销售收入
   B. 视同销售情况下,属于企业自制的资产,应按企业同类资产同期对外销售价格确认销售收入
   C. 售后回购满足收入确认条件的,应分别做销售和购进核算
   D. 视同销售情况下,属于外购的资产,不以销售为目的,在购买后一个纳税年度内作为职工福利发放给职工的,按购入时的价格确认销售收入
   E. 企业发生的商业折扣应当按扣除商业折扣后的余额确定销售商品收入金额

计算题

某工业企业 2021 年企业有关生产、经营资料如下:
(1) 取得产品不含税销售收入 300 万元,其他业务收入 50 万元,金融债券利息收入 21 万元,地方政府债券利息收入 10 万元,视同销售收入 100 万元。
(2) 发生产品销售成本 100 万元;发生产品销售税金及附加 5.6 万元。
(3) 发生销售费用 80 万元,全部为广告费。
(4) 发生财务费用 40 万元,其中:1 月 1 日以集资方式筹集生产性资金 300 万元,期限 1 年,支付利息费用 30 万元(同期银行贷款年利率 6%)。
(5) 发生管理费用 26 万元,其中含业务招待费 20 万元,为股东支付的商业保险费 5 万元。
(6) "营业外支出"账户记载金额 33.52 万元。其中:合同违约金 4 万元;通过民政局对灾区捐赠现金 29.52 万元。

根据上述资料,回答下列问题:
(1) 该企业 2021 年销售费用需要纳税调整的金额为多少万元?
(2) 该企业 2021 年税前准予扣除的财务费用为多少万元?
(3) 该企业 2021 年税前准予扣除的管理费用为多少万元?
(4) 2021 年该企业应缴纳的企业所得税税额为多少万元?

简答题

1. 简述应税收入的扣除原则。
2. 简述企业所得税的作用。

论述题

1. 论述企业所得税的特点。
2. 阐述企业所得税制度历史沿革。

谜底(请找彩蛋)

第 8 章 个人所得税

008 从鲨鱼号飞艇上下来执行任务

◇ 任务分解

- 了解个人所得税税收制度的沿革
- 掌握个人所得税的税收要素
- 融会贯通个人所得税税额计算和税纳税申报的税务实操
 （掌握纳税人不同类型个人所得应纳税额的计算）
- 熟悉个人所得税的重要概念、征管制度

◇ 疑难重点

- 重点：个人所得税的征税范围，综合所得包含的项目，不同项目计算征收个人所得税的方法，税收优惠政策，个人所得税纳税申报
- 难点：个人所得税综合所得应纳税额的计算，个体工商经营所得应纳税额的计算

◇ 探案道具箱

密码

大力箱，
萌探 008 探案助手，兼案卷记录员，
AI 族，全知全能⋯

第8章　个人所得税

✅ **谜案线索**

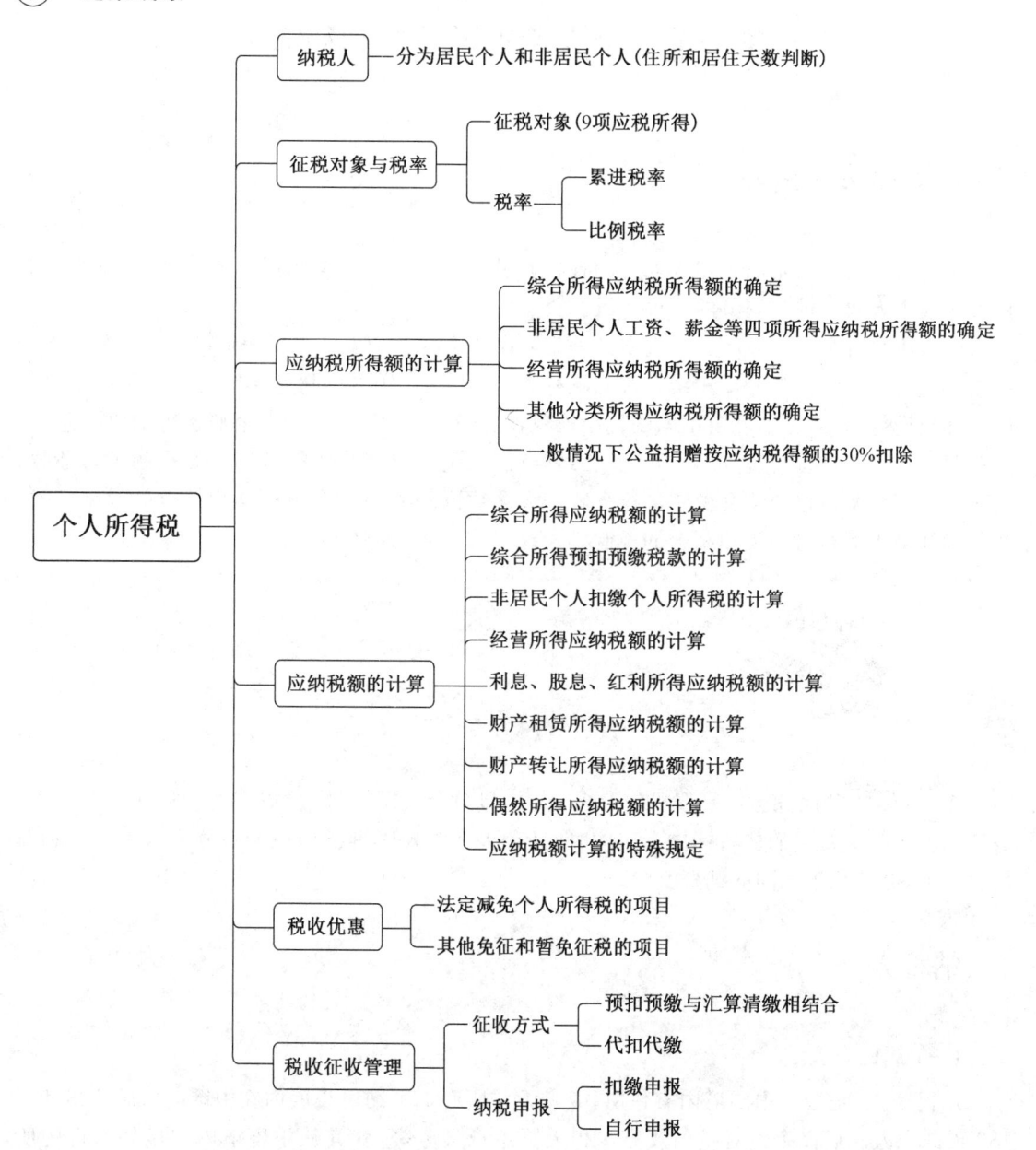

```
                            ┌─ 纳税人 ── 分为居民个人和非居民个人(住所和居住天数判断)
                            │
                            │                    ┌─ 征税对象(9项应税所得)
                            ├─ 征税对象与税率 ──┤              ┌─ 累进税率
                            │                    └─ 税率 ──────┤
                            │                                  └─ 比例税率
                            │
                            │                    ┌─ 综合所得应纳税所得额的确定
                            │                    ├─ 非居民个人工资、薪金等四项所得应纳税所得额的确定
                            ├─ 应纳税所得额的计算 ─┼─ 经营所得应纳税所得额的确定
                            │                    ├─ 其他分类所得应纳税所得额的确定
                            │                    └─ 一般情况下公益捐赠按应纳税得额的30%扣除
                            │
                            │                    ┌─ 综合所得应纳税额的计算
                            │                    ├─ 综合所得预扣预缴税款的计算
                            │                    ├─ 非居民个人扣缴个人所得税的计算
个人所得税 ─────────────────┤                    ├─ 经营所得应纳税额的计算
                            ├─ 应纳税额的计算 ───┼─ 利息、股息、红利所得应纳税额的计算
                            │                    ├─ 财产租赁所得应纳税额的计算
                            │                    ├─ 财产转让所得应纳税额的计算
                            │                    ├─ 偶然所得应纳税额的计算
                            │                    └─ 应纳税额计算的特殊规定
                            │
                            │                    ┌─ 法定减免个人所得税的项目
                            ├─ 税收优惠 ─────────┤
                            │                    └─ 其他免征和暂免征税的项目
                            │
                            │                    ┌─ 征收方式 ──┬─ 预扣预缴与汇算清缴相结合
                            │                    │             └─ 代扣代缴
                            └─ 税收征收管理 ─────┤
                                                 └─ 纳税申报 ──┬─ 扣缴申报
                                                               └─ 自行申报
```

第一节　个人所得税及其纳税人

一、个人所得税概述

个人所得税主要是以自然人取得的各项应税所得为征税对象而征收的一种税,是政府利用税收对个人收入进行调节的一种手段。

个人所得税是一国经济水平发展到一定阶段的产物。个人所得税按征税模式可分为综合税制、分类税制、综合与分类相结合税制三种类型。其中,分类税制是将纳税人的所得按照不同的性质进行分类,分别规定不同的税率征税;综合税制是将纳税人的全部所得加以汇总,就其总额设计税率进行征税;综合与分类相结合税制,是指对部分所得按照分类税制进行征收,而对另一部分所得按照综合税制进行征收。大多数国家采用综合与分类相结合的税制模式。我国同样采用综合与分类相结合的税制模式。

案情追踪道具——追案魔法帽 8-1:
我国个人所得税立法演进

个人所得税的纳税人,是取得《中华人民共和国个人所得税法》规定的应税所得的个人。我国依据国际上常用的住所标准和居住时间标准,将个人所得税纳税人划分为居民个人和非居民个人,分别承担不同的纳税义务。

二、纳税人

(一) 居民个人

居民个人,是指在中国境内有住所,或者无住所而1个纳税年度内在中国境内居住累计满183天的个人。居民个人对我国政府承担无限纳税义务,应就其从中国境内和境外取得的所得,依法缴纳个人所得税。

这里所说的"纳税年度",自公历1月1日起至12月31日止。

这里所说的"183天",是参照国际通行的时间判定标准,与大多数OECD国家、金砖国家的通行做法保持一致,并与税收协定相互衔接。

这里所说的"在中国境内有住所",是税法的特定概念,具体是指因户籍、家庭、经济利益关系而在中国境内习惯性居住。所谓习惯性居住,是指个人因学习、工作、旅游等原因消除之后,没有理由在其他地方继续居留时,所要回到的地方,而不是指实际居住或在某一个特定时期内的居住地。

除国务院财政、税务主管部门另有规定外,下列所得,不论支付地点是否在中国境内,均为来源于中国境内的所得:

(1) 因任职、受雇、履约等在中国境内提供劳务取得的所得;

(2) 将财产出租给承租人在中国境内使用而取得的所得;

(3) 许可各种特许权在中国境内使用而取得的所得;

(4) 转让中国境内的不动产等财产或者在中国境内转让其他财产取得的所得;

(5) 从中国境内企业、事业单位、其他组织以及居民个人取得的利息、股息、红利所得。

在中国境内无住所的个人,在中国境内居住累计满183天的年度连续不满6年的,经向主管税务机关备案,其来源于中国境外且由境外单位或者个人支付的所得,免予缴纳个人所得税。在中国境内居住累计满183天的任一年度中有1次离境超过30天的,其在中国境内居住累计满183天的年度的连续年限重新起算。

无住所个人一个纳税年度内在中国境内累计居住天数,按照个人在中国境内累计停留的天数计算。在中国境内停留的当天满24小时的,计入中国境内居住天数,在中国境内停留的当天不足24小时的,不计入中国境内居住天数。

【例8-1】 王先生为中国香港居民,但工作地点在深圳。2022年,每周一早上来深圳上班,周五晚上回香港。不考虑其他因素,王先生2022年构成我国的居民个人吗?

解 王先生每周一和周五当天在境内停留都不足24小时,因此不计入境内居住天数,再加上周六、周日2天也不计入,这样,每周可计入的天数仅为3天,按全年52周计算,王先生全年在境内居住天数为156天,未超过183天,不构成居民个人。

(二) 非居民个人

非居民个人,是指在中国境内无住所又不居住,或者无住所而一个纳税年度内在中国境内居住累计不满183天的个人。非居民个人对我国政府承担有限纳税义务,仅就其从中国境内取得的所得,依法缴纳个人所得税。

在中国境内无住所的个人,一个纳税年度内在中国境内居住累计不超过90天的,其来源于中国境内的所得,由境外雇主支付并且不是由该雇主在中国境内的机构、场所负担的部分,免予缴纳个人所得税。

【例8-2】 刘女士为中国香港居民,2015年1月1日来到深圳工作,2022年9月30日回到香港工作,在此期间,除2021年2月1日至3月15日临时回香港处理公务外,其余时间一直停留在深圳。请分析刘女士2015~2022年的纳税义务。

解 2015~2020年,刘女士在境内居住累计满183天的年度连续不满六年,其取得的境外支付的境外所得,可免缴个人所得税。

2021年,刘女士当年在境内居住满183天,且她在境内居住累计满183天的年度已经连续满六年(2015~2020年),并且没有单次离境超过30天的情形,因此,刘女士应就在境内和境外取得的所得缴纳个人所得税。

2022年,由于刘女士2021年有单次离境超过30天的情形(2021年2月1日至3月15日),其在境内居住累计满183天的连续年限清零,重新起算,2022年当年刘女士取得的境外支付的境外所得,可以免缴个人所得税。

第二节 征税对象与税率

一、个人所得税征税对象

个人所得税的征税对象,是指现行《个人所得税法》及《实施条例》规定的应税所得,共包括9个应税项目。

(一) 工资、薪金所得

工资、薪金所得,是指个人因任职或者受雇取得的工资、薪金、奖金、年终加薪、劳动分红、津贴、补贴以及与任职或者受雇有关的其他所得。

下列项目不属于工资、薪金性质的补贴、津贴,不征收个人所得税:(1)独生子女补贴;(2)执行公务员工资制度未纳入基本工资总额的补贴、津贴差额和家属成员的副食品补贴;(3)托儿补助费;(4)差旅费津贴、误餐补助。上述不征税的误餐补助,是指按财政部门规定,个人因公在城区、郊区工作,不能在工作单位或返回就餐,确实需要在外就餐的,根据实际误餐顿数,按规定的标准领取的误餐费。一些单位以误餐补助名义发给职工的补贴、津贴,应当并入当月工资、薪金所得计征个人所得税。

(二) 劳务报酬所得

劳务报酬所得,是指个人从事劳务取得的所得,包括从事设计、装潢、安装、制图、化验、测试、医疗、法律、会计、咨询、讲学、翻译、审稿、书画、雕刻、影视、录音、录像、演出、表演、广告、展览、技术服务、介绍服务、经纪服务、代办服务以及其他劳务取得的所得。

工资、薪金所得和劳务报酬所得,常常难以区分。工资、薪金所得是属于非独立个人劳务活动,即在机关、团体、学校、部队、企事业单位及其他组织中任职、受雇而得到的报酬;劳务报酬所得则是个人独立从事各种技艺、提供各项劳务取得的报酬。两者的主要区别在于,前者存在雇佣与被雇佣关系,后者则不存在这种关系。

(三) 稿酬所得

稿酬所得,是指个人因其作品以图书、报刊等形式出版、发表而取得的所得。这里的"作品",包括文字作品、书画作品、摄影作品以及其他作品。作者去世后,对取得其遗作稿酬的个人,按稿酬所得征个人所得税。

(四) 特许权使用费所得

特许权使用费所得,是指个人提供专利权、商标权、著作权、非专利技术以及其他特许权的使用权取得的所得;提供著作权的使用权取得的所得,不包括稿酬所得。

1. 作者将自己的文字作品手稿原件或复印件公开拍卖(竞价)取得的所得,应按"特许权使用费所得"项目缴纳个人所得税。

2. 个人取得专利赔偿所得,应按"特许权使用费所得"项目缴纳个人所得税。

3. 对于剧本作者从电影、电视剧的制作单位取得的剧本使用费,不再区分剧本的使用方

是否为其任职单位,统一按"特许权使用费所得"项目征收个人所得税

(五) 经营所得

经营所得,是指:(1) 个体工商户从事生产、经营活动取得的所得,个人独资企业投资人、合伙企业的个人合伙人来源于境内注册的个人独资企业、合伙企业生产、经营的所得;(2) 个人依法从事办学、医疗、咨询以及其他有偿服务活动取得的所得;(3) 个人对企业、事业单位承包经营、承租经营以及转包、转租取得的所得;(4) 个人从事其他生产、经营活动取得的所得。

(六) 利息、股息、红利所得

利息、股息、红利所得,是指个人拥有债权、股权等而取得的利息、股息、红利所得。其中,股息是优先股股东按一定的比率从公司分得的盈利,红利则是在公司分派股息之后按持股比例向普通股股东分配的剩余利润。

(七) 财产租赁所得

财产租赁所得,是指个人出租不动产、机器设备、车船以及其他财产取得的所得。

1. 个人取得的房屋转租收入,属于"财产租赁所得"项目。

2. 房地产开发企业与商店购房者个人签订协议规定,房地产开发企业按优惠价格出售其开发的商店给购买者个人,但购买者个人在一定期限内必须将购买的商店无偿提供给房地产开发企业对外出租使用,其实质是购买者个人以所购商店交由房地产开发企业出租而取得的房屋租赁收入支付了部分购房价款。对上述情形的购买者个人少支出的购房价款,应视同个人财产租赁所得,按照"财产租赁所得"项目征收个人所得税,每次财产租赁所得的收入额,按照少支出的购房价款和协议规定的租赁月份数平均计算确定。

(八) 财产转让所得

财产转让所得,是指个人转让有价证券、股权、合伙企业中的财产份额、不动产、机器设备、车船以及其他财产取得的所得。

1. 个人将投资于在中国境内成立的企业或组织(不包括个人独资企业和合伙企业)的股权或股份,转让给其他个人或法人的行为,按照"财产转让所得"项目,依法计算缴纳个人所得税。具体包括以下情形:

(1) 出售股权;

(2) 公司回购股权;

(3) 发行人首次公开发行新股时,被投资企业股东将其持有的股份以公开发行方式一并向投资者发售;

(4) 股权被司法或行政机关强制过户;

(5) 以股权对外投资或进行其他非货币性交易;

(6) 以股权抵偿债务;

(7) 其他股权转移行为。

2. 个人因各种原因终止投资、联营、经营合作等行为,从被投资企业或合作项目、被投资企业的其他投资者以及合作项目的经营合作人取得股权转让收入、违约金、补偿金、赔偿金及以其他名目收回的款项等,均属于个人所得税应税收入,应照"财产转让所得"项目计算缴纳个人所得税。

3. 个人以非货币性资产投资,属于个人转让非货币性资产和投资同时发生。对个人转让

非货币性资产的所得,应按照"财产转让所得"项目计算缴纳个人所得税。

4. 纳税人收回转让的股权征收个人所得税的方法。

(1) 若股权转让合同履行完毕、股权已作变更登记,且所得已经实现的,则转让人取得的股权转让收入应当依法缴纳个人所得税。转让行为结束后,当事人双方签订并执行解除原股权转让合同、退回股权的协议,是另一次股权转让行为,对前次转让行为征收的个人所得税款不予退回。

(2) 若股权转让合同未履行完毕,因执行仲裁委员会做出的解除股权转让合同及补充协议的裁决、停止执行原股权转让合同,并原价收回已转让股权的,由于其股权转让行为尚未完成、收入未完全实现,随着股权转让关系的解除,股权收益不复存在,纳税人不应缴纳个人所得税。

5. 自2018年11月1日起,对个人转让全国中小企业股份转让系统(新三板)挂牌公司原始股取得的所得,按照"财产转让所得"项目征收个人所得税。原始股是指个人在新三板挂牌公司挂牌前取得的股票,以及在该公司挂牌前和挂牌后由上述股票孳生的送、转股。

6. 个人通过招标、竞拍或其他方式购置债权以后,通过相关司法或行政程序主张债权而取得的所得,应按照"财产转让所得"项目缴纳个人所得税。

7. 个人通过网络收购玩家的虚拟货币,加价后向他人出售取得的收入,应按照"财产转让所得"项目计算缴纳个人所得税。

(九) 偶然所得

偶然所得,是指个人得奖、中奖、中彩以及其他偶然性质的所得。得奖是指参加各种有奖竞赛活动,取得名次得到的奖金;中奖、中彩是指参加各种有奖活动,如有奖销售、有奖储蓄,或者购买彩票,经过规定程序,抽中、摇中号码而取得的奖金。

1. 企业对累积消费达到一定额度的顾客,给予额外抽奖机会,个人的获奖所得,按照"偶然所得"项目计算缴纳个人所得税。

2. 个人取得单张有奖发票奖金所得超过800元,应全额按照"偶然所得"项目征收个人所得税。税务机关或其指定的有奖发票兑奖机构,是有奖发票奖金个人所得税的扣缴义务人。

3. 个人为单位或他人提供担保获得收入,按照"偶然所得"项目缴纳个人所得税。

4. 房屋产权所有人将房屋产权无偿赠与他人的,受赠人因无偿受赠房屋取得的受赠收入,按照"偶然所得"项目缴纳个人所得税。

5. 企业在业务宣传、广告等活动中,随机向本单位以外的个人赠送礼品(包括网络红包,下同),以及企业在年会、座谈会、庆典以及其他活动中向本单位以外的个人赠送礼品,个人取得的礼品收入,按照"偶然所得"项目计算缴纳个人所得税,但企业赠送的具有价格折扣或折让性质的消费券、代金券、抵用券、优惠券等礼品除外。

个人取得的所得,难以界定应纳税所得项目的,由国务院税务主管部门确定。

居民个人取得上述第(一)项至第(四)项所得(以下称"综合所得"),按纳税年度合并计算个人所得税;非居民个人取得上述第(一)项至第(四)项所得,按月或者按次分项计算个人所得税。纳税人取得上述第(五)项至第(九)项所得,依照税法规定分别计算个人所得税。

【例8-3】 下列各项中,属于劳务报酬的有(   )。
A. 个人发表论文取得的报酬　　　　B. 个人取得的剧本使用费
C. 个人从事文字翻译取得的所得　　D. 个人取得专利赔偿所得

解 正确答案为选项C。选项A"个人发表论文取得的报酬"属于稿酬所得,选项B"个人取得的剧本使用费"和选项D"个人取得专利赔偿所得"属于特许权使用费所得。

【例8-4】 下列各项中,按照"偶然所得"计算缴纳个人所得税的有(   )。
A. 个人取得父母赠予的房屋产权
B. 个人为单位提供担保取得的收入
C. 企业对累积消费达到一定额度的顾客,给予额外抽奖机会,个人的获奖所得
D. 个人取得单张有奖发票奖金所得1 000元

解 正确答案是选项BCD。选项A"个人取得父母赠予的房屋产权",不征收个人所得税。

二、个人所得税税率

(一)综合所得适用的税率

如前所述,"综合所得"是针对居民个人而言的,具体包括工资、薪金所得,劳务报酬所得,稿酬所得,特许权使用费所得四个应税项目。"综合所得"适用3%～45%的超额累进税率,具体税率见表8-1。

表8-1 个人所得税税率表一
(综合所得适用)

级数	全年应纳税所得额	税率(%)	速算扣除数
1	不超过36 000元的	3	0
2	超过36 000元至144 000元的部分	10	2 520
3	超过144 000元至300 000元的部分	20	16 920
4	超过300 000元至420 000元的部分	25	31 920
5	超过420 000元至660 000元的部分	30	52 920
6	超过660 000元至960 000元的部分	35	85 920
7	超过960 000元的部分	45	181 920

(二)非居民个人取得工资、薪金所得,劳务报酬所得,稿酬所得和特许权使用费所得适用的税率

如前所述,非居民个人取得工资、薪金所得,劳务报酬所得,稿酬所得和特许权使用费所得,应按月或者按次分项计算个人所得税,依照"表8-1"按月换算后的税率表计算应纳税额。换算后的税率表如表8-2所示。

表8-2 个人所得税税率表二
(非居民个人工资、薪金所得,劳务报酬所得,稿酬所得,特许权使用费所得适用)

级数	全月应纳税所得额	税率(%)	速算扣除数
1	不超过3 000元的	3	0
2	超过3 000元至12 000元的部分	10	210
3	超过12 000元至25 000元的部分	20	1 410

(续表)

级数	全月应纳税所得额	税率(%)	速算扣除数
4	超过25 000元至35 000元的部分	25	2 660
5	超过35 000元至55 000元的部分	30	4 410
6	超过55 000元至80 000元的部分	35	7 160
7	超过80 000元的部分	45	15 160

(三) 经营所得适用的税率

经营所得适用5%～35%的超额累进税率,具体见表8－3。

表8－3 个人所得税税率表三
(经营所得适用)

级数	全年应纳税所得额	税率(%)	速算扣除数
1	不超过30 000元的	5	0
2	超过30 000元至90 000元的部分	10	1 500
3	超过90 000元至300 000元的部分	20	10 500
4	超过300 000元至500 000元的部分	30	40 500
5	超过500 000元的部分	35	65 500

(四) 其他所得适用的税率

利息、股息、红利所得,财产租赁所得,财产转让所得和偶然所得等四项分类所得,适用20%的比例税率。

自2001年1月1日起,对个人出租住房取得的所得,暂减按10%的税率征收个人所得税。

【例8－5】 下列各项中,按照比例税率计算缴纳个人所得税的是(　　)。
A. 工资、薪金所得　　　　　　　　B. 稿酬所得
C. 财产租赁所得　　　　　　　　　D. 特许权使用费所得

解 正确答案为选项C。其余三个选项均属于综合所得,应按照超额累进税率计算缴纳个人所得税。

第三节　应纳税所得额的计算

个人所得税计税依据是纳税人取得的应纳税所得额,应纳税所得额是个人取得的应税收入减去税法规定的费用扣除标准和减免税收入后的余额。由于个人所得税的应税项目不同,费用扣除标准不同,需要按照不同应税项目分别计算。

一、个人所得的形式

个人所得的形式,包括现金、实物、有价证券和其他形式的经济利益;所得为实物的,应当

按照取得的凭证上所注明的价格计算应纳税所得额,无凭证的实物或者凭证上所注明的价格明显偏低的,参照市场价格核定应纳税所得额;所得为有价证券的,根据票面价格和市场价格核定应纳税所得额;所得为其他形式的经济利益的,参照市场价格核定应纳税所得额。

二、综合所得应纳税所得额的确定

(一) 应纳税所得额的计算

居民个人取得的综合所得,以每一纳税年度的收入额减除费用6万元以及专项扣除、专项附加扣除和依法确定的其他扣除后的余额,为应纳税所得额。

如前所述,综合所得包括工资、薪金所得,劳务报酬所得,稿酬所得,特许权使用费所得四项内容。其中,劳务报酬所得、稿酬所得、特许权使用费所得以收入减除20%的费用后的余额为收入额,稿酬所得的收入额减按70%计算。

(二) 专项扣除

专项扣除包括居民个人按照国家规定的范围和标准缴纳的基本养老保险、基本医疗保险、失业保险等社会保险费和住房公积金等。

(三) 专项附加扣除

专项附加扣除包括子女教育、继续教育、大病医疗、住房贷款利息或者住房租金、赡养老人、3岁以下婴幼儿照护等支出。

1. 子女教育

子女教育专项附加扣除,是指纳税人的子女接受全日制学历教育的相关支出,以及年满3岁至小学入学前处于学前教育阶段的子女教育支出,按照每个子女每月2 000元的标准定额扣除。学历教育包括义务教育(小学、初中教育)、高中阶段教育(普通高中、中等职业、技工教育)、高等教育(大学专科、大学本科、硕士研究生、博士研究生教育)。

父母可以选择由其中一方按扣除标准的100%扣除,也可以选择由双方分别按扣除标准的50%扣除,具体扣除方式在一个纳税年度内不能变更。

2. 继续教育

继续教育专项附加扣除,是指纳税人在中国境内接受学历(学位)继续教育的支出,在学历(学位)教育期间按照每月400元定额扣除。同一学历(学位)继续教育的扣除期限不能超过48个月。纳税人接受技能人员职业资格继续教育、专业技术人员职业资格继续教育的支出,在取得相关证书的当年,按照3 600元定额扣除。

纳税人个人接受本科及以下学历(学位)继续教育,符合规定扣除条件的,可以选择由其父母扣除,也可以选择由本人扣除。

3. 大病医疗

大病医疗专项附加扣除,是指在一个纳税年度内,纳税人发生的与基本医保相关的医药费用支出,扣除医保报销后个人负担(指医保目录范围内的自付部分)累计超过15 000元的部分,由纳税人在办理年度汇算清缴时,在80 000元限额内据实扣除。纳税人及其配偶、未成年子女发生的医药费用支出,按上述规定分别计算扣除额。

纳税人发生的医药费用支出可以选择由本人或者其配偶扣除;未成年子女发生的医药费

用支出可以选择由其父母一方扣除。

【例 8-6】 纳税人发生符合条件的大病医疗支出,超过(　　)元的部分在(　　)元限额内据实扣除。

A. 10 000,80 000　　　　　　　　B. 15 000,80 000

C. 10 000,60 000　　　　　　　　D. 15 000,60 000

解 正确答案为选项 B。

4. 住房贷款利息

住房贷款利息专项附加扣除,是指纳税人本人或者配偶单独或者共同使用商业银行或者住房公积金个人住房贷款为本人或者其配偶购买中国境内住房,发生的首套住房贷款利息支出,在实际发生贷款利息的年度,按照每月1 000元的标准定额扣除,扣除期限最长不超过240个月。首套住房贷款,是指购买住房享受首套住房贷款利率的住房贷款。纳税人只能享受一次首套住房贷款的利息扣除。

经夫妻双方约定,住房贷款利息可以选择由其中一方扣除,具体扣除方式在一个纳税年度内不能变更。夫妻双方婚前分别购买住房发生的首套住房贷款,其贷款利息支出,婚后可以选择其中一套购买的住房,由购买方按扣除标准的100%扣除,也可以由夫妻双方对各自购买的住房分别按扣除标准的50%扣除,具体扣除方式在一个纳税年度内不能变更。

5. 住房租金

住房租金专项附加扣除,是指纳税人在主要工作城市没有自有住房而发生的住房租金支出,可以按照以下标准定额扣除:

(1) 直辖市、省会(首府)城市、计划单列市以及国务院确定的其他城市,扣除标准为每月1 500元;

(2) 除上述所列城市以外,市辖区户籍人口超过100万的城市,扣除标准为每月1 100元;市辖区户籍人口不超过100万的城市,扣除标准为每月800元。

纳税人的配偶在纳税人的主要工作城市有自有住房的,视同纳税人在主要工作城市有自有住房。市辖区户籍人口,以国家统计局公布的数据为准。主要工作城市是指纳税人任职受雇的直辖市、计划单列市、副省级城市、地级市(地区、州、盟)全部行政区域范围;纳税人无任职受雇单位的,为受理其综合所得汇算清缴的税务机关所在城市。

夫妻双方主要工作城市相同的,只能由一方扣除住房租金支出。住房租金支出由签订租赁住房合同的承租人扣除。需要注意的是,纳税人及其配偶在一个纳税年度内不能同时分别享受住房贷款利息和住房租金专项附加扣除。

6. 赡养老人

赡养老人专项附加扣除,是指纳税人赡养一位及以上被赡养人的赡养支出,统一按照以下标准定额扣除:

(1) 纳税人为独生子女的,按照每月3 000元的标准定额扣除;

(2) 纳税人为非独生子女的,由其与兄弟姐妹分摊每月3 000元的扣除额度,每人分摊的额度不能超过每月1 500元。具体可以由赡养人均摊或者约定分摊,也可以由被赡养人指定分摊。约定或者指定分摊的须签订书面分摊协议,指定分摊优先于约定分摊。具体分摊方式和额度在一个纳税年度内不能变更。

上述被赡养人是指年满60岁的父母,以及子女均已去世的年满60岁的祖父母、外祖父母。依据《中华人民共和国民法典》,"父母"包括生父母、养父母和有扶养关系的继父母。"子女"包括婚生子女、非婚生子女、养子女和有扶养关系的继子女。

【例8-7】 纳税人王女士有兄妹两人,父母均超过60岁。以下对于赡养老人专项附加扣除的方案,符合税法规定的是（　　）。

A. 王女士和哥哥约定,每人每月扣除1 000元
B. 王女士和哥哥约定,由王女士每月扣除2 000元
C. 父母指定王女士分摊500元,哥哥分摊2 500元
D. 父母指定王女士分摊2 500元,哥哥分摊500元

解　正确答案为选项A。按照税法规定,纳税人为非独生子女的,由其与兄弟姐妹分摊每月3 000元的扣除额度,每人分摊的额度不能超过每月1 500元。

7. 3岁以下婴幼儿照护

3岁以下婴幼儿照护专项附加扣除,是指纳税人照护3岁以下婴幼儿子女的相关支出,按照每个婴幼儿每月2 000元的标准定额扣除。

父母可以选择由其中一方按扣除标准的100%扣除,也可以选择由双方分别按扣除标准的50%扣除,具体扣除方式在一个纳税年度内不能变更。

(四) 其他扣除

其他扣除包括纳税人缴付符合国家规定的企业年金、职业年金,个人购买符合国家规定的商业健康保险、税收递延型商业养老保险的支出,以及国务院规定可以扣除的其他项目。

对个人购买符合规定的商业健康保险产品的支出,允许在当年(月)计算应纳税所得额时予以税前扣除,扣除限额为2 400元/年(200元/月)。单位统一为员工购买符合规定的商业健康保险产品的支出,应分别计入员工个人工资薪金,视同个人购买,按上述限额予以扣除。2 400元/年(200元/月)的限额扣除为个人所得税法规定减除费用标准之外的扣除。适用商业健康保险税收优惠政策的纳税人,是指取得工资薪金所得、连续性劳务报酬所得(具体是指保险营销员、证券经纪人取得的佣金收入)的个人,以及取得个体工商户生产经营所得、对企事业单位的承包承租经营所得的个体工商户业主、个人独资企业投资者、合伙企业合伙人和承包承租经营者。

专项扣除、专项附加扣除和依法确定的其他扣除,以居民个人一个纳税年度的应纳税所得额为限额;一个纳税年度扣除不完的,不结转以后年度扣除。

三、非居民个人工资、薪金等四项所得应纳税所得额的确定

非居民个人的工资、薪金所得,以每月收入额减除费用5 000元后的余额为应纳税所得额;劳务报酬所得、稿酬所得、特许权使用费所得,以每次收入额为应纳税所得额。同居民个人相同,劳务报酬所得、稿酬所得、特许权使用费所得以收入减除20%的费用后的余额为收入额,稿酬所得的收入额减按70%计算。

四、经营所得应纳税所得额的确定

(一) 一般规定

经营所得以每一纳税年度的收入总额减除成本、费用以及损失后的余额,为应纳税所得额。这里的"成本、费用",是指生产、经营活动中发生的各项直接支出和分配计入成本的间接费用以及销售费用、管理费用、财务费用;这里的"损失",是指生产、经营活动中发生的固定资产和存货的盘亏、毁损、报废损失,转让财产损失,坏账损失,自然灾害等不可抗力因素造成的损失以及其他损失。

取得经营所得的个人,没有综合所得的,计算其每一纳税年度的应纳税所得额时,应当减除费用 6 万元、专项扣除、专项附加扣除以及依法确定的其他扣除。专项附加扣除在办理汇算清缴时减除。

从事生产、经营活动,未提供完整、准确的纳税资料,不能正确计算应纳税所得额的,由主管税务机关核定应纳税所得额或者应纳税额。

(二) 个体工商户经营所得应纳税所得额的确定

1. 基本规定

个体工商户的生产、经营所得,以每一纳税年度的收入总额,减除成本、费用、税金、损失、其他支出以及允许弥补的以前年度亏损后的余额,为应纳税所得额。具体的含义如下:

(1) 收入总额,是指个体工商户从事生产经营以及与生产经营有关的活动(以下简称生产经营)取得的货币形式和非货币形式的各项收入。

> 疑点爆破道具——奇思妙响指 NICE 8-2:
> 个体工商户生产经营所得收入有哪些?

(2) 成本,是指个体工商户在生产经营活动中发生的销售成本、销货成本、业务支出以及其他耗费。

个体工商户使用或者销售存货,按照规定计算的存货成本,准予在计算应纳税所得额时扣除。

个体工商户转让资产,该项资产的净值准予在计算应纳税所得额时扣除。

(3) 费用,是指个体工商户在生产经营活动中发生的销售费用、管理费用和财务费用,已经计入成本的有关费用除外。

(4) 税金,是指个体工商户在生产经营活动中发生的除个人所得税和允许抵扣的增值税以外的各项税金及其附加。

(5) 损失,是指个体工商户在生产经营活动中发生的固定资产和存货的盘亏、毁损、报废损失,转让财产损失,坏账损失,自然灾害等不可抗力因素造成的损失以及其他损失。

> 疑点爆破道具——奇思妙响指 NICE 8-3：
> 损失的赔偿、保险赔款及收回的所得税税务处理

（6）其他支出，是指除成本、费用、税金、损失外，个体工商户在生产经营活动中发生的与生产经营活动有关的、合理的支出。

个体工商户发生的支出应当区分收益性支出和资本性支出。收益性支出在发生当期直接扣除；资本性支出应当分期扣除或者计入有关资产成本，不得在发生当期直接扣除。

上述支出，是指与取得收入直接相关的支出。

（7）允许弥补的亏损，是指个体工商户依照规定计算的应纳税所得额小于0的数额。个体工商户纳税年度发生的亏损，准予向以后年度结转，用以后年度的生产经营所得弥补，但结转年限最长不得超过5年。

个体工商户生产经营活动中，应当分别核算生产经营费用和个人、家庭费用。对于生产经营与个人、家庭生活混用难以分清的费用，其40%视为与生产经营有关费用，准予扣除。

2. 不得扣除的支出

（1）个人所得税税款；

（2）税收滞纳金；

（3）罚金、罚款和被没收财物的损失；

（4）不符合扣除规定的捐赠支出；

（5）赞助支出，即与生产经营活动无关的各种非广告性质支出；

（6）用于个人和家庭的支出；

（7）与取得生产经营收入无关的其他支出；

（8）个体工商户代其从业人员或者他人负担的税款；

（9）国家税务总局规定不准扣除的支出。

3. 扣除项目及标准

（1）个体工商户实际支付给从业人员的、合理的工资薪金支出，准予扣除。个体工商户业主的工资薪金支出不得税前扣除。

（2）个体工商户业主的费用扣除标准，目前按照60 000元/年执行。

（3）个体工商户按照国务院有关主管部门或者省级人民政府规定的范围和标准为其业主和从业人员缴纳的基本养老保险费、基本医疗保险费、失业保险费、生育保险费、工伤保险费和住房公积金，准予扣除。

（4）个体工商户为从业人员缴纳的补充养老保险费、补充医疗保险费，分别在不超过从业人员工资总额5%标准内的部分据实扣除；超过部分，不得扣除。

个体工商户业主本人缴纳的补充养老保险费、补充医疗保险费，以当地（地级市）上年度社会平均工资的3倍为计算基数，分别在不超过该计算基数5%标准内的部分据实扣除；超过部分，不得扣除。

（5）除个体工商户依照国家有关规定为特殊工种从业人员支付的人身安全保险费和财政

部、国家税务总局规定可以扣除的其他商业保险费外,个体工商户业主本人或者为从业人员支付的商业保险费,不得扣除。

(6) 个体工商户在生产经营活动中发生的合理的不需要资本化的借款费用,准予扣除。

个体工商户为购置、建造固定资产、无形资产和经过12个月以上的建造才能达到预定可销售状态的存货发生借款的,在有关资产购置、建造期间发生的合理的借款费用,应当作为资本性支出计入有关资产的成本,并依照规定扣除。

(7) 个体工商户在生产经营活动中发生的下列利息支出,准予扣除:

① 向金融企业借款的利息支出;

② 向非金融企业和个人借款的利息支出,不超过按照金融企业同期同类贷款利率计算的数额的部分。

(8) 个体工商户在货币交易中,以及纳税年度终了时将人民币以外的货币性资产、负债按照期末即期人民币汇率中间价折算为人民币时产生的汇兑损失,除已经计入有关资产成本部分外,准予扣除。

(9) 个体工商户向当地工会组织拨缴的工会经费、实际发生的职工福利费支出、职工教育经费支出分别在工资薪金总额的2%、14%、2.5%的标准内据实扣除。工资薪金总额是指允许在当期税前扣除的工资薪金支出数额。职工教育经费的实际发生数额超出规定比例当期不能扣除的数额,准予在以后纳税年度结转扣除。个体工商户业主本人向当地工会组织缴纳的工会经费、实际发生的职工福利费支出、职工教育经费支出,以当地(地级市)上年度社会平均工资的3倍为计算基数,在上述规定的比例内据实扣除。

(10) 个体工商户发生的与生产经营活动有关的业务招待费,按照实际发生额的60%扣除,但最高不得超过当年销售(营业)收入的5‰。业主自申请营业执照之日起至开始生产经营之日止所发生的业务招待费,按照实际发生额的60%计入个体工商户的开办费。

(11) 个体工商户每一纳税年度发生的与其生产经营活动直接相关的广告费和业务宣传费不超过当年销售(营业)收入15%的部分,可以据实扣除;超过部分,准予在以后纳税年度结转扣除。

(12) 个体工商户按照规定缴纳的摊位费、行政性收费、协会会费等,按实际发生数额扣除。

(13) 个体工商户根据生产经营活动的需要租入固定资产支付的租赁费,按照以下方法扣除:① 以经营租赁方式租入固定资产发生的租赁费支出,按照租赁期限均匀扣除;② 以融资租赁方式租入固定资产发生的租赁费支出,按照规定构成融资租入固定资产价值的部分应当提取折旧费用,分期扣除。

(14) 个体工商户参加财产保险,按照规定缴纳的保险费,准予扣除。

(15) 个体工商户发生的合理的劳动保护支出,准予扣除。

(16) 个体工商户自申请营业执照之日起至开始生产经营之日止所发生符合规定的费用,除为取得固定资产、无形资产的支出,以及应计入资产价值的汇兑损益、利息支出外,作为开办费,个体工商户可以选择在开始生产经营的当年一次性扣除,也可自生产经营月份起在不短于3年期限内摊销扣除,但一经选定,不得改变。

开始生产经营之日为个体工商户取得第一笔销售(营业)收入的日期。

(17) 个体工商户通过公益性社会团体或者县级以上人民政府及其部门,用于《中华人民共和国公益事业捐赠法》规定的公益事业的捐赠,捐赠额不超过其应纳税所得额30%的部分可以据实扣除。

财政部、国家税务总局规定可以全额在税前扣除的捐赠支出项目,按有关规定执行。个体工商户直接对受益人的捐赠不得扣除。公益性社会团体的认定,按照财政部、国家税务总局、民政部有关规定执行。

(18) 个体工商户研究开发新产品、新技术、新工艺所发生的开发费用,以及研究开发新产品、新技术而购置单台价值在10万元以下的测试仪器和试验性装置的购置费准予直接扣除;单台价值在10万元以上(含10万元)的测试仪器和试验性装置,按固定资产管理,不得在当期直接扣除。

【例8-8】 刘先生是从事物流行业的个体工商户,2022年取得营业收入196万元,营业成本112万元,税金及附加2万元;销售费用12.5万元(其中业务宣传费5万元,其他销售费用7.5万元);管理费用22万元(其中业主刘先生的工资薪金4.8万元,其他员工的工资薪金12.8万元,职工福利费1.2万元,业务招待费3万元,其他管理费用0.2万元);财务费用0.3万元;其他支出0.5万元,全部为行政性罚款支出。刘先生除以上经营所得外,未取得综合所得。

按照税法规定,刘先生适用费用减除标准6万元;专项扣除1.248万元(其中,基本养老保险0.96万元,基本医疗保险0.288万元);专项附加扣除5.4万元(其中子女教育2.4万元,赡养老人1.8万元,住房贷款利息1.2万元)。请计算刘先生2022年应纳个人所得税,不考虑其他因素。

解 (1) 该个体工商户的利润总额 = 196 − 112 − 2 − 12.5 − 22 − 0.3 − 0.5 = 46.7(万元)
(2) 纳税调整
① 职工福利费调整:
扣除限额 = 12.8 × 14% = 1.792(万元),实际发生额1.2(万元),无需作纳税调整。
② 业务宣传费调整:
扣除限额 = 196 × 15% = 29.4(万元),实际发生额5(万元),无需作纳税调整。
③ 业务招待费调整:
3 × 60% = 1.8(万元),196 × 5‰ = 0.98(万元),调增 = 3 − 0.98 = 2.02(万元)
(3) 不允许扣除的项目:
① 业主工资4.8万元;
② 行政性罚款支出0.5万元。
(4) 应纳税所得额 = 46.7 + 2.02 + 4.8 + 0.5 − 6 − 1.248 − 5.4 = 41.372(万元)
(5) 应纳税额 = 41.372 × 30% − 4.05 = 8.361 6(万元)

(三) 个人独资企业、合伙企业经营所得应纳税所得额的确定

1. 个人独资企业的投资者以全部生产经营所得为应纳税所得额。投资者兴办两个或两个以上企业,并且企业性质全部是个人独资的,年度终了后汇算清缴时,应汇总其投资兴办的所有企业的经营所得作为应纳税所得额,以此确定适用税率计算出全年经营所得的应纳税额,再根据每个企业的经营所得占所有企业经营所得的比例,分别计算出每个企业的应纳税额和应补缴税额。

以上所称"生产经营所得",包括企业分配给投资者个人的所得和企业当年留存的所得(利

润)。

2. 合伙企业的投资者按照下列原则确定应纳税所得额。

(1) 合伙企业的合伙人以合伙企业的生产经营所得和其他所得,按照合伙协议约定的分配比例确定应纳税所得额。

(2) 合伙协议未约定或者约定不明确的,以全部生产经营所得和其他所得,按照合伙人协商决定的分配比例确定应纳税所得额。

(3) 协商不成的,以全部生产经营所得和其他所得,按照合伙人实缴出资比例确定应纳税所得额。

(4) 无法确定出资比例的,以全部生产经营所得和其他所得,按照合伙人数量平均计算每个合伙人的应纳税所得额。合伙协议不得约定将全部利润分配给部分合伙人。

以上所称"生产经营所得和其他所得",包括合伙企业分配给所有合伙人的所得和企业当年留存的所得(利润)。

3. 查账征收的个人独资企业和合伙企业生产经营所得的计算,参照前述个体工商户的有关规定执行。投资者兴办2个或2个以上企业的,投资者个人的费用扣除标准由投资者选择在其中一个企业的生产经营所得中扣除。

4. 个人独资企业和合伙企业与其关联企业之间的业务往来,应当按照独立企业之间的业务往来收取或者支付价款、费用。不按照独立企业之间的业务往来收取或者支付价款、费用,而减少应纳税所得额的,主管税务机关有权进行合理调整。

5. 个人独资企业和合伙企业的核定征收。有下列情形之一的,主管税务机关应采取核定征收方式征收个人所得税:

(1) 企业依照国家有关法规应当设置但未设置账簿的;

(2) 企业虽设置账簿,但账目混乱或者成本资料、收入凭证、费用凭证残缺不全,难以查账的;

(3) 纳税人发生纳税义务,未按照规定的期限办理纳税申报,经税务机关责令限期申报,逾期仍不申报的。

具体而言,核定征收方式包括定额征收、核定应税所得率征收以及其他合理的征收方式。

五、其他分类所得应纳税所得额的确定

(一) 财产租赁所得

财产租赁所得,每次收入不超过4 000元的,减除费用800元;4 000元以上的,减除20%的费用,其余额为应纳税所得额。

(二) 财产转让所得

财产转让所得,以转让财产的收入额减除财产原值和合理费用后的余额,为应纳税所得额。

这里的"财产原值",按照下列方法确定:

1. 有价证券,为买入价以及买入时按照规定交纳的有关费用;

2. 建筑物,为建造费或者购进价格以及其他有关费用;

3. 土地使用权，为取得土地使用权所支付的金额、开发土地的费用以及其他有关费用；
4. 机器设备、车船，为购进价格、运输费、安装费以及其他有关费用。

其他财产，参照前款规定的方法确定财产原值。

纳税人未提供完整、准确的财产原值凭证，不能按照规定的方法确定财产原值的，由主管税务机关核定财产原值。

这里的"合理费用"，是指卖出财产时按照规定支付的有关税费。

(三) 利息、股息、红利所得和偶然所得

利息、股息、红利所得和偶然所得，以每次收入额为应纳税所得额。

六、公益捐赠的扣除

(一) 公益捐赠的含义

个人所得税法律制度所称公益捐赠，是指个人将其所得通过中国境内的公益性社会组织、国家机关向教育、扶贫、济困等公益慈善事业进行捐赠。

(二) 公益捐赠的扣除规定

公益捐赠支出未超过纳税人申报的应纳税所得额30%的部分，可以从其应纳税所得额中扣除；国务院规定对公益慈善事业捐赠实行全额税前扣除的，从其规定。这里的"应纳税所得额"，是指计算扣除捐赠额之前的应纳税所得额。

(三) 全额扣除的公益捐赠

1. 个人通过非营利性的社会团体和国家机关向红十字事业的捐赠，在计算缴纳个人所得税时，准予在税前全额扣除。

2. 个人通过境内非营利性的社会团体、国家机关向教育事业的捐赠，在计算个人所得税时，准予在税前全额扣除。

3. 个人通过非营利性的社会团体和国家机关向农村义务教育的捐赠，在计算缴纳个人所得税时，准予在税前全额扣除。

4. 个人通过非营利性社会团体和国家机关对公益性青少年活动场所的捐赠，在计算缴纳个人所得税时，准予在税前全额扣除。

5. 个人通过宋庆龄基金会等6家单位、中国医药卫生事业发展基金会、中国教育发展基金会、中国老龄事业发展基金会等8家单位，中华健康快车基金会等5家单位用于公益救济性的捐赠，符合相关条件的，准予在缴纳个人所得税前全额扣除。

6. 个人通过非营利性的社会团体和政府部门向福利性、非营利性老年服务机构的捐赠，符合相关条件的，准予在缴纳个人所得税前全额扣除。

(四) 公益捐赠支出金额的确定

个人发生的公益捐赠支出金额，按照以下规定确定：
1. 捐赠货币性资产的，按照实际捐赠金额确定；
2. 捐赠股权、房产的，按照个人持有股权、房产的财产原值确定；
3. 捐赠除股权、房产以外的其他非货币性资产的，按照非货币性资产的市场价格确定。

七、每次收入的确定

1. 非居民个人取得的劳务报酬所得、稿酬所得、特许权使用费所得,属于一次性收入的,以取得该项收入为1次;属于同一项目连续性收入的,以1个月内取得的收入为1次。
2. 财产租赁所得,以1个月内取得的收入为1次。
3. 利息、股息、红利所得,以支付利息、股息、红利时取得的收入为1次。
4. 偶然所得,以每次取得该项收入为1次。

【例8-9】 下列各项中,准予在个人所得税税前全额扣除的有(   )。
A. 个人直接对农村义务教育的捐赠
B. 个人通过国家机关对公益性青少年活动场所的捐赠
C. 个人通过非营利性社会团体向福利性老年服务机构的捐赠
D. 个人直接对残疾人服务机构的捐赠

解 正确答案为选项B、C。选项A和选项D不属于公益捐赠,不得在个人所得税税前扣除。

第四节　应纳税额的计算

一、综合所得应纳税额的计算

综合所得应纳税额的计算公式为:

应纳税额＝应纳税所得额×适用税率－速算扣除数
　　　　＝(每一纳税年度的收入额－费用6万元－专项扣除－专项附加扣除－依法确定的其他扣除)×适用税率－速算扣除数

二、综合所得预扣预缴税款的计算

1. 扣缴义务人向居民个人支付工资、薪金所得时,应当按照累计预扣法计算预扣税款,并按月办理扣缴申报。

累计预扣法,是指扣缴义务人在一个纳税年度内预扣预缴税款时,以纳税人在本单位截至当前月份工资、薪金所得累计收入减除累计免税收入、累计减除费用、累计专项扣除、累计专项附加扣除和累计依法确定的其他扣除后的余额为累计预扣预缴应纳税所得额,适用"个人所得税预扣率表一"(见表8-4),计算累计应预扣预缴税额,再减除累计减免税额和累计已预扣预缴税额,其余额为本期应预扣预缴税额。余额为负值时,暂不退税。纳税年度终了后余额仍为负值时,由纳税人通过办理综合所得年度汇算清缴,税款多退少补。

具体计算公式如下：

本期应预扣预缴税额＝（累计预扣预缴应纳税所得额×预扣率－速算扣除数）－累计减免税额－累计已预扣预缴税额

累计预扣预缴应纳税所得额＝累计收入－累计免税收入－累计减除费用－累计专项扣除－累计专项附加扣除－累计依法确定的其他扣除

其中：累计减除费用，按照5 000元/月乘以纳税人当年截至本月在本单位的任职受雇月份数计算。

表8-4 个人所得税预扣率表一

（居民个人工资、薪金所得预扣预缴适用）

级数	累计预扣预缴应纳税所得额	预扣率(%)	速算扣除数
1	不超过36 000元的	3	0
2	超过36 000元至144 000元的部分	10	2 520
3	超过144 000元至300 000元的部分	20	16 920
4	超过300 000元至420 000元的部分	25	31 920
5	超过420 000元至660 000元的部分	30	52 920
6	超过660 000元至960 000元的部分	35	85 920
7	超过960 000元的部分	45	181 920

应当注意的是：

(1) 自2020年7月1日起，对一个纳税年度内首次取得工资、薪金所得的居民个人，扣缴义务人在预扣预缴个人所得税时，可按照5 000元/月乘以纳税人当年截至本月月份数计算累计减除费用。首次取得工资、薪金所得的居民个人，是指自纳税年度首月起至新入职时，未取得工资、薪金所得或者未按照累计预扣法预扣预缴过连续性劳务报酬所得个人所得税的居民个人。

(2) 自2021年1月1日起，对上一完整纳税年度内每月均在同一单位预扣预缴工资、薪金所得个人所得税且全年工资、薪金收入不超过6万元的居民个人，扣缴义务人在预扣预缴本年度工资、薪金所得个人所得税时，累计减除费用自1月份起直接按照全年6万元计算扣除。即，在纳税人累计收入不超过6万元的月份，暂不预扣预缴个人所得税；在其累计收入超过6万元的当月及年内后续月份，再预扣预缴个人所得税。

【例8-10】居民个人李女士，2023年10月工资收入12 000元，个人负担"3险1金" 2 000元；2月工资收入15 000元，个人负担"3险1金"2 400元；符合条件的子女教育支出2 000元/月，赡养老人支出3 000元/月。请采用"累计预扣法"计算2023年10月、2023年10月应预扣预缴李女士的个人所得税。

解 1月应预扣预缴税额＝（12 000－5 000－2 000－2 000－3 000）×3%＝0(元)

2月应预扣预缴税额＝[(12 000＋15 000)－(5 000×2＋2 000＋2 400＋2 000×2＋3 000×2)]×3%－60＝78(元)

【例 8-11】 居民个人赵女士,2023 年 10 月工资收入 12 000 元,个人负担"3 险 1 金" 2 000 元;2 月工资收入 5 500 元,个人负担"3 险 1 金"800 元;符合条件的子女教育支出 2 000 元/月,赡养老人支出 3 000 元/月。请采用"累计预扣法"计算 2023 年 10 月、2023 年 10 月应预扣预缴赵女士的个人所得税。

解 1 月应预扣预缴税额=(12 000－5 000－2 000－2 000－3 000)×3％=0(元)

2 月累计预扣预缴应纳税所得额=(12 000+5 500)－(5 000×2+2 000+800+
2 000×2+3 000×2)
=－5 300(元)

由于 2022 年 2 月累计预扣预缴应纳税所得额为负值,因此,当月暂不退税,待纳税年度终了后通过办理综合所得年度汇算清缴来处理。

2. 扣缴义务人向居民个人支付劳务报酬所得、稿酬所得、特许权使用费所得时,应当按照以下方法按次或者按月预扣预缴税款:

(1) 收入额的计算。劳务报酬所得、稿酬所得、特许权使用费所得以收入减除费用后的余额为收入额;其中,稿酬所得的收入额减按 70％计算。

(2) 减除费用的确定。预扣预缴税款时,劳务报酬所得、稿酬所得、特许权使用费所得每次收入不超过 4 000 元的,减除费用按 800 元计算;每次收入 4 000 元以上的,减除费用按收入的 20％计算。

(3) 应纳税所得额的计算。劳务报酬所得、稿酬所得、特许权使用费所得,以每次收入额为预扣预缴应纳税所得额,计算应预扣预缴税额。

(4) 预扣率的确定。劳务报酬所得适用"个人所得税预扣率表二"(见表 8-5),稿酬所得、特许权使用费所得适用 20％的比例预扣率。

计算公式为:

劳务报酬所得应预扣预缴税额 = 预扣预缴应纳税所得额×预扣率－速算扣除数

稿酬所得、特许权使用费所得应预扣预缴税额 = 预扣预缴应纳税所得额×20％

表 8-5 个人所得税预扣率表二

(居民个人劳务报酬所得预扣预缴适用)

级数	累计预扣预缴应纳税所得额	预扣率(％)	速算扣除数
1	不超过 20 000 元的部分	20	0
2	超过 20 000 至 50 000 元的部分	30	2 000
3	超过 50 000 元的部分	40	7 000

应当注意的是:

自 2020 年 7 月 1 日起,正在接受全日制学历教育的学生因实习取得劳务报酬所得的,扣缴义务人预扣预缴个人所得税时,可按照累计预扣法计算并预扣预缴税款。

【例 8-12】 2022 年 6 月,居民个人李女士因出版专著取得稿酬所得 40 000 元。请计算应预扣预缴李女士的个人所得税。

解 收入额（预扣预缴应纳税所得额）＝(40 000－40 000×20％)×70％＝22 400(元)
应预扣预缴税额＝22 400×20％＝4 480(元)

居民个人工资、薪金所得，劳务报酬所得，稿酬所得，特许权使用费所得年度预扣预缴税额与年度应纳税额不一致的，居民个人应于次年3月1日至6月30日之间向主管税务机关办理综合所得年度汇算清缴，税款多退少补。

三、非居民个人扣缴个人所得税的计算

扣缴义务人向非居民个人支付工资、薪金所得，劳务报酬所得，稿酬所得和特许权使用费所得时，应当按照以下方法按月或者按次代扣代缴个人所得税：

非居民个人的工资、薪金所得，以每月收入额减除费用5 000元后的余额为应纳税所得额，劳务报酬所得、稿酬所得、特许权使用费所得，以每次收入额为应纳税所得额，适用"个人所得税税率表二"(见表8－2)计算应纳税额。劳务报酬所得、稿酬所得、特许权使用费所得以收入减除20％的费用后的余额为收入额；其中，稿酬所得的收入额减按70％计算。

非居民个人工资、薪金所得，劳务报酬所得，稿酬所得，特许权使用费所得应纳税额＝应纳税所得额×适用税率－速算扣除数

【例8－13】 2022年6月，非居民个人Jenny因在境内发表摄影作品取得稿酬所得10 000元。请计算应代扣代缴Jenny的个人所得税。

解 应代扣代缴税款＝(10 000－10 000×20％)×70％×10％－210＝350(元)

【例8－14】 2022年7月，非居民个人Frank因在境内提供翻译服务取得劳务报酬所得20 000元。请计算应代扣代缴Frank的个人所得税。

解 应代扣代缴税款＝(20 000－20 000×20％)×20％－1 410＝1 790(元)

四、经营所得应纳税额的计算

以个体工商户为例，经营所得应纳税额的计算公式为：

应纳税额＝应纳税所得额×适用税率－速算扣除数
＝(全年收入总额－成本－费用－税金－损失－其他支出－弥补以前年度亏损)×适用税率－速算扣除数

五、利息、股息、红利所得应纳税额的计算

利息、股息、红利所得应纳税额的计算公式为：

应纳税额＝应纳税所得额×适用税率＝每次收入额×20％

六、财产租赁所得应纳税额的计算

1. 每次(月)收入不超过 4 000 元的：

应纳税额＝[每次(月)收入额－财产租赁过程中缴纳的税费－由纳税人负担的租赁财产实际开支的修缮费用(以 800 元为限)－800 元]×20%

2. 每次(月)收入超过 4 000 元的：

应纳税额＝[每次(月)收入额－财产租赁过程中缴纳的税费－由纳税人负担的租赁财产实际开支的修缮费用(以 800 元为限)]×(1－20%)×20%

按照现行政策，个人出租房屋的个人所得税应税收入不含增值税，计算房屋出租所得可扣除的税费不包括本次出租缴纳的增值税。个人转租房屋的，其向房屋出租方支付的租金及增值税额，在计算转租所得时准予扣除。

【例 8－15】 居民个人王先生将自有商铺出租，2022 年 4 月，按市场价格收取租金 6 000 元，支付的其他相关税费 525 元。请计算王先生应缴纳的个人所得税。

解 应纳税额＝(6 000－525)×(1－20%)×20%＝876(元)

七、财产转让所得应纳税额的计算

财产转让所得按照一次转让财产的收入额减除财产原值和合理费用后的余额计算纳税。财产转让所得应纳税额的计算公式为：

应纳税额＝应纳税所得额×适用税率＝(收入总额－财产原值－合理费用)×20%

八、偶然所得应纳税额的计算

偶然所得应纳税额的计算公式为：

应纳税额＝应纳税所得额×适用税率＝每次收入额×20%

【例 8－16】 居民个人崔先生，2022 年 5 月 5 日购买体育彩票 2 注，均中奖，单注中奖奖金 6 000 元。

解 依据现行税法规定，个人购买体育彩票中奖所得的起征点为 10 000 元。如果单注奖金低于 10 000 元，中奖者获得的奖金总额超过 10 000 元的，无须缴纳个人所得税。单注中奖奖金超过 10 000 元的，按比例税率 20% 缴纳个人所得税。因此，本例中，居民个人崔先生无须缴纳个人所得税。

难点爆破道具——奇思妙响指 NICE 8－4：
个人所得税应纳税额计算的特殊规定

第五节　税收优惠

一、法定减免项目

所谓法定减免项目,是指《个人所得税法》及《实施条例》规定的减税、免税项目,法定减免的特征是具有长期性和稳定性。

（一）免税项目

下列各项个人所得,免征个人所得税:

1. 省级人民政府、国务院部委和中国人民解放军军以上单位,以及外国组织、国际组织颁发的科学、教育、技术、文化、卫生、体育、环境保护等方面的奖金。
2. 国债和国家发行的金融债券利息。
3. 按照国家统一规定发给的补贴、津贴。具体是指按照国务院规定发给的政府特殊津贴、院士津贴,以及国务院规定免予缴纳个人所得税的其他补贴、津贴。
4. 福利费、抚恤金、救济金。其中,"福利费"是指根据国家有关规定,从企业、事业单位、国家机关、社会组织提留的福利费或者工会经费中支付给个人的生活补助费;"救济金",是指各级人民政府民政部门支付给个人的生活困难补助费。
5. 保险赔款。
6. 军人的转业费、复员费、退役金。
7. 按照国家统一规定发给干部、职工的安家费、退职费、基本养老金或者退休金、离休金、离休生活补助费。
8. 依照有关法律规定应予免税的各国驻华使馆、领事馆的外交代表、领事官员和其他人员的所得。具体是指依照《中华人民共和国外交特权与豁免条例》和《中华人民共和国领事特权与豁免条例》规定免税的所得。
9. 中国政府参加的国际公约、签订的协议中规定免税的所得。
10. 国务院规定的其他免税所得。此免税规定,由国务院报全国人民代表大会常务委员会备案。

（二）减税项目

有下列情形之一的,可以减征个人所得税,具体幅度和期限,由省、自治区、直辖市人民政府规定,并报同级人民代表大会常务委员会备案:

1. 残疾、孤老人员和烈属的所得。
2. 因自然灾害遭受重大损失的。

国务院可以规定其他减税情形,报全国人民代表大会常务委员会备案。

二、其他免税和暂免征税项目

1. 下列所得,暂免征收个人所得税。
(1) 外籍个人以非现金形式或实报实销形式取得的住房补贴、伙食补贴、搬迁费、洗衣费。
(2) 外籍个人按合理标准取得的境内、境外出差补贴。
(3) 外籍个人取得的语言训练费、子女教育费等,经当地税务机关审核批准为合理的部分。
(4) 外籍个人从外商投资企业取得的股息、红利所得。
(5) 凡符合下列条件之一的外籍专家取得的工资、薪金所得,可免征个人所得税:
① 根据世界银行专项借款协议,由世界银行直接派往我国工作的外国专家;
② 联合国组织直接派往我国工作的专家;
③ 为联合国援助项目来华工作的专家;
④ 援助国派往我国专为该国援助项目工作的专家;
⑤ 根据两国政府签订的文化交流项目来华工作两年以内的文教专家,其工资、薪金所得由该国负担的;
⑥ 根据我国大专院校国际交流项目来华工作两年以内的文教专家,其工资、薪金所得由该国负担的;
⑦ 通过民间科研协定来华工作的专家,其工资、薪金所得由该国政府机构负担的。

自 2024 年 1 月 1 日起,外籍个人符合居民个人条件的,不再享受住房补贴、语言训练费、子女教育津贴免税优惠政策,应按规定享受专项附加扣除。

2. 个人举报、协查各种违法、犯罪行为而获得的奖金暂免征收个人所得税。
3. 个人办理代扣代缴手续,按规定取得的扣缴手续费暂免征收个人所得税。
4. 个人转让自用达 5 年以上,并且是唯一的家庭生活用房取得的所得,暂免征收个人所得税。
5. 对个人购买福利彩票、体育彩票,一次中奖收入在 1 万元以下(含 1 万元)的暂免征收个人所得税,超过 1 万元的,全额征收个人所得税。
6. 个人取得单张有奖发票奖金所得不超过 800 元(含 800 元)的,暂免征收个人所得税。
7. 自 2008 年 10 月 9 日起,对储蓄存款利息所得暂免征收个人所得税。
8. 达到离休、退休年龄,但确因工作需要,适当延长离休、退休年龄的高级专家(指享受国家发放的政府特殊津贴的专家、学者),其在延长离休、退休期间的工资、薪金所得,视同离休、退休金免征个人所得税。
9. 个人领取原提存的住房公积金、基本医疗保险金、基本养老保险金,以及失业保险金,免征个人所得税。
10. 对工伤职工及其近亲属按照《工伤保险条例》规定取得的工伤保险待遇,免征个人所得税。
11. 企事业单位按照国家或省(自治区、直辖市)人民政府规定的缴费比例或办法实际缴付的基本养老保险费、基本医疗保险费和失业保险费,免征个人所得税;个人按照国家或省(自治区、直辖市)人民政府规定的缴费比例或办法实际缴付的基本养老保险费、基本医疗保险费和失业保险费,允许在个人应纳税所得额中扣除。
12. 企业和事业单位根据国家有关政策规定的办法和标准,为在本单位任职或者受雇的全体职工缴付的企业年金或职业年金单位缴费部分,在计入个人账户时,个人暂不缴纳个人所得税。

个人根据国家有关政策规定缴付的年金个人缴费部分,在不超过本人缴费工资计税基数的4%标准内的部分,暂从个人当期的应纳税所得额中扣除。

年金基金投资运营收益分配计入个人账户时,个人暂不缴纳个人所得税。

13. 企业依照国家有关法律规定宣告破产,企业职工从该破产企业取得的一次性安置费收入,免征个人所得税。

14. 以下情形的房屋产权无偿赠与,对当事双方不征收个人所得税:

(1) 房屋产权所有人将房屋产权无偿赠与配偶、父母、子女、祖父母、外祖父母、孙子女、兄弟姐妹;

(2) 房屋产权所有人将房屋产权无偿赠与对其承担直接抚养或者赡养义务的抚养人或赡养人;

(3) 房屋产权所有人死亡,依法取得房屋产权的法定继承人、遗嘱继承人或受遗赠人。

15. 对个人在上海证券交易所、深圳证券交易所转让从上市公司公开发行和转让市场取得的上市公司股票所得,继续免征个人所得税。

16. 自2015年9月8日起,个人从公开发行和转让市场取得的上市公司股票,持股期限超过1年的,股息红利所得暂免征收个人所得税。持股期限在1个月以上至1年(含1年)的,暂减按50%计入应纳税所得额,适用20%的税率计征个人所得税。

17. 自2018年11月1日起,对个人转让全国中小企业股份转让系统(新三板)挂牌公司非原始股取得的所得,暂免征收个人所得税。非原始股是指个人在新三板挂牌公司挂牌后取得的股票,以及由上述股票孳生的送、转股。

18. 自2019年7月1日至2024年6月30日,个人持有全国中小企业股份转让系统挂牌公司的股票,持股期限超过1年的,对股息红利所得暂免征收个人所得税。持股期限在1个月以上至1年(含1年)的,其股息红利所得暂减按50%计入应纳税所得额,适用20%的税率计征个人所得税。

19. 对被拆迁人按照国家有关城镇房屋拆迁管理办法规定的标准取得的拆迁补偿款,免征个人所得税。

20. 个体工商户、个人独资企业和合伙企业或个人从事种植业、养殖业、饲养业、捕捞业取得的所得,暂不征收个人所得税。

21. 企业在销售商品(产品)和提供服务过程中向个人赠送礼品,属于下列情形之一的,不征收个人所得税:

(1) 企业通过价格折扣、折让方式向个人销售商品(产品)和提供服务;

(2) 企业在向个人销售商品(产品)和提供服务的同时给予赠品,如通信企业对个人购买手机赠话费、入网费,或者购话费赠手机等;

(3) 企业对累积消费达到一定额度的个人按消费积分反馈礼品。

纳税人享受减免个人所得税优惠政策时,应按照以下原则执行:

(1) 税收法律、行政法规、部门规章和规范性文件中未明确规定纳税人享受减免税必须经税务机关审批的,且纳税人取得的所得完全符合减免税条件的,无须经主管税务机关审批,纳税人可自行享受减免税。

(2) 税收法律、行政法规、部门规章和规范性文件中明确规定纳税人享受减免税必须经税务机关审批的,或者纳税人无法准确判断其取得的所得是否应享受个人所得税减免的,必须经主管税务机关按照有关规定审核或批准后,方可减免个人所得税。

【例 8-17】 下列各项中,免征个人所得税的有(　　)。

A. 保险赔款

B. 军人的转业费、复员费、退役金

C. 房地产公司赠与奥运冠军的别墅

D. 个人从任职单位取得的先进个人奖金

解 正确答案为选项 A、B,选项 C 应按照"偶然所得"缴纳个人所得税,选项 D 应按照"工资、薪金所得"缴纳个人所得税。

【例 8-18】 下列各项中,应减征个人所得税的是(　　)。

A. 储蓄存款利息所得

B. 个人办理代扣代缴手续取得的扣缴手续费

C. 个人举报、协查各种违法、犯罪行为而获得的奖金

D. 残疾、孤老人员和烈属的所得

解 正确答案为选项 D,其余三个选项均免征个人所得税。

第六节　征收管理

自 2019 年 1 月 1 日开始实施的新《个人所得税法》,改变了以往"以代扣代缴为主、自行申报为辅"的征管模式,实行"代扣代缴、自行申报、汇算清缴、多退少补、优化服务、事后抽查"的新税制征管模式。其重要特征是"扣缴申报与自行申报相结合"、"预扣预缴与汇算清缴相结合"。

一、征收方式

(一) 居民个人综合所得

综合所得实行"预扣预缴与汇算清缴相结合"的征收方式。居民个人取得综合所得,按年计算个人所得税;有扣缴义务人的,由扣缴义务人按月或者按次预扣预缴税款;需要办理汇算清缴的,应当在取得所得的次年 3 月 1 日至 6 月 30 日内办理汇算清缴。

(二) 非居民个人工资、薪金所得,劳务报酬所得,稿酬所得和特许权使用费所得

非居民个人取得工资、薪金所得,劳务报酬所得,稿酬所得和特许权使用费所得,有扣缴义务人的,由扣缴义务人按月或者按次代扣代缴税款,不办理汇算清缴。

(三) 经营所得

纳税人取得经营所得,按年计算个人所得税,由纳税人在月度或者季度终了后 15 日内向税务机关报送纳税申报表,并预缴税款;在取得所得的次年 3 月 31 日前办理汇算清缴。

(四) 利息、股息、红利所得,财产租赁所得,财产转让所得和偶然所得

纳税人取得利息、股息、红利所得,财产租赁所得,财产转让所得和偶然所得,按月或者按

次计算个人所得税,有扣缴义务人的,由扣缴义务人按月或者按次代扣代缴税款。

二、纳税申报

依据现行《个人所得税法》,个人所得税纳税申报分为扣缴申报和自行申报两种类型。

(一) 扣缴申报

扣缴申报,就是依法由扣缴义务人办理纳税申报。扣缴义务人,是指向个人支付所得的单位或者个人。《个人所得税法》规定,扣缴义务人应当依法办理全员全额扣缴申报。

全员全额扣缴申报,是指扣缴义务人应当在代扣税款的次月15日内,向主管税务机关报送其支付所得的所有个人的有关信息、支付所得数额、扣除事项和数额、扣缴税款的具体数额和总额以及其他相关涉税信息资料。

实行个人所得税全员全额扣缴申报的应税所得包括:

1. 工资、薪金所得;
2. 劳务报酬所得;
3. 稿酬所得;
4. 特许权使用费所得;
5. 利息、股息、红利所得;
6. 财产租赁所得;
7. 财产转让所得;
8. 偶然所得。

扣缴义务人每月或者每次预扣、代扣的税款,应当在次月15日内缴入国库,并向税务机关报送《个人所得税扣缴申报表》。

对扣缴义务人按照规定扣缴的税款,按年付给2%的手续费,不包括税务机关、司法机关等查补或者责令补扣的税款。扣缴义务人领取的扣缴手续费可用于提升办税能力、奖励办税人员。

(二) 自行申报

自行申报,就是依法由纳税人办理纳税申报。有下列情形之一的,纳税人应当依法办理纳税申报。

1. 取得综合所得需要办理汇算清缴。

具体是指取得综合所得且符合下列情形之一的纳税人:

(1) 从两处以上取得综合所得,且综合所得年收入额减除专项扣除后的余额超过6万元;

(2) 取得劳务报酬所得、稿酬所得、特许权使用费所得中一项或者多项所得,且综合所得年收入额减除专项扣除的余额超过6万元;

(3) 纳税年度内预缴税额低于应纳税额;

(4) 纳税人申请退税。

2. 取得应税所得没有扣缴义务人。

纳税人应当在取得所得的次月15日内向税务机关报送纳税申报表,并缴纳税款。

3. 取得应税所得,扣缴义务人未扣缴税款。

纳税人应当在取得所得的次年6月30日前,缴纳税款;税务机关通知限期缴纳的,纳税人应当按照期限缴纳税款。

4. 取得境外所得。

纳税人应当在取得所得的次年3月1日至6月30日内申报纳税。

5. 因移居境外注销中国户籍。

纳税人应当在注销中国户籍前办理税款清算。

6. 非居民个人在中国境内从两处以上取得工资、薪金所得。

对于这种情形,纳税人应当在取得所得的次月15日内申报纳税。

7. 国务院规定的其他情形。

纳税人自行申报的方式,可以采用远程办税端、邮寄等方式申报,也可以直接到主管税务机关申报。

【例8-19】 下列各项中,应当自行申报个人所得税的有( )。

A. 从两处以上取得综合所得,且综合所得年收入额减除专项扣除后的余额超过6万元

B. 取得应税所得没有扣缴义务人

C. 取得应税所得,扣缴义务人未扣缴税款

D. 取得境外所得

解 正确答案为选项A、B、C、D,以上均为税法规定的应当自行申报的情形。

三、货币单位及外币折算

纳税人取得的各项所得的计算,以人民币为单位。所得为人民币以外的货币的,按照办理纳税申报或者扣缴申报的上一月最后一日人民币汇率中间价,折合成人民币计算应纳税所得额。年度终了后办理汇算清缴的,对已经按月、按季或者按次预缴税款的人民币以外货币所得,不再重新折算;对应当补缴税款的所得部分,按照上一纳税年度最后一日人民币汇率中间价,折合成人民币计算应纳税所得额。

四、反避税措施

有下列情形之一的,税务机关有权按照合理方法进行纳税调整:

1. 个人与其关联方之间的业务往来不符合独立交易原则而减少本人或者其关联方应纳税额,且无正当理由;

2. 居民个人控制的,或者居民个人和居民企业共同控制的设立在实际税负明显偏低的国家(地区)的企业,无合理经营需要,对应当归属于居民个人的利润不做分配或者减少分配;

3. 个人实施其他不具有合理商业目的的安排而获取不当税收利益。

税务机关依照规定做出纳税调整,需要补征税款的,应当补征税款,并依法加收利息,按照税款所属纳税申报期最后一日中国人民银行公布的与补税期间同期的人民币贷款基准利率计算,自税款纳税申报期满次日起至补缴税款期限届满之日止按日加收。纳税人在补缴税款期限届满前补缴税款的,利息加收至补缴税款之日。

谜案 8　个人所得税

单项选择题

1. 下列各项中,属于分类所得的是(　　)。
   A. 偶然所得　　　　　　　　B. 劳务报酬所得
   C. 稿酬所得　　　　　　　　D. 特许权使用费所得

2. 居民个人取得的下列所得中,按"次"计算征收个人所得税的是(　　)。
   A. 经营所得　　　　　　　　B. 劳务报酬所得
   C. 稿酬所得　　　　　　　　D. 利息、股息、红利所得

3. 居民个人取得的下列所得,应采用超额累进税率计算个人所得税的是(　　)。
   A. 偶然所得　　　　　　　　B. 财产租赁所得
   C. 工资、薪金所得　　　　　D. 稿酬所得

4. 扣缴义务人向居民个人支付工资、薪金所得时,应当按照(　　)计算预扣税款,并按月办理扣缴申报。
   A. 比例税率　　B. 定额税率　　C. 应纳税额　　D. 累计预扣法

5. 关于住房贷款利息专项附加扣除,最长可扣除(　　)个月。
   A. 100　　　　　B. 150　　　　　C. 240　　　　　D. 360

6. 依据现行个人所得税法律制度,子女教育专项附加扣除的扣除范围是子女年满 3 周岁直至(　　)毕业(全日制)。
   A. 本科　　　　B. 硕士研究生　　C. 博士研究生　　D. 博士后

7. 已经参加工作的小明在 2022 年取得了注册会计师和注册资产评估师证书,他在当年缴纳个人所得税时可享受(　　)元的继续教育专项附加扣除。
   A. 1 500　　　　B. 3 000　　　　C. 3 600　　　　D. 7 200

8. 歌星 L 参加商业演出,一次性获得演唱收入 200 000 元,扣缴义务人应预扣预缴个人所得税(　　)元。
   A. 73 000　　　B. 64 000　　　C. 57 000　　　D. 40 000

9. 2022 年 6 月,非居民个人 Jenny 取得稿酬所得 10 000 元。按照现行税法,扣缴义务人应代扣代缴的个人所得税是(　　)元。
   A. 0　　　　　　B. 350　　　　　C. 1 120　　　　D. 1 600

10. 居民个人在(　　)租房可享受每月 1 500 元的住房租金专项附加扣除。

A. 苏州　　　　　B. 北京　　　　　C. 廊坊　　　　　D. 张家口

11. 个人取得地市级人民政府颁发的科学、教育、文化、卫生、体育、环境保护等方面的资金,应(　　)。

A. 免征个人所得税　　　　　　　B. 减征个人所得税
C. 按"偶然所得"计征个人所得税　D. 按"工资薪金所得"计征个人所得税

12. 个人发生的公益捐赠支出未超过纳税人申报的应纳税所得额(　　)的部分,可以从其应纳税所得额中扣除。

A. 10%　　　　B. 15%　　　　C. 20%　　　　D. 30%

13. 居民个人L先生,2021年12月31日与企业解除劳动关系,领取一次性补偿金100 000元。其所在地区上年职工平均工资为19 200元。L先生应纳个人所得税(　　)元。

A. 1 272　　　B. 1 720　　　C. 3 000　　　D. 7 480

14. 扣缴义务人向居民个人支付(　　)时,不需要按预扣预缴方法计算税款。

A. 利息、股息、红利所得　　　B. 劳务报酬所得
C. 稿酬所得　　　　　　　　　D. 特许权使用费所得

15. 纳税人取得经营所得的,应当在取得所得的次年(　　)前办理汇算清缴。

A. 1月31日　　B. 3月31日　　C. 5月31日　　D. 6月30日

16. 需要办理综合所得汇算清缴的居民个人,其办理汇算清缴的时间是取得所得的(　　)。

A. 次年1月1日至3月31日内　　B. 次年1月1日至5月31日内
C. 次年3月1日至5月31日内　　D. 次年3月1日至6月30日内

17. 如果纳税人未能提供完整、真实的限售股原值凭证的,不能准确计算限售股原值的,主管税务机关一律按限售股转让收入的(　　)核定限售股原值及合理税费。

A. 5%　　　　B. 10%　　　　C. 15%　　　　D. 20%

18. 扣缴义务人每月或者每次预扣、代扣的税款,应当在次月(　　)日内缴入国库,并向税务机关报送《个人所得税扣缴申报表》。

A. 3　　　　　B. 5　　　　　C. 10　　　　　D. 15

19. 下列各项中,免征个人所得税的是(　　)。

A. 民间借贷利息收入　　　　　B. 国债利息收入
C. 在商场购物时取得的中奖收入　D. 单注体育彩票中奖11 000元

20. 依据现行税法规定,居民个人从两处以上取得综合所得,且综合所得年收入额减除专项扣除后的余额超过6万元的,应选择(　　)申报方式。

A. 预扣预缴　　B. 代扣代缴　　C. 自行申报　　D. 扣缴申报

多项选择题

1. 我国依据国际上常用的(　　),将个人所得税纳税人划分为居民个人和非居民个人。

A. 住所标准　　　　　　　　　B. 户籍所在地标准
C. 工作所在地标准　　　　　　D. 居住时间标准

2. 享受子女教育专项附加扣除政策的主体包括(　　)。

A. 生父母　　　　　　　　　　B. 养父母
C. 有扶养关系的继父母　　　　D. 未成年人的监护人

3. 下列关于应纳税所得额的计算,正确的有(　　)。
   A. 非居民个人 Tom 先生,2022年4月取得境内工资收入 40 000 元,应纳税所得额为 35 000 元
   B. 居民个人 F 先生取得应税股息 10 000 元,应纳税所得额为 8 000 元
   C. 居民个人 L 先生取得稿酬 20 000 元,应纳税所得额为 11 200 元
   D. 居民个人 M 先生购买体育彩票取得中奖收入 200 000 元,应纳税所得额为 200 000 元
4. 2021 年,居民个人 H 先生已经享受住房贷款利息专项附加扣除,当年还可以享受的专项附加扣除项目有(　　)。
   A. 子女教育　　B. 大病医疗　　C. 住房租金　　D. 继续教育
5. 下列各项中,属于"专项扣除"的有(　　)。
   A. 基本养老保险　　　　　　B. 基本医疗保险
   C. 失业保险　　　　　　　　D. 住房公积金
6. 在计算个体工商户生产经营所得的应纳税所得额时,不得扣除的支出有(　　)。
   A. 个人所得税税款　　　　　B. 用于个人和家庭的支出
   C. 税收滞纳金　　　　　　　D. 业务宣传费
7. 个体工商户按照规定缴纳的(　　)等费用,计算个人所得税时按实际发生数额扣除。
   A. 摊位费　　B. 行政性收费　　C. 协会会费　　D. 工会经费
8. 下列各项中,应按照"工资、薪金"所得计算缴纳个人所得税的有(　　)。
   A. 单位按低于购置或建造成本价格出售住房给职工,职工因此而少支出的差价部分
   B. 退休人员再任职取得的收入
   C. 个人转让限售股取得的所得
   D. 个人因公务用车和通讯制度改革而取得的公务用车、通讯补贴收入
9. 下列各项中,免征个人所得税的有(　　)。
   A. 保险赔款　　　　　　　　B. 军人的转业费、复员费、退役金
   C. 残疾、孤老人员和烈属的所得　D. 因自然灾害遭受重大损失的
10. 实行个人所得税全员全额扣缴申报的应税所得包括(　　)。
    A. 工资、薪金所得　　　　　B. 劳务报酬所得
    C. 经营所得　　　　　　　　D. 偶然所得

判断题

1. 我国现行个人所得税制度,采用综合与分类相结合的税制模式。　　　　(　　)
2. 外籍个人 Angela 在中国境内无住所,因工作原因,2022 年 3 月 1 日至至 4 月 30 日在中国境内履职。依据现行税法规定,其在履职期间取得的境外雇主支付的工资薪金所得,可免予缴纳个人所得税。　　　　(　　)
3. 居民个人取得劳务报酬所得、稿酬所得、特许权使用费所得,以收入减除 20% 的费用后的余额为收入额,稿酬所得的收入额减按 70% 计算。　　　　(　　)
4. 居民个人赡养 2 个及以上老人的,不按老人人数加倍享受赡养老人专项附加扣除。
　　　　(　　)

5. 在境外学校接受全日制学历教育的子女,其父母不可以享受子女教育专项附加扣除。（　）

6. 非居民个人取得工资薪金、劳务报酬、稿酬、特许权使用费4项所得,按月或者按次分项计算个人所得税。（　）

7. 对个人所得税扣缴义务人按照规定扣缴的税款,按年付给5%的手续费。（　）

8. 个人转让自用达5年以上,并且是唯一的家庭生活用房取得的所得,暂免征收个人所得税。（　）

9. 个人独资企业出资购买房屋,将所有权登记为投资者个人,按照"利息、股息、红利所得"项目计征个人所得税。（　）

10. 自2024年1月1日起,居民个人取得全年一次性奖金,应并入当年综合所得计算缴纳个人所得税。（　）

计算分析题

1. F先生是一名大学教授,2021年度平均每月工资15 000元,个人负担"三险一金"2 000元/月;享受专项附加扣除2 000元/月,全年累计预扣预缴个人所得税4 680元。F先生利用业余时间讲学,培训机构支付每月税前报酬30 000元,共计12个月,累计预扣预缴个人所得税62 400元；出版专业书籍,取得稿酬100 000元(税前),出版社预扣预缴个人所得税11 200元。假定F先生无其他扣除项目,请计算F先生年度汇算应补缴或应退的个人所得税。

2. 2022年3月,非居民个人Maxime在境内讲学取得劳务报酬所得50 000元。请计算扣缴义务人应代扣代缴的个人所得税。

3. 居民个人M女士,2022年3月提前退休并取得一次性补偿收入350 000元,距法定退休年龄5年。请计算M女士应纳个人所得税。

4. 某房地产企业按照优惠价格4 000元/平方米向职工出售住房,成本价8 000元/平方米,职工L女士购买的住房为140平方米。请计算L女士应纳个人所得税。

5. 居民个人W先生,2022年4月(距法定退休年龄30个月)从原单位办理内退手续,取得一次性补偿收入159 000元,内退后原单位每月支付生活补助2 000元,不考虑其他因素。请计算W先生应纳个人所得税。

6. 居民个人Z先生2021年取得境内工资收入350 000元,单位代扣"3险1金"56 000元,可享受专项附加扣除12 000元。此外,王先生还从境外M国取得劳务报酬折合人民币100 000元,并在M国缴纳个人所得税10 000元。请计算Z先生2021年来源于M国的所得抵免限额,并简要说明王先生是否需要在我国补缴个人所得税。

名词解释

综合所得　　公益捐赠　　累计预扣法　　收入额

简答题

1. 简述现行个人所得税的9个应税项目。
2. 请列举4项全额扣除的公益捐赠。
3. 财产租赁所得的应纳税所得额,如何计算？

4. 财产转让所得的应纳税所得额,如何计算?
5. 简述个人所得税全员全额扣缴申报的应税所得项目。

谜底(请找彩蛋)

第 9 章 资源税

008 从鲨鱼号飞艇上下来执行任务

◇ 任务分解

- 了解资源税税收制度的沿革
- 掌握资源税各税收要素
- 融会贯通资源税税额计算、纳税申报、税收优惠的税务实操
- 了解资源税的概念与征收意义

◇ 疑难重点

- 重点：资源税各税收要素，资源税应纳税额的计算，税收优惠政策
- 难点：资源税应纳税额的计算

◇ 探案道具箱

密码

大力箱，
萌探008探案助手，兼案卷记录员，
AI族，全知全能……

第 9 章　资源税

✅ **谜案线索**

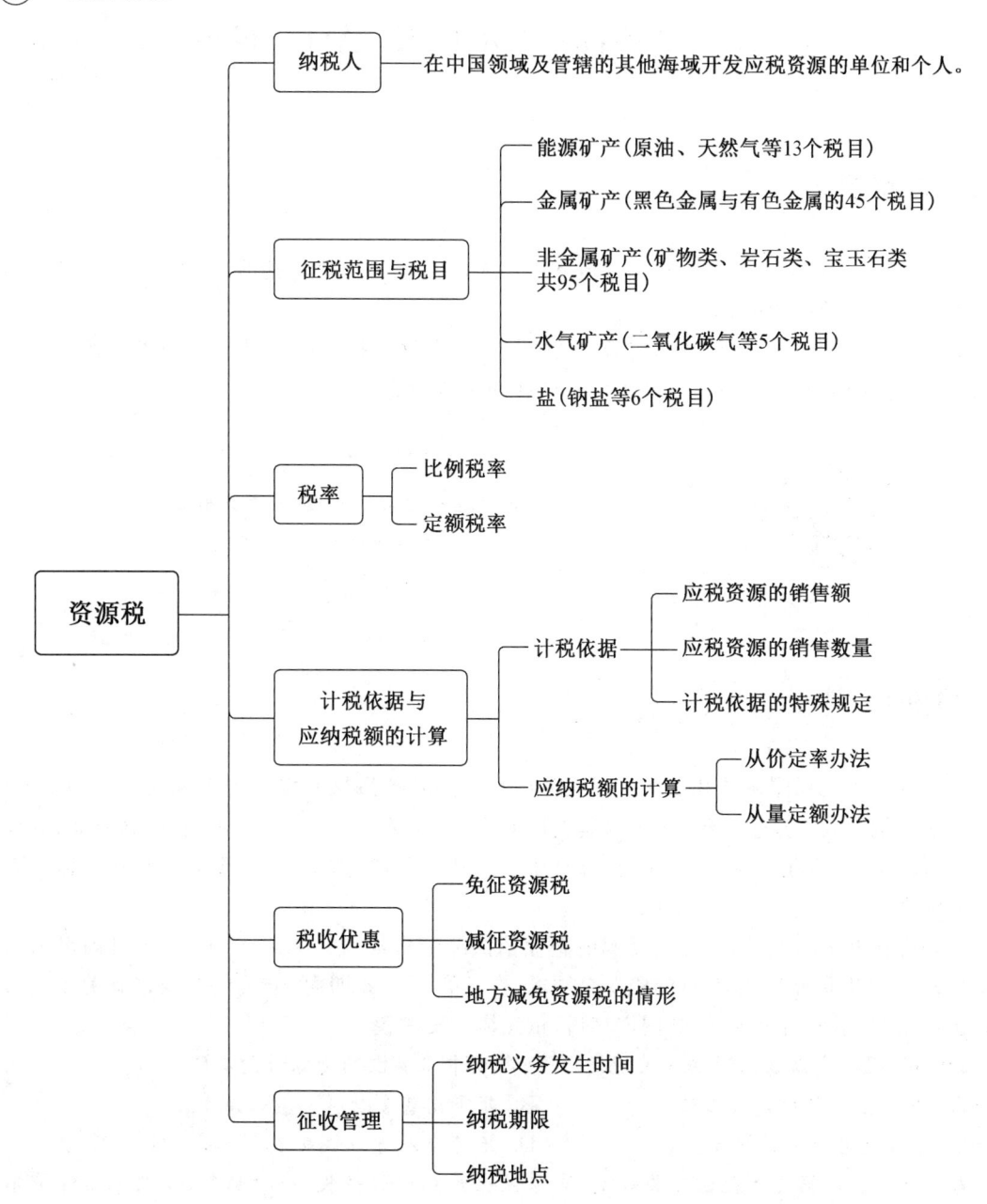

- 资源税
  - 纳税人 —— 在中国领域及管辖的其他海域开发应税资源的单位和个人。
  - 征税范围与税目
    - 能源矿产（原油、天然气等13个税目）
    - 金属矿产（黑色金属与有色金属的45个税目）
    - 非金属矿产（矿物类、岩石类、宝玉石类共95个税目）
    - 水气矿产（二氧化碳气等5个税目）
    - 盐（钠盐等6个税目）
  - 税率
    - 比例税率
    - 定额税率
  - 计税依据与应纳税额的计算
    - 计税依据
      - 应税资源的销售额
      - 应税资源的销售数量
      - 计税依据的特殊规定
    - 应纳税额的计算
      - 从价定率办法
      - 从量定额办法
  - 税收优惠
    - 免征资源税
    - 减征资源税
    - 地方减免资源税的情形
  - 征收管理
    - 纳税义务发生时间
    - 纳税期限
    - 纳税地点

第一节 资源税及其纳税人、税目与税率

一、资源税概述

资源税,是对在中华人民共和国领域和中华人民共和国管辖的其他海域开发应税资源的单位和个人征收的一种税。

开征资源税,是为了保护自然资源,促进自然资源的合理利用,适当调节自然资源级差收入,并与其他税种配合,从整体上发挥税收杠杆的调节功能。

案情追踪道具——追案魔法帽 9-1:
我国资源税立法演进

二、纳税人

在中华人民共和国领域和中华人民共和国管辖的其他海域开发应税资源的单位和个人,为资源税的纳税人。这里所称"单位",是指国有企业、集体企业、私营企业、股份制企业、其他企业和行政单位、事业单位、军事单位、社会团体及其他单位;这里所称"个人",是指个体经营者和其他个人。

中外合作开采陆上、海上石油资源的企业依法缴纳资源税。2011 年 11 月 1 日前已依法订立中外合作开采陆上、海上石油资源合同的,在该合同有效期内,继续依照国家有关规定缴纳矿区使用费,不缴纳资源税;合同期满后,依法缴纳资源税。

【例 9-1】 依据资源税法相关规定,下列各项中需要缴纳资源税的有(   )。

A. 中外合作企业开采石油   B. 超市销售食盐
C. 个体经营者开采煤矿   D. 冶炼企业进口铁矿石

解 A、C。依据资源税法相关规定,资源税在开发环节征收,进口环节、商业零售环节不征收资源税。

三、征税范围与税目

我国资源税的征税范围是指《资源税法》所附"资源税税目税率表"(以下简称"税目税率表")所列举的应税资源。具体包括能源矿产、金属矿产、非金属矿产、水气矿产、盐共 5 大类 164 个税目,应税资源为矿产品的,征税对象包括原矿和选矿。

(一) 能源矿产

能源矿产共包括原油、天然气、页岩气、天然气水合物、煤、煤成(层)气、铀、钍、油页岩、油砂、天然沥青、石煤、地热13个税目。

(二) 金属矿产

金属矿产包括黑色金属和有色金属两个小类,共45个税目。

1. 黑色金属,包括铁、锰、铬、钒、钛共5个税目。
2. 有色金属,包括铜、铅、锌、锡、镍、锑、镁、钴、铋、汞、铝土矿、钨、钼、金、银、铂等共40个税目。

(三) 非金属矿产

非金属矿产包括矿物类、岩石类、宝玉石类三个小类,共95个税目。

1. 矿物类,包括高岭土、石灰岩、磷、石墨、萤石、硫铁矿、自然硫、天然石英砂、脉石英、粉石英、水晶、工业用金刚石等共56个税目。
2. 岩石类,包括大理岩、花岗岩、白云岩、石英岩、砂岩、辉绿岩、安山岩、闪长岩等共33个税目。
3. 宝玉石类,包括宝石、玉石、宝石级金刚石、玛瑙、黄玉、碧玺共6个税目。

(四) 水气矿产

水气矿产包括二氧化碳气、硫化氢气、氦气、氡气、矿泉水共5个税目。

(五) 盐

盐包括钠盐、钾盐、镁盐、锂盐、天然卤水、海盐共6个税目。

此外,纳税人开采或者生产应税产品自用的,应视同销售缴纳资源税。但是自用于连续生产应税产品的,不缴纳资源税。纳税人自用应税产品应当缴纳资源税的情形,包括纳税人以应税产品用于非货币性资产交换、捐赠、偿债、赞助、集资、投资、广告、样品、职工福利、利润分配或者连续生产非应税产品等。

国务院根据国民经济和社会发展需要,依照《资源税法》的原则,对取用地表水或者地下水的单位和个人试点征收水资源税。征收水资源税的,停止征收水资源费。水资源税试点实施办法由国务院规定,报全国人民代表大会常务委员会备案。

四、税率

(一) 税率的种类

《资源税法》规定了比例税率和定额税率两种形式。其中,对地热、石灰岩、其他粘土、砂石、矿泉水和天然卤水6种应税资源采用比例税率或定额税率,其他应税资源均采用比例税率。

(二) 税率的具体适用

《资源税法》对原油、天然气、页岩气、天然气水合物、铀、钍、钨、钼、中重稀土等9个税目直接规定了具体适用税率,其余155个税目实行幅度税率,其具体适用税率由省、自治区、直辖市人民政府统筹考虑该应税资源的品位、开采条件以及对生态环境的影响等情况,在《税目税率表》规定的税率幅度内提出,报同级人民代表大会常务委员会决定,并报全国人民代表大会常务委员会和国务院备案。税目税率表中规定征税对象为原矿或者选矿的,应当分别确定具体适用税率。资源税税目税率表见表9-1。

水资源税根据当地水资源状况、取用水类型和经济发展等情况实行差别税率。

表9-1 资源税税目税率表

税目			征税对象	税率
能源矿产		原油	原矿	6%
		天然气、页岩气、天然气水合物	原矿	6%
		煤	原矿或者选矿	2%~10%
		煤成(层)气	原矿	1%~2%
		铀、钍	原矿	4%
		油页岩、油砂、天然沥青、石煤	原矿或者选矿	1%~4%
		地热	原矿	1%~20%或者每立方米1~30元
金属矿产	黑色金属	铁、锰、铬、钒、钛	原矿或者选矿	1%~9%
	有色金属	铜、铅、锌、锡、镍、锑、镁、钴、铋、汞	原矿或者选矿	2%~10%
		铝土矿	原矿或者选矿	2%~9%
		钨	选矿	6.5%
		钼	选矿	8%
		金、银	原矿或者选矿	2%~6%
		铂、钯、钌、锇、铱、铑	原矿或者选矿	5%~10%
		轻稀土	选矿	7%~12%
		中重稀土	选矿	20%
		铍、锂、锆、锶、铷、铯、铌、钽、锗、镓、铟、铊、铪、铼、镉、硒、碲	原矿或者选矿	2%~10%
非金属矿产	矿物类	高岭土	原矿或者选矿	1%~6%
		石灰岩	原矿或者选矿	1%~6%或者每吨（或者每立方米）1~10元
		磷	原矿或者选矿	3%~8%
		石墨	原矿或者选矿	3%~12%
		萤石、硫铁矿、自然硫	原矿或者选矿	1%~8%
		天然石英砂、脉石英、粉石英、水晶、工业用金刚石、冰洲石、蓝晶石、硅线石(矽线石)、长石、滑石、刚玉、菱镁矿、颜料矿物、天然	原矿或者选矿	1%~12%

(续表)

税目			征税对象	税率
		碱、芒硝、钠硝石、明矾石、砷、硼、碘、溴、膨润土、硅藻土、陶瓷土、耐火粘土、铁矾土、凹凸棒石粘土、海泡石粘土、伊利石粘土、累托石粘土		
		叶蜡石、硅灰石、透辉石、珍珠岩、云母、沸石、重晶石、毒重石、方解石、蛭石、透闪石、工业用电气石、白垩、石棉、蓝石棉、红柱石、石榴子石、石膏	原矿或者选矿	2%～12%
		其他粘土（铸型用粘土、砖瓦用粘土、陶粒用粘土、水泥配料用粘土、水泥配料用红土、水泥配料用黄土、水泥配料用泥岩、保温材料用粘土）	原矿或者选矿	1%～5%或者每吨（或者每立方米）0.1～5元
	岩石类	大理岩、花岗岩、白云岩、石英岩、砂岩、辉绿岩、安山岩、闪长岩、板岩、玄武岩、片麻岩、角闪岩、页岩、浮石、凝灰岩、黑曜岩、霞石正长岩、蛇纹岩、麦饭石、泥灰岩、含钾岩石、含钾砂页岩、天然油石、橄榄岩、松脂岩、粗面岩、辉长岩、辉石岩、正长岩、火山岩、火山渣、泥炭	原矿或者选矿	1%～10%
		砂石	原矿或者选矿	1%～5%或者每吨（或者每立方米）0.1～5元
	宝玉石类	宝石、玉石、宝石级金刚石、玛瑙、黄玉、碧玺	原矿或者选矿	4%～20%
水气矿产	二氧化碳气、硫化氢气、氦气、氡气		原矿	2%～5%
	矿泉水		原矿	1%～20%或者每立方米1～30元
盐	钠盐、钾盐、镁盐、锂盐		原矿	3%～15%
	天然卤水		原矿	3%～15%或者每吨（或者每立方米）1～10元
	海盐			2%～5%

第二节 计税依据与应纳税额的计算

一、计税依据

(一) 计税依据的一般规定

《资源税法》规定,资源税按照《税目税率表》实行从价计征或者从量计征。因此,实行从价计征的,资源税的计税依据为应税资源的销售额;实行从量计征的,资源税的计税依据为应税资源的销售数量。

税目税率表中规定可以选择实行从价计征或者从量计征的,具体计征方式由省、自治区、直辖市人民政府提出,报同级人民代表大会常务委员会决定,并报全国人民代表大会常务委员会和国务院备案。

实行从价计征的,应纳税额按照应税产品的销售额乘以具体适用税率计算。实行从量计征的,应纳税额按照应税产品的销售数量乘以具体适用税率计算。应税产品为矿产品的,包括原矿和选矿产品。

纳税人开采或者生产不同税目应税产品的,应当分别核算不同税目应税产品的销售额或者销售数量;未分别核算或者不能准确提供不同税目应税产品的销售额或者销售数量的,从高适用税率。

(二) 销售额的确定

1. 资源税应税产品的销售额,按照纳税人销售应税产品向购买方收取的全部价款确定,不包括增值税税款。计入销售额中的相关运杂费用,凡取得增值税发票或者其他合法有效凭据的,准予从销售额中扣除。相关运杂费用是指应税产品从坑口或者洗选(加工)地到车站、码头或者购买方指定地点的运输费用、建设基金以及随运销产生的装卸、仓储、港杂费用。

2. 纳税人申报的应税产品销售额明显偏低且无正当理由的,或者有自用应税产品行为而无销售额的,主管税务机关可以按下列方法和顺序确定其应税产品销售额:

(1) 按纳税人最近时期同类产品的平均销售价格确定。
(2) 按其他纳税人最近时期同类产品的平均销售价格确定。
(3) 按后续加工非应税产品销售价格,减去后续加工环节的成本利润后确定。
(4) 按应税产品组成计税价格确定。

组成计税价格=成本×(1+成本利润率)÷(1-资源税税率)

上述公式中的成本利润率由省、自治区、直辖市税务机关确定。

(5) 按其他合理方法确定。

(三) 销售数量的确定

资源税应税产品的销售数量,包括纳税人开采或者生产应税产品的实际销售数量和自用于应当缴纳资源税情形的应税产品数量。

(四) 计税依据的特殊规定

1. 外购应税产品的扣减

为避免重复征税,纳税人外购应税产品与自采应税产品混合销售或者混合加工为应税产品销售的,在计算应税产品销售额或者销售数量时,准予扣减外购应税产品的购进金额或者购进数量;当期不足扣减的,可结转下期扣减。纳税人应当准确核算外购应税产品的购进金额或者购进数量,未准确核算的,一并计算缴纳资源税。

具体而言,纳税人以外购原矿与自采原矿混合为原矿销售,或者以外购选矿产品与自产选矿产品混合为选矿产品销售的,在计算应税产品销售额或者销售数量时,直接扣减外购原矿或者外购选矿产品的购进金额或者购进数量。

纳税人以外购原矿与自采原矿混合洗选加工为选矿产品销售的,由于在洗选加工过程中产生了增值或数量消耗,为确保税负公平,在计算应税产品销售额或者销售数量时,按照下列方法进行扣减:

$$\text{准予扣减的外购应税产品购进金额(数量)} = \text{外购原矿购进金额(数量)} \times \left(\frac{\text{本地区原矿适用税率}}{\text{本地区选矿产品适用税率}} \right)$$

例如,某煤炭企业将外购 100 万元原煤与自采 300 万元原煤混合洗选加工为选煤销售,选煤销售额为 650 万元。当地原煤税率为 4%,选煤税率为 2%,在计算应税产品销售额时,准予扣减的外购应税产品购进金额=外购原煤购进金额×(本地区原煤适用税率÷本地区选煤适用税率)=100×(4%÷2%)=200(万元)。

不能按照上述方法计算扣减的,按照主管税务机关确定的其他合理方法进行扣减。

纳税人核算并扣减当期外购应税产品购进金额、购进数量,应当依据外购应税产品的增值税发票、海关进口增值税专用缴款书或者其他合法有效凭据。

2. 其他规定

(1) 纳税人开采或者生产同一税目下适用不同税率应税产品的,应当分别核算不同税率应税产品的销售额或者销售数量;未分别核算或者不能准确提供不同税率应税产品的销售额或者销售数量的,从高适用税率。

(2) 纳税人以自采原矿(经过采矿过程采出后未进行选矿或者加工的矿石)直接销售,或者自用于应当缴纳资源税情形的,按照原矿计征资源税。

纳税人以自采原矿洗选加工为选矿产品(通过破碎、切割、洗选、筛分、磨矿、分级、提纯、脱水、干燥等过程形成的产品,包括富集的精矿和研磨成粉、粒级成型、切割成型的原矿加工品)销售,或者将选矿产品自用于应当缴纳资源税情形的,按照选矿产品计征资源税,在原矿移送环节不缴纳资源税。对于无法区分原生岩石矿种的粒级成型砂石颗粒,按照砂石税目征收资源税。

(3) 纳税人开采或者生产同一应税产品,其中既有享受减免税政策的,又有不享受减免税政策的,按照免税、减税项目的产量占比等方法分别核算确定免税、减税项目的销售额或者销售数量。

二、应纳税额的计算

资源税的应纳税额,按照从价定率或者从量定额办法,分别以应税产品的销售额乘以纳税人具体适用的比例税率或者以应税产品的销售数量乘以纳税人具体适用的定额税率计算确定。

(一) 从价定率办法

实行从价定率办法计征资源税的应税产品,计算公式为:

应纳税额＝应税产品的销售额×适用的比例税率

【例 9-2】 某铁矿属于增值税一般纳税人,2022 年 5 月销售自采铁矿石原矿取得销售额合计 900 万元,其中包括从坑口到车站的运输费用 20 万元,以及随运销产生的装卸、仓储费用 10 万元,均取得增值税专用发票。该地区铁矿石原矿适用税率 5%,以上价格均不含增值税。计算该铁矿 2022 年 5 月应纳资源税。

解 本例属于以自采原矿直接销售,应按照原矿计征资源税。

应税产品销售额＝900－20－10＝870(万元)

应纳税额＝870×5%＝43.5(万元)

(二) 从量定额办法

实行从量定额办法计征资源税的应税产品,计算公式为:

应纳税额＝应税产品的销售数量×适用的定额税率

【例 9-3】 某矿泉水生产企业属于增值税一般纳税人。2022 年 4 月销售矿泉水 15 000 立方米,办公区自用 50 立方米。该地区矿泉水资源税实行从量计征,税率为 30 元/立方米。计算该企业 2022 年 4 月应纳资源税。

解 办公区自用矿泉水应视同销售缴纳资源税。

应税产品销售量＝15 000＋50＝15 050(立方米)

应纳税额＝15 050×30＝451 500(元)

第三节 税收优惠

一、免征资源税

有下列情形之一的,免征资源税:
1. 开采原油以及在油田范围内运输原油过程中用于加热的原油、天然气;
2. 煤炭开采企业因安全生产需要抽采的煤成(层)气。

二、减征资源税

有下列情形之一的,减征资源税:
1. 从低丰度油气田开采的原油、天然气,减征 20% 资源税。

> 疑点爆破道具——奇思妙响指 NICE 9-2：
> 什么是低丰度油气田？

2. 高含硫天然气、三次采油和从深水油气田开采的原油、天然气，减征30%资源税。

> 疑点爆破道具——奇思妙响指 NICE 9-3：
> 什么是高含硫天然气、三次采油和深水油气田？

3. 稠油、高凝油减征40%资源税。

> 疑点爆破道具——奇思妙响指 NICE 9-4：
> 什么是稠油、高凝油？

4. 从衰竭期矿山开采的矿产品，减征30%资源税。

> 疑点爆破道具——奇思妙响指 NICE 9-5：
> 什么是衰竭期矿山？

5. 自2014年12月1日至2023年8月31日，对充填开采置换出来的煤炭，资源税减征50%。

根据国民经济和社会发展需要，国务院对有利于促进资源节约集约利用、保护环境等情形可以规定免征或者减征资源税，报全国人民代表大会常务委员会备案。

三、地方减免资源税的情形

有下列情形之一的，省、自治区、直辖市可以决定免征或者减征资源税：

1. 纳税人开采或者生产应税产品过程中，因意外事故或者自然灾害等原因遭受重大损失；
2. 纳税人开采共伴生矿、低品位矿、尾矿。

上述规定的免征或者减征资源税的具体办法，由省、自治区、直辖市人民政府提出，报同级人民代表大会常务委员会决定,并报全国人民代表大会常务委员会和国务院备案。

纳税人开采或者生产同一应税产品同时符合两项或者两项以上减征资源税优惠政策的,除另有规定外,只能选择其中一项执行。

纳税人的免税、减税项目,应当单独核算销售额或者销售数量;未单独核算或者不能准确提供销售额或者销售数量的,不予免税或者减税。

第四节 征收管理

一、纳税义务发生时间

纳税人销售应税产品,纳税义务发生时间为收讫销售款或者取得索取销售款凭据的当日;自用应税产品的,纳税义务发生时间为移送应税产品的当日。

二、纳税期限

资源税按月或者按季申报缴纳;不能按固定期限计算缴纳的,可以按次申报缴纳。

纳税人按月或者按季申报缴纳的,应当自月度或者季度终了之日起 15 日内,向税务机关办理纳税申报并缴纳税款;按次申报缴纳的,应当自纳税义务发生之日起 15 日内,向税务机关办理纳税申报并缴纳税款。

三、纳税地点

纳税人应当向应税产品开采地或者生产地的税务机关申报缴纳资源税。

海上开采的原油和天然气资源税由海洋石油税务管理机构征收管理。

谜案9 资源税

单项选择题

1. 资源税应税环节是（　　）。
   A. 生产销售环节　　　　　　　　B. 批发环节
   C. 零售环节　　　　　　　　　　D. 消费环节

2. 下列各项中，应当征收资源税的是（　　）。
   A. 森林资源　　B. 草场　　C. 滩涂　　D. 能源矿产

3. 下列各项中，（　　）应当征收资源税。
   A. 河北A企业在非洲开采铜矿
   B. 香港B先生在香港开发海盐
   C. 法国C先生在新疆开采铜矿
   D. 郑州D洗车厂抽取地下水给客户洗车

4. 下列各项中，（　　）免征资源税。
   A. 开采原油过程中用于加热的原油、天然气
   B. 高含硫天然气
   C. 从低丰度油气田开采的原油、天然气
   D. 稠油、高凝油

5. 从衰竭期矿山开采的矿产品，减征（　　）资源税。
   A. 20%　　B. 30%　　C. 40%　　D. 50%

6. 资源税应税产品的组成计税价格是（　　）。
   A. 组成计税价格＝成本×(1＋成本利润率)÷(1－资源税税率)
   B. 组成计税价格＝成本×(1－成本利润率)÷(1－资源税税率)
   C. 组成计税价格＝成本×(1－成本利润率)÷(1＋资源税税率)
   D. 组成计税价格＝收入×(1－成本利润率)÷(1＋资源税税率)

7. 对于无法区分原生岩石矿种的粒级成型砂石颗粒，按照（　　）税目征收资源税。
   A. 石灰岩　　　　　　　　　　B. 其他粘土
   C. 砂石　　　　　　　　　　　D. 其他未列名的非金属矿产品

8. 某煤炭企业2022年5月将外购200万元原煤与自采400万元原煤混合加工为选煤销售，取得选煤销售收入850万元(不含运杂费)。原煤税率6%，选煤税率4%。则准予扣减的

外购原煤金额是( )万元。

  A. 200   B. 300   C. 133.4   D. 400

9. 某石化企业为增值税一般纳税人,2022年6月从国外某石油公司进口原油50 000吨,支付不含税价款折合人民币9 000万元,其中包含包装费、保险费折合人民币10万元。资源税率6%。该企业应纳资源税( )万元。

  A. 0   B. 540   C. 539.4   D. 以上均不对

10. 资源税纳税地点是( )。

  A. 纳税人注册地   B. 纳税人住所地
  C. 应税产品开采地或者生产地   D. 应税产品销售地

✅ 多项选择题

1. 下列各项中,征收资源税的有( )。

  A. 天然原油   B. 人造石油   C. 伴生矿   D. 共生矿

2. 下列各项中,( )征收资源税。

  A. 进口盐的外贸企业   B. 生产钠盐的外商投资企业
  C. 销售钠盐的超市   D. 开采海盐的盐场

3. 下列各项中,既可以从价计征又可以从量计征的有( )。

  A. 地热   B. 其他粘土   C. 石灰岩   D. 天然沥青

4. 下列各项中,省、自治区、直辖市可以决定免征或者减征资源税的是( )。

  A. 纳税人开采或者生产应税产品过程中,因自然灾害遭受重大损失

  B. 纳税人开采共伴生矿

  C. 纳税人开采低品位矿

  D. 纳税人开采尾矿

5. 关于资源税纳税义务发生时间,下列说法中正确的是( )。

  A. 销售应税产品,纳税义务发生时间为收讫销售款或者取得索取销售款凭据的当日

  B. 销售应税产品,纳税义务发生时间为发货的当日

  C. 自用应税产品,纳税义务发生时间为收讫销售款或者取得索取销售款凭据的当日

  D. 自用应税产品,纳税义务发生时间为移送应税产品的当日

6. 纳税人申报的应税产品销售额明显偏低且无正当理由的,主管税务机关可以按照( )确定其应税产品销售额。

  A. 按纳税人最近时期同类产品的平均销售价格确定

  B. 按其他纳税人最近时期同类产品的平均销售价格确定

  C. 按后续加工非应税产品销售价格,减去后续加工环节的成本利润后确定

  D. 按应税产品组成计税价格确定

7. 纳税人开采或者生产资源税应税产品用于( ),需要缴纳资源税。

  A. 投资   B. 捐赠
  C. 广告   D. 连续生产资源税应税产品

8. 下列各项中,按照选矿产品征收资源税的是( )。

  A. 将自采原矿直接销售   B. 以自采原矿对外投资

C. 以自采原矿洗选加工为选矿产品　　D. 以选矿产品对外投资

判断题

1. 进出口环节均不征收资源税。（　）
2. 资源税的纳税人不包括中外合资企业。（　）
3. 征收资源税的原油，是指开采的天然原油，不包括人造石油。（　）
4. 纳税人开采或者生产不同税目应税产品的，应当分别核算不同税目应税产品的销售额或者销售数量；未分别核算或者不能准确提供不同税目应税产品的销售额或者销售数量的，从高适用税率。（　）
5. 纳税人按月或者按季申报缴纳的，应当自月度或者季度终了之日起10日内，向税务机关办理纳税申报并缴纳税款。（　）
6. 纳税人的免税、减税项目，应当单独核算销售额或者销售数量；未单独核算或者不能准确提供销售额或者销售数量的，不予免税或者减税。（　）
7. 中石化公司从伊朗进口原油，不需要缴纳资源税。（　）
8. 纳税人开采或者生产同一应税产品同时符合两项或者两项以上减征资源税优惠政策的，除另有规定外，只能选择其中一项执行。（　）

计算分析题

1. 某煤炭企业2022年5月将外购220万元原煤与自采500万元原煤混合加工为选煤销售，取得选煤销售收入950万元（不含运杂费）。原煤税率6%，选煤税率4%。

   要求：计算该煤炭企业2022年5月应纳资源税。

2. 某石化企业为增值税一般纳税人，2022年6月开采原油10 000吨，并将开采的原油对外销售6 000吨，取得含税销售额4 520万元，同时向购买方收取延期付款利息2.26万元，另外支付运输费用8万元，增值税0.72万元。资源税率6%。

   要求：计算该企业2022年6月应纳资源税。

3. 某石化企业为增值税一般纳税人，最近时期同类原油的平均不含税售价4 350元/吨。2022年8月将开采的原油1.2万吨对外投资，取得10%的股权，开采原油过程中加热用原油0.1万吨；用开采的同类原油2万吨移送非独立炼油部门加工生产成品油。原油资源税税率6%。

   要求：计算该企业2022年8月应纳资源税。

4. 某油田为增值税一般纳税人，2022年9月开采原油15万吨，生产人造石油6万吨；当月开采原油过程中用于加热耗用原油0.8万吨，当月销售原油9万吨，不含增值税售价4 300元/吨；销售人造石油2万吨，不含增值税售价4 500元/吨。原油资源税税率6%。

   要求：计算该油田2022年9月应纳资源税。

谜底（请找彩蛋）

第 10 章 土地增值税

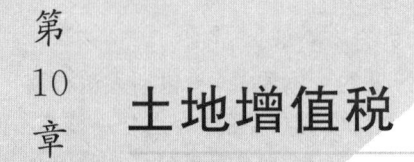

008 从鲨鱼号飞艇上下来执行任务

✓ 任务分解

- ☞ 了解土地增值税的概念、特点以及征收的意义
- ☞ 掌握土地增值税各税收要素
- ☞ 融会贯通土地增值税税额计算,处理土地增值税涉税事项的税务实操
- ☞ 熟悉土地增值税的税收优惠政策和征收管理规定

✓ 疑难重点

- ☞ 重点:土地增值税各税收要素,应纳税额的计算,税收优惠政策
- ☞ 难点:土地增值税应纳税额的计算

✓ 探案道具箱

密码

大力箱,
萌探008探案助手,兼案卷记录员,
AI族,全知全能……

第10章 土地增值税

谜案线索

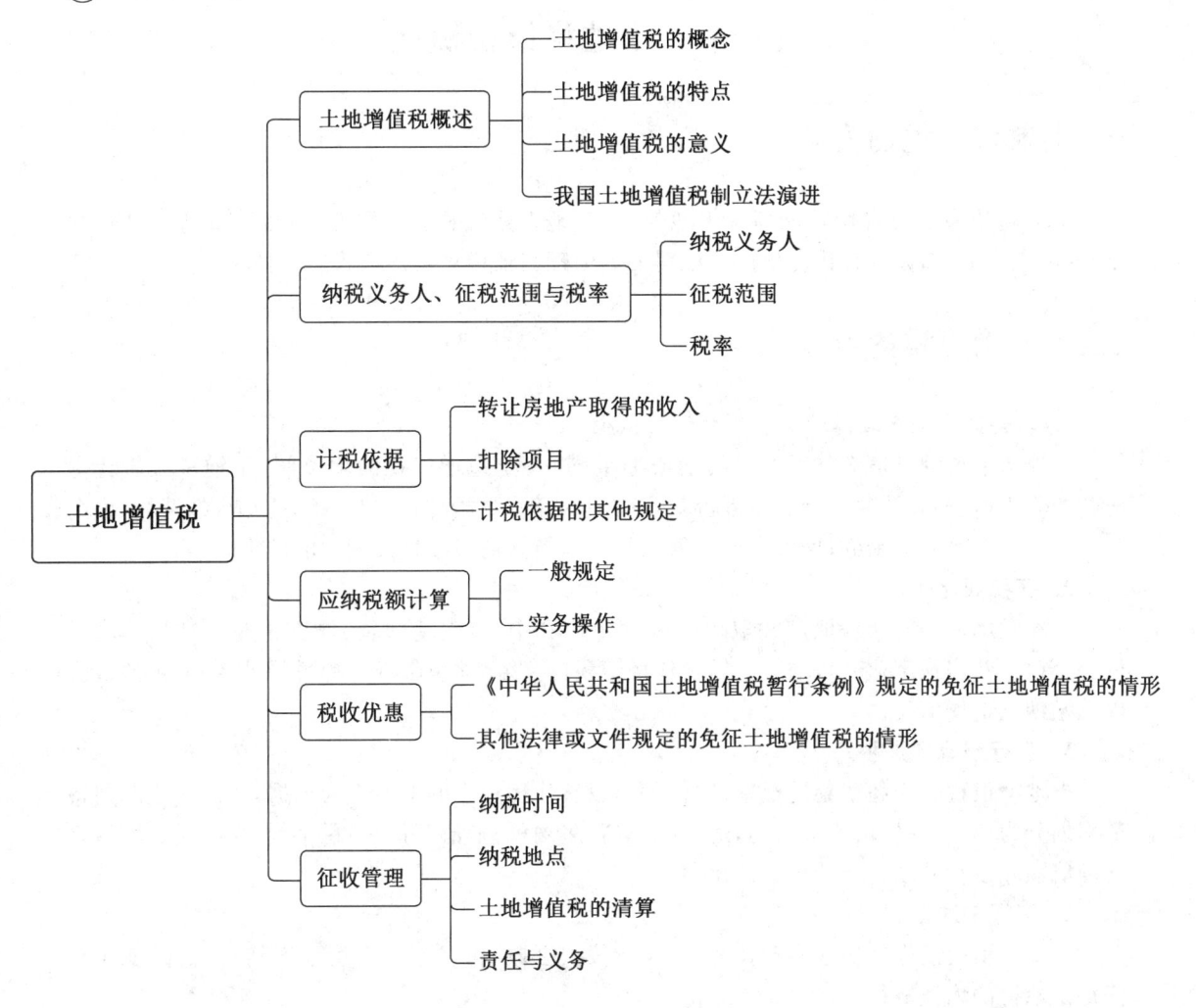

- 土地增值税
  - 土地增值税概述
    - 土地增值税的概念
    - 土地增值税的特点
    - 土地增值税的意义
    - 我国土地增值税制立法演进
  - 纳税义务人、征税范围与税率
    - 纳税义务人
    - 征税范围
    - 税率
  - 计税依据
    - 转让房地产取得的收入
    - 扣除项目
    - 计税依据的其他规定
  - 应纳税额计算
    - 一般规定
    - 实务操作
  - 税收优惠
    - 《中华人民共和国土地增值税暂行条例》规定的免征土地增值税的情形
    - 其他法律或文件规定的免征土地增值税的情形
  - 征收管理
    - 纳税时间
    - 纳税地点
    - 土地增值税的清算
    - 责任与义务

第一节 土地增值税概述

一、土地增值税的概念

土地增值税是对有偿转让国有土地使用权、地上建筑物及其附着物(以下简称转让房地产)的纳税义务人,以其转让房地产所取得的增值额为征税对象而征收的一种税。

二、土地增值税的特点

1. 以转让房地产取得的增值额为计税依据

土地增值税的增值额与增值税的增值额不同[①]。土地增值税的增值额,是纳税人转让房地产的收入(包括转让房地产的全部价款及有关的经济收益)扣除与其相关的成本、费用、税金及其他项目金额后的余额;增值税的增值额只扣除与其销售额直接相关的进货成本。

2. 征税面比较广

凡在我国境内转让房地产并取得收入的单位和个人(包括内资、外资企业,中国、外籍人员,专营、兼营房地产业务),均有缴纳土地增值税的义务,除税法规定免税的外,都应依照税法规定缴纳土地增值税。

3. 实行超率累进税率

土地增值税采用超率累进税率进行计算,以转让房地产的增值率为依据,按照累进原则将税率划分为四个等级,增值率高的,适用税率高,多纳税;增值率低的,税率低,少纳税。增值率是增值额除以扣除项目合计金额的比率。

4. 实行按次征收

土地增值税发生在房地产转让环节,实行按次征收,每发生一次房地产转让行为,就应根据每次取得的增值额征一次税。

三、土地增值税征收的意义

征收土地增值税主要有以下3点意义:(1)规范土地和房地产市场交易秩序;(2)抑制房地产投机和炒卖活动,合理调节土地增值收益,防止国有土地收益流失;(3)增加国家财政收入,维护国家权益。

案情追踪道具——追案魔法帽10-1:
我国土地增值税制立法演进

[①] 汪康等.税收学[M].北京:高等教育出版社,中国税务出版社,2021.

第二节　纳税义务人、征税范围与税率

一、纳税义务人

土地增值税的纳税义务人是转让房地产并取得收入的单位和个人。其中：
1. 单位，指各类企业单位、事业单位、国家机关和社会团体及其他组织。
2. 个人，包括个人、个体经营者。

二、征税范围

凡有偿转让国有土地使用权、地上建筑物及其附着物并取得收入的单位和个人，都属于土地增值税的征税范围。在界定征税范围时重点把握以下几点：
1. 只有转让国有土地的使用权，才属于土地增值税的征税范围。其中，国有土地是指按国家法律规定属于国家所有的土地，集体所有的土地只有在征用后转为国有土地时才能转让，将集体所有的土地变为国有土地之后，才可纳入土地增值税的征税范围；未经国家征用的集体土地不得转让，亦不征税。
2. 只有有偿转让房地产，才属于征税范围。其中，有偿转让包括出售或以其他方式有偿转让，而对以继承、赠与等无偿转让的房地产以及出让国有土地使用权，不予征税；房地产的出租，虽然取得了收入，但没有发生房地产的产权转让，不属于土地增值税的征收范围[①]。
3. 地上的建筑物，是指建于土地上的一切建筑物，包括地上地下的各种附属设施。
地上建筑物的附着物，是指附着于土地上的不能移动，一经移动即遭损坏的物品。

三、税率

土地增值税采用四级超率累进税率，其中，最低税率为 30%，最高税率为 60%，税收负担高于我国的企业所得税[②]。具体如下：

级数	增值额与扣除项目金额的比率	税率(%)	速算扣除系数
1	不超过 50% 的部分	30	0
2	超过 50% 至 100% 的部分	40	5
3	超过 100% 至 200% 的部分	50	15
4	超过 200% 的部分	60	35

---

① 胡越川.新编税收基础[M].上海：华东师范大学出版社，2021.
② 蒋大鸣，唐甜甜.新编税收学——税法实务[M].南京：南京大学出版社，2019.

第三节　计税依据

土地增值税的计税依据为纳税人转让房地产所取得的增值额,计算公式为:
增值额＝转让房地产取得的收入－扣除项目金额

一、转让房地产取得的收入

纳税人取得的转让房地产的收入,包括转让房地产而取得的全部价款及有关的经济收益。从收入形态看,包括货币收入、实物收入和其他收入。

二、扣除项目

税法规定,准予纳税人从转让收入额中减除的扣除项目包括以下几项。

1. 取得土地使用权所支付的金额,指纳税人为取得土地使用权所支付的地价款和按国家统一规定交纳的有关费用。

2. 开发土地和新建房及配套设施(以下简称房地产开发)的成本,指纳税人房地产开发项目实际发生的成本(以下简称房地产开发成本),包括土地征用及拆迁补偿费、前期工程费、建筑安装工程费、基础设施费、公共配套设施费、开发间接费用。其中:

(1) 土地征用及拆迁补偿费,包括土地征用费、耕地占用税、劳动力安置费及有关地上、地下附着物拆迁补偿的净支出、安置动迁用房支出等。

(2) 前期工程费,包括规划、设计、项目可行性研究和水文、地质、测绘、"三通一平"等支出。

(3) 建筑安装工程费,是指以出包方式支付给承包单位的建筑安装工程费,以自营方式发生的建筑安装工程费。

(4) 基础设施费,包括开发小区内道路、供水、供电、供气、排污、排洪、通讯、照明、环卫、绿化等工程发生的支出。

(5) 公共配套设施费,包括不能有偿转让的开发小区内公共配套设施发生的支出。

(6) 开发间接费用,是指直接组织、管理开发项目发生的费用,包括工资、职工福利费、折旧费、修理费、办公费、水电费、劳动保护费、周转房摊销等。

3. 开发土地和新建房及配套设施的费用(以下简称房地产开发费用),指与房地产开发项目有关的销售费用、管理费用、财务费用。其中:

(1) 财务费用中的利息支出,凡能够按转让房地产项目计算分摊并提供金融机构证明的,允许据实扣除,但最高不能超过按商业银行同类同期贷款利率计算的金额。其他房地产开发费用,按第1、2扣除项目规定计算的金额之和的5%以内计算扣除。

(2) 凡不能按转让房地产项目计算分摊利息支出或不能提供金融机构证明的,房地产开发费用按第1、2扣除项目规定计算的金额之和的10%以内计算扣除。

(3) 上述计算扣除的具体比例,由各省、自治区、直辖市人民政府规定。

4. 旧房及建筑物的评估价格,指在转让已使用的房屋及建筑物时,由政府批准设立的房地产评估机构评定的重置成本价乘以成新度折扣率后的价格。评估价格须经当地税务机关确认。

5. 与转让房地产有关的税金,是指在转让房地产时缴纳的城市维护建设税、印花税。因转让房地产交纳的教育费附加,也可视同税金予以扣除。

6. 财政部规定的其他扣除项目:
(1) 对从事房地产开发的纳税人可按其取得土地使用权所支付的金额加房地产开发成本计算的金额之和,加计20%扣除。
(2) 纳税人成片受让土地使用权后,分期分批开发、转让房地产的,其扣除项目金额的确定,可按转让土地使用权的面积占总面积的比例计算分摊,或按建筑面积计算分摊,也可按税务机关确认的其他方式计算分摊。

三、计税依据的其他规定

(一) 房地产成交价格异常的征收规定

纳税人如果有以下情形之一的,其土地增值税要按照房地产评估价格计算征收:

1. 隐瞒、虚报房地产成交价格的,指纳税人不报或有意低报转让土地使用权、地上建筑物及其附着物价款的行为。

对该种情形,应由评估机构参照同类房地产的市场交易价格进行评估。税务机关根据评估价格确定转让房地产的收入。

2. 提供扣除项目金额不实的,指纳税人在纳税申报时不据实提供扣除项目金额的行为。

对该种情形,应由评估机构按照房屋重置成本价乘以成新度折扣率计算的房屋成本价和取得土地使用权时的基准地价进行评估。税务机关根据评估价格确定扣除项目金额。

3. 转让房地产的成交价格低于房地产评估价格,又无正当理由的,指纳税人申报的转让房地产的实际成交价低于房地产评估机构评定的交易价,纳税人又不能提供凭据或无正当理由的行为。

对上述情形,由税务机关参照房地产评估价格确定转让房地产的收入。房地产评估价格是指由政府批准设立的房地产评估机构根据相同地段、同类房地产进行综合评定的价格,评估价格须经当地税务机关确认。

(二) 营业税改增值税后的征收规定

营业税改增值税(以下简称营改增)后,纳税人转让房地产的土地增值税应税收入不含增值税。适用增值税一般计税方法的纳税人,其转让房地产的土地增值税应税收入不含增值税销项税额;适用简易计税方法的纳税人,其转让房地产的土地增值税应税收入不含增值税应纳税额。具体计算如下。

1. 房地产开发企业清算房地产开发项目土地增值税时:

$$土地增值税应税收入 = 营改增前转让房地产取得的收入 + 营改增后转让房地产取得的不含增值税收入$$

$$\begin{aligned}\text{与转让房地产}\\\text{有关的税金}\end{aligned}=\begin{aligned}\text{营改增前实际缴纳的营业税、城市维护}\\\text{建设税、教育费附加}\end{aligned}+\begin{aligned}\text{营改增后允许扣除的城市}\\\text{维护建设税、教育费附加}\end{aligned}$$

2. 房地产开发企业采取预收款方式销售自行开发的房地产项目时：

土地增值税预征的计征依据＝预收款－应预缴增值税税款

3. 旧房转让时的扣除计算问题。

营改增后，纳税人转让旧房及建筑物，凡不能取得评估价格，但能提供购房发票的，按照下列方法计算：

(1) 提供的购房凭据为营改增前取得的营业税发票的，按照发票所载金额（不扣减营业税）并从购买年度起至转让年度止每年加计5%计算；

(2) 提供的购房凭据为营改增后取得的增值税普通发票的，按照发票所载价税合计金额从购买年度起至转让年度止每年加计5%计算；

(3) 提供的购房发票为营改增后取得的增值税专用发票的，按照发票所载不含增值税金额加上不允许抵扣的增值税进项税额之和，并从购买年度起至转让年度止每年加计5%计算。

第四节　应纳税额的计算

一、一般规定

土地增值税按照纳税人转让房地产所取得的增值额和规定的四级超率累进税率计算征收。计算公式为：

应纳税额＝每级距的土地增值额×适用税率

二、实务操作

实务中，往往采用速算扣除法计算，即以总的增值额乘以适用税率，减除扣除项目金额乘以速算扣除系数，直接得出土地增值税的应纳税额。具体公式如下。

1. 增值额未超过扣除项目金额50%的

土地增值税税额＝增值额×30%

2. 增值额超过扣除项目金额50%，未超过100%的

土地增值税税额＝增值额×40%－扣除项目金额×5%

3. 增值额超过扣除项目金额100%，未超过200%的

土地增值税税额＝增值额×50%－扣除项目金额×15%

4. 增值额超过扣除项目金额200%的

土地增值税税额＝增值额×60%－扣除项目金额×35%

以上公式中的5%、15%、35%为相应级距的速算扣除系数。

第10章 土地增值税

【例10-1】 某房地产开发公司2022年1月转让商品房10幢,取得收入总额(不含增值税)80 000万元,应扣除土地价款、开发成本、开发费用、相关税金、其他扣除项合计50 000万元。

请计算该房地产开发公司应缴纳的土地增值税。

解 (1) 计算增值额

增值额=80 000-50 000=30 000(万元)

(2) 计算适用税率

增值率=30 000÷50 000×100%=60%,适用税率是40%

(3) 计算土地增值税税额

土地增值税=30 000×40%-50 000×5%=9 500(万元)

【例10-2】 某房地产开发公司出售一幢商品房,取得收入总额20 000万元(不含增值税),开发该商品房的支出为:土地价款2 000万元;开发成本5 000万元;财务费用中的利息支出为1 050万元(可按转让项目计算分摊并提供金融机构证明,其中有50万元属加罚利息),转让环节缴纳的有关税费共计为500万元。假如该房地产所在地政府规定的其他房地产开发费用计算扣除比例为5%。

请计算该房地产开发公司应纳的土地增值税。

解 (1) 计算扣除项目金额

扣除项目金额=土地价款+开发成本+开发费用+允许扣除的税费+从事房地产开发的纳税人加计扣除20%的加计扣除额

各扣除项目具体为:

土地价款2 000万元

开发成本5 000万元

开发费用=财务费用1 000万元(财务利息1 050万元-加罚利息50万元)+其他房地产开发费用350万元(2 000万元+5 000万元)×5%=1 350万元

允许扣除的税费500万元

从事房地产开发的纳税人加计扣除20%的加计扣除额=(土地价款2 000万元+开发成本5 000万元)×20%=1 400万元

允许扣除的项目总金额=2 000+5 000+1 350+500+1 400=10 250(万元)

(2) 计算增值额

20 000-10 250=9 750(万元)

(3) 计算适用税率

增值率=9 750÷10 250×100%=95.12%,适用税率是40%

(4) 计算土地增值税税额

9 750×40%-10 250×5%=3 387.5(万元)

【例10-3】 某工业企业转让一幢2000年建造的厂房,取得转让收入1 000万元,旧厂房原造价300万元,如果按现行市场价的材料、人工费计算,建造同样的厂房需要500万元,该房子为6成新,支付有关税费计20万元。

请计算该企业转让旧厂房应纳的土地增值税额。

解 (1) 计算评估价格

评估价格＝房地产评估机构评定的重置成本价(500万元)×成新度折扣率(60%)＝300万元

(2) 计算允许扣除项目金额

评估价格(300万元)＋支付有关税费(20万元)＝320万元

(3) 计算增值额

1 000－320＝680(万元)

(4) 计算适用税率

680÷320＝212.5%，适用税率是60%

(5) 计算土地增值税税额

680×60%－320×35%＝296(万元)

第五节　税收优惠

为了促进房地产开发结构的调整，改善城镇居民的居住条件，并有利于城市改造规划的实施，《中华人民共和国土地增值税暂行条例》及其他有关法规规定的减免税项目有以下情形。[①]

一、《中华人民共和国土地增值税暂行条例》规定的免征土地增值税的情形

1. 纳税人建造普通标准住宅出售，增值额未超过扣除项目金额20%的，予以免税；超过20%的，应按全部增值额缴纳土地增值税

(1) 普通标准住宅，是指按所在地一般民用住宅标准建造的居住用住宅。

(2) 高级公寓、别墅、度假村等不属于普通标准住宅。

(3) 普通准住宅与其他住宅的具体划分界限由各省、自治区、直辖市人民政府规定。

2. 因国家建设需要依法征收、收回的房地产

(1) 因国家建设需要依法征用、收回的房地产，是指因城市实施规划、国家建设的需要而被政府批准征用的房产或收回的土地使用权。

(2) 因城市实施规划、国家建设的需要而搬迁，由纳税人自行转让原房地产的，比照本规定免征土地增值税。

(3) 符合上述免税规定的单位和个人，须向房地产所在地税务机关提出免税申请，经税务机关审核后，免予征收土地增值税。

二、其他法律或文件规定的免征土地增值税的情形

1. 房地产入股免税。

以房地产作价入股进行投资或联营的，转让到所投资、联营的企业中的房地产，免征土地

[①] 胡怡建.税收学[M].上海：上海财经大学出版社，2020.

增值税。

2. 合作建自用房免税。

对于一方出地,一方出资金,双方合作建房,建成后按比例分房自用的,暂免征土地增值税。

3. 互换房地产免税。

个人之间互换自有居住用房地产的,经当地税务机关核实,免征土地增值税。

4. 赠与房地产不征税。

房产所有人、土地使用权所有人将房屋产权、土地使用权赠与直系亲属或承担直接赡养义务人的,不征收土地增值税。

5. 房产捐赠不征税。

房产所有人、土地使用权所有人通过中国境内非营利社会团体、国家机关将房屋产权、土地使用权赠与教育、民政和其他社会福利、公益事业的,不征收土地增值税。

6. 资产管理公司转让房地产免税。

对中国信达、华融、长城和东方4家资产管理公司及其分支机构,自成立之日起,公司处置不良资产,转让房地产取得的收入,免征土地增值税。

7. 被撤销金融机构清偿债务免税。

从《金融机构撤销条例》生效之日起,对被撤销的金融机构及其分支机构(不包括所属企业)财产用于清偿债务时,免征其转让货物、不动产、无形资产、有价证券、票据等应缴纳的土地增值税。

8. 产权未转移不征收土地增值税。

房地产开发企业将开发的部分房地产转为企业自用或用于出租等商业用途时,如果产权未发生转移,不征收土地增值税,在税款清算时不列收入,不扣除相应的成本和费用。

9. 廉租住房、经济适用住房符合规定免征土地增值税。

企事业单位、社会团体以及其他组织转让旧房作为廉租住房、经济适用住房房源且增值额未超过扣除项目金额20%的,免征土地增值税。

10. 灾后重建安居房建设转让免征土地增值税。

对政府为受灾居民组织建设的安居房建设用地免征城镇土地使用税,转让时免征土地增值税。

11. 个人销售住房暂免征收土地增值税。

自2008年11月1日起,对个人销售住房暂免征收土地增值税。

12. 对企事业单位、社会团体以及其他组织转让旧房作为公共租赁住房房源的,且增值额未超过扣除项目金额20%的,免征土地增值税。

享受该税收优惠政策的公共租赁住房是指纳入省、自治区、直辖市、计划单列市人民政府及新疆生产建设兵团批准的公共租赁住房发展规划和年度计划,并按照有关规定办法进行管理的公共租赁住房。

第六节　征收管理

一、纳税时间

1. 纳税人应在转让房地产合同签订后的 7 日内,到房地产所在地主管税务机关办理纳税申报,并向税务机关提交房屋及建筑物产权、土地使用权证书,土地转让、房产买卖合同,房地产评估报告及其他与转让房地产有关的资料。

2. 纳税人因经常发生房地产转让而难以在每次转让后申报的,经税务机关审核同意后,可以定期进行纳税申报,具体期限由税务机关根据情况确定。

二、纳税地点

土地增值税由房地产所在地的税务机关征收。房地产所在地,是指房地产的坐落地。纳税人转让房地产坐落在两个或两个以上地区的,应按房地产所在地分别申报纳税。

三、土地增值税的清算

土地增值税清算,是指房地产开发项目土地增值税纳税人在符合土地增值税清算条件后,依照税收法律、法规及土地增值税有关政策规定,计算房地产开发项目应缴纳的土地增值税税额,并填写《土地增值税清算申报表》,向主管税务机关提供有关资料,办理土地增值税清算手续,结清该房地产项目应缴纳土地增值税税款的行为。

（一）清算单位

土地增值税以国家有关部门审批的房地产开发项目为单位进行清算。其中:

1. 对于分期开发的项目,以分期项目为单位清算;

2. 开发项目中同时包括普通住宅和非普通住宅的,应分别计算增值额。

（二）清算条件

1. 纳税人应进行土地增值税清算的情形。

(1) 房地产开发项目全部竣工、完成销售的;

(2) 整体转让未竣工决算房地产开发项目的;

(3) 直接转让土地使用权的。

2. 税务机关要求纳税人进行土地增值税清算的情形。

(1) 已竣工验收的房地产开发项目,已转让的房地产建筑面积占整个项目可售建筑面积的比例在 85% 以上,或虽未超过 85%,但剩余可售面积已经出租或自用的;

(2) 取得销售(预售)许可证满三年但仍未销售完的;

(3) 纳税人申请注销税务登记但未办理土地增值税清算手续的；
(4) 省、自治区、直辖市税务规定的其他情形。

(三) 预征规定

房地产开发项目土地增值税纳税人在项目全部竣工结算前转让房地产取得的收入，由于涉及成本确定或其他原因，而无法据以计算土地增值税的，可以预征土地增值税，待该项目全部竣工、办理结算后再进行清算，多退少补。具体办法由各省、自治区、直辖市地方税务局根据当地情况制定。

1. 计算公式

预征土地增值税税额＝应纳土地增值税总额×单笔预售款÷售款总额

2. 预征率

除保障性住房外，东部地区省份预征率不得低于2%，中部地区和东北地区不得低于1.5%，西部地区省份不得低于1%，各地要根据不同类型房地产确定适当的预征率，对尚未预征或暂缓预征的地区，应切实按照税收法律法规开展预征，确保土地增值税在预征阶段及时、充分发挥调节作用。

案卷显示道具——注册AI蛙神[1]镜10-2：
全国各省份关于土地增值税预征率的规定

注：1. 远古图腾神兽。

四、责任与义务

(一) 纳税人的责任与义务

1. 纳税人要按照税务机关核定的税额及规定的期限缴纳土地增值税。
2. 纳税人在纳税期内没有应纳税款的，也应当按照规定办理纳税申报。
3. 纳税人享受减税、免税待遇的，在减税、免税期间应当按照规定办理纳税申报。
4. 纳税人未按照规定缴纳土地增值税的，土地管理部门、房产管理部门不得办理有关的权属变更手续。
5. 纳税人未按规定提供房屋及建筑物产权、土地使用权证书，土地转让合同、房产买卖合同、房地产评估报告及其他与转让房地产有关资料的，按照《中华人民共和国税收征收管理法》有关规定进行处理。
6. 纳税人偷逃税款触犯刑法的，由司法机关依法追究刑事责任。

(二) 土地管理部门、房产管理部门的责任与义务

土地管理部门、房产管理部门应当向税务机关提供有关资料（包括有关房屋及建筑物产权、土地使用权、土地出让金数额、土地基准地价、房地产市场交易价格及权属变更等），并协助

税务机关依法征收土地增值税。

(三) 税务机关的责任与义务

1. 税务机关根据《中华人民共和国税收征收管理法》及《中华人民共和国土地增值税暂行条例》等规定,依法征收土地增值税。

2. 对纳税人在项目全部竣工结算前转让房地产取得的收入,由于涉及成本确定或其他原因,而无法据以计算土地增值税的,税务机关可以预征土地增值税,待该项目全部竣工、办理结算后再进行清算,多退少补。具体办法由各省、自治区、直辖市税务局根据当地情况制定。

(四) 房地产评估机构的责任与义务

1. 房地产评估机构,是指依法设立并取得房地产估价机构资质,从事房地产估价活动的中介服务机构。房地产评估机构从事房地产估价活动,应当坚持独立、客观、公正的原则,执行房地产估价规范和标准,其评估结果经同级国有资产管理部门审核验证后作为房地产转让的底价,并按税务部门的要求按期报送房地产所在地的主管税务机关,作为确认计税依据的参考。

2. 房地产评估机构因不向主管税务机关提供有关的、真实的房地产评估资料,造成纳税人不缴或少缴土地增值税的,房地产评估机构应承担相应的法律和经济责任;对因上述行为而造成国家税收和国有资产严重流失的,有关当事人应承担相应的刑事责任。

谜案 10 土地增值税

填空题

1. 土地增值税采用_____级超率累进税率进行征税。
2. 《中华人民共和国土地增值税暂行条例》规定,纳税人建造普通标准住宅出售,增值额未超过扣除项目金额_____%的,免征土地增值税。
3. 纳税人取得的转让房地产的收入,从形态看,包括货币收入、_____和其他收入。
4. 除保障性住房外,中部地区和东北地区对房地产开发项目土地增值税的预征率不得低于_____%。
5. 纳税人应在转让房地产合同签订后的_____日内,到房地产所在地主管税务机关办理纳税申报,并在税务机关核定的期限内缴纳土地增值税。

单选题

1. 关于土地增值税的特点,下列说法错误的是( )。
   A. 以转让房产取得的增值额为计税依据
   B. 征税面比较广
   C. 实行按次征收
   D. 实行超额累计税率
2. 下列情形中,应征收土地增值税的是( )。
   A. 个人销售商铺
   B. 事业单位出租闲置房产
   C. 某公司由有限公司变更为股份公司时发生的房产评估增值
   D. 国家出让国有土地使用权
3. 转让新建房地产计算土地增值税时,不可以作为与转让房地产有关税金扣除的是( )。
   A. 城市维护建设税   B. 印花税
   C. 因转让房地产交纳的教育费附加   D. 契税
4. 下列关于土地增值税税收优惠的说法中,不正确的是( )。
   A. 因国家建设需要依法征收、收回的房地产,免征土地增值税
   B. 纳税人建造普通标准住宅出售的,免征土地增值税
   C. 个人之间互换自有居住用房地产的,经当地税务机关核实,免征土地增值税

D. 房产所有人、土地使用权所有人将房屋产权、土地使用权赠与直系亲属或承担直接赡养义务人的,免征收土地增值税

5. 张某转让坐落在两个不同地区的两处房产,应( )主管税务机关申报缴纳土地增值税。

  A. 向任意一处房产所在地　　　　B. 向张某户籍所在地
  C. 分别向房地产所在地　　　　　D. 分别向房地产所在地的上一级

多选题

1. 下列关于土地增值税的说法,正确的有( )。
   A. 土地增值税是对有偿转让国有土地使用权、地上建筑物及其附着物的纳税义务人,以其转让房地产所取得的增值额为征税对象而征收的一种税
   B. 土地增值税是我国第一个专门对土地增值额或土地收益额征税的税种
   C. 凡在我国境内转让房地产并取得收入的单位和个人(包括内资、外资企业,中国、外籍人员,专营、兼营房地产业务),均有缴纳土地增值税的义务
   D. 集体所有的土地全部纳入土地增值税的征税范围
   E. 土地增值税的计算公式为:增值额=转让房地产取得的收入－扣除项目金额

2. 下列关于土地增值税的意义,正确的有( )。
   A. 规范土地和房地产市场交易秩序
   B. 抑制房地产投机和炒卖活动
   C. 合理调节土地增值收益
   D. 防止国有土地收益流失
   E. 增加国家财政收入

3. 开发土地和新建房及配套设施的成本包括( )。
   A. 土地征用及拆迁补偿费　　　　B. 前期工程费
   C. 建筑安装工程费　　　　　　　D. 基础设施费
   E. 公共配套设施费

4. 纳税人应进行土地增值税清算的情形不包括( )。
   A. 房地产开发项目全部竣工、完成销售的
   B. 整体转让未竣工决算房地产开发项目的
   C. 纳税人申请注销税务登记但已办理土地增值税清算手续的
   D. 纳税人取得销售(预售)许可证未满三年且仍未销售完的
   E. 直接转让土地使用权的

5. 《中华人民共和国土地增值税暂行条例》规定,纳税人的责任与义务包括( )。
   A. 纳税人要按照税务机关核定的税额及规定的期限缴纳土地增值税
   B. 纳税人在纳税期内没有应纳税款的,也应当按照规定办理纳税申报
   C. 纳税人享受减税、免税待遇的,在减税、免税期间,可以不办理纳税申报
   D. 纳税人未按照规定缴纳土地增值税的,土地管理部门、房产管理部门不得办理有关的权属变更手续。
   E. 纳税人偷逃税款触犯刑法的,由司法机关依法追究刑事责任

谜案 10　土地增值税

◇ 判断题

1. 国务院于 1993 年 1 月 1 日起在全国开征土地增值税。　　　　　　　　　　（　　）
2. 土地增值税采用超率累进税率进行计算，增值率高的，适用税率高，多纳税；增值率低的，税率低，少纳税。　　　　　　　　　　　　　　　　　　　　　　　　（　　）
3. 土地增值税发生在房地产转让环节，一处房地产只需缴纳一次土地增值税。（　　）
4. 未经国家征用的集体土地，可以转让，亦可以征税。　　　　　　　　　　（　　）
5. 土地增值税的纳税义务人是转让房地产并取得收入的单位和个人。　　　（　　）

◇ 计算题

某房地产开发公司销售其新建商品房，取得不含增值税销售收入 1 亿元，转让环节缴纳税款以及有关费用合计 30 万元（不含增值税和印花税）。已知该公司取得土地使用权所支付的金额及开发成本合计 4 000 万元，利息支出 200 万元（能够按照房地产项目计算分摊并提供金融机构证明），该公司所在地政府规定的其他房地产开发费用的计算扣除比例为 5%。

要求：计算该公司应缴纳的土地增值税。

◇ 简答题

《中华人民共和国土地增值税暂行条例》对土地增值税的税率是如何规定的？

◇ 论述题

党的二十大报告指出，坚持房子是用来住的、不是用来炒的定位。请简要论述，我国现行土地增值税的规定，是如何抑制房地产投机和炒卖活动的。

谜底（请找彩蛋）

第11章 城镇土地使用税

008 从鲨鱼号飞艇上下来执行任务

✅ 任务分解

- ☞ 了解城镇土地使用税的概念、特点以及征收的意义
- ☞ 掌握城镇土地使用税各税收要素
- ☞ 融会贯通城镇土地使用税税额计算,处理城镇土地使用税涉税事项的税务实操
- ☞ 熟悉城镇土地使用税的税收优惠政策和征收管理规定

✅ 疑难重点

- ☞ 重点:城镇土地使用税各税收要素,应纳税额的计算,税收优惠政策
- ☞ 难点:城镇土地使用税应纳税额的计算

✅ 探案道具箱

大力箱,
萌探008探案助手,兼案卷记录员,
AI族,全知全能…

⊘ 谜案线索

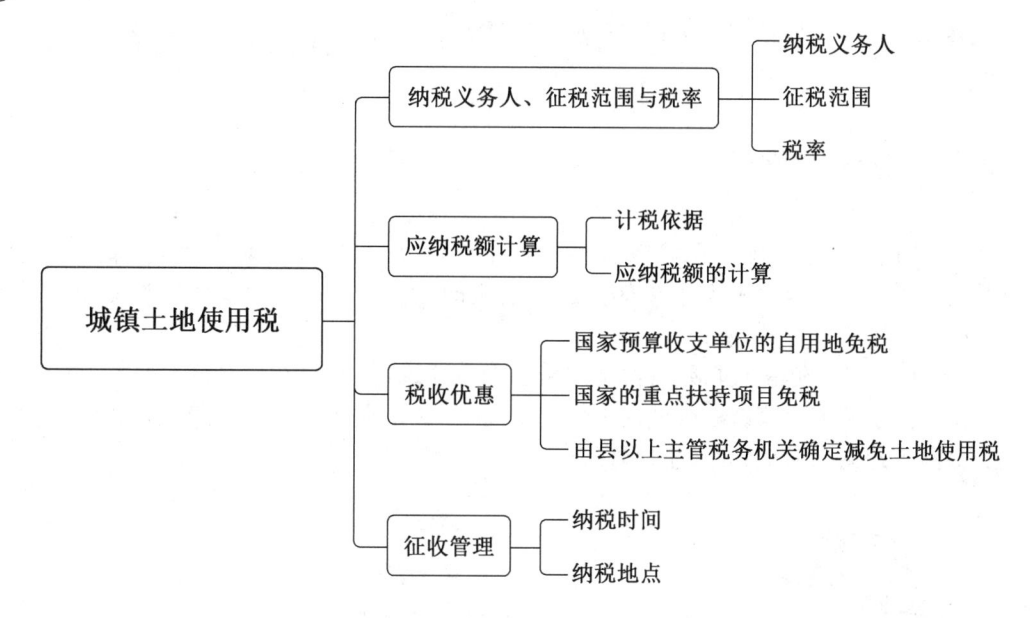

- 城镇土地使用税
  - 纳税义务人、征税范围与税率
    - 纳税义务人
    - 征税范围
    - 税率
  - 应纳税额计算
    - 计税依据
    - 应纳税额的计算
  - 税收优惠
    - 国家预算收支单位的自用地免税
    - 国家的重点扶持项目免税
    - 由县以上主管税务机关确定减免土地使用税
  - 征收管理
    - 纳税时间
    - 纳税地点

第一节　城镇土地使用税及其纳税人、征税范围与税率

一、城镇土地使用税概述

城镇土地使用税是指国家在城市、县城、建制镇、工矿区范围内,对使用土地的单位和个人,以其实际占用的土地面积为计税依据,按照规定的税额计算征收的一种资源税,纳入财政预算管理。

城镇土地使用税的特点包括:对占用的城镇土地征税,征税对象是城镇土地,征税范围有所限定,实行差别幅度税额。征收城镇土地使用税,可以合理、节约利用城镇土地,调节土地级差收入,提高土地使用效益,加强土地管理。

案情追踪道具——追案魔法帽 11-1:
我国城镇土地使用税制立法演进

二、纳税人

《中华人民共和国城镇土地使用税暂行条例》规定,在城市、县城、建制镇、工矿区范围内使用土地的单位和个人,为城镇土地使用税的纳税人。

(一) 按照属性划分

城镇土地使用税的纳税人包括:

1. 单位,包括国有企业、集体企业、私营企业、股份制企业、外商投资企业、外国企业以及其他企业和事业单位、社会团体、国家机关、军队以及其他单位;
2. 个人,包括个体工商户以及其他个人。

(二) 按照使用权划分

城镇土地使用税的纳税人包括:

1. 拥有土地使用权的单位和个人;
2. 拥有土地使用权的单位和个人不在土地所在地的,其土地的实际使用人或代管人;
3. 土地使用权未确定的或权属纠纷未解决的,其实际使用人;
4. 共有土地使用权的各方。

三、征税范围

城镇土地使用税的征税范围包括城市、县城、建制镇和工矿区的国家所有、集体所有的土

地。其中：

1. 城市是指国务院批准设立的市，征税范围为市区和郊区。

2. 县城是指县人民政府所在地，征税范围为县人民政府所在的城镇。

3. 建制镇是指经省、自治区、直辖市人民政府批准设立的建制镇，征税范围为镇人民政府所在地。

4. 工矿区是指工商业比较发达，人口比较集中，符合国务院规定的建制镇的标准，但尚未设立建制镇的大中型工矿区所在地。工矿区须经省、自治区、直辖市人民政府批准。建立在城市、县城、建制镇、工矿区以外的工矿企业则不需缴纳城镇土地使用税。

由于城市、县城、建制镇和工矿区内的不同地方，其自然条件和经济繁荣程度各不相同，税法很难对全国城镇的具体征税范围做出统一规定①。因此，国家税务总局在《关于土地使用税若干具体问题的解释和暂行规定》中明确，城市、县城、建制镇、工矿区的具体征税范围，由各省、自治区、直辖市人民政府划定。

从 2007 年 7 月 1 日起，外商投资企业、外国企业和在华机构的用地也要征收城镇土地使用税。

四、税率

1. 城镇土地使用税采用定额税率。有幅度的差别税额具体规定如下：
（1）大城市每平方米 1.5 元至 30 元；
（2）中等城市每平方米 1.2 元至 24 元；
（3）小城市每平方米 0.9 元至 18 元；
（4）县城、建制镇、工矿区每平方米 0.6 元至 12 元。

根据国务院 2014 年印发的《关于调整城市规模划分标准的通知》规定，城区常住人口 100 万以上的为大城市，50 万以上 100 万以下的为中等城市，50 万以下的为小城市。

案卷显示道具——注册 AI 蛙神镜 11-2：
城市规模划分标准及全国大城市名单

2. 城镇土地使用税可以根据各地情况，在规定的税额幅度内进行调整。具体规定如下：
（1）省、自治区、直辖市人民政府，应当在规定的税额幅度内，根据市政建设状况、经济繁荣程度等条件，确定所辖地区的适用税额幅度。
（2）市、县人民政府应当根据实际情况，将本地区土地划分为若干等级，在省、自治区、直辖市人民政府确定的税额幅度内，制定相应的适用税额标准，报省、自治区、直辖市人民政府批准执行。
（3）经省、自治区、直辖市人民政府批准，经济落后地区土地使用税的适用税额标准可以

---

① 胡怡建.税收学[M].上海：上海财经大学出版社，2020.

适当降低,但降低额不得超过最低税额的 30%。经济发达地区土地使用税的适用税额标准可以适当提高,但须报经财政部批准。

第二节 应纳税额的计算

一、计税依据

城镇土地使用税以纳税人实际占用的土地面积为计税依据,土地面积计量标准为每平方米,依照规定税额计算征收。纳税人实际占用土地面积的认定标准如下:

1. 凡由省、自治区、直辖市人民政府确定的单位组织测定土地面积的,以测定的面积为准。
2. 尚未组织测量,但纳税人持有政府部门核发的土地使用证书的,以证书确认的土地面积为准。
3. 尚未核发出土地使用证书的,应由纳税人申报土地面积,据以纳税,待核发土地使用证以后再作调整。
4. 土地使用权共有的各方,应按其实际使用的土地面积占总面积的比例,分别计算缴纳土地使用税。

要注意的是,税务机关不能核定纳税人实际使用的土地面积。

二、应纳税额的计算

城镇土地使用税根据纳税人实际使用土地的面积,按税法规定的单位税额交纳。其计算公式如下:

应纳城镇土地使用税额＝应税土地的实际占用面积×适用单位税额

【例 11-1】 某大城市的一家工厂,持有政府部门核发的土地使用证书,确认使用土地面积 30 000 平方米。年初该工厂又占用了一块 5 000 平方米的土地,但尚未办理土地使用证,该工厂按其当年开发使用的 3 000 平方米土地面积进行申报纳税,以上土地均适用每平方米 20 元的城镇土地使用税税率。

请计算该工厂当年应缴纳城镇土地使用税。

解 按照计税依据规定,纳税人持有政府部门核发的土地使用证书的,以证书确认的土地面积为准;尚未核发出土地使用证书的,应由纳税人申报土地面积,据以纳税,待核发土地使用证以后再作调整。

根据城镇土地使用税应纳税额的计算公式,该工厂当年应缴纳税额:

城镇土地使用税＝(30 000＋3 000)×20＝660 000(元)

第三节　税收优惠

一、国家预算收支单位的自用地免税

1. 国家机关、人民团体、军队自用的土地，指这些单位本身的办公用地和公务用地，除此之外的用地应按规定缴纳土地使用税。
2. 由国家财政部门拨付事业经费的单位自用的土地，指这些单位本身的业务用地，除此之外的用地应按规定缴纳土地使用税。
3. 宗教寺庙、公园、名胜古迹自用的土地。其中，宗教寺庙自用的土地，是指举行宗教仪式等的用地和寺庙内的宗教人员生活用地；公园、名胜古迹自用的土地，是指供公共参观游览的用地及其管理单位的办公用地；除此之外的用地应按规定缴纳土地使用税。
4. 市政街道、广场、绿化地带等公共用地。
5. 直接用于农、林、牧、渔业的生产用地，指直接从事于种植、养殖、饲养的专业用地，不包括农副产品加工场地和生活、办公用地。
6. 经批准开山填海整治的土地和改造的废弃土地，从使用的月份起免缴土地使用税 5 年至 10 年；开山填海整治的土地和改造的废弃土地，以土地管理机关出具的证明文件为依据确定，具体免税期限由各省、自治区、直辖市税务局在土地使用税暂行条例规定的期限内自行确定。
7. 由财政部另行规定免税的能源、交通、水利设施用地和其他用地，目前免税的包括：

（1）改造安置住房建设用地、廉租住房、经济适用住房建设用地以及廉租住房经营管理单位按照政府规定价格、向规定保障对象出租的廉租住房用地，免征城镇土地使用税。

（2）对政府部门和企事业单位、社会团体以及个人等社会力量投资兴办的福利性、非营利性的老年服务机构自用土地，暂免征收城镇土地使用税。

（3）非营利性科研机构自用土地，免征城镇土地使用税。

（4）非营利性医疗机构自用的房产、土地；营利性医疗机构取得的收入，直接用于改善医疗卫生条件的，自其取得执业登记之日起 3 年内，对其自用的土地；疾病控制机构和妇幼保健机构等卫生机构自用土地，免征城镇土地使用税。

（5）对国家拨付事业经费和企业办的各类学校、托儿所、幼儿园自用土地，免征城镇土地使用税。

（6）被撤销金融机构清算期间自有的或从债务方接收的房地产，免征城镇土地使用税。

（7）对核电站除核岛、常规岛、辅助厂房和通信设施用地（不包括地下线路用地），生活、办公用地以外，其他用地免征城镇土地使用税。对核电站应税土地在基建期内减半征收城镇土地使用税。

二、国家的重点扶持项目免税

1. 对企业的铁路专用线、公路等用地，在厂区以外、与社会公用地段未加隔离的，暂免征

收城镇土地使用税。

2. 对企业厂区以外的公共绿化用地和向社会开放的公园用地,暂免征收城镇土地使用税。

3. 对水利设施及其管护用地(如水库库区、大坝、堤防、灌渠、泵站等用地),免征土地使用税;其他用地,如生产、办公、生活用地,应照章征收城镇土地使用税。

4. 对林区的有林地、运材道、防火道、防火设施用地,免征城镇土地使用税。林业系统的森林公园、自然保护区,可比照公园免征城镇土地使用税。

5. 对高校后勤实体免征城镇土地使用税。

三、由县以上主管税务机关确定的减免土地使用税

1. 个人所有的居住房屋及院落用地。
2. 房产管理部门在房租调整改革前经租的居民住房用地。房管部门经租的公房用地,凡土地使用权属于房管部门的,由房管部门缴纳土地使用税。
3. 免税单位职工家属的宿舍用地。
4. 集体和个人办的各类学校、医院、托儿所、幼儿园用地。
5. 安全防范用地,如各类危险品仓库,厂房所需防火、防爆、防毒等用地。
6. 安置残疾人员就业的单位,减征城镇土地使用税。
7. 纳税人缴纳土地使用税确有困难需要定期减免的。其中,城镇土地使用税困难减免税按年核准,因自然灾害或其他不可抗力因素遭受重大损失导致纳税确有困难的,地方税务机关应当在困难情形发生后,于规定期限内受理纳税人提出的减免税申请;其他纳税确有困难的,应当于年度终了后规定期限内,受理纳税人提出的减免税申请。

案卷显示道具——注册AI蛙神镜11-3:
国家税务总局关于进一步实施小微企业"六税两费"
减免政策有关征管问题的公告

第四节 征收管理

一、纳税时间

城镇土地使用税按年计算、分期缴纳。缴纳期限由省、自治区、直辖市人民政府确定,一般按月、季度、半年或1年等不同期限缴纳。其中,新征收的土地依照下列规定缴纳土地使用税:

(1) 征收的耕地,自批准征收之日起满1年时开始缴纳城镇土地使用税;

(2) 征收的非耕地,自批准征收次月起缴纳城镇土地使用税;

(3) 购置新建商品房,自房屋交付使用次月起,缴纳城镇土地使用税;

(4) 购置存量房,自办理权属转移、变更登记手续,签发房屋权属证书次月起,缴纳城镇土地使用税;

(5) 出租、出借房屋,自交付出租、出借房产次月起缴纳城镇土地使用税。

地方税务机关要加强对纳税申报的管理,做好纳税服务,引导纳税人及时、准确地进行城镇土地使用税纳税申报[①]。

纳税人应依照当地税务机关规定的期限,如实填写《城镇土地使用税的纳税申报表》各项内容。纳税人新征用的土地,必须于批准之日起 30 日内申报登记。

纳税义务人缴纳城镇土地使用税确有困难需要定期减免的,由县以上税务机关批准[②]。

二、纳税地点

城镇土地使用税的征收管理,依照《中华人民共和国税收征收管理法》及《中华人民共和国城镇土地使用税暂行条例》的规定执行,具体由土地所在地的税务机关征收,土地管理机关应当向土地所在地的税务机关提供土地使用权属资料。其中:

1. 纳税人使用土地不属于同一省、自治区、直辖市管辖的,由纳税人分别向土地所在地的税务机关缴纳城镇土地使用税;

2. 纳税人使用土地虽然在同一省、自治区、直辖市管辖范围内,但跨地区使用的土地,由各省、自治区、直辖市税务机关确定缴纳地点。

案卷显示道具——注册 AI 蛙神镜 11-4:"十四五"新型城镇化实施方案

---

① 蒋大鸣,唐甜甜.新编税收学——税法实务[M].南京:南京大学出版社,2019.
② 胡越川.新编税收基础[M].上海:华东师范大学出版社,2021.

谜案 11　城镇土地使用税

填空题

1. 城镇土地使用税是按照规定的税额，计算征收的一种_____税。
2. 《中华人民共和国城镇土地使用税暂行条例》规定，城镇土地使用税的土地面积计量标准为_____。
3. 城镇土地使用税采用_____税率。
4. 新征收的耕地，自批准征收之日起满_____年时开始缴纳城镇土地使用税。
5. 纳税人新征用的土地，必须于批准之日起_____内申报登记。

单选题

1. 下列关于城镇土地使用税的特点，说法不正确的是(　　)。
   A. 征税对象是城镇土地　　　　B. 征税范围有所限定
   C. 实行差别幅度税额　　　　　D. 不同面积适用不同税率
2. 城镇土地使用税的计税依据是(　　)。
   A. 建筑面积　　　　　　　　　B. 使用面积
   C. 实际占用面积　　　　　　　D. 居住面积
3. 下列单位的用地，征收城镇土地税的是(　　)
   A. 国家机关、人民团体、军队自用的土地
   B. 市政街道、广场、绿化地带等公共用地
   C. 直接用于农、林、牧、渔业的生产用地
   D. 营利性科研机构的自用土地
4. 《中华人民共和国城镇土地使用税暂行条例》规定，城镇土地使用税按(　　)计算、分期缴纳。
   A. 月　　　　B. 季　　　　C. 半年　　　　D. 年
5. 新征收的非耕地，自批准征收(　　)起缴纳城镇土地使用税。
   A. 当月　　　B. 次月　　　C. 当年　　　　D. 次年

多选题

1. 《中华人民共和国城镇土地使用税暂行条例》规定，在(　　)范围内使用土地的单位和

个人,为城镇土地使用税的纳税人。

  A. 城市   B. 县城   C. 建制镇   D. 工矿区   E. 农村

2. 城镇土地使用税的纳税人包括(　　)

  A. 拥有土地使用权的单位和个人

  B. 拥有土地使用权的单位和个人不在土地所在地的,其土地的实际使用人

  C. 拥有土地使用权的单位和个人不在土地所在地的,其土地的代管人

  D. 土地使用权未确定的或权属纠纷未解决的,其实际使用人

  E. 共有土地使用权的各方

3. 下列关于纳税人实际占用土地面积的认定标准,说法正确的是(　　)。

  A. 凡由省、自治区、直辖市人民政府确定的单位组织测定土地面积的,以测定的面积为准

  B. 尚未组织测量,但纳税人持有政府部门核发的土地使用证书的,以证书确认的土地面积为准。

  C. 尚未核发出土地使用证书的,应由纳税人申报土地面积,据以纳税,待核发土地使用证以后再作调整

  D. 土地使用权共有的各方,应按其实际使用的土地面积占总面积的比例,分别计算缴纳土地使用税

  E. 税务机关可以核定纳税人实际使用的土地面积

4. 下列项目中,免征城镇土地使用税的有(　　)

  A. 宗教寺庙、公园、名胜古迹自用的土地

  B. 农副产品加工场地和生活、办公用地

  C. 企业厂区内的铁路专用线、公路等用地

  D. 水利设施及其管护用地

  E. 改造安置住房建设用地

5. 城镇土地使用税的缴纳期限由省、自治区、直辖市人民政府确定,一般按(　　)等不同期限缴纳。

  A. 天   B. 月   C. 季度   D. 半年   E. 1 年

判断题

1. 外商投资企业、外国企业和在华机构的用地不需要征收城镇土地使用税。 (　　)

2. 省、自治区、直辖市人民政府,应当在规定的税额幅度内,根据市政建设状况、经济繁荣程度等条件,确定所辖地区的适用税额幅度。 (　　)

3. 由国家财政部门拨付事业经费单位的土地免征土地使用税。 (　　)

4. 购置新建商品房,自房屋交付使用次月起,缴纳城镇土地使用税。 (　　)

5. 纳税人使用土地不属于同一省、自治区、直辖市管辖的,由纳税人分别向土地所在地的税务机关缴纳城镇土地使用税。 (　　)

计算题

某工厂实际占地面积共计 30 000 平方米,其中 3 000 平方米为厂区外的绿化区,2 000 平

方米为厂区内的绿化区,企业创办的学校占地 2 000 平方米,出租 1 000 平方米,该企业所处地区适用年税额为 3 元/平方米。要求:计算该工厂当年应缴纳的土地使用税。

简答题

《中华人民共和国城镇土地使用税暂行条例》对城镇土地使用税的税率是如何规定的?

论述题

《中华人民共和国国民经济和社会发展第十四个五年规划和 2035 年远景目标纲要》指出,要坚持走中国特色新型城镇化道路,完善城镇化空间布局。请简要论述:在提高城镇建设用地利用效率方面,征收城镇土地使用税的意义是什么?

谜底(请找彩蛋)

第12章 耕地占用税

008 从鲨鱼号飞艇上下来执行任务

◇ 任务分解

☞ 了解耕地占用税概念、特点,耕地占用税的税收要素
☞ 融会贯通耕地占用税税额计算、纳税申报、税收优惠适用的税务实操
☞ 了解耕地占用税的立法概况
☞ 熟悉耕地占用税的征管制度

◇ 疑难重点

☞ 重点:耕地占用税的概念、特点,耕地占用税的税收要素,应纳税额的计算,税收优惠政策,税收征管制度
☞ 难点:耕地占用税应纳税额的计算

◇ 探案道具箱

密码

大力箱,
萌探008探案助手,兼案卷记录员,
AI族,全知全能⋯

谜案线索

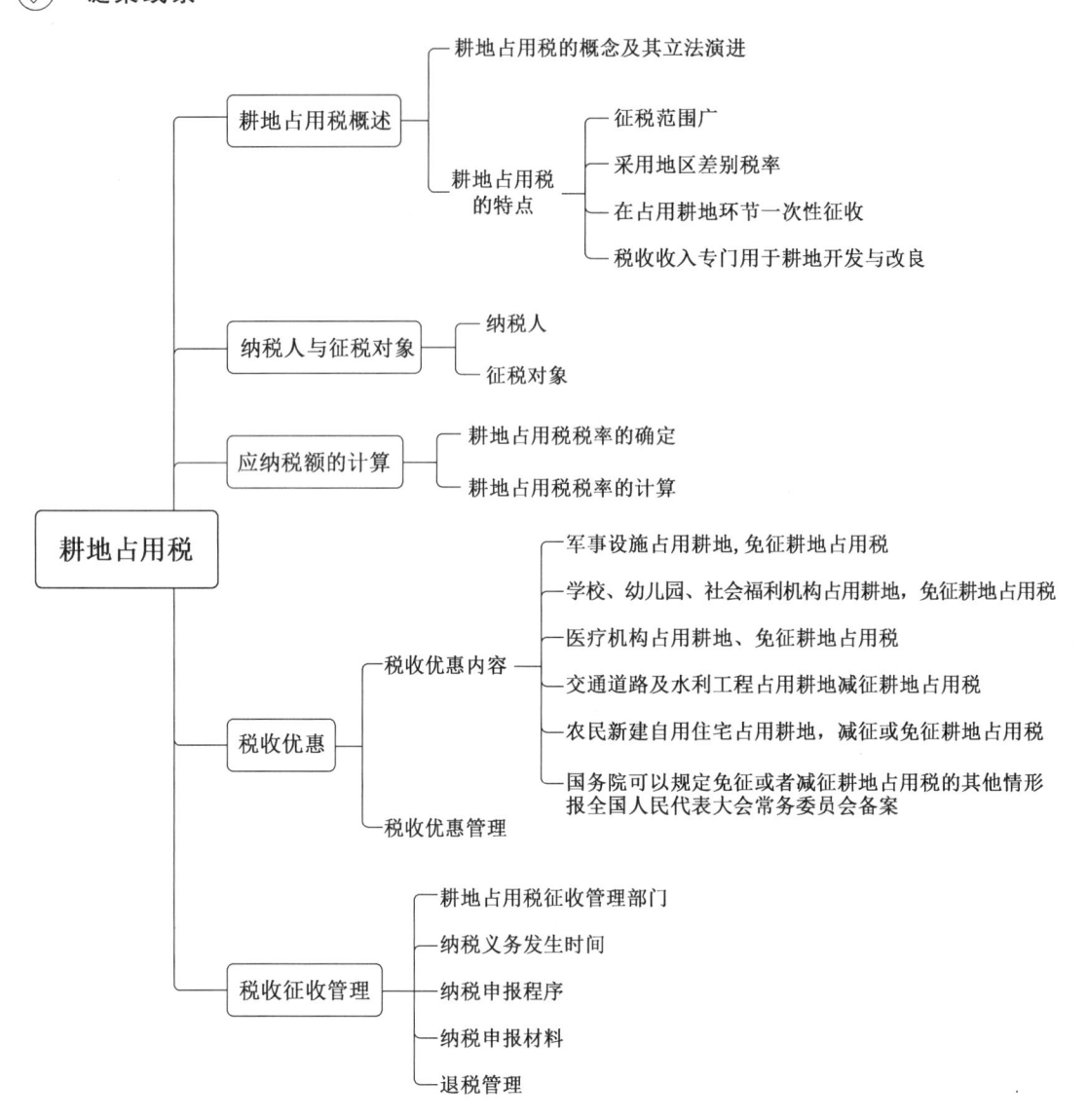

- 耕地占用税
  - 耕地占用税概述
    - 耕地占用税的概念及其立法演进
    - 耕地占用税的特点
      - 征税范围广
      - 采用地区差别税率
      - 在占用耕地环节一次性征收
      - 税收收入专门用于耕地开发与改良
  - 纳税人与征税对象
    - 纳税人
    - 征税对象
  - 应纳税额的计算
    - 耕地占用税税率的确定
    - 耕地占用税税率的计算
  - 税收优惠
    - 税收优惠内容
      - 军事设施占用耕地，免征耕地占用税
      - 学校、幼儿园、社会福利机构占用耕地，免征耕地占用税
      - 医疗机构占用耕地、免征耕地占用税
      - 交通道路及水利工程占用耕地减征耕地占用税
      - 农民新建自用住宅占用耕地，减征或免征耕地占用税
      - 国务院可以规定免征或者减征耕地占用税的其他情形报全国人民代表大会常务委员会备案
    - 税收优惠管理
  - 税收征收管理
    - 耕地占用税征收管理部门
    - 纳税义务发生时间
    - 纳税申报程序
    - 纳税申报材料
    - 退税管理

第一节　耕地占用税及其纳税人与征税对象

一、耕地占用税概述

耕地占用税是对于在我国境内占用耕地建设建筑物、构筑物或从事非农业建设的单位和个人,税务机关按照其实际占用的耕地面积定额征收的税种。

案情追踪道具——追案魔法帽12-1:
我国耕地占用税制立法演进

二、耕地占用税的特点

开征耕地占用税的目的在于,限制不合理地占用农业耕地,合理利用土地资源,加强土地管理,保护耕地,这对于我国农业生产乃至整个国民经济的发展,具有重要意义。现行耕地占用税具有以下特点:

(一)征税范围广,兼具资源税与特定行为税的性质

耕地占用税以占用耕地建设建筑物、构筑物或从事非农业建设的单位和个人为纳税义务人,以其占用的耕地为征税对象,其征税范围较广,具有资源占用税的属性。此外,耕地占用税以约束纳税人占用耕地的行为、促进土地资源的合理利用为课征目的,具有特定行为税的特点。

(二)对人多地少地区耕地占用的限制政策,采用地区差别税率

耕地占用税以县为单位,按照人均耕地面积确定单位税额。人均耕地面积越少,单位税额越多,采取对人多地少地区耕地占用的限制政策,体现地区差别税率的适用,不同地区税额存在差别,目的在于适应中国地域广阔、不同地区之间耕地质量存在差异、人均占用耕地面积相差悬殊的情况。

(三)耕地占用税按规定的税额在占用耕地环节一次性征收

除对获准占用耕地后超过两年未使用者加征耕地占用税外,其余纳税人在获准占用耕地的环节一次性征收耕地占用税,此后不再征收此税。耕地占用税的一次性征收既可以通过规定应纳税额来管理与调节纳税人对耕地的占用,又可以避免税额过高、税负过重对纳税人生活造成影响。

(四)税收收入专门用于耕地开发与改良

按照规定,耕地占用税所征税款专用于建立发展农业专项基金,主要用于耕地的开发与改

良,提高耕地质量。

三、纳税人

在中华人民共和国境内占用耕地建设建筑物、构筑物或者从事非农业建设的单位或个人,为耕地占用税的纳税人,应当依照《耕地占用税法》规定缴纳耕地占用税。具体包括各类性质的企业、事业单位、社会团体、国家机关、部队以及其他单位,也包括个体工商户以及其他个人。

经批准占用耕地的,纳税人为农用地转用审批文件中标明的建设用地人;农用地转用审批文件中未标明建设用地人的,纳税人为用地申请人,其中用地申请人为各级人民政府的,由同级土地储备中心、自然资源主管部门或政府委托的其他部门、单位履行耕地占用税申报纳税义务。

未经批准占用耕地的,纳税人为实际用地人。

四、征税对象

《耕地占用税法》所称耕地,指用于种植农作物的土地。占用园地、林地、草地、农田水利用地、养殖水面、渔业水域滩涂以及其他农用地建设建筑物、构筑物或者从事非农业建设的,依照《耕地占用税法》缴纳耕地占用税。

占用耕地建设农田水利设施的,占用园地、林地、草地、农田水利用地、养殖水面、渔业水域滩涂以及其他农用地建设直接为农业生产服务的生产设施的,不缴纳耕地占用税。

疑点爆破道具——奇思妙响指 NICE 12-2:
耕地包括哪些?

第二节 应纳税额的计算

一、耕地占用税税率的确定

耕地占用税采用固定税额的形式,根据《耕地占用税法》的规定,耕地占用税税额如下:

表 12-1　耕地占用税税额表

人均耕地面积 （以县、自治县、不设区的市、市辖区为单位）	耕地占用税税额 （元/平方米）
不超过一亩的地区	10～50
超过一亩但不超过二亩的地区	8～40
超过二亩但不超过三亩的地区	6～30
超过三亩的地区	5～25

各地区耕地占用税的适用税额，由省、自治区、直辖市人民政府根据人均耕地面积和经济发展等情况，在规定的税额幅度内提出，报同级人民代表大会常务委员会决定，并报全国人民代表大会常务委员会和国务院备案。各省、自治区、直辖市耕地占用税适用税额的平均水平，不得低于《各省、自治区、直辖市耕地占用税平均税额表》规定的平均税额。

表 12-2　各省、自治区、直辖市耕地占用税平均税额表

省、自治区、直辖市	平均税额（元/平方米）
上海	45
北京	40
天津	35
江苏、浙江、福建、广东	30
辽宁、湖北、湖南	25
河北、安徽、江西、山东、河南、重庆、四川	22.5
广西、海南、贵州、云南、陕西	20
山西、吉林、黑龙江	17.5
内蒙古、西藏、甘肃、青海、宁夏、新疆	12.5

人均耕地低于 0.5 亩的地区，省、自治区、直辖市可以根据当地经济发展情况，适用税额可以适当提高，但提高的部分不得超过规定税额的 50%。

占用基本农田的，应按照规定税额或当地适用税额，加按 150% 征收。

二、耕地占用税税额的计算

耕地占用税以纳税人实际占用的耕地面积为计税依据，按照规定的适用税额一次性征收。实际占用的耕地面积，包括经批准占用的耕地面积和未经批准占用的耕地面积。

应纳税额＝纳税人实际占用的耕地面积(平方米)×适用税额

【例 12-1】　农村某村民新建住宅，经批准占用耕地 260 平方米，实际占地 300 平方米。该地区耕地占用税税额为 10 元/平方米，则该村民应纳耕地占用税额为 300×10＝3 000 元。

第三节 税收优惠

一、税收优惠内容

根据《耕地占用税法》的规定,下列情形免征或减征耕地占用税。
1. 军事设施占用耕地,免征耕地占用税。
2. 学校、幼儿园、社会福利机构占用耕地,免征耕地占用税。
3. 医疗机构占用耕地,免征耕地占用税。
4. 交通道路及水利工程占用耕地减征耕地占用税。
5. 农民新建自用住宅占用耕地,减征或免征耕地占用税。
6. 国务院可以规定免征或者减征耕地占用税的其他情形,报全国人民代表大会常务委员会备案。

案情追踪道具——追案魔法帽12-3:
免征或减征耕地占用税情形具体规定

二、税收优惠管理

耕地占用税减免优惠实行"自行判别、申报享受、有关资料留存备查"办理方式。纳税人应当根据相关政策规定自行判断是否符合耕地占用税减免优惠条件。符合优惠条件的,纳税人申报享受税收优惠,并将有关资料留存备查。纳税人对留存材料的真实性和合法性承担法律责任。

符合耕地占用税减免条件的纳税人,应留存下列材料:
(1) 军用设施占用应税土地的证明材料;
(2) 学校、幼儿园、社会福利机构、医疗机构占用应税土地的证明材料;
(3) 铁路线路、公路线路、飞机场跑道、停机坪、港口、航道、水利工程占用应税土地的证明材料;
(4) 农村居民建房占用土地及其他相关证明材料;
(5) 其他减免耕地占用税情形的证明材料。

第四节 征收管理

一、耕地占用税征收管理部门

耕地占用税的征收管理,依照《耕地占用税法》和《中华人民共和国税收征收管理法》的规定执行。耕地占用税由税务机关负责征收。

税务机关应当与相关部门建立耕地占用税涉税信息共享机制和工作配合机制。县级以上地方人民政府自然资源、农业农村、水利等相关部门应当定期向税务机关提供农用地转用、临时占地等信息,协助税务机关加强耕地占用税征收管理。

所谓信息包括农用地转用信息、城市和村庄集镇按批次建设用地转而未供信息、经批准临时占地信息、改变原占地用途信息、未批先占农用地查处信息、土地损毁信息、土壤污染信息、土地复垦信息、草场使用和渔业养殖权证发放信息等。

二、纳税义务发生时间

耕地占用税的纳税义务发生时间为纳税人收到自然资源主管部门办理占用耕地手续的书面通知的当日;未经批准占用应税土地的纳税人,其纳税义务发生时间为自然资源主管部门认定其实际占地的当日。

已按照规定免征或者减征耕地占用税的应税土地,纳税人改变原占地用途,不再属于免征或者减征耕地占用税情形的,应自改变用途之日起30日内申报补缴税款,按照当地适用税额补缴耕地占用税。经批准改变用途的,纳税义务发生时间为纳税人收到批准文件的当日;未经批准改变用途的,纳税义务发生时间为自然资源主管部门认定纳税人改变原占地用途的当日。

三、纳税申报程序

纳税人占用耕地,应当在耕地所在地申报纳税,应当自纳税义务发生之日起30日内申报缴纳耕地占用税。

自然资源主管部门凭耕地占用税完税凭证或者免税凭证和其他有关文件发放建设用地批准书。

税务机关发现纳税人的纳税申报数据资料异常或者纳税人未按照规定期限申报纳税的,可以提请相关部门进行复核,相关部门应当自收到税务机关复核申请之日起30日内向税务机关出具复核意见。

四、纳税申报材料

耕地占用税实行全国统一的纳税申报表。

耕地占用税纳税人依法纳税申报时,应填报《耕地占用税纳税申报表》,同时依照占用应税土地的不同情形分别提交下列材料:

(1) 农用地转用审批文件复印件;
(2) 临时占用耕地批转文件复印件;
(3) 未经批准占用应税土地的,应提供实际占地的相关证明材料复印件。

主管税务机关接收纳税人申报资料后,应当审核资料是否齐全、是否符合法定形式、填写内容是否完整、项目间逻辑关系是否相符这几项内容。审核无误的应当即时受理;审核发现问题的当场一次性告知纳税人应补正资料或不予受理的原因。

五、退税管理

(一) 临时占用耕地退税

临时占用耕地,是指经自然资源主管部门批准,在一般不超过2年内临时使用耕地并且没有修建永久性建筑物的行为。

纳税人因建设项目施工或者地质勘查临时占用耕地,应当缴纳耕地占用税。

纳税人在批准临时占用耕地期满之日起一年内依法复垦,恢复种植条件的,全额退还已经缴纳的耕地占用税。符合规定申请退税的,纳税人应提供身份证明查验,并提交相应材料复印件,即税收缴款书、税收完税证明,复垦验收合格确认书。

(二) 农用地转用与供地环节退税

在农用地转用环节,用地申请人如果此时能够明确土地用于免税项目,则免征耕地占用税;如果当时还不能够明确土地将来具体的项目用途,则用地申请人需要按规定缴纳耕地占用税。但是,对农用地转用环节已经缴纳的耕地占用税,此后在供地环节可以明确用于免税项目的,准予退还。

在供地环节,建设用地人使用耕地用途符合规定的免税情形的,由用地申请人和建设用地人共同申请,按退税管理的规定退还用地申请人已经缴纳的耕地占用税。纳税人、建设用地人应提供身份证明查验,并提供以下材料复印件:(1) 纳税人应提交税收缴款书、税收完税证明;(2) 建设用地人应提交耕地用途符合免税规定的证明材料。

解谜

谜案12　耕地占用税

填空题

1. 各地区耕地占用税的适用税额，由_____根据人均耕地面积和经济发展等情况，在规定的税额幅度内提出，报同级人民代表大会常务委员会决定，并报全国人民代表大会常务委员会和国务院备案。

2. 铁路线路、公路线路、飞机场跑道、停机坪、港口、航道、水利工程占用耕地，减按_____的税额征收耕地占用税。

3. 纳税人改变原占地用途，不再属于免征或者减征耕地占用税情形的，应自改变用途之日起_____申报补缴税款。

4. 耕地占用税以纳税人实际占用的属于_____为计税依据。

5. 未经批准占用应税土地的纳税人，其纳税义务发生时间为_____的当日。

6. 耕地占用税减免优惠实行_____办理方式。

7. 在人均耕地低于_____的地区，省、自治区、直辖市可以根据当地经济发展情况，适当提高耕地占用税的适用税额。

8. 军事设施、_____、医疗机构占用耕地，免征耕地占用税。

9. 纳税人在批准临时占用耕地期满之日起_____，全额退还已经缴纳的耕地占用税。

10. 因挖损、采矿塌陷、压占、污染等损毁耕地的纳税义务发生时间为自然资源、农业农村等相关部门认定损毁耕地的_____。

单选题

1. 下列占用耕地免征耕地占用税的是(　　)。
   A. 党政机关　　　　　　　　B. 铁路线路
   C. 医院办公楼　　　　　　　D. 飞机场办公楼

2. 下列各项中，减按2元/平方米征收耕地占用税的是(　　)。
   A. 纳税人临时占用耕地　　　　B. 学校占用耕地建设校舍
   C. 农村居民占用耕地开发经济林地　D. 公路线路占用耕地

3. 下列各项中，减半征收耕地占用税的是(　　)。
   A. 纳税人临时占用耕地　　　　B. 军事设施占用耕地
   C. 农村居民占用耕地新建住宅　D. 公路线路占用耕地

4. 下列关于耕地占用税的规定错误的是（　　）。
   A. 耕地占用税以每平方米为计量单位
   B. 耕地占用税的税率采用地区差别定额税率
   C. 经济发达地区适用税额可适当提高，但最多不得超过规定税额的30%
   D. 经济发达地区适用税额可适当提高，但最多不得超过规定税额的50%

5. 农村某村民新建住宅经批准占用耕地300平方米，实际占地300平方米。该地区耕地占用税适用税额为10元/平方米，则该村民应纳耕地占用税（　　）元。
   A. 3 000　　　B. 520　　　C. 1 500　　　D. 2 600

6. 经济特区、经济技术开发区和经济发达、人均占有耕地较少的地区，税额可以适当提高，但是最多不得超过规定税额标准的（　　）。
   A. 20%　　　B. 30%　　　C. 50%　　　D. 100%

7. 下面对耕地占用税的理解错误的是（　　）。
   A. 在占用耕地环节一次性课征
   B. 采用了地区差别定额税率
   C. 飞机场跑道可享受减征优惠
   D. 农村居民占用耕地新建住宅，免税

8. 依据我省耕地占用税规定，占用下列土地不征收耕地占用税的是（　　）。
   A. 林地　　　B. 荒山荒滩　　　C. 养殖水面　　　D. 农田水利用地

9. 准用地的单位或个人应当在收到土地管理部门的通知之日起（　　）内缴纳耕地占用税
   A. 10日内　　　B. 20日内　　　C. 30日内　　　D. 60日内

10. 经批准减免耕地占用税的纳税人改变土地用途，不再属于减免税情况的应自改变用途之日起（　　）补缴税款。
    A. 10日内　　　B. 20日内　　　C. 30日内　　　D. 60日内

多选题

1. 《耕地占用税暂行条例》的立法宗旨是（　　）。
   A. 合理利用土地资源　　　B. 加强土地管理
   C. 保护耕地　　　D. 增加税收收入

2. 下列占用土地的行为，需缴纳耕地占用税的有（　　）。
   A. 在滩涂上从事农业种植　　　B. 占用苗圃用地建游乐场
   C. 占用鱼塘用地建设厂房　　　D. 占用耕地建农产品加工厂

3. 下列选项中，不享受耕地占用税减税或免税优惠政策的有（　　）。
   A. 公路线路占用耕地　　　B. 航道占用耕地
   C. 幼儿园占用耕地　　　D. 国家机关占用耕地建造办公楼
   E. 城镇个人占用耕地新建住宅

4. 耕地占用税的特点有（　　）。
   A. 兼具资源税和特定行为税的性质　　　B. 采用地区差别税率
   C. 在占用耕地环节一次征收　　　D. 税收收入专用于耕地开发和改良

E. 征税面比较广

5. 下列关于耕地占用税的税率的陈述,正确的有(　　)。
   A. 耕地占用税单位税额最高每平方米 50 元,最低 5 元
   B. 国务院财政、税务主管部门根据人均耕地面积和经济发展情况确定各省、自治区、直辖市的平均税额
   C. 经济特区、经济技术开发区和经济发达且人均耕地特别少的地区,适用税额可以适当提高,但是提高的部分最高不得超过规定的当地适用税额的 30%
   D. 耕地占用税以每平方米为计量单位
   E. 耕地占用税在税率设计上采用了地区差别定额税率

6. 下列情形(　　)免征耕地占用税。
   A. 军事设施占用耕地　　　　B. 学校占用耕地
   C. 幼儿园占用耕地　　　　　D. 养老院、医院占用耕地
   E. 农村居民占用耕地新建住宅

7. 下列选项中,减按每平方米 2 元的税额征收耕地占用税的有(　　)
   A. 铁路线路占用耕地　　　　B. 公路线路占用耕地
   C. 飞机场跑道占用耕地　　　D. 航道占用耕地
   E. 航站楼占用耕地

判断题

1. 纳税人占用鱼塘进行非农业建设,应缴纳耕地占用税。　　　　　　　　(　　)
2. 建设直接为农业生产服务的生产设施占用税法规定的农用地的,不征收耕地占用税。
   　　　　　　　　　　　　　　　　　　　　　　　　　　　　　　　　(　　)
3. 部队的训练场免征耕地占用部免耕地占用税。　　　　　　　　　　　　(　　)
4. 疗养院等免征耕地占用税。　　　　　　　　　　　　　　　　　　　　(　　)
5. 耕地占用税按年缴纳。　　　　　　　　　　　　　　　　　　　　　　(　　)
6. 耕地占用税以每亩为计量单位。　　　　　　　　　　　　　　　　　　(　　)
7. 畜禽养殖设施占用耕地应该照章征收耕地占用税。　　　　　　　　　　(　　)
8. 耕地占用税税额标准实行的是地区差别定额税额。　　　　　　　　　　(　　)
9. 党校建设占用耕地应免征耕地占用税。　　　　　　　　　　　　　　　(　　)
10. 医院内职工住房占用耕地的,免征耕地占用税。　　　　　　　　　　　(　　)
11. 条例规定:人均耕地超过 1 亩但不超过 2 亩的地区,耕地占用税的税额为每平方米 8 元至 40 元。　　　　　　　　　　　　　　　　　　　　　　　　　　　　(　　)
12. 纳税人改变用途,不再属于免税或减税情形的,应按办理减免税时依据的适用税额对纳税人补征耕地占用税。　　　　　　　　　　　　　　　　　　　　　　(　　)

名词解释题

临时占用耕地　　　耕地占用税　　　免税的军事设施　　　非农业建设　　　平均税额

简答题

1. 耕地占用税纳税人的范围。
2. 耕地占用税的特点。
3. 免征耕地占用税的范围。
4. 耕地占用税应纳税额。
5. 耕地占用税减税范围。

计算题

1. 国家一级公路项目经过某县,占用某县基本农田100亩,请计算应征收的耕地占用税。
2. 我市某县某村村民经批准搬迁,原宅基地160平方米恢复耕地,新建住宅占用耕地280平方米,当地适用税额为每平方米22元,请计算应缴耕地占用税情况。
3. 某县修建高速公路,线路占用耕地800亩,收费站生活区占地40亩,均为基本农田,请计算应缴纳的耕地占用税。
4. 经批准某县新建一所初中,总占地200亩,其中教学区60亩,办公区10亩,学生公寓30亩,教职工住宅区30亩,临路超市20亩,其中学生公寓30亩、临路超市20亩均为基本农田,请计算该学校应缴纳耕地占用税情况。
5. 某市城区某企业经批准占用耕地36亩,其中含代征道路2.6亩,企业在实际建设过程中,擅自将土地西侧地山坡地4亩占用,请计算该企业应缴纳的耕地占用税。

谜底(请找彩蛋)

第 13 章 房产税

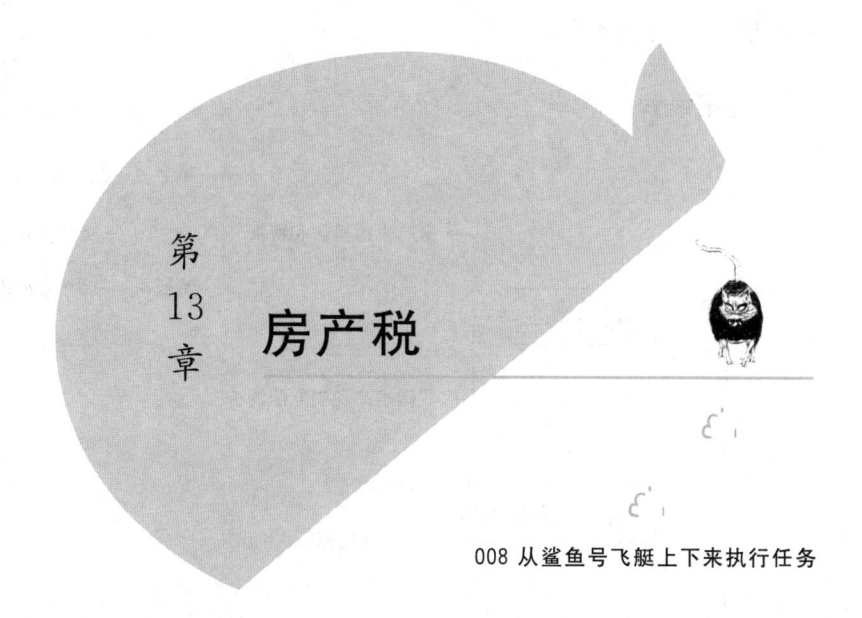

008 从鲨鱼号飞艇上下来执行任务

⊗ 任务分解

- ☞ 了解房产税概念、特征、立法演进
- ☞ 熟悉纳税人、征税范围与税率
- ☞ 融会贯通房产税税额的计算及税收优惠适用的税务实操

⊗ 疑难重点

- ☞ 重点:房产税的概念、特点,应纳税额的计算,税收优惠政策,税收征管制度
- ☞ 难点:房产税应纳税额的计算

⊗ 探案道具箱

密码

大力箱,
萌探 008 探案助手,兼案卷记录员,
AI 族,全知全能……

谜案线索

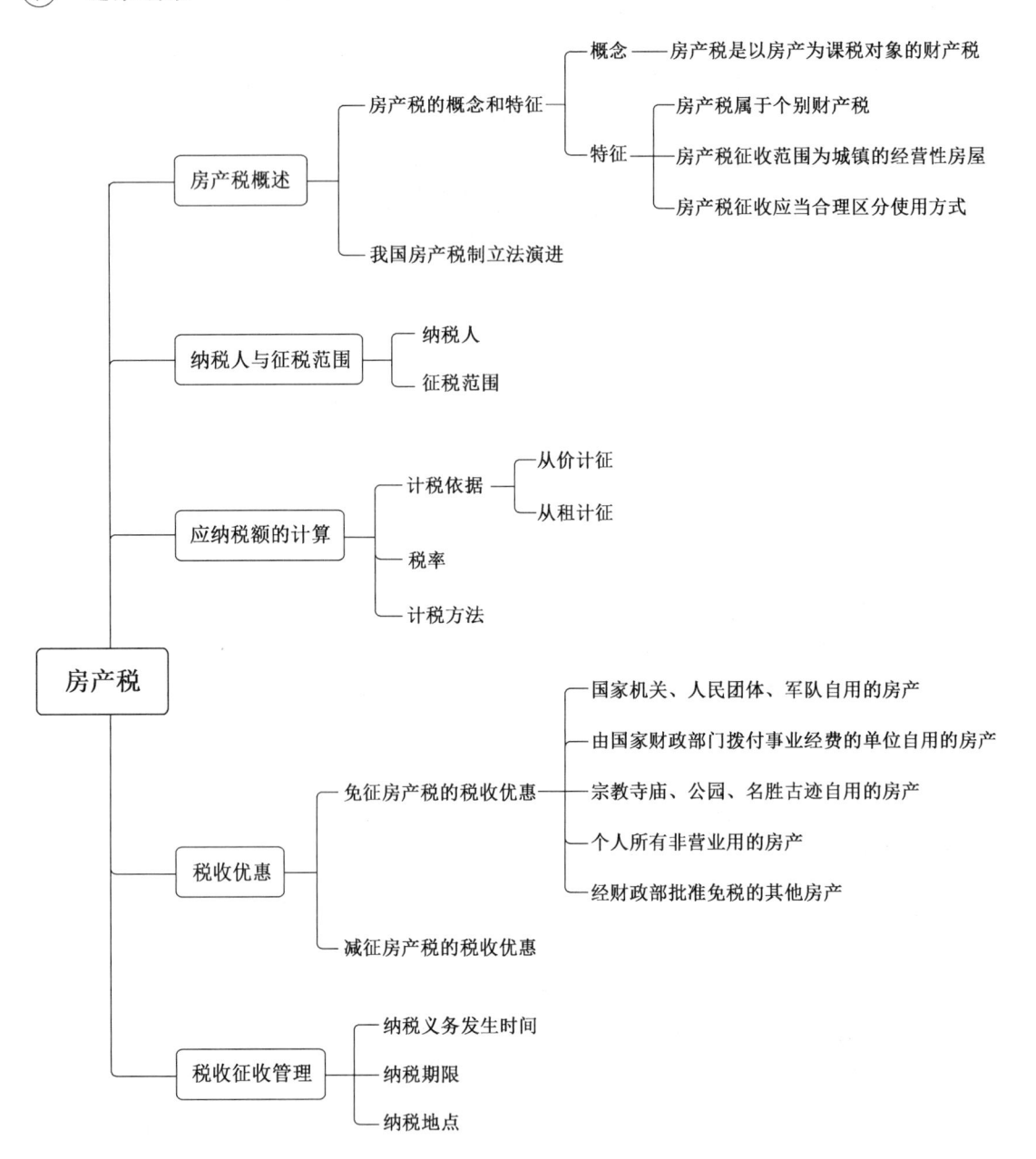

- 房产税
  - 房产税概述
    - 房产税的概念和特征
      - 概念 —— 房产税是以房产为课税对象的财产税
      - 特征
        - 房产税属于个别财产税
        - 房产税征收范围为城镇的经营性房屋
        - 房产税征收应当合理区分使用方式
    - 我国房产税制立法演进
  - 纳税人与征税范围
    - 纳税人
    - 征税范围
  - 应纳税额的计算
    - 计税依据
      - 从价计征
      - 从租计征
    - 税率
    - 计税方法
  - 税收优惠
    - 免征房产税的税收优惠
      - 国家机关、人民团体、军队自用的房产
      - 由国家财政部门拨付事业经费的单位自用的房产
      - 宗教寺庙、公园、名胜古迹自用的房产
      - 个人所有非营业用的房产
      - 经财政部批准免税的其他房产
    - 减征房产税的税收优惠
  - 税收征收管理
    - 纳税义务发生时间
    - 纳税期限
    - 纳税地点

第一节　房产税及其纳税人与征税范围

一、房产税的概念和特征

房产税是以房产为课税对象的财产税，其特征包括以下三点：

1. 房产税属于个别财产税。财产税可分为一般财产税和个别财产税。对纳税人所有财产综合课征的，称为一般财产税；对纳税人的某些财产单独课征的，称为个别财产税。我国现行房产税针对纳税人所有的房屋与土地分别课征，属于个别财产税。

2. 房产税征收范围为城镇的经营性房屋。房产税的征收范围仅限于城市、县城、建制镇和工矿区的房屋，农村房屋不征收房产税；同时，征收房产税的房屋需为经营性房屋，国家机关、人民团体、军队、事业单位以及宗教寺庙、公园、名胜古迹等自用房产，由于没有经营收入，因而不征收房产税。

3. 房产税征收应当合理区分使用方式。房屋既可以为所有人自行经营使用，也可以为承租人等经营使用，因而可以根据计税余值、租金等进行征收，以符合房产税的征管规律。

案情追踪道具——追案魔法帽 13-1：
房产税溯源以及我国房地产税立法演进

二、纳税人

房产税的纳税人是拥有经营性房产的单位和个人。具体如下：

1. 产权属于全民所有的，由经营管理的单位缴纳；产权属集体和个人所有的，由集体单位和个人纳税。

疑点爆破道具——奇思妙响指 NICE 13-2：
缴纳房产税的有关单位有哪些？

2. 产权出典的,由承典人缴纳。

> 疑点爆破道具——奇思妙响指 NICE 13-3：
> 产权出典的规定

3. 产权所有人、承典人不在房产所在地的,或者产权未确定及租典纠纷未解决的,由房产代管人或者使用人缴纳。

> 疑点爆破道具——奇思妙响指 NICE 13-4：
> 租典纠纷指什么？

4. 无租使用其他单位房产的应税单位和个人,依照房产余值代缴纳房产税。
上述列举产权所有人、经营管理单位、承典人、房产代管人或者使用人,统称为纳税人。

三、征税范围

房产税征税范围为城市、县城、建制镇和工矿区,具体征税范围由各省、自治区、直辖市人民政府确定。其中,城市指国务院批准设立的市,城市的征税范围包括市区、郊区和市辖县的县城;县城指未设立建制镇的县人民政府所在地;建制镇指省人民政府批准的建制镇,其征税范围为镇人民政府所在地;工矿区是指工商业比较发达,人口比较集中,符合国务院规定的建镇标准,但未设立建制镇的大中型工矿企业所在地,开征房产税的工矿区须经省、自治区、直辖市人民政府批准。

> 疑点爆破道具——奇思妙响指 NICE 13-5：
> 为什么不在农村征收房产税？

房产税以房屋为征税对象。独立于房屋的建筑物如围墙、暖房、水塔、烟囱、室外游泳池等不属于房产税征税范围,但室内游泳池需征房产税。凡具备房屋功能的地下建筑,包括与地上房屋相连的地下建筑以及完全建在地面以下的建筑、地下人防设施等,均应当依照有关规定征收房产税。由于房地产开发企业开发的商品房在出售前,对房地产开发企业而言是一种产品,因此,对房地产开发企业建造的商品房,在售前,不征收房产税;但对售出前房地产开发企业已使用或出租、出借的商品房应按规定征收房产税。

第二节　应纳税额的计算

一、计税依据

房产税的计税依据是房产的计税余值或房产的租金收入。按照房产计税余值征税的,称为从价计征;按照房产租金收入计征的,称为从租计征。

(一) 从价计征

《房产税暂行条例》规定,从价计征房产税的计税余值,是指依照税法规定按房产原值一次减除10%～30%损耗价值以后的余值。各地扣除比例由当地省、自治区、直辖市人民政府确定。

1. 房产原值是指,纳税人按照会计制度规定,在会计核算账簿"固定资产"科目中记载的房屋原价。因此,凡按会计制度规定在账簿中记载有房屋原价的,应以房屋原价按规定减除一定比例后作为房产余值计征房产税;没有记载房屋原价的,按照上述原则,并参照同类房屋确定房产原值,按规定计征房产税。

值得注意的是自2009年1月1日起,对依照房产原值计税的房产,不论是否记载在会计账簿固定资产科目中,均应按照房屋原价计算缴纳房产税。房屋原价应根据国家有关会计制度规定进行核算。对纳税人未按国家会计制度规定核算并记载的,应按规定予以调整或重新评估。

自2010年12月21日起,对按照房产原值计税的房产,无论会计上如何核算,房产原值均应包含地价,包括为取得土地使用权支付的价款、开发土地发生的成本费用等。宗地容积率低于0.5的,按房产建筑面积的2倍计算土地面积并据此确定计入房产原值的地价。

2. 房产原值应包括与房屋不可分割的各种附属设备或一般不单独计算价值的配套设施。主要有:暖气、卫生、通风、照明、煤气等设备;各种管线,如蒸汽、压缩空气、石油、给水排水等管道及电力、电信、电缆导线;电梯、升降机、过道、晒台等。属于房屋附属设备的水管、下水道、暖气管、煤气管等应从最近的探视井或三通管起计算原值;电灯网、照明线从进线盒连接管起计算原值。

自2006年1月1日起,为了维持和增加房屋的使用功能或使房屋满足设计要求,凡以房屋为载体,不可随意移动的附属设备和配套设施,如给排水、采暖、消防、中央空调、电气及智能化楼宇设备等,无论在会计核算中是否单独记账与核算,都应计入房产原值,计征房产税。对于更换房屋附属设备和配套设施的,在将其价值计入房产原值时,可扣减原来相应设备和设施的价值;对附属设备和配套设施中易损坏、需要经常更换的零配件,更新后不再计入房产原值。

3. 纳税人对原有房屋进行改建、扩建的,要相应增加房屋的原值。此外,关于房产税的从价计征和从租计征,还应注意以下几个问题:

(1) 对投资联营的房产,在计征房产税时应予以区别对待。对于以房产投资联营、投资者参与投资利润分红、共担风险的,按房产余值作为计税依据计征房产税;对以房产投资收取固定收入、不承担联营风险的,实际是以联营名义取得房产租金,应根据《房产税暂行条例》的有关规定由出租方按租金收入计缴房产税。

(2) 融资租赁的房产，由承租人自融资租赁合同约定开始日的次月起依照房产余值缴纳房产税。合同未约定开始日的，由承租人自合同签订的次月起依照房产余值缴纳房产税。

(3) 居民住宅区内业主共有的经营性房产缴纳房产税。从2007年1月1日起，对居民住宅区内业主共有的经营性房产，由实际经营（包括自营和出租）的代管人或使用人缴纳房产税。其中自营的，依照房产原值减除10%~30%后的余值计征，没有房产原值或不能将业主共有房产与其他房产的原值准确划分开的，由房产所在地税务机关参照同类房产核定房产原值；出租的，依照租金收入计征。

4. 凡在房产税征收范围内的具备房屋功能的地下建筑，包括与地上房屋相连的地下建筑以及完全建在地面以下的建筑、地下人防设施等，均应当依照有关规定征收房产税。上述具备房屋功能的地下建筑是指有屋面和维护结构，能够遮风避雨，可供人们在其中生产、经营、工作、学习、娱乐、居住或储藏物资的场所。自用的地下建筑，按以下方式计税：

(1) 工业用途房产，以房屋原价的50%~60%作为应税房产原值。

应纳房产税的税额＝应税房产原值×[1－(10%~30%)]×1.2%

(2) 商业和其他用途房产，以房屋原价的70%~80%作为应税房产原值。

应纳房产税的税额＝应税房产原值×[1－(10%~30%)]×1.2%

房屋原价折算为应税房产原值的具体比例，由各省、自治区、直辖市和计划单列市财政和税务部门在上述幅度内自行确定。

(3) 对于与地上房屋相连的地下建筑，如房屋的地下室、地下停车场、商场的地下部分等，应将地下部分与地上房屋视为一个整体，按照地上房屋建筑的有关规定计算征收房产税。

(二) 从租计征

所谓房产的租金收入，是房屋产权所有人出租房产使用权所得的报酬，包括货币收入和实物收入。如果是以劳务或者其他形式为报酬抵付房租收入的，应根据当地同类房产的租金水平，确定一个标准租金额从租计征。对出租房产，租赁双方签订的租赁合同约定有免收租金期限的，免收租金期间由产权所有人按照房产原值缴纳房产税。出租的地下建筑，按照出租地上房屋建筑的有关规定计算征收房产税。

二、税率

房产税实行比例税率，具体规定如表13-1所示。

表13-1 房产税比例税率表

计税方法	税率	适用情况
从价计征	1.2%的规定税率	自有房产用于生产经营
从租计征	12%的规定税率	出租非居住的房产取得租金收入
	4%的优惠税率	(1) 个人出租住房(不分出租后用途) (2) 企事业单位、社团以及其他组织按市场价格向个人出租用于居住的住房

三、计税方法

(一) 从价计征

房产税应纳税额具体的计算公式是：

应纳税额＝应税房产原值×(1－扣除比例)×1.2%

【例13-1】 某企业的经营用房原值为1 000万元，按照当地的规定允许扣除20%以后计税，房产税适用税率为1.2%，计算该企业全年应纳的房产税。

解 应纳税额＝10 000(1－20%)×1.2%＝9.6(万元)

(二) 从租计征

房产税应纳税额具体的计算公式是

应纳税额＝租金收入×12%(或4%)

【例13-2】 某公司出租房屋，年租金30 000元，适用税率12%。计算全年应纳房产税额。

解 应纳税额＝30 000×12%＝3 600(元)

第三节 税收优惠

一、免征房产税的税收优惠

1. 国家机关、人民团体、军队自用的房产。其中，人民团体是指经国务院授权的政府部门批准设立或登记备案并由国家拨付行政事业费的各种社会团体；自用的房产是指这些单位本身的办公用房和公务用房。值得注意的是，免税单位的出租房产以及非自身业务使用的生产、营业用房不在免税范围之列。

2. 由国家财政部门拨付事业经费的单位自用的房产。如学校、医疗卫生单位、托儿所、幼儿园、敬老院、文化、体育、艺术等实行全额或差额预算管理的事业单位所有的，本身业务范围内使用的房产免征房产税。值得注意的是，由国家财政部门拨付事业经费的单位，其经费来源实行自收自支后，应征收房产税。

3. 宗教寺庙、公园、名胜古迹自用的房产。宗教寺庙自用的房产是指举行宗教仪式等的房屋和宗教人员使用的生活用房；公园、名胜古迹自用的房产是指供公共参观游览的房屋及其管理单位的办公用房。宗教寺庙、公园、名胜古迹中附设的营业单位，如影剧院、饮食部、茶社、照相馆等所使用的房产及出租的房产，不属于免税范围，应当依法征收房产税。

4. 个人所有非营业用的房产。个人所有的非营业用房主要是指居民住房，不分面积多少，一律免征房产税；对个人拥有的营业用房或者出租的房产，不属于免税房产，应当依法征收房产税。

5. 经财政部批准免税的其他房产。主要如下：

(1) 对非营利性医疗机构、疾病控制机构和妇幼保健机构等卫生机构自用的房产，免征房产税。

（2）从2001年1月1日起,对按政府规定价格出租的公有住房和廉租住房,包括企业和自收自支事业单位向职工出租的单位自有住房,房管部门向居民出租的公有住房,落实私房政策中带户发还产权并以政府规定租金标准向居民出租的私有住房等,暂免征收房产税。其中,暂免征收房产税的企业和自收自支事业单位向职工出租的单位自有住房是指,按照公有住房管理或纳入县级以上政府廉租住房管理的单位自有住房。

（3）为支持公共租赁住房(公租房)的建设和运营,对经营公租房的租金收入,免征房产税。其中,公共租赁住房经营管理单位应单独核算公共租赁住房租金收入,未单独核算的,不得享受免征房产税优惠政策。

（4）企业办的各类学校、医院、托儿所、幼儿园自用的房产,免征房产税。

（5）经有关部门鉴定,对毁损不堪居住的房屋和危险房屋,在停止使用后,可免征房产税。

（6）自2004年7月1日起,纳税人因房屋大修导致连续停用半年以上的,在房屋大修期间免征房产税。

（7）凡是在基建工地为基建工地服务的各种工棚、材料棚、休息棚、办公室、食堂、茶炉房、汽车房等临时性房屋,无论是施工企业自行建造还是基建单位出资建造,交施工企业使用的,在施工期间,一律免征房产税。但是,如果在基建工程结束后,施工企业将这种临时性房屋交还或者低价转让给基建单位的,应当从基建单位接收的次月起,依照规定缴纳房产税。

（8）纳税单位与免税单位共同使用的房屋,按各自使用的部分分别征收或免征房产税。

（9）为推进国有经营性文化事业单位转企改制,对由财政部门拨付事业经费的文化事业单位转制为企业的,自转制注册之日起5年内对其自用房产免征房产税。2018年12月31日之前已完成转制的企业,自2019年1月1日起,对其自用房产可继续免征5年房产税。

（10）房地产开发企业建造的商品房,在出售前不征收房产税。但出售前房地产开发企业已使用或出租、出借的商品房,应按规定征收房产税。

（11）自2019年6月1日至2025年12月31日,为社区提供养老、托育、家政等服务的机构自用或其通过承租、无偿使用等方式取得并用于提供社区养老、托育、家政服务的房产免征房产税。

二、减征房产税的税收优惠

1. 企业拥有并运营管理的大型体育场馆,其用于体育活动的房产,减半征收房产税。
2. 对个人按市场价格出租的居民住房,房产税暂减按4%的税率征收。

除了上述情形外,纳税人纳税确有困难的,可由省、自治区、直辖市人民政府确定,定期减征或者免征房产税。

第四节 征收管理

一、纳税义务发生时间

1. 原有房产用于生产经营的,从生产经营之月起缴纳房产税。
2. 纳税人自建房屋用于生产经营,自建成次月起缴纳房产税。
3. 纳税人委托施工企业建房的,从办理验收手续次月起纳税;在办理验收手续前已使用的,从使用当月起计征房产税。
4. 纳税人购置新建商品房,自房屋交付使用次月起计征房产税。
5. 纳税人购置存量房地产,自办理房屋权属转移、变更登记手续,房地产权属登记机关签发房屋权属证书之次月起计征房产税。
6. 纳税人出租、出借房产,自交付出租、出借房产之次月起计征房产税。
7. 房地产开发企业自用、出租、出借本企业建造的商品房,自房产使用或交付次月起计征房产税。
8. 房屋出典的,承典人纳税义务自房屋使用或交付之次月产生。

二、纳税期限

房产税实行按年计算、分期缴纳的征收方法,具体纳税期限由省、自治区、直辖市人民政府确定。

三、纳税地点

房产税由房产所在地的税务机关负责征收管理。纳税人应当依照主管税务机关的规定,将现有房屋的坐落地、数量、价值等情况,据实向房产所在地的税务机关申报纳税。如纳税人拥有多处房产,应分别向房产坐落地的税务机关纳税。

解谜

谜案13　房产税

填空题

1. 房产税是以_____为课税对象的一种税。
2. 房产税由_____缴纳。产权属于全民所有的,由_____缴纳。产权出典的,由_____缴纳。产权所有人、承典人不在房产所在地的,或者产权未确定及租典纠纷未解决的,由_____或者_____缴纳。
3. 2011年1月,根据国务院第136次常务会议精神_____和_____决定开展对部分个人住房征收房产税试点。
4. 对租典纠纷尚未解决的房产,规定_____或_____为纳税人,主要目的在于加强征收管理,保证房产税及时入库。
5. 房产出租的,以_____收入为房产税的计税依据。

单选题

1. 根据房产税法律制度的规定,下列各项中不属于房产税征税范围的是(　　)。
   A. 建制镇的房屋　　　　　　B. 农村的房屋
   C. 县城的房屋　　　　　　　D. 城市的房屋
2. 房产税按(　　)征收,分期缴纳。纳税期限由省、自治区、直辖市人民政府规定。
   A. 年　　　B. 季度　　　C. 月　　　D. 日
3. 采用从价计征的房产税是依照房产原值一次减除(　　)后余值计算缴纳。
   A. 10%～30%　　　　　　　B. 20%～40%
   C. 30%～50%　　　　　　　D. 40%～60%
4. 房产税的税率,依照房产余值计算缴纳的,税率为(　　)。
   A. 1%　　　B. 1.2%　　　C. 1.5%　　　D. 2%
5. 房产税的税率,依照房产租金收入计算缴纳的,税率为(　　)。
   A. 10%　　　B. 12%　　　C. 15%　　　D. 20%

多选题

1. 根据房产税法律制度的规定,下列各项中属于房产税征税范围的是(　　)。
   A. 市区商场的地下车库　　　　B. 农村的村民住宅

C. 县城商业企业的办公楼　　　　　D. 建制镇工业企业的厂房
2. 根据《房产税暂行条例》规定,下列房产免纳房产税的是(　　)。
   A. 国家机关、人民团体、军队自用的房产
   B. 由国家财政部门拨付事业经费的单位自用的房产
   C. 宗教寺庙、公园、名胜古迹自用的房产
   D. 个人所有非营业用的房产
3. 产权所有人、承典人不在房产所在地的,或者产权未确定及租典纠纷未解决的,由(　　)缴纳。
   A. 房产所有人　　B. 房产代管人　　C. 房产使用人　　D. 房产承典人

判断题

1. 产权未确定以及租典纠纷未解决的,暂不征收房产税。　　　　　　　　　(　　)
2. 房地产开发企业建造的商品房,出售前已出租的,也应征收房产税。　　(　　)
3. 没有房产原值作为依据的,由房产所在地税务机关参考同类房产核定。　(　　)

名词解释

房产税　　　租典纠纷

简答题

简述房产税计税依据。

论述题

论述房产税的特征。

计算题

甲企业拥有一套原值560 000元的房产,已知房产税税率为1.2%,当地规定的房产税减除比例为30%。请计算甲企业该房产年应缴纳的房产税税额。

谜底(请找彩蛋)

第14章 车船税

008 从鲨鱼号飞艇上下来执行任务

⊘ 任务分解

- 了解车船税概念、特点、立法概况
- 掌握车船税的纳税人、征税范围与税率等税收制度
- 融会贯通车船税税额计算、纳税申报、税收优惠适用的税务实操

⊘ 疑难重点

- 重点:车船税的概念、特点,应纳税额的计算,税收优惠政策,税收征管制度
- 难点:车船税应纳税额的计算

⊘ 探案道具箱

密码

大力箱,
萌探008探案助手,兼案卷记录员,
AI族,全知全能…

第 14 章 车船税

✓ 谜案线索

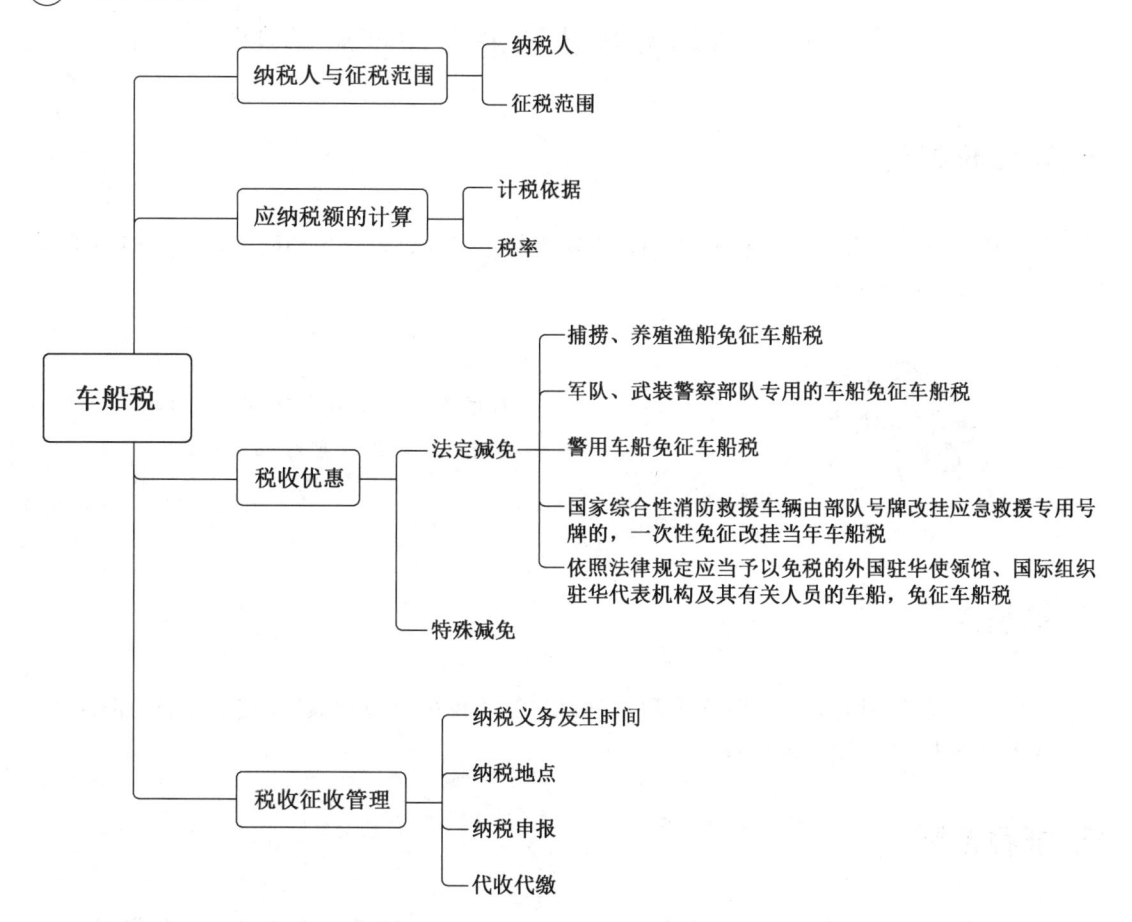

```
                         ┌─ 纳税人与征税范围 ─┬─ 纳税人
                         │                    └─ 征税范围
                         │
                         ├─ 应纳税额的计算 ─┬─ 计税依据
                         │                  └─ 税率
                         │
                         │                   ┌─ 捕捞、养殖渔船免征车船税
                         │                   │
                         │                   ├─ 军队、武装警察部队专用的车船免征车船税
                         │                   │
                         │        ┌─ 法定减免 ─┼─ 警用车船免征车船税
车船税 ───────────────────┤        │          │
                         ├─ 税收优惠 ─┤          ├─ 国家综合性消防救援车辆由部队号牌改挂应急救援专用号
                         │        │          │   牌的，一次性免征改挂当年车船税
                         │        │          │
                         │        │          └─ 依照法律规定应当予以免税的外国驻华使领馆、国际组织
                         │        │              驻华代表机构及其有关人员的车船，免征车船税
                         │        │
                         │        └─ 特殊减免
                         │
                         │                   ┌─ 纳税义务发生时间
                         │                   │
                         └─ 税收征收管理 ─┼─ 纳税地点
                                             │
                                             ├─ 纳税申报
                                             │
                                             └─ 代收代缴
```

291

第一节 车船税及其纳税人与征税范围

一、车船税概述

车船税是以车船为课税对象的财产税,以实现对车船的合理管理和配置,有助于调节收入差异和筹集地方财政资金。

案情追踪道具——追案魔法帽 14-1:
车船税溯源及我国车船税立法演进

二、纳税人

在中华人民共和国境内属于《车船税法》所附"车船税税目税额表"规定的车辆、船舶的所有人或者管理人,为车船税的纳税人。

三、征税范围

车船税征税范围为在中华人民共和国境内属于《车船税法》所附"车船税税目税额表"规定的车辆、船舶。即依法应当在车船登记管理部门登记的机动车辆和船舶、依法不需要在车船登记管理部门登记的在单位内部场所行驶或者作业的机动车辆和船舶。具体如下:

1. 车辆,具体分为乘用车、商用车、半挂牵引车、三轮汽车、低速载货汽车、挂车、专用作业车、轮式专用机械车、摩托车。
2. 船舶,是指各类机动、非机动船舶以及其他水上移动装置,但是船舶上装备的救生艇筏和长度小于 5 米的艇筏除外。

第二节 应纳税额的计算

一、计税依据

作为财产税,车船税本应以其自身价值为计税依据,但是鉴于车船基数较大且分类繁多,开展价值评估较为困难,因此,按照车船的种类,将计税依据分别确定为排气量、整备质量、核定载客人数、净吨位、千瓦、艇身长度等。具体如下:

乘用车、商用客车和摩托车的应纳税额＝量数×适用年基准税额

商用货车、专用作业车和轮式
　专用机械车的应纳税额 ＝整备质量吨位数×适用年基准税额

挂车的应纳税额＝整备质量吨位数×商用货车适用年基准税额×50％

机动船舶的应纳税额＝净吨位数×适用年基准税额

拖船、非机动驳船的应纳税额＝净吨位数×机动船舶适用年基准税额×50％

游艇的应纳税额＝艇身长度×适用年基准税额

此外，还有以下五点需要注意：

1. 购置的新车船，购置当年的应纳税额自纳税义务发生的当月起按月计算。计算公式为：

应纳税额＝(年应纳税额÷12)×应纳税月份数

应纳税月份数＝12－纳税义务发生时间(取月份)＋1

2. 在一个纳税年度内，已完税的车船被盗抢、报废、灭失的，纳税人可以凭有关管理机关出具的证明和完税证明，向纳税所在地的主管税务机关申请退还自被盗抢、报废、灭失月份起至该纳税年度终了期间的税款。

3. 已办理退税的被盗抢车船，失而复得的，纳税人应当从公安机关出具相关证明的当月起计算缴纳车船税。

4. 已缴纳车船税的车船在同一纳税年度内办理转让过户的，不另纳税，也不退税。

5. 已经缴纳车船税的车船，因质量原因，车船被退回生产企业或者经销商的，纳税人可以向纳税所在地的主管税务机关申请退还自退货月份起至该纳税年度终了期间的税款。退货月份以退货发票所载日期的当月为准。

二、税率

车船税实行定额税率，即对应税车船直接规定单位固定税额，适用税额依照"车船税税目税额表"执行。车辆的具体适用税额由省、自治区、直辖市人民政府依照《车船税法》所附"车船税税目税额表"规定的税额幅度和国务院的规定确定。船舶的具体适用税额由国务院在"车船税税目税额表"规定的税额幅度内确定。

(一) 车船税税目税额表

表 14－1　车船税税目税额表

车船税税目税额表				
税目		计税单位	年基准税额（元）	备注
乘用车 [按发动机气缸容量（排气量）分档]	1.0升(含)以下的	每辆	60～360	核定载客人数9人(含)以下
	1.0升以上至1.6升(含)的		300～540	
	1.6升以上至2.0升(含)的		360～660	
	2.0升以上至2.5升(含)的		660～1 200	

(续表)

车船税税目税额表

税目		计税单位	年基准税额（元）	备 注
	2.5升以上至3.0升(含)的		1 200~2 400	
	3.0升以上至4.0升(含)的		2 400~3 600	
	4.0升以上的		3 600~5 400	
商用车	客车	每辆	480~1 440	核定载客人数9人以上(包括电车)
	货车	整备质量每吨	16~120	1. 包括半挂牵引车、挂车、客货两用汽车、三轮汽车和低速载货汽车等 2. 挂车按照货车税额的50%计算
其他车辆	专用作业车	整备质量每吨	16~120	不包括拖拉机
	轮式专用机械车	整备质量每吨	16~120	
摩托车		每辆	36~180	
船舶	机动船舶	净吨位每吨	3~6	拖船、非机动驳船分别按照机动船舶税额的50%计算；游艇的税额另行规定
	游艇	艇身长度每米	600~2 000	

(二) 具体适用税额

省、自治区、直辖市人民政府根据《车船税税目税额表》确定车辆具体适用税额，应当遵循以下原则：(1) 乘用车依排气量从小到大递增税额；(2) 客车按照核定载客人数20人以下和20人(含)以上两档划分，递增税额。

省、自治区、直辖市人民政府确定的车辆具体适用税额，应当报国务院备案。

机动船舶具体适用税额为：(1) 净吨位不超过200吨的，每吨3元；(2) 净吨位超过200吨但不超过2 000吨的，每吨4元；(3) 净吨位超过2 000吨但不超过10 000吨的，每吨5元；(4) 净吨位超过10 000吨的，每吨6元。

拖船按照发动机功率每1千瓦折合净吨位0.67吨计算征收车船税。

游艇具体适用税额为：(1) 艇身长度不超过10米的，每米600元；(2) 艇身长度超过10米但不超过18米的，每米900元；(3) 艇身长度超过18米但不超过30米的，每米1 300元；(4) 艇身长度超过30米的，每米2 000元；(5) 辅助动力帆艇，每米600元。

上述所涉及的排气量、整备质量、核定载客人数、净吨位、千瓦、艇身长度，以车船登记管理部门核发的车船登记证书或者行驶证所载数据为准。

依法不需要办理登记的车船和依法应当登记而未办理登记或者不能提供车船登记证书、行驶证的车船，以车船出厂合格证明或者进口凭证标注的技术参数、数据为准；不能提供车船出厂合格证明或者进口凭证的，由主管税务机关参照国家相关标准核定，没有国家相关标准的参照同类车船核定。

【例题 14-1】 某公司拥有载货汽车 20 辆(货车自重吨位为 10 吨),乘人大客车 15 辆,中型客车 1 辆,小型客车 5 辆。计算该公司应纳的车船税税额。(注:载货汽车每吨 100 元,乘人大客车每辆年税额 500 元,中型客车 400 元,小型客车 200 元)

解 (1) 载货汽车应纳税额 = 20×10×100 = 20 000(元)

(2) 乘人汽车应纳税额 = 15×500+1×400+5×200 = 8 900(元)

(3) 全年应纳车船税 = 20 000+8 900 = 28 900(元)

第三节 税收优惠

一、法定减免

1. 捕捞、养殖渔船免征车船税。即在渔业船舶登记管理部门登记为捕捞船或者养殖船的船舶。

2. 军队、武装警察部队专用的车船免征车船税。即按照规定在军队、武装警察部队车船登记管理部门登记,并领取军队、武警牌照的车船。

3. 警用车船免征车船税。即公安机关、国家安全机关、监狱、劳动教养管理机关和人民法院、人民检察院领取警用牌照的车辆和执行警务的专用船舶。

4. 国家综合性消防救援车辆由部队号牌改挂应急救援专用号牌的,一次性免征改挂当年车船税。

5. 依照法律规定应当予以免税的外国驻华使领馆、国际组织驻华代表机构及其有关人员的车船,免征车船税。

二、特殊减免

1. 对节约能源、使用新能源的车船可以减征或者免征车船税,免征或者减半征收车船税的车船的范围,由国务院财政、税务主管部门商国务院有关部门制订,报国务院批准。

2. 对受地震、洪涝等严重自然灾害影响纳税困难以及其他特殊原因确需减免税的车船,可以在一定期限内减征或者免征车船税。具体减免期限和数额由省、自治区、直辖市人民政府确定,报国务院备案。

3. 省、自治区、直辖市人民政府根据当地实际情况,可以对公共交通车船,农村居民拥有并主要在农村地区使用的摩托车、三轮汽车和低速载货汽车定期减征或者免征车船税。

4. 临时入境的外国车船和香港特别行政区、澳门特别行政区、台湾地区的车船,不征收车船税。

5. 按照规定缴纳船舶吨税的机动船舶,自车船税法实施之日起 5 年内免征车船税。

6. 依法不需要在车船登记管理部门登记的机场、港口、铁路站场内部行驶或者作业的车船,自车船税法实施之日起 5 年内免征车船税。

第四节 征收管理

一、纳税义务发生时间

车船税纳税义务发生时间为取得车船所有权或者管理权的当月。所称取得车船所有权或者管理权的当月,应当以购买车船的发票或者其他证明文件所载日期的当月为准。

纳税人未按照规定到车船管理部门办理应税车船登记手续的,以车船购置发票所载开具时间的当月作为车船税的纳税义务发生时间。对未办理车船登记手续且无法提供车船购置发票的,由主管税务机关核定纳税义务发生时间。

在一个纳税年度内,已完税的车船被盗抢、报废、灭失的,纳税人可以凭有关管理机关出具的证明和完税证明,向纳税所在地的主管税务机关申请退还自被盗抢、报废、灭失月份起至该纳税年度终了期间的税款。

已办理退税的被盗抢车船,失而复得的,纳税人应当从公安机关出具相关证明的当月起计算缴纳车船税。

已缴纳车船税的车船在同一纳税年度内办理转让过户的,不另纳税,也不退税。

公安、交通运输、农业、渔业等车船登记管理部门、船舶检验机构和车船税扣缴义务人的行业主管部门应当在提供车船有关信息等方面,协助税务机关加强车船税的征收管理。

二、纳税地点

车船税的纳税地点为车船的登记地或者车船税扣缴义务人所在地;扣缴义务人代收代缴车船税的,纳税地点为扣缴义务人所在地;纳税人自行申报缴纳车船税的,纳税地点为车船登记地的主管税务机关所在地;依法不需要办理登记的车船,其车船税的纳税地点为车船的所有人或者管理人所在地。

三、纳税申报

车船税按年申报,分月计算,一次性缴纳。纳税年度为公历1月1日至12月31日。具体申报纳税期限由省、自治区、直辖市人民政府确定。

1. 税务机关可以在车船管理部门、车船检验机构的办公场所集中办理车船税征收事宜。
2. 公安机关交通管理部门在办理车辆相关登记和定期检验手续时,对未提交自上次检验后各年度依法纳税或者免税证明的,不予登记,不予发放检验合格标志。
3. 海事部门、船舶检验机构在办理船舶登记和定期检验手续时,对未提交依法纳税或者免税证明,且拒绝扣缴义务人代收代缴车船税的纳税人,不予登记,不予发放检验合格标志。
4. 对于依法不需要购买机动车交通事故责任强制保险的车辆,纳税人应当向主管税务机关申报缴纳车船税。

5. 纳税人在首次购买机动车交通事故责任强制保险时缴纳车船税或者自行申报缴纳车船税的,应当提供购车发票及反映排气量、整备质量、核定载客人数等与纳税相关的信息及其相应凭证。

6. 从事机动车第三者责任强制保险业务的保险机构为机动车车船税的扣缴义务人,应当在收取保险费时依法代收车船税,并出具代收税款凭证。

四、代收代缴

从事机动车第三者责任强制保险业务的保险机构为机动车车船税的扣缴义务人,应当在收取保险费时依法代收车船税,并在机动车交通事故责任强制保险的保险单以及保费发票上注明已收税款的信息,作为代收税款凭证,向纳税人出具。

已完税或者依法减免税的车辆,纳税人应当向扣缴义务人提供登记地的主管税务机关出具的完税凭证或者减免税证明。公安机关交通管理部门在办理车辆相关登记和定期检验手续时,经核查,对没有提供依法纳税或者免税证明的,不予办理相关手续。鉴于船舶的流动性大,税源控制难度大,船检机构应当提供船舶有关信息以协助税务机关加强车船税的征收管理。

纳税人没有按照规定期限缴纳车船税的,扣缴义务人在代收代缴税款时,可以一并代收代缴欠缴税款的滞纳金。

扣缴义务人应当及时解缴代收代缴的税款和滞纳金,并向主管税务机关申报。扣缴义务人向税务机关解缴税款和滞纳金时,应当同时报送明细的税款和滞纳金扣缴报告。扣缴义务人解缴税款和滞纳金的具体期限,由省、自治区、直辖市主管税务机关依照法律、行政法规的规定确定。

谜案 14 车船税

填空题

1. 车船税实行_____。这是税率的一种特殊形式。
2. 乘用车、商用客车和摩托车的应纳税额=_____
3. 省、自治区、直辖市人民政府确定的车辆具体适用税额,应当报_____备案。
4. 车船税按_____申报,分_____计算,_____缴纳。
5. 车船税的纳税地点为_____或者车船税扣缴义务人所在地。依法不需要办理登记的车船,车船税的纳税地点为_____或者_____所在地。

单选题

1. 下列各项中不属于车船税征税范围的是(　　)
   A. 摩托车　　　B. 拖拉机　　　C. 游艇　　　D. 挂车
2. 下列各项中应缴纳车船税的是(　　)
   A. 商用客船　　B. 捕捞渔船　　C. 警用车船　　D. 养殖渔船
3. 游艇具体适用税额错误的是(　　)
   A. 艇身长度不超过10米的,每米600元
   B. 艇身长度超过10米但不超过18米的,每米900元
   C. 艇身长度超过30米的,每米1 300元
   D. 辅助动力帆艇,每米600元
4. 下列不属于车船税计税依据的是(　　)
   A. 排气量　　　　　　　　B. 购买价格
   C. 核定载客人数　　　　　D. 整备质量
5. 下列说法错误的是(　　)
   A. 对节约能源的车船可以减征或者免征车船税
   B. 对使用新能源的车船可以减征或者免征车船税
   C. 对受严重自然灾害影响纳税困难的可以减征或者免征车船税
   D. 对农村居民拥有并主要在农村地区使用的乘用车定期减征或者免征车船税

多选题

1. 下列车辆中不属于免征车船税的是(　　)

A. 建筑公司专用作业车　　　　　B. 人民法院警务用车
C. 商场管理部门用车　　　　　　D. 物流公司货车

2. 下列各项中不属于免征车船税范围的是(　　)
A. 家庭自用的纯电动乘用车
B. 国有企业的公用汽油动力乘用车
C. 外国驻华使领馆的自用商务车
D. 个体工商户自用摩托车

3. 下列说法正确的是(　　)
A. 机动车车船税扣缴义务人在代收车船税时,应当在机动车交通事故责任强制保险的保险单以及保费发票上注明已收税款的信息
B. 已完税或者依法减免税的车辆,纳税人应当向扣缴义务人提供登记地的主管税务机关出具的完税凭证或者减免税证明
C. 纳税人没有按照规定期限缴纳车船税的,扣缴义务人在代收代缴税款时,可以一并代收代缴欠缴税款的滞纳金
D. 没有扣缴义务人的,纳税人应当向主管税务机关自行申报缴纳车船税

判断题

1. 甲钢铁厂依法不需要在车船登记管理部门登记的,在单位内部场所行驶的机动车辆,不属于车船税的征税范围。(　　)
2. 车船税纳税义务发生时间为取得车船所有权或者管理权的次月。以购买车船的发票其他证明文件所载日期的次月为准。(　　)
3. 乘用车依排气量从大到小递减税额。(　　)

名词解释

车船税　　车船税征税范围

简答题

1. 简述车船税法定减免范围。
2. 简述机动船舶具体适用税额。

论述

论述车船税代收代缴的流程。

计算题

一艘艇身长度为15米的游艇,其税额是多少元?

谜底(请找彩蛋)

第15章 契 税

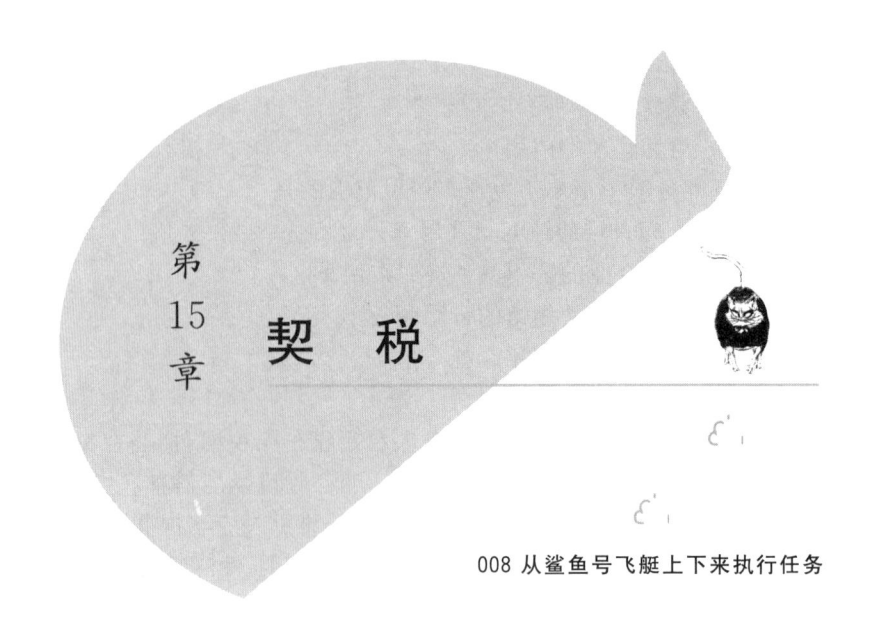

008 从鲨鱼号飞艇上下来执行任务

✓ 任务分解

☞ 了解耕地占用税概念、特点、立法概况
☞ 熟悉纳税人、征税对象等税收制度
☞ 融会贯通契税税额计算、纳税申报、税收优惠适用的税务实操

✓ 疑难重点

☞ 重点:契税的概念、特点,契税各税收要素,应纳税额的计算,税收优惠政策,税收征管制度
☞ 难点:契税应纳税额的计算

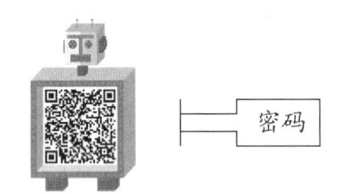

✓ 探案道具箱

密码

大力箱,
萌探008探案助手,兼案卷记录员,
AI族,全知全能⋯

第15章 契 税

◇ 谜案线索

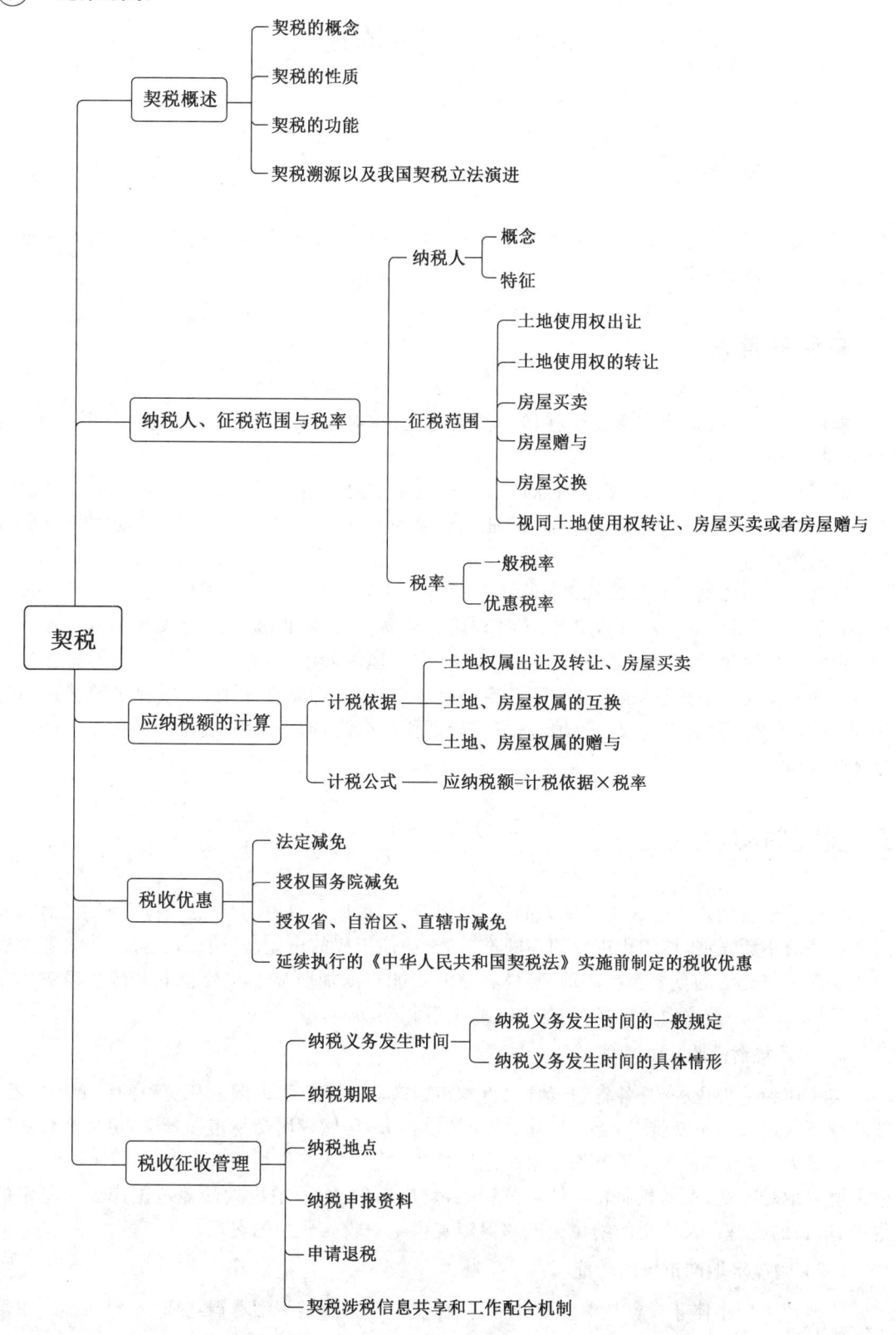

```
契税 ─┬─ 契税概述 ─┬─ 契税的概念
      │            ├─ 契税的性质
      │            ├─ 契税的功能
      │            └─ 契税溯源以及我国契税立法演进
      │
      ├─ 纳税人、征税范围与税率 ─┬─ 纳税人 ─┬─ 概念
      │                          │          └─ 特征
      │                          │
      │                          ├─ 征税范围 ─┬─ 土地使用权出让
      │                          │            ├─ 土地使用权的转让
      │                          │            ├─ 房屋买卖
      │                          │            ├─ 房屋赠与
      │                          │            ├─ 房屋交换
      │                          │            └─ 视同土地使用权转让、房屋买卖或者房屋赠与
      │                          │
      │                          └─ 税率 ─┬─ 一般税率
      │                                   └─ 优惠税率
      │
      ├─ 应纳税额的计算 ─┬─ 计税依据 ─┬─ 土地权属出让及转让、房屋买卖
      │                  │            ├─ 土地、房屋权属的互换
      │                  │            └─ 土地、房屋权属的赠与
      │                  │
      │                  └─ 计税公式 ── 应纳税额=计税依据×税率
      │
      ├─ 税收优惠 ─┬─ 法定减免
      │            ├─ 授权国务院减免
      │            ├─ 授权省、自治区、直辖市减免
      │            └─ 延续执行的《中华人民共和国契税法》实施前制定的税收优惠
      │
      └─ 税收征收管理 ─┬─ 纳税义务发生时间 ─┬─ 纳税义务发生时间的一般规定
                       │                     └─ 纳税义务发生时间的具体情形
                       ├─ 纳税期限
                       ├─ 纳税地点
                       ├─ 纳税申报资料
                       ├─ 申请退税
                       └─ 契税涉税信息共享和工作配合机制
```

第一节 契税概述

一、契税的概念

所谓契税,是指在土地、房屋权属发生移转时,依据当事人所订立之契约,按照当事人双方所确定产权价格的一定比例,向产权承受人征收的一种财产税。

二、契税的性质

契税是在土地、房屋权属发生移转时征收的税,在对该税种进行定性时存在"财产税"与"行为税"之争。

财产税是指以纳税人在某一时点占有或可支配的财产为征税对象所征收的各种税的统称。持"财产税"观点的学者认为,契税的征税对象为土地、房屋权属,而非土地使用权与房屋所有权的转移行为。

行为税是指以纳税人某些特定行为为征税对象所征收的各种税的统称。持"行为税"观点的学者认为,契税的征税对象为房屋、土地权属的交易行为,而非房屋、土地权属本身。

定性契税属于"财产税"还是"行为税",关键在于厘清契税征税对象。契税既不是在签订买卖合同的交易环节征税,也不是在不动产保有环节征税,而是在土地、房屋权属转移这一时点,对权属承受人享有支配权的土地、房屋进行征税。据此,本书认为,契税应归属于财产税中的财产转移税的范畴。

三、契税的功能

契税开征目的之一是保护承受人的产权,因此有"买地无契税,诉讼无凭据"一说。而随着商品经济的不断发展、城镇化进程的不断推进,土地使用权的出让、转让以及房屋买卖、置换成为体现民生与经济的重要交易活动,契税彰显的功能也愈加明显。在社会主义市场经济体制下,契税承载着调控房地产市场,增加财政收入等正向功能。

(一) 筹集财政收入的功能

契税作为地方税种,是各省、自治区、直辖市财政收入的重要来源。从契税的税源上来看,随着城镇化进程的不断推进,土地出让、转让规模扩大,房屋权属交易市场繁荣,房地产行业经济总量较大,契税的税源与税基均处于稳定增长的状态。从契税纳税人涵盖的范围来看,凡在中国境内承受土地、房屋权属转移的单位和人,均应缴纳契税,纳税人涵盖范围广泛。稳定的税源、增长的税基以及广泛的纳税人能够保障契税组织收入职能的实现。

(二) 调控房地产市场的功能

房地产市场主体兼投资与消费两种身份,住房关乎人民的生活尊严与质量,对房地产市场调控,需要充分考虑经济与民生两大问题。契税由权属承受人承担,具备不易转嫁的特点,契税收入的多少可以在一定程度上反映出房地产市场的活跃程度。在经济与民生双重考验的前提下,契税的调控功能体现在:一方面,利用减免契税等税收优惠措施,充分保障人民基本住房需求;保障教学、医疗、科研、养老、救助、科研、军事等行业的基本用房需求;保障事业单位改制重组时较低的交易成本。另一方面,各省、自治区、直辖市可以在法定税率的幅度内,针对不同情形设置符合当地房地产市场调控需求的税率,通过影响处在敏感反映区域内的消费者来发挥对房地产市场交易的调节作用。

案情追踪道具——追案魔法帽15-1:
契税溯源以及我国契税立法演进

第二节 纳税人、征税范围与税率

一、纳税人

(一) 概念

契税的纳税人是指在中华人民共和国境内转移土地、房屋权属的承受单位和个人。

境内是指中华人民共和国实际税收行政管辖范围内。单位是指企业单位、事业单位、国家机关、军事单位和社会团体以及其他组织。个人是指个体经营者及其他个人,包括中国公民和外籍人员。

(二) 特征

与其他税种不同,契税纳税人是境内转移土地、房屋权属的承受的一方,而非转让的一方。由权属承受人缴税这一特征导致契税征税范围与土地增值税征税范围具有差异性:契税的纳税人为权属转移的承受方,无论土地使用权是国有还是集体所有、是转让还是出让,作为受让的单位或个人均应当缴纳契税。

土地增值税征税的纳税人为国有土地使用权的转让方。对于土地使用权出让的情形,土地使用者通过支付土地出让金在国家垄断的土地一级市场获得土地使用权,出让方为国家,国家不属于纳税人,因此土地使用权出让的情形不属于土地增值税征税的纳税范围。而对于土地使用权转让的情形,在土地一级市场中获得土地使用权的企业,通过土地二级市场将其获得的国有土地使用权出售、交换、赠与给其他企业或者个人,转让方为企业,具备纳税人的性质,因此国有土地使用权转让的情形应纳入土地增值税的征税范围。

【例15-1】 甲乙二人按份共有一套房屋,甲乙共有比例为5∶5,现二人协商变更共有比例,变更后甲乙共有比例变更为3∶7,以下关于契税纳税人的说法正确的是( )

A. 甲乙均应当缴纳契税　　　　B. 甲乙均不需要缴纳契税
C. 仅甲应当缴纳契税　　　　　D. 仅乙应当缴纳契税

解 契税纳税人为房屋权属转移的承受方。本案例中共有不动产份额变化，乙所占份额从50%变为70%，是转移的20%房屋产权的承受人，答案为D。

案情追踪道具——追案魔法帽15-2：
房地产交易主体纳税义务汇总

二、征税范围

契税征税对象为境内转移土地、房屋权属，土地、房屋权属具体为土地使用权、房屋所有权。除一般出让、买卖、交换、赠与等权属转移情形外，权属转移情形还包括：共有不动产份额变化的情形；共有人增加或者减少的情形；因人民法院、仲裁委员会的生效法律文书或者监察机关出具的监察文书等因素，发生土地、房屋权属转移的情形等。契税具体征税范围包括以下内容。

（一）土地使用权出让

土地使用权出让是指国家以土地所有者的身份将土地使用权在一定年限内让与土地使用者，并由土地使用者向国家支付土地使用权出让金的行为。

土地使用权出让包括集体经营性建设用地使用权出让、国有土地使用权出让。

（二）土地使用权的转让

土地使用权转让是指土地使用者将土地使用权再转移的行为，包括出售、交换和赠与。

土地使用权包括国有土地使用权、集体土地使用权；土地使用权的转让不包括土地承包经营权和土地经营权的转移。

（三）房屋买卖

房屋买卖是指出卖人转移房屋所有权于买受人，买受人支付货币、实物、无形资产或其他经济利益的行为。买房拆料或翻建新房，应照章征收契税。

（四）房屋赠与

房屋赠与，是指房屋所有者将其房屋无偿转让给受赠者，受赠者表示愿意接受，并办理产权登记过户手续的行为。

（五）房屋交换

房屋交换是指房屋所有者之间相互交换房屋的行为。

（六）视同土地使用权转让、房屋买卖或者房屋赠与

以作价投资（入股）、偿还债务、划转、奖励等方式转移土地、房屋权属的，应当征收契税。

三、税率

(一) 一般税率

契税税率为3%至5%。契税的具体适用税率,由省、自治区、直辖市人民政府在前款规定的税率幅度内提出,报同级人民代表大会常务委员会决定,并报全国人民代表大会常务委员会和国务院备案。

省、自治区、直辖市可以依照前款规定的程序对不同主体、不同地区、不同类型的住房的权属转移确定差别税率。

(二) 优惠税率

对个人购买家庭唯一住房,面积为90平方米及以下的,减按1%的税率征收契税;面积为90平方米以上的,减按1.5%的税率征收契税。

对个人购买家庭第二套改善性住房,面积为90平方米及以下的,减按1%的税率征收契税;面积为90平方米以上的,减按2%的税率征收契税。

家庭第二套改善性住房是指已拥有一套住房的家庭,购买的家庭第二套住房。北京市、上海市、广州市、深圳市暂不实施个人购买家庭第二套改善性住房的优惠税率。

第三节 应纳税额的计算

一、计税依据

(一) 土地权属出让及转让、房屋买卖

1. 一般规定

土地使用权出让、出售,房屋买卖,计税依据为土地、房屋权属转移合同确定的成交价格,包括应交付的货币以及实物、其他经济利益对应的价款。

2. 具体规定

在不同权属转移情形下,缴纳契税的计税依据不同:

(1) 土地使用权出让

土地使用权出让的,计税依据包括土地出让金、土地补偿费、安置补助费、地上附着物和青苗补偿费、征收补偿费、城市基础设施配套费、实物配建房屋等应交付的货币以及实物、其他经济利益对应的价款。

(2) 土地使用权划拨改为出让

以划拨方式取得的土地使用权,经批准改为出让方式重新取得该土地使用权的,应由该土地使用权人以补缴的土地出让价款为计税依据缴纳契税。

(3) 土地使用权性质为划拨改出让,经批准转让房地产时

先以划拨方式取得土地使用权,后经批准转让房地产,划拨土地性质改为出让的,承受方应分别以补缴的土地出让价款和房地产权属转移合同确定的成交价格为计税依据缴纳契税。

（4）土地使用权性质为划拨,经批准转让房地产时

先以划拨方式取得土地使用权,后经批准转让房地产,划拨土地性质未发生改变的,承受方应以房地产权属转移合同确定的成交价格为计税依据缴纳契税。

（5）土地使用权及所附建筑物、构筑物的转让

土地使用权及所附建筑物、构筑物等（包括在建的房屋、其他建筑物、构筑物和其他附着物）转让的,计税依据为承受方应交付的总价款。

（6）房屋附属设施的转让

房屋附属设施（包括停车位、机动车库、非机动车库、顶层阁楼、储藏室及其他房屋附属设施）与房屋为同一不动产单元的,计税依据为承受方应交付的总价款,并适用与房屋相同的税率；房屋附属设施与房屋为不同不动产单元的,计税依据为转移合同确定的成交价格,并按当地确定的适用税率计税。

（7）已装修房屋的转让

承受已装修房屋的,应将包括装修费用在内的费用计入承受方应交付的总价款。

(二) 土地、房屋权属的互换

土地使用权互换、房屋互换,计税依据为所互换的土地使用权、房屋价格的差额。

互换价格相等的,互换双方计税依据为零；互换价格不相等的,以其差额为计税依据,支付差额的一方为契税纳税人。

(三) 土地、房屋权属的赠与

土地使用权赠与、房屋赠与以及其他没有价格的转移土地、房屋权属行为,计税依据为税务机关参照土地使用权出售、房屋买卖的市场价格依法核定的价格。

成交价格、差额、税务机关依法核定的价格等契税计税依据均不含增值税。纳税人申报的成交价格、互换价格差额明显偏低且无正当理由的,由税务机关依照《中华人民共和国税收征收管理法》的规定核定。

二、计税公式

应按税额的计算公式为：

应纳税额＝计税依据×税率

【例15-2】 甲拥有两套商铺,因欠乙180万的借款无力偿还,经甲乙双方协商,将甲拥有的一套商铺以房抵偿该笔债务,乙向甲支付20万元差价后取得该商铺的所有权；随后,甲将其拥有的另一套大商铺与丙交换成两处小商铺,并支付给丙换房差价款10万元。计算甲、乙、丙相关行为应缴纳的契税(假定税率为3%,金额均不含增值税)。

解 （1）甲将商铺以房抵债给乙,乙是商铺所有权的承受者,此时乙应当缴纳契税。计税依据为商铺成交价款＝180＋20＝200万元。

应纳税额＝计税依据×税率＝200×3%＝6(万元)

(2) 甲丙二人互换商铺,甲支付差价 10 万元,此时甲应当缴纳契税。计税依据互换的商铺价格的差额 10 万元。

应纳税额=计税依据×税率=10×3‰=0.3(万元)

(3) 丙不缴纳契税。

【例 15-3】 甲乙夫妻二人 2020 年以 84 万元(发票注明价款 80 万元,增值税 4 万元)在陕西省购买一套 78 平方米的住房用作结婚新房。2022 年生子后,改善住房条件,以 130 万元(发票注明价款 124,增值税 6 万元)购买了第二套 110 平方米的住房。计算该家庭两次购房分别缴纳的契税。

解 (1) 对个人购买家庭唯一住房,面积为 90 平方米及以下的,减按 1‰ 的税率征收契税。该家庭 2020 年购房的应纳税额=房屋价款(不含增值税)×税率=80×1‰=0.8 万元。

(2) 对个人购买家庭第二套改善性住房,面积为 90 平方米及以下的,减按 1‰ 的税率征收契税;面积为 90 平方米以上的,减按 2‰ 的税率征收契税。该家庭 2022 年购房的应纳税额=房屋价款(不含增值税)×税率=124×2‰=2.48 万元。

第四节 税收优惠

一、法定减免

有下列情形之一的,免征契税:

1. 国家机关、事业单位、社会团体、军事单位承受土地、房屋权属用于办公、教学、医疗、科研、军事设施。
2. 非营利性的学校、医疗机构、社会福利机构承受土地、房屋权属用于办公、教学、医疗、科研、养老、救助。
3. 承受荒山、荒地、荒滩土地使用权用于农、林、牧、渔业生产。
4. 婚姻关系存续期间夫妻之间变更土地、房屋权属。
5. 法定继承人通过继承承受土地、房屋权属。

表 15-1 房屋赠与房屋继承、房屋遗赠的契税政策

事件发生期间	权属承受方式	是否征收契税
生命存续期间	赠与	征收
死亡后	继承	免征
	遗赠	征收

6. 依照法律规定应当予以免税的外国驻华使馆、领事馆和国际组织驻华代表机构承受土地、房屋权属。

案情追踪道具——追案魔法帽 15-3：
法定免征契税的规定全貌

二、授权国务院减免

根据国民经济和社会发展的需要，国务院对居民住房需求保障、企业改制重组、灾后重建等情形可以规定免征或者减征契税，报全国人民代表大会常务委员会备案。

三、授权省、自治区、直辖市减免

省、自治区、直辖市可以决定对下列情形免征或者减征契税：(1) 因土地、房屋被县级以上人民政府征收、征用，重新承受土地、房屋权属；(2) 因不可抗力灭失住房，重新承受住房权属。

上述免征或者减征契税的具体办法，由省、自治区、直辖市人民政府提出，报同级人民代表大会常务委员会决定，并报全国人民代表大会常务委员会和国务院备案。

四、延续执行的《中华人民共和国契税法》实施前制定的税收优惠

（一）购买、取得住房的税收优惠政策

1. 城镇职工按规定第一次购买公有住房的，免征契税

2. 个人购买家庭住房的减税优惠政策

个人购买家庭唯一住房、第二套改善住房的，适用相应的优惠税率。

3. 购买廉租住房、经济适用住房的税收减免政策

对廉租住房经营管理单位购买住房作为廉租住房、经济适用住房经营管理单位回购经济适用住房继续作为经济适用住房房源的，免征契税。

对个人购买经济适用住房，在法定税率基础上减半征收契税。

4. 棚户区改造有关的契税减免政策

对经营管理单位回购已分配的改造安置住房继续作为改造安置房源的，免征契税。

个人首次购买 90 平方米以下改造安置住房，按 1% 的税率计征契税；购买超过 90 平方米，但符合普通住房标准的改造安置住房，按法定税率减半计征契税。

个人因房屋被征收而取得货币补偿并用于购买改造安置住房，或因房屋被征收而进行房屋产权调换并取得改造安置住房，按有关规定减免契税。

5. 易地扶贫搬迁的税收优惠政策

对易地扶贫搬迁贫困人口按规定取得的安置住房，免征契税。

对易地扶贫搬迁项目实施主体（以下简称项目实施主体）取得用于建设安置住房的土地，

免征契税、印花税；在商品住房等开发项目中配套建设安置住房的，按安置住房建筑面积占总建筑面积的比例，计算应予免征的安置住房用地相关的契税；对项目实施主体购买商品住房或者回购保障性住房作为安置住房房源的，免征契税。

上述税收优惠期限为2018年1月1日至2025年12月31日。

（二）企业售后回租等业务的优惠政策

对金融租赁公司开展售后回租业务，承受承租人房屋、土地权属的，照章征税。对售后回租合同期满，承租人回购原房屋、土地权属的，免征契税。

个体工商户的经营者将其个人名下的房屋、土地权属转移至个体工商户名下，或个体工商户将其名下的房屋、土地权属转回原经营者个人名下，免征契税。

合伙企业的合伙人将其名下的房屋、土地权属转移至合伙企业名下，或合伙企业将其名下的房屋、土地权属转回原合伙人名下，免征契税。

（三）支持农村集体产权制度改革的税收优惠

对进行股份合作制改革后的农村集体经济组织承受原集体经济组织的土地、房屋权属，免征契税。

对农村集体经济组织以及代行集体经济组织职能的村民委员会、村民小组进行清产核资收回集体资产而承受土地、房屋权属，免征契税。

（四）延续执行的其他税收优惠

根据《财政部、税务总局关于契税法实施后有关优惠政策衔接问题的公告》（财政部、税务总局公告2021年第29号）的规定，对金融行业，养老、托育、家政等社区家庭服务业，青藏铁路公司运营，企事业单位改制重组等实行契税减免政策。

案卷显示道具——注册AI蛙神镜15-4：对金融行业、社区家庭服务业、企事业单位改制重组的契税减免政策

第五节 征收管理

一、纳税义务发生时间

（一）纳税义务发生时间的一般规定

契税的纳税义务发生时间，为纳税人签订土地、房屋权属转移合同的当日，或者纳税人取得其他具有土地、房屋权属转移合同性质凭证的当日。

（二）纳税义务发生时间的具体情形

因人民法院、仲裁委员会的生效法律文书或者监察机关出具的监察文书等发生土地、房屋

权属转移的,纳税义务发生时间为法律文书等生效当日。

因改变土地、房屋用途等情形应当缴纳已经减征、免征契税的,纳税义务发生时间为改变有关土地、房屋用途等情形的当日。

因改变土地性质、容积率等土地使用条件需补缴土地出让价款,应当缴纳契税的,纳税义务发生时间为改变土地使用条件当日。

发生上述情形,按规定不再需要办理土地、房屋权属登记的,纳税人应自纳税义务发生之日起90日内申报缴纳契税。

二、纳税期限

纳税人应当在依法办理土地、房屋权属登记手续前申报缴纳契税。纳税人办理纳税事宜后,税务机关应当开具契税完税凭证。纳税人办理土地、房屋权属登记,不动产登记机构应当查验契税完税、减免税凭证或者有关信息。未按照规定缴纳契税的,不动产登记机构不予办理土地、房屋权属登记。

发生下列情形按规定不再需要办理土地、房屋权属登记的,纳税人应自纳税义务发生之日起90日内申报缴纳契税:第一,因人民法院、仲裁委员会的生效法律文书或者监察机关出具的监察文书等发生土地、房屋权属转移的;第二,因改变土地、房屋用途等情形应当缴纳已经减征、免征契税;第三,因改变土地性质、容积率等土地使用条件需补缴土地出让价款,应当缴纳契税的。

三、纳税地点

契税由土地、房屋所在地的税务机关依照《中华人民共和国契税法》和《中华人民共和国税收征收管理法》的规定征收管理。

四、纳税申报资料

契税纳税人依法纳税申报时,应填报《财产和行为税税源明细表》,并根据具体情形提交下列资料。

(1)纳税人身份证件;

(2)地、房屋权属转移合同或其他具有土地、房屋权属转移合同性质的凭证;

(3)交付经济利益方式转移土地、房屋权属的,提交土地、房屋权属转移相关价款支付凭证,其中,土地使用权出让为财政票据,土地使用权出售、互换和房屋买卖、互换为增值税发票;

(4)因人民法院、仲裁委员会的生效法律文书或者监察机关出具的监察文书等因素发生土地、房屋权属转移的,提交生效法律文书或监察文书等。

符合减免税条件的,应按规定附送有关资料或将资料留存备查。

案卷显示道具——注册AI蛙神镜15-5：
《财产和行为税税源明细表》及填报说明

五、申请退税

纳税人缴纳契税后发生下列情形，可依照有关法律法规申请退税：

第一，在依法办理土地、房屋权属登记前，权属转移合同、权属转移合同性质凭证不生效、无效、被撤销或者被解除的，纳税人可以向税务机关申请退还已缴纳的税款，税务机关应当依法办理。具有土地、房屋权属转移合同性质的凭证包括契约、协议、合约、单据、确认书以及其他凭证。

第二，因人民法院判决或者仲裁委员会裁决导致土地、房屋权属转移行为无效、被撤销或者被解除，且土地、房屋权属变更至原权利人的。

第三，在出让土地使用权交付时，因容积率调整或实际交付面积小于合同约定面积需退还土地出让价款的。

第四，在新建商品房交付时，因实际交付面积小于合同约定面积需返还房价款的。

疑点爆破道具——奇思妙响指NICE 15-6：
申请契税退税应提供的资料有哪些？

六、契税涉税信息共享和工作配合机制

税务机关应当与相关部门建立契税涉税信息共享和工作配合机制。具体转移土地、房屋权属有关的信息包括：自然资源部门的土地出让、转让、征收补偿、不动产权属登记等信息，住房城乡建设部门的房屋交易等信息，民政部门的婚姻登记、社会组织登记等信息，公安部门的户籍人口基本信息。

税务机关及其工作人员对税收征管过程中知悉的个人的身份信息、婚姻登记信息、不动产权属登记信息、纳税申报信息及其他商业秘密和个人隐私，应当依法予以保密，不得泄露或者非法向他人提供。纳税人的税收违法行为信息不属于保密信息范围，税务机关可依法处理。

谜案 15　契　税

单选题

1. 下列选项中,属于契税纳税人的是(　　)。
   A. 购买花园别墅的王女士　　　B. 对外捐赠房屋的某企业
   C. 销售别墅的某房地产有限公司　　D. 出让土地使用权的某国土资源管理局

2. 下列行为中,需要依据《中华人民共和国契税法》缴纳契税的有(　　)。
   A. 土地使用权转让　　　　　　B. 土地经营权转移
   C. 土地承包权转移　　　　　　D. 房屋租赁

3. 下列关于契税计税依据的表述中,正确的是(　　)。
   A. 买卖装修的房屋,契税计税依据不包括装修费用
   B. 承受国有土地使用权,契税计税依据可以扣减政府减免的土地出让金
   C. 土地使用权互换、房屋互换,互换价格不相等的,以其差额为计税依据
   D. 房屋交换价格差额明显不合理且无正当理由的,由税务机关参照成本价格核定

4. 甲将房屋赠与乙,乙应当缴纳的契税计税依据所参照的价格或价值是(　　)。
   A. 房屋原值　　B. 市场价格　　C. 摊余价值　　D. 协议价格

5. 某企业停车位与房屋为不同不动产单元,计税依据为转移合同确定的成交价格,使用契税税率为(　　)。
   A. 固定的3%的税率　　　　　　B. 固定的5%的税率
   C. 当地确定的适用税率　　　　D. 与房屋相同的契约税率

6. 下列事项中,不需缴纳契税的是(　　)。
   A. 以获奖方式取得房屋产权的
   B. 购买与房屋相关的附属设施所有权的
   C. 甲企业接受乙企业价值400万元的房产抵偿所欠购货款的
   D. 企业分立中,分立后公司与原公司投资主体相同,承受原公司土地、房屋权属的

7. 某学校将一栋闲置不用的房屋转让给某公司,房产价值300万元,土地使用权当年以无偿划拨方式取得的。按规定,该转让行为(　　)。
   A. 应由受让公司缴纳契税
   B. 应由学校在转让时补交契税
   C. 应由学校和受让公司各负担一半契税

D. 学校补交土地使用权的契税,受让公司缴纳房屋买卖的税

8. 纳税申报材料中纳税人身份证件的表述,错误的是(　　)。

   A. 个体工商户为营业执照

   B. 个体工商户为统一社会信用代码证书

   C. 个人纳税人中,自然人为居民身份证或者居民户口簿或者入境的身份证件

   D. 单位纳税人为营业执照,或者统一社会信用代码证书或者其他有效登记证书

9. 税务机关应当与相关部门建立契税涉税信息共享和工作配合机制。下列不属于转移土地、房屋权属有关信息的是(　　)。

   A. 民政部门的婚姻登记信息

   B. 法院部门的不动产纠纷信息

   C. 公安部门的户籍人口基本信息

   D. 住房城乡建设部门的房屋交易信息

10. 《中华人民共和国契税法》授权省、自治区、直辖市的事项,不包括(　　)。

    A. 对不同类型的住房的权属转移确定差别税率

    B. 对不同主体、不同地区的住房的权属转移确定差别税率

    C. 对企业改制重组规定免税或者减征契税

    D. 因不可抗力灭失住房,重新承受住房权属

多选题

1. 下列各项中,应征收契税的有(　　)。

   A. 买房拆料

   B. 以获奖方式取得房屋产权

   C. 以拍卖方式取得国有土地使用权

   D. 个人购买属家庭唯一住房的普通住房

   E. 合伙企业的合伙人将其名下的房屋转移至合伙企业名下

2. 下列情形中,属于免征契税的有(　　)。

   A. 企业承受土地、房屋用于办公

   B. 国家机关承受土地、房屋用于办公

   C. 军事单位承受土地、房屋用于军事设施

   D. 以自有房产作股投入本人独资经营的企业

   E. 金融租赁公司签订的售后回租合同期满,承受承租人房屋、土地权属

3. 下列关于契税减免税优惠的表述中,错误的有(　　)。

   A. 某私立营利性学校承受房屋权属用于教学,免征契税。

   B. 单位承受荒滩用于仓储设施开发的,免征契税

   C. 军事单位承受土地、房屋对外经营的,免征契税

   D. 驻华使领馆外交人员承受土地、房屋权属,免征契税

   E. 非法定继承人根据遗嘱承受死者生前的房屋权属,免征契税

4. 甲企业因经营不善,2020年依照法律法规实施破产,全部职工100名,下列表述中正确的有(　　)。

A. 乙企业作为债权人,承受破产企业甲企业抵偿债务的土地、房屋权属,免征契税

B. 丙企业作为非债权人,承受破产企业土地、房屋权属,按照《中华人民共和国劳动法》妥善安置原企业全部职工规定,与甲企业全部职工签订2年的劳动用工合同,对其承受所购企业土地、房屋权属,免征契税

C. 丁企业作为非债权人,承受破产企业土地、房屋权属,按照《中华人民共和国劳动法》妥善安置原企业全部职工规定,与甲企业全部职工签订了3年的劳动用工合同,对其承受所购企业土地、房屋权属,免征契税

D. 戊企业作为非债权人,与甲企业25名职工签订服务年限4年的劳动用工合同,减半征收契税

E. 己企业作为非债权人,与甲企业40名职工签订服务年限3年的劳动用工合同,减半征收契税

5. 下列行为,不应减按1%的税率征收契税的有( )。
   A. 个人购买家庭唯一住房,面积≤90平方米
   B. 个人购买家庭唯一住房,面积＞90平方米
   C. 个人购买家庭第二套改善性住房,面积≤90平方米
   D. 个人购买家庭第二套改善性住房,面积＞90平方米
   E. 个人首次购买改造安置住房,面积≤90平方米

6. 下列各项中,契税计税依据可由征收机关核定的有( )。
   A. 土地使用权出售　　　　　B. 土地使用权赠与
   C. 土地使用权互换　　　　　D. 国有土地使用权出让
   E. 没有价格的房屋权属转移

7. 甲企业将其厂房出售给乙企业,双方签订房屋权属转移合同,并按规定办理了房屋产权过户手续。根据契税的有关规定,下列表述正确的有( )。
   A. 纳税人应在厂房所在地缴纳契税
   B. 纳税人在签订房屋权属转移合同的当天发生纳税义务
   C. 作为交易双方,甲企业和乙企业均负有契税的纳税义务
   D. 纳税人应当自纳税义务发生之日起30日内进行纳税申报
   E. 契税的计税依据为房屋权属转移合同中确定的厂房成交价格

8. 根据契税相关规定,纳税人申请办理退税应根据不同情形提交的相关资料有( )。
   A. 不动产权属证明材料
   B. 在新建商品房交付时,因实际交付面积小于合同约定面积需返还房价款的,提交补充合同(协议)和退款凭证
   C. 在出让土地使用权交付时,因容积率调整或实际交付面积小于合同约定面积需退还土地出让价款的,提交补充合同(协议)和退款凭证
   D. 在依法办理土地、房屋权属登记前,权属转移合同或合同性质凭证不生效、无效、被撤销或者被解除的,提交合同或合同性质凭证不生效、无效、被撤销或者被解除的证明材料
   E. 因人民法院判决或者仲裁委员会裁决导致土地、房屋权属转移行为无效、被撤销或者被解除,且土地、房屋权属变更至原权利人的,提交人民法院、仲裁委员会的生效

法律文书

9. 甲企业将原值30万的房产评估作价32万元投资乙企业,乙企业办理产权登记后又将该房产以38万价格售与丙企业,当地契税税率3%,则( )。

　　A. 甲企业缴纳契税0.9万元　　　　B. 乙企业缴纳契税0.9万元
　　C. 乙企业缴纳契税0.96万元　　　D. 丙企业缴纳契税0.96万元
　　E. 丙企业缴纳契税1.14万元

10. 甲企业于2021年8月以自有房产对乙企业进行投资并取得了相应的股权,并办理了产权过户手续,经有关部门评估,该房产的现值为28 000万元。2021年9月,丙企业以股权支付方式购买该房产并办理了过户手续,支付的股份价值为30 000万元。下列各企业计征契税的处理中,正确的有( )。

　　A. 乙企业向丙企业出售房屋不缴纳契税
　　B. 甲企业以房产投资的行为需要缴纳契税
　　C. 甲企业按28 000万元作为计税依据计征契税
　　D. 丙企业按30 000万元作为计税依据计征契税
　　E. 乙企业从甲企业取得房屋按房产现值28 000万元作为计税依据计征契税

✅ 判断题

1. A公司是一般纳税人,销售其自建的房屋,适用一般计税方法。2021年9月,A公司向纳税人B开具增值税发票1张,注明的增值税额为9万元、不含税价格为100万元。则纳税人B取得该房产申报契税的计税依据109万元。　　　　　　　　　　　　( )

2. 上海市某居民2021年4月在上海浦东购买家庭第二套改善性住房,面积为110平米,减按2%的税率征收契税。　　　　　　　　　　　　　　　　　　　　　　　( )

3. 甲企业是位于市区的一家房地产企业。2021年,甲企业以5 000万元银行存款对乙企业进行增资,相应扩大其在乙企业的股权持有比例,当地规定契税税率4%,乙企业应缴纳契税8万元。　　　　　　　　　　　　　　　　　　　　　　　　　　　　　　( )

4. 自然人甲整体购买某幢住宅楼。在办理不动产权属登记时,不动产登记机构将该幢住宅楼登记为2个不动产单元,因是整体购买整幢住宅楼,所以不应就2个不动产单元分别向税务机关申报契税。　　　　　　　　　　　　　　　　　　　　　　　　　　( )

5. 纳税人甲机构所在地在A市,因债权债务关系,取得债务人乙坐落在B市的一处房产,甲应向A市税务机关申报缴纳契税。　　　　　　　　　　　　　　　　　( )

6. 土地使用权互换、房屋互换,契税计税依据为发票上注明的不含增值税价格。( )

7. 纳税人甲与乙互换土地使用权,互换价格不相等,差额为5万元,甲为收取差额方,应由甲缴纳契税。　　　　　　　　　　　　　　　　　　　　　　　　　　　　( )

8. 城镇职工按规定购买公有住房,免征契税。　　　　　　　　　　　　　　( )

9. 纳税人甲于2021年9月10日办理房屋权属登记手续,应在办理登记手续后30日内申报缴纳契税。　　　　　　　　　　　　　　　　　　　　　　　　　　　　( )

10. 子女因是法定继承人,所以子女受赠取得父母赠与的住房,不需要缴纳契税。( )

计算题

1. 某企业破产清算时,其房地产评估价值为5 500万元,以其中价值2 500万元的房地产抵偿债务,将价值1 500万元的房地产进行拍卖,拍卖收入1 900万元。债权人取得房地产后,与他人进行房屋交换,取得额外补偿700万元,适用契税税率3%,上述金额均不含增值税,则上述行为当事人各方合计应缴纳契税多少万元?

2. 甲事业单位用国家划拨土地建造一栋办公楼,后因战略改变将此栋办公楼出售给乙公司,售价3 000万元,补缴土地出让金500万元,以及其他出让费用60万元,契税税率3%,甲事业单位应缴纳的契税多少万元?

简答题

1. 简述契税的征税范围。
2. 简述免征契税的法定情形。
3. 纳税人缴纳契税后发生哪些情形,可依照有关法律法规申请退税?

论述题

1. 不同情形下契税的计税依据如何确定?
2. 阐述契税法律制度的历史沿革与立法现状。

谜底(请找彩蛋)

第16章 城市维护建设税

008 从鲨鱼号飞艇上下来执行任务

✓ 任务分解

☞ 了解城市维护建设税的概念、特点
☞ 掌握城市维护建设税的纳税人、征税对象等税收制度
（在深刻理解城市维护建设税的基础上，能够举一反三地学习教育费附加、地方教育附加的基本要素）
☞ 融会贯通城市维护建设税税额计算和纳税申报的税务实操

✓ 疑难重点

☞ 重点：城市维护建设税的概念、特点，税收要素，应纳税额的计算，税收征管制度
☞ 难点：城市维护建设税应纳税额的计算

✓ 探案道具箱

密码

大力箱，
萌探008探案助手，兼案卷记录员，
AI族，全知全能……

谜案线索

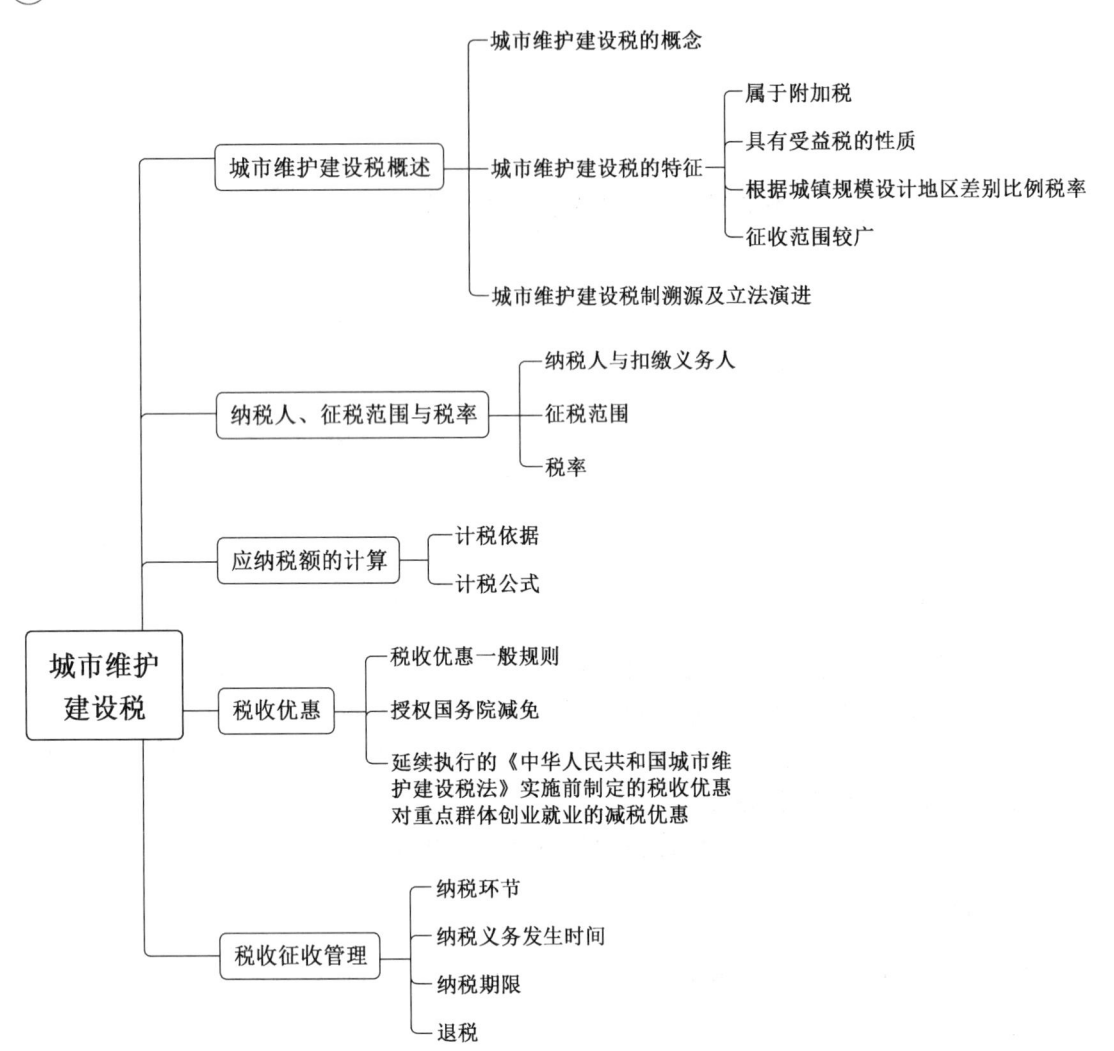

- 城市维护建设税
  - 城市维护建设税概述
    - 城市维护建设税的概念
    - 城市维护建设税的特征
      - 属于附加税
      - 具有受益税的性质
      - 根据城镇规模设计地区差别比例税率
      - 征收范围较广
    - 城市维护建设税制溯源及立法演进
  - 纳税人、征税范围与税率
    - 纳税人与扣缴义务人
    - 征税范围
    - 税率
  - 应纳税额的计算
    - 计税依据
    - 计税公式
  - 税收优惠
    - 税收优惠一般规则
    - 授权国务院减免
    - 延续执行的《中华人民共和国城市维护建设税法》实施前制定的税收优惠
    - 对重点群体创业就业的减税优惠
  - 税收征收管理
    - 纳税环节
    - 纳税义务发生时间
    - 纳税期限
    - 退税

第一节 城市维护建设税概述

一、城市维护建设税的概念

城市维护建设税,是以纳税人实际缴纳的增值税、消费税税额为计税依据,依法计征的一种税,也就是通常所说的随增值税、消费税同时征收的一种附加税。

二、城市维护建设税的特征

(一) 属于附加税

城市维护建设税是以纳税人实际缴纳的增值税、消费税税额为计税依据,随增值税和消费税同时征收的,其本身没有特定的课税对象,其征管方法也完全比照增值税和消费税的有关规定办理。

(二) 具有受益税的性质

城市基础设施属于公共物品,由政府提供。政府按照"受益者负担"原则,向享受了城市公共事业和公共设施的维护和建设服务的纳税人征收城市维护建设税,以避免市政维护上的"公地悲剧"和"免费搭便车"行为。

城市维护建设税最初开征的目的是为了弥补我国城市建设和维护方面的资金不足,为市政建设和维护筹措资金。但是,随着预算制度的不断改革,自2016年起城市维护建设税收入已由一般公共预算统筹安排,不再指定专项用途。

虽然城市维护建设税已不再是税款专款专用的税种,但《中华人民共和国城市维护建设税法》对税率的设置以及"进口不征、出口不退"的制度设置仍然体现了其受益税的性质,即享受了政府提供的城市维护建设服务的纳税人具有缴纳城市维护建设税的义务。进口货物或者境外单位和个人向境内销售劳务、服务、无形资产应当缴纳的增值税、消费税,但因销售方不在我国境内,没有享受过我国境内提供的城市维护建设服务,因此不需要缴纳城市维护建设税。而出口环节企业可向税务机关申报退税,退还增值税,但是由于出口企业在我国境内经营,享受了所在地政府提供的城市维护建设相关服务,应当缴纳城市维护建设税,因此,虽然出口环节退还了增值税,但是因城市维护建设税的受益税性质,对出口企业不退城市维护建设税。

(三) 根据城镇规模设计地区差别比例税率

一般来说,城镇规模越大,所需要的建设与维护资金越多。与此相适应,城市维护建设税规定,纳税人所在地为城市市区的,税率为7%;纳税人所在地为县城、建制镇的,税率为5%;纳税人所在地不在城市市区、县城或建制镇的,税率为1%。这种根据城镇规模不同差别设置税率的办法,较好地照顾了城市建设的不同需要,根据纳税人享受政府提供的城市公共事业和公共设施的维护和建设服务水平的不同,征收不同级别的城市维护建设税,是该税种受益性质的体现。

(四) 征收范围较广

增值税、消费税是我国流转环节的主体税种,城市维护建设税作为其附加税,征收范围涵盖了增值税、消费税两个税种的征税范围,因此征收范围较广。

> 案情追踪道具——追案魔法帽 16-1:
> 我国城市维护建设税制立法演进及立法现状

第二节 纳税人、征税范围与税率

一、纳税人与扣缴义务人

在中华人民共和国境内缴纳增值税、消费税的单位和个人,为城市维护建设税的纳税人,应当依法缴纳城市维护建设税。

上述单位和个人,包括国有企业、集体企业、私营企业、股份制企业、其他企业和行政单位、事业单位、军事单位、社会团体、其他单位,以及个体工商户及其他个人。

城市维护建设税的扣缴义务人为负有增值税、消费税扣缴义务的单位和个人,在扣缴增值税、消费税的同时扣缴城市维护建设税。

二、征税范围

城市维护建设税的征收范围涵盖了增值税、消费税两个税种的征税范围,但不包括进口货物或者境外单位和个人向境内销售劳务、服务、无形资产的情形。

三、税率

城市维护建设税采用地区差别比例税率,按纳税人所在地的不同,以市区、县城(镇)、不在市区、县城(镇)为级别,设定了三档不同的税率,具体税率如下表:

表 16-1 城市维护建设税税率

纳税人所在地	税率
市区	7%
县城、镇	5%
不在市区、县城或者镇	1%

纳税人所在地，是指纳税人住所地或者与纳税人生产经营活动相关的其他地点，具体地点由省、自治区、直辖市确定。

代扣代缴、代收代缴城市维护建设税的，按照代扣代缴、代收代缴的单位所在地的适用税率扣(收)缴。

市区、县城、镇按照行政区划确定。行政区划变更的，自变更完成当月起适用新行政区划对应的城建税税率，纳税人在变更完成当月的下一个纳税申报期按新税率申报缴纳。

第三节 应纳税额的计算

一、计税依据

城建税以纳税人依法实际缴纳的增值税、消费税(以下称两税)税额为计税依据。

依法实际缴纳的增值税税额，是指纳税人依照增值税相关法律法规和税收政策规定计算应当缴纳的增值税税额，加上增值税免抵税额，扣除直接减免的增值税税额和期末留抵退税退还的增值税税额(以下简称留抵退税额)后的金额。

依法实际缴纳的消费税税额，是指纳税人依照消费税相关法律法规和税收政策规定计算应当缴纳的消费税税额，扣除直接减免的消费税税额后的金额。

应纳税额的计算公式：

城建税计税依据＝依法实际缴纳的增值税税额＋依法实际缴纳的消费税税额

$$\text{依法实际缴纳的增值税税额} = \text{纳税人依法应当缴纳的增值税税额} + \text{增值税免抵税额} - \text{直接减免的增值税税额} - \text{留抵退税额}$$

$$\text{依法实际缴纳的消费税税额} = \text{纳税人依法应当缴纳的消费税税额} - \text{直接减免的消费税税额}$$

疑点爆破道具——奇思妙响指 NICE 16-2：
城市维护建设税计税依据注意事项有哪些？

表 16-2 城市维护建设税的计税依据确定规则

计税依据包含的元素	计税依据不包含的元素
1. 纳税人实际缴纳的"两税"税额 2. 纳税人被税务机关查补的"两税"税额 3. 增值税免抵税额	1. 纳税人进口环节被海关代征的"两税"税额 2. 境外单位和个人向境内销售劳务、服务、无形资产向税务机关缴纳的增值税税额 3. 直接减免的"两税"税额 4. 期末留抵退税退还的增值税 5. 非税款项(纳税人违反"两税"有关规定而被加收的滞纳金和罚款)

教育费附加、地方教育附加计征依据与城市维护建设税计税依据一致。

案情追踪道具——追案魔法帽 16-3：
教育费附加、地方教育费附加基本要素

二、计税公式

应纳税额＝纳税人实际缴纳的增值税、消费税税额×税率

【例 16-1】 某企业位于市区，2022 年 4 月收到增值税留抵退税 130 万元，5 月申报缴纳增值税 135 万元（其中按照一般计税方法产生 115 万元，按照简易计税方法产生 20 万元）；6 月申报缴纳增值税 95 万元，均按照一般计税方法产生，该企业出口货物适用免抵退税，当月经税务机关审核批准的免抵税额为 20 万元，税务机关当月检查发现该企业以前月份采用隐瞒收入的方式少缴纳增值税 10 万元，税务机关对其征收滞纳金 1.2 万元，罚款 3.5 万元。130 万留抵退税在 5 月申报期扣减 115 万元，在 6 月申报期扣减 15 万元。该企业在 5 月、6 月分别应当缴纳多少城市维护建设税？

解 5 月应申报缴纳城市维护建设税
＝实际缴纳的增值税、消费税税额×市区城市维护建设税收税率
＝[（一般计税方法增值税应纳税额－留抵退税额）＋简易计税方法增值税应纳税额]×市区城市维护建设税收税率
＝(115－115)×7％＋20×7％＝1.4（万元）

6 月应申报缴纳城市维护建设税
＝实际缴纳的增值税、消费税税额×市区城市维护建设税收税率
＝（增值税应纳税额－留抵退税额＋免抵税额＋查补税款）×税收税率
＝(95－15＋20＋10)×7％＝7.7（万元）

【例 16-2】 位于某县城的企业 2021 年 7 月缴纳增值税 80 万元，其中含进口环节增值税 20 万元；缴纳消费税 40 万元，其中含进口环节消费税 20 万元。该企业 7 月应缴纳的城市维护建设税为多少？

解 应当缴纳的两税税额，不含因进口货物或境外单位和个人向境内销售劳务、服务、无形资产缴纳的两税税额。因此，7 月应缴纳的城市维护建设税计算如下：
应缴纳的城市维护建设税
＝实际缴纳的增值税、消费税税额×县区城市维护建设税收税率
＝[(80－20)＋(40－20)]×5％
＝4（万元）

第四节 税收优惠

一、税收优惠一般规则

城建税作为附加税,其税收减免与增值税、消费税的税收减免相呼应,随着增值税、消费税的减免而减免。

二、授权国务院减免

根据国民经济和社会发展的需要,国务院对重大公共基础设施建设、特殊产业和群体以及重大突发事件应对等情形可以规定减征或者免征城市维护建设税,报全国人民代表大会常务委员会备案。

三、延续执行的《中华人民共和国城市维护建设税法》实施前制定的税收优惠

根据《财政部、税务总局关于继续执行的城市维护建设税优惠政策的公告》(财政部、税务总局公告2021年第27号)的规定,对标准黄金交易、国家重大水利工程建设基金、重点群体创业就业、小微企业实行城市维护建设税税收优惠。

案卷显示道具——注册 AI 蛙神镜 16-4:
重点群体创业就业、小微企业等城市维护建设税优惠政策延续

第五节 征收管理

一、纳税环节

城市维护建设税的纳税环节,即纳税人缴纳增值税、消费税的环节。纳税人只要发生增值税、消费税的纳税义务,就要在同样的环节,分别缴纳城建税。

二、纳税义务发生时间

城市维护建设税的纳税义务发生时间与两税的纳税义务发生时间一致,分别与两税同时缴纳。同时缴纳是指在缴纳两税时,应当在两税同一缴纳地点、同一缴纳期限内,一并缴纳对应的城市维护建设税。采用委托代征、代扣代缴、代收代缴、预缴、补缴等方式缴纳两税的,应当同时缴纳城建税。

对增值税免抵税额征收的城建税,纳税人应在税务机关核准免抵税额的下一个纳税申报期内向主管税务机关申报缴纳。

三、纳税期限

城市维护建设税纳税期限分别与增值税、消费税的纳税期限一致。增值税、消费税的纳税期限分别为 1 日、3 日、5 日、10 日、15 日或者 1 个月。纳税人的具体纳税期限,由主管税务机关根据纳税人应纳税额的大小分别核定。不能按照固定期限纳税的,可以按此纳税。

四、退税

因纳税人多缴发生的两税退税,同时退还已缴纳的城市维护建设税。

两税实行先征后返、先征后退、即征即退的,除另有规定外,不予退还随两税附征的城建税。

疑点爆破道具——奇思妙响指 NICE 16 - 5:
城建税退税的特殊规定

表 16 - 4　城市维护建设税退税与增值税、消费税退还的关系

退还增值税、消费税的情形	城建税是否退税的处理
错征税款导致退还"两税"	退还
法定减免税的实施导致退还"两税"	退还
"两税"先征后返、先征后退、即征即退	除另有规定外,不退还
出口退还"两税"	不退还
增值税期末留抵退税	允许从计税依据中扣除退还的税额

谜案16 城市维护建设税

单选题

1. 根据城市维护建设税法的规定,纳税人向税务机关实际缴纳的下列税款中,应作为城市维护建设税计税依据的是( )。
   A. 城镇土地使用税　　　　　　B. 消费税
   C. 土地增值税　　　　　　　　D. 车船税

2. 纳税人在( )时,不需要缴纳城市维护建设税。
   A. 代开发票缴纳增值税　　　　B. 预缴增值税
   C. 进口货物缴纳增值税　　　　D. 缴纳国内消费税

3. 城市维护建设税纳税人所在地在镇的,税率为( )。
   A. 1%　　　　B. 3%　　　　C. 5%　　　　D. 7%

4. 关于在城市维护建设税计税依据中扣除期末留抵退税退还的增值税税额,以下说法错误的是( )。
   A. 纳税人自收到期末留抵退税退还的增值税税额之日起,应当在下一个纳税申报期从城市维护建设税计税依据中扣除
   B. 期末留抵退税退还的增值税税额仅允许在按照增值税一般计方法确定的城市维护建设税计税依据中扣除
   C. 期末留抵退税退还的增值税税额允许在消费税附征的城市维护建设税计税依据中扣除
   D. 期末留抵退税退还的增值税税额当期未扣除完的余额,在以后纳税申报期按规定继续扣除

5. 增值税免抵税额征收的城市维护建设税,纳税人应在税务机关核准免抵税额的( )内向主管税务机关申报缴纳。
   A. 下一期缴纳申报期　　　　　B. 当月缴纳申报期
   C. 次年　　　　　　　　　　　D. 当年12月

6. 企业缴纳的下列税费中,应作为城市维护建设税计税依据的是( )。
   A. 当期实际向税务机关缴纳的增值税
   B. 当期免征和减征的增值税税额
   C. 纳税人在查补"两税"时被处以的罚款

325

D. 进口环节海关代征的消费税

7. 根据城市维护建设税法的规定,下列关于城市维护建设税税收优惠的表述中,不正确的是( )。
   A. 对出口货物退还增值税的,可同时退还已缴纳的城市维护建设税
   B. 对进口货物或者境外单位和个人向境内销售劳务、服务、无形资产缴纳的增值税、消费税税额,不征收城市维护建设税
   C. 对增值税实行先征后退办法的,除另有规定外,不予退还增值税附征的城市维护建设税
   D. 对增值税实行即征即退办法的,除另有规定外,不予退还增值税附征的城市维护

8. 下列关于城市维护建设税概念、特点的表述,错误的是( )。
   A. 城市维护建设税是对缴纳增值税、消费税的单位和个人征收的一种税
   B. 城市维护建设税收入已由一般公共预算统筹安排,不再指定专项用途
   C. 城市维护建设税属于一种附加税
   D. 限制对企业的乱摊派,是城市维护建设税的特点之一

9. 下列各项中,属于城市维护建设税的计税依据的是( )。
   A. 纳税人开采销售金属矿按规定缴纳的资源税
   B. 纳税人欠缴增值税被加收的滞纳金
   C. 纳税人欠缴消费税被加收的罚款
   D. 逃避缴纳增值税而被查补的税款

10. 下列不属于城市维护建设税纳税人的是( )。
    A. 仅缴纳进口环节增值税的甲公司
    B. 在中国境内缴纳增值税的个人
    C. 在中国境内缴纳消费税的股份制企业
    D. 在中国境内缴纳增值税的私营企业

11. 下列关于城市维护建设税的说法,正确的是( )。
    A. 城市维护建设税一律不单独加收滞纳金和罚款
    B. 增值税实行即征即退的,一律退还城市维护建设税
    C. 城市维护建设税原则上不单独规定减免税
    D. 计税依据包括增值税、消费税的滞纳金和罚款

12. 根据《中华人民共和国城市维护建设税法》的规定,代扣代缴"两税"的纳税人未代扣代缴城市维护建设税的,城市维护建设税的纳税地点是( )
    A. 纳税人应税行为发生地   B. 扣缴义务人所在地
    C. 扣缴义务人应税行为发生地   D. 纳税人所在地

多选题

1. 下列各项中,应计入城市维护建设税计税依据的有( )。
   A. 直接免征的增值税税额
   B. 先征后返的增值税税额
   C. 实际缴纳的消费税税额

D. 退还的增值税期末留抵税额

E. 纳税人因欠缴增值税被加收的滞纳金

2. 下列关于城市维护建设税计税依据的表述中,正确的有( )。

A. 对出口产品退还增值税的,同时退还已缴纳的城市维护建设税

B. 纳税人违反增值税法规定被加收的滞纳金应计入城市维护建设税的计税依据

C. 纳税人被查补消费税时应同时对查补的消费税补缴城市维护建设税

D. 经国家税务局正式审批的当期免抵增值税税额应计入城市维护建设税的计税依据

E. 即征即退退还增值税的,同时退还已缴纳的城市维护建设税

3. 下列各项中,不符合城市维护建设税相关规定的有( )。

A. 城市维护建设税不单独加收滞纳金和罚款

B. 纳税人在补缴消费税、增值税时,应同时对其城市维护建设税进行补缴

C. 对实行增值税期末留抵退税的纳税人,不允许其从城市维护建设税、教育费附加和地方教育附加的计税(征)依据中扣除退还的增值税税额

D. 预缴增值税的纳税人在其机构所在地申报缴纳增值税时,以其实际缴纳的增值税税额为计税依据,按照机构所在地税率缴纳城市维护建设税

E. 对实行增值税期末留抵退税的纳税人,允许其从城市维护建设税、教育费附加和地方教育附加的计税(征)依据中扣除退还的增值税税额

4. 下列有关城市维护建设税的说法,正确的有( )。

A. 某外商投资企业已缴纳增值税,但不需要缴纳城市维护建设税

B. 某企业总机构在甲地,在乙地缴纳增值税,城市维护建设税也在乙地缴纳

C. 某企业已缴纳了增值税,没有缴纳城市维护建设税,可以单独进行处罚

D. 某企业增值税实行先征后返,城市维护建设税同时返还

E. 城市维护建设税的适用税率,一律按纳税人所在地的适用税率执行

5. 以下关于城市维护建设税税收优惠的说法,正确的有( )。

A. 海关对进口产品代征的增值税、消费税,不征收城市维护建设税

B. 对出口产品退还增值税、消费税的,同时退还城市维护建设税

C. 对软件开发企业即征即退的增值税,可以在增值税退还时,同时退还随增值税附征的城市维护建设税

D. 城市维护建设税原则上是不单独减免的,但因城市维护建设税具有附加税性质,所以当主税发生减免时,城市维护建设税相应发生税收的减免

E. 对国家重大水利工程建设基金免征城市维护建设税

6. 下列行为中,需要缴纳城市维护建设税的是( )。

A. 农业生产者销售自产农产品　　B. 企业出租不动产

C. 化妆品生产企业销售高档化妆品　　D. 企业购买办公楼

E. 企业购买农产品

7. 下列关于城市维护建设税的说法中,表述正确的是( )。

A. 张某销售自己使用过的电视机,不需要缴纳城市维护建设税

B. 李某买卖股票,需要缴纳城市维护建设税

C. 外贸企业进口应税消费品需计算缴纳关税、消费税、增值税,并同时将其作为城市

维护建设税的计税依据

D. 城市维护建设税是一种附加税,其本身没有特定的课税对象

E. 纳税人所在地为县城的税率为 7%

8. 根据国民经济和社会发展需要,国务院对下列情形(　　),可规定减征或者免征城市维护建设税,报全国人民代表大会常务委员会备案。

A. 重大公共基础设施建设　　　B. 特殊产业

C. 特殊群体　　　D. 重大突发事件应对

E. 特殊地区

判断题

1. 甲公司是按月申报的增值税一般纳税人,2022年1月20日,将生产经营地址从市区迁移至县区,则甲公司1月起可适用5%的城市维护建设税税率。（　　）

2. 纳税人违反增值税、消费税有关法规而被加收的滞纳金、罚款应一并作为城市维护建设税的计税依据。（　　）

3. 对出口产品退还增值税、消费税的,不退还已缴纳的城市维护建设税。（　　）

4. 因纳税人多缴发生的增值税、消费税退税,同时退还已缴纳的城市维护建设税。（　　）

5. 纳税人跨地区提供建筑服务、销售和出租不动产,应当在建筑服务发生地、不动产所在地预缴增值税时,以预缴增值税额为计税依据,就地缴纳城市维护建设税。（　　）

6. 对进口货物和出口货物,均不征收城市维护建设税。（　　）

7. 按纳税人所在地在规定城市维护建设税差别比率税率,纳税人所在地是指纳税人住所地或者与纳税人生产经营活动相关的其他地点,具体地点由省、自治区、直辖市确定。（　　）

8. 城市维护建设税计税依据的具体确定办法,由全国人民代表大会常务委员会规定。（　　）

9. 城市维护建设税的计税依据不扣除期末留抵退税退还的增值税税额。（　　）

10. 各省、自治区、直辖市政府对重大突发事件应对等情形可以减征或者免征城市维护建设税,报全国人民代表大会常务委员会备案。（　　）

计算题

1. 甲企业是位于某市市区的增值税一般纳税人,城市维护建设税适用税率为7%,2021年10月申报期,申报缴纳增值税100万元,其中50万元增值税是进口货物产生的,该企业10月应申报缴纳的城市维护建设税为多少万元?

2. 甲企业是有进出口经营权的增值税一般纳税人,机构所在地和业务发生地均在市区。2021年12月实际缴纳增值税50万元,经税务部门正式审核批准的当期免抵的增值税税额为10万元,进口设备一台,海关代征增值税100万元。该企业应缴纳的城市维护建设税税额为多少万元?

简答题

1. 简述城市维护建设税的纳税义务发生时间。

2. 简述城市维护建设税的征收范围。

✅ 论述题

1. 论述城市维护建设税的特征。
2. 论述城市维护建设税制度的历史沿革与立法现状。

谜底（请找彩蛋）

第17章 车辆购置税

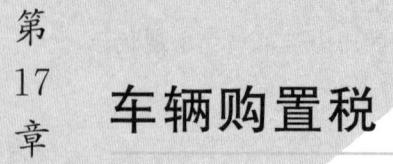

008 从鲨鱼号飞艇上下来执行任务

任务分解

- 了解车辆购置税的概念、特点
- 掌握车辆购置税基本税收制度
- 融会贯通车辆购置税税额计算和纳税申报的税务实操

疑难重点

- 重点:车辆购置税的概念、特点,各税收要素,应纳税额的计算,税收优惠政策,税收征管制度
- 难点:车辆购置税应纳税额的计算

探案道具箱

密码

大力箱,
萌探008探案助手,兼案卷记录员,
AI族,全知全能⋯

✓ 谜案线索

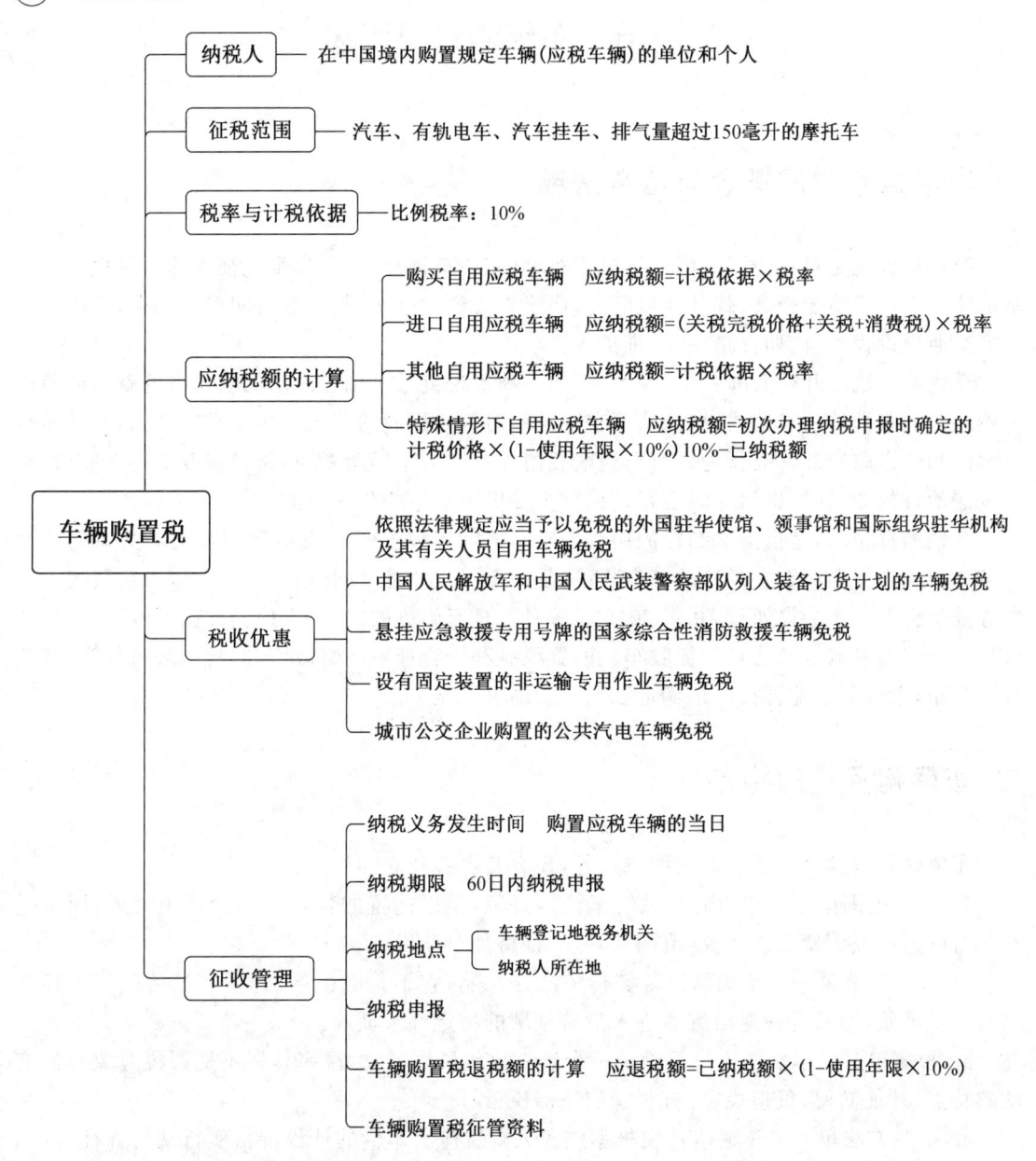

- **车辆购置税**
  - **纳税人**——在中国境内购置规定车辆(应税车辆)的单位和个人
  - **征税范围**——汽车、有轨电车、汽车挂车、排气量超过150毫升的摩托车
  - **税率与计税依据**——比例税率：10%
  - **应纳税额的计算**
    - 购买自用应税车辆　应纳税额=计税依据×税率
    - 进口自用应税车辆　应纳税额=(关税完税价格+关税+消费税)×税率
    - 其他自用应税车辆　应纳税额=计税依据×税率
    - 特殊情形下自用应税车辆　应纳税额=初次办理纳税申报时确定的计税价格×(1-使用年限×10%)10%-已纳税额
  - **税收优惠**
    - 依照法律规定应当予以免税的外国驻华使馆、领事馆和国际组织驻华机构及其有关人员自用车辆免税
    - 中国人民解放军和中国人民武装警察部队列入装备订货计划的车辆免税
    - 悬挂应急救援专用号牌的国家综合性消防救援车辆免税
    - 设有固定装置的非运输专用作业车辆免税
    - 城市公交企业购置的公共汽电车辆免税
  - **征收管理**
    - 纳税义务发生时间　购置应税车辆的当日
    - 纳税期限　60日内纳税申报
    - 纳税地点
      - 车辆登记地税务机关
      - 纳税人所在地
    - 纳税申报
    - 车辆购置税退税额的计算　应退税额=已纳税额×(1-使用年限×10%)
    - 车辆购置税征管资料

第一节　车辆购置税概述

一、车辆购置税的概念与基本法规

车辆购置税是对在中国境内购置规定车辆(应税车辆)的单位和个人征收的一种税。它由车辆购置附加费演变而来,就其性质而言,属于直接税的范畴;税款有着明确的用途,只能用于国家交通建设投资,比如公路建设、维护等。

车辆购置税的开征实际上是"费改税"的一项重要突破。税费改革的实质目的就是要通过将不规范的收费纳入规范的税收,从而在规范政府收入机制的基础上规范政府行为,尤其是政府部门和地方政府的财政行为。将车辆购置附加费改为车辆购置税,是税费改革的突破口,在实现法治目的的同时,也为筹集道路建设资金提供了稳定的收入来源。

车辆购置税法,是指国家制定的用以调整车辆购置税征收与缴纳权利及义务关系的法律规范。我国现行车辆购置税法的基本规范,是2018年12月29日第十三届全国人民代表大会常务委员会第七次会议通过,并于2019年7月1日起施行的《中华人民共和国车辆购置税法》(以下简称《车辆购置税法》)。征收车辆购置税有利于合理筹集财政资金,规范政府行为,调节收入差距,也有利于配合打击车辆走私和维护国家权益。

二、车辆购置税的特点

车辆购置税除具有税收的共同特点外,还有其自身独立的特点:

1. 征收范围单一。作为财产税的车辆购置税,是以购置的特定车辆为课税对象,而不是对所有的财产或消费财产征税,范围窄,是一种特种财产税。

2. 征收环节单一。车辆购置税实行一次课征制,它不是在生产、经营和消费的每一环节实行道道征收,而只是在退出流通进入消费领域的特定环节征收。

3. 税率单一。车辆购置税只确定一个统一比例税率征收,税率具有不随课税对象数额变动的特点,计征简便、负担稳定,有利于依法治税。

4. 征收方法单一。车辆购置税根据纳税人购置应税车辆的计税价格实行从价计征,以价格为计税标准,课税与价值直接发生关系,价值高者多征税,价值低者少征税。

5. 征税具有特定目的。车辆购置税具有专门用途,由中央财政根据国家交通建设投资计划,统筹安排。这种特定目的的税收,可以保证国家财政支出的需要,既有利于统筹、合理安排资金,又有利于保证特定事业和建设支出的需要。

6. 价外征收,税负不发生转嫁。车辆购置税的计税依据中不包含车辆购置税税额,车辆购置税税额是附加在价格之外的,且纳税人即为负税人,税负不发生转嫁。

三、车辆购置税的作用

1. 有利于合理筹集建设资金,积累国家财政收入,促进交通基础设施建设事业的健康发展。国家通过开征车辆购置税参与国民收入的再分配,可以更好地将一部分消费基金转化为财政资金,为国家筹集更多的资金,以满足国家行使职能的需要。

2. 有利于规范政府行为,理顺税费关系,深化和完善财税制度改革。社会主义市场经济需要有健全的宏观经济调控体系,以保证其快速协调发展和健康运行。

3. 有利于调节收入差别,缓解社会分配不公的矛盾。车辆购置税在消费环节对消费应税车辆的使用者征收,能更好地体现两条原则:第一,兼顾公平的原则。兼顾公平的原则,就是要保护合法收入,取缔非法收入,整顿不合理收入,调节过高收入。开征车辆购置税可以对过高的消费支出进行调节。第二,纳税能力原则。即高收入者多负税,低收入者少负税,具有较高消费能力的人比一般消费能力的人要多负税。

4. 有利于配合打击走私、保护民族工业,维护国家权益。首先,车辆购置税对同一课税对象的应税车辆不论来源渠道如何,都按同一比例税率征收,具有同一应税车辆税负相同的特性,因此,它可以平衡进口车辆与国产车辆的税收负担,体现国民待遇原则。其次,车辆购置税在车辆上牌使用时征收,具有源泉控制的特点,它可以配合有关部门在打击走私、惩治犯罪等方面起到积极的作用。最后,对进口自用的应税车辆以含关税、消费税的组成计税价格为计税依据,对进口应税车辆征收较高的税收,以限制其进口,有利于保护国内汽车工业的发展。

第二节 纳税人、征税范围、税率和计税依据

一、纳税人

车辆购置税是以在中国境内购置规定车辆为课税对象、在特定的环节向车辆购置者征收的一种税。车辆购置税的纳税人是指在中华人民共和国境内购置汽车、有轨电车、汽车挂车、排气量超过150毫升的摩托车(以下统称应税车辆)的单位和个人。其中购置是指以购买、进口、自产、受赠、获奖或者其他方式取得并自用应税车辆的行为。车辆购置税实行一次性征收。购置已征车辆购置税的车辆,不再征收车辆购置税。

二、征税范围

车辆购置税以列举的车辆作为征税对象,未列举的车辆不纳税。其征税范围包括汽车、有轨电车、汽车挂车、排气量超过150毫升的摩托车。

地铁、轻轨等城市轨道交通车辆,装载机、平地机、挖掘机、推土机等轮式专用机械车,以及起重机(吊车)、叉车、电动摩托车,不属于应税车辆。

为了体现税法的统一性、固定性、强制性和法律的严肃性特征,车辆购置税征收范围的调整,由国务院决定,其他任何部门、单位和个人无权擅自扩大或缩小车辆购置税的征税范围。

三、税率与计税依据

(一) 税率

车辆购置税实行统一比例税率,税率为 10%。税率的调整,由国务院决定并公布。

(二) 计税依据

车辆购置税的计税依据为应税车辆的计税价格,按照下列规定确定:

1. 纳税人购置应税车辆,以发票电子信息中的不含增值税价作为计税价格。纳税人依据相关规定提供其他有效价格凭证的情形除外。

应税车辆存在多条发票电子信息或者没有发票电子信息的,纳税人按照购置应税车辆实际支付给销售方的全部价款(不包括增值税税款)申报纳税。

2. 纳税人进口自用应税车辆的计税价格,为关税完税价格加上关税和消费税;纳税人进口自用应税车辆,是指纳税人直接从境外进口或者委托代理进口自用的应税车辆,不包括在境内购买的进口车辆。

3. 纳税人自产自用应税车辆的计税价格,按照纳税人生产的同类应税车辆(车辆配置序列号相同的车辆)的销售价格确定,不包括增值税税款;没有同类应税车辆销售价格的,按照组成计税价格确定。组成计税价格计算公式为:

组成计税价格＝成本×(1＋成本利润率)

属于应征消费税的应税车辆,其组成计税价格中应加计消费税税额。

上述公式中的成本利润率,由国家税务总局,各省、自治区、直辖市和计划单列市税务局确定。

4. 纳税人以受赠、获奖或者其他方式取得自用应税车辆的计税价格,按照购置应税车辆时相关凭证载明的价格确定,不包括增值税税款。

> 疑点爆破道具——奇思妙响指 NICE 17-1:
> 车辆购置税的计税价格

纳税人以外汇结算应税车辆价款的,按照申报纳税之日的人民币汇率中间价折合成人民币计算缴纳税款。

第三节 应纳税额的计算

车辆购置税实行从价定率的方法计算应纳税额,计算公式为:

应纳税额＝计税依据×税率

由于应税车辆的来源、应税行为的发生以及计税依据组成的不同,车辆购置税应纳税额的计算方法也有区别。

一、购买自用应税车辆应纳税额的计算

纳税人购买自用的应税车辆的计税价格,为纳税人实际支付给销售者的全部价款,不包括增值税税款。

【例 17-1】 王某 2022 年 8 月从某汽车有限公司购买一辆小汽车供自己使用,支付增值税税款在内的款项 232 780 元,所支付的款项由该汽车有限公司开具"机动车销售统一发票"。请计算王某应纳车辆购置税。

解 (1) 计税依据 = 232 780 ÷ (1 + 13%) = 206 000(元)
(2) 应纳税额 = 206 000 × 10% = 20 600(元)

二、进口自用应税车辆应纳税额的计算

纳税人进口自用应税车辆的计税价格,为关税完税价格加上关税和消费税。纳税人进口自用的应税车辆应纳税额的计算公式为:

应纳税额 = (关税完税价格 + 关税 + 消费税) × 税率

【例 17-2】 某外贸进出口公司 2022 年 6 月从国外进口 10 辆某公司生产的某型号小轿车。该公司报关进口这批小轿车时,经报关地海关对有关报关资料的审查,确定关税完税价格为每辆 185 000 元人民币,海关按关税政策规定每辆征收了关税 46 200 元,并按消费税、增值税有关规定分别代征了每辆小轿车的进口消费税 40 800 元和增值税 35 360 元。由于联系业务需要,该公司将一辆小轿车留在本单位使用。根据以上资料,计算该外贸公司应纳的车辆购置税。

解 (1) 计税依据 = 185 000 + 46 200 + 40 800 = 272 000(元)
(2) 应纳税额 = 272 000 × 10% = 27 200(元)

三、其他自用应税车辆应纳税额的计算

纳税人自产自用应税车辆的计税价格,按照纳税人生产的同类应税车辆的销售价格确定,不包括增值税税款。没有同类应税车辆销售价格的,按照组成计税价格确定。

纳税人以受赠、获奖或者其他方式取得自用应税车辆的计税价格,按照购置应税车辆时相关凭证载明的价格确定,不包括增值税税款。无法提供相关凭证的,参照同类应税车辆市场平均交易价格确定其计税价格。

【例 17-3】 某客车制造厂将自产的一辆某型号的客车,用于本厂后勤服务,该厂在办理车辆上牌落籍前,出具该车的发票,注明金额为 80 000 元。计算该车应纳车辆购置税。

解 应纳税额 = 800 00 × 10% = 8 000(元)

四、特殊情形下自用应税车辆应纳税额的计算

已经办理免税、减税手续的车辆因转让、改变用途等原因不再属于免税、减税范围的,纳税人、纳税义务发生时间、应纳税额按以下规定执行。

1. 发生转让行为的,受让人为车辆购置税纳税人;未发生转让行为的,车辆所有人为车辆购置税纳税人。
2. 纳税义务发生时间为车辆转让或者用途改变等情形发生之日。
3. 应纳税额计算公式为:

$$应纳税额 = \frac{初次办理纳税申报时确定的计税价格}{} \times (1 - 使用年限 \times 10\%) \times 10\% - 已纳税额$$

应纳税额不得为负数。

使用年限的计算方法是,自纳税人初次办理纳税申报之日起,至不再属于免税、减税范围的情形发生之日止。使用年限取整计算,不满一年的不计算在内。

第四节 税收优惠

一、车辆购置税法定减免税规定

1. 依照法律规定应当予以免税的外国驻华使馆、领事馆和国际组织驻华机构及其有关人员自用车辆免税。
2. 中国人民解放军和中国人民武装警察部队列入装备订货计划的车辆免税。
3. 悬挂应急救援专用号牌的国家综合性消防救援车辆免税。
4. 设有固定装置的非运输专用作业车辆免税。

疑点爆破道具——奇思妙响指 NICE 17-2:
什么是设有固定装置的非运输专用作业车辆?

5. 城市公交企业购置的公共汽电车辆免税。

疑点爆破道具——奇思妙响指 NICE 17-3:
什么是城市公交企业及其公共汽电车辆?

二、车辆购置税其他减免税规定

1. 回国服务的在外留学人员用现汇购买1辆个人自用国产小汽车和长期来华定居专家进口1辆自用小汽车免征车辆购置税。
2. 防汛部门和森林消防部门用于指挥、检查、调度、报汛(警)、联络的由指定厂家生产的设有固定装置的指定型号的车辆免征车辆购置税。
3. 对购置日期在2024年1月1日至2025年12月31日期间的新能源汽车免征车辆购置税。对购置日期在2026年1月1日至2027年12月31日期间的新能源汽车减半征收车辆购置税。

> 疑点爆破道具——奇思妙响指 NICE 17-4:
> 新能源汽车免征车辆购置税具体规定

4. 中国妇女发展基金会"母亲健康快车"项目的流动医疗车免征车辆购置税。
5. 北京2022年冬奥会和冬残会组织委员会新购置车辆免征车辆购置税。
6. 原公安现役部队和原武警黄金、森林、水电部队改制后换发地方机动车牌证的车辆(公安消防、武警森林部队执行灭火救援任务的车辆除外),一次性免征车辆购置税。

根据国民经济和社会发展的需要,国务院可以规定减征或者其他免征车辆购置税的情形,报全国人民代表大会常务委员会备案。

第五节 征收管理

一、纳税义务发生时间

车辆购置税的纳税义务发生时间为纳税人购置应税车辆的当日,以纳税人购置应税车辆所取得的车辆相关凭证上注明的时间为准。纳税人应当在向公安机关交通管理部门办理车辆注册登记前,缴纳车辆购置税。

二、纳税期限

纳税人应当自纳税义务发生之日起60日内申报缴纳车辆购置税。纳税人购买自用的应税车辆,自购买之日起60日内申报纳税;进口自用的应税车辆,应当自进口之日起60日内申报纳税;自产、受赠、获奖和以其他方式取得并自用的应税车辆,应当自取得之日起60日内申报纳税。

购买之日,是指《机动车销售统一发票》或者其他有效凭证的开具日期。进口之日,是指《海关进口增值税专用缴款书》或者其他有效凭证的开具日期。取得之日,是指合同、法律文书或者其他有效凭证的生效或者开具日期。

免税车辆因转让、改变用途等原因,其免税条件消失的,纳税人应在免税条件消失之日起60日内到主管税务机关重新申报纳税。

免税车辆发生转让,但仍属于免税范围的,受让方应当自购买或取得车辆之日起60日内到主管税务机关重新申报免税。

三、纳税地点

纳税人购置应税车辆,应当向车辆登记注册地的主管税务机关申报纳税;购置不需办理车辆登记注册手续的应税车辆,应当向纳税人所在地主管税务机关申报纳税。车辆登记注册地是指车辆的上牌落籍地或落户地。

四、纳税申报

车辆购置税由税务机关负责征收。车辆购置税实行一车一申报制度。纳税人应当在向公安机关交通管理部门办理车辆注册登记前,缴纳车辆购置税。

(一) 征税车辆的纳税申报

1. 纳税人办理纳税申报时应当如实填报《车辆购置税纳税申报表》,同时提供车辆合格证明和车辆相关价格凭证。

疑点爆破道具——奇思妙响指 NICE 17-5:
什么是车辆合格证明与相关价格凭证?

2. 自 2020 年 6 月 1 日起,纳税人办理车辆购置税纳税申报时,提供发票电子信息办理纳税申报。纳税人依据相关规定提供其他有效价格凭证的情形除外。

发票电子信息与纳税人提供的机动车销售统一发票的内容不一致,纳税人提供的机动车销售统一发票已经作废或者开具了红字发票的,纳税人应换取合规的发票后申报纳税。

(二) 减免税车辆的纳税申报

纳税人在办理车辆购置税免税、减税时,除如实填报《车辆购置税纳税申报表》,提供车辆合格证明和车辆相关价格凭证外,还应当根据不同的免税、减税情形,分别提供相关资料的原件、复印件。

1. 外国驻华使馆、领事馆和国际组织驻华机构及有关人员自用车辆,提供机构证明和外交部门出具的身份证明。

2. 城市公交企业购置的公共汽电车辆,提供所在的地县级以上(含县级)交通运输主管部门出具的公共汽电车辆认定表。

3. 悬挂应急救援专用号牌的国家综合性消防救援车辆,提供中华人民共和国应急管理部批准的相关文件。

4. 回国服务的在外留学人员购买的自用国产小汽车,提供海关核发的《中华人民共和国海关回国人员购买国产汽车准购单》。

5. 长期来华定居专家进口自用小汽车,提供国家外国专家局或者其授权单位核发的专家证或者 A 类和 B 类《外国人工作许可证》。

免税、减税车辆因转让、改变用途等原因不再属于免税、减税范围的,纳税人在办理纳税申报时,应当如实填报《车辆购置税纳税申报表》。发生二手车交易行为的,提供二手车销售统一发票;属于其他情形的,按照相关规定提供申报材料。

案情追踪道具——追案魔法帽 17-6:
车辆购置税退税程序

案情追踪道具——追案魔法帽 17-7:
车辆购置税完税或免税信息提供与更正

五、车辆购置税退税额的计算

已征车辆购置税的车辆退回车辆生产或销售企业,纳税人申请退还车辆购置税的,应退税额计算公式为:

应退税额=已纳税额×(1-使用年限×10%)

应退税额不得为负数。

使用年限的计算方法是,自纳税人缴纳税款之日起,至申请退税之日止。

六、车辆购置税征管资料

1. 征税车辆:纳税人身份证明、车辆价格证明、车辆合格证明和《车辆购置税纳税申报表》。

2. 免税车辆:纳税人身份证明、车辆价格证明、车辆合格证明、纳税申报表、《车辆购置税免(减)税申报表》和车辆免(减)税证明资料。

3. 免税重新申报车辆:(1)发生二手车交易行为的:纳税人身份证明、《二手车销售统一发票》、纳税申报表和完税证明正本;(2)未发生二手车交易行为的:纳税人身份证明、纳税申报表、完税证明正本和其他相关材料。

4. 补税车辆:车主身份证明、车辆价格证明、纳税申报表和补税相关材料。

5. 完税证明补办车辆:(1)车辆登记注册前完税证明发生损毁丢失的,纳税人(车主)身份证明、车辆购置税完税凭证、车辆合格证明和《车辆购置税完税证明补办表》;(2)车辆登记注册后完税证明发生损毁丢失的,纳税人(车主)身份证明、《机动车行驶证》和补办表。同时,税务机关应当留存新完税证明副本。

6. 完税证明更正车辆:完税证明正、副本和完税证明更正相关材料。

谜案 17　车辆购置税

填空题

1. 车辆购置税是以在_____购置规定的车辆为课税对象、在特定的环节向车辆购置者征收的一种税。就其性质而言,属于_____的范畴。
2. 车辆购置税的纳税义务人是指在中华人民共和国境内购置汽车、有轨电车、汽车挂车、排气量超过150毫升的摩托车的_____和_____。
3. 车辆购置税实行统一比例税率,税率为_____。
4. 车辆购置税征收范围的调整,由_____决定。
5. 纳税人购买自用应税车辆的,应当自购买之日起_____日内申报纳税。
6. 纳税人进口自用的应税车辆以组成计税价格为计税依据。计税价格的计算公式为:_____。

单项选择题

1. 下列人员中,属于车辆购置税纳税义务人的是(　　)。
   A. 应税车辆的拍卖者　　　　B. 应税车辆的承租者
   C. 应税车辆的出口者　　　　D. 应税车辆的受赠者
2. 下列车辆不属于车辆购置税征税范围的是(　　)。
   A. 叉车　　　　　　　　　　B. 无轨电车
   C. 有轨电车　　　　　　　　D. 排气量为155毫升的摩托车
3. 已经办理免税、减税手续的车辆因转让、改变用途等原因不再属于免税、减税范围的,发生转让行为的,车辆购置税的纳税人是(　　)。
   A. 转让人　　　B. 受让人　　　C. 所有人　　　D. 管理人
4. 以受赠方式取得自用应税车辆时无法提供相关凭证,缴纳车辆购置税的计税价格是参照同类应税车辆的(　　)。
   A. 生产企业成本价格　　　　B. 市场最低交易价格
   C. 市场最高交易价格　　　　D. 市场平均交易价格
5. 2021年12月李某从汽车4S店(增值税一般纳税人)购置了一辆排气量为1.8升的乘用车,支付购车款(含增值税)248 600元,取得"机动车销售统一发票",支付该车装饰费用5 650元并取得4S店开具的票据。李某应缴纳的车辆购置税为(　　)元。

A. 20 000　　　B. 21 500　　　C. 22 000　　　D. 22 500

6. 自产、受赠、获奖和以其他方式取得并自用应税车辆的,应当自取得之日起(　　)内申报缴纳车辆购置税。

A. 15 日　　　B. 30 日　　　C. 60 日　　　D. 90 日

7. 纳税人进口自用应税车辆,自进口之日起 60 日内申报缴纳车辆购置税,"进口之日"是指(　　)。

A. 成交的当天

B.《海关进口增值税专用缴款书》或者其他有效凭证的开具日期

C. 交易合同上注明的日期

D. 登记注册的当天

8. 某高校校友会接受汽车生产企业捐赠的客货两用车一辆,该车是未使用过的新车,在市场上非常畅销,捐赠者未开具机动车销售统一发票,则以下表述正确的是(　　)。

A. 该车享受法定减免政策

B. 该车减半征收车辆购置税

C. 按照车辆生产企业销售同类应税车辆的销售价格确定计税价格

D. 直接计算组成计税价格确定计税价格

9. 下列各项中,免征车辆购置税的是(　　)。

A. 汽车挂车　　　B. 有轨电车　　　C. 载货客车　　　D. 新能源汽车

10. 我国车辆购置税实行法定减免税,下列不属于车辆购置税免税范围的是(　　)。

A. 外国驻华使馆、领事馆和国际组织驻华机构及其有关人员自用车辆

B. 回国服务的留学人员用人民币现金购买 1 辆个人自用的国产小汽车

C. 城市公交企业购置的公共汽电车辆

D. 长期来华定居专家进口的 1 辆自用小汽车

多项选择题

1. 以下列方式取得的车辆中,应缴纳车辆购置税的有(　　)。

A. 购置的二手汽车　　　　　　B. 自产自用的汽车

C. 进口自用的汽车　　　　　　D. 以获奖方式取得的自用汽车

2. 下列车辆免征车辆购置税的有(　　)。

A. 汽车挂车

B. 新能源车

C. 排气量 250 毫升的摩托车

D. 设有固定装置的非运输专用作业车辆

3. 关于车辆购置税的纳税地点,下列说法中正确的有(　　)。

A. 购置需要办理车辆登记的应税车辆,纳税地点是纳税人所在地

B. 购置需要办理车辆登记的应税车辆,应当向购买地主管税务机关申报纳税

C. 购置需要办理车辆登记的应税车辆,纳税地点是车辆登记地

D. 购置不需要办理车辆登记的应税车辆,应当向纳税人所在地主管税务机关申报纳税

4. 以下符合车辆购置税有关规定的有(　　)。
   A. 进口自用的应税大卡车,其车辆购置税计税价格包括关税完税价格和关税
   B. 购买自用应税车辆,应自购买之日起 30 日内申报纳税
   C. 进口自用应税车辆,应当自进口之日起 60 日内申报纳税
   D. 车辆购置税采用一车一申报制度
5. 关于车辆购置税的申报与缴纳,下列说法正确的有(　　)。
   A. 车辆购置税的纳税义务发生时间为纳税人购置应税车辆的当日
   B. 车辆购置税在应税车辆上牌登记注册前的使用环节征收
   C. 车辆购置税的纳税地点包括应税车辆登记地、纳税人所在地
   D. 纳税人购买自用的应税车辆,自购买之日起 30 天内申报纳税

判断题

1. 车辆购置税是我国各级地方政府的收入来源。(　　)
2. 境内购置应税车辆的单位和个人,为车辆购置税的纳税义务人。车辆购置税实行一次性征收。购置已征车辆购置税的车辆,不再征收车辆购置税。(　　)
3. 车辆购置税纳税地点是纳税人所在地。(　　)
4. 车辆购置税是对所有新购置车辆的使用行为征税。(　　)
5. 车辆购置税实行一车一申报制度。(　　)

名词解释题

车辆购置税　车辆购置税法　车辆购置税的纳税人

简答题

1. 简述车辆购置税的概念及纳税义务人。
2. 简述车辆购置税的特点。
3. 简述车辆购置税的征税对象及征税范围。

论述题

试述开征车辆购置税的作用。

计算题

某外贸进出口公司 2022 年 1 月发生如下经济业务:

(1) 从某汽车制造公司购进 18 辆国产小汽车,取得的发票注明不含税价 110 000 元/辆,其中 4 辆作为业务车供本公司自用,2 辆用于抵顶以前欠本市某船运公司 240 000 元的债务,其余 12 辆出口,出口离岸价 120 000 元/辆。

(2) 进口货车 2 辆自用,关税完税价格折合人民币共计 80 000 元,缴纳关税 16 000 元、增值税 12 480 元。

(3) 向某汽车厂(增值税一般纳税人)购买一辆自用的载货汽车、一辆自用的新能源汽车,取得机动车销售统一发票载明的载货汽车价税合计 237 300 元、新能源汽车价税合计

90 400 元。

要求:根据以上资料,回答下列问题。

(1) 计算该公司第(1)笔业务应纳的车辆购置税。

(2) 计算该公司第(2)笔业务应纳的车辆购置税。

(3) 计算该公司第(3)笔业务应纳的车辆购置税。

谜底(请找彩蛋)

第18章 印花税

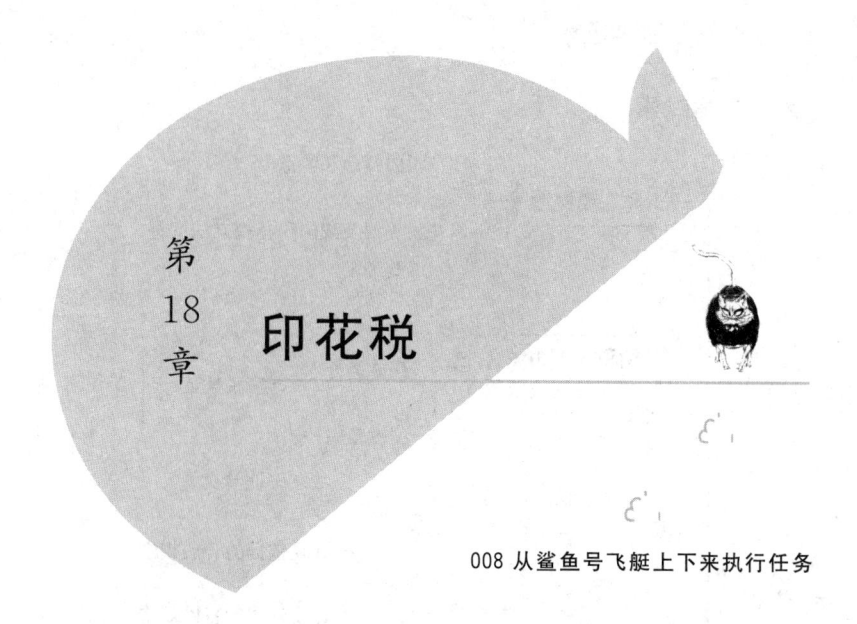

008 从鲨鱼号飞艇上下来执行任务

✓ 任务分解

☞ 了解印花税的概念、特点
☞ 掌握印花税基本税收制度
☞ 融会贯通印花税税额计算和纳税申报的税务实操

✓ 疑难重点

☞ 重点:印花税税收要素,应纳税额的计算,税收优惠政策,税收征管制度
☞ 难点:印花税应纳税额的计算

✓ 探案道具箱

密码

大力箱,
萌探008探案助手,兼案卷记录员,
AI族,全知全能…

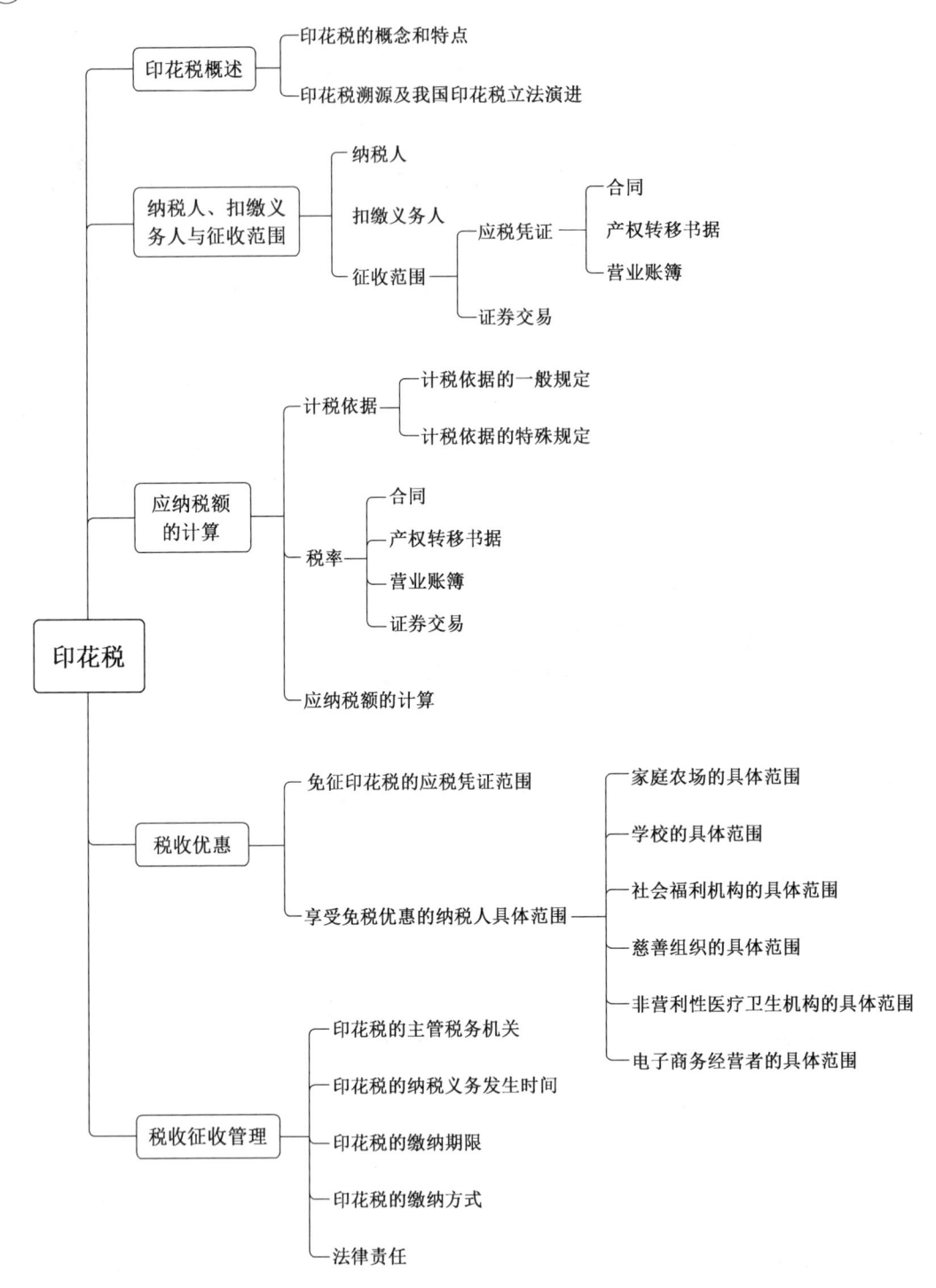

✓ 谜案线索

```
印花税
├── 印花税概述
│   ├── 印花税的概念和特点
│   └── 印花税溯源及我国印花税立法演进
│
├── 纳税人、扣缴义务人与征收范围
│   ├── 纳税人
│   ├── 扣缴义务人
│   └── 征收范围
│       ├── 应税凭证
│       │   ├── 合同
│       │   ├── 产权转移书据
│       │   └── 营业账簿
│       └── 证券交易
│
├── 应纳税额的计算
│   ├── 计税依据
│   │   ├── 计税依据的一般规定
│   │   └── 计税依据的特殊规定
│   ├── 税率
│   │   ├── 合同
│   │   ├── 产权转移书据
│   │   ├── 营业账簿
│   │   └── 证券交易
│   └── 应纳税额的计算
│
├── 税收优惠
│   ├── 免征印花税的应税凭证范围
│   └── 享受免税优惠的纳税人具体范围
│       ├── 家庭农场的具体范围
│       ├── 学校的具体范围
│       ├── 社会福利机构的具体范围
│       ├── 慈善组织的具体范围
│       ├── 非营利性医疗卫生机构的具体范围
│       └── 电子商务经营者的具体范围
│
└── 税收征收管理
    ├── 印花税的主管税务机关
    ├── 印花税的纳税义务发生时间
    ├── 印花税的缴纳期限
    ├── 印花税的缴纳方式
    └── 法律责任
```

第一节　印花税及其纳税人、扣缴义务人与征收范围

一、印花税概述

印花税是以在经济活动中以"书立应税凭证行为"或者"进行证券交易行为"为征税对象，向应税凭证的书立者或者证券交易的出让方征收的一种行为税。

随着我国社会主义市场经济的建立和发展，书立应税凭证的现象越来越普遍，因此我国印花税的税源广泛，而且其最高税率为1‰、最低税率为0.5‰，也说明了我国印花税具有税负轻的特点。我国印花税还具有缴纳便利的特点，印花税纳税人可以选择粘贴印花税票的方式或者由税务机关依法开具其他完税凭证的方式进行缴纳。

案情追踪道具——追案魔法帽18-1：
印花税溯源及我国印花税立法演进

二、纳税人

印花税的纳税人，是指在中华人民共和国境内书立应税凭证、进行证券交易的单位和个人。在中华人民共和国境外书立在境内使用的应税凭证的单位和个人，也应当依照《印花税法》的规定缴纳印花税。

印花税可以分为一般印花税和证券交易印花税。一般印花税，即传统印花税或普通印花税，它是以在经济活动中书立的应税凭证为征税对象。一般印花税的应税凭证记载着权利的取得、让与或转移，这些权利不同程度地与财产有关，一般印花税实质上是对财产权利的转移、变更等征税[①]。证券交易印花税是指对在依法设立的证券交易所、国务院批准的其他全国性证券交易场所转让股票和以股票为基础的存托凭证的出让方征收的印花税。

一般印花税的纳税人，是书立应税凭证的各方主体；证券交易印花税仅对证券交易的出让方征收，不对受让方征收，即证券交易印花税的纳税人限于证券交易的卖方。

疑点爆破道具——奇思妙响指 NICE 18-2：
一般印花税纳税人的具体情形

---

① 张守文.税法原理(第十版)[M].北京:北京大学出版社,2021:281.

三、扣缴义务人

扣缴义务人是指法律、行政法规规定负有代扣代缴、代收代缴税款义务的单位和个人。

印花税的纳税人为境外单位或者个人,在境内有代理人的,以其境内代理人为扣缴义务人;在境内没有代理人的,由纳税人自行申报缴纳印花税,具体办法由国务院税务主管部门规定。

证券登记结算机构为证券交易印花税的扣缴义务人,应当向其机构所在地的主管税务机关申报解缴税款以及银行结算的利息。

四、征收范围

印花税的征收范围,是指《印花税法》规定的征税对象或纳税人的征税界限。具体而言,我国印花税的征收范围主要包括两大方面的应税行为:书立应税凭证和进行证券交易。其中,应税凭证是指《印花税法》所附《印花税税目税率表》列明的合同、产权转移书据和营业账簿,证券交易是指转让在依法设立的证券交易所、国务院批准的其他全国性证券交易场所交易的股票和以股票为基础的存托凭证。

(一) 应税凭证

1. 合同

合同是民事主体之间设立、变更、终止民事法律关系的协议。我国《民法典》第 469 条规定,当事人订立合同,可以采用书面形式、口头形式或者其他形式。书面形式是合同书、信件、电报、电传、传真等可以有形地表现所载内容的形式。以电子数据交换、电子邮件等方式能够有形地表现所载内容,并可以随时调取查用的数据电文,视为书面形式。《印花税法》所附《税目税率表》所列合同,一般指书面合同。

(1) 借款合同

《民法典》第 667 条规定的借款合同是指借款人向贷款人借款,到期返还借款并支付利息的合同[1]。《印花税法》"借款合同"税目特指银行业金融机构、经国务院银行业监督管理机构批准设立的其他金融机构与借款人(不包括同业拆借)的借款合同。

(2) 融资租赁合同

《民法典》第 735 条规定的融资租赁合同是指出租人根据承租人对出卖人、租赁物的选择,向出卖人购买租赁物,提供给承租人使用,承租人支付租金的合同[2]。

疑点爆破道具——奇思妙响指 NICE 18-3:
典型融资租赁合同结构

---

[1] 王利明.合同法[M].北京:中国人民大学出版社,2021:3.
[2] 王利明.合同法[M].北京:中国人民大学出版社,2021:143.

(3) 买卖合同

《民法典》第 595 条规定的买卖合同是指出卖人转移标的物的所有权于买受人,买受人支付价款的合同。《印花税法》"买卖合同"税目特指动产买卖合同,但是不包括个人书立的动产买卖合同,即印花税的纳税人通常是单位和个人,单位签订动产买卖合同需要缴纳印花税,个人签订动产买卖合同无须缴纳印花税。

需要注意的是,(1) 企业之间书立的确定买卖关系、明确买卖双方权利义务的订单、要货单等单据,且未另外书立买卖合同的,应当按规定缴纳印花税。(2) 发电厂与电网之间、电网与电网之间书立的购售电合同,应当按买卖合同税目缴纳印花税①。

(4) 承揽合同

《民法典》第 770 条规定的承揽合同是指承揽人按照定作人的要求完成工作,交付工作成果,定作人支付报酬的合同。

(5) 建设工程合同

《民法典》第 788 条规定的建设工程合同是指承包人进行工程建设,发包人支付价款的合同。建设工程合同包括工程勘察、设计、施工合同。

(6) 运输合同

《民法典》第 809 条规定的运输合同是指承运人将旅客或者货物从起运地点运输到约定地点,旅客、托运人或者收货人支付票款或者运输费用的合同②。运输合同主要包括客运合同和货运合同,随着运输业的发展,出现了新的运输方式,如多式联运合同。《印花税法》的"运输合同"税目是指货运合同和多式联运合同,不包括管道运输合同。

疑点爆破道具——奇思妙响指 NICE 18-4:
运输合同详细规定

---

(7) 技术合同

《民法典》第 843 条规定的技术合同是指当事人就技术开发、转让、许可、咨询或者服务订立的确立相互之间权利和义务的合同。技术合同的类型有技术开发合同、技术转让合同、技术许可合同、技术咨询合同和技术服务合同。《印花税法》"技术合同"税目不包括专利权、专有技术使用权转让书据。

(8) 租赁合同

《民法典》第 703 条规定的租赁合同是指出租人将租赁物交付承租人使用、收益,承租人支付租金的合同。租赁合同是出租人暂时让渡财产的占有权、使用权和收益权给他人以获取租金的合同。

---

① 财政部,税务总局.关于印花税若干事项政策执行口径的公告(财政部,税务总局公告 2022 年第 22 号)[EB/OL]. (2022-06-12)[2022-07-01].

② 针对运输方式的多样性,我国《铁路法》《民用航空法》《海商法》等也都对运输合同进行了专门规定。

（9）保管合同

《民法典》第 888 条规定的保管合同是指保管人保管寄存人交付的保管物并返还该物的合同。

（10）仓储合同

《民法典》第 904 条规定的仓储合同是指保管人储存存货人交付的仓储物，存货人支付仓储费的合同。

（11）财产保险合同

《中华人民共和国保险法》第 10 条规定，保险合同是投保人与保险人约定保险权利义务关系的协议。财产保险是以财产及其有关利益为保险标的的保险。财产保险的被保险人①在保险事故发生时，对保险标的应当具有保险利益②。财产保险合同是投保人与保险人约定的以财产及其有关利益为保险标的的权利义务关系的协议。《印花税法》"财产保险合同"税目的范围不包括再保险合同。

2. 产权转移书据

《印花税法》规定的产权的"转让"包括买卖（出售）、继承、赠与、互换、分割。我国《印花税法》列举的"产权转移书据"税目具体包括土地使用权出让书据，土地使用权、房屋等建筑物和构筑物所有权转让书据（不包括土地承包经营权和土地经营权转移），股权转让书据（不包括应缴纳证券交易印花税的），商标专用权、著作权、专利权、专有技术使用权转让书据。

3. 营业账簿

营业账簿是指单位或者个人记载生产经营活动的财务会计核算账簿。2022 年 7 月 1 日起施行的《印花税法》所附《印花税税目税率表》中"营业账簿"税目，其计税依据是实收资本（股本）、资本公积的合计金额。

并非所有类型的合同、产权转移书据、营业账簿都是印花税的应税凭证，只有《印花税法》所附《印花税税目税率表》列明的合同、产权转移书据和营业账簿才是法律规定的应税凭证。以营业账簿为例，不记载实收资本（股本）、资本公积金额的营业账簿，例如记载固定资产金额的营业账簿，就不是印花税的应税凭证③；再如，县级以上人民政府及其所属部门按照行政管理权限征收、收回或者补偿安置房地产书立的合同、协议或者行政类文书也不属于印花税的征收范围。

此外，人民法院的生效法律文书、仲裁机构的仲裁文书、监察机关的监察文书、总公司与分公司以及分公司之间书立的作为执行计划使用的凭证均不属于印花税的征收范围④。

应当注意的是，在中华人民共和国境外书立在境内使用的应税凭证，应当按规定缴纳印花税。包括以下几种情形：第一，应税凭证的标的为不动产的，该不动产在境内；第二，应税凭证的标的为股权的，该股权为中国居民企业的股权；第三，应税凭证的标的为动产或者商标专用权、著作权、专利权、专有技术使用权的，其销售方或者购买方在境内，但不包括境外单位或者个人向境内单位或者个人销售完全在境外使用的动产或者商标专用权、著作权、专利权、专有

---

① 财产保险合同的被保险人是指其财产受保险合同保障，享有保险金请求权的人。投保人可以为被保险人。
② 保险利益是指投保人或者被保险人对保险标的具有的法律上承认的利益。
③ 梁文涛.税法（第 6 版）[M].北京：中国人民大学出版社，2022：382.
④ 财政部，税务总局.关于印花税若干事项政策执行口径的公告（财政部、税务总局公告 2022 年第 22 号）[EB/OL].(2022-06-12)[2022-07-01].

技术使用权;第四,应税凭证的标的为服务的,其提供方或者接受方在境内,但不包括境外单位或者个人向境内单位或者个人提供完全在境外发生的服务[①]。

(二) 证券交易

在依法设立的证券交易所、国务院批准的其他全国性证券交易场所交易的股票和以股票为基础的存托凭证进行转让需要缴纳印花税。证券交易印花税仅对证券交易的出让方征收,不对受让方征收。

第二节 应纳税额的计算

一、计税依据

(一) 计税依据的一般规定

我国《印花税法》规定,应税合同的计税依据,为合同所列的金额,不包括列明的增值税税款;应税产权转移书据的计税依据,为产权转移书据所列的金额,不包括列明的增值税税款;应税营业账簿的计税依据,为账簿记载的实收资本(股本)、资本公积合计金额;证券交易的计税依据,为成交金额。

(二) 计税依据的特殊规定

1. 应税合同、产权转移书据未列明金额的情形

应税合同、产权转移书据未列明金额的,印花税的计税依据按照实际结算的金额确定。实际结算金额仍不能确定的,按照书立合同、产权转移书据时的市场价格确定;依法应当执行政府定价或者政府指导价的,按照国家有关规定确定。

2. 证券交易无转让价格的情形

证券交易无转让价格的,按照办理过户登记手续时该证券前一个交易日收盘价计算确定计税依据;无收盘价的,按照证券面值计算确定计税依据。

3. 同一应税凭证载有两个以上税目事项的情形

同一应税凭证载有两个以上税目事项并分别列明金额的,按照各自适用的税目税率分别计算应纳税额;未分别列明金额的,从高适用税率。

4. 同一应税凭证由两方以上当事人书立的情形

同一应税凭证由两方以上当事人书立的,按照各自涉及的金额分别计算应纳税额。

5. 营业账簿缴纳印花税后实收资本(股本)、资本公积合计金额增加的情形

已缴纳印花税的营业账簿,以后年度记载的实收资本(股本)、资本公积合计金额比已缴纳印花税的实收资本(股本)、资本公积合计金额增加的,按照增加部分计算应纳税额。

需要注意的是,计税依据还有一些特殊的情形,具体如下:第一,同一应税合同、应税产权

---

① 财政部,税务总局.关于印花税若干事项政策执行口径的公告(财政部、税务总局公告2022年第22号)[EB/OL].(2022-06-12)[2022-07-01].

转移书据中涉及两方以上纳税人,且未列明纳税人各自涉及金额的,以纳税人平均分摊的应税凭证所列金额(不包括列明的增值税税款)确定计税依据。第二,应税合同、应税产权转移书据所列的金额与实际结算金额不一致,不变更应税凭证所列金额的,以所列金额为计税依据;变更应税凭证所列金额的,以变更后的所列金额为计税依据。已缴纳印花税的应税凭证,变更后所列金额增加的,纳税人应当就增加部分的金额补缴印花税;变更后所列金额减少的,纳税人可以就减少部分的金额向税务机关申请退还或者抵缴印花税。第三,纳税人因应税凭证列明的增值税税款计算错误导致应税凭证的计税依据减少或者增加的,纳税人应当按规定调整应税凭证列明的增值税税款,重新确定应税凭证计税依据。已缴纳印花税的应税凭证,调整后计税依据增加的,纳税人应当就增加部分的金额补缴印花税;调整后计税依据减少的,纳税人可以就减少部分的金额向税务机关申请退还或者抵缴印花税。第四,纳税人转让股权的印花税计税依据,按照产权转移书据所列的金额(不包括列明的认缴后尚未实际出资权益部分)确定。第五,应税凭证金额为人民币以外的货币的,应当按照凭证书立当日的人民币汇率中间价折合人民币确定计税依据。第六,境内的货物多式联运,采用在起运地统一结算全程运费的,以全程运费作为运输合同的计税依据,由起运地运费结算双方缴纳印花税;采用分程结算运费的,以分程的运费作为计税依据,分别由办理运费结算的各方缴纳印花税。①

二、税率

印花税实行比例税率,书立应税凭证和进行证券交易的行为所适用的税率存在一定的差别。

(一) 合同

借款合同、融资租赁合同适用的税率为0.5‰;买卖合同、承揽合同、建设工程合同、运输合同、技术合同适用的税率为3‰;租赁合同、保管合同、仓储合同、财产保险合同适用的税率为1‰。

(二) 产权转移书据

除知识产权领域的商标专用权、著作权、专利权、专有技术使用权转让书据适用税率为3‰外,其他税目适用的税率为5‰。

(三) 营业账簿

营业账簿适用的税率为2.5‰。

(四) 证券交易

证券交易适用的税率为1‰。

可见,我国《印花税法》确定的比例税率有五档:第一,万分之零点五的税率;第二,万分之二点五的税率;第三,万分之三的税率;第四,万分之五的税率;第五,千分之一的税率。

---

① 财政部,税务总局.关于印花税若干事项政策执行口径的公告(财政部、税务总局公告2022年第22号)[EB/OL].(2022-06-12)[2022-07-01].

表 18-1 印花税税目税率表

税 目		税 率	备 注
合同（指书面合同）	借款合同	借款金额的万分之零点五	指银行业金融机构、经国务院银行业监督管理机构批准设立的其他金融机构与借款人（不包括同业拆借）的借款合同。
	融资租赁合同	租金的万分之零点五	
	买卖合同	价款的万分之三	指动产买卖合同，（不包括个人书立的动产买卖合同）
	承揽合同	报酬的万分之三	
	建设工程合同	价款的万分之三	
	运输合同	运输费用的万分之三	指货运合同和多式联运合同（不包括管道运输合同）
	技术合同	价款、报酬或者使用费的万分之三	不包括专利权、专有技术使用权转让书据
	租赁合同	租金的千分之一	
	保管合同	保管费的千分之一	
	仓储合同	仓储费的千分之一	
	财产保险合同	保险费的千分之一	不包括再保险合同
产权转移书据	土地使用权出让书据	价款的万分之五	转让包括买卖（出售）、继承、赠与、互换、分割
	土地使用权、房屋等建筑物和构筑物所有权转让书据（不包括土地承包经营权和土地经营权转移）	价款的万分之五	
	股权转让书据（不包括应缴纳证券交易印花税的）	价款的万分之五	
	商标专用权、著作权、专利权、专有技术使用权转让书据	价款的万分之三	
营业账簿		实收资本（股本）、资本公积合计金额的万分之二点五	
证券交易		成交金额的千分之一	

三、应纳税额的计算

印花税的应纳税额按照计税依据乘以适用税率计算，其计算公式如下：

应纳税额＝计税依据×适用税率

【例 18-1】 纳税人甲按季申报缴纳印花税。2022 年 10 月 8 日领受营业执照。10 月 23 日签订了货物买卖合同 1 份，合同所列价款（不包括列明的增值税税款）50 万元。11 月 3 日签订了建设工程施工合同 1 份,合同所列价款(不包括列明的增值税税款)共计 100 万元。12 月 17 日签订了土地使用权转让合同 1 份,合同所列价款(不包括列明的增值税税款)共计 500 万元。请计算纳税人甲应当缴纳的印花税税额。

解 1. 领受营业执照

2022 年 7 月 1 日起施行的《印花税法》取消了以往"权利、许可证照"税目按件征收 5 元印花税的规定。所以甲领受营业执照无须缴纳印花税。

2. 买卖合同应纳税额

50 万元×3‰＝150(元)

3. 建设工程合同应纳税额

100 万元×3‰＝300(元)

4. 产权转移书据应纳税额

500 万元×5‰＝2 500(元)

纳税人甲 2023 年 1 月纳税申报期应缴纳印花税＝150＋300＋2 500＝2 950(元)

【例 18-2】 纳税人乙按季申报缴纳印花税,2022 年 8 月 25 日签订钢材买卖合同 1 份,合同列明了买卖钢材数量,并约定在实际交付钢材时,以交付当日市场报价确定成交价据以结算。2022 年 10 月 12 日按合同结算买卖钢材价款 100 万元,2023 年 3 月 7 日按合同结算买卖钢材价款 300 万元。请计算纳税人乙应当缴纳的印花税税额。

解 1. 纳税人乙 2022 年 10 月纳税申报期应缴纳印花税

0 元×3‰＝0(元)

2. 纳税人乙 2023 年 1 月纳税申报期应缴纳印花税

100 万元×3‰＝300(元)

3. 纳税人乙 2023 年 4 月纳税申报期应缴纳印花税

300 万元×3‰＝900(元)

应当注意的是,经济活动中,纳税人书立合同、产权转移书据未列明金额,需要后续实际结算时才能确定金额的情况较为常见,纳税人应于书立应税合同、产权转移书据的首个纳税申报期申报应税合同、产权转移书据书立情况,在实际结算后下一个纳税申报期,以实际结算金额计算申报缴纳印花税。[①]

第三节 税收优惠

我国《印花税法》规定了免征印花税的凭证范围,具体如下。

一、免征印花税的应税凭证范围

1. 应税凭证的副本或者抄本;

[①] 国家税务总局办公厅.国家税务总局关于实施《中华人民共和国印花税法》等有关事项的公告的解读[EB/OL].(2022-06-29)[2022-07-01].

2. 依照法律规定应当予以免税的外国驻华使馆、领事馆和国际组织驻华代表机构为获得馆舍书立的应税凭证;

3. 中国人民解放军、中国人民武装警察部队书立的应税凭证;

4. 农民、家庭农场、农民专业合作社、农村集体经济组织、村民委员会购买农业生产资料或者销售农产品书立的买卖合同和农业保险合同;

5. 无息或者贴息借款合同、国际金融组织向中国提供优惠贷款书立的借款合同;

6. 财产所有权人将财产赠与政府、学校、社会福利机构、慈善组织书立的产权转移书据;

7. 非营利性医疗卫生机构采购药品或者卫生材料书立的买卖合同;

8. 个人与电子商务经营者订立的电子订单。

根据国民经济和社会发展的需要,国务院对居民住房需求保障、企业改制重组、破产、支持小型微型企业发展等情形可以规定减征或者免征印花税,报全国人民代表大会常务委员会备案。[①]

二、享受免税优惠的纳税人具体范围

(一)家庭农场的具体范围

享受印花税免税优惠的家庭农场,具体范围为以家庭为基本经营单元,以农场生产经营为主业,以农场经营收入为家庭主要收入来源,从事农业规模化、标准化、集约化生产经营,纳入全国家庭农场名录系统的家庭农场。

(二)学校的具体范围

享受印花税免税优惠的学校,具体范围为经县级以上人民政府或者其教育行政部门批准成立的大学、中学、小学、幼儿园,实施学历教育的职业教育学校、特殊教育学校、专门学校,以及经省级人民政府或者其人力资源社会保障行政部门批准成立的技工院校。

(三)社会福利机构的具体范围

享受印花税免税优惠的社会福利机构,具体范围为依法登记的养老服务机构、残疾人服务机构、儿童福利机构、救助管理机构、未成年人救助保护机构。

(四)慈善组织的具体范围

享受印花税免税优惠的慈善组织,具体范围为依法设立、符合《中华人民共和国慈善法》规定,以面向社会开展慈善活动为宗旨的非营利性组织。

(五)非营利性医疗卫生机构的具体范围

享受印花税免税优惠的非营利性医疗卫生机构,具体范围为经县级以上人民政府卫生健康行政部门批准或者备案设立的非营利性医疗卫生机构。

---

① 财政部、国家税务总局于2022年6月27日发布《关于印花税法实施后有关优惠政策衔接问题的公告》(财政部、税务总局公告2022年第23号),该公告通过附件1明确了继续执行的印花税优惠政策文件及条款目录;附件2明确了废止的印花税优惠政策文件及条款目录,但也强调了相关政策废止后,符合印花税法第12条规定的免税情形的,纳税人可依法享受相关印花税优惠;附件3明确了失效的印花税优惠政策文件及条款目录。

(六) 电子商务经营者的具体范围

享受印花税免税优惠的电子商务经营者,具体范围按《中华人民共和国电子商务法》有关规定执行。

应当注意的是,对应税凭证适用印花税减免优惠的,书立该应税凭证的纳税人[①]均可享受印花税减免政策,明确特定纳税人适用印花税减免优惠的除外。

第四节 征收管理

印花税由税务机关依照《印花税法》和《中华人民共和国税收征收管理法》的规定征收管理。

纳税人应当根据书立印花税应税合同、产权转移书据和营业账簿情况,填写"印花税税源明细表",进行财产行为税综合申报。

一、印花税的主管税务机关

纳税人为单位的,应当向其机构所在地的主管税务机关申报缴纳印花税;纳税人为个人的,应当向应税凭证书立地或者纳税人居住地的主管税务机关申报缴纳印花税。

不动产产权发生转移的,纳税人应当向不动产所在地的主管税务机关申报缴纳印花税。

应当注意的是,纳税人为境外单位或者个人,在境内有代理人的,以其境内代理人为扣缴义务人。境外单位或者个人的境内代理人应当按规定扣缴印花税,向境内代理人机构所在地(居住地)主管税务机关申报解缴税款;纳税人为境外单位或者个人,在境内没有代理人的,纳税人应当自行申报缴纳印花税。境外单位或者个人可以向资产交付地、境内服务提供方或者接受方所在地(居住地)、书立应税凭证境内书立人所在地(居住地)主管税务机关申报缴纳;涉及不动产产权转移的,应当向不动产所在地主管税务机关申报缴纳。[②]

二、印花税的纳税义务发生时间

印花税的纳税义务发生时间为纳税人书立应税凭证或者完成证券交易的当日。

证券交易印花税扣缴义务发生时间为证券交易完成的当日。

---

① 国家税务总局于2022年6月28日发布的《国家税务总局关于实施〈中华人民共和国印花税法〉等有关事项的公告》(2022年第14号)规定:印花税法实施后,纳税人享受印花税优惠政策,继续实行"自行判别、申报享受、有关资料留存备查"的办理方式。纳税人对留存备查资料的真实性、完整性和合法性承担法律责任。

② 国家税务总局.关于实施《中华人民共和国印花税法》等有关事项的公告(2022年第14号)[EB/OL].(2022-06-28)[2022-07-01].

三、印花税的缴纳期限

印花税按季、按年或者按次计征。实行按季、按年计征的,纳税人应当自季度、年度终了之日起 15 日内申报缴纳税款;实行按次计征的,纳税人应当自纳税义务发生之日起 15 日内申报缴纳税款。

证券交易印花税按周解缴。证券交易印花税扣缴义务人应当自每周终了之日起 5 日内申报解缴税款以及银行结算的利息。

应当注意的是:(1) 应税合同、产权转移书据未列明金额,在后续实际结算时确定金额的,纳税人应当于书立应税合同、产权转移书据的首个纳税申报期申报应税合同、产权转移书据书立情况,在实际结算后下一个纳税申报期,以实际结算金额计算申报缴纳印花税。(2) 应税合同、产权转移书据印花税可以按季或者按次申报缴纳,应税营业账簿印花税可以按年或者按次申报缴纳,具体纳税期限由各省、自治区、直辖市、计划单列市税务局结合征管实际确定。境外单位或者个人的应税凭证印花税可以按季、按年或者按次申报缴纳,具体纳税期限由各省、自治区、直辖市、计划单列市税务局结合征管实际确定。[①]

四、印花税的缴纳方式

印花税可以采用粘贴印花税票或者由税务机关依法开具其他完税凭证的方式缴纳。

印花税票由国务院税务主管部门监制。

印花税票粘贴在应税凭证上的,由纳税人在每枚税票的骑缝处盖戳注销或者画销。

应当注意的是:(1) 未履行的应税合同、产权转移书据,已缴纳的印花税不予退还及抵缴税款。(2) 纳税人多贴的印花税票,不予退税及抵缴税款。

五、法律责任

纳税人、扣缴义务人和税务机关及其工作人员违反《印花税法》规定的,依照《中华人民共和国税收征收管理法》和有关法律、行政法规的规定追究法律责任。

---

① 国家税务总局.关于实施《中华人民共和国印花税法》等有关事项的公告(2022 年第 14 号)[EB/OL].(2022-06-28)[2022-07-01].

谜案 18　印花税

填空题

1. 根据我国《印花税法》的"印花税税目税率表"列明的_____、_____、_____、_____为印花税的征收范围,应当依法缴纳印花税。

2. 我国《印花税法》所称的证券交易,是指转让在依法设立的证券交易所、国务院批准的其他全国性证券交易场所交易的_____和_____。

3. 印花税的应纳税额按照_____乘以适用税率计算。

4. 同一应税凭证载有两个以上税目事项并分别列明金额的,按照_____的税目税率分别计算应纳税额;未分别列明金额的,从高适用税率。

5. 印花税票粘贴在应税凭证上的,由_____在每枚税票的骑缝处盖戳注销或者画销。

6. 印花税实行按季、按年计征的,纳税人应当自季度、年度终了之日起_____内申报缴纳税款;实行按次计征的,纳税人应当自纳税义务发生之日起_____内申报缴纳税款。

单选题

1. 甲企业将货物卖给乙企业,双方签订买卖合同,丙企业是该买卖合同中乙企业的担保人,请问该买卖合同印花税的纳税人为(　　)。
   A. 甲企业和乙企业　　　　　　B. 甲企业、乙企业和丙企业
   C. 甲企业和丙企业　　　　　　D. 乙企业和丙企业

2. 下列合同中,应按"买卖合同"税目征收印花税的是(　　)。
   A. 甲公司和乙公司签订的专有技术使用权转让合同
   B. 甲公司和乙公司签订的建设工程合同
   C. 甲公司和乙公司签订的原材料买卖合同
   D. 张三将其拥有的甲有限责任公司67%的股权转让给李四所签订的股权转让合同

3. 下列合同中,应按照"产权转移书据"税目缴纳印花税的选项有(　　)。
   A. 商品房买卖合同　　　　　　B. 技术开发合同
   C. 技术咨询合同　　　　　　　D. 技术服务合同

4. 甲普通合伙企业与乙物流公司签订一份运输保管合同,合同载明费用为10万元(运输费用和保管费未分别记载)。该合同双方各应缴纳的印花税税额为(　　)。
   A. 100元　　　B. 200元　　　C. 300元　　　D. 30元

5. 按照《印花税法》的规定,不属于按照万分之三的税率缴纳印花税的是( )。
   A. 融资租赁合同 B. 买卖合同 C. 承揽合同 D. 建设工程合同

多选题

1. 下列关于印花税的计税依据,表述正确的选项是( )。
   A. 应税合同的计税依据,为合同所列的金额,不包括列明的增值税税款
   B. 应税产权转移书据的计税依据,为产权转移书据所列的金额,不包括列明的增值税税款
   C. 应税营业账簿的计税依据,为账簿记载的实收资本(股本)、资本公积合计金额
   D. 证券交易的计税依据,为成交金额

2. 下列关于印花税纳税地点的表述,正确的是( )。
   A. 纳税人为单位的,应当向其机构所在地的主管税务机关申报缴纳印花税
   B. 纳税人为个人的,应当向应税凭证书立地或者纳税人居住地的主管税务机关申报缴纳印花税
   C. 不动产产权发生转移的,纳税人应当向不动产所在地的主管税务机关申报缴纳印花税
   D. 纳税人应当以方便为原则确定其印花税的纳税地点

3. 下列选项中,属于印花税免税项目的有( )。
   A. 无息或者贴息借款合同
   B. 个人与电子商务经营者订立的电子订单
   C. 财产保险合同
   D. 专有技术使用权转让合同

4. 根据《印花税法》的规定,下列各项中,属于印花税征收范围的是( )。
   A. 个人书立的动产买卖合同
   B. 管道运输合同
   C. 银行业金融机构与借款人的借款合同
   D. 多式联运合同

5. 关于印花税应税凭证的描述,下列正确的选项有( )。
   A. 应税凭证的标的是在中华人民共和国境内的不动产,当事人在中华人民共和国境外书立在境内使用该应税凭证,应当按规定缴纳印花税
   B. 企业之间书立的确定买卖关系、明确买卖双方权利义务的订单、要货单等单据,且未另外书立买卖合同的,应当按规定缴纳印花税
   C. 发电厂与电网之间、电网与电网之间书立的购售电合同,应当按买卖合同税目缴纳印花税
   D. 应税凭证的标的是中国居民企业的股权,当事人在中华人民共和国境外书立在境内使用该应税凭证,应当按规定缴纳印花税

判断题

1. 采用委托贷款方式书立的借款合同纳税人为委托人和受托人,不包括借款人。( )
2. 证券交易印花税对证券交易的双方均征收。( )
3. 应税合同、产权转移书据未列明金额的,印花税的计税依据按照实际结算的金额确定。计税依据按照前款规定仍不能确定的,按照书立合同、产权转移书据时的市场价格确定;依法

应当执行政府定价或者政府指导价的,按照国家有关规定确定。（　　）

4. 证券交易无转让价格的,按照办理过户登记手续时该证券前一个交易日收盘价计算确定计税依据;无收盘价的,按照证券面值计算确定计税依据。（　　）

5. 同一应税凭证由两方以上当事人书立的,按照各自涉及的金额分别计算应纳税额。
（　　）

6. 证券登记结算机构不能作为证券交易印花税的扣缴义务人。（　　）

7. 印花税的纳税义务发生时间为纳税人书立应税凭证或者完成证券交易的当日。证券交易印花税扣缴义务发生时间为证券交易完成的第二日。（　　）

8. 县级以上人民政府及其所属部门按照行政管理权限征收、收回或者补偿安置房地产书立的合同、协议或者行政类文书属于印花税的征收范围。（　　）

9. 《印花税法》取消了以往的按月申报,实行按季、按年或者按次计征。（　　）

10. 甲乙公司协商一致,甲公司以300万元的产品换取乙公司400万元的原材料,甲公司和乙公司应当各自按照700万元(合同所列金额不包括列明的增值税税款)计算印花税。（　　）

名词解释题

印花税的纳税人　　印花税的应税凭证　　证券交易印花税

简答题

1. 简述免征印花税的应税凭证范围。
2. 简述印花税的纳税义务发生时间与缴纳期限。
3. 简述印花税的纳税地点与主管税务机关。
4. 简述印花税的缴纳方式。

论述题

如何理解我国印花税的征收范围。

计算题

1. 纳税人甲按季申报缴纳印花税,2022年9月30日书立财产保险合同100万份,合同所列保险费(不包括列明的增值税税款)共计100 000万元。请计算纳税人应纳印花税税额。

2. 2022年8月,甲有限责任公司发生的经营业务如下:

(1) 订立办公桌椅买卖合同1份,合同所列价款(不包括列明的增值税税款)50 000元,订立打印机买卖合同1份,合同所列价款(不包括列明的增值税税款)20 000元。

(2) 订立股权转让协议1份,合同所列价款(不包括列明的增值税税款)300 000元。

(3) 订立道路施工合同1份,合同所列价款(不包括列明的增值税税款)2 000 000元
甲有限责任公司按季申报缴纳印花税,请计算该公司应缴纳印花税税额。

谜底(请找彩蛋)

第19章 环境保护税

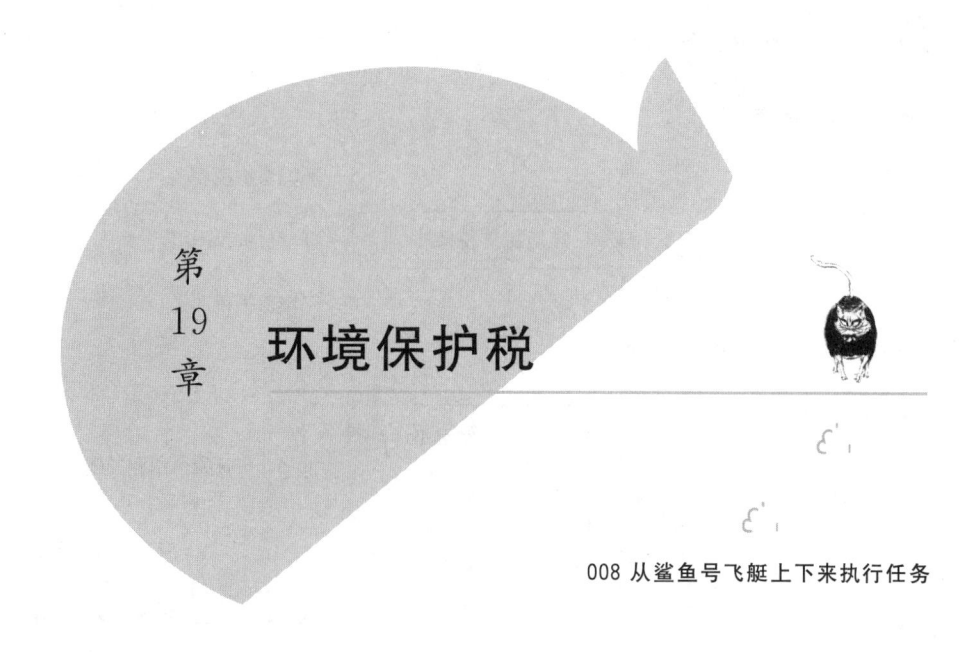

008 从鲨鱼号飞艇上下来执行任务

◇ 任务分解

- 了解环境保护税的概念、作用与意义
- 掌握环境保护税基本税收制度,熟悉环境保护税税收要素
- 融会贯通环境保护税税额计算和纳税申报的税务实操

◇ 疑难重点

- 重点:环境保护税税收要素,应纳税额的计算,税收优惠政策,税收征管制度
- 难点:环境保护税应纳税额的计算,环境保护税的征管

◇ 探案道具箱

密码

大力箱,
萌探008探案助手,兼案卷记录员,
AI族,全知全能…

✅ 谜案线索

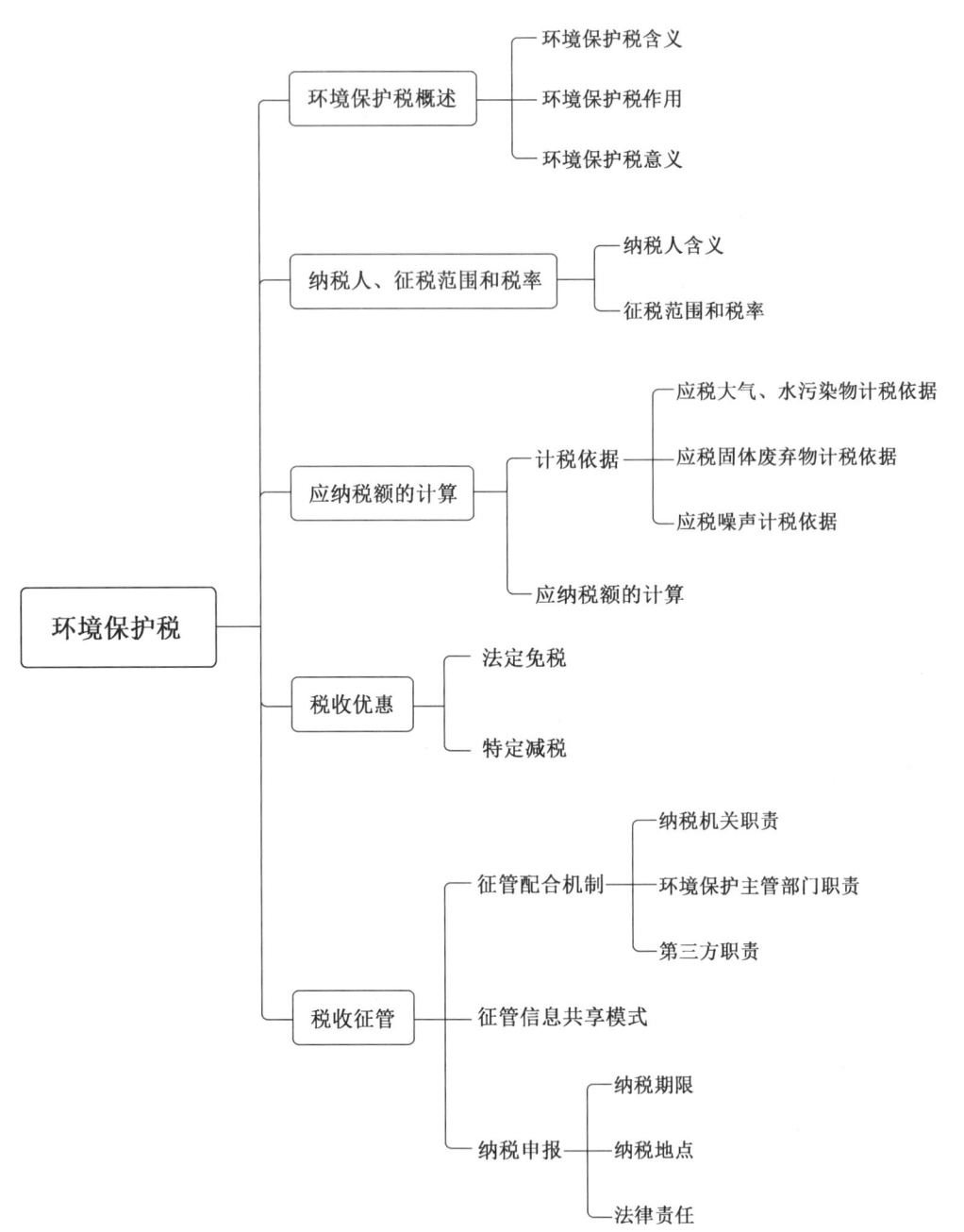

```
                                   ┌─ 环境保护税含义
                    ┌─ 环境保护税概述 ─┼─ 环境保护税作用
                    │                └─ 环境保护税意义
                    │
                    │                        ┌─ 纳税人含义
                    ├─ 纳税人、征税范围和税率 ─┤
                    │                        └─ 征税范围和税率
                    │
                    │                    ┌─ 应税大气、水污染物计税依据
                    │         ┌─ 计税依据 ─┼─ 应税固体废弃物计税依据
                    ├─ 应纳税额的计算 ─┤     └─ 应税噪声计税依据
                    │         │
                    │         └─ 应纳税额的计算
   环境保护税 ──────┤
                    │            ┌─ 法定免税
                    ├─ 税收优惠 ─┤
                    │            └─ 特定减税
                    │
                    │                      ┌─ 纳税机关职责
                    │         ┌─ 征管配合机制 ─┼─ 环境保护主管部门职责
                    │         │              └─ 第三方职责
                    ├─ 税收征管 ─┤
                    │         └─ 征管信息共享模式
                    │
                    │            ┌─ 纳税期限
                    └─ 纳税申报 ─┼─ 纳税地点
                                 └─ 法律责任
```

第一节　环境保护税概述

一、环境保护税的含义

环境保护税,即针对污染、破坏环境的行为或产品课征的专门性税种。2016年12月25日,第十二届全国人民代表大会常务委员会第二十五次会议通过《中华人民共和国环境保护税法》(以下简称《环保税法》),2018年1月1日起施行。《环保税法》是党的十八届三中全会提出"落实税收法定原则"后,全国人大常委会审议通过的第一部单行税法;是我国第一部专门体现"绿色税制"、推进生态文明建设的单行税法;是我国第一部明确写入部门信息共享和工作配合机制的单行税法。

根据我国《环保税法》规定:环保税是指对在我国领域及管辖的其他海域的企事业单位及其他生产经营者,因其直接向环境排放大气污染物、水污染物、固体废物和噪声等应税污染物的行为而征收的一种税。

难点爆破道具——奇思妙响指 NICE 19-1:
我国环保税溯源及其与排污费、环境税、
环境法律责任等概念的辨析

二、环境保护税的作用

环保税旨在通过价格机制调控生产者的排污行为,使污染造成的外部成本内部化,从而实现环境资源的有效利用。环保税作为我国环境治理的重要经济手段,具有行为激励、损失补偿、筹集资金和资源配置等功能,对于建设资源节约型、环境友好型社会,推动经济转型和可持续发展具有重要意义。具体来说如下。

第一,环保税主要是通过税率确定的价格机制来调控污染企业的生产行为和排污行为,并在国家强制力的保障下实现减排目的。具体来讲,面对环保税这一污染治理成本,污染企业会根据自身生产和减排的成本与收益之间的关系,做出不同的生产策略。

疑点爆破道具——奇思妙响指 NICE 19-2:
污染企业生产收益与排污成本分析

第二，环保税款的使用方向和效率也影响了《环保税法》对环境污染的治理效应。因此，不同的环保税税率、征管强度以及税款使用情况就决定了《环保税法》在不同地区对环境污染的治理效应具有差异。根据我国《环保税法》的规定，省级地方政府在统筹考虑本地区环境承载能力、污染物排放现状和经济社会生态发展目标要求的基础上，可以在法律规定的幅度内设定环保税率；除此之外，《环保税法》规定了环保税税收收入由地方政府享有，但并未明确该收入是否应专门用于环境治理，因而不同地区的税款使用情况也不同。

疑点爆破道具——奇思妙响指 NICE 19-3：
环境治理效应的地区异质性

三、环境保护税的意义

开征环保税具有十分重要的意义：一是有利于解决排污费制度存在的执法刚性不足、地方干预等问题。二是有利于提高纳税人环保意识和遵从度，强化企业治污减排的责任。三是有利于构建促进经济结构调整、发展方式转变的绿色税制体系，强化税收调控作用，形成有效的约束激励机制，提高全社会环境保护意识，推进生态文明建设和绿色发展。四是通过"清费立税"，有利于规范政府分配秩序、优化财政收入结构、强化预算约束。五是建立环境保护税征管协作机制。环保费改税后，征收部门由环保部门改为税务机关，环保部门配合，规定了"企业申报、税务征收、环保监测、信息共享"的税收征管分工协作机制。

第二节 纳税人、征税范围和税率

一、纳税人

现行《环保税法》规定，在中华人民共和国领域和中华人民共和国管辖的其他海域，直接向环境排放应税污染物的企业事业、单位和其他生产经营者为环境保护税的纳税人，应当依法缴纳环境保护税。

上述对纳税人的规定，需做几点具体说明：

（1）不直接向环境排放应税污染物的，不缴纳环境保护税。具体又包括两种情况：① 企业、事业单位和其他生产经营者向依法设立的污水集中处理、生活垃圾集中处理场所排放应税污染物的，不缴纳环境保护税；② 在符合国家或者地方环境保护标准的设施、场所贮存或者处置固体废物的，不缴纳固体废物的环境保护税。

（2）依法设立的城乡污水集中处理、生活垃圾集中处理场所超过国家和地方规定的排放标准向环境排放应税污染物的,应当缴纳环境保护税。上述所称城乡污水集中处理场所,是指为社会公众提供生活污水处理服务的场所,不包括为工业园区、开发区等工业聚集区域内的企业、事业单位和其他生产经营者提供污水处理服务的场所,以及企业、事业单位和其他生产经营者自建自用的污水处理场所。居民个人不属于纳税人,不用缴纳环境保护税。

二、征税范围和税率

现行环保税的纳税对象为依法规定的大气污染物、水污染物、固体废物和噪声。根据《环保税法》规定,应税大气污染物的税额幅度为每污染当量1.2元至12元,水污染物的税额幅度为每污染当量1.4元至14元。具体适用税额的确定和调整,可由地方人大常委会依据当地环境承载能力、污染物排放现状和经济社会生态发展目标要求在法定税额幅度内决定。固体废物及噪声应税污染物的具体范围由《环保税法》所附《环境保护税税目税额表》、《应税污染物和当量值表》所规定。

(一) 税目税额表

表 19-1 环境保护税税目税额表

税目		计税单位	税额
大气污染物		每污染当量	1.2~12元
水污染物		每污染当量	1.4~14元
固体废物	煤矸石	每吨	5元
	尾矿		15元
	危险废物		1 000元
	冶炼渣、粉煤灰、炉渣、其他固体废物(含半固态、液态废物)		25元
噪声	工业噪声	超标1~3分贝	每月350元
		超标4~6分贝	每月700元
		超标7~9分贝	每月1 400元
		超标10~12分贝	每月2 800元
		超标13~15分贝	每月5 600元
		超标16分贝以上	每月11 200元

(二) 污染当量及当量数

污染当量,是指根据污染物或者污染排放活动对环境的有害程度以及处理的技术经济性,衡量不同污染物对环境污染的综合性指标或者计量单位。同一介质相同污染当量数的不同污染物,其污染程度基本相当。

应税大气污染物、水污染物的污染当量数,以该污染物的排放量除以该污染物的污染当量值计算。即:

应税大气、水污染当量数＝该污染物的排放量÷该污染物的污染当量值

每种应税大气污染物、水污染物的具体污染当量值,依照《应税污染物和当量值表》执行。《应税污染物和当量值表》将水污染物细分为4类:(1) 第一类水污染物,共计10项;(2) 第二类水污染物,共计51项;(3) pH值、色度、大肠菌群数、余氯量水污染物,共计4项;(4) 禽畜养殖业、小型企业和第三产业水污染物,共计6项。

每一排放口的应税水污染物,按照《应税污染物和当量值表》区分第一类水污染物和其他类水污染物,按照污染当量数从大到小排序,对第一类水污染物按照前5项征收环境保护税,对其他类水污染物按照前3项征收环境保护税。色度的污染当量数,以污水排放量乘以色度超标倍数再除以适用的污染当量值计算。畜禽养殖业水污染物的污染当量数,以该畜禽养殖场的月均存栏量除以适用的污染当量值计算。畜禽养殖场的月均存栏量按照月初存栏量和月末存栏量的平均数计算。

《应税污染物和当量值表》将大气污染物细分为44项。每一排放口或者没有排放口的应税大气污染物,按照污染当量数从大到小排序,对前3项污染物征收环境保护税。

省、自治区、直辖市人民政府根据本地区污染物减排的特殊需要,可以增加同一排放口征收环境保护税的应税污染物项目数,报同级人民代表大会常务委员会决定,并报全国人民代表大会常务委员会和国务院备案。

第三节　应纳税额的计算

一、计税依据

应税污染物的计税依据,按照下列方法确定:

(一) 应税大气、水污染物计税依据

应税大气、水污染物计税依据按照污染物排放量折合的污染当量数确定。应税大气污染物、水污染物的污染当量数,以该污染物的排放量除以该污染物的污染当量值计算。

应税大气、水污染当量数＝该污染物的排放量÷该污染物的污染当量值

其中,每种应税大气污染物、水污染物的具体污染当量值,依照《应税污染物和当量值表》执行。

应税大气污染物、水污染物的排放量按照下列方法和顺序计算:(1) 纳税人安装使用符合国家规定和监测规范的污染物自动监测设备的,按照污染物自动监测数据计算;(2) 纳税人未安装使用污染物自动监测设备的,按照监测机构出具的符合国家有关规定和监测规范的监测数据计算(自行对污染物进行监测所获取的监测数据,符合国家有关规定和监测规范的,视同监测机构出具的监测数据);(3) 因排放污染物种类多等原因不具备监测条件的,按照国务院

环境保护主管部门规定的排污系数①、物料衡算②方法计算;(4)不能按照上述三项规定的方法计算的,按照省、自治区、直辖市人民政府环境保护主管部门规定的抽样测算的方法核定计算。

纳税人有下列情形之一的,以其当期应税大气污染物、水污染物的产生量作为污染物的排放量:(1)未依法安装使用污染物自动监测设备或者未将污染物自动监测设备与环境保护主管部门的监控设备联网;(2)损毁或者擅自移动、改变污染物自动监测设备;(3)篡改、伪造污染物监测数据;(4)通过暗管、渗井、渗坑、灌注或者稀释排放以及不正常运行防治污染设施等方式违法排放应税污染物;(5)进行虚假纳税申报。

(二)应税固体废物计税依据

应税固体废物按照固体废物的排放量确定。固体废物的排放量为当期应税固体废物的产生量减去当期应税固体废物的贮存量、处置量、综合利用量的余额。

$$\text{固体废弃物的排放量} = \text{当期应税固体废物的产生量} - \text{当期应税固体废物的贮存量} - \text{当期处置量} - \text{当期综合利用量}$$

其中,固体废物的贮存量、处置量,是指在符合国家和地方环境保护标准的设施、场所贮存或者处置的固体废物数量;固体废物的综合利用量,是指按照国务院发展改革、工业和信息化主管部门关于资源综合利用要求以及国家和地方环境保护标准进行综合利用的固体废物数量。

纳税人有下列情形之一的,以其当期应税固体废物的产生量作为固体废物的排放量:(1)非法倾倒应税固体废物;(2)进行虚假纳税申报。

从两个以上排放口排放上述应税大气、水与固体污染物的,对每一排放口排放的应税污染物分别计算征收环境保护税;纳税人持有排污许可证的,其污染物排放口按照排污许可证载明的污染物排放口确定。

(三)应税噪声计税依据

应税噪声的计税依据按照超过国家规定标准的分贝数确定。应税噪声的分贝数的计算方法和顺序同大气、水污染物。

在确定计税依据时,应注意以下几点:

(1)噪声超标分贝数不是整数值的,按四舍五入取整。

(2)一个单位边界上有多处噪声超标,根据最高一处超标声级计算应纳税额;当沿边界长度超过100米有两处以上噪声超标,按照两个单位计算应纳税额。

(3)一个单位有不同地点作业场所的,应当分别计算应纳税额,合并计征。

(4)昼、夜均超标的环境噪声,昼、夜分别计算应纳税额,累计计征。

(5)声源一个月内超标不足15天的,减半计算应纳税额。

(6)夜间频繁突发和夜间偶然突发厂界超标噪声,按等效声级和峰值噪声两种指标中超标分贝值高的一项计算应纳税额。

---

① 排污系数是指连续监测周期内废水排放量或污染物排放量与产品产量的比值。
② 物料衡算是指根据物质质量守恒原理对生产过程中使用的原料、生产的产品和产生的废物等进行测算的一种方法。

二、应纳税额的计算

环境保护税应纳税额按照下列方法计算：
(1) 应税大气污染物的应纳税额为污染当量数乘以具体适用税额；
(2) 应税水污染物的应纳税额为污染当量数乘以具体适用税额；
(3) 应税固体废物的应纳税额为固体废物排放量乘以具体适用税额；
(4) 应税噪声的应纳税额为超过国家规定标准的分贝数对应的具体适用税额。

【例 19-1】 某规模化养猪企业是环保税纳税人，2018 年 1 月有猪存栏量 1 000 头，2018 年 2 月有猪存栏量 900 头，2018 年 3 月有猪存栏量 1 100 头。假设污染当量值为 1，当地水污染物适用税额为每污染当量 2.8 元。2018 年 1～3 月水污染物应纳税额是多少？

解 1 月应纳税额 $=1\,000\div1\times2.8=2\,800$ 元

2 月应纳税额 $=900\div1\times2.8=2\,520$ 元

3 月应纳税额 $=1\,100\div1\times2.8=3\,080$ 元

申报表填写如下：
(1) 填报《环境保护税基础信息采集表》。
(2) 填报《环境保护税纳税申报表(B 类)》。

第四节 税收优惠

一、法定免税

下列情形，暂予免征环境保护税，由国务院报全国人民代表大会常务委员会备案：
(1) 农业生产(不包括规模化养殖)排放应税污染物的；
(2) 机动车、铁路机车、非道路移动机械、船舶和航空器等流动污染源排放应税污染物的；
(3) 依法设立的城乡污水集中处理、生活垃圾集中处理场所排放相应应税污染物，不超过国家和地方规定的排放标准的；
(4) 纳税人综合利用的固体废物，符合国家和地方环境保护标准的；
(5) 国务院批准免税的其他情形。

二、特定减税

(1) 纳税人排放应税大气污染物或者水污染物的浓度值低于国家和地方规定的污染物排放标准 30% 的，减按 75% 征收环境保护税。

(2) 纳税人排放应税大气污染物或者水污染物的浓度值低于国家和地方规定的污染物排放标准 50% 的，减按 50% 征收环境保护税。

应税大气污染物或者水污染物的浓度值,是指纳税人安装使用的污染物自动监测设备当月自动监测的应税大气污染物浓度值的小时平均值再平均所得数值或者应税水污染物浓度值的日平均值再平均所得数值,或者监测机构当月监测的应税大气污染物、水污染物浓度值的平均值。应税大气污染物浓度值的小时平均值或者应税水污染物浓度值的日平均值,以及监测机构当月每次监测的应税大气污染物、水污染物的浓度值,均不得超过国家和地方规定的污染物排放标准。

依照上述规定减征环境保护税的,应当对每一排放口排放的不同应税污染物分别计算。

第五节 征收管理

一、征管配合机制

《环保税法》是我国第一部明确写入部门信息共享和工作配合机制的单行税法,规定环境保护主管部门和税务机关应当建立涉税信息共享平台和工作配合机制。

（一）税务机关职责

1. 纳税人识别

税务机关依照《中华人民共和国税收征收管理法》和《环保税法》的有关规定征收管理环境保护税,依法履行环境保护税纳税申报受理、涉税信息比对、组织税款入库等职责。税务机关应当依据环境保护主管部门交送的排污单位信息进行纳税人识别。在环境保护主管部门交送的排污单位信息中没有对应信息的纳税人,由税务机关在纳税人首次办理环境保护税纳税申报时进行纳税人识别,并将相关信息交送环境保护主管部门。

2. 信息比对

税务机关应当将纳税人的纳税申报数据与环境保护主管部门交送的相关数据进行比对。纳税人申报的污染物排放数据与环境保护主管部门交送的相关数据不一致的,按照环境保护主管部门交送的数据确定应税污染物的计税依据。

税务机关发现纳税人的纳税申报数据资料异常[①]或者纳税人未按照规定期限办理纳税申报的,可以提请环境保护主管部门进行复核,环境保护主管部门应当自收到税务机关的数据资料之日起15日内向税务机关出具复核意见。税务机关应当按照环境保护主管部门复核的数据资料调整纳税人的应纳税额。

（二）环境保护主管部门职责

环境保护主管部门依照《环保税法》和有关环境保护法律法规的规定,负责应税污染物监测管理,制定和完善污染物监测规范。环保主管部门发现纳税人申报的应税污染物排放信息或者适用的排污系数、物料衡算方法有误的,应当通知税务机关处理。依法需要核定计算污染

---

① 纳税申报数据资料异常,包括但不限于下列情形:(1)纳税人当期申报的应税污染物排放量与上一年同期相比明显偏低,且无正当理由;(2)纳税人单位产品污染物排放量与同类型纳税人相比明显偏低,且无正当理由。

物排放量的，由税务机关会同环境保护主管部门核定污染物排放种类、数量和应纳税额。

(三) 第三方职责

纳税人申报缴纳时，应当向税务机关报送所排放应税污染物的种类、数量，大气污染物、水污染物的浓度值，以及税务机关根据实际需要要求纳税人报送的其他纳税资料。纳税人应当按照税收征收管理的有关规定，妥善保管应税污染物监测和管理的有关资料。

县级以上地方人民政府应当建立税务机关、环境保护主管部门和其他相关单位分工协作工作机制，加强环境保护税征收管理，保障税款及时足额入库。县级以上地方人民政府应当加强对环境保护税征收管理工作的领导，及时协调、解决环境保护税征收管理工作中的重大问题。

国务院税务、环境保护主管部门制定涉税信息共享平台技术标准以及数据采集、存储、传输、查询和使用规范。税务机关、环境保护主管部门应当无偿为纳税人提供与缴纳环境保护税有关的辅导、培训和咨询服务。

各级人民政府应当鼓励纳税人加大环境保护建设投入，对纳税人用于污染物自动监测设备的投资予以资金和政策支持。

二、征管信息共享模式

环境保护主管部门应当将排污单位的排污许可、污染物排放数据、环境违法和受行政处罚情况等环境保护相关信息，定期交送税务机关。环境保护主管部门应当通过涉税信息共享平台向税务机关交送在环境保护监督管理中获取的下列信息：

（1）排污单位的名称、统一社会信用代码以及污染物排放口、排放污染物种类等基本信息；

（2）排污单位的污染物排放数据（包括污染物排放量以及大气污染物、水污染物的浓度值等数据）；

（3）排污单位环境违法和受行政处罚情况；

（4）对税务机关提请复核的纳税人的纳税申报数据异常或者纳税人未按照规定期限办理纳税申报的复核意见；

（5）与税务机关商定交送的其他信息。

税务机关应当将纳税人的纳税申报、税款入库、减免税额、欠缴税款以及风险疑点等环境保护税涉税信息，定期交送环境保护主管部门。税务机关应当通过涉税信息共享平台向环境保护主管部门交送下列环境保护税涉税信息：

（1）纳税人基本信息；

（2）纳税申报信息；

（3）税款入库、减免税额、欠缴税款以及风险疑点等信息；

（4）纳税人涉税违法和受行政处罚情况；

（5）纳税人的纳税申报数据资料异常或者纳税人未按照规定期限办理纳税申报的信息；

（6）与环境保护主管部门商定交送的其他信息。

三、纳税申报

(一) 纳税期限

环境保护税按月计算,按季申报缴纳。不能按固定期限计算缴纳的,可以按次申报缴纳。纳税义务发生时间为纳税人排放应税污染物的当日。

纳税人按季申报缴纳的,应当自季度终了之日起15日内,向税务机关办理纳税申报并缴纳税款。纳税人按次申报缴纳的,应当自纳税义务发生之日起15日内,向税务机关办理纳税申报并缴纳税款。

(二) 纳税地点

纳税人应当向应税污染物排放地的税务机关申报缴纳环境保护税。应税污染物排放地是指:(1) 应税大气污染物、水污染物排放口所在地;(2) 应税固体废物产生地;(3) 应税噪声产生地。

纳税人跨区域排放应税污染物,税务机关对税收征收管辖有争议的,由争议各方按照有利于征收管理的原则协商解决;不能协商一致的,报请共同的上级税务机关决定。纳税人从事海洋工程向中华人民共和国管辖海域排放应税大气污染物、水污染物或者固体废物,申报缴纳环境保护税的具体办法,由国务院税务主管部门会同国务院海洋主管部门规定。

(三) 法律责任

纳税人应当依法如实办理纳税申报,对申报的真实性和完整性承担责任。

纳税人和税务机关、环境保护主管部门及其工作人员违反《环保税法》规定的,依照《中华人民共和国税收征收管理法》、《中华人民共和国环境保护法》和有关法律法规的规定追究法律责任。

谜案 19 环境保护税

单选题

1. 下列情形中,应缴纳环境保护税的是( )。
   A. 企业向依法设立的污水集中处理场所排放应税污染物
   B. 个体户向依法设立的生活垃圾集中处理场所排放应税污染物
   C. 事业单位在符合国家环境保护标准的设施贮存固体废物
   D. 企业在不符合地方环境保护标准的场所处置固体废物

2. 环境保护税按月计算、按( )申报缴纳。
   A. 天　　　　B. 年　　　　C. 月　　　　D. 季

3. 以下属于应征收环境保护税的项目是( )。
   A. 商业噪声　B. 生活噪声　C. 工业噪声　D. 服务业噪声

4. 党的( )全会通过的《中共中央关于全面深化改革若干重大问题的决定》第五部分"深化财税体制改革"中提出"推动环境保护费改税"。
   A. 十八届三中　B. 十八届四中　C. 十八届五中　D. 十八届六中

5. 纳税人排放应税大气污染物或者水污染物的浓度值低于国家和地方规定的污染物排放标准( )的,减按75%征收环境保护税。
   A. 15%　　　B. 20%　　　C. 25%　　　D. 30%

6. 纳税人排放应税大气污染物或者水污染物的浓度值低于国家和地方规定的污染物排放标准( )的,减按50%征收环境保护税。
   A. 30%　　　B. 40%　　　C. 50%　　　D. 60%

7. 下列情形中,属于直接向环境排放污染物从而应缴纳环境保护税的是( )。
   A. 企业在符合国家和地方环境保护标准的场所处置固体废物的
   B. 事业单位向依法设立的生活垃圾集中处理场所排放应税污染物的
   C. 企业向依法设立的污水集中处理场所排放应税污染物的
   D. 依法设立的城乡污水集中处理场所超过国家和地方规定的排放标准排放应税污染物的

8. 根据《环保税法》规定,纳税人缴纳环境保护税的纳税地点是( )。
   A. 扣缴义务人所在地的税务机关
   B. 应税污染物排放地的上级税务机关

C. 应税污染物排放地的税务机关

D. 应税污染物排放单位机构所在地的税务机关

9. 纳税人按季申报缴纳的,应当自季度终了之日起(　　)内,向税务机关办理纳税申报并缴纳税款。

　　A. 十日内　　　B. 十五日内　　　C. 二十日内　　　D. 三十日内

10. 下列情形,不予免征环境保护税的是(　　)。

　　A. 农业种植排放应税污染物的

　　B. 船舶行驶排放应税污染物的

　　C. 规模化养殖排放应税污染物的

　　D. 纳税人综合利用的固体废物,符合国家和地方环境保护标准的

多选题

1. 《环境保护税法》规定,环境保护税的征税对象包括(　　)。

　　A. 大气污染物　　B. 水污染物　　C. 固体废物　　D. 噪声

2. 环境保护税应纳税额按照计算方法正确的有(　　)。

　　A. 应税大气污染物的应纳税额为污染当量数乘以具体适用税额

　　B. 应税水污染物的应纳税额为污染当量数乘以具体适用税额

　　C. 应税固体废物的应纳税额为固体废物排放量乘以具体适用税额

　　D. 应税噪声的应纳税额为超过国家规定标准的分贝数对应的具体适用税额

3. 纳税人应当依法如实办理纳税申报,对申报的(　　)承担责任。

　　A. 真实性　　　B. 合法性　　　C. 完整性　　　D. 合理性

4. 下列情形,属于暂予免征环境保护税的有(　　)。

　　A. 农业生产(不包括规模化养殖)排放应税污染物的

　　B. 机动车、铁路机车、非道路移动机械、船舶和航空器等流动污染源排放应税污染物的

　　C. 依法设立的城乡污水集中处理、生活垃圾集中处理场所排放相应应税污染物,不超过国家和地方规定的排放标准的

　　D. 纳税人综合利用的固体废物,符合国家和地方环境保护标准的

5. 环境保护税法实行(　　)的新型征管模式。

　　A. 税务征收　　B. 企业申报　　C. 环保协作　　D. 信息共享

6. 下列关于环境保护税的说法中,正确的有(　　)。

　　A. 实行统一定额税和浮动定额税相结合的税额标准

　　B. 环境保护税的征税环节是生产销售环节

　　C. 对机动车排放废气暂免征收环境保护税

　　D. 环境保护税收入全部归地方政府所有

计算题

1. 甲化工厂未安装环保减排设备,只有一个排放口,2021年8月甲化工厂直接向外排放二氧化硫200千克,氮氧化物180千克,一氧化碳100千克,二硫化碳160千克。已知,二氧化

硫、氮氧化物、一氧化碳和二硫化碳的污染当量值分别为 0.95 千克、0.95 千克、16.7 千克和 20 千克。当期应税大气污染物的单位税额为每污染当量 2.4 元。要求：

(1) 分别计算每种大气污染物的污染当量数。

(2) 简要说明哪些污染物是需要缴纳环境保护税的。

(3) 计算当月工厂应缴纳的环境保护税。

✓ 名词解析

环境保护税　　污染当量　　应税污染物　　排放量　　物料衡算　　排污系数　　浓度值

✓ 简答题

1. 环境保护税的纳税人有哪些？
2. 对于环境保护税的纳税人来讲，哪几类污染物需要缴纳？
3. 应税大气、水污染物的计税依据是什么？
4. 哪些情形不需要缴纳环境保护税？
5. 环境保护税怎么申报？

✓ 论述题

1. 请简述我国开征环境保护税的意义。
2. 与命令控制型政策相比，环境保护税有何优势？
3. 简要分析我国环境保护税征管中可能面临的问题。

谜底（请找彩蛋）

第20章 税收征收管理

008 从鲨鱼号飞艇上下来执行任务

✓ 任务分解

- 基本了解我国税收征收管理制度
- 全面掌握各税种的纳税申报等事项
- 融会贯通基本的税收征管实操
- 了解税收征收管理的概念、范围和地位
- 熟练掌握税务管理制度和税款征收制度
- 掌握税务检查、税务代理制度、违反税收征收管理法的法律责任,以及纳税信用管理制度

✓ 疑难重点

- 重点:税务登记、账簿凭证管理、发票管理及纳税申报等税务管理制度,税款征收的原则和方式及税款征收制度,纳税信用管理制度
- 难点:纳税信用管理制度

✓ 探案道具箱

密码

大力箱,
萌探008探案助手,兼案卷记录员,
AI族,全知全能⋯

谜案线索

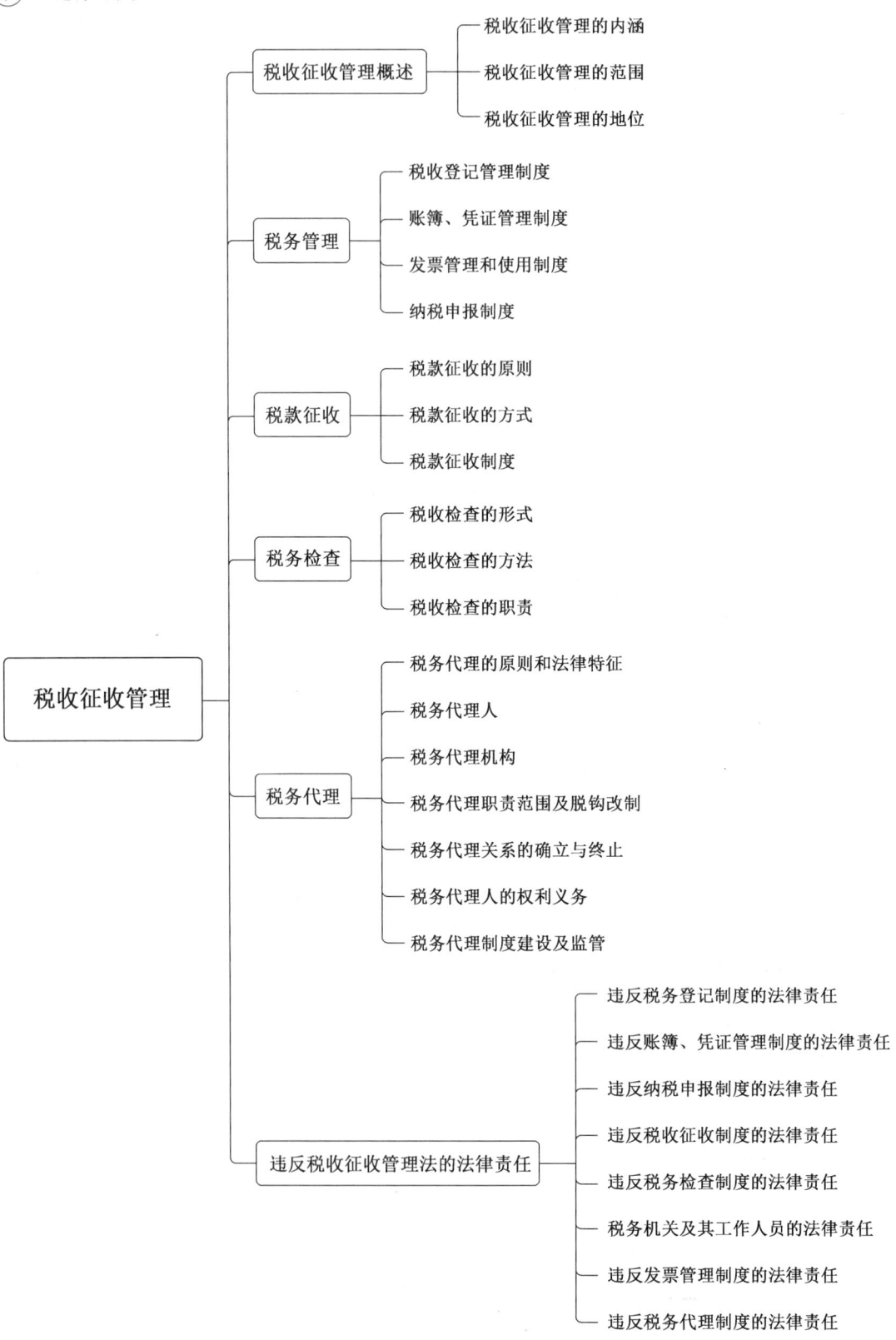

- **税收征收管理**
  - 税收征收管理概述
    - 税收征收管理的内涵
    - 税收征收管理的范围
    - 税收征收管理的地位
  - 税务管理
    - 税收登记管理制度
    - 账簿、凭证管理制度
    - 发票管理和使用制度
    - 纳税申报制度
  - 税款征收
    - 税款征收的原则
    - 税款征收的方式
    - 税款征收制度
  - 税务检查
    - 税收检查的形式
    - 税收检查的方法
    - 税收检查的职责
  - 税务代理
    - 税务代理的原则和法律特征
    - 税务代理人
    - 税务代理机构
    - 税务代理职责范围及脱钩改制
    - 税务代理关系的确立与终止
    - 税务代理人的权利义务
    - 税务代理制度建设及监管
  - 违反税收征收管理法的法律责任
    - 违反税务登记制度的法律责任
    - 违反账簿、凭证管理制度的法律责任
    - 违反纳税申报制度的法律责任
    - 违反税收征收制度的法律责任
    - 违反税务检查制度的法律责任
    - 税务机关及其工作人员的法律责任
    - 违反发票管理制度的法律责任
    - 违反税务代理制度的法律责任

第一节　税收征收管理概述

一、税收征收管理的内涵

税收征收管理是指税法制定之后,税务机关组织、计划、协调、指挥税务人员,将税法具体实施的过程。它是贯彻税收法令、实现税收职能、发挥税收作用的基本环节,是整个税务管理活动的重要组成部分。通过征收管理,提供数据,掌握经济税源的变化情况,为税收计划、会计、统计积累了资料;开展纳税检查,监督税收法规和各项政策的贯彻实施,组织税款及时按期入库,保证了国家资金的需要;同时还能够了解国民经济各方面的活动情况,促进国民经济的健康发展。税收征管理论的严谨性和重要性丝毫不亚于税制理论,不断完善税收管理制度是建立国家现代管理制度的重要组成部分。

税收征收管理的主体是税务机关,对象是纳税单位和个人,税务机关对纳税单位和个人进行管理、征收和稽查的税收活动,是国家行使政治权力的体现,反映了税收参与社会产品分配的本质属性。纳税单位和个人履行纳税义务,是宪法规定的每个公民应尽的义务。

税收征收管理是经济管理活动的一种特殊形式,它与其他经济管理形式一样,具有自然和社会两重属性。

疑点爆破道具——奇思妙响指 NICE 20-1:
税收征收管理的自然与社会属性分析

案情追踪道具——追案魔法帽 20-2:
我国税收征管体制立法演进

二、税收征收管理的范围

税收征收管理和税收管理是两个不同的概念。从范围上讲,税收管理的范围大,它大体包括税收体制管理,税收决策管理,税收制度管理,税收征收管理和税收计、会、统核算管理等。税收征收管理是税收管理的核心,在税收征收管理中,最为重要的是税务管理制度和税款征收制度,税务管理制度是基础,而税款征收制度是核心和关键。从范围来看,税收征收管理包括管理、征收和稽查三个方面。

(一) 管理

管理包括经济税源管理、税务登记、纳税辅导、税法宣传、发票、账簿管理以及减税、免税管理。

经济税源管理包括对经济税源的调查和预测两个环节,其根本目的是调查研究影响经济税源发展变化的各种因素,预测经济税源发展变化的趋势,为制定税收政策、编制税收计划、确定税收任务以及改进税收工作的适应能力和应变能力提供信息。

税务登记是纳税人在开业、变更、歇业时,就其经营活动,向当地主管税务机关办理登记的一项法定手续。它是纳税人遵守国家税收法令,履行纳税义务,接受税收监督的必要措施,也是税务机关掌握税源,实行税源控制,防止漏管、漏征户的基础工作。

纳税辅导是税务机关主动帮助纳税人按照税收法规要求,解决纳税方面的问题,使其正确履行纳税义务的一项制度。这是我国税务干部在长期的征管实践中摸索出来的具有中国特色的一项制度。通过纳税辅导,不但可以把错缴、漏缴税款的现象控制在征收入库前,同时,也有利于密切征纳关系,有利于提高税收人员的政策业务水平和技术水平。当然,随着我国税收制度的日益完善和全民纳税意识不断增强,纳税辅导将逐步由税法宣传所代替,纳税辅导的任务将会逐步减轻。

发票管理是指税务机关对纳税人的发票印制、领购、开具和保管的管理。账簿管理是指税务机关对纳税人的账簿的设立、健全及核算是否正确的管理。发票、账簿都是正确计算应纳税额的主要依据,对其进行管理,是控制税源的重要环节。

减税、免税管理,是对纳税人申请减税、免税进行调查、审核、上报和跟踪问效。强化减税、免税管理,是整顿税收秩序,推进依法治税,加强税收征收管理的重要环节。

(二) 征收

征收包括纳税申报、税款征收和纳税资料的收集、整理、传递和保管工作。

纳税申报是纳税人向税务机关报送纳税申报表、财务会计报表和其他有关纳税资料的一项制度。它既是纳税人在履行纳税义务时的法定手续,也是税务机关对应征税款的实际数、上缴数、减免数、欠缴数进行核算的依据。它是将税收法规转化为税收成果的重要手段。

税款征收是税务机关按照规定向纳税人征税并组织入库,税务机关根据税源的分布、管理对象和税种特点,采取一定的税收征收管理形式和税款征收方法。一般是由纳税人按期向税务机关申报纳税,税务机关受理申报,审核后组织税款及时入库。这是税收征收管理工作的中心环节。

(三) 稽查

稽查包括纳税检查和违章处理两个方面。纳税检查是税务机关对纳税人履行义务情况进行审查。税务机关根据需要对纳税人进行普查或抽查,定期或不定期检查,不但能有效查处偷税漏税,保证国家税款不致流失;同时,也有利于提高税务机关征收管理水平。

违章处理是指对违反税收法规的纳税人依法实行制裁,主要是处理违章案件和偷漏税案件。对需要行政复议的案件,还必须整理、汇集、上报有关资料,以及传递有关信息。

> 疑点爆破道具——奇思妙响指 NICE 20-3：
> 税收征收管理的地位

第二节　税务管理

税务管理是税务机关在税收征管中对征纳过程实施的基础性的管理制度和管理行为。税务管理包括税务登记管理，账簿、凭证管理，发票管理和纳税申报管理四个部分的内容。

一、税收登记管理制度

为了规范税务登记管理，加强税源监控，根据《税收征管法》及其实施细则的规定，国家税务总局制定和发布了《税务登记管理办法》(以下简称《办法》)，该《办法》自2004年2月1日起施行，由此确立了较为完备的税务登记制度。2014年12月27日，该《办法》由国家税务总局做出较大修改，自2015年3月1日起施行。下面就以该《办法》为主要依据，来介绍我国税务登记制度的主要内容。

税务登记又称纳税登记，具体包括：设立登记、变更登记、注销登记和税务登记证验证、换证以及非正常户处理，外出报验登记等。税务登记是确定纳税人履行纳税义务的法定手续，也是税务机关切实控制税源和对纳税人进行纳税监督的一种手段。纳税人在开立银行账户、领购发票时，必须提供税务登记证件；办理其他税务事项时，应当出示税务登记证件，经税务机关核准相关信息后办理手续。

税务登记的主管税务机关为县以上（含本级）税务局（分局），其按照国务院规定的税收征收管理范围，实施属地管理。有条件的城市，可以按照"各区分散受理、全市集中处理"的原则办理税务登记。

《税务登记管理办法》规定以下纳税人，均应当办理税务登记：(1) 企业，企业在外地设立的分支机构和从事生产、经营的场所，个体工商户和从事生产、经营的事业单位（以下统称从事生产、经营的纳税人）；(2) 上述规定以外的纳税人，除国家机关、个人和无固定生产、经营场所的流动性农村小商贩外。

根据税收法律、行政法规的规定负有扣缴税款义务的扣缴义务人（国家机关除外），应当办理扣缴税款登记。

税务局（分局）执行统一纳税人识别号。纳税人识别号具有唯一性，由省、自治区、直辖市和计划单列市税务局按照纳税人识别号代码行业标准联合编制，统一下发各地执行。

(一) 设立登记

1. 从事生产、经营的纳税人

正式登记情形：(1) 从事生产、经营的纳税人，领取工商营业执照的，应当自领取工商营业执照之日起30日内申报办理税务登记,税务机关发放税务登记证及副本;(2)从事生产、经营的纳税人,未办理工商营业执照但经有关部门批准设立的,应当自有关部门批准设立之日起30日内申报办理税务登记,税务机关发放税务登记证及副本。

税务登记证件的主要内容包括:纳税人名称、税务登记代码、法定代表人或负责人、生产经营地址、登记类型、核算方式、生产经营范围(主营、兼营)发证日期、证件有效期等。

临时登记情形:(1)从事生产、经营的纳税人,未办理工商营业执照也未经有关部门批准设立的,应当自纳税义务发生之日起30日内申报办理税务登记,税务机关发放临时税务登记证及副本;(2)有独立的生产经营权、在财务上独立核算并定期向发包人或者出租人上交承包费或租金的承包承租人,应当自承包承租合同签订之日起30日内,向其承包承租业务发生地税务机关申报办理税务登记,税务机关发放临时税务登记证及副本;(3)境外企业在中国境内承包建筑、安装、装配、勘探工程和提供劳务的,应当自项目合同或协议签订之日起30日内,向项目所在地税务机关申报办理税务登记,税务机关发放临时税务登记证及副本。

2. 其他纳税人

上述情形之外的纳税人,除国家机关、个人和无固定生产、经营场所的流动性农村小商贩外,均应当自纳税义务发生之日起30日内,向纳税义务发生地税务机关申报办理税务登记,税务机关发放税务登记证及副本。

3. 扣缴义务人

已办理税务登记的扣缴义务人应当自扣缴义务发生之日起30日内,向税务登记地税务机关申报办理扣缴税款登记。税务机关在其税务登记证件上登记扣缴税款事项,税务机关不再发放扣缴税款登记证件。

根据税收法律、行政法规的规定可不办理税务登记的扣缴义务人,应当自扣缴义务发生之日起30日内,向机构所在地税务机关申报办理扣缴税款登记。税务机关发放扣缴税款登记证件。

4. 办理设立登记资料

纳税人在申报办理税务登记时,应当根据不同情况向税务机关如实提供以下证件和资料:(1)工商营业执照或其他核准执业证件;(2)有关合同、章程、协议书;(3)组织机构统一代码证书;(4)法定代表人或负责人或业主的居民身份证、护照或者其他合法证件。

其他需要提供的有关证件、资料,由省、自治区、直辖市税务机关确定。

纳税人在申报办理税务登记时,应当如实填写税务登记表。

疑点爆破道具——奇思妙响指 NICE 20-4:
税务登记表的内容有哪些?

纳税人提交的证件和资料齐全且税务登记表的填写内容符合规定的,税务机关应当日办理并发放税务登记证件。纳税人提交的证件和资料不齐全或税务登记表的填写内容不符合规定的,税务机关应当场通知其补正或重新填报。

难点爆破道具——奇思妙响指 NICE 20-5：
"三证合一"登记制度

（二）变更登记

纳税人税务登记内容发生变化的，应当向原税务登记机关申报办理变更税务登记。

纳税人已在工商行政管理机关办理变更登记的，应当自工商行政管理机关变更登记之日起30日内，向原税务登记机关如实提供下列证件、资料，申报办理变更税务登记：（1）工商登记变更表及工商营业执照；（2）纳税人变更登记内容的有关证明文件；（3）税务机关发放的原税务登记证件（登记证正、副本和登记表等）；（4）其他有关资料。

纳税人按照规定不需要在工商行政管理机关办理变更登记，或者其变更登记的内容与工商登记内容无关的，应当自税务登记内容实际发生变化之日起30日内，或者自有关机关批准或者宣布变更之日起30日内，持下列证件到原税务登记机关申报办理变更税务登记：（1）纳税人变更登记内容的有关证明文件；（2）税务机关发放的原税务登记证件（登记证正、副本和税务登记表等）；（3）其他有关资料。

纳税人提交的有关变更登记的证件、资料齐全的，应如实填写税务登记变更表，符合规定的，税务机关应当日办理；不符合规定的，税务机关应通知其补正。

税务机关应当于受理当日办理变更税务登记。纳税人税务登记表和税务登记证中的内容都发生变更的，税务机关按变更后的内容重新发放税务登记证件；纳税人税务登记表的内容发生变更而税务登记证中的内容未发生变更的，税务机关不重新发放税务登记证件。

（三）停业、复业登记

停业、复业登记是纳税人暂停和恢复生产经营活动时办理的纳税登记。

实行定期定额征收方式的个体工商户需要停业的，应当在停业前向税务机关申报办理停业登记。纳税人的停业期限不得超过一年。

纳税人在申报办理停业登记时，应如实填写《停业复业报告书》，说明停业理由、停业期限、停业前的纳税情况和发票的领、用、存情况，并结清应纳税款、滞纳金、罚款。税务机关应收存其税务登记证件及副本、发票领购簿、未使用完的发票和其他税务证件。

纳税人在停业期间发生纳税义务的，应当按照税收法律、行政法规的规定申报缴纳税款。

纳税人应当于恢复生产经营之前，向税务机关申报办理复业登记，如实填写《停业复业报告书》，领回并启用税务登记证件、发票领购簿及其停业前领购的发票。纳税人停业期满不能及时恢复生产经营的，应当在停业期满前到税务机关办理延长停业登记，并如实填写《停业复业报告书》。

（四）注销登记

纳税人发生解散、破产、撤销以及其他情形，依法终止纳税义务的，应当在向工商行政管理机关或者其他机关办理注销登记前，持有关证件和资料向原税务登记机关申报办理注销税务登记；按规定不需要在工商行政管理机关或者其他机关办理注销登记的，应当自有关机关批准或者宣告终止之日起15日内,持有关证件和资料向原税务登记机关申报办理注销税务登记。

纳税人被工商行政管理机关吊销营业执照或者被其他机关予以撤销登记的,应当自营业执照被吊销或者被撤销登记之日起15日内,向原税务登记机关申报办理注销税务登记。

纳税人因住所、经营地点变动,涉及改变税务登记机关的,应当在向工商行政管理机关或者其他机关申请办理变更、注销登记前,或者住所、经营地点变动前,持有关证件和资料,向原税务登记机关申报办理注销税务登记,并自注销税务登记之日起30日内向迁达地税务机关申报办理税务登记。

境外企业在中国境内承包建筑、安装、装配、勘探工程和提供劳务的,应当在项目完工、离开中国前15日内,持有关证件和资料,向原税务登记机关申报办理注销税务登记。

纳税人办理注销税务登记前,应当向税务机关提交相关证明文件和资料,结清应纳税款、多退(免)税款、滞纳金和罚款,缴销发票、税务登记证件和其他税务证件,经税务机关核准后,办理注销税务登记手续。

(五)外出经营报验登记

纳税人到外县(市)临时从事生产经营活动的,应当在外出生产经营以前,持税务登记证到主管税务机关开具《外出经营活动税收管理证明》(以下简称《外管证》)。税务机关按照一地一证的原则,发放《外管证》,《外管证》的有效期限一般为30日,最长不得超过180天。

纳税人应当在《外管证》注明地进行生产经营前向当地税务机关报验登记,并提交下列证件、资料:(1)税务登记证件副本;(2)《外管证》。

纳税人在《外管证》注明地销售货物的,除提交以上证件、资料外,应如实填写《外出经营货物报验单》,申报查验货物。

纳税人外出经营活动结束,应当向经营地税务机关填报《外出经营活动情况申报表》,并结清税款、缴销发票。纳税人应当在《外管证》有效期届满后10日内,持《外管证》回原税务登记地税务机关办理《外管证》缴销手续。

(六)证照管理

税务机关应当加强税务登记证件的管理,采取实地调查、上门验证等方法进行税务登记证件的管理。税务登记证式样改变,需统一换发税务登记证的,由国家税务总局确定。

纳税人、扣缴义务人遗失税务登记证件的,应当自遗失税务登记证件之日起15日内,书面报告主管税务机关,如实填写《税务登记证件遗失报告表》,并将纳税人的名称、税务登记证件名称、税务登记证件号码、税务登记证件有效期、发证机关名称在税务机关认可的报刊上作遗失声明,凭报刊上刊登的遗失声明到主管税务机关补办税务登记证件。

(七)非正常户处理

已办理税务登记的纳税人未按照规定的期限申报纳税,在税务机关责令其限期改正后,逾期不改正的,税务机关应当派员实地检查,查无下落并且无法强制其履行纳税义务的,由检查人员制作非正常户认定书,存入纳税人档案,税务机关暂停其税务登记证件、发票领购簿和发票的使用。

纳税人被列入非正常户超过三个月的,税务机关可以宣布其税务登记证件失效,其应纳税款的追征仍按《税收征管法》及《实施细则》的规定执行。

二、账簿、凭证管理制度

账簿、凭证是记录和反映纳税人经营活动的基本材料之一,也是税务机关对纳税人、扣缴义务人计征税款以及确认其是否正确履行纳税义务的重要依据。

(一) 设置账簿的范围

从事生产、经营的纳税人应当自领取营业执照或者发生纳税义务之日起 15 日内,按照国家有关规定设置账簿,具体包括:总账、明细账、日记账以及其他辅助性账簿。总账、日记账必须采用订本式。

生产、经营规模小又确无建账能力的纳税人,可以聘请经批准从事会计代理记账业务的专业机构或者财会人员代为建账和办理账务。

扣缴义务人应当自税收法律、行政法规规定的扣缴义务发生之日起 10 日内,按照所代扣、代收的税种,分别设置代扣代缴、代收代缴税款账簿。

纳税人、扣缴义务人会计制度健全,能够通过计算机正确、完整计算其收入和所得或者代扣代缴、代收代缴税款情况的,其计算机输出的完整的书面会计记录,可视同会计账簿。纳税人、扣缴义务人会计制度不健全,不能通过计算机正确、完整计算其收入和所得或者代扣代缴、代收代缴税款情况的,应当建立总账及与纳税或者代扣代缴、代收代缴税款有关的其他账簿。

(二) 财务会计制度

从事生产、经营的纳税人应当自领取税务登记证件之日起 15 日内,将其财务、会计制度或者财务、会计处理办法报送主管税务机关备案。

纳税人使用计算机记账的,应当在使用前将会计电算化系统的会计核算软件、使用说明书及有关资料报送主管税务机关备案。纳税人建立的会计电算化系统应当符合国家有关规定,并能正确、完整核算其收入或者所得。

纳税人、扣缴义务人的财务、会计制度或者财务、会计处理办法与国务院或者国务院财政、税务主管部门有关税收的规定抵触的,依照国务院或者国务院财政、税务主管部门有关税收的规定计算应纳税款、代扣代缴和代收代缴税款。

(三) 税控管理

税控管理是税收征收管理的一个重要组成部分,也是近期提出来的一个崭新的概念。它是税务机关利用税控装置对纳税人的生产经营情况进行监督和管理,以保障国家税收收入,防止税款流失,提高税收征管工作效率,降低征收成本的各项活动的总称。

《税收征收管理法》第二十三条规定:"国家根据税收征收管理的需要,积极推广使用税控装置。纳税人应当按照规定安装、使用税控装置,不得损毁或者擅自改变税控装置。"同时《税收征收管理法》第六十条中规定:"未按照规定安装、使用税控装置,损毁或者擅自改动税控装置的,由税务机关责令限期改正,可以处以 2 000 元以下的罚款;情节严重的,处 2 000 元以上 1 万元以下的罚款。"这不仅使推广使用税控装置有法可依,而且可以打击在推广使用税控装置中的各种违法犯罪活动。

(四) 会计档案管理

账簿、会计凭证和报表,应当使用中文。民族自治地方可以同时使用当地通用的一种民族文字。外商投资企业和外国企业可以同时使用一种外国文字。账簿、记账凭证、报表、完税凭证、发票、出口凭证以及其他有关涉税资料应当合法、真实、完整。账簿、记账凭证、报表、完税凭证、发票、出口凭证以及其他有关涉税资料应当保存10年;但是,法律、行政法规另有规定的除外。

三、发票管理和使用制度

发票是指在购销商品、提供或者接受服务以及从事其他经营活动中,记载往来业务内容,凭以收付款项或证明资金转移的书面商事证明,是财务收支的合法凭证、会计核算的原始依据,也是税务稽查的重要依据。

发票的基本联次包括存根联、发票联、记账联。存根联由收款方或开票方留存备查;发票联由付款方或受票方作为付款原始凭证;记账联由收款方或开票方作为记账原始凭证。

税务机关是发票的主管机关,负责发票的印制、领购、开具、取得、保管、缴销的管理和监督。

(一) 发票的印制

增值税专用发票由国务院税务主管部门确定的企业印制;其他发票,按照国务院税务主管部门的规定,由省、自治区、直辖市税务机关确定的企业印制。禁止私自印制、伪造、变造发票。

税务机关应当以招标方式确定印制发票的企业,并发给发票准印证。发票准印证由国家税务总局统一监制,省税务局核发。监制发票的税务机关根据需要下达发票印制通知书,被指定的印制企业必须按照要求印制。印制发票企业印制完毕的成品应当按照规定验收后专库保管,不得丢失。废品应当及时销毁。

印制发票应当使用国务院税务主管部门确定的全国统一的发票防伪专用品,禁止非法制造发票防伪专用品。发票应当套印全国统一发票监制章,禁止伪造发票监制章。

(二) 发票的领购

1. 常规领购

需要领购发票的单位和个人,应当持税务登记证件、经办人身份证明、按照国务院税务主管部门规定式样制作的发票专用章[①]的印模,向主管税务机关办理发票领购手续。主管税务机关根据领购单位和个人的经营范围和规模,确认领购发票的种类、数量以及领购方式,在5个工作日内发给发票领购簿。

单位和个人领购发票时,应当按照税务机关的规定报告发票使用情况,税务机关应当按照规定进行查验。

2. 临时领购

需要临时使用发票的单位和个人,可以凭购销商品、提供或者接受服务以及从事其他经营

---

① 发票专用章是指用票单位和个人在其开具发票时加盖的有其名称、税务登记号、发票专用章字样的印章。发票专用章式样由国家税务总局确定。

活动的书面证明、经办人身份证明,直接向经营地税务机关申请代开发票。依照税收法律、行政法规规定应当缴纳税款的,税务机关应当先征收税款,再开具发票。税务机关根据发票管理的需要,可以按照国务院税务主管部门的规定委托其他单位代开发票。禁止非法代开发票。

临时到本省、自治区、直辖市以外从事经营活动的单位或者个人,应当凭所在地税务机关的证明,向经营地税务机关领购经营地的发票。税务机关对外省、自治区、直辖市来本辖区从事临时经营活动的单位和个人领购发票的,可以要求其提供保证人或者根据所领购发票的票面限额以及数量交纳不超过1万元的保证金,并限期缴销发票。

临时在本省、自治区、直辖市以内跨市、县从事经营活动领购发票的办法,由省、自治区、直辖市税务机关规定。

(三) 发票的开具、使用和保管

1. 发票开具

销售商品、提供服务以及从事其他经营活动的单位和个人,对外发生经营业务收取款项,收款方应当向付款方开具发票;特殊情况下,由付款方向收款方开具发票。所有单位和从事生产、经营活动的个人在购买商品、接受服务以及从事其他经营活动支付款项,应当向收款方取得发票。取得发票时,不得要求变更品名和金额。

开具发票应当按照规定的时限、顺序、栏目,全部联次一次性如实开具,并加盖发票专用章。不符合规定的发票,不得作为财务报销凭证,任何单位和个人有权拒收。

填开发票的单位和个人必须在发生经营业务确认营业收入时开具发票。未发生经营业务一律不准开具发票。开具发票后,如发生销货退回需开红字发票的,必须收回原发票并注明"作废"字样或取得对方有效证明。开具发票后,如发生销售折让的,必须在收回原发票并注明"作废"字样后重新开具销售发票或取得对方有效证明后开具红字发票。

任何单位和个人不得有下列虚开发票行为:(1) 为他人、为自己开具与实际经营业务情况不符的发票;(2) 让他人为自己开具与实际经营业务情况不符的发票;(3) 介绍他人开具与实际经营业务情况不符的发票。

安装税控装置的单位和个人,应当按照规定使用税控装置开具发票,并按期向主管税务机关报送开具发票的数据。使用非税控电子器具开具发票的,应当将非税控电子器具使用的软件程序说明资料报主管税务机关备案,并按照规定保存、报送开具发票的数据。

2. 发票使用保管

任何单位和个人应当按照发票管理规定使用发票,不得有下列行为:(1) 转借、转让、介绍他人转让发票、发票监制章和发票防伪专用品;(2) 知道或者应当知道是私自印制、伪造、变造、非法取得或者废止的发票而受让、开具、存放、携带、邮寄、运输;(3) 拆本使用发票;(4) 扩大发票使用范围;(5) 以其他凭证代替发票使用。

使用发票的单位和个人应当妥善保管发票。发生发票丢失情形时,应当于发现丢失当日书面报告税务机关,并登报声明作废。

除国务院税务主管部门规定的特殊情形外,发票限于领购单位和个人在本省、自治区、直辖市内开具。省、自治区、直辖市税务机关可以规定跨市、县开具发票的办法。

除国务院税务主管部门规定的特殊情形外,任何单位和个人不得跨规定的使用区域携带、邮寄、运输空白发票。禁止携带、邮寄或者运输空白发票出入境。

开具发票的单位和个人应当建立发票使用登记制度,设置发票登记簿,并定期向主管税务机关报告发票使用情况。开具发票的单位和个人应当在办理变更或者注销税务登记的同时,办理发票和发票领购簿的变更、缴销手续。

开具发票的单位和个人应当按照税务机关的规定存放和保管发票,不得擅自损毁。已经开具的发票存根联和发票登记簿,应当保存5年。保存期满,报经税务机关查验后销毁。

(四) 发票的检查

税务机关在发票管理中有权进行下列检查:(1) 检查印制、领购、开具、取得、保管和缴销发票的情况;(2) 调出发票查验[①];(3) 查阅、复制与发票有关的凭证、资料;(4) 向当事各方询问与发票有关的问题和情况;(5) 在查处发票案件时,对与案件有关的情况和资料,可以记录、录音、录像、照相和复制。

印制、使用发票的单位和个人,必须接受税务机关依法检查,如实反映情况,提供有关资料,不得拒绝、隐瞒。税务人员进行检查时,应当出示税务检查证。

单位和个人从中国境外取得的与纳税有关的发票或者凭证,税务机关在纳税审查时有疑义的,可以要求其提供境外公证机构或者注册会计师的确认证明,经税务机关审核认可后,方可作为记账核算的凭证。

税务机关在发票检查中需要核对发票存根联与发票联填写情况时,可以向持有发票或者发票存根联的单位发出发票填写情况核对卡,有关单位应当如实填写,按期报回。

用票单位和个人有权申请税务机关对发票的真伪进行鉴别。收到申请的税务机关应当受理并负责鉴别发票的真伪;鉴别有困难的,可以提请发票监制税务机关协助鉴别。在伪造、变造现场以及买卖地、存放地查获的发票,由当地税务机关鉴别。

四、纳税申报制度

纳税申报是指纳税人、扣缴义务人按照法律、行政法规规定,在申报期限内就纳税事项向税务机关书面申报的一种法定手续。

(一) 纳税申报的对象

纳税人必须依照法律、行政法规规定或者税务机关依照法律、行政法规的规定确定的申报期限、申报内容如实办理纳税申报,报送纳税申报表、财务会计报表以及税务机关根据实际需要要求纳税人报送的其他纳税资料。

纳税人在纳税期内没有应纳税款的,也应当按照规定办理纳税申报。纳税人享受减税、免税待遇的,在减税、免税期间应当按照规定办理纳税申报。

扣缴义务人必须依照法律、行政法规规定或者税务机关依照法律、行政法规的规定确定的申报期限、申报内容如实报送代扣代缴、代收代缴税款报告表,以及税务机关根据实际需要要求扣缴义务人报送的其他有关资料。

纳税人、扣缴义务人按照规定的期限办理纳税申报或者报送代扣代缴、代收代缴税款报告表确有困难,需要延期的,应当在规定的期限内向税务机关提出书面延期申请,经税务机关核

---

① 税务机关需要将已开具的发票调出查验时,应当向被查验的单位和个人开具发票换票证,发票换票证与所调出查验的发票有同等的效力。被调出查验发票的单位和个人不得拒绝接受。

准,在核准的期限内办理。

(二) 纳税申报的内容

纳税人、扣缴义务人的纳税申报或者代扣代缴、代收代缴税款报告表的主要内容包括:税种、税目,应纳税项目或者应代扣代缴、代收代缴税款项目,计税依据,扣除项目及标准,适用税率或者单位税额,应退税项目及税额、应减免税项目及税额,应纳税额或者应代扣代缴、代收代缴税额,税款所属期限、延期缴纳税款、欠税、滞纳金等。

纳税人办理纳税申报时,应当如实填写纳税申报表,并根据不同的情况相应报送下列有关证件、资料:(1) 财务会计报表及其说明材料;(2) 与纳税有关的合同、协议书及凭证;(3) 税控装置的电子报税资料;(4) 外出经营活动税收管理证明和异地完税凭证;(5) 境内或者境外公证机构出具的有关证明文件;(6) 税务机关规定应当报送的其他有关证件、资料。

扣缴义务人办理代扣代缴、代收代缴税款报告时,应当如实填写代扣代缴、代收代缴税款报告表,并报送代扣代缴、代收代缴税款的合法凭证以及税务机关规定的其他有关证件、资料。

(三) 纳税申报的方式

纳税人、扣缴义务人办理纳税申报时,可以直接到税务机关办理或者报送代扣代缴、代收代缴税款报告表,也可以采取邮寄、数据电文方式办理纳税申报或者报送代扣代缴、代收代缴税款报告表。税务机关应当建立、健全纳税人自行申报纳税制度。

实行定期定额缴纳税款的纳税人,可以实行简易申报、简并征期等申报纳税方式。

根据税收法律、行政法规的规定负有扣缴税款义务的扣缴义务人(国家机关除外),应当办理扣缴税款登记。

税务局(分局)执行统一纳税人识别号。纳税人识别号具有唯一性,由省、自治区、直辖市和计划单列市税务局按照纳税人识别号代码行业标准联合编制,统一下发各地执行。

(四) 延期申报管理

延期申报是指纳税人、扣缴义务人不能按照税法规定的期限办理纳税申报或扣缴税款报告。

根据《税收征收管理法》第二十七条和《实施细则》第三十七条及有关法规的规定,纳税人因有特殊情况,不能按期进行纳税申报的,经县以上税务机关核准,可以延期申报。但应当在规定的期限内向税务机关提出书面延期申请,经税务机关核准,在核准的期限内办理。如纳税人、扣缴义务人因不可抗力,不能按期办理纳税申报或者报送代扣代缴、代收代缴税款报告表的,可以延期办理,但应当在不可抗力情形消除后立即向税务机关报告。

经核准延期办理纳税申报的,应当在纳税期内按照上期实际缴纳的税额或者税务机关核定的税额预缴税款,并在核准的延期内办理纳税结算。

难点爆破道具——奇思妙响指 NICE 20-6:
纳税信用管理

第三节　税款征收

税款征收是税务机关依照税收法律、行政法规的规定，将纳税义务人依法应缴纳的税款组织征收入库的一系列活动的总称。税款征收是税收征收管理的核心内容，是税务登记、账簿票证管理、纳税申报等税务管理工作的目的和归宿。

一、税款征收的原则

（一）税务机关是征税的唯一主体

《税收征收管理法》第二十九条规定："除税务机关、税务人员以及经税务机关依照法律、行政法规委托的单位和个人外，任何单位和个人不得进行税款征收活动。"《税收征收管理法》第四十一条同时规定："采取税收保全措施、强制执行措施的权力，不得由法定的税务机关以外的单位和个人行使。"

（二）税务机关只能依照法律、行政法规的规定征收税款

《税收征收管理法》第二十八条规定："税务机关只能依照法律、行政法规的规定征收税款。未经法定机关和法定程序调整，征纳双方均不得随意变动。税务机关代表国家向纳税人征收税款，不能任意征收，只能依法征收。"

《税收征收管理法》第二十八条规定："税务机关依照法律、行政法规的规定征收税款，不得违反法律、行政法规的规定开征、停征、多征、少征、提前征收、延缓征收或者摊派税款。"税务机关是执行税法的专职机构，既不得在税法生效之前先行向纳税人征收税款，也不得在税法尚未失效时停止征收税款，更不得擅立章法，新开征一种税。

在税款征收过程中，税务机关应当按照税收法律、行政法规预先规定的征收标准进行征税。不得擅自增减改变税目、调高或降低税率、加征或减免税款、提前征收或延缓征收税款以及摊派税款。

（三）税务机关征收税款必须遵守法定权限和法定程序

税务机关执法必须遵守法定权限和法定程序，这也是税款征收的一项基本原则。例如，采取税收保全措施或强制执行措施时，办理减税、免税、退税时，核定应纳税额时，进行纳税调整时，针对纳税人的欠税进行清理、采取各种措施时，税务机关都必须按照法律或者行政法规规定的审批权限和程序进行操作，否则就是违法。

《税收征收管理法》第三十四条规定："税务机关征收税款时，必须给纳税人开具完税凭证。"《税收征收管理法》第四十七条规定："税务机关扣押商品、货物或者其他财产时，必须开付收据；查封商品、货物或者其他财产时，必须开付清单。"

（四）税款、滞纳金、罚款统一由税务机关上缴国库

《税收征收管理法》第五十三条规定："税务机关应当按照国家规定的税收征管范围和税款入库预算级次，将征收的税款缴入国库。"这也是税款征收的一个基本原则。

(五) 税款优先

《税收征收管理法》第四十五条的规定，第一次在税收法律上确定了税款优先的地位，确定了税款征收在纳税人支付各种款项和偿还债务时的顺序。税款优先的原则不仅增强了税法的刚性，而且增强了税法在执行中的可操作性。

1. 税收优先于无担保债权。这里所说的税收优先于无担保债权是有条件的，也就是说，税收并不是优先于所有的无担保债权，对于法律上另有规定的无担保债权，不能行使税收优先权。

2. 纳税人发生欠税在前的，税收优先于抵押权、质权和留置权的执行。这里有两个前提条件：其一，纳税人有欠税；其二，欠税发生在前，即纳税人的欠税发生在以其财产设定抵押、质押或被留置之前。纳税人在有欠税的情况下设置抵押权、质权、留置权时，纳税人应当向抵押权人、质权人说明其欠税情况。

欠缴的税款是指纳税人发生纳税义务，但未按照法律、行政法规规定的期限或者未按照税务机关依照法律、行政法规的规定确定的期限向税务机关申报缴纳的税款或者少缴的税款。纳税人应缴纳税款的期限届满之次日是纳税人欠缴税款的发生时间。

3. 税收优先于罚款、没收非法所得。（1）纳税人欠缴税款，同时又被税务机关决定处以罚款、没收非法所得的，税收优先于罚款、没收非法所得。（2）纳税人欠缴税款，同时又被税务机关以外的其他行政部门处以罚款、没收非法所得的，税款优先于罚款、没收非法所得。

二、税款征收的方式

税款征收方式是指税务机关根据各税种的不同特点、征纳双方的具体条件而确定的计算征收税款的方法和形式。税款征收的方式主要有以下几种。

(一) 查账征收

查账征收是指税务机关按照纳税人提供的账表所反映的经营情况，依照适用税率计算缴纳税款的方式。这种方式一般适用于财务会计制度较为健全，能够认真履行纳税义务的纳税单位，此种方式是最常见的征收方式。

(二) 查定征收

查定征收是指税务机关根据纳税人的从业人员、生产设备、采用原材料等因素，对其生产的应税产品查实核定产量、销售额并据以征收税款的方式。这种方式一般适用于账册不够健全，但是能够控制原材料或进销货的纳税单位，如小型厂矿或作坊。

(三) 查验征收

查验征收是指税务机关通过查验数量，对纳税人应税商品按市场一般销售单价计算其销售收入并据以征税的方式。这种方式一般适用于经营品种比较单一、经营地点、时间和商品来源不固定的纳税单位，如城乡集贸市场中的临时经营者。

(四) 定期定额征收

定期定额征收是指税务机关通过典型调查，逐户确定营业额和所得额并据以征税的方式。这种方式一般适用于无完整考核依据的小型纳税单位，如个体工商户。

(五) 委托代征税款

委托代征税款是指税务机关委托代征人以税务机关的名义征收税款,并将税款缴入国库的方式。这种方式一般适用于小额、零散税源的征收。委托代征有时候能起到"四两拨千斤"的效果,例如车船税和契税,如果靠纳税人自觉纳税或者税务机关逐户逐笔去征缴的话,漏缴难免或者效率极低。目前,车船税由税务机关委托从事机动车强制险的保险机构代收,就做到了应征尽征。

(六) 邮寄纳税

邮寄纳税是一种新的纳税方式。这种方式主要适用于那些有能力按期纳税,但采用其他方式纳税又不方便的纳税人。这种方式实践中比较少见。

(七) 其他方式

如利用网络申报、用 IC 卡纳税等方式。在未来,这种方式可能会越来越多。

三、税款征收制度

(一) 代扣代缴、代收代缴税款制度

代扣代缴是指按照税法规定,负有扣缴义务的单位和个人,负责对纳税人应纳的税款进行代扣代缴的一种方式,其中收款方为纳税义务人,付款方为扣缴义务人。代收代缴是指由国家税法规定的代收代缴义务人,依法代收代缴纳税人应纳税款的一种征收方法,其中收款方为扣缴义务人,付款方为纳税义务人。具体来讲:

1. 税法规定的扣缴义务人应依法履行代扣、代收税款义务。如果扣缴义务人不履行义务,要依法承担法律责任。除按《税收征收管理法》及其实施细则的规定给予处罚外,应当责成扣缴义务人限期将应扣未扣、应收未收的税款补扣或补收。反之,对法律、行政法规没有规定负有代扣代缴、代收代缴义务的单位和个人,税务机关不得要求其履行代扣、代收税款义务。

2. 扣缴义务人依法履行代扣、代收税款义务时,纳税人不得拒绝。纳税人拒绝的,扣缴义务人应当及时报告税务机关处理。税务机关按照规定付给扣缴义务人代扣、代收手续费。扣缴义务人应扣未扣、应收而不收税款的,由税务机关向纳税人追缴税款,对扣缴义务人处应扣未扣、应收未收税款 50% 以上 3 倍以下的罚款。

3. 扣缴义务人代扣、代收税款,只限于法律、行政法规规定的范围,并依照法律、行政法规规定的征收标准执行。对法律、法规没有规定代扣、代收的,扣缴义务人不能超越范围代扣、代收税款,扣缴义务人也不得提高或降低标准代扣、代收。

4. 税务机关按照规定付给扣缴义务人代扣、代收手续费。代扣、代收税款手续费只能由县(市)以上税务机关统一办理退库手续,不得在征收税款过程中坐支(从税款中直接支付)。

(二) 延期缴纳税款制度

纳税人、扣缴义务人按照法律、行政法规规定或者税务机关依照法律、行政法规的规定确定的期限,缴纳或者解缴税款。

纳税人因有特殊困难,不能按期缴纳税款的,经省、自治区、直辖市国家税务局、地方税务局批准,可以延期缴纳税款,但是最长不得超过 3 个月。特殊困难指下列情形:(1) 因不可抗

力,导致纳税人发生较大损失,正常生产经营活动受到较大影响的。(2)当期货币资金在扣除应付职工工资、社会保险费后,不足以缴纳税款的。所称当期货币资金,是指纳税人申请延期缴纳税款之日的资金余额,其中不含国家法律和行政法规明确规定企业不可动用的资金;所称应付职工工资是指当期计提数。

(三)税收滞纳金征收制度

纳税人未按照规定期限缴纳税款的,扣缴义务人未按照规定期限解缴税款的,税务机关除责令限期缴纳外,从滞纳税款之日起,按日加收滞纳税款万分之五的滞纳金。

对纳税人、扣缴义务人、纳税担保人应缴纳的欠税及滞纳金不再要求同时缴纳,可以先行缴纳欠税,再依法缴纳滞纳金。所称欠税,是指依照《欠税公告办法(试行)》(国家税务总局令第9号公布,第44号修改)第三条、第十三条规定认定的,纳税人、扣缴义务人、纳税担保人超过税收法律、行政法规规定的期限或者超过税务机关依照税收法律、行政法规规定确定的纳税期限未缴纳的税款。

(四)减免税收制度

纳税人依照法律、行政法规的规定办理减税、免税。地方各级人民政府、各级人民政府主管部门、单位和个人违反法律、行政法规规定,擅自做出的减税、免税决定无效,税务机关不得执行,并向上级税务机关报告。享受减税、免税优惠的纳税人,减税、免税期满,应当自期满次日起恢复纳税;减税、免税条件发生变化的,应当在纳税申报时向税务机关报告;不再符合减税、免税条件的,应当依法履行纳税义务;未依法纳税的,税务机关应当予以追缴。

(五)税额核定制度

纳税人有下列情形之一的,税务机关有权核定其应纳税额:(1)依照法律、行政法规的规定可以不设置账簿的;(2)依照法律、行政法规的规定应当设置账簿但未设置的;(3)擅自销毁账簿或者拒不提供纳税资料的;(4)虽设置账簿,但账目混乱或者成本资料、收入凭证、费用凭证残缺不全,难以查账的;(5)发生纳税义务,未按照规定的期限办理纳税申报,经税务机关责令限期申报,逾期仍不申报的;(6)纳税人申报的计税依据明显偏低,又无正当理由的。税务机关核定应纳税额的具体程序和方法由国务院税务主管部门规定。

税务机关有权采用下列任何一种方法核定其应纳税额:(1)参照当地同类行业或者类似行业中经营规模和收入水平相近的纳税人的税负水平核定;(2)按照营业收入或者成本加合理的费用和利润的方法核定;(3)按照耗用的原材料、燃料、动力等推算或者测算核定;(4)按照其他合理方法核定。采用前款所列一种方法不足以正确核定应纳税额时,可以同时采用两种以上的方法核定。

纳税人对税务机关采取本条规定的方法核定的应纳税额有异议的,应当提供相关证据,经税务机关认定后,调整应纳税额。

(六)税收调整制度

企业或者外国企业在中国境内设立的从事生产、经营的机构、场所与其关联企业[①]之间的

[①] 关联企业,是指下列关系之一的公司、企业和其他经济组织:(1)在资金、经营、购销等方面,存在直接或者间接的拥有或者控制关系;(2)直接或者间接地同为第三者所拥有或者控制;(3)在利益上具有相关联的其他关系。

业务往来,应当按照独立企业之间的业务往来收取或者支付价款、费用;不按照独立企业[①]之间的业务往来收取或者支付价款、费用,而减少其应纳税的收入或者所得额的,税务机关有权进行合理调整。税务机关自该业务往来发生的纳税年度起3年内进行调整;有特殊情况的,可以自该业务往来发生的纳税年度起10年内进行调整。

具体而言,纳税人与其关联企业之间的业务往来有下列情形之一的,税务机关可以调整其应纳税额:(1)购销业务未按照独立企业之间的业务往来作价;(2)融通资金所支付或者收取的利息超过或者低于没有关联关系的企业之间所能同意的数额,或者利率超过或者低于同类业务的正常利率;(3)提供劳务,未按照独立企业之间业务往来收取或者支付劳务费用;(4)转让财产、提供财产使用权等业务往来,未按照独立企业之间业务往来作价或者收取、支付费用;(5)未按照独立企业之间业务往来作价的其他情形。

纳税人有义务就其与关联企业之间的业务往来,向当地税务机关提供有关的价格、费用标准等资料。纳税人可以向主管税务机关提出与其关联企业之间业务往来的定价原则和计算方法,主管税务机关审核、批准后,与纳税人预先约定有关定价事项,监督纳税人执行。

税务机关可以按照下列方法调整计税收入额或者所得额:(1)按照独立企业之间进行的相同或者类似业务活动的价格;(2)按照再销售给无关联关系的第三者的价格所应取得的收入和利润水平;(3)按照成本加合理的费用和利润;(4)按照其他合理的方法。

(七) 未办理税务登记的从事生产、经营的纳税人,以及临时从事生产、经营纳税人的税款征收制度

《税收征收管理法》第三十七条规定:"对未按照规定办理税务登记的从事生产、经营的纳税人以及临时从事生产、经营的纳税人,由税务机关核定其应纳税额,责令缴纳;不缴纳应纳税款的,税务机关可以扣押其价值相当于应纳税款的商品、货物。扣押后缴纳应纳税款的,税务机关必须立即解除扣押,并归还所扣押的商品、货物;扣押后仍不缴纳应纳税款的,经县以上税务局(分局)局长批准,依法拍卖或者变卖所扣押的商品、货物,以拍卖或者变卖所得抵缴税款。"根据上述规定,应特别注意该规定的适用对象及执行程序。

1. 适用对象:该规定适用于未办理税务登记的从事生产、经营的纳税人及临时从事生产、经营的纳税人。

2. 执行程序:(1)核定应纳税额。税务机关要按一定的标准,尽可能合理地确定其应纳税额。(2)责令缴纳。税务机关核定应纳税额后,应责令纳税人按核定的税款缴纳税款。(3)扣押商品、货物。对经税务机关责令缴纳而不缴纳税款的纳税人,税务机关可以扣押其价值相当于应纳税款的商品、货物。纳税人应当自扣押之日起15日内缴纳税款。对扣押的鲜活、易腐烂变质或者易失效的商品、货物,税务机关根据被扣押物品的保质期,可以缩短前款规定的扣押期限。(4)解除扣押或者拍卖、变卖所扣押的商品、货物。纳税人在扣押后缴纳应纳税款的,税务机关必须立即解除扣押,并归还所扣押的商品、货物。(5)抵缴税款。税务机关拍卖或者变卖所扣押的商品、货物后,以拍卖或者变卖所得抵缴税款。

(八) 纳税担保与税收保全制度

1. 纳税担保

税务机关有根据认为从事生产、经营的纳税人有逃避纳税义务行为的,可以在规定的纳税

---

① 独立企业之间的业务往来,是指没有关联关系的企业之间按公平成交价格和营业常规所进行的业务往来。

期之前,责令限期缴纳应纳税款;在限期内发现纳税人有明显的转移、隐匿其应纳税的商品、货物以及其他财产或者应纳税的收入的迹象的,税务机关可以责成纳税人提供纳税担保[①]。

纳税担保人同意为纳税人提供纳税担保的,应当填写纳税担保书,写明担保对象、担保范围、担保期限和担保责任以及其他有关事项。担保书须经纳税人、纳税担保人签字盖章并经税务机关同意,方为有效。纳税人或者第三人以其财产提供纳税担保的,应当填写财产清单,并写明财产价值以及其他有关事项。纳税担保财产清单须经纳税人、第三人签字盖章并经税务机关确认,方为有效。

2. 税收保全

如果纳税人不能提供纳税担保,经县以上税务局(分局)局长批准,税务机关可以采取下列税收保全措施:(1)书面通知纳税人开户银行或者其他金融机构冻结纳税人的金额相当于应纳税款的存款。(2)扣押、查封纳税人的价值相当于应纳税款的商品、货物或者其他财产。扣押、查封价值相当于应纳税款的商品、货物或者其他财产时,参照同类商品的市场价、出厂价或者评估价估算,并应加入滞纳金和扣押、查封、保管、拍卖、变卖所发生的费用。

纳税人在税务机关采取税收保全措施后,按照税务机关规定的期限缴纳税款的,税务机关应当自收到税款或者银行转回的完税凭证之日起1日内解除税收保全。使纳税人的合法利益遭受损失的,税务机关应当承担赔偿责任。

限期期满仍未缴纳税款的,经县以上税务局(分局)局长批准,税务机关可以书面通知纳税人开户银行或者其他金融机构从其冻结的存款中扣缴税款,或者依法拍卖或者变卖所扣押、查封的商品、货物或者其他财产,以拍卖或者变卖所得抵缴税款。对价值超过应纳税额且不可分割的商品、货物或者其他财产,税务机关在纳税人、扣缴义务人或者纳税担保人无其他可供强制执行的财产的情况下,可以整体扣押、查封、拍卖,以拍卖所得抵缴税款、滞纳金、罚款以及扣押、查封、保管、拍卖等费用,剩余部分应当在3日内退还被执行人。

税务机关将扣押、查封的商品、货物或者其他财产变价抵缴税款时,应当交由依法成立的拍卖机构拍卖;无法委托拍卖或者不适于拍卖的,可以交由当地商业企业代为销售,也可以责令纳税人限期处理;无法委托商业企业销售,纳税人也无法处理的,可以由税务机关变价处理,具体办法由国家税务总局规定。国家禁止自由买卖的商品,应当交由有关单位按照国家规定的价格收购。

(九)税收强制执行制度

税收强制执行制度是指当事人不履行法律、行政法规规定的义务,有关国家机关采用法定的强制手段,强迫当事人履行义务的行为。

根据《税收征收管理法》第四十条的规定,从事生产、经营的纳税人、扣缴义务人未按照规定的期限缴纳或者解缴税款,纳税担保人未按照规定的期限缴纳所担保的税款,由税务机关责令限期缴纳,逾期仍未缴纳的,经县以上税务局(分局)局长批准,税务机关可以采取下列强制执行措施:(1)书面通知其开户银行或者其他金融机构从其存款中扣缴税款。(2)扣押、查封、依法拍卖或者变卖其价值相当于应纳税款的商品、货物或者其他财产,以拍卖或者变卖所

---

① 担保,包括经税务机关认可的纳税保证人为纳税人提供的纳税保证,以及纳税人或者第三人以其未设置或者未全部设置担保物权的财产提供的担保。纳税保证人,是指在中国境内具有纳税担保能力的自然人、法人或者其他经济组织。法律、行政法规规定的没有担保资格的单位和个人,不得作为纳税担保人。

得抵缴税款。

难点爆破道具——奇思妙响指 NICE 20-7：
税务机关执行扣押、查封的规定

税务机关采取强制执行措施时，对上述规定中所列纳税人、扣缴义务人、纳税担保人未缴纳的滞纳金同时强制执行。个人及其所扶养家属维持生活必需的住房和用品，不在强制执行措施的范围之内。

（十）欠税清缴制度

欠税是指纳税人未按照规定期限缴纳税款，扣缴义务人未按照规定期限解缴税款的行为。《税收征收管理法》在欠税清缴方面主要规定了以下措施：

1. 严格控制欠缴税款的审批权限

根据《税收征收管理法》第三十一条的规定，缓缴税款的审批权限集中在省、自治区、直辖市税务局。这样规定，一方面能帮助纳税人渡过暂时的难关，另一方面也体现了严格控制欠税的精神，保证国家税收免遭损失。

2. 规定限期缴税的时限

从事生产、经营的纳税人、扣缴义务人未按照规定的期限缴纳或者解缴税款的，纳税担保人未按照规定的期限缴纳所担保的税款的，由税务机关发出限期缴纳税款通知书，责令缴纳或者解缴税款的最长期限不得超过15日。

3. 建立欠税清缴制度

（1）扩大了阻止出境对象的范围。《税收征收管理法》第四十四条规定："欠缴税款的纳税人或者其法定代表人需要出境的，应当在出境前向税务机关结清应纳税款、滞纳金或者提供担保。未结清税款、滞纳金，又不提供担保的，税务机关可以通知出境管理机关阻止其出境。"

（2）建立改制纳税人欠税的清缴制度。《税收征收管理法》第四十八条规定："纳税人有合并、分立情形的，应当向税务机关报告，并依法缴清税款。纳税人合并时未缴清税款的，应当由合并后的纳税人继续履行未履行的纳税义务；纳税人分立时未缴清税款的，分立后的纳税人对未履行的纳税义务应当承担连带责任。"

（3）大额欠税处分财产报告制度。根据《税收征收管理法》第四十九条和《实施细则》第七十七条的规定，欠缴税款数额在5万元以上的纳税人，在处分其不动产或者大额资产之前，应当向税务机关报告。这一规定有利于税务机关及时掌握欠税企业处置不动产和大额资产的动向。税务机关可以根据其是否侵害了国家税收，是否有转移资产、逃避纳税义务的情形，决定是否行使税收优先权，是否采取税收保全措施或者强制执行措施。

（4）税务机关可以对欠缴税款的纳税人行使代位权、撤销权，即对纳税人的到期债权等财产权利，税务机关可以依法向第三者追索以抵缴税款。《税收征收管理法》第五十条规定了在哪些情况下税务机关可以依据《中华人民共和国合同法》行使代位权、撤销权。税务机关代表国家，拥有对欠税的债权，纳税人所欠缴的税款是其应该偿还国家的债务。如果欠税的纳税人，怠于行使其到期的债权，怠于收回其到期的资产、款项等，税务机关可以向人民法院请求以自己的名义代为行使债权。

(5) 建立欠税公告制度。根据《税收征收管理法》第四十五条和《实施细则》第七十六条的规定,税务机关应当对纳税人欠缴税款的情况,在办税场所或者广播、电视、报纸、期刊、网络等新闻媒体上定期予以公告。定期公告是指税务机关定期向社会公告纳税人的欠税情况。同时税务机关还可以根据实际情况和实际需要,制定纳税人的纳税信用等级评价制度。

(十一) 税款的退还与追征制度

纳税人超过应纳税额缴纳的税款,税务机关发现后应当立即退还;纳税人自结算缴纳税款之日起三年内发现的,可以向税务机关要求退还多缴的税款并加算银行同期存款利息[①],税务机关及时查实后应当立即退还;涉及从国库中退库的,依照法律、行政法规有关国库管理的规定退还。税务机关发现纳税人多缴税款的,应当自发现之日起 10 日内办理退还手续;纳税人发现多缴税款,要求退还的,税务机关应当自接到纳税人退还申请之日起 30 日内查实并办理退还手续。

因税务机关的责任,致使纳税人、扣缴义务人未缴或者少缴税款的,税务机关在 3 年内可以要求纳税人、扣缴义务人补缴税款,但是不得加收滞纳金。因纳税人、扣缴义务人计算错误等失误,未缴或者少缴税款的,税务机关在 3 年内可以追征税款、滞纳金;有特殊情况的[②],追征期可以延长到 5 年。对偷税、抗税、骗税的,税务机关追征其未缴或者少缴的税款、滞纳金或者所骗取的税款,不受前款规定期限的限制。补缴和追征税款、滞纳金的期限,自纳税人、扣缴义务人应缴未缴或者少缴税款之日起计算。

当纳税人既有应退税款又有欠缴税款的,税务机关可以将应退税款和利息先抵扣欠缴税款;抵扣后有余额的,退还纳税人。

(十二) 企业破产清算程序中的税收征管制度

自 2020 年 3 月 1 日起,关于企业破产清算程序中的税收征管有下列规定:

1. 税务机关在人民法院公告的债权申报期限内,向管理人申报企业所欠税款(含教育费附加、地方教育附加,下同)、滞纳金及罚款。因特别纳税调整产生的利息,也应一并申报。企业所欠税款、滞纳金、罚款,以及因特别纳税调整产生的利息,以人民法院裁定受理破产申请之日为截止日计算确定。

2. 在人民法院裁定受理破产申请之日至企业注销之日期间,企业应当接受税务机关的税务管理,履行税法规定的相关义务。破产程序中如发生应税情形,应按规定申报纳税。从人民法院指定管理人之日起,管理人可以按照《中华人民共和国企业破产法》(以下简称《企业破产法》)第二十五条的规定,以企业名义办理纳税申报等涉税事宜。企业因继续履行合同、生产经营或处置财产需要开具发票的,管理人可以以企业名义按规定申领开具发票或者代开发票。

3. 企业所欠税款、滞纳金、因特别纳税调整产生的利息,税务机关按照《企业破产法》的相关规定进行申报,其中,企业所欠的滞纳金、因特别纳税调整产生的利息按照普通破产债权申报。

---

① 不包括依法预缴税款形成的结算退税、出口退税和各种减免退税。
② 指纳税人或者扣缴义务人因计算错误等失误,未缴或者少缴、未扣或者少扣、未收或者少收税款,累计数额在 10 万元以上的。

(十三)《无欠税证明》开具服务制度

自 2020 年 3 月 1 日起,为深入贯彻党的十九届四中全会精神,持续推进税收领域"放管服"改革,积极回应市场主体需求,切实服务和便利纳税人,国家税务总局决定向纳税人提供《无欠税证明》开具服务。

《无欠税证明》是指税务机关依纳税人申请,根据税收征管信息系统所记载的信息,为纳税人开具的表明其不存在欠税情形的证明。所称不存在欠税情形,是指纳税人在税收征管信息系统中,不存在应申报未申报记录且无下列应缴未缴的税款:(1)办理纳税申报后,纳税人未在税款缴纳期限内缴纳的税款。(2)经批准延期缴纳的税款期限已满,纳税人未在税款缴纳期限内缴纳的税款。(3)税务机关检查已查定纳税人的应补税额,纳税人未缴纳的税款。(4)税务机关根据《税收征收管理法》第二十七条、第三十五条核定纳税人的应纳税额,纳税人未在税款缴纳期限内缴纳的税款。(5)纳税人的其他未在税款缴纳期限内缴纳的税款。

纳税人因境外投标、企业上市等需要,确需开具《无欠税证明》的,可以向主管税务机关申请办理。已实行实名办税的纳税人到主管税务机关申请开具《无欠税证明》的,办税人员持有效身份证件直接申请开具,无须提供登记证照副本或税务登记证副本。未办理实名办税的纳税人到主管税务机关申请开具《无欠税证明》的,区分以下情况提供相关有效证件:(1)单位纳税人和个体工商户,提供市场监管部门或其他登记机关发放的登记证照副本或税务登记证副本,以及经办人有效身份证件。(2)自然人纳税人,提供本人有效身份证件;委托他人代为申请开具的,还需一并提供委托书、委托人及受托人有效身份证件。

对申请开具《无欠税证明》的纳税人,证件齐全的,主管税务机关应当受理其申请。经查询税收征管信息系统,符合开具条件的,主管税务机关应当及时开具《无欠税证明》;不符合开具条件的,不予开具并向纳税人告知未办结涉税事宜。纳税人办结相关涉税事宜后,符合开具条件的,主管税务机关应当及时开具《无欠税证明》。

第四节 税务检查

税务检查是税收征收管理的一个重要环节。它是指税务机关依法对纳税人履行缴纳税款义务,以及扣缴义务人履行代扣、代收税款义务的状况所进行的监督检查。

纳税人、扣缴义务人必须接受税务机关依法进行的税务检查,如实反映情况,提供有关资料,不得拒绝、隐瞒。

税务机关依法进行税务检查时,有权向有关单位和个人调查纳税人、扣缴义务人和其他当事人与纳税或者代扣代缴、代收代缴税款有关的情况,有关单位和个人有义务向税务机关如实提供有关资料及证明材料。

通过税务检查,既有利于全面贯彻国家的税收政策,严肃税收法纪,加强纳税监督,查处偷税、漏税和逃骗税等违法行为,确保税收收入足额入库,也有利于帮助纳税人端正经营方向,促使其加强经济核算,提高经济效益。

一、税务检查的形式

1. 重点检查,指对公民举报、上级机关交办或有关部门转来的有逃避缴纳税款行为或嫌疑的,纳税申报与实际生产经营情况有明显不符的纳税人及有普遍逃税行为的行业的检查。

2. 分类计划检查,指根据纳税人历来纳税情况、纳税人的纳税规模及税务检查间隔时间的长短等综合因素,按事先确定的纳税人分类、计划检查时间及检查频率而进行的检查。

3. 集中性检查,指税务机关在一定时间、一定范围内,统一安排、统一组织的税务检查,这种检查一般规模比较大,如以前年度的全国范围内的税收、财务大检查就属于这类检查。

4. 临时性检查,指由各级税务机关根据不同的经济形势、偷逃税趋势、税收任务完成情况等综合因素,在正常的检查计划之外安排的检查。如行业性解剖、典型调查性的检查等。

5. 专项检查,指税务机关根据税收工作实际,对某一税种或税收征收管理某一环节进行的检查。比如增值税一般纳税专项检查、漏征漏管户专项检查等。

二、税务检查的方法

1. 全查法,是对被查纳税人一定时期内所有会计凭证、账簿、报表及各种存货进行全面、系统检查的一种方法。

2. 抽查法,是对被查纳税人一定时期内的会计凭证、账簿、报表及各种存货,抽取一部分进行检查的一种方法。

3. 顺查法,是对被查纳税人按照其会计核算的顺序,依次检查会计凭证、账簿、报表,并将其相互核对的一种检查方法,它与逆查法对称。

4. 逆查法,指逆会计核算的顺序,依次检查会计报表、账簿及凭证,并将其相互核对的一种稽查方法,它与顺查法对称。

5. 现场检查法,指税务机关派人员到被查纳税人的机构办公地点对其账务资料进行检查的一种方法,它与调账检查法对称。

6. 调账检查法,指将被查纳税人的账务资料调到税务机关进行检查的一种方法,它与现场检查法对称。

7. 比较分析法,是将被查纳税人检查期有关财务指标的实际完成数进行纵向或横向比较,分析其异常变化情况,从中发现纳税问题线索的一种方法。

8. 控制计算法,也称逻辑推算法,指根据被查纳税人财务数据的相互关系,用可靠或科学测定的数据,验证其检查期账面记录或申报的资料是否正确的一种检查方法。

9. 审阅法,指对被查纳税人的会计账簿、凭证等账务资料,通过直观地审查阅览,发现在纳税方面存在的问题的一种检查方法。

10. 核对法,指通过对被查纳税人的各种相关联的会计凭证、账簿、报表及实物进行相互核对,验证其在纳税方面存在问题的一种检查方法。

11. 观察法,指通过实地观察被查纳税人的生产经营场所、仓库、工地等现场的生产经营及存货等情况,以发现纳税问题或验证账中可疑问题的一种检查方法。

12. 外调法,指对被查纳税人有怀疑或已掌握一定线索的经济事项,通过向与其有经济联系的单位或个人进行调查,予以查证核实的一种方法。

13. 盘存法,指通过对被查纳税人的货币资金、存货及固定资产等实物进行盘点清查,核实其账实是否相符,进而发现纳税问题的一种检查方法。

14. 交叉稽核法,指国家为加强增值税专用发票管理,应用计算机将开出的增值税专用发票抵扣联与存根联进行交叉稽核,以查出虚开及假开发票行为,避免国家税款流失的一种方法。目前这种方法通过"金税工程"体现,对利用增值税专用发票偷逃税款的行为起到了极大的遏制作用。

三、税务检查的职责

1. 根据《税收征管法》及其实施细则规定,税务机关有权进行下列税务检查:

（1）检查纳税人的账簿、记账凭证、报表和有关资料,检查扣缴义务人代扣代缴、代收代缴税款账簿、记账凭证和有关资料。

税务机关行使该项职权时,可以在纳税人、扣缴义务人的业务场所进行;必要时,经县以上税务局(分局)局长批准,可以将纳税人、扣缴义务人以前会计年度的账簿、记账凭证、报表和其他有关资料调回税务机关检查,但是税务机关必须向纳税人、扣缴义务人开付清单,并在3个月内完整退还;有特殊情况的,经设区的市、自治州以上税务局局长批准,税务机关可以将纳税人、扣缴义务人当年的账簿、记账凭证、报表和其他有关资料调回检查,但是税务机关必须在30日内退还。

（2）到纳税人的生产、经营场所和货物存放地检查纳税人应纳税的商品、货物或者其他财产,检查扣缴义务人与代扣代缴、代收代缴税款有关的经营情况。

（3）责成纳税人、扣缴义务人提供与纳税或者代扣代缴、代收代缴税款有关的文件、证明材料和有关资料。

（4）询问纳税人、扣缴义务人与纳税或者代扣代缴、代收代缴税款有关的问题和情况。

（5）到车站、码头、机场、邮政企业及其分支机构检查纳税人托运、邮寄应纳税商品、货物或者其他财产的有关单据、凭证和有关资料。

（6）经县以上税务局(分局)局长批准,凭全国统一格式的检查存款账户许可证明,查询从事生产、经营的纳税人、扣缴义务人在银行或者其他金融机构的存款账户。税务机关在调查税收违法案件时,经设区的市、自治州以上税务局(分局)局长批准,可以查询案件涉嫌人员的储蓄存款。税务机关查询所获得的资料,不得用于税收以外的用途。

税务机关行使该项职权时,应当指定专人负责,凭全国统一格式的检查存款账户许可证明[①]进行,并有责任为被检查人保守秘密。税务机关查询的内容,包括纳税人存款账户余额和资金往来情况。

2. 税务机关和税务人员应当依照《税收征管法》及其实施细则行使税务检查职权。

税务机关派出的人员进行税务检查时,应当出示税务检查证和税务检查通知书,并有责任

---

① 检查存款账户许可证明,由国家税务总局制定。

为被检查人保守秘密;未出示税务检查证和税务检查通知书的,被检查人有权拒绝检查。税务机关对集贸市场及集中经营业户进行检查时,可以使用统一的税务检查通知书。税务检查证和税务检查通知书的式样、使用和管理的具体办法,由国家税务总局制定。

税务机关应当制定合理的税务稽查工作规程,负责选案、检查、审理、执行的人员的职责应当明确,并相互分离、相互制约,规范选案程序和检查行为。调查税务违法案件时,对与案件有关的情况和资料,税务机关可以记录、录音、录像、照相和复制。

税务机关应当建立科学的检查制度,统筹安排检查工作,严格控制对纳税人、扣缴义务人的检查次数。税务检查工作的具体办法,由国家税务总局制定。

3. 税务机关对从事生产、经营的纳税人以前纳税期的纳税情况依法进行税务检查时,发现纳税人有逃避纳税义务行为,并有明显的转移、隐匿其应纳税的商品、货物以及其他财产或者应纳税的收入的迹象的,可以按照《税收征管法》规定的批准权限采取税收保全措施或者强制执行措施。

税务机关采取税收保全措施的期限一般不得超过 6 个月;重大案件需要延长的,应当报国家税务总局批准。

第五节 税务代理

税务代理指税务代理人在国家法律规定的代理范围内,受纳税人、扣缴义务人的委托,代为办理税务事宜的各项行为的总称。

税务代理是一项社会性的中介事务,涉及纳税人(含扣缴义务人)和税务代理人以及国家之间的利益关系。在税收征纳关系中,其发挥的作用有:(1) 税务代理有利于依法治税;(2) 税务代理有利于完善税收征管的监督制约机制;(3) 税务代理有利于保护征纳双方的合法权益。

积极推行税务代理制度,按照国际通行做法,实行会计师事务所、律师事务所等社会中介机构代理办税的制度,使其逐步成为税收征收管理体系中一个不可缺少的环节,是建立社会主义市场经济体制的客观要求,也是加强税收征收管理的内在需要。

一、税务代理的原则和法律特征

税务代理人实施税务代理行为,应当以纳税人和扣缴义务人自愿委托和自愿选择为前提,以国家税收法律、行政法规为依据,独立、公正执行业务,维护国家利益,保护委托人的合法权益。

税务代理的法律特征主要包括:(1) 税务代理行为是以纳税人(含扣缴义务人)的名义进行的;(2) 税务代理行为必须是具有法律意义的行为;(3) 税务代理人在其权限范围内有独立意思表示的权利;(4) 税务代理的法律后果直接归属于纳税人(含扣缴义务人)。

税务代理实行有偿服务,收费标准由省、自治区、直辖市税务局会同有关部门制定。纳税人、扣缴义务人可以根据需要委托税务代理人进行全面代理、单项代理或临时代理、常年代理。

二、税务代理人

税务代理人是实施税务代理行为的主体。根据《税务代理试行办法》的规定,税务代理人是指具有丰富的税收实务工作经验和较高的税收、会计专业理论知识以及法律基础知识,经国家税务总局及其省、自治区、直辖市税务局批准,从事税务代理的专门人员及其工作机构。

从事税务代理的专门人员称为税务师,其工作机构是按《税务代理试行办法》规定设立的承办税务代理业务的机构。

国家对税务师实行资格考试和认定制度,参加税务师资格统一考试成绩合格者和经考核认定合格者,由省、自治区、直辖市国家税务局核发税务师资格证书。

疑点爆破道具——奇思妙响指 NICE 20-8:
税务师资格考试申请条件

取得税务师资格证书者,要从事税务代理业务,必须向省、自治区、直辖市国家税务局提出书面申请,填写税务师执业申请表,经审核同意后,给予注册登记,发给税务师执业证书。取得税务师执业证书者,应当参加全国统一举办的税务师执业培训。注册登记的主要内容包括:税务师的姓名、出生年月日、居民身份证号码、所属税务代理机构的名称与地址等。税务师资格证书、执业证书,全国统一制作,省、自治区、直辖市国家税务局负责发放。

有下列情况之一者,不具有税务师执业资格,税务机关不予注册登记:(1)不具有完全民事行为能力的;(2)因受刑事处罚,自刑罚执行完毕之日起未满3年者;(3)被国家机关开除公职,自开除之日起未满3年者;(4)被取消注册会计师、律师、审计师资格,自被取消之日起未满3年者;(5)在职的国家公务员;(6)依照本办法规定被取消税务师资格者;(7)国家税务总局认为其他不具备税务代理资格的。

税务师有下列情况之一的,由省、自治区、直辖市国家税务局注销其税务师登记,并收回税务师执业证书。(1)在登记中弄虚作假,骗取税务师执业证书的;(2)因健康原因不能从事税务代理工作1年以上的;(3)依照本办法规定被取消税务师资格的;(4)已死亡的;(5)已不从事税务代理业务的;(6)国家税务总局认为其他不适合从事税务代理工作的。

国家对税务师执业证书实行定期验证制度,一般一年一次。税务师办理了注册登记或注销登记后,均应通过新闻媒介予以公布。

三、税务代理机构

税务师必须加入税务代理机构,才能从事税务代理业务。税务代理机构为税务师事务所和经国家税务总局及其省、自治区、直辖市税务局批准的其他机构。经批准设立的税务师事务所,应当严格遵守国家财经纪律,独立核算、自负盈亏、依法纳税。

一个税务师只能加入一个税务代理机构。税务代理机构对其所属的税务师按照法律规定实施的代理行为承担责任。

案情追踪道具——追案魔法帽 20-9：
税务师事务所及其他机构税务代理资格规定

四、税务代理职责范围及脱钩改制

（一）税务代理人的职责范围

税务代理人可以接受纳税人、扣缴义务人的委托从事下列范围内的业务代理：(1) 办理税务登记、变更税务登记和注销税务登记；(2) 办理发票领购手续；(3) 办理纳税申报或扣缴税款报告；(4) 办理缴纳税款和申请减税、免税、退税、补税和延期缴税；(5) 制作涉税文书；(6) 审查纳税情况；(7) 建账建制、办理账务；(8) 开展税务咨询、税务业务培训，受聘税务顾问；(9) 申请税务行政复议或税务行政诉讼；(10) 国家税务总局规定的其他业务。

税务代理人不能代理应由税务机关行使的行政职权，税务机关按照法律、行政法规规定委托其代理的除外。各级税务机关必须严格执行征管法规定，除税款征收权外，税收检查权、强制执行权等其他税收行政执法权都必须由税务机关行使，税务机关不得委托给任何单位和个人。

征管法实施细则规定税务机关可以按照国家有关规定委托有关单位和个人代征零星分散和异地缴纳的税收；考虑到税务师事务所已作为被管理者身份从事代理，如果又作为管理者身份从事代征，显然有失公允，因此，总局要求各级税务机关不得委托税务师事务所代征税款；对已经委托的，应进行清理纠正。

（二）税务代理机构的脱钩改制

各级税务机关应进一步做好与税务师事务所的脱钩改制工作：税务机关办公场所与办理税务代理的场所必须分离。除特殊规定外，税务代理机构不得进入办税服务厅办公，必须限期搬出或撤离。不得将税务机关挂牌办公的场所出租给税务师事务所。

税务机关和在职税务人员不得以任何名目从中介机构取得经济利益，不得投资入股税务师事务所，不得租借注册税务师证书，不得以任何理由强行安置家属、子女及其他利害关系人，不得指定代理、强制代理。

五、税务代理关系的确立和终止

（一）确立

税务师承办代理业务，由其所在的税务代理机构统一受理，并与被代理人签订委托代理协议书。委托代理协议书应当载明代理人与被代理人名称、代理事项、代理权限、代理期限以及其他应明确的内容,并由税务师及其所在的税务代理机构和被代理人签名盖章。

税务代理人应按委托协议书约定的代理内容和代理权限、期限进行税务代理。超出协议书约定范围的业务需代理时,必须先修订协议书。

(二) 终止

税务代理期限届满,委托协议书届时失效,税务代理关系自然终止。

有下列情形之一的,被代理人在代理期限内可单方终止代理行为:(1) 税务师已死亡;(2) 税务代理人被注销其资格;(3) 税务代理人未按委托代理协议书的规定办理代理业务;(4) 税务代理机构已破产、解体或被解散。

有下列情形之一的,税务代理人在委托期限内可单方终止代理行为:(1) 被代理人死亡或解体;(2) 被代理人授意税务代理人实施违反国家法律、行政法规的行为,经劝告仍不停止其违法活动的;(3) 被代理人提供虚假的生产、经营情况和财务会计报表,造成代理错误或被代理人自己实施违反国家法律、行政法规的行为。

被代理人或税务代理人按规定单方终止委托代理关系的,终止方应及时通知另一方,并向当地税务机关报告,同时公布终止决定。

六、税务代理人的权利义务

(一) 权利

税务代理人有权依照《税务代理试行办法》的规定代理由纳税人、扣缴义务人委托的税务事宜。税务代理人依法履行职责,受国家法律保护,任何机关、团体、单位和个人不得非法干预。

税务代理人有权根据代理业务需要,查阅被代理人的有关财务会计资料和文件,查看业务现场和设施。被代理人应当向代理人提供真实的经营情况和财务会计资料。

税务代理人可向当地税务机关订购或查询税务政策、法律、法规和有关资料。税务代理人对税务机关的行政决定不服的,可依法向税务机关申请行政复议或向人民法院起诉。

(二) 义务

税务代理人在办理代理业务时,必须向有关的税务工作人员出示税务师执业证书,按照主管税务机关的要求,如实提供有关资料,不得隐瞒、谎报,并在税务文书上署名盖章。

对被代理人偷税,骗取减税、免税和退税的行为,税务代理人应予以制止,并及时报告税务机关。

税务代理人在从事代理业务期间和停止代理业务以后,都不得泄漏因代理业务而得知的秘密。

税务代理人应当建立税务代理档案,如实记载各项代理业务的始末和保存计税资料及涉税文书。税务代理档案至少保存 5 年。

案情追踪道具——追案魔法帽20-10：
税务代理制度建设及监管

第六节 违反税收征收管理法的法律责任

《税收征收管理法》及其实施细则等法律法规，对税务登记管理、纳税申报管理、税款征收管理、减税免税及退税管理、税收票证管理、纳税检查和税务稽查、纳税档案资料管理、税务代理管理等税收征管环节的具体违法行为，明确了相关纳税主体和征税机关应承担的法律责任。

在税收法律关系中，违法主体所需承担的责任主要是行政责任和刑事责任。行政责任是由税务机关对税收违法行为所追究的法律责任[1]，刑事责任是由国家司法机关对触犯刑律的税收违法行为所追究的责任。对于刑事责任，除了税收法律法规对其做了规定外，《中华人民共和国刑法》中设专节，规定了对危害税收征管行为的处罚。

一、违反税务登记制度的法律责任

纳税人有下列行为之一的，由税务机关责令限期改正，可以处2 000元以下的罚款[2]；情节严重的，处2 000元以上1万元以下的罚款：(1) 未按照规定的期限申报办理税务登记、变更或者注销登记的；(2) 纳税人未按照规定办理税务登记证件验证或者换证手续的。

纳税人不办理税务登记的，由税务机关责令限期改正；逾期不改正的，经税务机关提请，由市场管理部门吊销其营业执照。纳税人未按照规定使用税务登记证件，或者转借、涂改、损毁、买卖、伪造税务登记证件的，处2 000元以上1万元以下的罚款；情节严重的，处1万元以上5万元以下的罚款。

银行和其他金融机构未依照税收征管法的规定在从事生产、经营的纳税人的账户中登录税务登记证件号码，或者未按规定在税务登记证件中登录从事生产、经营的纳税人的账户账号的，由税务机关责令其限期改正，处2 000元以上2万元以下的罚款；情节严重的，处2万元以上5万元以下的罚款。

---

[1] 违反税收法律、行政法规应当给予行政处罚的行为，在5年内未被发现的，不再给予行政处罚。
[2] 罚款额在2 000元以下的，可以由税务所决定。税务机关和司法机关的涉税罚没收入，应当按照税款入库预算级次上缴国库。

二、违反账簿、凭证管理制度的法律责任

纳税人有下列行为之一的,由税务机关责令限期改正,可以处 2 000 元以下的罚款[①];情节严重的,处 2 000 元以上 1 万元以下的罚款:(1) 未按照规定设置、保管账簿或者保管记账凭证和有关资料的;(2) 未按照规定将财务、会计制度或者财务、会计处理办法和会计核算软件报送税务机关备查的;(3) 未按照规定将其全部银行账号向税务机关报告的;(4) 未按照规定安装、使用税控装置,或者损毁或者擅自改动税控装置的。

扣缴义务人未按照规定设置、保管代扣代缴、代收代缴税款账簿或者保管代扣代缴、代收代缴税款记账凭证及有关资料的,由税务机关责令限期改正,可以处 2 000 元以下的罚款;情节严重的,处 2 000 元以上 5 000 元以下的罚款。

纳税人、扣缴义务人编造虚假计税依据的,由税务机关责令限期改正,并处 5 万元以下的罚款。

非法印制、转借、倒卖、变造或者伪造完税凭证的,由税务机关责令改正,处 2 000 元以上 1 万元以下的罚款;情节严重的,处 1 万元以上 5 万元以下的罚款;构成犯罪的,依法追究刑事责任。

三、违反纳税申报制度的法律责任

纳税人伪造、变造、隐匿、擅自销毁账簿、记账凭证,或者在账簿上多列支出或者不列、少列收入,或者经税务机关通知申报而拒不申报或者进行虚假的纳税申报,不缴或者少缴应纳税款的,是偷税。对纳税人偷税的,由税务机关追缴其不缴或者少缴的税款、滞纳金,并处不缴或者少缴的税款 50% 以上 5 倍以下的罚款;构成犯罪的,依法追究刑事责任。扣缴义务人采取前款所列手段,不缴或者少缴已扣、已收税款,由税务机关追缴其不缴或者少缴的税款、滞纳金,并处不缴或者少缴的税款 50% 以上 5 倍以下的罚款;构成犯罪的,依法追究刑事责任。

纳税人不进行纳税申报,不缴或者少缴应纳税款的,由税务机关追缴其不缴或者少缴的税款、滞纳金,并处不缴或者少缴的税款 50% 以上 5 倍以下的罚款。

纳税人未按照规定的期限办理纳税申报和报送纳税资料的,或者扣缴义务人未按照规定的期限向税务机关报送代扣代缴、代收代缴税款报告表和有关资料的,由税务机关责令限期改正,可以处 2 000 元以下的罚款;情节严重的,可以处 2 000 元以上 10 000 元以下的罚款。

纳税人、扣缴义务人、纳税担保人同税务机关在纳税上发生争议[②]时,必须先依照税务机关的纳税决定缴纳或者解缴税款及滞纳金或者提供相应的担保,然后可以依法申请行政复议;对行政复议决定不服的,可以依法向人民法院起诉。当事人对税务机关的处罚决定、强制执行措施或者税收保全措施不服的,可以依法申请行政复议,也可以依法向人民法院起诉。当事人

---

① 罚款额在 2 000 元以下的,可以由税务所决定。税务机关和司法机关的涉税罚没收入,应当按照税款入库预算级次上缴国库。

② 纳税争议,是指纳税人、扣缴义务人、纳税担保人对税务机关确定纳税主体、征税对象、征税范围、减免税及退税、适用税率、计税依据、纳税环节、纳税期限、纳税地点以及税款征收方式等具体行政行为有异议而发生的争议。

对税务机关的处罚决定逾期不申请行政复议也不向人民法院起诉、又不履行的，做出处罚决定的税务机关可以采取《税收征管法》规定的强制执行措施，或者申请人民法院强制执行。

四、违反税款征收制度的法律责任

纳税人欠缴应纳税款，采取转移或者隐匿财产的手段，妨碍税务机关追缴欠缴的税款的，由税务机关追缴欠缴的税款、滞纳金，并处欠缴税款50%以上5倍以下的罚款；构成犯罪的，依法追究刑事责任。

以假报出口或者其他欺骗手段，骗取国家出口退税款的，由税务机关追缴其骗取的退税款，并处骗取税款1倍以上5倍以下的罚款；构成犯罪的，依法追究刑事责任。对骗取国家出口退税款的，税务机关可以在规定期间内停止为其办理出口退税。为纳税人、扣缴义务人非法提供银行账户、发票、证明或者其他方便，导致未缴、少缴税款或者骗取国家出口退税款的，税务机关除没收其违法所得外，可以处未缴、少缴或者骗取的税款1倍以下的罚款。

以暴力、威胁方法拒不缴纳税款的，是抗税，除由税务机关追缴其拒缴的税款、滞纳金外，依法追究刑事责任。情节轻微，未构成犯罪的，由税务机关追缴其拒缴的税款、滞纳金，并处拒缴税款1倍以上5倍以下的罚款。

纳税人、扣缴义务人在规定期限内不缴或者少缴应纳或者应解缴的税款，经税务机关责令限期缴纳，逾期仍未缴纳的，税务机关除依照《税收征管法》规定采取强制执行措施追缴其不缴或者少缴的税款外，可以处不缴或者少缴的税款50%以上5倍以下的罚款。纳税人拒绝代扣、代收税款的，扣缴义务人应当向税务机关报告，由税务机关直接向纳税人追缴税款、滞纳金；纳税人拒不缴纳的，依照上述规定执行。

扣缴义务人应扣未扣、应收而不收税款的，由税务机关向纳税人追缴税款，对扣缴义务人处应扣未扣、应收未收税款50%以上3倍以下的罚款。

违反发票管理法规，导致其他单位或者个人未缴、少缴或者骗取税款的，由税务机关没收违法所得，可以并处未缴、少缴或者骗取的税款1倍以下的罚款。

税务代理人违反税收法律、行政法规，造成纳税人未缴或者少缴税款的，除由纳税人缴纳或者补缴应纳税款、滞纳金外，对税务代理人处纳税人未缴或者少缴税款50%以上3倍以下的罚款。

从事生产、经营的纳税人、扣缴义务人有税收违法行为，拒不接受税务机关处理的，税务机关可以收缴其发票或者停止向其发售发票。

五、违反税务检查制度的法律责任

纳税人、扣缴义务人有下列行为，以逃避、拒绝或者以其他方式阻挠税务机关检查的，由税务机关责令改正，可以处1万元以下的罚款；情节严重的，处1万元以上5万元以下的罚款：(1) 提供虚假资料，不如实反映情况，或者拒绝提供有关资料的；(2) 拒绝或者阻止税务机关记录、录音、录像、照相和复制与案件有关的情况和资料的；(3) 在检查期间，纳税人、扣缴义务人转移、隐匿、销毁有关资料的；(4) 有不依法接受税务检查的其他情形的。

税务机关依照《税收征管法》的规定,到车站、码头、机场、邮政企业及其分支机构检查纳税人有关情况时,有关单位拒绝的,由税务机关责令改正,可以处1万元以下的罚款;情节严重的,处1万元以上5万元以下的罚款。

纳税人、扣缴义务人的开户银行或者其他金融机构拒绝接受税务机关依法检查纳税人、扣缴义务人存款账户,或者拒绝执行税务机关做出的冻结存款或者扣缴税款的决定,或者在接到税务机关的书面通知后帮助纳税人、扣缴义务人转移存款,造成税款流失的,由税务机关处10万元以上50万元以下的罚款,对直接负责的主管人员和其他直接责任人员处1千元以上1万元以下的罚款。

六、税务机关及其工作人员的法律责任

(一) 对税款征收、入库造成危害的违法行为

税务机关违反规定擅自改变税收征收管理范围和税款入库预算级次的,责令限期改正,对直接负责的主管人员和其他直接责任人员依法给予降级或者撤职的行政处分。

税务人员徇私舞弊或者玩忽职守,不征或者少征应征税款,致使国家税收遭受重大损失,构成犯罪的,依法追究刑事责任;尚不构成犯罪的,依法给予行政处分。

税务人员违反法律、行政法规的规定,故意高估或者低估农业税计税产量,致使多征或者少征税款,侵犯农民合法权益或者损害国家利益,构成犯罪的,依法追究刑事责任;尚不构成犯罪的,依法给予行政处分。

违反法律、行政法规的规定提前征收、延缓征收或者摊派税款的,由其上级机关或者行政监察机关责令改正,对直接负责的主管人员和其他直接责任人员依法给予行政处分。

违反法律、行政法规的规定,擅自做出税收的开征、停征或者减税、免税、退税、补税以及其他同税收法律、行政法规相抵触的决定的,除依照本法规定撤销其擅自做出的决定外,补征应征未征税款,退还不应征收而征收的税款,并由上级机关追究直接负责的主管人员和其他直接责任人员的行政责任;构成犯罪的,依法追究刑事责任。

(二) 执法过程中的违法行为

纳税人、扣缴义务人行为涉嫌犯罪的,税务机关应当依法移交司法机关追究刑事责任。税务人员徇私舞弊,对依法应当移交司法机关追究刑事责任的不移交,情节严重的,依法追究刑事责任。

未经税务机关依法委托征收税款的,责令退还收取的财物,依法给予行政处分或者行政处罚;致使他人合法权益受到损失的,依法承担赔偿责任;构成犯罪的,依法追究刑事责任。

税务人员与纳税人、扣缴义务人勾结,唆使或者协助纳税人、扣缴义务人有偷税、逃税、骗税行为,构成犯罪的,依法追究刑事责任;尚不构成犯罪的,依法给予行政处分。

税务人员利用职权之便,故意刁难印制、使用发票的单位和个人,或者有违反发票管理法规行为的,依照国家有关规定给予处分;构成犯罪的,依法追究刑事责任。

税务人员利用职务上的便利,收受或者索取纳税人、扣缴义务人财物或者谋取其他不正当利益,构成犯罪的,依法追究刑事责任;尚不构成犯罪的,依法给予行政处分。

税务人员私分扣押、查封的商品、货物或者其他财产,情节严重,构成犯罪的,依法追究刑

事责任;尚不构成犯罪的,依法给予行政处分。税务机关对纳税人、扣缴义务人及其他当事人处以罚款或者没收违法所得时,应当开付罚没凭证;未开付罚没凭证的,纳税人、扣缴义务人以及其他当事人有权拒绝给付。税务机关、税务人员查封、扣押纳税人个人及其所扶养家属维持生活必需的住房和用品的,责令退还,依法给予行政处分;构成犯罪的,依法追究刑事责任。

税务人员在征收税款或者查处税收违法案件时,未按照《税收征管法》规定进行回避的,对直接负责的主管人员和其他直接责任人员,依法给予行政处分。

未按照规定为纳税人、扣缴义务人、检举人保密的,对直接负责的主管人员和其他直接责任人员,由所在单位或者有关单位依法给予行政处分。

七、违反发票管理制度的法律责任

违反《发票管理办法》的规定,有下列情形之一的,由税务机关责令改正,可以处1万元以下的罚款;有违法所得的予以没收:(1)应当开具而未开具发票,或者未按照规定的时限、顺序、栏目,全部联次一次性开具发票,或者未加盖发票专用章的;(2)使用税控装置开具发票,未按期向主管税务机关报送开具发票的数据的;(3)使用非税控电子器具开具发票,未将非税控电子器具使用的软件程序说明资料报主管税务机关备案,或者未按照规定保存、报送开具发票的数据的;(4)拆本使用发票的;(5)扩大发票使用范围的;(6)以其他凭证代替发票使用的;(7)跨规定区域开具发票的;(8)未按照规定缴销发票的;(9)未按照规定存放和保管发票的。

跨规定的使用区域携带、邮寄、运输空白发票,以及携带、邮寄或者运输空白发票出入境的,由税务机关责令改正,可以处1万元以下的罚款;情节严重的处1万元以上3万元以下的罚款;有违法所得的予以没收。丢失发票或者擅自损毁发票的,依照上述规定处罚。

违反规定虚开发票的,由税务机关没收违法所得;虚开金额在1万元以下的,可以并处5万元以下的罚款;虚开金额超过1万元的,并处5万元以上50万元以下的罚款;构成犯罪的,依法追究刑事责任。非法代开发票的,依照上述规定处罚。

私自印制、伪造、变造发票,非法制造发票防伪专用品,伪造发票监制章的,由税务机关没收违法所得,没收、销毁作案工具和非法物品,并处1万元以上5万元以下的罚款;情节严重的,并处5万元以上50万元以下的罚款;对印制发票的企业,可以并处吊销发票准印证;构成犯罪的,依法追究刑事责任。

有下列情形之一的,由税务机关处1万元以上5万元以下的罚款;情节严重的,处5万元以上50万元以下的罚款;有违法所得的予以没收:(1)转借、转让、介绍他人转让发票、发票监制章和发票防伪专用品的;(2)知道或者应当知道是私自印制、伪造、变造、非法取得或者废止的发票而受让、开具、存放、携带、邮寄、运输的。

对违反发票管理规定2次以上或者情节严重的单位和个人,税务机关可以向社会公告。

税务机关对违反发票管理法规的行为进行处罚,应当将行政处罚[①]决定书面通知当事人;对违反发票管理法规的案件,应当立案查处。

---

① 对违反发票管理法规的行政处罚,由县以上税务机关决定;罚款额在2 000元以下的,可由税务所决定。

八、违反税务代理制度的法律责任

税务师未按照委托代理协议书的规定进行代理或违反税收法律、行政法规的规定进行代理的,由县以上税务局处以 2 000 元以下的罚款。

税务师在一个会计年度内违反《税务代理试行办法》规定从事代理行为 2 次以上的,由省、自治区、直辖市税务局注销税务师登记,收回税务师执业证书,责令其停止从事税务代理业务 2 年。

税务师知道被委托代理的事项违法仍进行代理活动或知道自身的代理行为违法仍进行的,由省、自治区、直辖市税务局吊销其税务师执业证书,禁止从事税务代理业务。税务师触犯刑律,构成犯罪的,由司法机关依法惩处。

税务代理机构违反《税务代理试行办法》规定的,由县以上国家税务局根据情节轻重,给予警告、处以 2 000 元以下罚款、停业整顿、责令解散等处分。

税务师、税务代理机构从事地方税代理业务时违反《税务代理试行办法》规定的,由县以上地方税务局根据本办法的规定给予警告、处以 2 000 元以下的罚款或提请省、自治区、直辖市国家税务局处理。

税务机关对税务师和税务代理机构进行惩戒处分时,应当制作文书,通知当事人,并予以公布。

谜案 20 税收征收管理

单项选择题

1. 除另有规定外,从事生产经营的纳税人会计账簿、报表、凭证保存期限为( )。
   A. 8 年　　　　B. 10 年　　　　C. 3 年　　　　D. 5 年

2. 根据税收征收管理法律制度的规定,下列各项中,不属于重大税收违法失信案件范围的是( )。
   A. 骗取国家出口退税款的
   B. 虚开增值税专用发票的
   C. 虚开普通发票 100 份或者金额 40 万元以上的
   D. 不缴或者少缴应纳税款 100 万元以上的

3. 甲公司未缴纳税款和滞纳金共计 50 万元,其法定代表人需要出境参加重要会议,但未提供纳税担保,则税务机关可以采取的税款征收措施是( )。
   A. 书面通知甲公司开户银行冻结相当于应纳税款的存款
   B. 书面通知甲公司开户银行从其存款中扣缴税款
   C. 直接阻止甲公司法定代表人出境
   D. 通知出境管理机关阻止甲公司法定代表人出境

4. 下列关于税务机关在实施税收保全措施时应注意事项的表述中,符合税法规定的是( )。
   A. 经税务所所长批准后即能施行
   B. 解除保全措施的时间是收到税款或银行转回的完税凭证之日起 1 日内
   C. 可由 1 名税务人员单独执行货物查封
   D. 税务机关可通知纳税人开户银行冻结其大于应纳税款的存款

5. 税务行政复议的申请期限是申请人在知道税务机关做出具体行政行为之日起( )日内。
   A. 30　　　　B. 60　　　　C. 45　　　　D. 15

6. 关于税收优先的说法,错误的是( )。
   A. 税务机关征收税款,税收优先于无担保债权,法律另有规定的除外
   B. 纳税人欠缴税款,同时又被行政机关决定处以罚款的,税收优先于罚款
   C. 纳税人欠缴税款发生在纳税人以其财产设定抵押之前的,税收优先于抵押权执行

D. 纳税人欠缴税款,同时又被行政机关没收违法所得的,没收违法所得优先于税收

7. 按照法律、法规以及依据法律、法规制定的相关规定要求,对涉税事项的真实性和合法性出具鉴定和证明的涉税专业服务是(　　)。

　　A. 涉税鉴证　　　　　　　　　　B. 纳税情况审查
　　C. 其他税务事项代理　　　　　　D. 纳税申报代理

8. 纳税人有特殊困难,不能按期缴纳税款的,经(　　)批准,可以延期缴纳税款,但最长不得超过(　　)。

　　A. 县以上税务局(分局)、3个月
　　B. 省、自治区、直辖市国家税务局、地方税务局批准、6个月
　　C. 省、自治区、直辖市国家税务局、地方税务局批准、3个月
　　D. 县以上税务局(分局)、10个月

9. 下列属于税收保全措施的是(　　)。

　　A. 担保　　　　B. 拍卖　　　　C. 冻结　　　　D. 阻止出境

10. 纳税人因有特殊困难,不能按期缴纳税款的可以申请延期缴纳税款。下列关于延期缴纳的表述中不正确的是(　　)。

　　A. 延期缴纳税款,期限最长不得超过3个月
　　B. 同一笔税款可以滚动申请延期缴纳
　　C. 经批准延期缴纳税款的,在批准的期限内不予加收滞纳金
　　D. 延期缴纳税款应经省、自治区、直辖市税务局批准

11. 在规定的纳税期前,税务机关有根据认为从事生产、经营的纳税人有逃避纳税义务行为的,首先应(　　)。

　　A. 核定其应纳税额　　　　　　　B. 扣押其商品
　　C. 责令限期缴纳应纳税额　　　　D. 采取税收强制执行措施

12. 针对纳税人、扣缴义务人和其他当事人因偷税未缴或者少缴的税款或者骗取的退税款的,下列说法正确的是(　　)。

　　A. 税务机关在3年内可以追征
　　B. 有特殊情况的,追征期可以延长到10年
　　C. 无限期追征
　　D. 税务机关在5年内可以追征;有特殊情况的,追征期可以延长到10年

13. 采取税务强制执行措施前,必须报经(　　)批准。

　　A. 县级以上人民政府　　　　　　B. 省级以上税务部门
　　C. 县级以上人民法院院长　　　　D. 县级以上税务局(分局)长

14. 根据《税收征收管理法》的规定,税务机关有权对纳税人采取税收保全措施的情形是(　　)。

　　A. 纳税人账目混乱难以查账的
　　B. 纳税人未按规定期限办理纳税申报,经税务机关责令限期申报,逾期仍不申报的
　　C. 纳税人有明显转移、隐匿其应纳税收入迹象的
　　D. 纳税人有明显转移、隐匿其应纳税收入迹象且不能提供纳税担保的

15. 根据《税收征收管理法》的规定,纳税人不办理税务登记,由税务机关责令限期改正,

逾期仍不改正的,税务机关应采取的措施是（　　）。

A. 核定其应纳税额

B. 采取税收强制执行措施

C. 提请工商行政管理机关吊销其营业执照

D. 处以 2 000 元以上 1 万元以下的罚款

16. 纳税人采取转移或者隐匿财产的手段,使税务机关无法追缴其所欠缴的税款。该种行为在法律上称为（　　）。

A. 骗税行为　　　　　　　　B. 拖欠税款行为

C. 抗税行为　　　　　　　　D. 逃避追缴欠税款行为

17. 根据我国《税收征收管理法》规定,纳税人的下列行为,属于抗税行为的有（　　）。

A. 擅自销毁账簿、记账凭证,不缴应纳税款的

B. 在账簿上多列支出,少缴应纳税款的

C. 进行虚假的纳税申报,少缴应纳税款的

D. 以威胁方法拒不缴纳应纳税款的

多项选择题

1. 下列关于申请延期缴纳税款的表述中,符合规定的有（　　）。

A. 在批准期限内免于加收滞纳金

B. 延期期限最长不得超过 3 个月

C. 应在规定期限内提出书面申请

D. 延期纳税须经县级税务局批准

2. 对违反发票管理规定 2 次以上的单位和个人,税务机关可以公告纳税人发票违法的情况,公告内容包括（　　）。

A. 纳税人名称　　　　　　　　B. 经营内容

C. 法定代表人姓名　　　　　　D. 纳税人识别号

E. 经营地点

3. 税务机关拟对个体工商户业主王某采取税收保全措施,王某的下列财产中,可以采取税收保全措施的有（　　）。

A. 价值 2 000 元的电视机　　　　B. 价值 10 万元的金银首饰

C. 价值 20 万元的小汽车　　　　D. 维持自己生活必需的唯一普通住房

4. 纳税人在税收征管中享有的权利有（　　）。

A. 享受税法规定的减免税优惠　　B. 依法保管和使用发票

C. 申请延期申报和延期缴纳税款　　D. 依法申请退还多缴的税款

E. 依法申请办理税务登记、变更或注销税务登记

5. 某企业因计算错误,未缴税款累计达 50 万元。关于该税款的征收,下列哪些选项是正确的（　　）。

A. 税务机关可追征未缴的税款　　B. 税务机关可追征滞纳金

C. 追征期可延长到 5 年　　　　　D. 追征时不受追征期的限制

6. 根据税收征收管理法律制度的规定,税务机关在发票检查中,有权采取的措施有（　　）。

A. 调出空白发票查验　　　　　　B. 复制与发票有关的资料

C. 检查开具发票的情况　　　　　D. 销毁非法印制的发票

7. 下列各项中,税务机关可以采取"核定征收"方式征税的有(　　)。

A. 擅自销毁账簿或者拒不提供纳税资料的

B. 企业开业初期、生产经营尚未正规的

C. 企业财务会计管理人员严重不足的

D. 纳税人申报的计税依据明显偏低,又无正当理由的

8. 纳税人超过应纳税额缴纳的税款,自结算缴纳税款之日起3年内发现的,下列各项中,符合我国《税收征收管理法》规定的有(　　)。

A. 纳税人可以要求税务机关退还多缴的税款

B. 纳税人不得要求税务机关退还多缴的税款

C. 纳税人不得向税务机关要求加计多缴税款部分的银行同期存款利息

D. 纳税人可以向税务机关要求加计多缴税款部分的银行同期存款利息

9. 下列各项中属税法所规定的偷税手段的有(　　)。

A. 伪造、变造账簿、记账凭证

B. 隐匿、擅自销毁账簿、记账凭证

C. 进行虚假的纳税申报

D. 以暴力、威胁方法拒不缴纳税款

10. 纳税人下列各项行为,可按"由税务机关责令限期改正,逾期不改正的,可以处以2 000元以下的罚款,情节严重的,处以2 000元以上10 000元以下的罚款"规定处理的有(　　)。

A. 未按照规定的期限申报办理税务登记

B. 未按照规定设置、保管账簿

C. 规定期限不缴纳税款的行为

D. 未按照规定将财务,会计制度报送税务机关备查

简答题

1. 2022年6月,甲集团公司发生如下事项。

事项1:下设A公司以暴力、威胁方法拒不缴纳税款,情节轻微,未构成犯罪。

事项2:下设B公司是提供邮政服务的纳税人,去年邮政服务销售额占其全部销售额的比重为60%,由于满足条件但未享受进项税额加计抵减政策,从而多缴了一笔税款。

事项3:下设C公司两年前少缴了一笔税款,经查实发现是由财务人员粗心计算错误所导致。

要求:根据上述事项,回答下列问题。

(1) 事项1属于什么违法行为?A公司会受到什么处罚?对于其拒缴的税款,税务机关追征的期限是多长时间?

(2) 事项2多缴的税款是否可以申请退回?并说明理由。如果可以退回,进一步说明可以退回的金额包含哪些。

(3) 事项3少缴的税款税务机关是否有权追征?并说明理由。

2. 甲公司系增值税一般纳税人,2022年5月因经销商乙公司未及时还款,导致资金困难,

无法在申报期的最后一天(5月19日)缴纳税款,于是在19日之前向税务机关提出延期缴纳税款的申请,并提供了当期货币资金余额情况及所有银行存款账户的对账单、资产负债表等相关材料。

要求:根据上述资料,回答下列问题。

(1)税务机关是否可以批准甲公司的申请?并说明理由。

(2)哪一级税务机关有权批准甲公司的申请?

3. 2018年4月10日,A县税务局制作对甲公司补缴税款和滞纳金的税务处理决定书和处以少缴税款1倍的行政处罚决定书,上述文书于4月13日送达甲公司并由甲公司签收。甲公司对A县税务局的处理决定和处罚决定有异议,拟提起税务行政复议。

请逐一回答如下问题:

(1)拟提供纳税担保后对应补缴的税款和滞纳金提请复议,纳税担保人资格应由谁确认?提请复议的60天时限应该从哪一天开始计算?

(2)对于处罚决定提请复议是否需要提供纳税担保?可否不经过复议直接提起行政诉讼?

(3)如果复议申请被税务机关受理,复议机关应在多少日内作出复议决定?什么情况下可以延期?最长可以延期多少天?

(4)如果甲公司对复议决定不服但未在规定时限内起诉,同时又拒绝履行复议决定,可能的后果是什么?

谜底(请找彩蛋)

第 21 章 税务行政法制

008 从鲨鱼号飞艇上下来执行任务

✓ 任务分解

- ☞ 全面了解我国税务行政法制体系与基本概念
- ☞ 明确税务行政处罚、税务行政复议、税务行政诉讼与税务行政赔偿等基本概念
- ☞ 融会贯通税务行政法制的思维与税务实操
- ☞ 掌握税务行政处罚、税务行政复议、税务行政诉讼与税务行政赔偿等税务行政法治全流程

✓ 疑难重点

- ☞ 重点:税务行政处罚的具体规定,税务行政复议的具体规定,税务行政诉讼的具体规定,税务行政赔偿的具体规定
- ☞ 难点:税务行政处罚的程序、标准,税务行政复议的程序、效力,复议和诉讼、调解和和解等概念的差异,税务行政诉讼的提起、审理与判决,税务行政赔偿的申请与赔偿范围

✓ 探案道具箱

密码

大力箱,
萌探008探案助手,兼案卷记录员,
AI族,全知全能⋯

第 21 章　税务行政法制

✓ 谜案线索

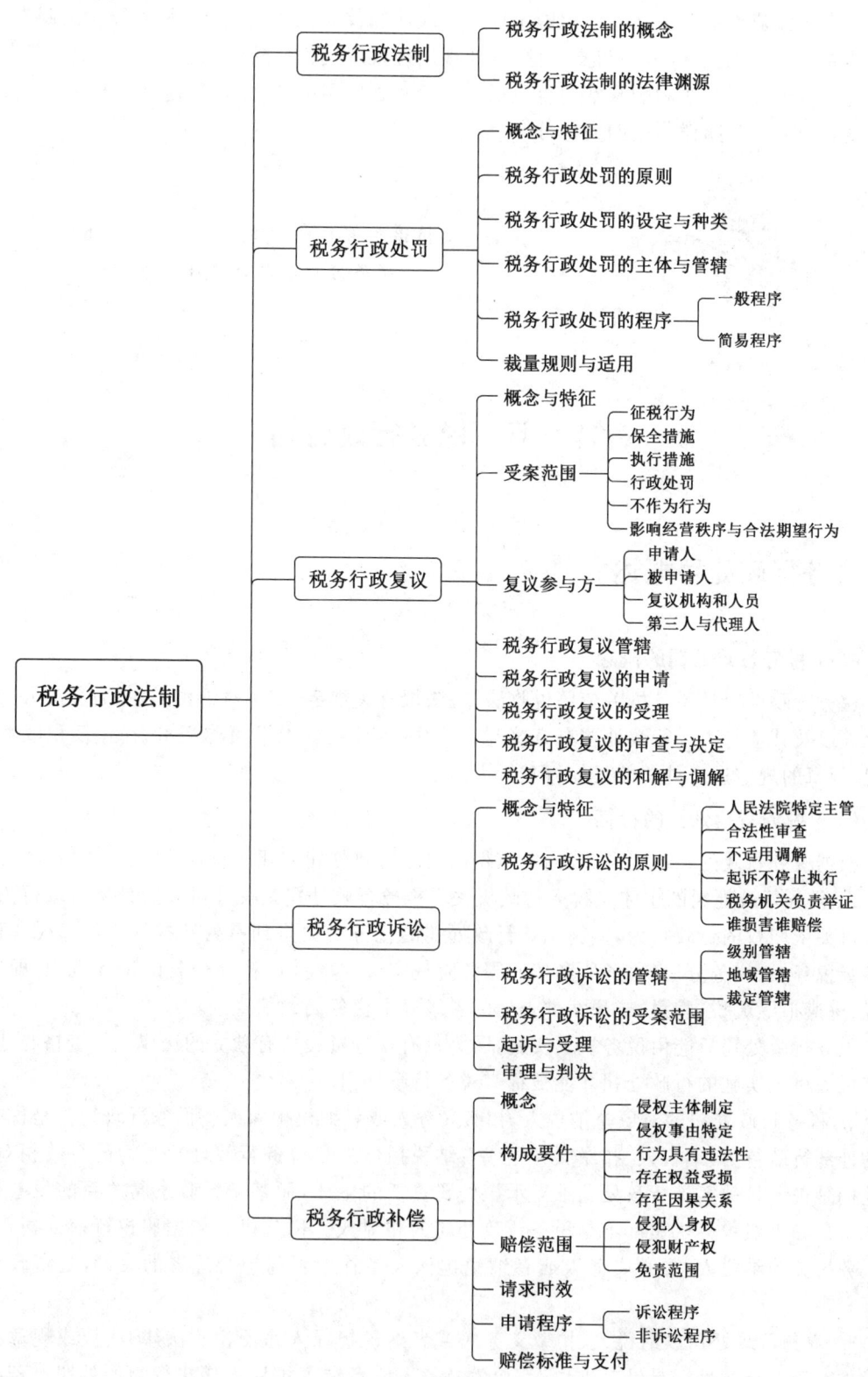

```
税务行政法制
├── 税务行政法制
│   ├── 税务行政法制的概念
│   └── 税务行政法制的法律渊源
├── 税务行政处罚
│   ├── 概念与特征
│   ├── 税务行政处罚的原则
│   ├── 税务行政处罚的设定与种类
│   ├── 税务行政处罚的主体与管辖
│   ├── 税务行政处罚的程序
│   │   ├── 一般程序
│   │   └── 简易程序
│   └── 裁量规则与适用
├── 税务行政复议
│   ├── 概念与特征
│   ├── 受案范围
│   │   ├── 征税行为
│   │   ├── 保全措施
│   │   ├── 执行措施
│   │   ├── 行政处罚
│   │   ├── 不作为行为
│   │   └── 影响经营秩序与合法期望行为
│   ├── 复议参与方
│   │   ├── 申请人
│   │   ├── 被申请人
│   │   ├── 复议机构和人员
│   │   └── 第三人与代理人
│   ├── 税务行政复议管辖
│   ├── 税务行政复议的申请
│   ├── 税务行政复议的受理
│   ├── 税务行政复议的审查与决定
│   └── 税务行政复议的和解与调解
├── 税务行政诉讼
│   ├── 概念与特征
│   ├── 税务行政诉讼的原则
│   │   ├── 人民法院特定主管
│   │   ├── 合法性审查
│   │   ├── 不适用调解
│   │   ├── 起诉不停止执行
│   │   ├── 税务机关负责举证
│   │   └── 谁损害谁赔偿
│   ├── 税务行政诉讼的管辖
│   │   ├── 级别管辖
│   │   ├── 地域管辖
│   │   └── 裁定管辖
│   ├── 税务行政诉讼的受案范围
│   ├── 起诉与受理
│   └── 审理与判决
└── 税务行政补偿
    ├── 概念
    ├── 构成要件
    │   ├── 侵权主体制定
    │   ├── 侵权事由特定
    │   ├── 行为具有违法性
    │   ├── 存在权益受损
    │   └── 存在因果关系
    ├── 赔偿范围
    │   ├── 侵犯人身权
    │   ├── 侵犯财产权
    │   └── 免责范围
    ├── 请求时效
    ├── 申请程序
    │   ├── 诉讼程序
    │   └── 非诉讼程序
    └── 赔偿标准与支付
```

税务行政法制是由多方密切配合形成的复杂系统,系统内各方互相监督、互相促进、互相依赖。在全面建设社会主义现代化国家税务行政法律体系的大背景下,税务行政法制在国家治理体系中的基础性、保障性与支柱性,均体现出税收现代化在建设社会主义现代化国家中的重要地位。税务行政法制的基本内容包括税务行政处罚制度、税务行政复议制度、税务行政诉讼制度与税务行政赔偿制度四大部分。

案情追踪道具——追案魔法帽21-1:
税务行政法制的法律渊源

第一节 税务行政处罚

一、税务行政处罚概述

(一)税务行政处罚的概念

税务行政处罚是税务机关依照税收法律、法规有关规定,依法对纳税人、扣缴义务人、纳税担保人以及其他与税务行政处罚有直接利害关系的当事人(以下简称当事人)违反税收法律、法规、规章的规定进行处罚的具体行政行为。

(二)税务行政处罚的特征

根据税务行政处罚的概念,我们可以得出税务行政处罚的四大特征:

1. 税务行政处罚的主体是税务行政机关。税务行政处罚是税务机关的具体行政行为,是税务机关依职权的行政行为,实施税务行政处罚的税务机关是拥有处罚权的主体。税务机关指各级税务局、税务分局、税务所和按照国务院规定设立的并向社会公告的税务机构,即专司偷税、逃避追缴欠税、骗税、抗税案件查处的省级以下税务局的稽查局。

税务行政处罚只能由税务机关实施,因为只有税务机关才有独立的法律主体资格与地位。只有税务机关实施的行政处罚才能被称为税务行政处罚。

2. 税务行政处罚的对象是纳税人,扣缴义务人或者纳税担保人。税务行政处罚是税务机关的外部行政行为,纳税人、扣缴义务人或者纳税担保人是税务行政处罚行为的行政相对人,即他们是税务机关实施行政处罚独立承担处罚责任的主体,而基于行政隶属关系的税务机关工作人员和下级税务机关都不是税务行政处罚的相对人。税务机关依据职权行使处罚权,所以税务机关与纳税人、扣缴义务人或者纳税担保人是管理者与被管理者的关系,是行政法律关系。

3. 税务行政处罚以纳税人、扣缴义务人或者纳税担保人违反税收法律、法规或规章为先决条件。税务行政处罚是针对纳税人、扣缴义务人或者纳税担保人违法行为的处罚。若纳税人、扣缴义务人或者纳税担保人仅有违法的动机,但并未实施违法的行动,税务机关不能对其实施税务行政处罚。就纳税人、扣缴义务人或纳税担保人而言,作为违法与不作为违法均属于税务行政处罚的范畴。

4. 税务行政处罚具有惩戒性。税务行政处罚是惩戒性行政行为,被处罚的纳税人、扣缴义务人或者纳税担保人将负被惩戒的法律责任。税务行政处罚的直接后果是纳税人、扣缴义务人或者纳税担保人的利益减损、权利被剥夺或某种行为受到限制,因此税务行政处罚具有惩戒性色彩。

二、税务行政处罚的原则

(一) 法定原则

税务行政机关对公民和组织做出的税务行政处罚,必须在法律、法规、规章所规定的范围内设定并实施,且必须严格遵守法定程序。没有法定依据或不遵守法定程序的,税务行政机关不得做出税务行政处罚。

(二) 公平、公正、公开原则

针对不同主体做出的相同或相似的税务违法行为,在事实、性质、情节及社会危害程度相似时,税务行政机关所做出的行政处罚种类与幅度应当基本相同;税务行政机关做出行政处罚的同时,应当使当事人了解其税务违法行为的性质,并给予其申辩的机会;税务行政机关做出税务行政处罚的依据应当公开、税务行政处罚程序应当公开。

(三) 过罚相当原则

税务行政机关在税务行政处罚的设定与实施过程中,应当根据税务违法行为的性质、情节及社会危害程度的大小而定,同时需要与本地的经济社会发展水平相适应,避免出现"一刀切"的行政处罚行为。

(四) 处罚与教育相结合原则

税务行政处罚的目的是教育公民与组织自觉遵守法律法规,纠正其税务违法行为,营造良好的税务征收环境。税务行政机关在实施行政处罚时,应要求当事人改正或限期改正其税务违法行为,对情节轻微、社会影响小的税务违法行为则不应以处罚为唯一手段。

(五) 信赖保护原则

税务行政机关须以法律、法规、规章所规定的内容为处罚依据,作出的税务行政处罚已经生效,非因法定事由并经法定程序,不得随意改变。

(六) 程序正当原则

税务行政机关对当事人的税务违法行为进行处罚时,其程序应当符合法律规定,以保障当事人的知情权、参与权、救济权等各项法定权利。

疑点爆破道具——奇思妙响指 NICE 21-2：
税务行政处罚的设定

三、税务行政处罚的种类

税务行政处罚的种类是可变的，其随着税收法律法规规章设定的变化而变化。根据我国现行税收法律法规规章的规定，行政处罚主要分为申诫罚、财产罚与能力罚3类。

（一）申诫罚

这是影响违法者声誉的处罚，是行政机关对行政违法行为人提出谴责、警告，使其引起警惕，防止继续违法的措施。申诫罚主要适用于情节比较轻微，未造成严重社会危害的违法行为，既可以适用于公民个人，也可以适用于法人和组织。

案卷显示道具——注册 AI 蛙神镜 21-3：
《税收征管法》及其实施细则对申诫罚的规定

（二）财产罚

这是指行政机关依法剥夺行政违法人财产权利的一种处罚，包括罚款、没收非法所得、没收非法财产。

财产罚的适用条件是：适用于有经济收入的公民、有固定资产的法人或者组织所实施的违法行为；对以谋利为目的的经营活动中实施的违法行为。

案卷显示道具——注册 AI 蛙神镜 21-4：
《税收征管法》及其实施细则对财产罚的规定

没收非法所得、没收非法财产是用法律形式剥夺违法获利，以法律的形式增大违法成本，使违法者无利可图，从而起到遏制违法行为，对违法行为给予的制裁措施。财产罚通过依法对有经济收入的公民、有固定资产的法人或者组织等行政违法者，依法剥夺财产权利的处罚，使税收违法行为的获利目的受到打击。通过罚款、没收非法所得、没收非法财产等手段，对违法者进行处罚和制裁，是一种适用范围比较广，极易奏效的行政处罚。

（三）能力罚

这是行政机关对违反行政法律规范的行政相对方所采取的限制或者剥夺特定行为能力的

制裁措施,是一种较严厉的行政处罚。能力罚的主要表现形式是:责令限期改正、责令停产停业、暂扣或者吊销营业执照、暂扣或者吊销许可证。《税收征管法》及其实施细则规定税务部门有行使责令限期改正、提请吊销营业执照的权力。能力罚的适用条件如下。

吊销营业执照和许可证。是指行政机关对持有某种许可证或营业执照而实施违法行为的行政相对方予以取消资格的处罚。对这种违法行为单处以财产罚还不足以纠正其违法行为,所以吊销其许可证或营业执照,使其失去从事某项生产经营活动的权利。

责令停产停业。是指行政机关对从事生产经营活动者实施违法行为而给予的行政处罚。它直接剥夺了生产经营者进行生产经营活动的权利。其具体适用条件是:一是从事生产经营活动的个体工商户、企业法人或者组织,实施了比较严重的违法行为,其行为后果比较严重。二是从事加工、生产与人的健康密切相关,或者出版对人的精神生活产生不良影响的出版物及音像制品的违法行为。

暂扣许可证和营业执照。是行政机关依法对持有许可证和营业执照而实施违法行为的行政相对方暂时停止其资格的处罚。这种处罚主要适用于行政违法行为尚不够严重的行政相对方。采用这种行政处罚是为了给其一个改正的机会,因而暂不实施吊销许可证或营业执照。

案卷显示道具——注册 AI 蛙神镜 21-5:
《税收征管法》对不办理税务登记实施
吊销营业执照的规定

四、税务行政处罚的主体与管辖

(一) 主体

根据《行政处罚法》与《税收征管法》的相关规定,税务行政处罚的实施主体必须是县级以上的税务机关。我国税务机关的组织构成为:国家税务总局;省、自治区、直辖市税务局;地(市、州、盟)税务局;县(市、旗)税务局4级。各级税务机关的派出机构或内设机构,均不具有处罚主体资格,不得以税务机关派出机构或内设机构的名义实施税务行政处罚。但当税务行政处罚罚款数额在2 000元人民币以下时,可以由税务所作出决定。

(二) 管辖

一般情况下,税务行政处罚应当由当事人税收违法行为发生地县(市、旗)级以上税务行政机关管辖,但对当事人处以2 000元以下行政罚款的,可由违法行为发生地税务所决定。

下级税务机关认为其管辖案件需要上级税务机关管辖的,可以报请有管辖权的上级机关进行管辖;两个及两个以上税务机关对同一税务违法行为均具有管辖权的,由先查处的税务机关对其进行管辖;同一税务违法行为的管辖权出现争议的,由共同的上一级税务机关对案件进行指定管辖。

五、税务行政处罚的一般程序

(一) 调查与审查

对税务违法案件进行行政处罚前,必须由税务机关内部设立的调查机构对案件进行调查或检查,当案件直接证据不足或无法收集时,应当通过询问等方式完成调查,并制作《询问(调查)笔录》。在调查机构完成调查取证后,应当在2日内制作《税务稽查报告》或《一般征管处罚案件审理提请书》,提出处罚建议并连同其他资料移交审查机构。

审查机构收到案卷资料后,应当在《税务案件登记簿》上对调查案件来源资料、事实证据材料、《税务稽查报告》《一般征管处罚案件审理提请书》以及其他相关材料进行登记。如存在材料缺失的情况,应通知调查人员补齐。

审查机构对事实认定情况、证据充实情况、处罚建议是否得当、程序是否合法等方面进行审查,并在10日内终结审查,制作《审理报告》,或在《一般征管处罚案件审理提请书》上填写审理意见,连同案卷材料报送本机关负责人审批。

(二) 处罚事项告知

《审理报告》或《一般征管处罚案件审理提请书》经本机关负责人批准同意后,由审理机构制作《税务行政处罚决定事项告知书》并送达当事人。未对当事人送达《税务行政处罚决定事项告知书》的行政处罚决定无效。

(三) 组织听证

税务机关在对当事人的税收违法行为做出行政处罚决定之前,必须充分听取当事人的陈述、申辩,当事人采取口头形式陈述、申辩的,应由税务机关制作《陈述申辩笔录》;当事人放弃陈述申辩的,应在《陈述申辩笔录》中注明,并由当事人签字。

税务机关对当事人做出责令停产停业、吊销许可证或者执照、较大数额罚款(公民2 000元以上,法人或非法人组织10 000元以上)等行政处罚决定之前,应当告知当事人有要求举行听证的权利;当事人要求听证的,行政机关应当组织听证。

税务机关应当在收到当事人听证申请后15日内举行听证,并在举行听证的7日前将《听证通知》送达当事人,告知当事人举行听证的时间、地点、听证主持人的姓名及有关事项。听证公开举行。因案件涉及国家机密、商业秘密或个人隐私,当事人要求不公开举行的,可以不公开举行。当事人认为听证主持人与本案有直接利害关系的,有权申请回避。回避申请应当在举行听证的3日前向税务机关提出,并说明理由。听证主持人是否回避,由组织听证的税务机关负责人决定。对驳回申请回避的决定,当事人可以申请复核一次。

公开进行的听证,允许群众旁听。经听证主持人许可,旁听群众可以发表意见。当事人或者其代理人应当按照税务机关的通知参加听证,无正当理由不参加的,视为放弃听证权利,听证终止。

(四) 做出决定

听证结束或当事人对其税务行政违法行为进行陈述、申辩的,税务机关自听证结束或收到陈述、申辩意见3日内,应当由审查机构组织再审,并另行制作《审理报告》或在《一般征管处罚案件审理提请书》上填写再审意见,连同案卷相关资料报请局(所)长审批。当事人未就其税务行政违法行为进行陈述、申辩或要求听证的,经局(所)长批准的审查意见则为最终的处罚决定意见。

> 疑点爆破道具——奇思妙响指 NICE 21-6：
> 税务行政处罚意见类型

税务行政处罚决定应当载明以下事项:当事人的姓名或者名称、地址;违反法律、法规或者规章的事实和证据;行政处罚的种类和依据;行政处罚的履行方式和期限;不服行政处罚决定,申请行政复议或者提起行政诉讼的途径和期限;做出处罚决定的税务机关名称和做出决定的日期。同时,行政处罚决定必须盖有做出行政处罚决定的税务机关的印章。

六、税务行政处罚的简易程序及适用

税务行政处罚的简易程序,是指税务机关及其执法人员对于公民、法人或其他组织违反税收征收管理秩序的行为,当场做出税务行政处罚决定的行政处罚程序。简易程序的使用条件如下:首先,案情简单、事实清楚、违法后果比较轻微且根据相关法律需要予以行政处罚的;其次,给予的处罚较轻,仅适用于对公民处以50元以下的罚款或对法人及非法人组织处以1 000元以下的罚款的违法案件。

简易程序的适用应当按照以下程序进行:向当事人出示税务行政执法身份证件;告知当事人收到税务行政处罚的违法事实、依据和陈述、申辩权;听取当事人陈述、申辩意见;填写具有预定格式、编有号码的税务行政处罚决定书,并当场交付当事人。

税务行政处罚决定书应当包含下列事项:税务机关名称;处罚编码;当事人信息;税务违法行为事实及处罚依据;税务行政处罚种类与罚款数额;做出税务行政处罚决定的地点及时间;罚款代收机构名称及地址;缴纳罚款的期限与当事人逾期缴纳罚款的后果;当事人不服税务行政处罚的复议权和起诉权;税务行政执法人员签字或盖章。由税务执法人员当场制作的税务行政处罚决定书,需报所属税务机关备案。

自2017年11月1日起,税务机关依法对公民、法人或其他组织当场做出行政处罚决定的,使用修订后的《税务行政处罚决定书(简易)》,不需再另行填写《陈述申辩笔录》与《税务文书送达回证》。

七、税务行政处罚裁量规则及适用

(一) 税务行政处罚裁量规则的定义与原则

税务行政处罚裁量权,是指税务机关根据法律、法规和规章的规定,综合考虑税收违法行为的事实、性质、情节及社会危害程度,选择处罚种类和幅度并做出处罚决定的权力。

税务行政处罚应当遵循以下原则：

1. 合法原则。在法律、法规、规章规定的种类和幅度内，依照法定权限，遵守法定程序，保障当事人的合法权益。

2. 合理原则。符合立法目的，考虑相关事实因素和法律意思，做出的行政处罚决定与违法行为的事实、性质、情节、社会危害程度相当，与本地的经济社会发展水平相适应。

3. 公平公正原则。对事实、性质、情节及社会危害程度等因素基本相同的税收违法行为，所使用的行政处罚种类和幅度应当基本相同。

4. 公开原则。按规定公开行政处罚依据和行政处罚信息。

5. 程序正当原则。依法保障当事人的知情权、参与权和救济权等各项法定权利。

6. 信赖保护原则。非因法定事由并经法定程序，不得随意改变已经生效的行政行为。

7. 处罚与教育相结合原则。预防和纠正涉税违法行为，引导当事人自觉守法。

案情追踪道具——追案魔法帽21-7：
行政处罚裁量基准制定

（二）行政处罚裁量规则适用

1. 法律、法规、规章规定可以给予行政处罚，当事人首次违反且情节轻微，并在税务机关发现前主动改正的或在税务机关责令的期限内改正的，不予行政处罚。

2. 税务机关应当责令当事人改正或者限期改正违法行为的，除法律、法规、规章另有规定外，责令限期改正的期限不超过30日。

3. 税务行政机关对当事人的同一税收违法行为不得给予两次以上罚款的行政处罚。当事人同一税收违法行为违反不同行政处罚规定且均应处以罚款的，应当选择适用处罚较重的条款。

4. 当事人有下列情形之一的，不予行政处罚：
（1）违法行为轻微并及时纠正，没有造成危害后果的。
（2）不满14周岁的人有违法行为的。
（3）精神病人在不能辨认或不能控制自己行为时有违法行为的。
（4）其他法律规定不予行政处罚的。

5. 当事人有下列情形之一的，应当依法从轻或者减轻行政处罚：
（1）主动消除或者减轻违法行为危害后果的。
（2）受他人胁迫有违法行为的。
（3）配合税务机关查处违法行为有立功表现的。
（4）其他依法应当从轻或减轻行政处罚的。

6. 违法税收法律、行政法规应当给予行政处罚的行为在5年内未被发现的，不再给予行政处罚。

7. 行使税务行政处罚裁量权应当依法履行告知义务。在做出行政处罚决定前，应当告知当事人做出行政处罚决定的事实、理由、依据以及拟处理结果，同时告知当事人依法享有的权利。

8. 税务机关行使税务行政处罚裁量权涉及法定回避情形的,应当依法告知当事人享有申请回避的权利。税务人员存在法定回避情形的,应当自行回避或由税务行政机关决定回避。

9. 当事人有权进行陈述和申辩。税务机关应当充分听取当事人的意见,对其提出的事实、理由或者证据进行复核,陈述申辩事由成立的,税务机关应当采纳;不采纳的,应予说明理由。税务机关不得因当事人的申辩而加重处罚。

10. 税务机关对公民做出2 000元以上罚款或对法人或其他组织做出1万元以上罚款的行政处罚决定之前,应当告知当事人有要求举行听证的权利;当事人要求听证的,税务机关应当组织听证。

11. 对情节复杂、争议较大、处罚较重、影响较广或者拟减轻处罚等税务行政处罚案件,应当经过集体审议决定。

12. 税务机关按照一般程序实施行政处罚,应当在执法文书中对事实认定、法律适用、基准适用等说明理由。省级以上税务机关应当积极搜索建立案例指导制度,通过案例指导规范税务行政处罚裁量权。

八、税务行政处罚的执行

税务机关依法做出行政处罚决定后,当事人应当在行政处罚决定规定的期限内,予以履行。当事人在法定期限内不申请复议又不提起行政诉讼的,且在规定期限内不履行的,税务机关可以申请法院强制执行。

(一) 当场收缴罚款

有下列情形之一的,税务机关执法人员可以当场收缴罚款:适用简易程序当场处罚,依法给予20元以下罚款的;适用简易程序当场处罚,不当场收缴事后难以执行的;在边远、水上、交通不便地区,当事人向指定银行缴纳罚款有困难,经当事人申请当场缴纳的。

执法人员当场收缴罚款的,必须向当事人出具省、自治区直辖市财政部门统一制发的罚款收据;不出具财政部门统一制发的罚款收据的,当事人有权拒绝缴纳罚款。执法人员当场收缴的罚款,应当自收缴罚款之日起2日内,交至行政机关;在水上当场收缴的罚款,应当自抵岸之日起2日内交至行政机关;行政机关应当在2日内将罚款缴付指定的银行。

(二) 税务行政处罚决定与罚款收缴分离

根据《中华人民共和国行政处罚法》与《罚款决定与罚款收缴分离实施办法》之规定,做出罚款决定的税务机关应当与收缴罚款的机构分离。做出税务行政处罚决定的税务机关及其执法人员不得自行收缴罚款。当事人应当自收到税务行政处罚决定之日起按照税务机关规定的期限到指定的银行缴纳罚款。指定的银行可以是当事人的开户银行,也可以是税务机关指定的银行。

当事人逾期不履行行政处罚决定的,做出行政处罚决定的税务机关可以采取申请人民法院强制执行,每日按照罚款数额的3‰加处罚款,将查封、扣押的财务拍卖或冻结的存款划拨抵缴罚款等方式确保税务行政处罚决定的执行。

第二节 税务行政复议

一、税务行政复议概述

(一) 税务行政复议的概念

税务行政复议是指当事人不服税务机关及其工作人员做出的税务具体行政行为,依法向上一级税务机关(复议机关)提出申请,复议机关经审理对原税务机关具体行政行为依法做出维持、变更、撤销等决定的活动。

(二) 税务行政复议的特征

1. 受理税务行政复议的机关为特定的税务机关。《税务行政复议规则》第三条明确规定,税务行政复议机关,指依法受理行政复议申请、对具体行政行为进行审查并做出行政复议决定的税务机关。

复议权是法律、法规授予对引起争议的具体行政行为进行审查并做出裁决的权利,其作为一种行政监督形式,是基于行政机关的领导与被领导关系而产生的,所以从严格意义上说,税务行政复议是一种行政领导权。也就是说行使税务行政复议权的税务机关通常是享有领导权的,与做出具体税务行政行为的税务机关是领导与被领导的关系。

2. 税务行政复议由纳税人及其他当事人提出,以税务机关为被申请人。税务行政复议是一种依申请的行为,而非依职权的行为。

税务行政复议活动,应纳税人及其他当事人申请而引起,如果纳税人及其他当事人不主动提出申请,税务机关不能主动做出税务行政复议的决定。同时有权提出税务行政复议申请的,只能是与具体税务行政行为有利害关系的纳税人及其他当事人,即认为税务机关的具体行政行为侵犯其合法权益的纳税人及其他当事人,而被申请的当事人只能是做出具体行政行为的税务机关。

3. 税务行政复议以具体税务行政行为和部分抽象税务行政行为为审查对象。税务行政复议的审查对象是税务机关与纳税人及其他当事人之间的具体行政行为,税务机关与其他行政机关之间的具体行政行为和税务机关与税务机关人员之间的具体行政行为都不是税务行政复议的审查范围。

4. 税务行政复议即审查税务具体行政行为的合法性,也审查税务具体行政行为的合理性。《中华人民共和国行政复议法》明确规定,具体行政行为明显不当的,行政复议机关应当依法撤销或改变该具体行政行为,或者确认该具体行政行为违法,这表明税务机关在法定权限内做出的具体行政行为,必须是客观公正的。同样,税务机关的具体行政行为,如果出现主要事实不清、证据不足、适用依据错误、违反法定程序或者超越或滥用职权等违法现象的,税务行政复议机关同样要依法撤销或者改变该具体行政行为,或者确认该具体行政行为违法。

5. 税务行政复议实行书面审查原则。税务行政复议决定的主要依据应当以书面的方式进行辩论与了解,包括税务行政复议机关对复议对象的复议标的、事实理由和证明的了解,以及复议机关对复议的答辩等都应当以书面为主。

6. 税务行政复议有严格的程序规定。《中华人民共和国行政复议法》对复议当事人的权利与义务,行政复议的方法、步骤和过程都有着明确的规定,行政复议的申请人与参与人都必须严格遵守。依法申请的纳税人及其他当事人,被申请的、有权的税务复议机关和做出具体行政行为的税务机关都必须依据法定程序和步骤实施复议。

二、税务行政复议的受案范围

(一) 征税行为

1. 税务机关做出的征税行为,包括确认纳税主体、征税对象、征税范围、减税、免税、退税、适用税率、计税依据、纳税环节、纳税期限、纳税地点以及税款征收方式等具体行政行为和征收税款、加收滞纳金,以及扣缴义务人、受税务机关委托征收的单位做出的代扣代缴、代收代缴行为。

税务机关做出的征税行为涉及纳税人利益的减损,一旦非法或不合理,就可能导致纳税人合法利益受到损害,所以应当纳入税务行政复议的范围。

(二) 保全措施及强制执行措施

税务机关对纳税人、扣缴义务人做出的税收保全措施与强制执行措施,实质是限制纳税人、扣缴义务人财产的流通和强行剥夺纳税人、扣缴义务人的财产,这种限制性措施和剥夺方式将影响纳税人、扣缴义务人正常的生产经营活动,因此必须严格遵循程序规定,并对违反程序规定的行为课以行政责任乃至于刑事责任。

具体来说,税务机关做出的税收保全措施包括书面通知银行或者其他金融机构冻结存款和扣押、查封商品、货物或其他财产。税务机关做出的强制执行措施包括书面通知银行或者其他金融机构从其存款中扣缴税款和变卖、拍卖扣押及查封的商品、货物或其他财产。同时,税务机关未及时解除保全措施,致使纳税人及其他当事人合法权益遭受损失的行为,也属于税务行政复议的范畴。

(三) 行政处罚行为

税务机关做出的行政处罚行为。税务行政处罚是税务机关依法对违反税务行政法律、法规、规章规定的义务的纳税人、扣缴义务人所采取的行政制裁。根据《中华人民共和国税收征收管理办法》及其实施细则的规定,税务机关有权采取包括罚款、没收财物和违法所得以及停止出口退税权等措施。

(四) 不作为行为

税务机关不予依法办理或者答复的行为。根据法律规范的规定,税务机关有义务应纳税人、扣缴义务人的申请而作为,如不作为,则属于违反法律规范,纳税人及其他当事人就可以提出税务行政复议。为此,《税务行政复议规则》中不作为行为采用要式列举的方式,概括为:(1) 不依法办法税务登记;(2) 不依法开具、出具完税凭证、外出经营活动税收管理证明;(3) 不依法履行行政赔偿;(4) 不依法兑现行政奖励;(5) 其他不依法履行职责的行为。

(五) 影响经营秩序与合法期望的行为

税务机关作出的可能影响纳税人、扣缴义务人正常经营秩序、合法期望的行为,如税务机关作出的取消增值税一般纳税人资格的行为,收缴发票、停止发售发票行为或者税务机关不依法给予举报奖励的行为。基于行政法律的信赖保护原则,纳税人以及其他当事人可以就自身的处境提出税务行政复议。

其他如税务机关责令纳税人提供纳税担保或者不依法确认纳税担保有效的行为和税务机关做出的通知出境管理机关阻止出境的行为,也都属于税务行政复议的范围。

三、税务行政复议的参与方

(一) 申请人

申请税务行政复议的公民或组织是税务行政复议的申请人,以公民身份申请行政复议的,申请人为公民自身,由公民本人参加行政复议;法人组织申请行政复议的,应由法定代表人参加行政复议;合伙企业申请行政复议的,应当以核准登记的企业作为申请人,由执行合伙事务的合伙人代表该合伙企业参加行政复议;其他合伙组织申请行政复议的,由合伙人共同申请行政复议;其他不具备法人资格的其他组织申请行政复议的,由该组织的主要负责人代表该组织参加行政复议;没有主要负责人的,由共同推选的其他成员代表该组织参加行政复议。

股份制企业的董事会、股东大会、股东代表大会认为税务行政处罚侵犯企业合法权益的,可以以企业的名义申请行政复议。

有权申请行政复议的公民死亡的,其近亲属可以申请行政复议;公民为无民事行为能力人或限制民事行为能力人的,其法定代理人可以代理申请行政复议。有权申请行政复议的法人或其他组织出现合并、分离或终止的,承受其权利义务的法人或其他组织可以申请行政复议。

非具体行政行为的行政管理相对人,但其权利直接被该具体行政行为所剥夺、限制或者被赋予义务的公民、法人或其他组织,在行政管理相对人没有申请行政复议时,可以单独申请行政复议。

同一行政复议案件申请人超过5人的,应当推选1~5名代表参加行政复议。

(二) 被申请人

申请人对具体行政行为不服申请行政复议的,作出该具体行政行为的税务机关为被申请人;申请人对扣缴义务人的扣缴税款行为不服的,主管该扣缴义务人的税务机关为被申请人,对税务机关委托的单位和个人的代征行为不服的,税务机关为被申请人;税务机关与法律、法规授权的组织以共同的名义做出具体行政行为的,税务机关和法律、法规授权的组织为共同被申请人,税务机关与其他组织以共同名义做出具体行政行为的,税务机关为被申请人;税务机关依照法律、法规、部委规章之规定,经上级税务机关批准做出具体行政行为的,批准机关为被申请人;申请人对经重大税务案件审理程序做出的决定不服的,审理委员会所在税务机关为被申请人;税务机关设立的派出机构、内设机构或其他组织,未经法律、法规授权,以自身名义对外做出具体行政行为的,税务机关为被申请人。

(三) 复议机构和人员

各级行政复议机关负责法制工作的(以下简称复议机构)依法应当履行以下职责:(1)依法受理行政复议申请;(2)向有关组织和人员调查取证,查阅文件和资料;(3)审查申请行政复议的具体行政行为是否合法、适当,起草行政复议决定;(4)处理或转送当事人对具体行政行为所依据的规定提出的审查申请;(5)对被申请人违反行政复议法及其实施条例的行为,依照规定的权限和程序向相关部门提出处理建议;(6)研究行政复议工作中发现的问题,及时向有关机关或部门提出改进建议,存在重大问题应及时向行政复议机关报告;(7)上级复议机构需指导和监督下级税务机关的行政复议工作;(8)办理或组织办理行政诉讼案件应诉事宜;(9)办理行政复议案件的赔偿事宜;(10)对行政复议、诉讼、赔偿案件进行统计、报告与归档,对重大行政复议决定进行备案;(11)其他与行政复议工作相关的事项。

各级行政复议机关可以成立行政复议委员会,研究重大、疑难案件,提出处理建议。行政复议委员会可以邀请本机关以外的具有相关专业知识的人员参加。

行政复议工作人员应当具备与履行行政复议责任相适应的品行、专业知识和业务能力。税务机关中初次从事行政复议的人员,应当通过国家统一法律职业资格考试取得法律职业资格。各级税务机关行政首长是行政复议工作第一责任人,应当切实履行职责,加强对行政复议工作的组织领导。

(四) 第三人与代理人

行政复议期间,行政复议机关认为申请人以外的公民、法人或其他组织与被审查的具体行政行为有利害关系的,可以通知其作为第三人参加行政复议;行政复议期间,申请人以外的公民、法人或其他组织认为其与被审查的具体行政行为有利害关系的,可以向行政机关申请作为第三人参加行政复议;第三人不参加行政复议的,不影响行政复议案件的审理。

申请人、第三人均可以委托1~2名代理人参加行政复议。申请人、第三人委托代理人的应当向复议机构提交授权委托书。授权委托书应当载明委托事项权限及委托期限。公民在特殊情况下无法进行书面委托的,可以采用口头委托。口头委托的,复议机构应当核实并记录在卷。申请人、第三人解除或变更委托的,应当书面告知复议机构。被申请人不得委托本机关以外的人员代表其参加行政复议。

四、税务行政复议的管辖

对各级税务局的具体行政行为不服的,向其上一级税务局申请行政复议;对计划单列市税务局的具体行政行为不服的,应当向国家税务总局申请行政复议;对税务所分局、各级税务局的稽查局的具体行政行为不服的应向其所属税务局申请行政复议。对国家税务总局的具体行政行为不服的,应当向国家税务总局申请行政复议。对行政复议决定,不服申请人可以向人民法院提起行政诉讼,也可以向国务院申请裁决,国务院的裁决为最终裁决。

对税务机关的具体行政行为不服的按照以下规则申请行政复议:

对两个以上税务机关以共同名义做出的具体行政行为不服的,应向共同上一级税务机关申请行政复议。对税务机关与其他行政机关以共同名义做出的具体行政不服的,向上一级共同行政机关申请行政复议。

对被撤销的税务机关在撤销之前做出的具体行政行为不服的,向继续行使其职权的税务机关的上一级税务机关申请行政复议。

对税务机关做出逾期不缴纳罚款加处罚款的决定,不服的应向做出行政处罚决定的税务机关申请行政复议。对已处罚款与加处罚款均不服的,应一并向做出行政处罚决定的税务机关的上一级税务机关申请行政复议。

申请人向具体行政行为发生地的县级以上人民政府提交行政复议申请的,由接受申请的地方人民政府按照行政复议法有关规定予以转送。

五、税务行政复议的申请

(一) 申请对象

税务机关做出的具体行政行为对申请人的权利、义务可能产生不利影响的,应当告知其申请行政复议的权利、行政复议机关和行政复议申请期限。申请人对"征税行为"不服的,应当先向复议机关申请行政复议,若对行政复议决定不服的,可以向人民法院提起行政诉讼。申请人对其他具体行政行为不服,可以申请行政复议或直接向人民法院提起行政诉讼。

申请人提出行政复议申请时被申请人错误的,复议机关应当告知申请人变更被申请人,申请人拒不变更被申请人的,复议机关不予受理或驳回行政复议申请。复议机关已受理申请人行政复议申请的,在法定复议期限内申请人不得向人民法院提起行政诉讼。申请人已向人民法院提起行政诉讼,人民法院已经依法受理的,申请人不得申请行政复议。

(二) 申请期限及计算方式

申请人向有关部门提出行政复议申请,应在知道该行政行为之日起 60 日内提出。因不可抗力或被申请人设置障碍等原因耽误法定申请期限的,在计算申请期限时,应当予以扣除。

疑点爆破道具——奇思妙响指 NICE 21-8:
行政复议申请期限怎么算?

申请人申请行政复议时,必须依照税务机关根据法律法规确定的税额期限,先行缴纳或解缴税款和滞纳金或者提供相应的担保,在其缴纳税款、滞纳金或做出担保等行为得到确认之日起 60 日内,提出行政复议申请。申请人采取保证的,做出具体行政行为的税务机关应当对保证人的资格资信进行审查,对不具备保证资格或没有能力保证的,不予确认。申请人采取抵押或质押的,做出具体行政行为的税务机关应当对抵押担保、质押担保进行审查,对不符合法律规定的,不予确认。申请人对税务机关加处罚款决定不服的,应当先缴纳罚款和加处罚款后,再申请行政复议。

申请人依照《行政复议法》之规定申请税务机关履行法定职责,税务机关未履行的,存在履行期限规定的,自期限届满之日起算;不存在履行期限规定的,自税务机关收到申请满 60 日起算。

(三) 申请方式及材料

申请人申请行政复议可以采取书面或口头形式。申请人书面申请行政复议的,可以采取当面递交、邮寄或传真等方式提出行政复议申请,部分有条件的复议机关可以接受电子邮件形式提出的行政复议申请。以传真、电子邮件的形式提出行政复议申请的,复议机关应当审核确认申请人的身份及复议事项。

> 疑点爆破道具——奇思妙响指 NICE 21-9：
> 行政复议书应载明哪些事项？

申请人选择口头申请行政复议的，复议机构应当依照规定，当场制作行政复议申请笔录，交申请人核对或向申请人宣读并由申请人确认。

> 疑点爆破道具——奇思妙响指 NICE 21-10：
> 哪些情形，行政复议申请人应提供证明材料？

六、税务行政复议的受理

行政复议申请符合下列规定的，复议机关应当受理：属于行政复议的范围；申请在法定期限内提出；有明确的申请人和被申请人；申请人与具体行政行为之间有利害关系；有具体的行政复议请求和理由；已按规定缴纳罚款与滞纳金或提供纳税担保，不存在欠缴罚款和加处罚款的情况；属于收到申请的复议机关的职责范围；其他复议机关尚未受理同一申请，申请人并未就同一具体行政行为向人民法院提起行政诉讼。

复议机关自收到行政复议申请后，应当在5日内做出是否受理的决定并书面告知申请人。对符合前文规定的行政复议申请，自复议机关收到申请之日起视为受理。对不符合前文规定的行政复议申请，应决定不予受理。对不属于本机关受理的行政复议申请，应当告知申请人向有关行政复议机关提出。复议机关5日内并未做出不予受理决定的，视为受理。

行政复议申请材料不齐全，表述不清楚的，复议机关可自收到该申请5日内书面通知申请人补正。补正通知应载明需要补正的事项和合理的补正期限。申请人无正当理由，逾期不补正的，视为其放弃行政复议申请。补正申请材料所用时间不计入行政复议审理期限。

上级税务机关认为复议机关不予受理行政复议申请的理由不成立的，可督促其受理，经督促仍不受理的，责令其限期受理。上级税务机关认为行政复议申请不符合法定受理条件的，应当告知申请人。上级税务机关认为有必要的可直接受理或提审由下级税务机关管辖的行政复议案件。

对应当先向复议机关申请行政复议，对复议决定不服再向人民法院提起行政诉讼的，申请人可以自收到不予受理决定书之日起，或行政复议期满之日起15日内，依法向人民法院提起行政诉讼。延长行政复议期限的，以延长以后的时间为行政复议期满时间。

具备下列情形之一的，行政复议期间具体行政行为可以停止执行：行政复议机关认为需要停止执行的；被申请人认为需要停止执行的；申请人申请停止执行，复议机关认为其要求合理，决定停止执行的;法律规定的其他应当停止执行的情况。

七、税务行政复议的审查与决定

(一) 审查

复议机构应自受理行政复议申请7日内,将行政复议申请书副本或申请笔录复印件发送被申请人。被申请人应当自收到资料10日内做出书面答复,并提交做出具体行政行为的依据、证据及其他相关材料。被申请人为国家税务总局的,由原承办具体行政行为的机构向复议机构提出书面答复,并提交做出具体行政行为的依据、证据及其他相关材料。

复议机构在审理行政复议案件时,参加行政复议的工作人员不得少于2人。行政复议原则上采取书面审查的方式,申请人提出要求或复议机构认为确有必要的,应当听取申请人、被申请人与第三人的意见,并向有关组织与人员调查了解情况。针对重大、复杂案件,经申请人提出或复议机构认为确有必要的,可以采取听证的方式进行审理,并将听证的时间、地点和具体要求等事项通知申请人、被申请人与第三人,第三人不参加听证的,不影响听证的举行。听证结束后,复议机构应当制作听证笔录并经申请人、被申请人与第三人确认内容无误后附卷。

申请人在行政复议决定做出之前撤回其申请的,经复议机构同意,可以撤回。申请人撤回申请后,不得以同一事由再次提出行政复议申请,申请人可以证明其撤回申请的行为违背其真实意思表示的除外。被申请人在行政复议期间变更其具体行政行为的,不影响行政复议案件的审理,申请人依法撤回行政复议申请的除外。

申请人在申请行政复议时,一并提出对有关规定进行审查的,复议机关对规定有处理权的,应当在30日内依法处理;无权处理的,应当在7日内按照法定程序逐级转送至有处理权的行政机关依法审查,有处理权的行政机关应当在60日内依法处理。在此期间,对具体行政行为的审查中止。

复议机关在审查期间认为被申请人做出具体行政行为的依据不合法的,本机关有权处理的,应在30日内依法处理;无权处理的,应当在7日内按照法定程序逐级转送至有处理权的行政机关依法审查,有处理权的行政机关应当在60日内依法处理。在此期间,对具体行政行为的审查中止。

(二) 决定

行政复议机构应当对被申请人的具体行政行为提出审查意见,经行政复议机关负责人批准,按照下列规定做出行政复议决定:(1) 具体行政行为认定事实清楚、证据确凿、适用依据正确、程序合法、内容适当的,决定维持。(2) 被申请人不履行法定职责的,决定其在一定期限内履行。(3) 具体行政行为有规定情形之一的[①],决定撤销、变更或者确认该具体行政行为违法;决定撤销或者确认该具体行政行为违法的,可以责令被申请人在一定期限内重新做出具体行政行为。(4) 被申请人不按照规定提出书面答复,提交当初做出具体行政行为的证据、依据和其他有关材料的,视为该具体行政行为没有证据、依据,决定撤销该具体行政行为。

[①] 规定情形包括:(1) 主要事实不清、证据不足的;(2) 适用依据错误的;(3) 违反法定程序的;(4) 超越职权或者滥用职权的;(5) 具体行政行为明显不当的。

复议机关责令被申请人重新做出具体行政行为的,被申请人不得以同一事实和理由,做出与原具体行政行为相同或基本相同的具体行政行为。但复议机关以原具体行政行为违反法定程序决定撤销的除外。

复议机关责令被申请人重新做出具体行政行为的,不得做出对申请人更为不利的决定。但复议机关以原具体行政行为主要事实不清、证据不足或适用依据错误决定撤销的除外。

行政复议机关责令被申请人重新做出具体行政行为的,被申请人应当在60日内重新做出具体行政行为。经复议机关批准,可以适当延期,但延期不得超过30日。申请人对被申请人重新做出的具体行政行为不服,可依法申请行政复议或提起行政诉讼。

申请人在申请行政复议时一并提出行政赔偿请求,且符合国家赔偿法规定的,在决定撤销、变更具体行政行为或确认具体行政行为违法时,应当同时决定被申请人依法赔偿。申请人未在申请行政复议时提出行政赔偿请求的,行政复议机关在依法决定撤销、变更原具体行政行为确定的税款、滞纳金、罚款和对财产的扣押、查封等强制措施时,应当责令被申请人退还税款、滞纳金和罚款,解除对财产的扣押、查封等强制措施或赔偿相应的价款。

复议机关应当自受理申请之日起60日内做出行政复议决定,不能在规定期限内做出行政复议决定的,经复议机关负责人批准,可以适当延期,延期不得超过30日并告知申请人和被申请人。复议机关做出行政复议决定,应当制作行政复议决定书并加盖复议机关印章,行政复议决定书一经送达,即发生法律效力。

被申请人不履行或无正当理由拖延履行行政复议决定的,复议机关或有关上级税务机关应当责令其限期履行。申请人或第三人不履行或无正当理由拖延履行行政复议决定的,复议机关决定维持具体行政行为的,由做出具体行政行为的税务机关依法强制执行或申请人民法院强制执行;决定变更具体行政行为的,由复议机关依法强制执行或申请人民法院强制执行。

(三) 行政复议的变更、中止与终止

有下列情形之一的,行政复议机关可以决定直接变更具体行政行为:认定事实清楚、证据确凿、程序合法,但明显不当或适用依据错误的;认定事实不清、证据不足,但经复议机关审理查明事实清楚、证据确凿的。

有下列情形之一的,复议机关应当决定驳回行政复议申请:申请人认为被申请人不履行法定职责申请行政复议的,被申请人不存在法定职责,或在复议机关受理前已履行完毕的;受理行政复议申请后,发现该申请不符合受理条件的。上级税务机关认为复议机关驳回行政复议申请的理由不成立的,应当责令限期恢复受理,复议机关审理案件期限的计算应当扣除因驳回耽误的时间。

行政复议期间,有下列情形之一的,行政复议中止:作为申请人的公民死亡,其近亲属尚未确定是否参加行政复议的。作为申请人的公民丧失参加行政复议的能力,尚未确定法定代理人参加行政复议的。作为申请人的公民下落不明或者被宣告失踪的。作为申请人的法人或者其他组织终止,尚未确定权利义务承受人的。申请人、被申请人因不可抗力,不能参加行政复议的。复议机关因不可抗力,暂时不能履行工作职责的。案件涉及法律适用问题需要有权机关做出解释或确认的。案件审理需以其他案件的审理结果为依据,而其他案件尚未审结的。其他需要中止行政复议的情形。

行政复议中止的原因消除以后,应当及时恢复行政复议案件的审理。复议机构中止、恢复行政复议案件的审理,应当及时告知申请人、被申请人、第三人。

行政复议期间,有下列情形之一的,行政复议终止:申请人要求撤回行政复议申请,复议机构准予撤回的。作为申请人的公民死亡,没有近亲属或近亲属放弃行使行政复议权利的。作为申请人的法人或其他组织终止,其权利义务的承受人放弃行政复议权利的。申请人与被申请人经复议机构准许达成和解的。行政复议申请受理后,发现其他复议机关已先于本机关受理或人民法院已经受理的。行政复议中止满60日,行政复议中止原因未消除的,行政复议终止。

八、税务行政复议的和解与调解

行使自由裁量权做出的具体行政行为、行政奖励、行政赔偿等复议事项,按照自愿合法的原则,申请人与被申请人在复议机构做出行政复议决定以前可以达成和解,复议机关也可以进行调解。

申请人与被申请人达成和解的,应当向复议机构提交书面和解协议,和解内容不损害社会公共利益和其他人合法权益的,复议机构应当准许。

复议机构调解时,应当在查明案件事实的基础上进行,充分注重尊重申请人和被申请人的意愿,遵循客观、公正、合理的原则,同时不得损害社会公共利益和他人合法权益。

行政复议机关在进行调解时,首先应征得申请人与被申请人的同意,充分听取申请人与被申请人的意见后,提出调解方案,在双方达成调解协议后,制作行政复议调解书。

行政复议调解书应当载明行政复议请求、事实、理由和调解结果,并加盖复议机关印章。行政复议调解书自双方当事人签字之日起,即具有法律效力。调解未达成协议或行政复议调解书不生效的,行政复议机关应当及时做出行政复议决定。申请人不履行行政复议调解书的,由被申请人依法强制执行或申请人民法院强制执行。

第三节 税务行政诉讼

一、税务行政诉讼概述

(一)税务行政诉讼的概念

税务行政诉讼,是指公民、法人和其他组织认为税务机关及其工作人员的具体税务行政行为违法或不当,侵犯了其合法权益,依法向人民法院提起行政诉讼,由人民法院对具体税务行政行为的合法性和适当性进行审理并做出判决的司法活动。

(二)税务行政诉讼的特征

税务行政诉讼的特征主要有以下五个方面:

1. 税务行政诉讼的当事人具有恒定性,即原告只能是纳税人、扣缴义务人,被告只能是税务机关或者改变税务具体行政行为的复议机关。

2. 人民法院在税务行政诉讼案件中居于核心和主导地位,即人民法院中的行政审判庭受理和审理税务行政案件。

3. 人民法院受理的税务行政诉讼案件仅限于税务机关的具体行政行为,纳税人、扣缴义务人如果对税务机关的抽象行政行为不服,只能通过对具体税务行政行为附带抽象税务行政行为提起行政复议的方式获得法律救济,而不能通过税务行政诉讼的方式解决。

4. 人民法院一般只对税务行政案件的合法性进行审理,税务机关在法律法规规定的范围内做出的具体行政行为是否适当,属于税务行政复议阶段复议机关的考察范畴。

5. 税务行政诉讼案件的审理原则上采取开庭审理的方式,书面审理仅为特例。

二、税务行政诉讼的原则

（一）人民法院特定主管原则

人民法院对税务行政案件只有部分管辖权,对不属于行政诉讼受案范围的行政案件,人民法院不予受理。根据《行政诉讼法》的相关规定,人民法院只能受理税务行政机关在管理国家事务时与公民、法人或其他组织发生争议的案件。

（二）合法性审查原则

人民法院原则上不直接判决变更具体行政行为,仅就税务机关做出的具体行政行为是否合法予以审查,并不审查具体税务行为的适当性。对税务机关是否滥用权力、税务行政处罚是否显失公正进行审查时除外。

（三）不适用调解原则

税收行政管理权是国家权力的重要组成部分,税务机关无权以自身意愿进行处置,因此人民法院也不能对税务行政诉讼法律关系的双方当事人进行调解。

（四）起诉不停止执行原则

当事人不得以提起税务行政诉讼为由,停止执行税务机关所做出的具体行政行为,如税收保全措施与税收强制执行措施等。

（五）税务机关负责举证原则

税务行政行为作为税务机关单方依据一定事实与法律做出的具体行政行为,税务机关在税务行政诉讼中应当证明其对公民法人或其他组织做出的具体行政行为的合理性与合法性。无法证明的,税务机关应当承担不利后果。

（六）谁损害谁赔偿原则

依据《中华人民共和国国家赔偿法》的相关规定,税务机关及其工作人员因执行职务不当,给当事人造成人身及财产损害的,应当负赔偿责任。

三、税务行政诉讼的管辖

（一）级别管辖

根据《行政诉讼法》的规定,基层人民法院管辖除上级法院管辖的第一审税务行政案件以外所有的第一审税务行政案件;中级人民法院管辖对国务院部门或县级以上人民政府所做行政行为提起诉讼的案件、海关处理的案件以及本辖区内重大、复杂的案件;高级人民法院管辖本辖区内重大、复杂的第一审行政案件;最高人民法院管辖全国范围内重大、复杂的第一审行政案件。

(二) 地域管辖

地域管辖分为一般地域管辖和特殊地域管辖两种。

一般地域管辖,指按照最初做出具体行政行为的机关所在地来确定管辖法院。凡是未经复议直接向人民法院提起诉讼的,或经过行政复议,复议裁决维持原具体行政行为,当事人不服向人民法院提起行政诉讼的,均由最初做出具体行政行为的税务机关所在地人民法院管辖。

特殊地域管辖,指根据特殊行政法律关系或特殊行政法律关系所指的对象确定管辖法院。在税务行政案件中,主要指经过复议的案件,复议机关改变原具体行政行为的,做出具体行政行为的税务机关所在地的人民法院,或复议机关所在地人民法院均有管辖权。原告可以向任一有管辖权的人民法院起诉,最先收到起诉状的人民法院为第一审法院。

经最高人民法院批准,高级人民法院可以根据审判工作的实际情况,确定若干人民法院跨行政区域管辖行政案件。

(三) 裁定管辖

裁定管辖指人民法院依法自行裁定的管辖,包括移送管辖、指定管辖及管辖权的转移三种情况。

移送管辖,指人民法院在受理案件后发现自身不具有管辖权,将已受理的案件移送给有管辖权的人民法院审理。受移送的人民法院应当受理。受移送的人民法院认为受移送的案件按照规定不属于其管辖的,应当报请上级人民法院指定管辖,不得再自行移送。

指定管辖,指上级人民法院以裁定的方式,指定某下一级人民法院管辖某一案件。根据行政诉讼法的规定,有管辖权的人民法院,因特殊原因不能行使对行政诉讼案件的管辖权的,由其上级人民法院指定管辖,人民法院对管辖权发生争议且协商不成的,由其共同的上级人民法院进行指定管辖。

管辖权的转移。上级人民法院有权审理下级人民法院管辖的第一审税务行政案件,也可以将自己管辖的第一审行政案件移交下级人民法院审判,下级人民法院对其管辖的第一审税务行政案件,认为需要由上级人民法院审判的,可以报请上级人民法院决定。

四、税务行政诉讼的受案范围

税务行政诉讼案件的受案范围与税务行政复议的受案范围基本一致,主要包括以下七类:(1) 税务机关做出的征税行为,如征收税款、加收滞纳金等;扣缴义务人、受税务机关委托的单位做出的代扣代缴、代收代缴与代征行为。(2) 税务机关做出的责令纳税人提交纳税保证金或纳税担保之行为。(3) 税务机关做出的行政处罚行为,如罚款、没收违法所得、停止出口退税权、收缴发票与暂停供应发票。(4) 税务机关做出的通知出境管理机关阻止出境行为;税务机关做出的税收保全措施,如书面通知银行或其他金融机构冻结存款,扣押、查封商品、货物或其他财产。(5) 税务机关做出的税收强制执行措施,如书面通知银行或其他金融机构扣缴税款或拍卖所扣押、查封的商品、货物或其他财产抵缴税款。(6)认定符合法定条件申请税务机关颁发税务登记证和发售发票,税务机关拒绝颁发或不予答复的行为。(7)税务机关的行政复议行为,如复议机关改变原具体行政行为,或期限届满税务机关不予答复的。

五、税务行政诉讼的起诉与受理

(一)起诉

在税务行政诉讼中,起诉权是法律赋予公民、法人或其他组织维护其自身合法权益的手段,是一项单向性的权力,税务机关仅享有应诉权,不享有起诉权。同时,税务行政诉讼与民事诉讼不同,作为被告的税务机关不能对原告进行反诉。

纳税人、扣缴义务人等税务管理相对人在提起税务行政诉讼时,应当符合以下条件:原告是认为具体行政行为侵犯其合法权益的公民、法人或者其他组织;有明确的被告;有具体的诉讼请求和事实、法律依据;属于人民法院的受案范围和受诉人民法院管辖。

提起税务行政诉讼,必须符合法定的期限和程序。对税务机关的征税行为提起诉讼的,必须先对该行为进行税务行政复议,对复议决定不服的,可以在接到复议决定书之日起15日内直接向人民法院起诉。税务机关做出具体行政行为时,未告知当事人诉权和起诉期限,致使当事人逾期向人民法院提起税务行政诉讼的,其起诉期限自当事人实际知道诉权或起诉期限之日起计算,但最长不得超过1年。

(二)受理

公民、法人或其他组织提起税务行政诉讼时,人民法院需从以下几方面进行审查并做出是否受理的决定:审查该案件是否属于法定的诉讼受案范围;审查是否已经受理或者正在受理;审查是否有管辖权;审查是否符合法定的期限;审查是否经过必经复议程序。经审查符合规定的起诉条件的,应当登记立案。

对当场不能判定是否符合起诉条件的,应当接受起诉状,出具注明收到日期的书面凭证,并在7日内决定是否立案。经研究不符合起诉条件的,应当做出不予立案的裁定,制作裁定书并载明不予立案的理由。原告对裁定不服的,当事人可以提起上诉。

起诉状内容欠缺或存在其他错误的,人民法院应当给予指导和释明,向当事人一次性告知需要补正的内容,在未经指导和释明时,不得以起诉不符合条件为由拒收起诉状。对不接受起诉状或接受起诉状后不出具书面凭证的,以及不一次性告知当事人需要补正内容的,当事人可以向上级人民法院投诉,上级人民法院接到投诉后应当责令改正,对直接负责的主管人员和其他直接负责人员依法给予处分。

人民法院既不立案,又不做出不予立案裁定的,当事人可以向上一级人民法院起诉。上一级人民法院认为符合起诉条件的,应当立案、审理,也可以指定下级人民法院立案、审理。

六、税务行政诉讼的审理与判决

(一)审理

人民法院审理税务行政案件实行合议、回避、公开审判和两审终审的审判制度。着重审理做出具体行政行为的税务机关是否依法享有该税务行政管理权;该具体行政行为的做出是否有事实与法律依据作为支撑;税务机关做出具体行政行为的程序是否完备等方面。

由于行政法律关系不平等主体之间的争议,根据行政诉讼案件由被告负担举证责任的基本原则,这要求行政机关对其做出的具体行政行为合法性负较大举证责任,行政相对人负较轻的举证责任,其大多数证明标准应采用比民事诉讼重、刑事诉讼轻的明显优势证明标准。

疑点爆破道具——奇思妙响指 NICE 21-11:
不同类型税务行政诉讼案件举证责任

(二) 判决

人民法院对税务行政诉讼案件,经过调查取证、开庭审理之后,可以做出如下判决:维持判决,适用于税务机关做出的具体行政行为证据充足,适用法律正确无误,做出具体行政行为的程序合法的案件;撤销判决,被诉的具体行政行为主要证据不足,适用法律错误,违反法定程序或超越职权、明显不当地滥用职权的案件,人民法院应当裁决撤销或部分撤销具体行政行为,同时可以判决税务机关重新做出具体行政行为;履行判决,人民法院经过审理,查明被告不履行法定职责的,应当判决被告在一定期限内履行其法定职责;变更判决,人民法院经审查认为税务行政处罚明显不当或显失公正的,可以判决变更具体行政行为。

对一审法院判决不服的,当事人可以向一审法院的上级人民法院上诉。当事人逾期未上诉的,应当执行一审法院做出的生效判决,当事人拒不执行的,人民法院有权依税务机关的申请予以强制执行。

第四节 税务行政赔偿

一、税务行政赔偿的相关概念

(一) 税务行政赔偿

税务行政赔偿指国家机关和国家机关工作人员行使职权时,存在侵犯公民、法人和其他组织合法权益的情形并造成损害的,赔偿义务机关依法向受害人及时履行赔偿义务的行为。

(二) 税务行政赔偿请求人

税务行政赔偿请求人指其合法权益因税务机关及其工作人员行使职权时做出的违法具体行政行为遭受损害而提出行政赔偿的公民、法人或其他组织。

税务行政赔偿请求人包括:受害的纳税人与其他税务当事人;受害公民的继承人与其他有抚养关系的亲属;承受原法人或其他组织权力的法人或其他组织。赔偿请求人要求国家赔偿的,赔偿义务机关、复议机关与人民法院不得向赔偿申请人收取任何费用。赔偿请求人获得的国家赔偿金不予征收个人所得税。

(三) 赔偿义务机关

税务行政赔偿中的赔偿义务机关指其自身与其工作人员在行使行政职权时造成公民、法人或其他组织合法权益受损的税务机关。侵权具体行政行为由两个以上行政机关共同做出的,共同行使行政职权的行政机关为共同赔偿义务机关。侵权具体行政行为由法律、法规授权的组织做出的,被授权的组织为赔偿义务机关。复议机关的复议决定加重对当事人合法权益损害的,复议机关对加重的部分履行赔偿义务。赔偿义务机关被撤销的,继续行使其职权的行政机关为赔偿机关;没有继续行使其职权的行政机关的,撤销该赔偿义务机关的行政机关为赔偿义务机关。

二、税务行政赔偿的构成要件

税务行政赔偿责任的构成必须同时具备以下五个要件。

(一) 侵权主体特定

做出侵权行为的主体必须是行使税收征管权的税务机关及其工作人员。根据《国家赔偿法》的相关规定,以行使税收征管职权的税务机关或税收征管职权的税务人员所在的税务机关为赔偿义务机关时,税务行政赔偿的侵权主体必须是行使国家税收征管职权的税务机关和税务机关的工作人员。

(二) 侵权事由特定

造成当事人权利受损的必须是税务机关及其工作人员行使税收征管权的职务行为。税务机关及其工作人员在行使税收征管职权时所实施的一切活动,在客观上足以确认为与税收征管职权相关的行为,同时应当是税务具体行政行为,针对具体的公民、法人或其他组织而采取某种行政措施的单方公务行为。税务抽象行政行为不在此列。

(三) 行为具有违法性

税务机关及其工作人员履行税收征管权的行为具有违法性。违法性不仅包括违反相关法律、法规,同时包括行使法定职权的不作为行为而造成的侵权。主要表现为税务机关及其工作人员做出具体行政行为时,没有事实依据或法律依据,适用法律规范错误,违反法定程序,超越职权或拒不履行法定职责等情形。

(四) 存在权益受损

必须存在公民、法人或其他组织的合法权益受到损害的事实。这一要件要求由具体行政行为带来的损害后果已经发生,除已存在的现实损害外,也包括在将来不可避免地必然发生的损害。同时要求受到损害的必须是纳税人的合法财产权或人身权而非其他权利。

(五) 存在因果关系

违法行为必须与损害后果存在因果关系。为保护纳税人与税务机关及其工作人员的合法权益,确认税务机关为某一合法权益损害后果的赔偿义务机关时,必须有明确证据证明该后果是由税务机关及其工作人员做出的具有违法性的具体行政行为造成的,且举证责任一般由赔偿请求人即纳税人承担。

三、税务行政赔偿的赔偿范围

(一) 侵犯人身权

税务机关及其工作人员侵犯人身权主要有以下几类情形：税务机关及其工作人员非法拘禁或者以其他方式非法剥夺纳税人和其他税务当事人人身自由的；税务机关及其工作人员以殴打等暴力行为或教唆他人以殴打等暴力行为造成公民身体伤害或者死亡的；税务机关及其工作人员造成纳税人或者其他税务当事人身体伤害或者死亡的其他违法行为。

(二) 侵犯财产权

税务机关及其工作人员侵犯财产权主要有以下几类情形：税务机关及其工作人员违法征收税款及滞纳金的；税务机关及其工作人员对纳税人和其他税务当事人违法做出罚款、没收非法所得等行政处罚的；税务机关及其工作人员对纳税人和其他税务当事人财产违法采取税收强制措施或税收保全措施的；税务机关及其工作人员违反国家规定向纳税人和其他税务当事人征收财物、摊派费用的；税务机关及其工作人员造成纳税人和其他税务当事人财产损害的其他违法行为。

(三) 税务行政赔偿的免责范围

1. 税务人员实施与行使职权无关的个人行为。税务人员以自然人的身份行使公民权利或民事权利，所实施行为与职务无关，法律后果为民事责任并不属于国家行为，应由其自行承担。

2. 因受害人自身行为导致损害结果发生。受害的纳税人、扣缴义务人因自身行为导致损害结果发生或扩大的，是其对自己的侵权，过错责任在其本身，损害后果应由其自行承担。当税务机关具备侵权行为责任，但纳税人、扣缴义务人同样存在过错或过失时，根据"过失相抵"原则，在实践中将受害人的过错与国家行政赔偿责任进行抵消，在赔偿损失时，减轻或免除国家的赔偿责任。

3. 法律规定的其他情形。就税收征收、管理领域而言主要包括不可抗力和第三人过错等。

四、税务行政赔偿请求时效

赔偿请求人请求国家赔偿的时效为两年，自其知道或应当知道国家机关及其工作人员行使职权时的行为侵犯其人身权、财产权之日起计算。

在申请行政复议或提起行政诉讼时一并提出赔偿请求的，分别适用行政复议法与行政诉讼法有关时效的规定。

赔偿请求人在赔偿请求时效的最后 6 个月内，因不可抗力或其他障碍不能行使，请求权的时效中止，从中止时效的原因消除之日起，赔偿请求时效期间继续计算。

案卷显示道具——注册 AI 蛙神镜 21-12：
税务行政赔偿申请程序

案卷显示道具——注册 AI 蛙神镜 21-13：
税务行政赔偿标准与支付

案卷显示道具——注册 AI 蛙神镜 21-14：
涉外税务行政赔偿

解谜

谜案 21　税务行政法制

✅ 填空题

1. 就具体的执法环节而言,税务行政法制由_____四大环节组成。
2. 税务行政处罚的基本原则包括_____。
3. 根据我国现行税收法律法规规章的规定,行政处罚主要有_____三类。
4. 有权申请行政复议的公民死亡的,其_____可以申请行政复议;公民为无民事行为能力人或限制民事行为能力人的,其_____可以代理申请行政复议。有权申请行政复议的法人或其他组织出现合并、分离或终止的,_____可以申请行政复议。
5. 复议机关自收到行政复议申请后,应当在_____日内做出是否受理的决定并书面告知申请人。
6. 人民法院对税务行政案件只有部分管辖权,对不属于行政诉讼受案范围的行政案件,人民法院_____。
7. 裁定管辖指人民法院依法自行裁定的管辖,包括_____三种情况。
8. 税务机关做出具体行政行为时,未告知当事人诉权和起诉期限,致使当事人逾期向人民法院提起税务行政诉讼的,其起诉期限自当事人实际知道诉权或起诉期限之日起计算,但最长不得超过_____年。

✅ 单选题

1. 下列关于税务行政处罚的说法,不正确的是(　　)。
   A. 税务行政机关对公民和组织做出的税务行政处罚,必须在法律、法规、规章所规定的范围内设定并实施,且必须严格遵守法定程序。没有法定依据或不遵守法定程序的,税务行政机关不得做出税务行政处罚。
   B. 税务行政机关在税务行政处罚的设定与实施过程中,应当根据税务违法行为的性质、情节及社会危害程度的大小而定
   C. 我国税务机关的组织构成分为三级
   D. 一般情况下,税务行政处罚应当由当事人税收违法行为发生地县级以上税务行政机关管辖,但对当事人处以 2 000 元以下行政罚款的,可由违法行为发生地税务所决定。
2. 以下哪种税务行政处罚不属于能力罚的范畴?(　　)。

A. 以书面形式责成命令　　　　　B. 吊销营业执照和许可证
C. 责令停产停业　　　　　　　　D. 暂扣许可证和营业执照

3. 关于税务行政复议的申请人,下列说法不正确的是(　　)。
   A. 法人组织申请行政复议的,应由法定代表人参加行政复议
   B. 合伙企业申请行政复议的,由合伙人共同申请行政复议
   C. 有权申请行政复议的公民死亡的,其近亲属可以申请行政复议
   D. 公民为无民事行为能力人或限制民事行为能力人的,其法定代理人可以代理申请行政复议

4. 以下原则中,不属于税务行政诉讼原则的是(　　)。
   A. 人民法院特定主管原则　　　　B. 起诉不停止执行原则
   C. 税务机关自证原则　　　　　　D. 自愿调解原则

5. 以下关于税务行政赔偿的说法,错误的是(　　)。
   A. 税务行政赔偿指国家机关和国家机关工作人员行使职权时,存在侵犯公民、法人和其他组织合法权益的情形并造成损害的,赔偿义务机关依法向受害人及时履行赔偿义务的行为。
   B. 赔偿请求人获得的国家赔偿金需缴纳个人所得税。
   C. 当税务赔偿义务机关逾期不予赔偿或税务行政赔偿请求人对赔偿数额有异议时,税务行政赔偿请求人可以向人民法院提起诉讼,进入税务行政赔偿诉讼程序。
   D. 税务行政赔偿以向赔偿申请人支付赔偿金为主要方式。

多选题

1. 下列法律法规中,属于我国规范税务法制化,保障和监督行政机关执法的法律法规的是(　　)。
   A.《中华人民共和国国家赔偿法》
   B.《中华人民共和国行政处罚法》
   C.《税务行政复议规则》
   D.《税务案件调查取证与处罚决定分开制度实施办法(试行)》

2. 下列关于税务行政处罚的说法,正确的是(　　)。
   A. 税务行政处罚的目的是教育公民与组织自觉遵守法律法规,纠正其税务违法行为,营造良好的税务征收环境。
   B. 税务行政机关须以法律、法规、规章所规定的内容为处罚依据,做出的税务行政处罚已经生效,不得随意改变。
   C. 行政处罚可以分为申诫罚、财产罚与能力罚。
   D. 当税务行政处罚罚款数额在2 000元人民币以下时,可以由税务所做出决定。

3. 下列关于财产罚的说法,正确的是(　　)。
   A. 财产罚适用于有经济收入的公民、有固定资产的法人或者组织所实施的违法行为
   B. 财产罚通过依法对有经济收入的公民、有固定资产的法人或者组织等行政违法者,依法剥夺财产权利的处罚,使税收违法行为的获利目的受到打击
   C. 纳税人未按照规定办理税务登记证件验证或者换证手续的,由税务机关责令限期

改正,可以处 2 000 元以下的罚款。

D. 罚款、没收非法所得、没收非法财产是财产罚的主要表现形式

4. 关于税务行政复议,以下说法正确的是( )。

A. 股份制企业的董事会、股东大会、股东代表大会认为税务行政处罚侵犯企业合法权益的,可以以企业的名义申请行政复议。

B. 非具体行政行为的行政管理相对人,但其权利直接被该具体行政行为所剥夺、限制或者被赋予义务的公民、法人或其他组织,在行政管理相对人没有申请行政复议时,可以单独申请行政复议。

C. 税务机关设立的派出机构、内设机构或其他组织,未经法律、法规授权,以自身名义对外做出具体行政行为的,税务机关为被申请人

D. 申请人、被申请人、第三人均可以委托 1~2 名代理人参加行政复议。

5. 下列关于税务行政赔偿的说法,正确的是( )。

A. 税务行政赔偿指国家机关和国家机关工作人员行使职权时,存在侵犯公民、法人和其他组织合法权益的情形并造成损害的,赔偿义务机关依法向受害人及时履行赔偿义务的行为。

B. 税务机关及其工作人员违法征收税款及滞纳金属于侵犯财产权的行为。

C. 赔偿请求人在赔偿请求时效的最后 6 个月内,因不可抗力或其他障碍不能行使,请求权的时效中止,从中止时效的原因消除之日起,赔偿请求时效期间继续计算。

D. 赔偿请求人请求国家赔偿的时效为两年,自其知道或应当知道国家机关及其工作人员行使职权时的行为侵犯其人身权、财产权之日起计算。

✓ 判断题

1. 在行政复议期间有关"5 日"、"7 日"的规定包括法定节假日。 ( )
2. 复议机构应自受理行政复议申请 7 日内,将行政复议申请书副本或申请笔录复印件发送被申请人。被申请人应当自收到资料 10 日内做出书面答复,并提交做出具体行政行为的依据、证据及其他相关材料。 ( )
3. 人民法院对税务行政案件只有部分管辖权,对不属于行政诉讼受案范围的行政案件,人民法院不予受理。根据《行政诉讼法》的相关规定,人民法院只能受理税务行政机关在管理国家事务时与公民、法人或其他组织发生争议的案件。 ( )

✓ 名词解释

税务行政处罚　　税务行政复议　　税务行政诉讼　　税务行政赔偿

✓ 简答题

1. 简述税务行政处罚的基本原则。
2. 简述能力罚的适用条件。
3. 简述税务行政复议申请人的条件。
4. 简述税务行政诉讼的基本原则。

论述题

试述税务行政法制各组成部分在保障我国税收环境平稳发展中的作用。

谜底(请找彩蛋)

第22章 国际税收

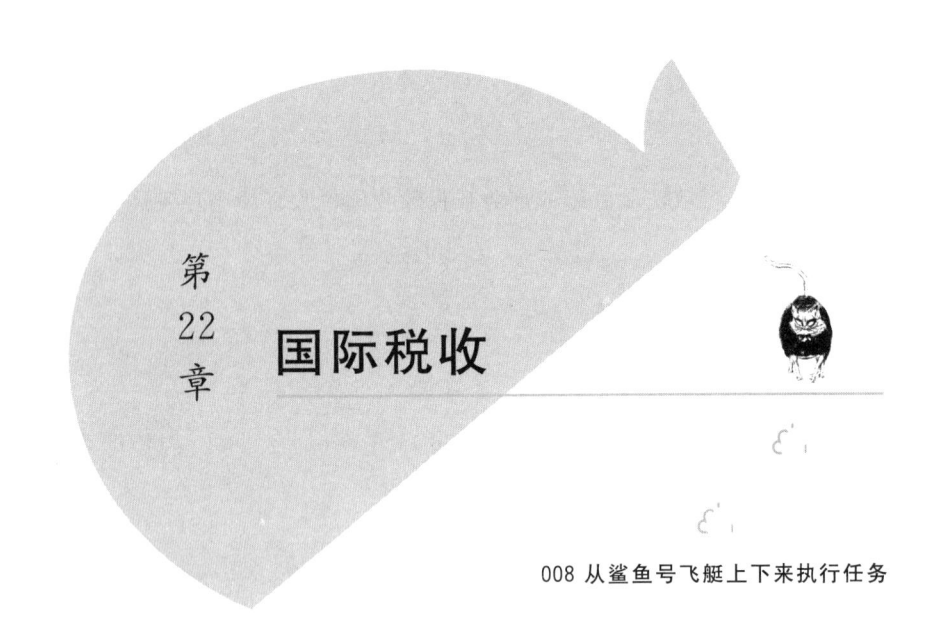

008 从鲨鱼号飞艇上下来执行任务

◇ 任务分解

- 初步了解和掌握国际税收概念与特点、国际重复征税、国际避税与反避税、国际税收合作新形势等
- 拓展国际税收视野,增强对我国税收制度的制度自信,提升税收治理全球化意识,明确国际税收合作的重要性

◇ 疑难重点

- 重点:国际税收的概念、特征,消除国际重复征税的主要方法,避税与反避税的主要手段
- 难点:消除国际重复征税的主要方法,反避税的主要措施

◇ 探案道具箱

密码

大力箱,
萌探008探案助手,兼案卷记录员,
AI族,全知全能⋯

谜案线索

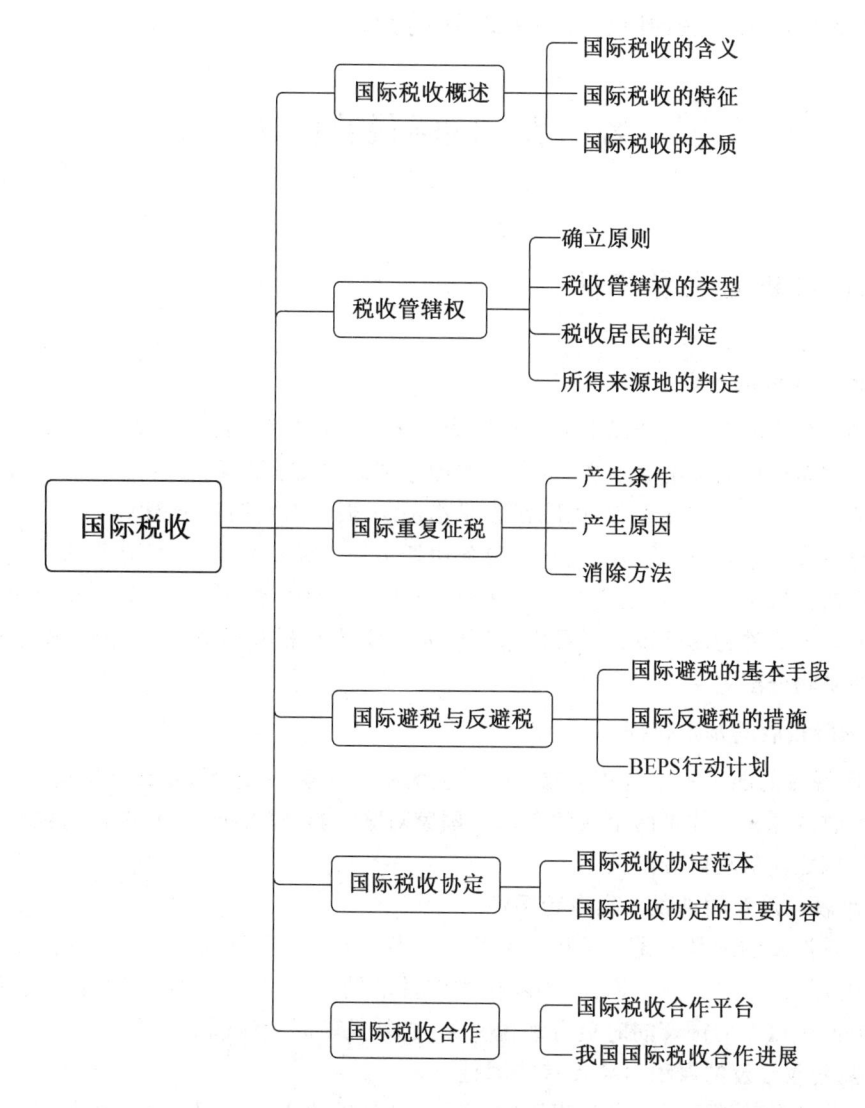

- 国际税收
  - 国际税收概述
    - 国际税收的含义
    - 国际税收的特征
    - 国际税收的本质
  - 税收管辖权
    - 确立原则
    - 税收管辖权的类型
    - 税收居民的判定
    - 所得来源地的判定
  - 国际重复征税
    - 产生条件
    - 产生原因
    - 消除方法
  - 国际避税与反避税
    - 国际避税的基本手段
    - 国际反避税的措施
    - BEPS行动计划
  - 国际税收协定
    - 国际税收协定范本
    - 国际税收协定的主要内容
  - 国际税收合作
    - 国际税收合作平台
    - 我国国际税收合作进展

随着国际交往的日益频繁和深入发展,国际税收问题也随之增多。国际税收是跨国税收分配关系的表现,反映了国与国之间的税收利益分配。

第一节 国际税收概述

一、国际税收的含义及特征

(一)国际税收的含义

国际税收是指两个或两个以上的主权国家或地区,各自基于其课税主权,在对跨国纳税人进行分别征税而形成的征纳关系中,所发生的国家或地区之间的税收分配关系。国际税收有广义和狭义的区分。就广义而言,国际税收是指国家与国家之间的一切税务关系,其中既包括国家之间的税收关系,也包括国家之间的税务协调关系。就狭义而言,只有当两个或两个以上国家税收管辖权发生交叉,发生税收利益冲突,由此产生的国家与国家之间的税收协调和税收利益分配关系才能称为国际税收。我们采用的是狭义国际税收概念,认为国际税收体现的是国家之间的税收分配关系。

(二)国际税收的基本特征

1. 国际税收的课税主体是两个或两个以上的主权国家(或地区,本章下文同)

国际税收的课税主体是两个或两个以上国家对某一具体的纳税人和课税对象共享征税权所形成的国家之间的税收分配关系。

2. 国际税收涉及的纳税人具有跨国性

国际税收涉及的纳税人通常是指从事跨国经营活动、在两个或两个以上的国家同时负有纳税义务的经济组织或个人。因此,国际税收涉及的纳税人又称为"跨国纳税人"。跨国纳税人在两个或两个以上的国家同时负有纳税义务,必须是就同一课税对象而言。

3. 国际税收涉及的课税对象具有跨国性

国际税收涉及的课税对象是从事国际经济活动的纳税人的跨国所得或跨国财产价值。所谓跨国所得和跨国财产价值,是指所得和财产的来源地与所有者的居住国或国籍不属同一国家。跨国所得或跨国财产包括三种情形:一种是一国的居民或公民拥有来源于该国境外的所得或财产;另一种是一国的非居民或非公民拥有来源于该国境外的所得或财产;第三种是一国的非居民或非公民拥有来源于或位于该国境内的所得或财产。

4. 国际税收的实质具有双重性

由于国际税收涉及的纳税人和课税对象具有跨国性质,国际税收所反映的分配关系具有两重性。国际税收除了体现各国政府同其管辖范围内从事经济活动的经济组织和个人之间的税收征纳关系外,更主要的是体现国家与国家之间的税收权益分配关系。

5. 国际税收调整依据具有双重性

由于国际税收分配关系的双重性,调整这种分配关系的国际税收法律制度也就具有了双重性。调整国际税收分配关系除了有赖于各国的涉外税收制度外,还有赖于具有国际公法性质的国际税收协定或公约。各国的涉外税收法律制度是以国内立法为基础的,它以调整国家同纳税人之间的国际税收征纳关系为主要对象。尽管各国涉外税收制度包含了协调国际税收关系的实体规范和冲突规范,但由于各国政治制度不同,经济发展水平不一致,社会及法律传统不同,不但在国际税收权益方面的立场、观点存在分歧,在具体的法律规定以及有关法律规范的使用条件方面也存在相当大的差异。国际税收分配关系最终还需通过国家与国家之间的谈判,通过签订国际税收协定或公约加以规范。

> 疑点爆破道具——奇思妙响指 NICE 22-1:
> 　　国际税收的本质

二、税收管辖权

国际税收的种种问题,都与有关国家(或地区)的税收管辖权密切相关。

(一) 税收管辖权及其确立原则

1. 税收管辖权的含义

税收管辖权是指一个国家在征税方面所拥有的管辖权力,即国家在税收领域中的主权。一国政府有权决定对哪些人征税、征什么税以及征多少税。任何主权国家的税收管辖权都是独立自主的,各国可以按照本国需要并参照国际惯例自行制定本国税法。各国独立自主确定的税法中的涉外税收部分难免会发生冲突,并引起国际税收关系的不协调。

2. 税收管辖权的确立原则

一国行使税收管辖权的范围要受该国政治权利涉及范围的制约,这种制约表现在两个方面:从地域范围来说,包括该国领土疆域的全部空间;从人员范围来说,包括该国的所有公民和居民(包括自然人和法人)。基于这两种范围就有了确定税收管辖权的属地主义原则和属人主义原则。

(1) 属地主义原则。也称属地主义或属地原则,是以纳税人的收入来源地或经济活动发生地为标准确定国家行使税收管辖权范围的一种原则。它是由领土(或领域)最高管辖权引申而来,是各国行使税收管辖权的最基本原则。

按照属地主义原则,一国政府在行使征税权力时,必须受这个国家领土疆域范围的限制,这个范围包括该国的领土、领海、领空、船舶、飞机等。一国政府只能对在上述范围内发生的所得或经济行为行使征税权力,在上述范围内的一切人(包括自然人和法人),无论是本国人还是外国人,都受该国税收管辖权管辖。来自上述范围之外的所得或在上述范围之外发生的经济行为则无须在该国纳税。

(2) 属人主义原则。也称属人主义或属人原则,是以纳税人(包括自然人和法人)的国籍、登记注册所在地或者住所、居所和管理机构所在地为标准,确定一国税收管辖权范围的一种原则。按照此原则,一国政府只能对本国的公民或居民取得的所得或发生的经济行为行使征税权力。

(二) 税收管辖权的类型

按照属地原则和属人原则,可将税收管辖权划分为收入来源地管辖权、居民管辖权和公民管辖权。

1. 收入来源地管辖权

收入来源地税收管辖权是指一国政府只对来自或被认为来自本国境内的所得行使征税权力,也称地域管辖权,它是属地原则在国际税法上的体现。实行收入来源地管辖权的国家考虑的不是纳税人的居住地或身份,而是其收入来源地,即以纳税人的收入来源地为依据确定是否征税。一般只对跨国纳税人来自本国境内的收入(不区分本国人或境外人)予以征税,而对于跨国纳税人来源于境外的收入(不论其所在国家或地区是否征税)不予征税。

2. 居民管辖权

居民管辖权是指一国政府对本国居民的全部所得拥有征税权,也称居住管辖权,是按照属人原则确立的税收管辖权。

实行居民管辖权的国家考虑的不是收入或所得来源地,而是纳税人的居民身份。它是以纳税人是否拥有居民身份为依据确定是否征税。一般来说,凡是本国的居民(包括自然人和法人),不论其所得来自境内还是境外,本国政府都有权对其全部所得征税。

3. 公民管辖权

公民管辖权是一国政府对于本国公民来自境内和境外的全部所得都拥有征税权,是按照属人主义原则确立的税收管辖权。

实行公民管辖权的国家只考虑纳税人的公民身份,而不管其居住在何地。它是以纳税人是否具有本国公民身份为依据确定是否征税。一般来说,凡是本国公民,不论其居住在哪里,本国政府都有权对其来自世界范围的全部所得进行征税;但如果这个纳税人不具有本国公民身份,则本国政府就不能对其行使公民管辖权。

(三) 税收管辖权的实践

关于税收管辖权的选择,从大多数国家的实践看,主要有以下四种模式:

(1) 同时行使居民管辖权和收入来源地管辖权,即同时适用属人原则和属地原则,中国、英国、日本、德国、加拿大、澳大利亚、巴西、俄罗斯、印度等国都采用这一模式。

(2) 仅行使收入来源地管辖权,放弃行使居民管辖权,如新加坡、马来西亚等国,以及中国香港、中国澳门等地区。

(3) 对自然人和企业纳税人行使不同的税收管辖权,如法国对个人同时行使居民管辖权和收入来源地管辖权,而对企业仅行使收入来源地管辖权。

(4) 同时行使居民管辖权、公民管辖权和收入来源地管辖权,如美国。这种模式下,居民和公民都将承担无限纳税义务,就来源于世界范围内的所得在美国纳税;而不属于居民和公民的境外人承担有限纳税义务,仅就来源于美国境内的所得在美国纳税。

三、税收居民的判定和所得来源地的判定

(一)税收居民的判定

判定一个纳税人是否为本国税收居民具有重要意义。

疑点爆破道具——奇思妙响指 NICE 22-2：
税收居民

实行居民管辖权的国家都有判定纳税人居民身份的明确标准,包括自然人居民身份判定标准和法人居民身份判定标准。

1. 自然人居民身份判定标准

(1)住所或居所标准。住所是指自然人固定的或永久性的居住场所,一般是指配偶、家庭及财产的所在地,或户口登记所在地。目前,多数国家把自然人的家庭(配偶、子女)所在地作为判定住所的重要标准。一些大陆法系国家(如法国、奥地利、比利时等)还采用经济利益中心标准或经济活动中心标准来验定自然人的住所。经济利益中心是指能够给自然人带来主要投资收益的不动产、专利或特许权等财产的所在地;经济活动中心是指自然人的主要职业或就业活动所在地。住所标准也是我国确定自然人税收居民身份的重要标准。居所是指自然人的习惯性居住场所,它是纳税人不定期居住的场所,即用作经商、求学、谋生等目的的非长期居住场所。居所既可以是纳税人自有的房屋,也可以是租用的公寓、旅馆等。采用居所标准的有日本、英国、加拿大、澳大利亚等国。

(2)停留时间标准。停留时间标准一般按纳税年度制定,即在一个纳税年度中某自然人连续或累计在一国停留的天数达到了规定标准,就将其认定为该国居民身份纳税人。目前各国对一个纳税年度中停留多长时间即被认定为居民身份的规定并不一致,多数国家采用半年期标准。也有少数国家采用一年期标准,如日本、阿根廷等。

在实践中,各国通常同时采用住所或居所标准和停留时间标准,纳税人只要符合其中之一就可以被认定为本国税收居民。我国目前采用的也是住所标准和停留时间标准来判定纳税人的居民身份的。

2. 法人居民身份判定标准

(1)注册地标准。注册地标准是指凡是按照本国法律在本国注册成立的法人都是本国的法人居民,而不论该法人的管理机构所在地或业务活动地是否在本国境内。本国政府可对其来源于世界范围的全部所得行使居民管辖权征税。采用这一标准的有美国、英国、法国、德国、巴西等。

(2)实际控制与管理中心所在地标准。即实际控制与管理中心设在本国的法人,无论其在哪个国家注册成立,都是本国的法人居民,本国政府可以就其来源于境内外的全部所得行使征税权。

(3) 总机构所在地标准。总机构所在地标准是指凡是总机构设在本国的法人均为本国的法人居民。总机构主要是指法人的主要营业场所或主要办事机构。与管理机构所在地标准相比,总机构所在地标准强调的是法人组织结构主体的重要性,而管理机构所在地标准强调的是法人权力或决策中心(法人的实际权力机构或人物)的重要性。

需要指出的是,我国企业所得税法判定居民企业的标准为"注册地标准"或"管理机构所在地标准",企业只要满足其中之一,就是我国的居民企业。

(二) 所得来源地的判定

1. 经营所得来源地判定

经营所得是指营业利润,是公司法人或个人从事各项生产性或非生产性经营活动所取得的纯收益。一项所得是否为纳税人经营所得,主要看取得这项收入的经营活动是否为纳税人的主要经济活动。目前各国在判定经营所得的来源地时,主要采取以下两种标准:

(1) 常设机构标准。所谓常设机构,是指一个企业进行全部或部分经营活动的固定营业场所,它的范围通常包括分支机构、管理机构、办事处、工厂、车间、作业场所、建筑工地等。大陆法系国家多采用常设机构标准来判定纳税人的经营所得(销售货物或提供劳务的所得)是否来自本国。

(2) 交易地点标准。英美法系国家一般侧重于用交易或经营地点来判定经营所得的来源地。例如,英国的法律规定,只有在英国进行交易所取得的收入才属于来源于英国的所得。

2. 劳务所得来源地判定

(1) 劳务提供地标准。劳务提供地标准是指跨境纳税人在哪个国家提供劳务或在哪个国家工作,其获得的劳务报酬即为来源于该国家的所得。该标准对从事独立劳动者而言,主要看其从事活动的固定基地在哪个国家。

(2) 劳务所得支付地标准。劳务所得支付地标准是指以支付劳务所得的居民或固定基地、常设机构的所在国为劳务所得的来源国。如果某跨国纳税人的劳务所得是由某国的居民或设在该国的常设机构或固定基地支付的,那么该国就是这项劳务所得的来源国。

(3) 劳务合同签订地标准。劳务合同签订地标准是指以劳务合同签订的地点来判定劳务所得的来源地。使用劳务合同签订地标准的主要有爱尔兰等国。

3. 投资所得来源地判定

投资所得是指因拥有一定的产权而取得的收益,主要包括股息、利息、特许权使用费、租金等所得,这类所得是基于股权、债权、专利权、版权等各种权利而取得的。

目前各国判定股息的来源地一般是依据分配股息的公司的居住地,也就是以分配股息的公司的居住国为股息所得的来源国。

各国判定利息所得来源地的标准主要有两类:一是以借款人的居住地或信贷资金的使用地为标准来判定借款利息的来源地,大多数国家如阿根廷、巴西、法国、印度、墨西哥、秘鲁等都采用此标准,我国个人所得税法也采用这一标准;二是以用于支付债务利息的所得的来源地为标准来判定利息的来源地,如美国目前就采用该标准。

特许权使用费来源地的判定标准主要有四类:一是以特许权的使用地为特许权使用费的来源地;二是以特许权所有者的居住地(对无形资产提供法律保护的国家)为特许权使用费的来源地,如南非;三是以特许权使用费支付者的居住地为特许权使用费的来源地,如法国、比利时,我国也采用这一标准;四是以无形资产的开发地为特许权使用费的来源地。

租金所得来源地的判定标准与特许权使用费基本相同,各国主要依据产生租金的财产使用地或所在地、财产租赁合同签订地或租金支付者的居住地来判定租金所得的来源地,我国主要采取的是租赁财产使用地标准。

4. 财产所得来源地判定

财产所得是指纳税人因拥有、使用、转让财产而取得的所得或收益。对于不动产所得,各国一般以不动产的实际所在地为不动产所得的来源地。各国判定动产所得来源地的标准并不完全一致,主要包括动产销售地或转让地标准、转让者居住地标准、被转让动产所在地标准。我国对动产转让所得来源地的判定采用转让地标准和转让者居住地标准。

第二节 国际重复征税的产生与消除

一、国际重复征税的概念

国际重复征税,是指两个或两个以上主权国家或地区,依据各自的税收管辖权,在同一时期内,对同一纳税人的同一课税对象,征收相同或类似的税收所形成的交叉重叠征税。这种重叠征税,一般情况下都是两重的,即两个国家对跨国纳税人的同一征税对象进行的重复征税,所以,人们一般把这种重复征税统称为国际双重征税。

国际重复征税有狭义和广义之分。狭义的国际重复征税即法制性国际重复征税,是指两个或两个以上国家对同一跨国纳税人的同一征税对象所进行的重复征税,它强调纳税主体与课税客体都具有同一性。对于同一个参与国际经济活动的纳税主体来说,所应承担的税收负担不应大于其仅在一个国家内产生的纳税义务。如果同一纳税主体因同一课税客体而承担了大于其在一个国家内产生的纳税义务的税收负担时,这就产生了国际重复征税。广义的国际重复征税是指两个或两个以上国家对同一或不同跨国纳税人的同一课税对象或税源所进行的交叉重叠征税。广义的国际重复征税包括法律性国际重复征税(狭义的国际重复征税)和经济性国际重复征税。法律性国际重复征税的征税权主体是两个或两个以上的国家对同一纳税人的所得征税引起的重复征税。经济性重复征税是对同一经济渊源的不同纳税人的重复纳税。如果同一税源的不同纳税人分处于两个或两个以上不同国家,由此而引起的经济性重复征税就属于国际性重复征税。其征税涉及的范围要比狭义的国际重复征税宽,它强调国际重复征税不仅要包括因纳税主体与课税客体的同一性所产生的重复征税,而且还要包括由于纳税主体与课税客体的非同一性所发生的国际重复征税,以及因对同一笔所得或收入的确定标准和计算方法的不同所引起的国际重复征税。

【例 22-1】 甲国母公司从其设在乙国的子公司处取得股息收入,这部分股息收入是乙国子公司就其利润向乙国政府缴纳公司所得税后的利润中的一部分,依据甲国税法规定,母公司获得的这笔股息收入要向甲国政府纳税,因而产生了甲乙两国政府对不同纳税人(母公司和子公司)的不同课税客体或同一税源(子公司利润和股息)的实质性双重征税。

二、国际重复征税产生的原因

案情追踪道具——追案魔法帽22-3：
国际重复征税产生的背景

(一) 各国税收管辖权的交叉重叠

各国行使的税收管辖权有地域税收管辖权、居民税收管辖权和公民税收管辖权。当各国的税收管辖权发生重叠时即产生国际重复征税。税收管辖权的重叠包括：居民管辖权与地域管辖权的重叠；公民管辖权与地域管辖权的重叠；居民管辖权与公民管辖权的重叠；地域管辖权与地域管辖权的重叠；居民管辖权与居民管辖权的重叠；公民管辖权与公民管辖权的重叠。

国与国之间同种税收管辖权的相互重叠主要是由有关国家判定所得来源地或居民身份的标准相互冲突造成的。一旦同一笔所得被两个国家同时判定为来自本国，或者同一纳税人被两个国家同时判定为本国居民，那么两个国家的地域管辖权与地域管辖权或者居民管辖权与居民管辖权就会发生交叉重叠。另外，如果一个纳税人具有双重国籍，而这两个国家又都行使公民管辖权，则两国的公民管辖权也会发生交叉重叠。

(二) 各国税制上的差异

在各国普遍实施所得税制度的前提下，由于主权利益的不同，各国在所得税制上的规定存在明显差异，这种税制规定的差异也导致了国际重复征税。例如，许多国家的税法规定，公司要向居住国就其全部利润缴纳公司所得税；公司将税后利润以股息、红利形式分配给居住在不同国家的股东时，股东要将所分得的股息、红利与其他所得合并向其居住国缴纳个人所得税，这就导致了重复征税。另外，不同国家的所得税法中对同一项费用的扣除方法、价格或利润的计算方法不同，也会导致国际重复征税。

(三) 经济上的原因

经济的国际化使股份公司的组织形式更为复杂，一家股份公司的控股关系可能跨越多国国界，从而导致不同国家对不同纳税人的同一税源进行重复征税。例如，甲国的控股公司控制乙国的子公司又控制丙国的孙公司，孙公司取得的所得既要被丙国征税，又要被乙国和甲国征税，即同一笔所得在不同纳税人手中被不同国家多次征收，且征税的重叠程度随控股层次的增加而增加。

可见，在国际税收领域中跨国度取得收入或拥有财产的情况不可避免，各种税收管辖权将长期并存，各国所得税制仍将发展，因此，国际重复征税的现象也会长期存在。

三、消除国际重复征税的主要方法

国际重复征税给世界经济带来了极为不利的影响。各国都在积极寻求减轻国际重复征税的途径和方法。目前,各国采取的消除国际重复征税的主要方法有免税法和抵免法。

(一) 免税法

免税法又称豁免法,是指居住国(或国籍国)政府对本国居民(或公民)纳税人,来源于境外所得,在一定条件下放弃行使居民管辖权,免于征税。免税法是以承认收入来源地管辖权的独占为前提的。承认收入来源地管辖权的独占地位,意味着居住国政府完全放弃对其居民来源于境外的所得行使居民税收管辖权。显然,在免税法下,跨国纳税人的跨国所得只受到来源国的一种税收管辖权的管辖,这从根本上消除了因双重或多重税收管辖权的重叠而导致的国际重复征税。但是如果这些所得在来源国没有被征税,则居住国将有权对其行使课税权。

1. 免税法的类型

免税法主要有全部免税和部分免税、累进免税三种类型。

(1) 全部免税,是指居住国(或国籍国)对本国居民(或公民)在国外取得的并已由外国政府征税的全部所得,免于课征国内所得税,并且在确定对其国内所得征税的税率时也不考虑这笔免于征税的国外所得。行使这种免税法的国家完全放弃了对跨国纳税人的境外所得的居民管辖权,彻底消除了国际重复征税问题。实行这一类型免税法的国家有:海地、多米尼加、巴拿马、委内瑞拉和阿根廷等。

(2) 部分免税,也称为有条件免税,是指居住国(或国籍国)对本国居民(或公民)的国外所得免税只限于一般收入项目,如营业所得、个人的劳务所得和某些财产等;对某些特定项目,如股息、利息和特许权使用费则不给予免税。比如,法国对投资所得获得的股息不予免税。对国外营业所得的免税必须符合两个条件,即该项所得确已在来源国缴纳了所得税,以及税后所得必须汇回本国。

(3) 累进免税法,即居住国政府对本国居民的国外所得不予征税,但在确定对其国内所得征税的税率时,要将这笔免于征税的国外所得与国内所得汇总进行考虑。这种免税法主要适用于实行累进所得税制的国家(或地区),而且是通过签订双边税收协定的途径来实现。

2. 免税法的计算

按照各国实际采取免税法的情况,这里主要介绍全额免税法和累进免税法的计算。

(1) 全额免税法的计算

实行免税法的国家放弃对本国居民的境外所得行使居民税收管辖权,在计算应纳税额时,首先从居民应税所得额中扣除来源于境外并已向来源国纳税的那部分所得,然后再根据扣除后的应税所得额确定其适用的居住国税率征税。计算公式为:

居住国应征税额=(居民境内外所得-境外所得)×居住国适用税率

【例 22-2】 甲国 A 公司在某一纳税年度内,国内外总所得 100 万元,其中来自国内的所得 70 万元,来自国外分公司的所得 30 万元。居住国实行超额累进税率,具体为:年所得 60 万元(包含 60 万元)以下,税率 30%;60~80 万元(包含 80 万元),税率为 35%;80~100 万元,税率为 40%。国外分公司所在国实行 30% 的比例税率。计算甲国 A 公司应纳所得税额。

解一 未采用任何方法避免国际重复征税时,该跨国纳税人的纳税情况为:

向甲国纳税额=60×30%+(80-60)×35%+(100-80)×40%=33(万元)

国外分公司已纳税额=30×30%=9(万元)

甲国 A 公司纳税总额=33+9=42(万元)

解二 甲国采用全额免税法避免国际重复征税时,该跨国纳税人的纳税情况为:

向甲国纳税额=60×30%+(70-60)×35%=21.5(万元)

国外分公司已纳税额=30×30%=9(万元)

甲国 A 公司纳税总额=21.5+9=30.5(万元)

由于甲国实行全额免税法,没有将 A 公司在国外分公司的所得计入其总所得额内,从而少征税:

少征税额=33-21.5=11.5(万元)

由于全额免税法给居住国政府带来的财政损失较多,所以采用全额免税法的国家只有法国、澳大利亚及部分拉美国家。

(2) 累进免税法的计算

实行累进免税法的国家虽然放弃对其居民的境外所得行使征税权,但在决定对居民的国内所得征税所适用的税率时,会将其居民的国外所得加以综合考虑。其计算公式为:

$$居住国的应纳税额 = 纳税人的境内外收入总额 \times 适用税率 \times \frac{国内所得}{境内外收入总额}$$

【例 22-3】 跨国纳税人的收入情况以及居住国和非居住国的税率情况同上例。

解 甲国采取累进免税法免除国际重复征税,则该跨国纳税人的纳税情况为:

在居住国的应纳税额=(60×30%+20×35%+20×40%)×(70/100)=23.1(万元)

国外分公司已纳所得税额=30×30%=9(万元)

甲国 A 公司纳税总额=23.1+9=32.1(万元)

甲国实行累进免税法比实行全额免税法多征税款=23.1-21.5=1.6(万元)

从两种免税法的计算结果来看,全额免税法是对本国居民的境外所得完全放弃课税权,累进免税法则是对本国居民的境外所得有保留地放弃课税权。因此,在采用免税法的国家,大多选择累进免税法。

案情追踪道具——追案魔法帽 22-4:
免税法的优缺点

(二) 抵免法

抵免法,是指行使居民(或公民)税收管辖权的国家,对其居民纳税人国内外的全部所得或财产汇总征税时,允许其将在国外已缴纳的所得税或类似的税收全部或部分地从应向本国缴纳的税额中抵扣。

按照纳税人的国内公司与支付其国外所得的外国公司之间的不同法律关系,以及与之相适应的不同抵免方式,抵免法分为直接抵免法和间接抵免法。

1. 直接抵免法

直接抵免法是指居住国(或国籍国)政府允许本国的居民(或公民)将其在来源国缴纳的所得税款在本国应缴纳的所得税总额中予以扣除。直接抵免一般不必通过双边税收协定加以规范,世界上许多国家采取"自动抵免法",在国内税法中对跨国纳税人缴纳的外国税收予以抵免优惠。抵免法的计算公式为：

居住国应征所得税额＝居民国内外总所得×本国适用税率－允许抵免的已缴来源国税额

（1）直接抵免法的适用范围。直接抵免法并不是在任何情况下都适用，它的适用范围主要有两方面：一是适用的纳税人；二是适用的税种。

① 纳税人的适用范围。直接抵免法对纳税人的适用范围是同一经济实体的纳税人。具体包括：同一跨国自然人、同一跨国法人的总公司和分公司。

难点爆破道具——奇思妙响指 NICE 22-5：
直接抵免法适用的纳税人的界定

② 税种的适用范围。直接抵免法主要适用于所得税和预提税。

难点爆破道具——奇思妙响指 NICE 22-6：
为什么预提税可以直接抵免？

可见，直接抵免的基本特征，就是允许抵免的外国税收必须是跨国纳税人直接向来源国缴纳的所得税。

（2）直接抵免法的种类及其计算

在上述直接抵免法的计算公式中，由于"允许抵免的已缴来源国税额"的计算方法不同，直接抵免法分为全额抵免和限额抵免两种方法。

① 全额抵免法，是指居住国政府对跨国纳税人国内和国外所得征税时，允许纳税人将其在收入来源国缴纳的所得税，全部在应向本国缴纳的税款中给予抵免。其计算公式为：

居住国应征所得税额＝居民国内外总所得×适用税率－已缴来源国全部所得税额

【例 22-4】 甲国一居民总公司在乙国设有一个分公司，某纳税年度，总公司在本国取得所得 80 万元，设在乙国的分公司获利 20 万元。假定乙国的所得税税率分别为 30%、20%、40%，甲国所得税税率为 30%。计算甲国应对该总公司征收的所得税税额。

解 按全额抵免法计算如下：

在乙国税率为 30% 的情况下，

甲国应征所得税额＝(80＋20)×30%－20×30%＝24(万元)

在乙国税率为 20% 的情况下，

甲国应征所得税额＝(80＋20)×30%－20×20%＝26(万元)

在乙国税率为 40% 的情况下，

甲国应征所得税额＝(80＋20)×30%－20×40%＝22(万元)

② 限额抵免法，又称普通抵免法，是指居住国（或国籍国）政府对跨国纳税人在国外直接缴纳的所得税款给予抵免时，不能超过最高抵免限额，这个最高抵免限额是国外所得额按本国

税率计算的应纳税额。其计算公式为：

居住国应征所得税额＝居民国内外总所得×本国适用税率－允许抵免的已缴来源国税额
抵免限额＝国外所得×居住国税率

限额抵免法与全额抵免法的区别，在于前者规定了一个抵免限额数，低于抵免限额数的一般可获得全额抵免；高于抵免限额数的只能按限额抵免，超过抵免限额的部分不能抵免。

【例 22-5】 沿用上例。

解 按限额抵免法计算如下：

在乙国税率为 30% 的情况下，

抵免限额＝20×30%＝6(万元)

甲国应征所得税额＝(80＋20)×30%－20×30%＝24(万元)

在乙国税率为 20% 的情况下，

抵免限额＝20×30%＝6(万元)

甲国应征所得税额＝(80＋20)×30%－20×20%＝26(万元)

在乙国税率为 40% 的情况下，

抵免限额＝20×30%＝6(万元)

甲国应征所得税额＝(80＋20)×30%－6＝24(万元)

2. 间接抵免法

间接抵免法是指母公司的居住国政府允许母公司用其子公司已缴来源国的所得税中，应由母公司分得股息所承担的那部分税额，来冲抵母公司应纳税额的一种抵免方法。间接抵免法是避免在母、子公司之间重复征税的一个主要方法，其基本特征是外国税收只能部分地、间接地冲抵居住国应纳税款。间接抵免法的一般计算公式为：

$$\text{母公司应纳居住国税额} = \left(\text{母公司居住国所得} + \text{母公司来自子公司的还原所得}\right) \times \text{母公司居住国税率} - \text{间接抵免税额}$$

允许实行间接抵免法的国家，一般都规定有限制条件。这些限制条件通常有以下几点：

(1) 只适用于具有母、子公司关系的跨国公司，自然人纳税人不能享受间接抵免。

(2) 母、子公司的领导层公司，必须是直接参加其外国下层公司业务经营的积极投资者，而不是那种只是购买股票和其他有价证券并不参与被投资公司的业务经营的单纯食利的消极投资者。

(3) 拥有下属公司具有表决权的股票必须达到规定的最低限额。如美国政府规定，允许给予间接抵免的母、子公司，必须拥有其下属公司有表决权的股票不少于 10%，日本政府同我国和马来西亚等国家签订的双边税收协定中，都把允许给予间接抵免的日本领导层公司应该拥有其下层公司有表决权的股票，认定为不少于 25%，但是，给予间接抵免的中国居民领导层公司应该拥有其日本下属公司有表决权的股票，则确定为不少于 10%。

难点爆破道具——奇思妙响指 NICE 22-7：
间接抵免法的种类及其计算

案情追踪道具——追案魔法帽 22-8：
抵免法的优缺点

第三节　国际避税与反避税

避税作为一种经济现象，是经济活动主体（纳税人）利用税法规定的缺陷和漏洞所引起的，随着企业和个人跨境经济活动的日益频繁，与跨境纳税人和跨境所得相联系的国际避税与反避税也成为国际税收领域的一个重要问题。

一、国际避税及其基本手段

（一）国际避税含义

国际避税是避税活动在国际范围内的延伸和发展，是跨国纳税人利用各国税法规定的差别和漏洞，在从事跨越国境的活动中以种种公开的非违法手段规避和减少其在有关国家纳税义务，从而减轻国际税收负担的行为。

疑点爆破道具——奇思妙响指 NICE 22-9：
国际避税为什么能够实现？

（二）国际避税的基本手段

国际避税有自然人避税和法人（公司）避税之分。现实中，大量的、经常性的国际避税属于法人避税，而且法人的国际避税手段比自然人更复杂。国际避税手段多种多样，包括但不限于以下情形。

1. 利用转让定价转移利润避税

转让定价是进行国际避税最常用的手段。转让定价是指关联企业之间或公司集团内部机构之间在销售货物、提供劳务、转让无形资产等时制定的内部交易价格。利用转让定价转移利润，一般是指跨国总公司与其各分支机构、母公司与子公司之间以及各分支机构、各子公司之间，通过人为制定内部交易价格转移利润，逃避国际纳税义务的行为。其最常见的方式是通过关联企业之间的商品交易、劳务派遣、金融行为等，将利润聚积在低税率国家，尽可能降低在高税率国家的税负。其操作往往是高税国企业向其低税国关联企业销售货物、提供劳务、转让无形资产时制定低价（利往低处流）；低税国企业向其高税国关联企业销售货物、提供劳务、转让无形资产时制定高价（费往高处走），从而达到最大限度减轻其税负的目的。除了传统的交易定价、内部费用支付以外，成本分摊协议作为一种更为高级的、更加隐蔽手段，常被跨国公司用来实现利润转移规避税负。

2. 利用避税地规避纳税义务

避税地一般允许投资和从事经营活动的企业享受不纳税或少纳税的优惠待遇。许多纳税人利用避税地提供的优惠待遇，采用虚设机构中转销售、虚设信托财产等方法，将自销售或其他来源地收入的利润从高税区转移到避税地来规避纳税义务。

3. 滥用国际税收协定

滥用国家税收协定一般是指一个第三国居民利用其他两个国家之间签订的国际税收协定获取其本不应该得到的税收利益。也就是说，滥用国家税收协定的行为使非协定受益人得以逃避原应承担的一部分甚至全部税负。在方式上，一般是通过在协定国设立中介性投资公司、持股公司，把来源于非协定国的收入中转到这些公司，以谋取不应得的税收优惠。在收入项目上，多是针对股息、利息、特许权使用费等投资所得，有的还扩展至个人劳务报酬。

4. 运用电子商务避税

电子商务是指在互联网与传统信息技术系统相结合的背景下形成的相互关联的动态商务活动。由于互联网交易的无界性和电子货币交易的隐蔽性，很难用传统的税收管辖权中依据的常设机构、固定场所和商品服务发生地来判断税源归属，增加了征税难度。企业常用互联网交易无界性，尤其是跨境税收管辖权的不确定来达到避税目的。

5. 利用混合错配安排规避有关国家的税收

混合错配安排是指跨国公司通过利用两个或多个税收管辖区对一个实体或特殊目的载体的税务处理的差异，以达到获得双重不征税的目的，从而获取不公平的竞争优势。通常在国际税收规则下，金融机构和跨境实体常常使用混合错配安排，利用两个以上国家对金融工具、实体或交易的征税差异所做的安排，实现双重不征税或递延纳税。

二、国际避税地及其类型

（一）国际避税地含义

避税地亦称国际避税地或避税乐园、税务天堂、税收避难所。避税地可以是一个国家，也可以是一个国家的某个地区，如港口、岛屿、沿海地区、交通方便的城市等。有时避税港还包括自由港、自由贸易区、自由关税区等。

狭义上的避税地是指那些不课征某些所得税和一般财产税，或者虽课征所得税和一般财产税但税率远低于国际一般负担水平的国家和地区。广义上的避税地是指那些能够为纳税者提供某种合法避税机会的国家和地区。

（二）国际避税地的类型

1. 不征收任何所得税和一般财产税的国家和地区

这类避税地通常被人们称为"纯避税地"或"典型的避税地"。在这些国家和地区中，既没有个人所得税、公司所得税和资本利得税，也没有财产净值税、继承税、遗产税和赠予税。例如，英国殖民地开曼群岛就属于这一类型的避税港。外国人如果到开曼设立公司或银行，只要向当地有关部门注册登记,并每年缴纳一定的注册费,就可以完全免缴个人所得税、公司所得税和资本利得税。除开曼群岛外,属于这一类典型避税港的国家和地区还有巴哈马、百慕大、瑙鲁、瓦努阿图、特克斯和凯科斯等。此外,像格陵兰、索马里、法罗群岛、新喀里多尼亚岛、圣皮埃尔岛和密克隆岛等国家和地区,也基本上属于此类避税地。

2. 征收所得税和一般财产税但税率较低的国家和地区

这类避税地开征所得税和一般财产税,但税率很低。主要包括瑞士、列支敦士登、海峡群岛、爱尔兰、英属维尔京群岛和所罗门群岛等。

3. 所得税征收仅实行地域管辖权的国家和地区

这类国家和地区虽然课征所得税(一般税率也较低),但对纳税人的境外所得不征税,从而也为跨国公司的国际避税提供了方便。许多拉美国家过去属于这类避税地,如巴拿马、塞浦路斯、利比里亚和哥斯达黎加等。中国香港也属于这类避税地。

4. 对某些种类的特定公司提供特殊的税收优惠的国家和地区

这类避税地通常对国内一般公司征收正常的所得税,但对某些种类的特定公司提供特殊的税收优惠。这类避税地包括卢森堡、荷属安第列斯和上述第三类避税地中的塞浦路斯等,也包括上面第二类避税地中的瑞士和列支敦士登等。

5. 与其他国家签订有大量税收协定的国家

一个国家如果有广泛的国际税收协定,就可能为第三国居民滥用税收协定避税创造便利条件。在国际税收实践中,以滥用国际税收协定的方式进行国际避税的现象十分普遍,所以许多人主张这类拥有大量国际税收协定的国家也应被列为避税地。荷兰、比利时就属于这种国家。

三、国际反避税的措施

在几十年的国际税收实践中,许多国家已经形成了一套较有效的反国际避税的方法与措施,其重点是运用法律,加强立法和执法的力度,尤其是针对某些特殊的避税行为采取强硬措施。与此同时,随着国际税务关系的发展,各国都努力并加强国际税收合作,从而使国际反避税工作收到良好效果。

(一)制定与完善反避税的税收立法

1. 在税法中制定反避税条款

一是在一般条款中,注意准确使用文字,设法堵塞漏洞。二是制定特殊反避税条款,针对各种特定的避税行为制定明确具体的税法条文,在法律解释上尽可能做到天衣无缝,不给纳税人在税法的解释上留下模棱两可的空子。三是制定适用于全部税收法规的综合反避税条款,一些国家在税收总法典中制定一项或几项单独的综合反避税条款,这些条款一般适用于全部税收法规。四是制定针对国际避税中习惯做法的反避税条款,如对关联企业内部转让定价做出特殊规定的条款,对避税地所得规定特殊课征办法的条款等。

2. 以法律形式规定纳税人的特殊义务与责任

一是以法律形式明确规定纳税人对与纳税义务相关的事实负有某种报告义务,即属于本国管辖的纳税人,或与纳税人相关的其他纳税人(第三方)有义务向税务当局主动报告或提供其在境外从事的经济活动的有关情况。二是规定纳税人的举证责任,根据各国民法的一般原则,在民事诉讼中,原告若指控被告有罪,举证责任落在原告一方;由于税务当局很难准确了解纳税人的经营活动的具体情况,因此许多国家通过国内法律规定,将举证责任转移给纳税人或受益人。

(二) 完善转让定价税制

利用转让定价在跨国关联企业之间进行收入和费用的分配以及利润的转移是跨国公司进行国际避税最常用的手段之一。不合理的转让定价不仅造成收入和费用不合理的国际分配,影响有关国家的切身利益,而且也影响资源的合理配置,有悖于公平的市场竞争原则。因此,各国为了加强对转让定价的监控,防止跨国关联企业的利润向境外转移,纷纷制定转让定价税制和相应的法律措施。

1. 转让定价税制的适用范围

转让定价税制适用于国内公司与国外关联公司间的商品交易、资产转让、提供劳务和贷款等行为,不适用于个人。转让定价税制不仅适用于国内母公司或子公司同它设立在国外的子公司或母公司之间的交易,而且也适用于形式上通过第三者中介,而实质上是关联公司间的交易。税务机关对关联公司的关系进行全面的确认,凡被认为是关联公司的,它们之间的交易价格,税务机关都有权进行调查,对非正常交易价格有权根据有关方法进行调查。

2. 转让定价税制的实施程序

各国对转让定价税制实施程序的规定都比较具体、详细和具有操作性。主要包括:(1)纳税申报程序;(2)实地调查程序;(3)对非关联第三者的调查程序;(4)海外调查程序;(5)国际情报交换程序;(6)与纳税人协调程序;(7)内部协商程序;(8)调查价格程序;(9)规定价格程序;(10)诉讼程序;(11)对等调整程序。这些基本程序的规定,使税务当局和纳税人都感到界限清楚,有章可循。

案情追踪道具——追案魔法帽 22-10:
转让定价税制的发展趋势

(三) 应对避税地避税的对策

应对避税地法规主要体现在反延期纳税或受控外国公司法规(简称 CFC 法规)方面。CFC 法规主要处理本国居民控制的外国公司实体所取得并积累起来的所得。正常情况下,CFC 法规只适用于外国公司,但有的国家把其扩展到外国常设机构(如法国)和信托公司(如澳大利亚、加拿大、南非)。在墨西哥,该规则适用于外国法承认的任何公司实体。通常,只有延期纳税的消极所得以及控股公司设在低税区的某些"基地公司"收入,才能成为反避税措施所要打击的对象。然而,也有一些国家,将 CFC 规则既用于积极收入,也用于消极收入(如新西兰、挪威、南非、瑞典)。

在现已制定了 CFC 规则的国家,对于什么是受控外国公司,应该如何征税,谁应该被征税,什么是 CFC 的应税收入等,各国都存在较大的差异,但这些规则大体构成了应对避税地法规的基本内容。

案卷显示道具——注册 AI 蛙神镜 22-11：CFC 规则的基本内容

（四）国际税收协定滥用的防范措施

为了防止本国与他国签订的税收协定被第三国居民用于避税以及不把本国的税收优惠提供给企图避税的第三国居民，一些国家已开始采取防止税收协定被滥用的措施。

1. 制定防止税收协定滥用的国内法规

目前，采取这种做法的国家主要是瑞士。瑞士规定自 1999 年 1 月起，纳税人如果用享受税收协定优惠后的所得向无资格享受协定优惠的法人或个人支付股息、利息、特许权使用费，最多不能超过这笔所得的 50%。该规定主要是为了限制第三国居民在瑞士建立中介性机构，然后利用瑞士与其他国家签订的税收协定减轻预提税的税负。

2. 在双边税收协定中加进反滥用条款

为防范第三国居民滥用税收协定避税，可以在协定中加进一定的防范条款，具体有以下几种方法：（1）排除法。即在协定中注明协定提供的税收优惠不适用于某一类纳税人。（2）真实性。即规定不是出于真实的商业经营目的，只是单纯为了谋求税收协定优惠的纳税人，不得享受协定提供的税收优惠。（3）纳税义务法。即一个中介性质公司的所得如果在注册成立的国家没有纳税义务，则该公司不能享受税收协定的优惠。（4）受益所有人法。即规定协议提供的税收优惠的最终受益人必须是真正的协定国居民，第三国居民不能借助在协定国成立的居民公司而从协定中受益。（5）渠道法。即如果缔约国的居民将所得的很大一部分以利息、股息、特许权使用费的形式支付给一个第三国居民，则该笔所得不能享受税收协定提供的预提税优惠。渠道法主要是限制第三国的居民公司在缔约国一方建立居民公司并利用两国缔结的税收协定规避预提税。（6）禁止法。即不与被认为是国际避税地的国家（地区）缔结税收协定，以防止跨国公司在避税地组建公司作为其国际避税活动的中介性机构。

3. 严格对协定受益人资格的审查程序

美国在 1997 年规定，美国的非居民如果要就其来源于美国的所得享受预提所得税的协定减免，必须先向美国申请并由美国税务局鉴定其缔约国居民的身份。加拿大、比利时、瑞士、阿根廷等国也有类似的规定。

（五）建立限制资本弱化税制

资本弱化又称资本隐藏、股份隐藏或收益抽取，是指跨国公司为了减少税额，采取贷款方式替代募股方式进行的投资或融资。当跨国公司考虑投资并确定新建企业的资本结构时，其往往会通过在贷款和发行股票之间的选择，来达到使税收负担最小的目的。资本弱化税制是西方国家反避税税制的又一重要组成部分。

各国制定的资本弱化税制内容各不相同，但限制资本弱化的方法主要包括：（1）正常交易方法。即在确定贷款或募股资金时，要看关联方的贷款条件是否与非关联方的贷款条件相同；如果不同，则关联方的贷款可能被视为隐蔽的募股，要按有关法规对利息征税。（2）固定比率方法(设置安全港)。如果公司资本结构比率超过特定的债务权益率,则超过的利息不允许税前扣除,并对超过的利息视同股息征税。

(六) 限制避税性移居措施

跨国纳税人进行国际避税的手段之一,是从高税国移居到低税国或避税地,以摆脱高税国的居民身份,免除向高税国政府负有的无限纳税义务。另外,纳税人移居到低税国或避税地,还可以规避过去居住在高税国时取得的资本利得应缴纳的税收。为了防范本国居民出于避税目的而向国外移居,一些国家(主要是发达国家)采取了一些立法措施,对自然人或法人居民向国外移居加以限制。

1. 限制自然人移居的措施。一些发达国家在立法上采取了有条件地延续本国向外移居者无限纳税义务的做法。对于虚假移居的行为,一些国家也采取了严厉的限制。例如瑞典1966年实施的《市政税法》规定,一个瑞典公民在移居到别国后的3年内,一般仍被认定为瑞典税收上的居民,仍要在瑞典负无限纳税义务,除非他能够证明自己与瑞典不再有任何实质性联系。此外,为了防止人们用临时移居、压缩居留时间的办法躲避本国的居民身份,许多国家都规定对纳税人中途临时离境不扣除其在本国的居住天数,即纳税人临时离境的天数仍要计入其居留天数。

2. 限制法人移居的措施。一般而言,在一个同时以注册地标准和管理所在地标准判定法人居民身份的国家,法人移居他国相对来说困难较大,因为这时无论公司法人的注册地在该国,还是管理机构在该国,该国都可以认定其为本国的法人居民。所以,目前大多数发达国家都同时采用这两个标准判定法人的居民身份。

(七) 限制利用改变公司组织形式避税

跨国公司国家避税的方式之一,是适时地改变国外附属机构的组织形式——当国外分公司开始盈利时,即将其重组为子公司。为了防止跨国公司利用这种方式避税,一些国家在法律上也采取了一些防范性措施,如美国税法规定,外国分公司改为子公司以后,分公司过去的亏损所冲减的总公司利润必须重新计算清楚,并就这部分被国外分公司亏损冲减的利润进行补税。

(八) 加强防范国际避税的行政管理

为了有效地防止跨国纳税人进行国际避税行为,除了要有相应的立法手段以外,还必须加强反避税工作的行政管理。主要包括:一是加强本国的税务行政管理,严格实施各项反避税的法规,采取的措施主要有加强纳税申报制度、把举证责任转移给纳税人、加强税务调查和税务审计以及与银行进行密切的合作。二是积极开展反避税的国际税务合作,各国除了以单边方式加强国内反避税的立法和行政措施外,还采取了双边或多边国际合作的形式,加强国际税收情报交换。

案情追踪道具——追案魔法帽22-12:
BEPS行动计划与国际反避税

第四节　国际税收协定与国际税收合作的新发展

一、国际税收协定

国际税收协定,是指两个或两个以上主权国家,为了协调相互间的税收分配关系和解决重复征税问题,经对等协商和谈判所缔结的一种书面协议或条约。这种协议或条约一般须经缔约国立法机构批准,并通过外交途径交换后方能生效。在协定全部有效期间,缔约国各方必须对协定中的一切条款承担义务。在有效期满后,缔约国任何一方经由外交途径发出中止通知,该协定即行失效。税收协定的主要作用包括降低跨国纳税人在东道国的税负、提高税收确定性、避免双重征税和通过相互协商机制妥善解决涉税争议等。

(一) 两个国际税收协定范本

为了规范国际税收协定的内容,简化国际税收协定的签订过程,一些国家和国际性组织很早就开始研究和制定国际税收协定的范本,20世纪60年代经合组织范本和联合国范本这两个国际性税收协定范本应运而生。绝大多数国家对外谈判和签订避免双重征税税收协定都以这两个范本为依据,其中发展中国家多以联合国范本为依据。

1. 经合组织范本

1963年,经济合作与发展组织(简称为经合组织或OECD)首次公布了《关于对所得和财产避免双重征税的协定范本》草案,简称经合组织范本或OECD范本。该范本草案以1946年范本为重要参考材料,并结合有关国家谈判和签订的双边税收协定的实践起草而成。经合组织范本草案有两个基本前提:一是居住国应通过抵免法或免税法消除双重征税;二是来源国应力求缩减收入来源管辖权的征税范围,并且大幅度地降低税率。

1967年,经合组织财政委员会(1971年改为"财政事务委员会")开始修订1963年的范本草案,并于1977年发表了该草案的修订范本,该范本比较强调居民税收管辖权,对地域税收管辖权有所限制。由于经合组织成员国经济实力比较接近,资金、技术等基本均衡,所以此范本易为这些经济发达国家接受,具有广泛的国际影响。

经合组织1977年范本对于指导国际税收协定的签订发挥了重要作用,但在实践中也逐渐显露出许多不足之处,为此经合组织在长期调研的基础上于1992年提出税收协定新范本,更名为《经济合作与发展组织关于避免对所得和财产双重征税的协定范本》;1992年以后,为适应解决国际经济交往中出现的国际税收新问题,范本及其注释采用不定期修订更新的活页形式。

2. 联合国范本

经合组织范本倾向于发达国家的利益,发展中国家很难据此维护自身利益,为此,联合国经济和社会理事会于1967年8月专门成立了一个由发达国家与发展中国家代表组成的专家小组,组织起草发达国家与发展中国家间的税收协定范本。在专家小组的第七次会议上,专家们以经合组织范本为样本,提出《发达国家与发展中国家间关于税收协定的指南》。1977年专家小组进一步把这个指南修改成附有注释的协定范本,即《联合国关于发达国家与发展中国家间避免双重征税的协定范本(草案)》,简称为联合国范本或 UN 范本。1979 年 12 月专家小组第八次全体会议重新审查并通过了这个范本草案,将其作为联合国用于协调发达国家与发展中国家税务关系的正式参考文件。

2001 年联合国范本进行首次修订,此后随着国际税收形势的发展和新的国际税收问题的出现,联合国范本也进行不定期的修订,最近一次修订为 2021 年。

3. 两个国际税收协定范本的比较

联合国范本虽在总体结构上与经合组织范本基本一致,但它们之间存在着重要的差异,主要表现在:前者较为注重扩大收入来源国的税收管辖权,主要目的在于促进发达国家和发展中国家之间双边税收协定的签订,同时也促进发展中国家相互间双边税收协定的签订;而经合组织范本虽然在某些特殊方面承认收入来源国的优先征税权,但其主导思想所强调的是居民税收管辖权原则,主要是为了促进经合组织成员国之间双边税收协定的签订。

就收入来源国征税的权利而言,联合国范本强调,收入来源国对国际资本收入的征税应当考虑三点:(1)考虑为取得这些收入所应分担的费用,以保证对这种收入按其净值征税。(2)税率不宜过高,以免挫伤投资积极性。(3)考虑同提供资金的国家适当地分享税收收入,尤其是对来源国产生的即将汇出境的股息、利息和特许权使用费所征收的预提所得税,以及对国际运输的船运利润所征收的税款,应体现税收分享原则。联合国范本在注重收入来源国税收管辖权的同时兼顾了缔约国双方的利益,比较容易被发展中国家所接受,所以,发展中国家谈判和缔结双边税收协定时,较多地参照了联合国范本。

(二)国际税收协定的目标和主要内容

1. 国际税收协定目标

国际税收协定的主要目标包括:一是要妥善处理国家之间的双重征税问题,这也是国际税收协定的基本任务;二是要实行平等负担的原则,取消税收差别待遇;三是要相互交换税收情报,防止或减少国际避税和国际偷逃税。

2. 国际税收协定的主要内容

(1)协定适用范围

国际税收协定必须首先明确其适用范围,包括缔约国双方或各方的纳税人和税种的范围。这是协定执行的前提条件。

案卷显示道具——注册 AI 蛙神镜 22-13:
国际税收协定适用范围的具体规定

(2)基本用语的定义

对于在税收协定各条款中经常出现的基本用语的定义,必须经过缔约国各方协议,在协定内容中引入专门条款加以明确,以保证对协定的正确理解和执行。这些基本用语主要有"人"、"公司"、"缔约国一方企业"、"缔约国另一方企业"、"国际运输"、"主管当局"以及"居民"、"常设机构"等,对未下定义的用语,则按各国税法的规定解释。

(3) 对所得和财产的课税

根据各类所得和一般财产价值的不同性质,对缔约国各方行使居民管辖权和来源地管辖权的范围分别做出对等的约束性规定,是国际税收协定的主要内容之一。

通常只有对所得和一般财产价值的征税才会引起国际重复征税问题。但是,由于所得和一般财产价值的种类繁杂,特别是各国对所得的理解不同,对每一种所得征税的方法也不尽一致。所以,各缔约国协定中必须明确各方都认可的所得的概念,以及各类所得主要有经营所得、劳务所得、投资所得和财产所得等四大类。其中经营所得(营业利润)是税收协定处理重复征税问题的重点项目,所以,一般在协定中单独规定对常设机构营业利润的归属问题的解决,确定哪些营业利润可以归属常设机构,哪些利润应归属于总机构。

由于双重征税主要是由各国政府同时行使居民管辖权和来源地税收管辖权引起的,所以,为避免国际双重征税,必须在协定中明确各缔约国行使税收管辖权的范围,以协调缔约国之间的税收管辖权。首先,要从地理和人员概念上明确各缔约国行使税收管辖权的领域范围,一般明确为缔约国各方有效行使其税收法令的所有领域;其次,协定中也要明确在上述范围内,对哪些所得允许优先行使来源地管辖权,对哪些所得限制行使来源地管辖权等问题。

(4) 避免双重征税的办法

国际双重征税的免除是签订国际税收协定的主要目的,也是国际税收协定的首要任务。缔约国各方对避免或免除国际双重征税所采取的方法和条件,以及同意给予饶让抵免的范围和程度,都必须要在协定中明确规定,而不论缔约国各方在其国内税法中有无免除重复征税方法的规定。一般的方法有免税法、抵免法等,使用哪种方法要在协定中明确,并保持双方协调一致。

(5) 税收无差别待遇

税收无差别待遇是税收协定内容中特别规定的一项。根据平等互利原则,在缔约国的国内税收上,一方应保障另一方国民享受到与本国国民相同的待遇,包括国籍无差别、常设机构无差别、支付无差别、资本无差别等待遇。税收无差别待遇反对任何形式的税收歧视,它是谈签税收协定所要达到的目标之一,也是处理国际税务关系的一项重要原则。

(6) 防止国际偷、漏税和国际避税

避免或防止国际偷税、逃税和避税,是国际税收协定的主要内容之一。其采取的措施主要有情报交换和转让定价。

相互交换税收情报,包括交换为实施协定所需情报,与协定有关税种的国内法律资料,防止税收欺诈、偷漏税以及反国际避税的情报等,这是绝大多数国家签订税收协定中的一项特别规定条款,对于防止国际避税和逃税具有十分重要的意义,许多国家的税务当局把它看作"协定中的协定"。为了防止和限制国际逃避税收,缔约国各方必须密切配合、协调一致,并在协定中确定各方都同意的转让定价方法,一般都规定关联企业之间的转让定价以当地市场价格为标准,以避免跨国纳税人以价格的方式转移利润、逃避税收。

此外,在税收协定内容中,还有相互协商以解决协定实施中的异议,相互给予对方外交官以应有的财政特权,以及协定生效和终止日期等特别规定和最后规定。

(三) 我国国际税收协定的谈签与执行情况

早在20世纪60年代中期,我国曾与巴基斯坦政府缔结了关于互免海运企业运输收入税收的协定。20世纪70年代,我国先后又与南斯拉夫、日本和英国分别缔结了关于互免空运企业运输收入税收的协定。1983年我国同日本签订了避免双重征税的协定,这是我国对外签订的第一个全面性的避免双重征税的协定。

此后经过近40年的发展,截至2021年10月底,我国已正式签署107个避免双重征税协定,其中101个协定已经生效。此外,中央政府还与香港、澳门两个特别行政区分别签署了《内地与香港对所得避免双重征税的安排》和《内地与澳门对所得避免双重征税的安排》,大陆与台湾也签署了税收协议。我国税收协定网络已覆盖111个国家(或地区),基本涵盖了我国对外投资主要目的地以及来华投资的主要国家和地区,为促进跨国经济合作与交流发挥了积极作用,有效服务了我国"引进来"和"走出去"的对外开放战略和"一带一路"倡议。

二、国际税收合作

(一) 国际税收合作的含义

国际税收合作(International Tax Cooperation)是在经济全球化的背景下,各个国家从本国利益与共同利益出发,通过信息交换、征管互助、相互协商等方式提高各国税收征管能力,打击跨国纳税人利用各国税制差异和税收信息不对称向避税港和低税区转移利润或者隐匿收入等逃避纳税行为的各种合作、协调措施,其目的是维护各国的税收权益和世界税收秩序。

与国际税收合作紧密相关的另一个概念是国际税收竞争。国际税收竞争(International Tax Competition)是各国通过减税、税收优惠政策乃至避税港等制度性或政策性行为来吸引其他国家税基的行为。

国家税收合作与竞争都是各国在经济全球化背景下参与国家税收活动的重要方式,两者的出发点都是维护本国的经济税收利益。但在经济全球化背景下,国际税收竞争意味着当一国试图吸引境外流动性要素以获取税收利益时,势必不同程度地侵蚀其他国家的税基,而其他国家采取同样的税收政策时,国家间利益的交叉和重叠就决定了兼顾各国利益的国际税收合作的必然存在。

(二) 国际税收合作平台

国际税收合作平台是以制定公平合理普遍使用的国际税收规则,完善全球税收治理,实现世界经济包容性发展为主要目标的一种多边税收合作机制。国际税收合作平台的基本宗旨都是提供一个协调更多组织、国家和地区的交流合作渠道,促进成员国税务机关之间的协作与沟通,提高各成员国税收政策制定与税收征管水平,共同应对国际经济形势变化带来的税收治理挑战。目前存在的国际税收合作平台主要包括联合国国际税务合作专家委员会、经济合作与发展组织,以及区域性组织。

1. 联合国国际税务合作专家委员会

联合国国际税务合作专家委员会隶属于联合国经济与社会理事会,其前身是国际税务合作特设专家小组,2004年正式使用现在的名称。专家委员会由来自不同国家和地区的25名成员构成,其中来自发展中国家的委员占多数,每届专家委员会任期4年。委员由各国推荐,联合国秘书长任命,以个人身份参与专家委员会事务。

我国有代表担任专家委员会委员,积极参与包括联合国税收协定范本、转让定价手册修订等在内的各项重要议题研究。我国委员的工作体现了中国在国际税收舞台上的重要作用和地位,也有利于代表和维护发展中国家的税收利益。

2. 经济合作与发展组织

经济合作与发展组织(OECD)成立于 1961 年,是政府间国际经济组织,总部设在巴黎,目前有 38 个成员国。其宗旨是共同应对全球化带来的经济、社会和政府治理等方面的挑战,并把握全球化带来的机遇。OECD 在税收领域的研究一直处于领先地位,其制定的税收协定范本、转让定价指南、情报交换协议范本在国际上被广泛应用。此外,OECD 还对税收政策和征管领域的前沿问题、热点问题开展系统研究,并积极与其他国家分享研究成果。

2004 年 6 月,我国财税部门成为 OECD 财政事务委员会的正式观察员,随后开始全面、系统地参与该委员会的活动。2016 年 3 月,国家税务总局与 OECD 合作,在国家税务总局干部进修学院正式挂牌成立 OECD 多边税务中心,这是 OECD 在韩国首尔、土耳其安卡拉、匈牙利布达佩斯、奥地利维也纳和墨西哥城之外设立的第 6 个多边税务中心,也是唯一建在非 OECD 成员国辖区的多边税务中心。

3. 区域性组织

亚洲税收管理与研究组织(SGATAR)是促进国际税收合作的区域性组织的代表。该组织于 1971 年在菲律宾发起成立并举办了第一届会议。目前有 17 个成员:澳大利亚、中国、中国香港、中国澳门、中国台北、印度尼西亚、日本、韩国、马来西亚、新西兰、巴布亚新几内亚、菲律宾、新加坡、泰国、越南、蒙古国和柬埔寨。这是亚洲、大洋洲唯一的官方税收组织,致力于通过交流税收管理经验来推动各成员在税收领域的改革和创新,提高成员税收征管能力,推进改善税收营商环境。

2018 年 11 月,第 48 届 SGATAR 年会在中国杭州召开。这是一次深化亚太地区税收合作的盛会,各成员就分享改善营商环境先进做法、促进成员交流能力建设实践经验、探索与其他国际组织和区域性组织合作开展能力建设项目,以及在"一带一路"倡议下加强税收合作等内容达成重要共识,取得了重要成果。

(三)我国的国际税收合作进展

1. 我国参与的国际税收合作

(1)多边税收征管互助公约

《多边税收征管互助公约》(以下简称《公约》)是一项旨在通过开展国际税收征管协助维护税收公平秩序的多边条约,为各国更好地打击跨境逃避税行为提供了强有力的支持。

2013 年 8 月 27 日,我国履行 G20 承诺成为《公约》的第 56 个签约方,并于 2015 年 7 月 1 日由第十二届全国人民代表大会常务委员会第十五次会议批准通过。2016 年 2 月 1 日《公约》在我国正式生效,自 2017 年 1 月 1 日起开始执行。

我国作为世界第二大经济体,加入《公约》后能够有效拓展国际税收征管合作的广度与深度,有利于减少税务争端,改善征管效率。与避免双重征税协定和税收情报交换协定相比,《公约》覆盖的范围和适用的领域更为广泛,能够在一定程度上减轻我国单独签署税收情报交换协定的负担,也能进一步有效加强国际税收征管协作,提升对跨境纳税人的税收服务与征管水平。

(2)金融账户涉税信息自动交换标准

2014 年 7 月 15 日 OECD 分布了用于金融账户信息互换的标准,又称"共同报告标准(CRS)",其中包括"金融账户涉税信息自动交换标准"(以下简称"标准"),该标准获得 2014 年

G20布里斯班峰会的核准,为各国加强国际税收合作、打击跨境逃避税行为提供了强有力的工具。"标准"由主管当局间协议范本和统一报告标准两部分内容组成。

2014年9月,我国在G20财长和央行行长会议上承诺实施"标准",并于2015年12月签署了《金融账户涉税信息自动交换多边主管当局间协议》,为我国与其他国家间相互交换金融账户涉税信息提供了操作层面的多边法律工具。2017年5月9日,国家税务总局、财政部、中国人民银行、银监会、证监会、保监会联合发布了《非居民金融账户涉税信息尽职调查管理办法》,将国际通用的"标准"转换成适应我国国情的具体要求,为我国实施"标准"提供操作指引,既是我国积极推动该"标准"的重要举措,也是我国履行国际承诺、积极参与国际税收合作的具体体现。2018年8月,我国顺利完成首次金融账户涉税信息自动交换。此外,税务总局还积极参与OECD制定《金融账户涉税信息自动交换标准实施手册》,在此过程中呼吁充分考虑发展中国家的立法和征管现状,建议国际组织和发达国家帮助发展中国家进行税收征管能力建设并提供技术支持,得到各方的积极回应。

(3)应对税基侵蚀与利润转移项目(Base Erosion and Profit Shifting,BEPS)

国家税务总局积极参与BEPS项目起草与落实的相关工作,专门成立BEPS工作组,制定工作方案,明确职责分工、时间表和路线图,全面深入参与各议题会议研究和意见反馈等工作,立足我国自身推进税收改革的成效和经验,先后向OECD提出一系列重要的立场声明和建议,其中很多意见得到采纳并体现在最终成果中,为该项目所遵循的核心原则的确立和推动各项成果顺利完成做出了重要贡献,也为发展中国家和新兴经济体提升规则制定的话语权、维护税收权益发挥了独特作用。国家税务总局积极支持BEPS行动计划,重视BEPS行动计划成果在国内层面的转化,不断完善反避税法律制度体系。国家税务总局发布了一系列强化反避税管理的规章和规范性文件,这是落实BEPS成果以及打击跨境逃避税的重大举措,同时也是我国对发展中国家防止税基侵蚀、利润转移和维护税基安全所做出的制度贡献与规则引领。

2. 我国引导的国际税收合作

"一带一路"倡议是新时代推进构建人类命运共同体的重要举措,也是推动全球治理体系向更加公正合理方向演进的重要力量。随着以政策沟通、设施联通、贸易畅通、资金融通、民心相通为主要内容的"一带一路"倡议深入实施,我国与"一带一路"沿线国家的经贸往来日益密切,税收合作空间日趋广阔。

(1)阿斯塔纳"一带一路"税收合作倡议

阿斯塔纳"一带一路"税收合作倡议旨在营造有利于经济发展的税收环境,促进世界经济包容和可持续发展。阿斯塔纳"一带一路"税收合作会议于2018年5月14日至16日在哈萨克斯坦首都阿斯塔纳召开,其联合主办方是哈萨克斯坦国家收入委员会、我国国家税务总局、OECD税收政策与管理中心、税收征管论坛(FTA),总共有50多个国家、地区和国际组织的代表出席。这一国际税收会议首次以"一带一路"税收合作为主题,对于加强"一带一路"沿线国家(地区)在新阶段的税收合作具有里程碑式的意义。在这一会议上,各国税务部门在税收法治、纳税服务、争端解决和能力建设等方面达成了广泛共识,并联合发布了阿斯塔纳"一带一路"税收合作倡议。

阿斯塔纳"一带一路"税收合作倡议是我国税务部门参与全球合作的重要内容,是税收支持"一带一路"倡议的重要实践。我国税务部门作为联合主办方之一,在深化与支持"一带一路"国家和地区的税收合作,努力消除税收壁垒、降低税收负担、促进经贸畅通、共同提升税收治理能力方面做出了显著贡献。

(2)"一带一路"税收征管合作机制

2019年4月18日至20日,我国国家税务总局在乌镇召开了第一届"一带一路"税收征管合作论坛,总共有85个国家(地区)、16个国家组织以及多家学术机构和跨国企业代表出席论坛,是中国税务部门迄今为止筹办的参与方最多、规模最大、国际关注度最高的多边活动,是全球税收合作发展的里程碑。论坛以"共建'一带一路':加强税收合作,改善营商环境"为主题,取得了四项成果。一是构建了"一带一路"税收征管合作机制;二是建立了"一带一路"税收征管能力促进联盟;三是深化了"一带一路"税收征管合作共识,发布《乌镇声明》以推动税收"一带一路"国家(地区)税收营商环境不断优化;四是制定了"一带一路"税收征管合作行动计划。

在各方共同努力下,"一带一路"税收征管合作机制不断完善和发展,对优化税收营商环境、重塑全球税收秩序、完善国际税收治理发挥了重要作用。

解谜

谜案 22　国际税收

填空题

1. 一国要对来源于本国境内的所得行使征税权，这是所得税三种税收管辖权中的_____。
2. 判定自然人居民身份的标准一般有_____、居所标准和停留时间标准。
3. 判定劳务所得来源地的标准有劳务提供地标准、_____和劳务合同签订地标准。
4. 许多国家以利息_____的居住地为标准来判定利息所得的来源地。
5. 一国的非居民仅就其来源于该国境内的所得向该国纳税的义务被称为_____。
6. 国际重复征税产生的原因是国与国之间_____的交叉重叠。
7. 母公司所在国对母公司从子公司获取的股息征税所产生的重复征税称为_____。
8. 《经合组织范本》和《联合国范本》都规定，行使居民管辖权时，首先应按_____标准确定最终居民身份。
9. 一国居民转让其设在另一国的常设机构或固定基地所拥有的动产，这时其取得的转让收益应由_____的所在国征税。
10. 协调国家之间税收管辖权、消除国际重复征税的原则包括来源地原则和_____。
11. 纳税人利用现行税法中的漏洞或不明确之处，规避、减少或延迟纳税义务的行为称为_____。
12. 不征收任何_____的国家和地区通常被称为"纯避税地"。

单选题

1. 以下说法正确的是（　　）。
    A. 纳税人只有在一国有居住许可证才可以成为税收居民
    B. 英美法系国家多采用常设机构标准来判定纳税人的经营所得是否来自本国
    C. 只要满足有效税率为零就是国际避税地
    D. 目前免税法已成为国际社会避免双重征税的通行做法和发展趋势
2. 我国《个人所得税法》规定，在我国境内有住所，或者无住所而一个纳税年度内居住累计满（　　）的个人，为居民个人。
    A. 90 天　　　　B. 180 天　　　　C. 183 天　　　　D. 365 天
3. 对跨国关联企业间不合理转让定价的调整方法中，不属于以利润为基础的方法是（　　）。

A. 可比非受控价格法 B. 再销售价格法
C. 成本加成法 D. 利润分割法

4. 下列各项中,不属于BEPS行动计划的是（　　）。
   A. 数字经济 B. 转让定价指引
   C. 有害税收实践 D. 实际管理机构规则

5. 下列方法中,以承认收入来源地管辖权优先地位为前提避免国际双重征税的是（　　）。
   A. 免税法 B. 抵免法 C. 扣除法 D. 减免法

6. 一居住在英国3年的美国公民仅有来自中国的收入,则他应该（　　）。
   A. 只向英国纳税
   B. 只向美国纳税
   C. 只向中国纳税
   D. 既向中国纳税又向英国纳税,同时还向美国纳税

多选题

1. 处理国际税收关系的基本准则是（　　）。
   A. 税收主权原则 B. 分配公平原则
   C. 税负公平原则 D. 税收中性原则
   E. 税收效率原则

2. 兼行属地原则和属人原则的国家有（　　）。
   A. 新加坡 B. 中国 C. 马来西亚 D. 英国

3. 以下属于法人居民身份判定标准的是（　　）。
   A. 注册地标准 B. 经营时间标准
   C. 管理机构所在地标准 D. 总机构所在地标准

4. 国际避税的基本手段有（　　）。
   A. 预约定价安排 B. 混合错配安排
   C. 利用转让定价转移利润 D. 滥用国际税收协定

5. 直接抵免适用于如下所得（　　）。
   A. 自然人的个人所得税抵免
   B. 总公司与分公司之间的企业所得税抵免
   C. 母公司与子公司之间的企业所得税抵免
   D. 母公司与子公司之间的预提所得税抵免

判断题

1. 一国对跨国纳税人课征的税收属于国际税收的范畴。　　（　　）
2. 我国判定法人居民身份的标准实际为法律标准及实际管理机构标准,只要满足其一便可确定为本国居民。　　（　　）
3. 外国公司设在本国境内的分公司的生产、经营所得和其他所得,由总机构汇总缴纳所得税。　　（　　）
4. 中国税法规定,个人须在中国境内实际居住才能确定为中国的居民。　　（　　）

5. 只有抵免法和免税法才能够消除国际重复征税,其他方法只是减轻国际重复征税。
（　　）
6. 在所得税管辖权的协调原则中,居住地原则有利于实现税收的资本输出中性。（　　）
7. 跨国公司集团最主要的经营目标是全球税后利润最大化。（　　）
8. 国际避税利用了现行税法中的漏洞以减轻自己的税收负担,造成了国家税收收入的减少,是一种违法行为。（　　）
9. 离岸中心是与国际避税地合二为一的,换句话说,离岸中心一般都是国际避税地。
（　　）
10. 中国香港实行单一地域管辖权,而且税率较低,是亚洲著名的避税地。（　　）

名词解释题

税收管辖权　　免税法　　资本弱化　　转让定价　　国际避税

简答题

1. 当前各国（或地区、税收管辖区）税收管辖权的确立原则有哪些？
2. 税收居民和所得来源地的判定标准是什么？
3. 国际避免双重征税有哪些主要方法？
4. 当前国际反避税通常采取什么办法？
5. 国际税收协定的主要内容有哪些？

论述题

1. 试述跨国纳税人国际避税的主要手段。
2. 试述我国国际税收合作的进展情况。

计算题

1. 某一纳税年度,甲国居民来自甲国所得为80 000美元,来自乙国的所得为20 000美元。甲国实行五级全额累进税率,即所得8 000美元以下（含）的税率为零;所得8 000～20 000美元的税率为10%;所得20 000～50 000美元的税率为20%;所得50 000～80 000美元的税率为30%;所得80 000美元以上的税率为40%。乙国实行20%的比例税率。

要求:用全额免税法计算该居民在该纳税年度的纳税总额。

2. 某一纳税年度,甲国M公司来自甲国所得1 000万美元,来自乙国分公司所得100万美元,来自丙国分公司所得100万美元。所得税税率甲国为40%,乙国为50%,丙国为30%。

要求:用综合限额抵免法计算甲国M公司国外所得税可抵免数额以及甲国政府可征税款。

谜底（请找彩蛋）

萌帅008因大破税法之谜案，被其居住星团授予
"脉冲星"皇家飞鹰护卫勋章

图书在版编目(CIP)数据

新编税收学：税法实务 / 蒋大鸣,薛建兰主编. —— 7版. —— 南京：南京大学出版社,2023.10(2024.2重印)
ISBN 978-7-305-27253-0

Ⅰ.①新… Ⅱ.①蒋… ②薛… Ⅲ.①税收理论—高等学校—教材 Ⅳ.①F810.42

中国国家版本馆 CIP 数据核字(2023)第 186022 号

出版发行	南京大学出版社
社　　址	南京市汉口路 22 号　　邮　编　210093
书　　名	新编税收学——税法实务
主　　编	蒋大鸣　薛建兰
责任编辑	唐甜甜　　　　　　　　编辑热线　025-83594087
照　　排	南京南琳图文制作有限公司
印　　刷	江苏凤凰通达印刷有限公司
开　　本	787×1092　1/16　印张 30.75　字数 768 千
版　　次	2023 年 10 月第 7 版　2024 年 2 月第 3 次印刷
ISBN	978-7-305-27253-0
定　　价	76.80 元

网址：http://www.njupco.com
官方微博：http://weibo.com/njupco
官方微信号：njupress
销售咨询热线：(025) 83594756

* 版权所有,侵权必究
* 凡购买南大版图书,如有印装质量问题,请与所购图书销售部门联系调换